»Richtig reisen«

Zentralamerika

In der vorderen Umschlagklappe: Übersichtskarte Zentralamerika

In der hinteren Umschlagklappe: Guatemala City

Als Indianer verkleideter Tänzer anläßlich der Prozession von Sto. Domingo in Managua (Nicaragua)

»Richtig reisen«

Zentralamerika

Reise-Handbuch

Belize, Guatemala, Honduras, El Salvador,
Costa Rica, Nicaragua, Panama

Gerhard Heck
Manfred Wöbcke

Fotos von José F. Poblete

DuMont Buchverlag Köln

Umschlagvorderseite: Der Atitlan-See in Guatemala

Umschlaginnenklappe: Holzmasken für den Baile de la Conquista (Eroberungstanz) in Chichicastenango (Guatemala)

Umschlagrückseite: West Bay Beach auf Roatán (Honduras)

CIP-Titelaufnahme der Deutschen Bibliothek

Heck, Gerhard:
Zentralamerika: Reise-Handbuch; Belize, Guatemala,
Honduras, El Salvador, Costa Rica, Nicaragua, Panama /
Gerhard Heck; Manfred Wöbcke. Fotos von José F. Poblete. -
Köln: DuMont, 1990
(Richtig reisen)
ISBN 3-7701-2264-X
NE: Wöbcke, Manfred

Satz, Druck und buchbinderische Verarbeitung: Boss-Druck, Kleve

Printed in Germany ISBN 3-7701-2264-X

Inhalt

Zentralamerika im Überblick

Belize

Orts- und Landschaftsbeschreibungen

Costa Rica

Guatemala

Allgemeine Landeskunde

Geschichte

Staat und Gesellschaft

Orts- und Landschaftsbeschreibungen

Von Guatemala City nach Süden

Von Guatemala City zur Karibik

Ausflüge zur archäologischen Stätten

Von Guatemala City nach Westen

Honduras

(In Zusammenarbeit mit Annegret Spelleken)

Allgemeine Landeskunde

Geschichte

Orts- und Landschaftsbeschreibungen

Nicaragua

Orts- und Landschaftsbeschreibungen

Panama

Orts- und Landschaftsbeschreibungen

Praktische Reiseinformationen

Zentralamerika im Überblick

Allgemeine Landeskunde

Mittelamerika umfaßt jene sieben Länder Lateinamerikas (inklusive Belize), die als Landbrücke den Norden mit dem Süden des Kontinents Amerika verbinden. Zentralamerika ist der synonyme Sammelbegriff für diese Staatengruppe, die mit einer Fläche von 544700 qkm ungefähr doppelt so groß ist wie die Bundesrepublik Deutschland und in der zusammen rd. 22 Mio. Menschen leben.

Im Norden bildet die Landenge von Tehuantepeque (Mexiko) die Grenze, im Süden der Darién (Kolumbien). Über die gesamte Festlandbrücke, die an ihrer breitesten Stelle ca. 400 km, an ihrer schmalsten nur 80 km breit ist, zieht sich ein von Hoch- und Tiefebenen gesäumter Gebirgszug.

Mittelamerika erstreckt sich im subtropischen Gebiet zwischen dem 18. und dem 8. Breitengrad nördlich des Äquators. Klimatisch unterscheiden sich jedoch die vom Pazifik geprägten südlichen und westlichen Regionen vom Norden und Osten, die durch die Karibik bestimmt werden. Die der Karibik zugewandte Seite ist insbesondere durch das feuchtheiße Klima siedlungsfeindlich; bis heute sind riesige Gebiete so gut wie unbewohnt und vollkommen unerschlossen. Ganz anders dagegen das Hochland mit seinen angenehm warmen Temperaturen, aber auch die eher trockene, wenn auch heiße Pazifikküste. Es ist deshalb kein Zufall, daß gerade die beiden letztgenannten Gebiete, vor allem aber das Hochland mit seinen Tälern und Hochebenen, eine relativ hohe Bevölkerungsdichte aufweisen: ca. drei Viertel aller Mittelamerikaner leben hier.

Mittelamerika gehört zu den wenigen Regionen der Welt, die regelmäßig von Naturgewalten heimgesucht werden. Es ist das Gebiet der Erdbeben, Vulkane und Hurrikane, deren unermeßliches Zerstörungspotential immer wieder für Schlagzeilen sorgt.

Seit der Unabhängigkeit von Spanien im Jahre 1821 entwickelte sich – zumindest unter den fünf Staaten Guatemala, Honduras, El Salvador, Nicaragua und Costa Rica – trotz aller Differenzen ein Verbundenheitsgefühl, das in der gemeinsamen Geschichte und Kultur der mestizischen Bevölkerung und – seit über hundert Jahren – in der ebenfalls allen gemeinsamen politischen Degradierung als ›Hinterhof‹ der USA seinen Ausdruck findet. Gemeinsam ist diesen Ländern leider auch, daß von dieser Entwicklung zu einer mittelamerikanischen Kulturgemeinschaft, einer eminent katholischen zudem, die Nachkommen der indianischen Urbevölkerung und die Schwarzen an der Karibikküste weitgehend ausgeschlossen sind.

Jaguar-Tempel in Tikal (Guatemala)

Geschichte

Die Kultur der Maya

Zu den Gebieten Mittelamerikas, in denen bis zur Ankunft der Spanier die Maya lebten, gehören zwei sehr unterschiedliche Großlandschaften: das tropische Tiefland von Yucatán und die Hochländer von Chiapas und Guatemala bis zu den westlichen Grenzen von El Salvador und Honduras. Beide Kulturzonen entwickelten sich über lange Epochen vollkommen unabhängig; erst sehr spät kam es kulturell und architektonisch zu gegenseitigen Befruchtungen.

Ursprünglich kamen die Maya aus Nordamerika. Die ersten erreichten ca. 3000 v. u. Z. das Bergland von Guatemala. Von hier wanderten Gruppen nach Norden in die tiefer gelegenen, angrenzenden Gebiete der heutigen Staaten Belize und Honduras und später weiter nach Yucatán. Noch einmal kamen dann um 300 u. Z. größere Maya-Gruppen aus dem Hochland ins Tiefland und führten dort ihre bereits im Hochland verbreiteten Kulturtechniken ein. Damit begann auch hier der von Archäologen als **Klassische Periode** (ca. 300–900) bezeichnete Zeitraum, in dem die herausragenden Bauwerke und bekannten Pyramiden entstanden und die Maya ihre größten Kulturleistungen vollbrachten (vgl. Ortsbeschreibungen).

Von einem Maya-Reich im Sinne eines geschlossenen Staates kann man nach dem heutigen Stand der Forschung nicht sprechen. Es handelte sich um mehrere politisch und wirtschaftlich autonome Stadtstaaten, vergleichbar der griechischen Polis, an deren Spitze theokratische Herrscherdynastien standen. Das Zentrum bildeten die ›Tempel‹ der Götter, die kultischen Ballspielplätze, die Paläste der Priester und des Adels. Im großen Umkreis siedelten in Dörfern oder Einzelhöfen die Bauern. Sie wohnten – meist nahe ihren Feldern – in Bambushütten mit Palmdächern, deren Baustil sich bis heute in diesen Ländern erhalten hat. Die Maya lebten in einer hierarchisch gestuften Gesellschaft. Die Herrscherwürde setzte sich stets nur in der männlichen Linie fort. Wichtige Ereignisse und Ruhmestaten wie z. B. ein gewonnener Krieg oder die Fertigstellung eines herausragenden Bauwerks hielten sie den Nachkommen in Erinnerung. Zu diesem Zweck entwarfen sie eine Hieroglyphenschrift, die ihre Bildhauer in Steine meißelten. Bevorzugt zur Verherrlichung fürstlicher Taten, aber auch zum Gedenken an Verstorbene wurden freistehende, meist behauene Steinpfeiler – Stelen genannt – errichtet. Obwohl die Schrift der Maya bis heute noch nicht vollständig entziffert ist, wissen wir dank ihrer exakten Kalenderkenntnis, daß sie ca. ab 250 im guatemaltekischen Urwald mit dem Bau von sakralen Zentren begannen. Es entstanden Städte wie Tikal oder Copán, die ihre höchste Entwicklungsstufe zwischen dem 4. und 8. Jh. erreichten. Diese Tempelstädte mitten im tropischen Regenwald wurden im 9. Jh. von den Maya verlassen und die bereits begonnenen Bauwerke nicht mehr zu Ende geführt.

Der Grund für das plötzliche Einstellen der Bautätigkeit und das Verlassen ihres angestammten Lebensraumes ist bis heute nicht exakt nachgewiesen. Unter den vielen Hypothesen scheint die Theorie Wolfgang Müllers am einleuchtendsten. Er sieht als Ursache eine »Kausalkette kommunizierender Faktoren«, deren Zusammenspiel und Rückkopplung die einmal ausgelöste Flucht flächenbrandähnlich verstärkten. Am Anfang stand das Eindringen militanter Stämme aus Zentralmexiko (z. B. der Putún, der Itzá, der Quitze), die die gut funktionierenden Handelsbeziehungen und damit den Wohlstand der Herrscherschicht empfindlich störten. Um Ersatz für diese Ausfälle zu schaffen, zwangen sie die abgabepflichtige Bevölkerung zu größeren Tributleistungen. Als Reaktion vermutet Müller Bauernrevolten und Aufstände der großen Bevölkerungsmehrheit, die erst recht die alten Handelsverbindungen lahmlegten, bzw. zu deren vollständigen Einstellung führten. In diesem Aufeinandertreffen von äußerer Bedrohung und wirtschaftlichem Druck gaben die Herrscher vermutlich ihre Positionen auf, wanderten die Großfamilien ab.

Unter dem Einfluß der toltekischen Itzá verlagerte sich seit ca. 900 (Beginn der **postklassischen Periode**) das Zentrum der Maya-Kultur in den Norden, der heute zu Mexiko gehörenden Halbinsel Yucatán. Chichén Itzá wurde neuer Mittelpunkt.

Streit zwischen den Stadtstaaten um die politische Vorherrschaft führte seit dem 13. Jh. zum Niedergang der Maya. Als die Spanier eindrangen, kam ihnen das Fehlen eines einheitlichen Machtgefüges zu Hilfe und sie nutzten durch geschickte Absprachen die Rivalität unter den Maya zu ihrem Vorteil. Schnelle, meist grausame Unterwerfung war die Folge. Politische Unterdrückung, religiöse Bekehrung und Zwangsarbeit waren die ›Errungenschaften‹, die die ›zivilisierten‹ Spanier den Maya brachten. Von Tausenden von Handschriften – *Codices* genannt –, in denen sie ihren Lebensalltag, ihre Rituale, ihre astronomischen Berechnungen und ihre Weltvorstellungen niederschrieben, sind aufgrund der gründlichen Zerstörung durch die spanische Inquisition nur wenige erhalten geblieben. »Diese Menschen verwenden bestimmte Zeichen und Buchstaben, mit denen sie in ihren Büchern die alte Geschichte und ihre Lehren niederschreiben. Durch diese Lettern sowie Zeichnungen und bestimmte Figuren verstehen sie die Geschichte und können sie auch anderen verständlich machen und lehren«, so Bischof Diego de Landa 1566. »Wir fanden eine große Anzahl dieser Bücher, und da sie nichts enthielten, was nicht den Aberglauben und die Lügen des Teufels zeigte, verbrannten wir alles, zum größten Bedauern und Leid dieser Leute.« Die *Ordonanzas* von 1552, das Kriegs- und Missionsrecht für die eroberten Gebiete, zwang alle Indios zur Aufgabe ihrer Religion und zum sofortigen Übertritt zum Christentum. Seit 1558 organisierte Bischof Diego de Landa die Inquisition in Yucatán. Blutiger Terror brach im Namen Christi über die Maya herein, deren Bedrohung durch Zwangsarbeit und Epidemien noch verstärkt wurde. Nach eigenen Angaben de Landas aus dem Jahre 1562 wurden in der Provinz Mani nur in diesem einen Jahr 4549 Maya gefoltert und 6330 ›Schuldige‹ kahlgeschoren und mit 200 Peitschenhieben bestraft.

Grundlage für den Lebensunterhalt der Maya war der Maisanbau. Dazu benutzten die Bauern einen sog. Grabstock, mit dem sie in regelmäßigen Abständen Löcher in den Acker bohrten, Maiskörner hineinlegten und die Löcher dann mit dem Fuß zuscharrten.

Eine terminlich genaue Bestimmung der Trocken- und Regenzeiten – da davon die optimalen Zeitpunkte für das Einsäen und Ernten abhingen – wird von vielen Forschern als wesentliches Motiv für die intensive Beschäftigung der Maya mit den Gestirnen und der daraus resultierenden, verblüffend genauen Entwicklung eines Kalenders angesehen. Erst nach der Einführung des Gregorianischen Kalenders im Jahre 1582 konnte man in Europa so genaue Zeitrechnungen aufstellen wie die Maya schon Jahrhunderte zuvor.

Auch verband kein Volk derart viele mythische und mystische Vorstellungen mit dem Begriff ›Zeit‹. Nicht nur die Menschen, auch die Götter unterlagen den kosmischen Gesetzen der Vergänglichkeit; die Zeichen (Glyphen) für die Kalender-Zahlen 1–19 tragen die Kopfprofile von Göttern, die Zeit wurde als ›Last‹ von Anbeginn bis Ende von den Göttern getragen.

Die wichtigsten Götter der Maya waren der Gott der Schöpfung *(Itzam Na)*, der Sonnengott *(Kinich Ahau)* und die Mondgöttin *(Ix Chel)*. Die Gottheit *Chac* war der ›Bringer des Regens‹, der in vielen Erscheinungsformen verehrt wurde. Jede Gottheit hatte mehrere Zuschreibungen. Itzam Na, auf den Codices immer als alter Mann mit großer Nase dargestellt, war der Erfinder und Patron des Schreibens und der Wissenschaft, seine Gefährtin Ix Chel die Göttin des Mondes und Patronin des Webens, der Medizin und der Fruchtbarkeit.

Datumsstele der Maya. Unter den Glyphen sind Monats- und Tageszeichen zu erkennen, die durch Zahlen genauer bestimmt werden. Ein Balken steht für eine 5, ein Punkt für eine 1. Gelesen werden die Zahlen von unten nach oben, wobei nach dem Vigesimalsystem der nächst höhere Stellenwert jeweils eine Multiplikation mit 20 bedeutet

Das Talud-Tablero-System

Tempelpyramiden bildeten den sakralen Mittelpunkt einer Maya-Stadt. Die Außenfassaden der Paläste und Tempel wurden oft dekorativ ausgestaltet – bevorzugte Formen waren Schlangenköpfe und Maskengesichter – und nach dem Talud- und Tablero-System verkleidet. Es teilt die Fassade in zwei horizontale Elemente ein, wobei auf einem schrägen Wandteil *(Talud)* immer ein senkrechter Teil *(Tablero)* folgt, der durch den vorkragenden Sims den Anschein einer Nische erweckt. Bei entsprechendem Sonnenstand umlaufen dadurch bänderartig Schatten das Gebäude.

Die klassische Maya-Architektur kannte weder den Bogen noch das Bogengewölbe. Seit dem 4. Jh. entwickelten die Maya nach dem Vorbild ihrer Hüttendächer die Dachkonstruktion des gemauerten Kraggewölbes (auch ›falsches Gewölbe‹ genannt). Die Steine zweier gegenüberliegender Mauern werden nach oben hin so aufgetürmt, daß an der Spitze ein einziger Stein genügt, um das Gewölbe zusammenzuhalten. Die Maurer mußten dabei genau berechnen, mit wieviel Gewicht sie den Bau belasten konnten, sollten das ›Gewölbe‹ und die tragenden Mauern nicht einstürzen. Denn erst das später zwischen den Stütz- und den Außenwänden aufgefüllte Material verlieh der Konstruktion zusammen mit den Außenwänden die notwendige Stabilität. Mit dieser Technik konnten keine breiten, dafür aber lange Räume gebaut werden.

Während die Maya ihre südlichen Zentren wie Palenque, Tikal und Copán plötzlich um 900 verließen, erlebte zwischen dem 10. und dem 12. Jh. ihre Architekturtradition in Yucatán durch die von den toltekischen Itzá eingebrachten Baukenntnisse eine neue Blüte.

Das Talud-Tablero-System

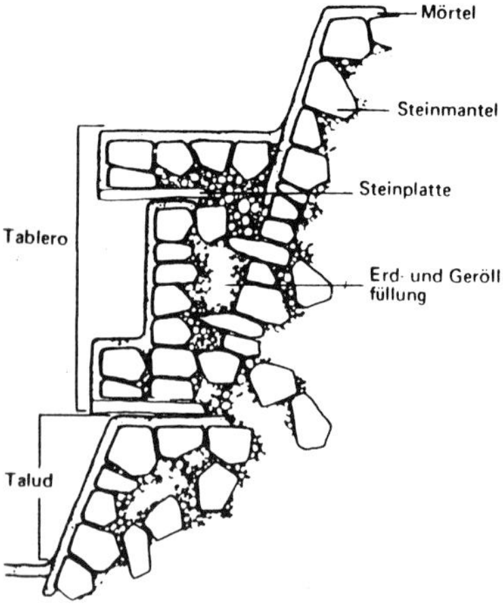

Die ›falschen‹ Gewölbe der Maya

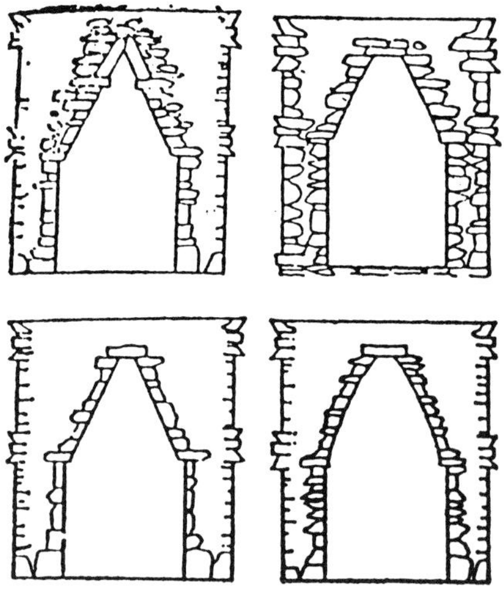

Jedes Religionsritual erfolgte nach strengen Kalenderberechnungen. Der Kalender der Maya, dessen Auslegung der Priesterkaste vorbehalten blieb, bestand aus zwei Zählreihen, dem religiösen Kalender *(Tzolkin)* und dem Sonnenjahr *(Haab)*, die man sich als zwei ineinandergreifende Zahnräder vorstellen kann. Nach dem Tzolkin, der der Schwangerschaftsdauer entsprach und der die religiösen Rituale bestimmte, hatte das Jahr 260 Tage (13 Monate à 20 Tage), nach dem Sonnenjahr 365 Tage (18 Monate à 20 Tage plus fünf sog. Unglückstage). Jeder Tag hatte in diesen beiden Zählweisen ein symbolisches Bilderzeichen (Glyphe). Alle 52 Jahre beginnen die Kalender-Räder am gleichen Punkt, d. h. an diesem Datum trägt der Tag der Haab-Zählung und der Tag der Tzolkin-Zählung den gleichen Namen und die gleiche Zahl. Solche ›Jahresknoten‹ waren aus der Sicht der Maya Anlässe für Krisen.

Die Maya-Zeitberechnung fängt im Jahr 3113 v. u. Z. (rückgerechnet von Eric J. Thompson) mit der Schaffung des Universums an. Die astronomischen und kalendarischen Berechnungen setzen Kenntnis und Umgang mit Zahlen voraus. Auch hier kreierten die Maya ein schlüssiges Symbolsystem: ein Punkt für 1, ein Balken für 5 und ein Auge (oder eine stilisierte Schnecke?) für 0. Grundlage der Berechnungen war das Vigesimalsystem, das nicht wie unser Dezimalsystem auf der Zehn, sondern auf der Zwanzig basierte.

Mit der Einführung der Null in die Mathematik waren die Maya ebenfalls ihrer Zeit um Jahrhunderte voraus (sie wurde in Europa erst ab ca. 800 u. Z. ins Zahlensystem aufgenommen).

Zentralamerika unter spanischer Herrschaft (1502–1821)

Im September 1502 landete Kolumbus auf seiner vierten Amerika-Reise vor Costa Rica. Einen Monat später drehte er vor der Karibikküste Panamas um; die ersehnte Verbindung zum Pazifik hatte er nicht gefunden. Den Pazifik erreichte 1513 der spanische Gouverneur des Darién, Núñez de Balboa. Er durchquerte zu Fuß mit 190 Mann in 18 Tagen den Isthmus etwa in Höhe der Stelle, an der 400 Jahre später der Panama Kanal jene Vision von der Durchfahrt Realität werden ließ. 1519 gründeten die Spanier die Stadt Panama. Im gleichen Jahr eroberte Hernán Cortés Mexiko.

Damit begann die Erkundung, Unterwerfung und Besiedlung Mittelamerikas von zwei Seiten: Vom Norden aus Mexiko durch Cortés und seine Offiziere und vom Süden durch Pedrarías Dávila, dem Gouverneur von Panama. Alvarado, ein Offizier von Cortés, erreichte 1524 San Salvador. Andrés Niño und Gonzales Dávila eroberten im selben Jahr Honduras und Nicaragua: die Städte León und Granada wurden gegründet.

Die Spanier interessierten sich in den von ihnen besetzten Gebieten Lateinamerikas für zwei Dinge: die Edelmetalle Gold und Silber und die indianischen Arbeitskräfte, die sie kurzerhand zu Sklaven machten.

Da in Mittelamerika keine wesentlichen Mengen der Edelmetalle entdeckt wurden und sich das Schürfen in Flüssen und Bächen ebenfalls über einen längeren Zeitraum als wenig ergiebig erwies, konnten sich die Konquistadoren nur über die Ausbeutung der einheimischen Arbeitskräfte bereichern. Die Eroberung des Inka-Reiches in Peru und der Ausbau des Camino Real in Panama (vgl. S. 408) erforderten Tausende von Bergarbeiter und Lastenträger und hatte die Versklavung ganzer Gebiete Mittelamerikas zur Folge. Allein zwischen 1532 und 1542 wurden pro Jahr ca. 10 000 Indios aus dem Gebiet Nicaraguas nach Panama und Peru verschifft. Die Entvölkerung ganzer Landstriche setzte dem Abtransport der Indios ein Ende.

Proteste gegen den Sklaventransport kamen nicht nur von seiten des Dominikanermönches Bartolomé de Las Casas, sondern auch von jenen Spaniern, die sich als *Encomenderos* in den neuen mittelamerikanischen Besitzungen der spanischen Krone niedergelassen hatten. Sehr schnell stellten sie fest, daß der Abzug von indianischen Arbeitskräften weniger Reichtum bedeutete. Denn hatte sich ein kleiner adeliger Spanier für die Krone verdient gemacht, so bekam er in den eroberten Gebieten eine Gemeinde oder eine Region, die *Encomienda*, zugewiesen, von deren Bevölkerung er Abgaben eintreiben konnte. Diese reichten von landwirtschaftlichen Produkten bis zur menschlichen Arbeitskraft. Allerdings verwehrte der spanische König den neuen Feudalherren zunächst noch das Eigentumsrecht. Er ›lieh‹ ihnen Grund und Boden inklusive der einheimischen Bevölkerung, um innerhalb der Kolonien keine wirtschaftlich starken, von Spanien unabhängigen Kräfte zu fördern.

Aus der Encomienda entwickelte sich der *Hacienda*-Betrieb, denn im Laufe der Generationen erfolgten unter den spanischen Kolonisten Zusammenlegungen durch Schenkungen und Verkäufe mit und ohne Wissen der Krone.

Die Spanier führten nicht nur ein System zur Ausbeutung von Arbeitskräften, sondern auch europäische Krankheiten und Epidemien nach Mittelamerika ein, was gleichermaßen zur Dezimierung der indigenen Bevölkerung beitrug. Um das knapper werdende Arbeitskräftepotential weiter nutzen zu können, etablierte die Krone für ihre Beamten und Verwalter neben dem Encomienda-System das des *Repartimiento* und der *Reducción.*

Etwa seit 1570 funktionierte die Rekrutierung der indianischen Einwohner auf der gesetzlichen Grundlage des Repartimiento, d. h., ein Indio-Dorf hatte einmal im Jahr eine festgelegte Zahl von arbeitsfähigen Männern für einen bestimmten Zeitraum der nächsten spanischen Siedlung zu überstellen. Ein Spanier, der *Juez del Repartimiento* (Juez = Richter), wachte darüber, daß alle männlichen Dorfbewohner im Rotationsverfahren davon betroffen waren. Da der Arbeitseinsatz oft Tagesmärsche vom Dorf entfernt erfolgte, hatte die spanische Siedlung zudem für Verpflegung, Unterkunft, Werkzeuge und für einen Geistlichen zu sorgen. Dieses System löste in den nächsten Jahrzehnten das des persönlichen Arbeitstributes an den Encomendero ab.

Die *Reducción* diente ebenfalls der Rekrutierung von Arbeitskräften. Sie bestand in der verordneten Zusammenpferchung von Indio-Familien und Indio-Gruppen in Ortschaften, die nach dem Muster der Kolonialsiedlungen angelegt wurden. So war eine bessere politische Kontrolle vor möglichen Aufständen und die effektivere Ausnutzung durch die Tributbehörden sichergestellt.

Die brutale Ausbeutung der Indios prangerte 1543 Bartolomé de Las Casas in seinem ›Bericht von der Verwüstung der westindischen Länder‹ öffentlich in Spanien an: Die Konquistadoren achteten die Indios »weit weniger ... nicht etwa bloß wie ihr Vieh – wollte Gott, sie hätten sie nicht grausamer als ihr Vieh behandelt! –, sondern sie achteten sie nicht höher, ja weit noch geringer als den Kot auf den Straßen.«

Auf einer Bananenplantage in Costa Rica (um 1900)

Die mahnenden Worte des Priesters änderten nichts an der Tributpflicht der Reducciones, aber ein vom König eingesetzter Beamter, der sog. *Corregidor de Indios*, hatte die Verpflichtung, die Ausbeutung in Grenzen zu halten und die Indios in der christlichen Religion zu unterweisen.

Alle mittelamerikanischen Provinzen unterstanden der zentralen Verwaltung der *Capitanía General* in Antigua Guatemala. Nur die Gebiete der Provinz Panama wurden von Bogotá aus verwaltet. Jede einzelne Provinz hatte ihren eigenen Gouverneur, der von der Krone direkt ernannt wurde. Vertreter der Krone war der Vizekönig von Mexiko; bei ihm lag auch die oberste Rechtsprechung *(Audiencia)*. Doch kann man aufgrund der sehr verstreut liegenden spanischen Siedlungen nicht von einer geschlossenen Kolonie Mittelamerika sprechen, zumal Panama wegen seiner strategischen Bedeutung das eigentliche koloniale Zentrum im 16. und 17. Jh. war.

Parallel zur politischen Verwaltung gab es die kirchliche Administration mit Erzbischöfen in Guatemala und Panama und Bischöfen in León (Nicaragua) und in Comayagua (Honduras).

Seit dem Ende des 16. Jh. konnten die spanischen Kolonisten trotz der grausamen Zwangsrekrutierung nur noch jene Agrarwirtschaft betreiben, die wenig menschliche Arbeitskräfte benötigte. Daher scheiterte der Versuch, Kakao in großen Mengen anzubauen. Im 17. Jh. ›entdeckten‹ die spanischen Kolonisten dann die Viehhaltung und als weitere Einnahmequelle die Indigo-Pflanze, die den begehrten blauen Farbstoff lieferte. Mehr und mehr konsolidierte sich das Hacienda-System. Daneben etablierte sich eine Wirtschaftsteilung, die Agrarerzeugnisse für den Eigenbedarf und die amerikanischen Besitzungen der Spanier und das Indigo für den Export nach Europa produzierte. Landwirtschaft blieb der Hauptproduktionszweig. Denn jede Form gewerblich-industrieller Entwicklung wurde vom Mutterland unterbunden, um keine Konkurrenz aufkommen zu lassen.

Innerhalb der Kolonie gab es aufgrund der unterschiedlichen Bevölkerungskonzentrationen auch unterschiedliche Sozialstrukturen. Der Norden und Westen waren dichter besiedelt als der Süden. Die weitläufigen Gebiete des Ostens dienten wegen ihrer Undurchdringlichkeit den Indios, in erster Linie den Mísquito, als Rückzugsgebiet. Im Norden und Westen wurde die Anzahl der Mestizen immer größer, dagegen blieben im bevölkerungsarmen Costa Rica die Spanier fast unter sich, weil der ohnehin geringe indigene Bevölkerungsteil sich in die pazifische Küstenregion zurückgezogen hatte.

Nur Guatemala nahm in Mittelamerika als Verwaltungszentrale eine Sonderstellung ein. Hier formte sich eine Bürgerschicht heraus, die von der entstehenden Infrastruktur profitierte. Wollten z. B. Kaufleute aus den Provinzen etwas exportieren, so mußten sie ihre Produkte – z. B. Vieh oder Indigo – zuerst auf dem Markt in Guatemala den einheimischen Großhändlern anbieten, die diese Güter dann nach Europa oder in die südamerikanischen Besitzungen Spaniens gewinnbringend weiterverkauften. Somit kamen zu den ethnischen und sozialen Abstufungen im 18. Jh. auch noch die Differenzierungen in ›Guatemalteken‹ und ›Provinzler‹ hinzu.

Die kolonialzeitliche Infrastruktur mit der Degradierung der Provinzen und der damit einhergehenden, quasi doppelten Ausnutzung durch die spanische Kolonialmacht und deren guatemaltekischen Repräsentanten waren, nach der Unabhängigkeit von Spanien, ein wesentlicher Grund für die Herausbildung mehrerer selbständiger Staaten.

Unabhängigkeit – Konföderationen – Nationalstaaten (1821–1842)

Am 5. November 1811 kam es zur ersten Auflehnung gegen die spanische Herrschaft, der kreolische Priester und Vorkämpfer José Matías Delgado proklamierte die Unabhängigkeit El Salvadors. Eine aus Guatemala entsandte Armee beendete den Aufstand Delgados, doch überall im Kolonialreich Lateinamerika wurden die Autonomiebestrebungen jetzt stärker. Die Loslösung von Spanien war nur eine Frage der Zeit. Über den Weg in die Unabhängigkeit spalteten sich die Provinzen in zwei Lager. Delgados Anhänger wollten sofortige Unabhängigkeit. Der anderen, von José Cecilio del Valle initiierten Gruppe schien die Zeit noch nicht reif angesichts der Entwicklung im Nachbarland Mexiko. Nachdem am 24. Februar 1821 unter der Führung von Agustín de Iturbide die Unabhängigkeit Mexikos von Spanien (Plan von Iguala) beschlossene Sache war, unterzeichnete wenige Monate später del Valle am 15. September 1821 in Guatemala eine gleichlautende Erklärung der Souveränität Mittelamerikas.

Als die Unabhängigkeitserklärung in den Provinzen bekanntgemacht wurde, bildeten sich sofort zwei politische Parteien, die sich in der Frage der zukünftigen Gestaltung unversöhnlich gegenübertraten. Eine konservative, mehr zentralisierte Fraktion, zu der ehemalige spanische Kolonialbeamte, vor allem aus Guatemala, der gehobene Klerus und die Aristokratie zählten, beabsichtigten die Provinzen zu einem Zentralstaat unter guatemaltekischer Führung zu vereinen. Ihnen gegenüber stand eine auf Autonomie setzende liberale Fraktion, die die Zukunft ihrer Provinzen nur in größtmöglicher Selbständigkeit verwirklicht sah.

Mitten in dieser Auseinandersetzung faßte die ›Beratende Versammlung‹ in Guatemala auf Drängen Iturbides 1822 den Beschluß, Mittelamerika an das Königreich Mexiko anzugliedern. Von Mexiko aus wurde daraufhin die Capitanía General aufgelöst und Mittelamerika in drei Mexiko unterstellte Kommandanturen geteilt. Daraufhin kam es unter der Führung Delgados in Teilen El Salvadors, Honduras' und Nicaraguas zu Aufständen gegen diese Zwangsvereinigung, die Iturbide, der sich inzwischen zum Kaiser Augustin I. hatte ausrufen lassen, mit Hilfe seines Generals Vincente Filisola erfolgreich niederschlug.

Nachdem Iturbide Anfang 1823 gestürzt war und Mexiko sich zu einer Republik gewandelt hatte, rief Filisola die Provinzgouverneure im Sommer 1823 zu einem ›Kongreß der mittelamerikanischen Provinzen‹ zusammen. Auf diesem Kongreß wurde zum ersten Mal von einer Föderation, den *Provincias Unidas del Centro de América*, gesprochen. Aber die beiden Gruppierungen – die Liberalen, zu denen jetzt auch die Gegner jeder Angliederung an Mexiko zählten, und die Konservativen, die das Vorrecht der Metropole Guatemala und den Anschluß an Mexiko verteidigten – standen sich weiter gegenüber.

Die Republik Mexiko erkannte am 1. August 1824 formal den Staatenbund an, der sich noch im gleichen Jahr eine Verfassung nach dem Vorbild der USA gab, in der sich das föderative gegenüber dem zentralistischen Element durchgesetzt hatte. Aber auf eine Bundeshauptstadt konnte man sich nicht mehr einigen. Guatemala blieb nur vorübergehend Sitz der Bundesregierung.

Trotzdem setzten beide Seiten Hoffnungen in die föderative Verfassung: Die Liberalen, weil sich eine Föderation Mittelamerika mit ihren regionalen Interessen in Einklang bringen ließ, und die Konservativen, da sie bei einem totalen Auseinanderfallen um die Vorherrschaft der Metropole Guatemala fürchteten. Doch in der Verfassung konnte der Ausgleich zwischen den Provinzregierungen und den zentralen Institutionen nicht ausgewogen geregelt werden. Der föderativen Zentralregierung wurden kaum Rechte zugebilligt, die eine Durchsetzung gegenüber regionalem Separatismus gewährleistet hätten.

Erster Präsident der Konföderation wurde im Jahre 1825 Manuel José Arce, der sich auf die guatemaltekische Aristokratie stützte. Er verbot die Sklaverei und den Sklavenhandel, hielt sich ansonsten jedoch nur begrenzt an die Föderationsverfassung. Im Dezember 1826 kam es deshalb zu Aufständen liberaler Kräfte in El Salvador, denen sich Honduras, Nicaragua und Costa Rica anschlossen. Der honduranische General Francisco Morazán, der die Liberalen anführte, eroberte zuerst San Salvador und im April 1829 Guatemala City.

1830 übernahm Morazán die Präsidentschaft der Föderation in Guatemala. Er ließ viele Klöster schließen, kirchlichen Besitz verstaatlichen, den Handel und das Erziehungswesen ausbauen und das Land für Einwanderer öffnen. 1835 wurde San Salvador Hauptstadt der Föderation.

Doch die Föderation blieb nicht von Unruhen und Aufständen verschont, insbesondere die Mestizen machten der kreolischen Führungsschicht den Herrschaftsanspruch streitig. Kriege und Bürgerkriege waren die Folge. Daraufhin befürwortete auch die guatemaltekische Oberschicht die Separatismuskonzeption, weil

Reiterstandbild von Francisco Morazán in Tegucigalpa (Honduras)

sie in einer Union unter Leitung der liberalen Südprovinzen eine ständige Bedrohung ihrer Macht sah. So ging die junge ›Föderation Mittelamerika‹ am Gegensatz zwischen liberalen und konservativen Kräften zugrunde.

Am 18. Mai 1838 entschied die Föderation, daß jede der fünf Provinzen sich eine Regierungsform ihrer Vorstellung geben konnte. Der Auseinanderentwicklung war damit der Weg bereitet. Noch während der Präsidentschaft Morazáns traten Nicaragua, später Honduras, Costa Rica und Guatemala aus der Föderation aus. Morazán versuchte noch einmal mit militärischer Gewalt, als Präsident von El Salvador bzw. 1842 als Präsident von Costa Rica eine mittelamerikanische Föderation zu etablieren. Doch sein Tod am 15. September 1842 setzte seinen Bemühungen um ein geeintes föderatives Zentralamerika ein jähes Ende.

Die einsetzenden nationalen Entwicklungen wurden in erster Linie von den alten Machtkämpfen zwischen konservativ-klerikalen und antiklerikalen liberalen Gruppierungen bestimmt, sowohl in den einzelnen Staaten als auch über die nationalstaatlichen Grenzen hinweg. Immer wieder kam es dabei auch zu Föderationen, denn der Gedanke eines *Grande Patria Centroamericana* flammte stets von neuem auf. Doch seit der Mitte des 19. Jh. geriet Zentralamerika verstärkt unter den Einfluß US-imperialer Interessen, die sich meist auf die sog. Monroe-Doktrin beriefen.

1907 unterzeichneten auf Drängen der USA und Mexikos die fünf Staaten mehrere Verträge. Sie verbürgten noch einmal jede Nicht-Einmischung untereinander und vereinbarten die Gründung eines gemeinsamen Zentralamerikanischen Gerichtshofes. Doch mußte dieser seine Arbeit bereits 1918 wieder einstellen.

Zum letzten Versuch einer Konföderation kam es am 19. Januar 1921 in San José. Hier einigten sich El Salvador, Guatemala, Honduras und Costa Rica über eine lose Staatengemeinschaft, die aber schon ein Jahr später zerbrach.

Zur Zentralamerika-Politik der USA

Der Sieg der kubanischen Freiheitsbewegung und die von Fidel Castro organisierte Kubanische Revolution setzten der Überzeugung ein Ende, die Herrschaft der von den USA geförderten Regimes in den Ländern Mittelamerikas könnte niemals beendet werden.

Wer – wie die USA – soziale Konflikte auf ausländische Subversion und insbesondere auf kommunistische Infiltration zurückführt, kann leicht eine verschärfte Militarisierung in seiner Außenpolitik und Militärhilfe für Diktaturen oder Fassadendemokratien damit rechtfertigen, daß er der globalen Herausforderung des Kommunismus begegnen müsse.

Das amerikanische Verhalten in Mittelamerika kann nur verstanden werden, wenn man nach den Motiven und den dahinterstehenden Interessensgruppen fragt und erkennt, welche Elemente die amerikanische Außenpolitik bestimmen. Dazu gehören z. B. die Annahmen, daß keine geostrategische Verschiebung zu Lasten der USA hingenommen werden dürfe, daß die Welt von der Übernahme des amerikanischen kapitalistischen Wirtschaftssystems profitieren würde, daß das ›freie Unternehmertum‹ die Grundlage von Freiheit und Demokratie sei, daß freier Handel und freier Zugang zu den Märkten und Rohstoffen der Welt allen nützen würde und daß eben aus all diesen Gründen Sozialismus und Kommunismus eingedämmt werden müßten, wo immer sie sich auszubreiten drohen.

Diese Grundsätze dominieren bis heute alle außenpolitischen Verhandlungen der USA mit den Staaten Mittelamerikas, auch wenn unterschiedliche Präsidenten dafür verantwortlich zeichneten.

Vor dem Hintergrund der letzten 150 Jahre US-amerikanischer Geschichte manifestiert sich durchgängig ein Widerspruch. Der aufgeklärten demokratischen Struktur der amerikanischen Verfassung im Inneren steht oft eine Außenpolitik gegenüber, in deren Folge zur Durchsetzung von wirtschaftlichen Interessen und globalen Machtansprüchen nahezu alle Mittel – von erpresserischer guter Nachbarschaftsdiplomatie bis zu militärischen Invasionen – angewendet werden. Gerade die mittelamerikanischen Staaten haben die imperiale Tendenz der US-amerikanischen Außenpolitik im Laufe ihrer Geschichte in allen Variationen erfahren müssen.

Seit dem Ende des 19. Jh. ist der Einfluß der USA in Zentralamerika erdrückend geworden. Zwar war und ist bis heute die Region ohne herausragende ökonomische Bedeutung für die USA – die Auslandsinvestitionen und das Außenhandelsvolumen liegen unter 3% – aber die geopolitische Rolle und die strategische Lage Mittelamerikas sind vermeintlich erstrangig. Da der ›Hinterhof‹ vor wenigen Jahrzehnten von den USA ohne große Anstrengungen ›sicher‹ zu halten war, bedurfte es keiner weiterer Bemühungen, geschweige denn einer mit den Prinzipien

Monroe-Doktrin

James Monroe (1758–1831) war der fünfte Präsident der USA, dessen Regierungszeit (1811–1817 Außenminister, dann bis 1825 Präsident) mit der nationalen Konsolidierung der USA einherging. In seiner Jahresbotschaft von 1823 verkündete er jene Leitsätze, die als ›Monroe-Doktrin‹ seither die Politik der USA gegenüber seinen südlichen Nachbarn bestimmen.

Zum Zeitpunkt ihrer Entstehung richtete sich die Doktrin gegen die Mächte in Europa, weil die USA eine Einmischung von Staaten der Heiligen Allianz in Lateinamerika fürchtete und eine Expansion Rußlands an der eigenen Nordwestküste verhindern wollten.

Später, im Zeitalter des Imperialismus, dienten sie der ideologischen Rechtfertigung US-amerikanischer Übergriffe. 1904 verstärkte Präsident Theodore Roosevelt den Machtanspruch der USA noch einmal: »Ständiges Fehlverhalten oder eine Unzulänglichkeit, die zu einem allgemeinen Verlust der Bindungen in einer zivilisierten Gesellschaft führen, können in Amerika wie auch anderswo schließlich die Intervention einer zivilisierten Nation erforderlich machen ...« Das war die offene Drohung, mit dem ›*big stick*‹ im ›Hinterhof‹ für Ordnung zu sorgen.

Präsident Franklin D. Roosevelt modifizierte 1928 das Etikett zur ›Politik der guten Nachbarschaft‹, ohne aber vom Anspruch der Monroe-Doktrin abzurücken.

des Völkerrechts zu vereinbarenden Konzeption nachbarstaatlicher Beziehungen. Nach der Kubanischen Revolution begannen die Auseinandersetzungen zwischen den nationalen Guerilla-Bewegungen und den US-freundlichen Regimes Mittelamerikas. Doch statt auf soziale Reformen zu drängen, verdoppelten die USA die jährliche Militärhilfe und ließen sich die Anti-Guerilla-Ausbildung Millionen kosten. Damit trugen sie indirekt wiederum zur Konsolidierung rechter Militärdiktaturen bei.

Der 1964 auf Drängen der USA ins Leben gerufene Zentralamerikanische Verteidigungsrat (Central American Defense Council, CONDECA), dem El Salvador, Guatemala, Honduras und Nicaragua angehörten, koordinierte den Anti-Guerilla-Kampf und vereinheitlichte Ausbildung und Ausrüstung der nationalen Armeen, beides mit großer US-amerikanischer Unterstützung. Zwangsläufig verstärkte sich so auch die Kontrolle der USA über die Region. Doch spätestens nach dem ›Fußballkrieg‹ zwischen Honduras und El Salvador (s. S. 124) war zu erkennen, daß das antikommunistische Militärbündnis CONDECA keine Zukunft haben würde.

Angesichts der allgemeinen weltpolitischen Veränderungen bemühte sich der nordamerikanische Präsident Jimmy Carter, die Glaubwürdigkeit der US-Außenpolitik durch eine neue Akzentsetzung wiederherzustellen: Er propagierte eine ›Politik der Menschenrechte‹ und versprach, nur noch demokratischen Regierungssystemen Unterstützung zu gewähren. So wurde unter Carter gegen den erbitterten Widerstand des konservativen Lagers (allen voran der Senator Ronald Reagan) ein Vertrag abgeschlossen, demzufolge der Panama-Kanal am 31. Dezember 1999 an Panama übereignet werden soll (s. S. 420). Auch veranlaßte Carter, die Militärhilfen für El Salvador, Guatemala und Nicaragua vorübergehend einzustellen, nachdem die gravierenden Menschenrechtsverletzungen in diesen Staaten öffentlich bekannt wurden (allerdings lieferten damals – mit Billigung oder auf Anweisung des CIA? – Israel und Saudi Arabien die fehlenden US-Waffen aus ihren Beständen).

Nur in Nicaragua gelang 1979 die Absetzung des diktatorischen Regimes; Somoza floh nach Miami. Doch die sozialreformerischen Interessen der Sandinisten entsprachen nicht den wirtschaftspolitischen Vorstellungen der USA, Carter selbst gab daher nach nur zweijähriger Amtszeit dem Druck Neokonservativer nach, die den beständigen Hegemonialverlust der USA ausschließlich auf die Ausbreitung des ›Sowjet-Kommunismus‹ zurückführten. Seit 1980 sorgte erneut die Politik der Stärke der ›Wiederbehauptung‹ *(Reassertionism)* in Mittelamerika für Wahrung der Sicherheitsinteressen nordamerikanischer Außenpolitik.

Die Bedrohungsängste der USA halten keiner Überprüfung stand. Ihre Vorherrschaft und die Abhängigkeit der mit ihr verbündeten Staaten von US-amerikanischer Militärhilfe haben seit 1980 mit Ausnahme Nicaraguas stark zugenommen. Die Sowjetunion stellt die US-Dominanz in Mittelamerika nicht in Frage, noch beabsichtigt sie die Lage militärisch zu verändern.

In der Nacht vom 19. auf den 20. Dezember 1989 landeten 25 000 US-Soldaten in Panama – es war die größte amerikanische Militärexpedition seit dem Vietnam-Krieg. Als Rechtfertigung und Ziel der Intervention gab Bush u.a. die Wiederherstellung der Demokratie, die Gefahr für die dort lebenden Nordamerikaner

Auf dem politischen Plakat heißt es: »Wir zentralamerikanischen Völker sind verbrüdert und werden es nicht erlauben, daß Nordamerika Nicaragua angreift«

und die Gefangennahme des Drogenhändlers Noriega an. Über 1000 Menschen, darunter 40 US-Soldaten und 700 panamaische Zivilisten, verloren dabei ihr Leben, 13 000 wurden obdachlos, die Schäden der Zerstörung werden auf 1 Mrd. US-$ geschätzt. Noch immer setzen sich die USA in ihrem ›Hinterhof‹ über nationale Souveränitätsrechte hinweg. Früher habe das Risiko einer nuklearen Konfrontation mit der UdSSR die USA davon abgehalten, in einer ähnlichen Aktion Fidel Castro aus Kuba zu vertreiben, ist aus konservativen Kreisen in den USA zu vernehmen. Mit dem Ende des Kalten Krieges und durch Gorbatschows Politik sei diese Bedrohung und damit der wichtigste Grund zur Zurückhaltung für die USA geschwunden.

Die Rolle der Kirche und die Theologie der Befreiung

Die Kubanische Revolution veränderte auch die Einstellung der katholischen Kirche Lateinamerikas, die seit Jahrhunderten mit den Oligarchien verbunden war. Einige wenige Bischöfe erkannten, daß die Ursache für die sozialen Unruhen in den ungleichen Besitzverhältnissen zu suchen war und daß die Haltung der Kirche gegenüber dem Elend des Volkes wesentlich zur bestehenden Ungerechtigkeit beitrug. Darüber hinaus wurde das fehlende Engagement der Amtskirche für den Priestermangel dieser Jahre verantwortlich gemacht.

Vor diesem Hintergrund praktizierten in den 60er Jahren einzelne Kirchenmänner in Lateinamerika eine neue Bibelinterpretation. Ausgangspunkt der praxisorientierten Theologie ist die Forderung der Unterdrückten nach politischer Freiheit und sozialer Gerechtigkeit. Mit der neuen Bibelauslegung konnten die Unterschichten ihren Kampf gegen die Ausbeutung in Übereinstimmung mit den Geboten Gottes sehen. In Europa wurde diese Bewegung durch die Veröffentlichungen des peruanischen Priesters Gustavo Gutiérrez als ›Theologie der Befreiung‹ bekannt. Es entstanden neue kirchliche Basisgemeinden, die sich ihrer gesellschaftlichen Verantwortung bewußt waren und die aktive Beteiligung an der Gestaltung der Verhältnisse verteidigten.

In dieser Atmosphäre des Aufbruchs verstärkten das Zweite Vatikanische Konzil (1962-65), die päpstliche Enzyklika *Populorum Progressio* (1967) und vor allem die zweite Vollversammlung des lateinamerikanischen Episkopats in Medellín (1968) die Bemühungen vieler katholischer Priester um soziale Verbesserungen und Gerechtigkeit.

Doch Papst Johannes Paul II. setzte besonders mit seiner Rede vor der Dritten Vollversammlung des lateinamerikanischen Episkopats in Puebla (1979) eine nachhaltige Zäsur. Die Auseinandersetzung zwischen der Römischen Kurie und den Theologen der Befreiung konzentrierte sich auf wenige, aber für Lateinamerika gravierende kirchliche Glaubenssätze:

- den Zusammenhang von individueller Sünde und gesellschaftlichen Unrechtsstrukturen;
- die Lehre von der Verkündigung des Reiches Gottes und der Befreiung aus der Unterdrückung;
- die mit der biblischen Lehre unvereinbare Kluft zwischen Arm und Reich und der sich daraus ergebenden Haltung gegenüber den kapitalistischen Gesellschaftsstrukturen.

Auch das demokratische Verhältnis von Gemeinde und Kirchenleitung in den Basisgemeinden erregte den Unmut Roms, aber vor allem – und deshalb auch unausgesprochen – sah der Papst in der ›Volkskirche‹ der Basisgemeinden eine Gefahr für die traditionell »um Bischöfe errichtete Kirche«. Das historische Bündnis zwischen der katholischen Kirche und den regierenden Oligarchien in Lateinamerika, aus dem beide seit 500 Jahren Vorteile zogen, schien ihm gefährdet.

Man könne, so mahnte der Papst, die marxistische Analyse nicht einsetzen, ohne den Marxismus als Ideologie zu akzeptieren. Bei seinem Versuch, die Vertreter der Theologie der Befreiung als kommunistisch zu diffamieren und marktwirtschaftliche Ordnungen mit kapitalistischem Privatbesitz als gottgewollte Einrichtungen aus dem Schußfeld religiöser Auseinandersetzungen zu nehmen, bekam der Papst sehr schnell Unterstützung aus den USA.

In Mittelamerika spitzten sich Ende 1984 die Meinungsverschiedenheiten zu, als der nicaraguanische Erziehungsminister Fernando Cardenal, Mitglied des Jesuitenordens, aus der Kirche ausgeschlossen wurde. Damit war die in Verhandlungen mit dem Vatikan vereinbarte Regelung, daß die Priester (selbstverständlich unter Verzicht auf ihre kirchlichen Ämter) auch Minister sein konnten, auf Drängen des Vatikans aufgehoben. Insgesamt vier Priester dienten als Minister im Kabinett Ortega, aber nur der Erziehungsminister gehörte darüber hinaus auch dem Jesuitenorden an. Mitte Januar 1985 wurden zwei weitere Priester, der Kultusminister (und Bruder des Erziehungsministers), Ernesto Cardenal, und der Außenminister, Miguel D'Escoto, aufgefordert, binnen 14 Tagen ihre geistlichen Ämter aufzugeben. Da Ernesto Cardenal erklärte, das Priesteramt könne ihnen niemand nehmen, wurde er nach Ablauf des Ultimatums auf vatikanische Weisung von Bischof Vega namentlich suspendiert. D'Escoto war auch Mitglied der katholischen Missionsgesellschaft Maryknoll. Der Generalobere der Mission lehnte es jedoch ab, dem Wunsch des Vatikans nachzugeben und ihn aus der Gemeinschaft auszuschließen – er begründete seine Weigerung mit den Worten: »Ich bin Nordamerikaner. Mein Land greift Nicaragua ungerechterweise an. In dieser Situation kann ich Miguel D'Escoto nicht entlassen.« Aber der Vatikan entzog ihm trotzdem den Priesterstatus.

Als Fernando Cardenal nach seinem Ausschluß aus dem Jesuitenorden das Dokument ›Verweigerung aus Gewissensgründen‹ veröffentlichte, gaben nur noch drei der zehn Bischöfe (und Hilfsbischöfe) eine eigenständige Äußerung in seinem Sinne ab. Soweit hatten der Vatikan und der Erzbischof von Managua, Obando y

Der 1980 von Todesschwadronen ermordete salvadorianische Erzbischof Oscar Arnulfo Romero

Bravo, die katholische Kirche in Zentralamerika wieder restauriert.

Im Widerspruch dazu stehen andererseits die Leistungen von Miserior und der katholischen Entwicklungshilfe in der Region. Die deutschen Katholiken fördern nach kirchlichen Zielsetzungen vor allem Projekte, die den Armen zugute kommen: seit 1975 in Guatemala für ca. 35 Mio. DM, in Honduras für ca. 15 Mio. DM, in Nicaragua und El Salvador je ca. 20 Mio. DM. Ihre Helfer, Priester und Ordensleute, sind oft Opfer von Gewalt.

»Die anderen liefern die Waffen. Wir stellen die Toten«, kennzeichnete der neue Erzbischof von San Salvador, Arturo Rivera y Damás, die Situation der Bevölkerung in den Ländern Mittelamerikas. Doch in ihren jüngsten Hirtenbriefen beklagen die Bischöfe wieder in erster Linie die Hegemoniebestrebungen der beiden Großmächte und kehren damit zum Erklärungsmuster des Ost-West-Antagonismus als Ursache zurück, obgleich die zum Himmel schreiende soziale Ungerechtigkeit, die durch die ökonomischen Privilegien einiger weniger aufrecht erhalten wird, als eigentlicher Grund zu nennen wäre.

Flüchtlinge in Zentralamerika – Tragödie und Hoffnung

In Mittelamerika sind in den letzten zwölf Jahren ca. 2 Mio. Flüchtlinge geschätzt worden. Mehr als 200 000 Zivilisten wurden getötet, Hunderttausende dauerhaft verwundet oder verstümmelt. Nur in Milliarden US-$ läßt sich der Verlust zerstörten Eigentums bewerten, und der Lebensstandard der Bevölkerung ist für die Mehrheit niedriger als vor 20 Jahren. Obwohl die Region über Jahrhunderte in militärische Konflikte verwickelt war, hatten Gewalttaten und Menschenrechtsverletzungen (s. S. 30) seit der spanischen Konquista noch nie ein solch hohes Ausmaß wie heute erreicht.

Vor allem die kriegerischen Auseinandersetzungen der Länder Guatemala, El Salvador und Nicaragua haben den Flüchtlingsstrom hervorgerufen. Die Regierungen von Guatemala und El Salvador führen seit Jahren einen blutigen Krieg gegen verschiedene Guerilla-Bewegungen, die in beiden Staaten große Teile des Landes überwachen und auch Rückhalt in der Bevölkerung finden. In Nicaragua steht kein Gebiet unter Kontrolle der Contra; sie würde ohne ausländische Militärhilfe nicht existieren, und sie genießt so gut wie keine Sympathie von seiten des Volkes.

Gemeinsam ist aber allen drei Ländern, daß sie bis 1987 in den umkämpften Orten die Zivilbevölkerung evakuierten und umsiedelten. Allerdings waren auch hier die Unterschiede gravierend. In Guatemala und El Salvador gingen die Evakuierungen mit einer Politik der verbrannten Erde einher. In den Gebieten, in denen die Guerilla mit und ohne Unterstützung der Zivilbevölkerung operierte, zerstörten die Soldaten die Dörfer, verübten Massaker unter den Bewohnern und lösten große Fluchtbewegungen aus. In El Salvador wurden diese Regionen zudem noch auf Weisung der Regierung bombardiert. In Guatemala tötete die Armee unter Präsident Efraín Ríos Montt (reg. 1982–1983) 10 000 Bauern, vernichtete 400 Dörfer und vertrieb eine halbe Million Menschen aus ihrer Heimat; mehr als 100 000 flohen aus Guatemala in den mexikanischen Staat Chiapas, nach Honduras und Belize. Gemäß besonderer Umsiedlungsprogramme, die die USA im Vietnamkrieg ›erprobt‹ hatten, wurden im ›gesäuberten‹, jetzt unbewohnten Hinterland strategische Wehrdörfer angelegt. Sie dienten der Umerziehung der Landbevölkerung und standen unter Aufsicht des Militärs. Die Bewegungsfreiheit der Bewohner war eingeschränkt, gearbeitet wurde in Armeeprojekten, entlohnt in Naturalien. Während die guatemaltekische Regierung mit dieser Strategie relativen Erfolg hatte und noch heute ca. 50 000 Indios in ›Modell-Dörfern‹ leben, scheiterte das nationale Umsiedlungsprojekt *Conare* in El Salvador: 16 000 Menschen flohen nach Honduras, 40 000 nach Nicaragua, 15 000 nach Costa Rica, 10 000 nach Belize, 60 000 nach Mexiko, ca. 400 000 sind illegal in die USA gegangen, und ebenso viele hausen heute in Flüchtlingslagern oder verstecken sich in den größeren Städten des Landes.

Auch die sandinistische Regierung Nicaraguas betrieb 1982 eine Umsiedlungspolitik im Aufmarschgebiet der Contra an der Grenze zu Honduras. Die dort lebende indianische Landbevölkerung sollte nicht Opfer der Kriegshandlungen und deshalb in nicht umkämpfte Gebiete im Innern Nicaraguas evakuiert werden. Da die Sandinisten in den Indios keine ›Feinde‹ sahen, kam es auch nicht zu Massakern (wie sie der CIA in die Weltpresse lancierte). Aber aus Angst vor den Evakuierungen und vor allem um jedem Kriegsgeschehen zu entgehen, flohen ca. 25 000 Mísquito-Indianer nicaraguanischer Nationalität 1982 nach Honduras. Sie standen dort als Flüchtlinge unter der Obhut der UNHCR (Amt des Hohen Flüchtlingskommissars der Vereinten Nationen) und sind seit 1986 zum großen Teil wieder zurückgekehrt. Zur gleichen Zeit wurden auch 200 000 Nicaraguaner auf der Flucht vor den Massakern der Contra heimatlos. Viele zogen ins sichere Managua, jeweils ca. 60 000 Nicaraguaner gingen nach Costa Rica und nach Miami.

Nach Schätzungen des Flüchtlingskommissars der Vereinten Nationen gibt es in Mittelamerika und Mexiko derzeit ca. 300 000 Flüchtlinge, von denen aber nur die Hälfte in den Aufnahmeländern von der UNHCR unterstützt wird. Die andere Hälfte lebt ohne jegliche Hilfe im Schatten der Illegalität, immer in der Furcht, denunziert und ausgewiesen zu werden.

Im Rahmen der UNO-Konvention über Asyl und Flüchtlingsschutz von 1951 haben mehrere lateinamerikanische Staaten, darunter auch die sieben mittelamerikanischen, 1984 die ›Erklärung von Cartagena‹ verabschiedet. Sie legt den Schwerpunkt auf den humanitären Charakter des Asyls. Über den politischen Personenkreis hinaus werden jetzt alle Menschen

Demonstration der Bauern in San José (Costa Rica), die die Übergriffe des Militärs anklagen

einbezogen, die »aus ihrer Heimat geflüchtet sind, weil ihr Leben, ihre Sicherheit oder ihre Freiheit bedroht waren von Gewalt im allgemeinen, Angriffen von außen, Konflikten im Land selbst, schweren Verletzungen der Menschenrechte oder anderen Umständen, durch die die öffentliche Ordnung ernsthaft gestört war.«

Der im August 1987 von den fünf mittelamerikanischen Staatspräsidenten in Guatemala unterzeichnete ›Friedensplan‹ bezieht sich in einem Punkt konkret auf die Flüchtlingsproblematik. Es heißt dort, daß die jeweiligen Regierungen in ihrem Land für die Sicherheit der Flüchtlinge, ihren gesundheitlichen Schutz, die Ausbildung und Schaffung von Arbeitsmöglichkeiten sowie für die Gewährung der persönlichen Sicherheit verantwortlich zeichnen. Darüber hinaus soll jeder einzelne Staat »die Rückführung und die Wiedereingliederung und Wiederansiedlung der Flüchtlinge unterstützen, sofern dies dem freien Willen der Betroffenen entspricht.«

Seitdem sind zwei Jahre vergangen, und die Lage der Flüchtlinge in Mittelamerika hat sich nicht wesentlich verbessert. Aber es besteht endlich Hoffnung. Im Mai 1989 vereinbarten auf einer UN-Flüchtlingskonferenz in Guatemala alle mittelamerikanischen Staaten, daß Flüchtlinge unter der Schirmherrschaft der UNHCR ›in Sicherheit‹ in ihre Heimatländer zurückkehren können oder daß sie die Möglichkeit erhalten, »sich von der Abhängigkeit fremder Hilfe zu lösen, um in ihren Asylländern einen nutzbringenden Beitrag leisten zu können.«

Politische Wandmalerei in Estelí (Nicaragua)

Menschenrechte in Zentralamerika

Im Mai 1989 berichtete Amnesty International: »Drei Jahre nach Amtsantritt des Christdemokraten Cerezo Arévalo, des ersten zivilen Präsidenten seit 1970, durchzieht eine Welle von Verschwindenlassen und Morden Guatemala. Militär und Todesschwadronen agieren ungehindert.«

Bereits 1986 wurden in Guatemala Armeeangehörige und Sicherheitskräfte, die in Menschenrechtsverbrechen verwickelt waren, durch eine Amnestie vor jeder strafrechtlichen Verfolgung geschützt. Auch heute noch werden sog. Subversive wahllos umgebracht. Die regierungsamtliche Kommission für Menschenrechtsfragen hat ein Jahresbudget von 2000 US-$ (zum Vergleich: Die US-Militärhilfe für 1988 betrug offiziell 10 Mio. US-$, geschätzt wird sie auf 25 Mio. US-$).

Guatemala muß in einem Atemzug mit Honduras und El Salvador genannt werden. Dort werden in gleicher Weise mit Unterstützung der Armee und der Sicherheitspolizei von den Todesschwadronen jene Bürger bedroht und ermordet, die Elend und Armut in diesen Ländern als Resultat der bestehenden Herrschaftsverhältnisse anprangern. Die Zahlen sprechen für sich. In den letzten 30 Jahren, so meldete Ende 1988 die lateinamerikanische Menschenrechtskommission, sind in Guatemala 40 000, in El Salvador 10 000 und in Honduras 5000 Menschen tot aufgefunden worden oder ›verschwunden‹. Solange die mittelamerikanischen Regierungen auf die berechtigten Forderungen oppositioneller Gruppen mit Folter, Terror, willkürlichen Verhaftungen oder zumindest mit wohlwollendem Gewährenlassen auf militärische Übergriffe reagieren, werden die innenpolitischen Schwierigkeiten in diesen Ländern anhalten.

Vor diesem Hintergrund beweisen die nichtstaatlichen Kommissionen bewundernswerten Mut: Sie messen das politische Handeln ihrer Regierungen an der Menschenrechtscharta der UNO, registrieren und dokumentieren die Mißstände und klagen sie öffentlich an. Wie gefährlich es ist, sich dafür einzusetzen, zeigen die Morde an Miguel A. Pavón Salazar, dem Vorsitzenden der honduranischen und an Herbet Anayas, dem Präsidenten der salvadorianischen Menschenrechtskommission, die im Jahre 1988 von Angehörigen des Militärs auf offener Straße erschossen wurden.

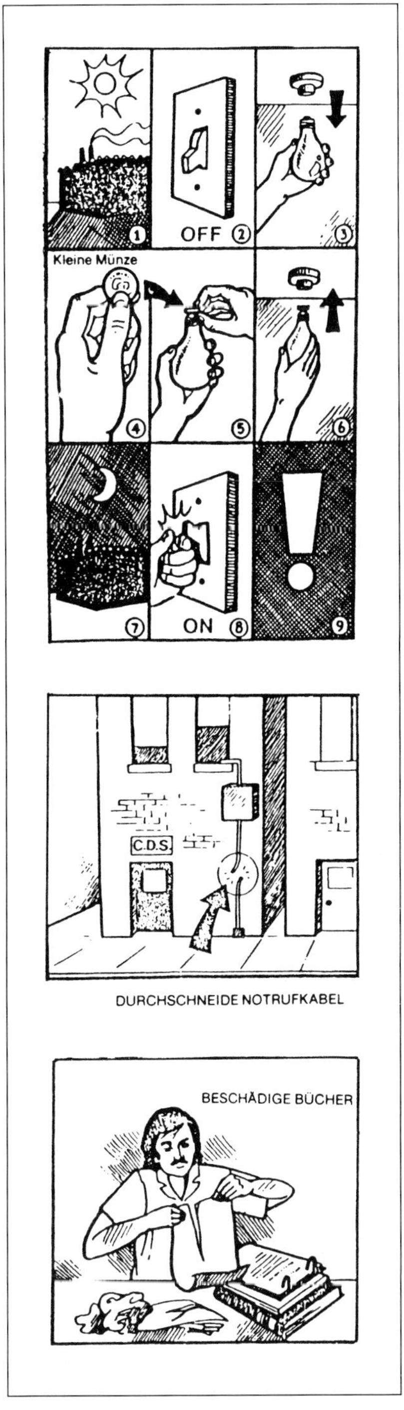

Beispiele aus dem ›CIA-Handbuch für den Freiheitskämpfer‹, das 1984 an Contra-Gruppen ausgehändigt wurde

Seit dem Sturz Somozas wird die Beurteilung der Menschenrechtslage in den einzelnen Ländern in Mittelamerika zunehmend nach dem Ost-West-Konfliktschema verzerrt dargestellt. Die Menschenrechte werden instrumentalisiert und dadurch zum Kampfmittel in der ideologischen Auseinandersetzung.

Entsprechend der antikommunistischen Maxime beurteilt der jährlich erstellte ›Country Report on Human Rights Violations‹ (Länderreport über Menschenrechtsverletzungen) des US-Außenministeriums die Situation in Guatemala, El Salvador und Honduras entschuldigend, rechtfertigend und verharmlosend als das kleinere Übel. Nur so läßt sich ja auch die US-Militärhilfe an die Regierungen dieser Länder rechtfertigen. Nicaragua dagegen wurde ständig der Menschenrechtsverletzungen beschuldigt, obwohl es sich hier seit Jahren fast ausschließlich um Einzelfälle bzw. um Bürgerrechte wie Medienzugang, Wahlverfahren und unternehmerische Betätigung handelte. Verschwiegen wird in den Berichten jeder Hinweis darauf, daß die sandinistische Regierung Straftaten ihrer Militärs konsequent verfolgte, was glaubwürdige Organisationen wie Amnesty International oder die mittelamerikanische Codehuca (Comisión para la Defensa de los Derechos Humanos en Centroamérica – Kommission der Verteidigung der Menschenrechte in Zentralamerika) bestätigen, und daß in Nicaragua die Menschenrechte von allen mittelamerikanischen Staaten am meisten Beachtung finden. Verschwiegen wird auch, daß vor allem die USA selbst z. B. in einem ›CIA-Handbuch für Nicaragua‹ zu destabilisierenden Terrorakten aufrufen.

Der Arias-Friedensplan

Im Januar 1983 trafen sich auf der panamaischen Insel Contadora die Außenminister von Mexiko, Venezuela, Panama und Kolumbien, um eine Friedensinitiative für Zentralamerika zu entwickeln. Dieser Contadora-Initiative war es zu verdanken, daß seit April 1983 die Staaten Guatemala, Honduras, El Salvador, Costa Rica und Nicaragua auf unterschiedlichen Ebenen, z. T. auch nur zwischen einzelnen Staaten, zu Verhandlungen bereit waren.

Ein Jahr nachdem die Contadora-Bemühungen ins Stocken geraten waren, präsentierte der gerade neu gewählte costaricanische Staatspräsident Arias Sanchez in Absprache mit den vier Außenministern der Contadora-Unterstützerstaaten und den Generalsekretären von OAS und UN einen Vorschlag für einen Friedensplan, der fortan seinen Namen tragen sollte. Seine Initiative basiert auf dem Gedanken, daß eine Beendigung der regionalen Konflikte und eine Verbesserung der sozioökonomischen Verhältnisse nur auf der Grundlage von Frieden und Demokratie möglich seien. Arias verurteilte die Verschwendung der knappen finanziellen Mittel für Rüstungszwecke und forderte daher die sofortige Aufnahme politischer Verhandlungen. Im Gegensatz zu seinem Amtsvorgänger Luís Monge wandte er sich damit indirekt auch gegen die primär auf militärische Mittel setzende Politik der USA.

Am 6. und 7. August 1987 unterzeichneten die Regierungschefs Arias (Costa Rica), Azcona (Honduras), Cerezo (Guatemala), Duarte (El Salvador) und Ortega (Nicaragua) in Guatemala City den neun Punkte umfassenden Vertrag, der zum ersten Mal eine politische Lösung der Konflikte als ›Abkommen unter Mittelamerikanern‹ anstrebte. (Der Vertrag wird auch als *Esquipulas II*-Abkommen bezeichnet, weil im Mai 1986 bereits alle fünf Präsidenten im guatemaltekischen Wallfahrtsort Esquipulas sich auf ein Regionalparlament – *Esquipulas I* – geeinigt hatten.) Daß alle fünf Staaten seinem Vorschlag zustimmten, verdankte Arias ironischerweise Ronald Reagan. Denn 36 Std. vor Eröffnung der Konferenz präsentierte das Weiße Haus einen eigenen Friedensplan und überraschte damit selbst seine engsten Verbündeten in Honduras und El Salvador. (Der Inhalt des Plans: Nach Vorleistungen von seiten Managuas, die innerhalb von 60 Tagen realisiert werden müßten, seien die USA gewillt, die Unterstützung der Contras einzustellen. Zufällig liefen die 60 Tage genau am 30. September 1987 aus, dem letzten Tag, an dem Reagan neue Contra-Hilfe hätte beantragen können.) Um nicht mit leeren Händen vor die Öffentlichkeit zu treten und damit zu demonstrieren, daß man nach der Pfeife Washingtons tanze, standen alle fünf Vertreter unter Zugzwang und unterschrieben.

Im einzelnen sieht der Arias-Plan vor:

– einen Dialog zwischen Regierung und unbewaffneten Oppositionsgruppen in den Ländern, in denen bewaffnete Konflikte stattfinden;

– eine Generalamnestie innerhalb von 60 Tagen nach Unterzeichnung des Vertrages in allen Staaten, in denen es zu gewaltsamen Auseinandersetzungen gekommen war;

– die Bildung von nationalen Versöhnungskommissionen in allen Ländern mit dem Ziel, den Dialog zu stabilisieren;

– der sofortige Waffenstillstand mit Beginn des Dialoges;

– Demokratisierungen in den nächsten sechs Monaten einzuleiten und die Freiheit der Medien innerhalb von 60 Tagen sicherzustellen;

– jede Militärhilfe für aufständische Kräfte (offene und versteckte) einzustellen und das eigene Territorium niemandem zur Verfügung zu stellen, um ein anderes Land zu destabilisieren;

– eine umfassende Waffen- und Truppenreduzierung; innerhalb von 60 Tagen müssen Verhandlungen darüber aufgenommen werden;

– die Überwachung durch UN- und OAS-Generalsekretäre in Zusammenarbeit mit der Contadora-Gruppe;

– die Wahl eines zentralamerikanischen Parlaments.

In ganz Amerika wurde der Vertrag als großer Fortschritt gefeiert, bei der US-Regierung stieß er auf Skepsis. Reagan sicherte der Contra weitere Unterstützung zu, »bis Waffenstillstand und Demokratie unter Dach und Fach seien«. Damit wurde deutlich, daß die USA nie ernsthaft an eine politische Lösung gedacht hatten, sondern die militärische Option immer als die einzig mögliche ansahen.

Mitten im Prozeß der Friedensbemühungen, deren Ausgang bis heute ungewiß ist, bekam Arias am 10. Dezember 1987 den Friedensnobelpreis verliehen.

Auf ihrem Gipfeltreffen in San José im Januar 1988 mußten die Präsidenten eingestehen, daß sie viele der eingegangenen Verpflichtungen bisher nicht erfüllt hatten. Am weitesten fortgeschritten war man in Sachen Amnestie, am wenigsten vorangekommen bei den Bemühungen um einen Waffenstillstand.

Bei Verhandlungen im Februar 1989 im salvadorianischen Seebad Costa del Sol einigten sich die Länder auf den Beschluß, die 12 000 im Honduras lagernden Contra zu entwaffnen und aufzulösen, der Beschluß wurde im Sommer desselben Jahres bestätigt. Nicaragua sicherte daraufhin die Abhaltung von Wahlen im Februar 1990 zu. Doch Washington wollte die Contra mindestens bis 1990 als Druckmittel gegen Nicaragua erhalten und unterstützte sie deshalb weiter.

Nach der großen Herbstoffensive (1989) der FMLN-Guerilla gegen das rechtsgerichtete Arena Regime des Präsidenten Cristiani in El Salvador, dessen Todesschwadronen acht Professoren der katholischen Universität in El Salvador ermordet hatten, schien das sechste ›Friedens‹-Gipfeltreffen im Dezember 1989 in San José gefährdet. Doch dem gastgebenden Präsidenten Arias gelang am Ende noch einmal ein Kompromiß: FMLN-Aktivitäten und Contra-Unterstützung wurden gleichermaßen verurteilt, die direkte Beteiligung der beiden Großmächte an den Friedensgesprächen gefordert und der UN dabei ein noch entscheidenderes Mitspracherecht zugestanden.

Was die Aktivitäten der Contra betrifft, hatte die Vollversammlung der UN am 8. Dezember 1989 mit überwältigender Mehrheit bereits die USA aufgefordert, »die Unterstützung für die gegen die nicaraguanische Regierung kämpfenden Contra unverzüglich einzustellen.« Nur die USA und Israel stimmten dagegen.

Obwohl der Friedensprozeß dank des Arias-Plans schrittweise in die Tat umgesetzt wird, hat sich die wirtschaftliche Situation in der Region sehr verschlechtert. Vor allem die Länder El Salvador, Honduras und Nicaragua stecken in einer schweren Krise. Inflation, fehlendes Wachstum und hohe Auslandsverschuldung lasten auf der Bevölkerung. Auf ca. 10 Mrd. US-$ wurden die Hilfeleistungen geschätzt, die derzeit notwendig wären. – Nur Washington wäre in der Lage, sie aufzubringen und kann deshalb auch den Preis diktieren.

Die Beziehungen der Bundesrepublik und der Europäischen Gemeinschaft zu den Staaten Zentralamerikas

In der öffentlichkeitswirksamen politischen Rhetorik wird den Beziehungen zwischen den Staaten Europas und denen Zentralamerikas ein hoher Stellenwert eingeräumt: Historisch bedingte kulturelle und politische Verwandtschaften, gemeinsame Ziele und Werte, gemeinsame wirtschaftliche Interessen. Doch hinter den wohlklingenden Worten verbirgt sich eine eher düstere Realität.

1982 befaßte sich der Europäische Rat zum ersten Mal mit der Lage in Mittelamerika und stellte fest, »daß die Ursache für die Spannungen und Konflikte [...] häufig in den schwerwiegenden wirtschaftlichen Problemen und der sozialen Ungleichheit zu suchen sind.« Mit der Ablehnung militärischer und der Forderung nach politischen Lösungen unterschied sich die Politik der EG wesentlich von den US-amerikanischen Vorstellungen.

Im September 1984 trafen sich erstmals die Außenminister der EG, die der fünf mittelamerikanischen Staaten sowie die Vertreter der Contadora-Gruppe in San José und vereinbarten ein ›Rahmenabkommen für regionale Zusammenarbeit‹, in dem Entwicklungshilfe von ›Region zu Region‹ in Aussicht gestellt wurde. Zu einem solchen Kooperationsabkommen kam es dann auf der zweiten Ministerkonferenz 1985 in Luxemburg (›San José-Abkommen‹), wobei zwei Protokollvermerke die ganze Spannweite des EG-Engagements verdeutlichten. Frankreich verlangte, eine Sperre von EG-Hilfe für einzelne Länder dürfe es nicht geben und eine Diskriminierung auch nicht. Die Bundesrepublik wollte dagegen die Vergabe von Geldern an »Stabilität, Respektierung der Menschenrechte und der demokratischen Freiheiten, Beendigung der Gewalt sowie soziale Gerechtigkeit« knüpfen, Kriterien, die aus bundesdeutscher Sicht nur Nicaragua nicht erfüllte. Gegen die Einbeziehung Nicaraguas hatten sich zuvor die USA deutlich ausgesprochen.

Nicaragua wurde nicht von den Hilfeleistungen ausgeschlossen. Aber die Bundesrepublik verweigerte jede bilaterale Neuzusage und fror sogar zugesagte 40 Mio. DM für dieses Land ein. Die Überlegung, daß Mittelamerika als eigene Region einen blockfreien, unabhängigen Weg gehen könnte, wie es die Contadora-Initiative als Chance vorgab, wurde ausgeblendet. Durch die Übernahme der ›Hinterhof‹-These unterstützte die Mittelamerika-Politik der Bundesregierung US-amerikanische Interessen. Konsequent floß dann die bilaterale Entwicklungshilfe an die US-loyalen, von Militärs regierten Staaten Guatemala, Honduras und El Salvador, in die die USA bereits Milliarden von Dollars investiert hatten.

Der von Arias vorgelegte Friedensplan belebte die vierte Konferenz der EG mit den mittelamerikanischen Außenministern 1988 in Hamburg. Die von Außenminister Genscher (FDP) maßgeblich initiierte Vereinbarung unterstreicht erneut, daß die EG Nicaragua bei ihren finanziellen Unterstützungen mit einbezieht. Die EG beabsichtigte zur Verwirklichung des Arias-Plans für Wiederaufbau, Flüchtlinge und Schuldentilgungen, den Ländern in den nächsten fünf Jahren 2 Mrd. DM zur Verfügung zu stellen und fördert damit eine »unabhängige Entwicklung in der Region ohne Einmischung von außen«, betonte Genscher.

Die USA haben sich mit dem europäischen Engagement in ihrem ›Hinterhof‹ abgefunden, zumal die EG in den letzten Jahren mehrfach betonte, sie wolle den Hegemonieanspruch der USA in der Region – auch nach dem Beitritt Spaniens in die EG – nicht antasten.

Kaffee-Ernte im Hochland von Costa Rica; Auslesen und Sortieren der Kaffeebohnen nach verschiedenen Qualitäten (1912)

Belize

›Wenn es denn ein Ende der Welt geben soll,
dann liegt es mit Sicherheit in British-Honduras.‹
Aldous Huxley

Allgemeine Landeskunde

Lage, Größe, geographische Gliederung

Belize liegt an der Karibikküste Mittelamerikas, am südlichen Ende der mexikanischen Yucatán-Halbinsel. Im Norden und Nordwesten grenzt es an Mexiko (Grenzfluß Río Hondo), im Westen und Süden (Grenzfluß Sarstún) an Guatemala. Mit ca. 23 000 qkm ist es nach El Salvador das zweitkleinste Land Amerikas und etwa so groß wie Hessen. Die größte Nord-Süd-Ausdehnung beträgt 280 km, in Ost-West-Richtung 110 km. 65% des Landes sind Waldgebiete. Das nördliche von Flüssen durchzogene Tiefland erreicht eine Höhe von ca. 100 m, nimmt fast die Hälfte des Landes ein und besteht teilweise aus ausgedehnten Sümpfen und Lagunen. Der früher vorhandene Baumbestand wurde von britischen Holzfällern geschlagen. In den entwässerten Gebieten wird heute Zuckerrohr angepflanzt. Hauptfluß dieser Region ist der Belize River, der die Grenze zu den südlichen Gebirgen zieht.

Die flache Küstenebene, in der die meisten Bewohner Belizes siedeln, dehnt sich in Nord-Süd-Richtung über die gesamte Länge des Landes aus. Mangrovensiedlungen, Marschen, Sümpfe (sie machen etwa ein Viertel der Gesamtfläche Belizes aus) und Lagunen bestimmen die Landschaft. Viele Flüsse münden ins Meer, sind aber nur auf kurzen Strecken und lediglich mit flachen Booten befahrbar. Sie schwemmen eine Reihe von langen Sandbänken auf. Wegen des sehr flachen Wassers vor der karibischen Küste gibt es kaum Häfen.

Im Westen und Süden Belizes ragt das zentrale Gebirge aus der Mountain Pine Ridge (300–900 m), der Cockscomb (Hahnenkamm-) Range und den Maya Mountains auf. Höchste Erhebung des Landes ist der Victoria Peak mit 1122 m. Mountain Pine Ridge und Maya Mountains bilden die Wasserscheide Belizes. Obstplantagen, Nadelwälder und tropischer Regenwald sind hier zu finden.

Vor der Küste Belizes erstreckt sich in einer Länge von 180 km das zweitgrößte Korallenriff der Welt. Zwei größere Inseln (Ambergris Caye und Turneffe Islands) sowie 175 zumeist unbewohnte kleinere Cayes liegen 25-40 km vor der Küste. Sie sind nur mit kleinen Booten oder Kleinflugzeugen zu erreichen. Die Cayes be-

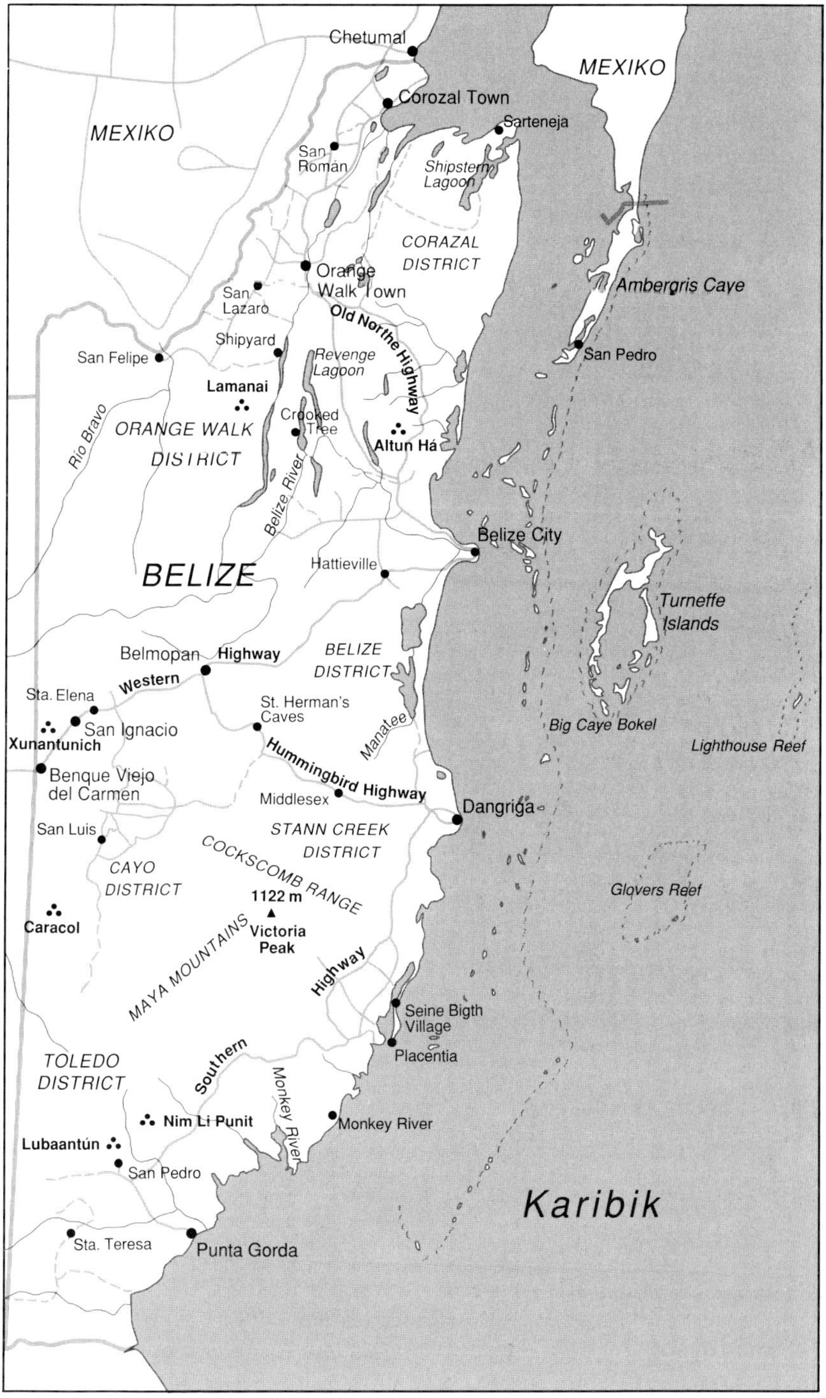
Chetumal
MEXIKO
Corozal Town
Sarteneja
MEXIKO
San Román
Shipstern Lagoon
CORAZAL DISTRICT
Orange Walk Town
San Lazaro
Ambergris Caye
Old Northe Highway
Shipyard
San Felipe
Revenge Lagoon
San Pedro
Lamanai
Río Bravo
ORANGE WALK DISTRICT
Crooked Tree
Altun Há
Belize River
Belize City
BELIZE
Hattieville
Turneffe Islands
Belmopan
Highway
BELIZE DISTRICT
Western
Sta. Elena
St. Herman's Caves
San Ignacio
Xunantunich
Manatee
Big Caye Bokel
Lighthouse Reef
Hummingbird Highway
Benque Viejo del Carmen
Middlesex
Dangriga
San Luis
STANN CREEK DISTRICT
COCKSCOMB RANGE
CAYO DISTRICT
Glovers Reef
1122 m
Caracol
Victoria Peak
MAYA MOUNTAINS
Highway
Seine Bigth Village
Placentia
TOLEDO DISTRICT
Southern
Monkey River
Nim Li Punit
Monkey River
Lubaantún
San Pedro
Karibik
Sta. Teresa
Punta Gorda

stehen aus Korallenablagerungen, sind von Mangroven und Palmen bewachsen, manchmal auch nur von Sand bedeckt und meist von Lagunen zergliedert.

Das südliche Tiefland (Toledo District) jenseits der Gebirge ist aufgrund der ungünstigen Verkehrsanbindung kaum bewohnt. Hier dominieren dichte Vegetation, Bananenplantagen und Sümpfe. In diesem Landesteil leben die sog. Garífuna, Nachkommen afrikanischer Sklaven, und Maya-Angehörige.

Klima

Belize hat subtropisches Klima, das durch regelmäßige Passatwinde erträglich wird. In der Küstenebene schwanken die Temperaturen zwischen einem Monatsmittel von 30 °C (Juli) und 27 °C (Dezember bis Februar). Die Wassertemperatur beträgt im Jahresdurchschnitt 29 °C. In den Monaten Juni, Juli, September und Oktober fällt der meiste Regen, während von November bis Mai Trockenzeit herrscht. Die jährliche Niederschlagsmenge beträgt im Norden des Landes 1300 mm und im Süden bis zu 4500 mm.

Hurrikane treten vornehmlich zwischen September und November auf und richten oft beträchtlichen Schaden an. 1961 forderte Hurrikan Hattie mehrere Menschenopfer und verwüstete einen Teil von Belize City sowie verschiedene Cayes (z. B. St. George's Caye). Der letzte große, Greta genannte Hurrikan zerstörte viele Straßen, Brücken und Häuser sowie einen Großteil der Jahresernte.

Bevölkerung

Die Hälfte der 170 000 Einwohner Belizes lebt in Städten, davon allein 50 000 in Belize City. Darüber hinaus arbeiten 60 000 Belizianer – meist die besser ausgebildeten – in den USA.

Die Bevölkerung wächst jährlich um 3%; über 60% der Einwohner sind jünger als 20 Jahre. Seit jeher zieht die ausländer- und flüchtlingsfreundliche Politik des Landes eine große Zahl von Einwanderern an. Insgesamt wird der Anteil der Ausländer auf 25%, der der Flüchtlinge auf 10% geschätzt.

Die von der Verfassung garantierte Glaubensfreiheit führte zu einer ungewöhnlichen Religionsvielfalt. Man findet in Belize fast alle bekannten Kirchen und Sekten, 60% der Bevölkerung sind römisch-katholisch, ein Großteil Protestanten; außerdem gibt es Anglikaner, Mennoniten, Methodisten, Adventisten, Baptisten, Zeugen Jehovas, Juden, Moslems, Hindus,

Bevölkerung

Kreolen (Nachfahren der eingewanderten Spanier)	ca. 40%
Mestizen (Nachkommen von Spaniern und von Angehörigen der Maya)	ca. 25%
Garífuna (Nachkommen afrikanischer Sklaven)	ca. 8%
Maya-Indios (Kekchi, Mopan)	ca. 10%
Weiße (darunter 4000 deutschstämmige Mennoniten)	ca. 4%
Übrige (Araber, Chinesen, Inder und Flüchtlinge aus Zentralamerika)	ca. 13%

Buddhisten und Bahai. Die Religionsgemeinschaften unterhalten Schulen und Einrichtungen der Wohlfahrtspflege.

Die offizielle Landessprache, Englisch, wird von 50% der Bevölkerung gesprochen, allerdings oft als schwer verständlicher kreolischer Dialekt. Spanisch ist erste Fremdsprache an allen Schulen und wird von einem Drittel der Bevölkerung beherrscht, überwiegend in Corozal, Orange Walk und Bayo. In Stann Creek und Toledo verständigt man sich auch in Garífuna und Maya (einer Mischung aus Englisch, Spanisch und Holländisch). Die meisten Bewohner Belizes sprechen zwei, viele sogar drei Sprachen.

Flora und Fauna

Belize hat – bedingt durch den Wasserreichtum des Landes – eine vielfältige und interessante Vegetation. Im dichten tropischen Regenwald des Landesinneren gedeihen viele Edelhölzer, u. a. Mahagoni und der Ceiba-Baum. Ausgedehnte Nadelwälder durchziehen die Mountain Pine Ridge. In diesem Gebiet wachsen auch an die 200 verschiedene Orchideenarten.

Im Schutz der schwer zugänglichen Regenwälder entfaltet sich eine exotische Tierwelt: Tapire, Leguane, Krokodile, Jaguare, Ozelots, Opossums, Rotwild, Stachelschweine, Peccaris oder die bis zu 70 cm langen Brüll- und Klammeraffen sind hier noch zahlreich vorhanden. Eine große Gruppe unter den 500 Vogelarten bilden die Tukane, auch Pfefferfresser genannt, mit ihren mächtigen leuchtenden Schnäbeln. In der Mountain Pine Ridge kann man sogar Adler entdecken. Der Jabiru-Storch ist im Norden des Landes anzutreffen.

Die bunt schillernden tropischen Fische machen die Unterwasserwelt vor der karibischen Küste zu einem Paradies für Taucher. Zwischen den vielen Cayes leben Schildkröten in großen Kolonien.

Geschichte

Belize ist seit 3000 v. u. Z. besiedelt. Schon vor der Zeitwende entstanden Maya-Siedlungen im Zentrum und Süden des Landes. Höhepunkt der Maya-Kultur waren die Jahrhunderte zwischen 300 und 900 u. Z. Um das Jahr 1000 zogen die meisten Maya aus bisher ungeklärten Gründen nach Norden (Yucatán). Einige ihrer Siedlungen hielten sich bis zur Kolonialisierung im 17. Jh.

1638 siedelten englische Schiffbrüchige an der nördlichen Küste Belizes. Ihre jamaikanischen Sklaven mußten sich als Holzfäller verdingen und vor allem das sog. Blauholz schlagen, aus dem ein begehrtes Färbemittel gewonnen wurde. 150 Jahre lang hatten die entstehenden britischen Ansiedlungen unter den Angriffen der Spanier zu leiden, die sich für die Gewinne aus dem Edelholzhandel interessierten und Anspruch auf das von ihnen entdeckte Mittelamerika erhoben. Großbritannien griff nicht militärisch ein, sondern versuchte, seine Staatsbürger durch Verträge zu schützen.

Das 1763 geschlossene Abkommen von Paris garantierte den Siedlern das Recht zum Fällen der Edelhölzer. Zwei Jahre später gaben sich die Kolonisten eine erste provisorische Verfassung, die eine Selbstverwaltung der einzelnen Gebiete vorsah. Das geschah fortan im Public Meeting aller dort lebenden Siedler, die gleichberechtigt abstimmten. Im Vertrag von Versailles (1783) wurden die Ansprüche der britischen Kolonisten noch einmal als rechtmäßig bestätigt. Die Convention of London (1786) erlaubte den Holzfällern die räumliche Ausdehnung ihrer Aktivitäten nach Süden bis zur Bay of Honduras; gleichzeitig wurde ein British Superintendent als Verwalter des Settlement of Belize eingesetzt. Die Spanier ließen trotz allem nicht von ihren Eroberungsbemühungen ab und gingen 1798 mit einer Flotte zur Offensive über. Großbritannien schickte Kriegsschiffe aus, die die spanische Flotte in der berühmten Schlacht von St. George's Caye vernichteten. Aus diesem Sieg leiteten die Siedler, nicht jedoch die britische Regierung, Gebietsansprüche ab.

1821 brach das spanische Kolonialreich zusammen. Mexiko und Guatemala beanspruchten als völkerrechtliche Nachfolger der spanischen Krone das Territorium von Belize. Dagegen protestierten die englischen Siedler heftig. Sie bestanden 1840 auf eine weitgehende Selbstverwaltung und richteten das Executive Council ein. 1853 ersetzten sie das Public Meeting durch eine gewählte Legislative Assembly. 1859 kam es zum Vertrag zwischen Großbritannien und Guatemala, in dem Guatemala die Grenze des Settlement of Belize anerkannte, es aber weiterhin als eine seiner Provinzen ansah. England verpflichtete sich zum Bau einer Straße von Guatemala City nach Belize City, der aber nie ausgeführt wurde. 1862 erklärte Großbritannien Belize zur Kolonie, 1871 zur Kronkolonie. Belize hieß von nun an British-Honduras und wurde von einem britischen Gouverneur verwaltet. Mexiko verzichtete 1893 auf seine territorialen Ansprüche, Guatemala beharrte jedoch auf seinen Forderungen, u. a. auch deshalb, weil Großbritannien die vereinbarte Straße nie gebaut und somit den Vertrag nicht erfüllt hatte.

In British-Honduras wurde das Wahlrecht 1954 eingeführt. Zehn Jahre später gestand Großbritannien seiner Kolonie das Recht auf Selbstverwaltung zu. Da die

Souveränität und Grenzen des kleinen Landes erneut von Guatemala in Frage gestellt wurden, bemühten sich 1968 die USA als Vermittler zwischen Guatemala und Belize. Die Verhandlungen verliefen ergebnislos, ebenso die Gespräche zwischen Guatemala und Belize in den Jahren 1970–72.

Seit 1973 nennt sich das Land offiziell Belize und nicht mehr British-Honduras. Erneute Verhandlungen zwischen Großbritannien und Guatemala blieben ohne Erfolg, obwohl die UN-Generalversammlung die Gebietsansprüche Guatemalas zurückwies. Am 21. September 1981 erlangte Belize die Unabhängigkeit von Großbritannien. Der neue Staat wurde Mitglied des Commonwealth und der Vereinten Nationen. Britisches Militär blieb jedoch zum Schutz im Land.

Staat und Verwaltung

Regierungssystem

Nach der Verfassung von 1981 ist das Staatsoberhaupt Belizes – aufgrund der Zugehörigkeit zum Commonwealth – die britische Königin. Sie wird durch einen Generalgouverneur vertreten, der Belizianer sein muß. Gegenwärtig bekleidet Frau Dr. Minita E. Gordon dieses Amt.

Belize ist eine parlamentarische Demokratie nach britischem Vorbild. Die Exekutive bilden der Premierminister und sein Kabinett, die Legislative ein Zweikammersystem aus Abgeordnetenhaus (28 Sitze) und Senat (8 Sitze). Der Generalgouverneur ernennt nach der Wahl zum Abgeordneten haus den Führer der stärksten Fraktion zum Premierminister und auf dessen Vorschlag die Minister. Fünf der Senatoren, die ebenfalls vom Generalgouverneur nominiert werden, schlägt der Premierminister vor, zwei weitere der Oppositionsführer und einen das Belize Advisory Council. Gewählt wird alle fünf Jahre.

Von 1954–84 war die People's United Party (PUP), die sozialdemokratische Partei der Katholiken, an der Macht. Ihr Premierminister, George C. Price prägte den Staat. Die United Democratic Party (UDP), die liberale Partei der Protestanten, gewann erstmals im Dezember 1984 die Wahlen (21 von 28 Sitzen des Abgeordnetenhauses), und ihr Führer Manuel Esquivel bekleidete ab Januar 1985 das Amt des Premierministers. Die Wahlen vom September 1989 konnte die PUP jedoch wieder für sich entscheiden. Der nunmehr 70jährige Price zog mit einer knappen Mehrheit (15 von 28 Sitzen) im Januar 1990 erneut als Premierminister ins Parlament ein. Er beabsichtigt nicht, die liberale Wirtschaftspolitik seines Vorgängers fortzusetzen.

Belize besteht aus sechs Verwaltungsdistrikten, Belize, Cayo, Corozal, Orange Walk, Stann Creek, Toledo und Belize City. Die Stadt wird von einem neunköpfigen City Council verwaltet, die anderen Distrikte von jeweils einem siebenköpfigen Town Board. Das Rechtswesen des Landes orientiert sich am englischen Vorbild.

Bildung und Erziehung

Das britische Kolonialregime hinterließ in Belize ein gut funktionierendes Bildungssystem. Nur 7% der Bevölkerung sind heute noch Analphabeten. Schulpflicht besteht vom sechsten bis zum 14. Lebensjahr, die Grundausbildung ist kostenlos, auch für Ausländer, Einwanderer und Flüchtlinge. Es gibt 250 Grundschulen *(Primary Schools)* und 25 weiterführende *(Secondary)* Schulen. In der Regel betreiben Religionsgemeinschaften und Kirchen die Bildungsstätten, nur wenige, vor allem die Sonderschulen, sind in staatlicher Hand. Die Lehrergehälter zahlt der Staat, die übrigen Kosten des Schulbetriebs teilen sich der Staat und der jeweilige Träger.

Ein technisches College, eine Lehrerbildungsanstalt, ein Berufsbildungszentrum, eine landwirtschaftliche Schule sowie ein College of Arts, Science, and Technology dienen der gehobenen Berufsausbildung. Die University of the West Indies betreibt in Belize eine Nebenstelle zur Ausbildung von Erwachsenenpädagogen. Studieren können die Belizianer nur in Großbritannien, Jamaika (Medizin), den USA oder Kanada. Das Baron Bliss-Kulturinstitut in Belize City unterhält die größte Bibliothek des Landes.

Außenpolitik

Belize ist Mitglied des britischen Commonwealth sowie der Vereinten Nationen und zählt zur Gruppe der blockfreien Staaten. Weiterhin gehört es dem Internationalen Währungsfond (IWF) und dem Karibischen Gemeinsamen Markt (CARICOM) an. Zu den Diktaturen und Militärregimes Mittelamerikas bestehen kaum Handelsbeziehungen. Zwischen Belize und Guatemala herrscht aufgrund der Gebietsansprüche ein gespanntes Verhältnis ohne diplomatische Vertretungen. Wirtschaftlich orientiert sich Belize an den USA, seinem wichtigsten Außenhandelspartner.

Das kleine Land unterhält trotz seiner kritischen wirtschaftlichen Lage, der geringen Bevölkerungszahl und seiner neutralen Position seit 1978 relativ starke Streitkräfte (Heer, Marine, Luftwaffe), da es sich noch immer von Guatemala bedroht fühlt.

Beziehungen zur Bundesrepublik Deutschland

Zwischen Belize und der Bundesrepublik bestehen keine nennenswerten Handelsbeziehungen; Ein- und Ausfuhr liegen bei jeweils ca. 1 Mio. DM pro Jahr. Die BRD bezieht hauptsächlich Holz und Textilwaren aus Belize und liefert chemische Erzeugnisse, Kunststoffprodukte und Maschinen. Die Bundesrepublik hat keine diplomatische Vertretung in Belize; entsprechende Aufgaben übernimmt die Botschaft in Jamaika. Die belizianischen Interessen vertritt die britische Botschaft in Bonn.

Wirtschaft

Belize verfügt über keine Bodenschätze. Erdöl wurde zwar (im Norden) entdeckt, bisher jedoch nicht gefördert. Das ökonomische Rückgrat bilden Landwirtschaft und Fischerei. Sie erbringen zwei Drittel der Devisen, davon allein der Zucker 50%. Zuckerrohr wird im Norden, in Corozal und Orange Walk, angebaut; die Ernte beträgt etwa 100 000 t pro Jahr. Zitrusfrüchte kommen hauptsächlich aus dem Distrikt Stann Creek und werden zu Dosenfrüchten oder Getränken verarbeitet. Weitere landwirtschaftliche Erzeugnisse sind Kokosnüsse, Bananen (im Süden des Landes), Reis (am Belize River), Mais, rote Bohnen und Honig. Die Edelholzgewinnung geht kontinuierlich zurück, da die Wiederaufforstung stagniert. Obwohl die Viehwirtschaft erst am Anfang steht, ist das Land bei Fleisch und Milch bereits Selbstversorger. Regelmäßig bedrohen Hurrikane die Ernten, so daß stabile, voraussehbare Einnahmen nicht erwartet werden können.

Ein Drittel der Bevölkerung ist in der Landwirtschaft tätig. 40% der Gesamtfläche Belizes bestehen aus fruchtbarem Boden, jedoch wird nur ein Sechstel davon tatsächlich genutzt. Belize ist offen für Einwanderer, die sich landwirtschaftlich betätigen wollen. Bodenerwerb ist bis 10 Acre (= 40 470 qm) ohne, darüber hinaus mit Genehmigung möglich. Das Privatland liegt zur Hälfte in der Hand der Belize Estate and Produce Company (Edelholzgewinnung), zum großen Teil auch in Händen ausländischer Großgrundbesitzer, die es zu Spekulationszwecken erwarben und nicht bebauen. Dieses Land kauft der Staat auf und verkauft es an Einwanderer.

Die industrielle Produktion ist wenig entwickelt. Es gibt Betriebe zur Herstellung von Zucker, zur Verarbeitung von Zitrusfrüchten, Fisch und Baumwolle (Textilproduktion), zur Herstellung von Zigaretten und Bier. In kleinem Umfang werden Metalltüren und -fenster, Möbel, Zement und Getränke produziert. Neue Hoffnung setzt das Land auf Zuwachsraten im Tourismus, der sich bisher auf Besucher aus den USA beschränkt. Ein Berater der EG soll helfen, auf Belize als Reiseziel für europäische Touristen aufmerksam zu machen.

Die Außenhandelsbilanz des Landes ist negativ. Importiert werden Lebensmittel, Erdöl, Maschinen, Kraftfahrzeuge und Fertigwaren, hauptsächlich aus den USA, von den Niederländischen Antillen, aus der EG und aus Großbritannien. Diese Einfuhren kosten doppelt soviel, wie die Ausfuhren erbringen; Belize wird daher von Großbritannien finanziell unterstützt. Das Bruttoinlandsprodukt liegt bei 1000 US-$ pro Kopf; es besteht eine beträchtliche Arbeitslosenquote, besonders bei Jugendlichen.

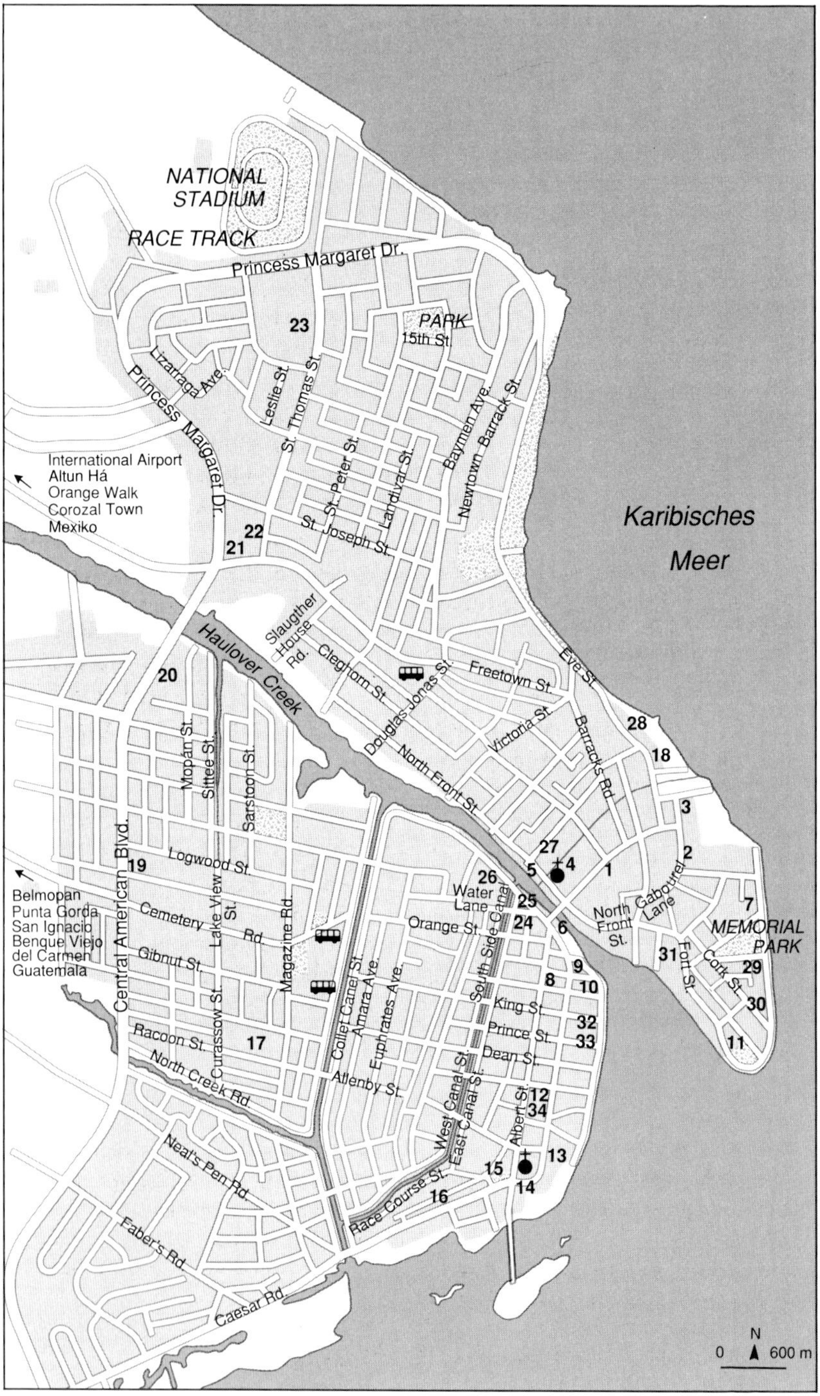
NATIONAL STADIUM
RACE TRACK
Princess Margaret Dr.
PARK
15th St.
Lizarraga Ave.
Leslie St.
St. Thomas St.
St. Peter St.
Landivar St.
Baymen Ave.
Newtown Barrack St.
St. Joseph St.
International Airport
Altun Há
Orange Walk
Corozal Town
Mexiko
Karibisches Meer
Haulover Creek
Slaugther House Rd.
Cleghorn St.
Douglas Jonas St.
Freetown St.
Eve St.
Victoria St.
Barracks Rd.
North Front St.
Mopan St.
Sittee St.
Sarstoon St.
Central American Blvd.
Logwood St.
Lake View St.
Water Lane
Orange St.
South Side Canal
North Front St.
Gabourel Lane
MEMORIAL PARK
Fort St.
Cork St.
Belmopan
Punta Gorda
San Ignacio
Benque Viejo del Carmen
Guatemala
Cemetery Rd.
Gibnut St.
Magazine Rd.
Collet Canal St.
Amara Ave.
Euphrates Ave.
King St.
Prince St.
Dean St.
Racoon St.
Curassow St.
North Creek Rd.
Allenby St.
West Canal St.
East Canal St.
Albert St.
Neal's Pen Rd.
Race Course St.
Faber's Rd.
Caesar Rd.
N
0 600 m

Orts- und Landschaftsbeschreibungen

Belize City

Größte Stadt und wichtigster Hafen des Landes, Hauptstadt des Distrikts Belize, fast 50 000 Einwohner, im Osten des Landes an der Küste gelegen.

Das 350 Jahre alte Belize City war bis 1970 Hauptstadt des Landes. Als 1961 der Hurrikan Hattie mit einer 3 m hohen Flutwelle fast ein Drittel der Stadt fortspülte, wurde für die obdachlos gewordenen Bewohner der Ort Hattieville gegründet und gleichzeitig mit der Planung einer neuen Hauptstadt - Belmopan - im Landesinneren begonnen.

Belize City wird vom Haulover Creek geteilt, einem Meeresarm, der sich mehrere Kilometer in das Land hineinzieht. Im Zentrum der Stadt überspannt den Creek die gußeiserne Swing Bridge, die bei Bedarf, d. h. wenn ein Segelboot passieren will, hochgezogen wird.

Belize City besteht - trotz der Verwüstungen durch Hurrikane - immer noch zu beträchtlichen Teilen aus bunten Holzhäusern. Pfahlholzbauten und Häuser auf Stelzen mit riesiger Veranda und Wellblechdach prägen das Stadtbild. Auch Bambushütten sind nicht selten. Ehemalige Sklavenquartiere erkennt man daran, daß sie aus Ziegeln (als Segelschiffsballast mitgeführt) erbaut wurden. Oft bilden sie die Basis eines Hauses, auf dem der hölzerne Wohntrakt aufgesetzt ist.

Ein buntes Völkergemisch bewohnt die Stadt, deren karibischer Charme jedoch gelegentlich durch Diebstähle oder heftige Beschimpfungen von seiten Einheimischer getrübt wird. Autoschlangen schieben sich durch die enge Altstadt, dazwischen bahnen sich Eselskarren und Handwagen einen Weg; auf dem Kanal fahren überfüllte Barkassen zu den Inseln. Der Markt quillt über, und vormittags scheint die gesamte Einwohnerschaft auf den Beinen zu sein.

Fremden erscheint Belize City als typisches koloniales Hafenstädtchen der Karibik: eine Mischung aus pulsierender Lebensfreude und häßlichen Slums, aus lastender Schwüle, tropischer Vegetation und einer Vielzahl dunkler Kneipen. Solvente Besucher zieht es daher gleich in

Belize City 1 Polizei 2 US-Botschaft 3 Gefängnis von Belize City 4 Holy Reedemer Cathedral 5 Anlegestelle der Boote zu den Cayes 6 Belize City Market 7 Mexikanische Botschaft 8 Banco Atlántico 9 Supreme Court (Oberster Gerichtshof) 10 Nationalbibliothek 11 Baron Bliss-Park und -Monument 12 Touristeninformation 13 Goverment House 14 St. John's Cathedral 15 Layola-Park 16 Yarborough-Friedhof 17 Jugendherberge 18 Belize Krankenhaus 19 Lord Ridge-Friedhof 20 Farmer's Market 21 Health Centre 22 YWCA 23 Cable und Wireless (Telefonzentrale) **Hotels** 24 Bliss 25 Riverside 26 Riverview 27 Bonaventure 28 Posada Tropicana 29 Château Caribbean 30 Fort George 31 Four Fort Street 32 Bellevue 33 Sea Sid Guest House 34 Mopan

das Fort George Hotel oder das Château Caribbean. Andere ziehen es vor, sich sogleich ein Boot zu suchen und auf eine der vielen vorgelagerten Inseln (Cayes) zu verschwinden.

Wer eine gewisse Gelassenheit mit der notwendigen Vorsicht verbinden kann, wird die unbekümmerte, leichtlebige Atmosphäre der Hafenstadt genießen.

Besichtigung

Südlich des Creek

St. John's Cathedral: Südliches Ende der Albert St./Ecke Regent St.; 1812 von Sklaven aus Ziegelsteinen erbaut, die bei Schiffsreisen aus Europa als Ballast dienten. Älteste anglikanische Kirche Mittelamerikas, in der vor der Kolonialherrschaft im frühen 19. Jh. mehrere Fürsten der Moskito-Küste (Waiki-Indios) gekrönt wurden.

Government House: Südliches Ende der Regent St./Southern Foreshore, hinter St. John's Cathedral am Meer. Residenz der britischen Gouverneure. Das elegante Haus im Kolonialstil, 1812–14 erbaut, befindet sich noch im Originalzustand.

Yarborough Cemetery: Südliches Ende der Albert St.; der nach James D. Yarborough (ehemaliges Magistratsmitglied und Stifter des Grundstücks) benannte Friedhof war bis 1781 die letzte Ruhestätte prominenter Bürger und diente bis 1870 als öffentlicher Friedhof. Nur wenige der schön verzierten Grabsteine sind unbeschädigt.

Belize City Vaults: Vom Yarborough-Friedhof über die Yarborough-Brücke zu erreichen. das Beinhaus wurde 1870 nach der Schließung des Yarborough-Friedhofs von dem deutschen Offizier Gustav von Olhaffen angelegt. In den ebenerdig errichteten Mauern nahmen kammerähnliche Aussparungen die Leichen auf. Olhaffen war der letzte von etwa 25 Verstorbenen, die auf diese Art beigesetzt wurden. Heute umgeben die Mauern einen Kinderspielplatz im Layola-Park.

Lord Ridge Cemetery: Der heutige Stadtfriedhof ist über 100 Jahre alt (1886 gegründet) und liegt am Anfang des Western Highway. Die unterschiedlichen religiösen Bräuche der Bevölkerung führten zu einer sehenswerten Vielfalt in der Grabgestaltung.

Wohnhäuser im Kolonialstil: Die Holzgebäude aus dem 18. und 19. Jh. finden sich an vielen Stellen der Stadt. Gewaltige Freitreppen, große hölzerne Balkone oder Veranden und Stelzen unter den Häusern kennzeichnen diesen Baustil, den man im Bereich der Küsten (Southern Foreshore, Yarborough Lane, Fort St., Barrack Rd.) besonders häufig antrifft. Die älteren Gebäude liegen südlich des Creek. Folgt man der Regent St. nach Süden, entdeckt man eine Reihe herrschaftlicher Holzhäuser – auch das Touristenbüro zählt dazu. Das älteste Haus der Stadt (1757) steht Dean St./Ecke Albert St.

Nördlich des Creek

Holy Redeemer Cathedral: N. Front St., nach Überqueren der Swing Bridge links halten; 1857 von den Katholiken seinerzeit als höchstes Gebäude der Stadt konstruiert.

Belize City Prison: Gabourel Lane/ Gaol Lane (Abzweigung von der Queen St.), in der Nähe der Küste; aus Holz und Beton ebenfalls im Jahre 1857 erbaut und

Belize City in den 50er Jahren

immer noch als Gefängnis benutzt, von weitem an den Umfassungsmauern zu erkennen. Nur von außen zu besichtigen.

United States Embassy: 20 Gabourel Lane; die in Neu-England errichtete US-Botschaft wurde 1840 nach Belize City transportiert und dort wieder zusammengesetzt. 1860 erfolgte ein Umbau mit Erweiterung.

Hotels

Gut und teuer: Airport Hotel, Ladyville, am Flughafen, ✆ 2150; Bellevue, 5 Southern Foreshore, am alten Hafen, ✆ 77051; Château Caribbean, 6 Marine Parade/N. Park St., ✆ 45257, hölzernes Kolonialgebäude am Meer; Fort George, 2 Marine Parade, ✆ 77400, Kolonialgebäude auf einer Landzunge am Meer, Mahagoni-Täfelung in der Bar, Leder-Garnituren, die von vergangener Pracht zeugen, Buchung in der BRD unter 0211-369903; Mopan, 55 Regent St., ✆ 77351, schönes Holzhaus neben dem Touristenbüro; The Villa, 13 Cork St., ✆ 45743.

Mittelklasse: Bliss, 1 Water Lane, ✆ 72552, 73310; Four Fort Street, 4 Fort St., ✆ 45638; Mona Lisa, 4 Regent St., ✆ 73400; Rivervue, 25 Regent St. W., ✆ 73392; Vinat's I, 35 Regent St. W.

Einfach und preiswert: Bellcove, 9 Regent St., ✆ 73054; Belice, Orange St./West St., ✆ 72302; Bonaventure, 122 N. Front St., chinesische Besitzer, empfehlenswert; Riverside, 44 Regent St. W., ✆ 73411, am Creek; Sea Side Guest House, 3 Prince St., Meeresblick; weitere preiswerte Unterkünfte in der Eve St. (im Norden der Stadt an der Küste).

Camping im Trailer Park, Eve St. N.; YWCA, St. Thomas St. S./Freetown St.; Youth Hostel, Racoon St. E., im Süden der Stadt.

Restaurants

Upstairs Cafe, 4 Queen St., schräg gegenüber der Post, ungezwungener Treff; Canton, New Rd., chinesisch; Restaurant im Fort George Hotel, Haifisch, Garnelen und Wild; Mom's

Triangle Inn, 11 Handyside St., ✆ 4 55 23, verlegt von der Swing Bridge nach Norden, immer noch Traveller-Treff, Souvenirs, Landkarten, Informationen, auch Zimmer zu vermieten (Sa geschlossen); Macy's, 18 Bishop St., karibische Küche.

Verkehrsmittel

Busse: Novelo's Bus Service, 19 W. Collet Canal St., ✆ 7 73 72; Batty's Bus Service, 54 E. Collet Canal St., ✆ 2 02 25; Venus Bus Line, Magazine Rd./Logwood St., ✆ 7 33 54; Z Line Bus Service, Magazine Rd., ✆ 7 39 37; James Bus Service, W. Collet Canal St./Pound Yard; Transporte del Carmen, Pound Yard Bridge, am W. Collet Canal gegenüber Batty's.

Verbindungen: Nach Punta Gorda 2 × tgl., Z Line, James, 8–10 Std.; nach Dangriga 4–5 × tgl., Z Line, James, Venus; nach Chetumal (Mexiko) über Orange Walk und Corozal, stdl. zwischen 4 und 18 Uhr, Batty, Venus, Bus 3,5 Std., Express-Bus (nur 2 Stopps) 2 Std.; nach Belmopan und San Ignacio jeweils 4 × tgl., Batty sowie alle Busse nach Benque Viejo; nach Benque Viejo del Carmen 10 × tgl., Novelo, Carmen.

Flüge: Städtischer Flughafen (Municipal Airstrip) im Norden der Stadt am Meer, nördlich des Nationalstadions; internationaler Flughafen (Belize International Airport) Mile 9 Northern Highway.

Verbindungen: Tgl. Flüge mit Maya Airways, ✆ 7 72 15, 7 23 12, ab Municipal Airstrip nach San Pedro, Caye Chapel, Corozal, Dangriga, Placentia (Big Creek), Punta Gorda, Sarteneja; mit Tropic Air, ✆ 4 5671, nach San Pedro (Ambergris Caye).

Schiffsverbindungen: Zu den Cayes Abfahrt am Haulover Creek, 73 N. Front St. bei Jan's Service Station (Shell).

Leihwagen: Elijah Sutherland, 127 Neal Pen Rd., ✆ 7 35 82; Royal Rentals, 5 Berkeley St., ✆ 7 30 63, 72 59; Smith and Sons, 125 Cemetery Rd./Logwood St. W., ✆ 7 37 79.

Unterhaltung

Belize City verfügt über ein Kino und viele Bars; schön ist die Bar des Bellevue-Hotels an der Southern Foreshore, mit Blick auf den Hafen.

Kunstgalerie im Baron Bliss Institute, wechselnde Ausstellungen.

Sport

Sportangeln, Tauchen, Segeln, Wanderungen in Naturschutzgebieten: Action Belize, 23 Regent St., ✆ 7 26 52.

Einkaufen

Belize City Market, südlich der Swing Bridge am Wasser, 1845 im Kolonialstil erbaut; Farmer's Market, Belcan Bridge, nördlich des Creek; El Papagayo, 7 Barrack Rd., Boutique mit Kunsthandwerk und Textilien aus Guatemala und Mexiko; Cottage Industries, Albert St., Souvenirs; Peyrefitte, Orange St., Schnitzereien aus tropischem Hartholz (Zericote).

Adressen

Mexikanische Botschaft, 20 N. Park St., auf der Fort George-Landzunge am Meer, ✆ 4 43 01, 4 53 67.

Auskunft: Belize Tourist Bureau, 53 Regent St., neben Hotel Mopan, ✆ 02-7 72 36, 7 72 13 (Mo–Fr 9–12 und 13–17 Uhr).

Banken: Mo–Fr 9–13 Uhr geöffnet, mit Ausnahme der Banco Atlántico, 6 Albert St., 9–15 Uhr.

Gesundheit: Klinik (Health Centre), Princess Margaret Dr./Freetown St.; Belize Hospital, Eve St. S. (am Meer).

Reisebüros: S and L Tours, 69 W. Collet Canal St./Mexican Ave., ✆ 02-7 30 62; Smith and Sons, 125 Cemetery Rd., ✆ 7 37 79.

Telefon: Cable and Wireless, Mercury House, St. Thomas St.

Ausflüge

Moho Caye: Unmittelbar vor der Stadt gelegene kleine Insel, früher Quarantäne-Station für Pockenkranke, später Friedhof, heute Hafen von Sail Belize, Segelboot-Verleih und -Touren; Überfahrt vom Ende des Princess Margaret Dr.

St. George's Caye: 14 km nordöstlich von Belize City, 25 Min. per Boot. Die Siedlung war von 1650 bis 1784 Hauptstadt von Belize. Hier fand 1798 die entscheidende Schlacht zwischen Spanien und Großbritannien statt. Grabsteine und Funde aus der Kolonialzeit sind selten geworden, zum Teil liegen sie im Wasser. Übernachtung in der St. George's Lodge möglich.

Belize Zoo: Mile 29 Western Highway, 40 km von Belize City (tgl. 10–17 Uhr); seit 1982 werden hier Jaguare, andere Wildkatzen und einheimische Tiere in ihrer natürlichen Umgebung gehalten. Pfade führen durch das bewaldete Gelände. Auch der Tapir, das Nationaltier Belizes, ist zu sehen; Busse Richtung Belmopan, San Ignacio, Benque Viejo; vom Highway 1 km Fußweg.

Das Barrier Reef und die Cayes

Parallel zur belizianischen Küste verläuft das zweitgrößte (180 km lange) Korallenriff der Welt. In den flachen Gewässern zwischen Riff und Küste, aber auch vor dem Riff, liegen 175 kleine, meist unbewohnte Inseln, die Cayes (span. *Cayo*) genannt werden. Diese von Mangroven bewachsenen Inseln ragen nur wenige Meter aus dem Wasser und sind von herrlichen, zum Teil mit Kokospalmen bewachsenen Sandstränden gesäumt.

Von April bis Juni ist die See am ruhigsten. Das klare Wasser mit Sichttiefen bis zu 20 m ist ein Paradies für Liebhaber der Unterwasserwelt. In dem Flachwasserbereich zwischen Korallenriff und Küste, der Inner Lagoon, und auf der Riffkrone wird überwiegend geschnorchelt. Taucher treffen sich an der Riffwand, die steil (meist zwischen 10 und 40 m) abfällt. Der Fisch- und Pflanzenreichtum ist erstaunlich.

Badende werden auf einigen Cayes durch Stahlnetze vor Haien und Barrakudas geschützt. Auf Ambergris Caye, dem Zentrum des belizianischen Tourismus, finden sich vorwiegend US-Amerikaner ein, die meist mit ihren Segelbooten anreisen. Die Insel ist teuer, jedoch am leichtesten zu erreichen. Auf Caye Caulker überwiegen die jungen Low Budget-Reisenden. Am Lighthouse Reef, dem Barrier Reef vorgelagert, treffen sich die Profis unter den Tauchern am berühmten Blue Hole, der von Jacques Cousteau entdeckten gewaltigen Unterwasserhöhle.

Ambergris Caye

Größte und nördlichste Insel (40 qkm), 60 km nordöstlich von Belize City, sehr teuer. Am nördlichen Ende wird Ambergris nur durch einen kleinen Fluß von der mexikanischen Halbinsel Yucatán getrennt. Früher lebten die Bewohner vom Fisch- und Hummerfang, heute ist der Tourismus die größte Einnahmequelle.

Im Süden liegt San Pedro mit wenigen, an drei sandigen Straßen verstreuten Holzhäusern. Sie sind alle neueren Datums, denn der Hurrikan Hattie zerstörte 1961 den größten Teil San Pedros. In dem typischen Touristenort findet man überwiegend Tauchstationen, Geräteverleihfirmen, Restaurants, Hotels, Reisebüros, Souvenirläden und Bootsverleiher.

Taucher bevorzugen Rocky Point im Nordosten der Insel, ein 12 m abfallendes Korallenriff mit diversen Höhlen. Das Barrier Reef liegt 500 m vor San Pedros Ostküste.

Hotels

In San Pedro (Vorwahl 0 26) gibt es ca. 30 Hotels und Pensionen, alle recht klein (3–15 Zimmer).

Gut und teuer: El Pescador, am Punta Arena Beach im Norden außerhalb des Ortes, ✆ 22 15; Journey's End Caribbean Club, kleine Villen

Am Strand von Caye Caulker

nördlich des Ortes am Strand, ✆ 2173; San Pedro Holiday, ✆ 2014; Sun Breeze, ✆ 2058.

Mittelklasse: Barrier Reef, Front St., ✆ 2075; Lily's, N. Front St., am Strand, ✆ 2059.

Einfach und preiswert: Ruby's, S. Front St., ✆ 2063; Sea Breeze, Front St.; preiswerte Privatzimmer am Coral Beach.

Restaurants
Paradise Hotel, mexikanische Küche; Pizza Place, Front St., Imbiß im Freien, preiswert; Lily's Hotel, hervorragende Fischgerichte, teuer.

Verkehrsmittel
Flüge: Tgl. nach Belize City, zum International Airport, nach Corozal und Sarteneja; der Flugplatz liegt südlich des Ortes an der Verlängerung der Back St.

Schiffsverbindung: Tgl. mit Fähre ›Miss Belize‹, Abfahrt östlich des Marktes vor dem Gerichtsgebäude, 1,5 Std.

Vorsicht bei privaten Anbietern an der Swing Bridge; erst nach Ankunft bezahlen.

Caye Caulker (Caye Corker, Cayo Hicaco)

Die 7 km lange und 300 m breite Insel liegt 30 km nordöstlich von Belize City (2 Std. Bootsfahrt ab Haulover Creek) und 1,5 km vom Korallenriff entfernt. Sie ist durch den Cut, einen Meeresarm, in zwei Hälften geteilt. Die 500 Einwohner der 3 km langen Südinsel leben vom Hummerfang und von den Einnahmen des Tourismus. Das Eiland wird seit Jahren bevorzugt von US-amerikanischen Rucksackreisenden besucht, ist immer überlaufen, aber dennoch beständig gefragt. Angeln, Tauchen und Schnorcheln sind beliebt (Bootsverleih möglich). Das Leben spielt sich im Freien ab. Abends kochen einheimische Familien für die Besucher, danach trifft man sich in Canul's Dance Hall.

Hotels

Es gibt ca. 20 kleine Pensionen auf Caye Caulker mit sehr bescheiden ausgestatteten Zimmern (✆ 4 43 07, 4 59 37). Die Pensionen sind über *Extension* (Ext.) zu erreichen, man wählt die oben angegebenen Nummern und bittet dann um Extension.

Hide-a-way Hotel, Ext. 103; Hotel Maria, Ext. 110; Lena's Hotel, am Ufer, Ext. 106; Tom's Hotel, Ext. 102; Mrs. Rivas' Guest House

Etwas teurer: Hotel Martínez, an der Ostküste im Norden, Ext. 113, mit Bad; Vega's Far Inn, an der Ostküste an der Brücke, Ext. 142, mit Campingmöglichkeit.

Restaurants

Tropic Paradise, Eisspezialitäten; Martínez (im Hotel); Ms. Evelyn's. Viele Familien stellen Tische und Stühle vor ihr Haus und kochen für die Touristen; Voranmeldung während des Tages für das Abendgericht ist erwünscht. Hauptgericht der Insel: Hummer.

Verkehrsmittel

Schiffsverbindungen: Ab Haulover Creek in Belize City bei Jan's Shell Service Station, 73 N. Front St.

Caye Chapel

Die Insel liegt südlich von Ambergris Caye direkt am Korallenriff und ist von Belize City in 15 Flugminuten zu erreichen. Caye Chapel ist auch Ziel ausländi-

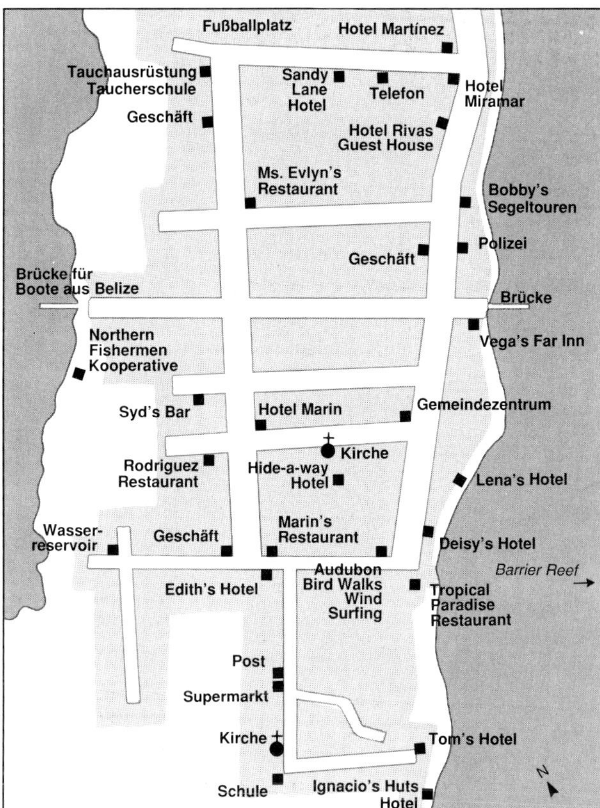

Die Insel Caye Caulker

scher Jachten, denn sie verfügt über einen der wenigen Bootshäfen.

Schöne, von Palmen bewachsene Strände, glasklares Wasser, ungefährliche Schnorchelgebiete und das direkt vor der Ostküste liegende Korallenriff ziehen viele Besucher an.

Hotels

Gut und teuer: Pyramid Island Lodge, am Strand gelegen, ✆ 02-4 44 09, mit Tennisplatz; vom Hotel werden Tauchexpeditionen und alle Wassersportarten angeboten.

Verkehrsmittel

Maya und Tropic fliegen tgl. nach Belize City, zum International Airport, nach Corozal, San Pedro und Sarteneja. Regelmäßiger Bootsverkehr nach Belize City, die anderen Inseln werden mit Charterflügen bedient.

Turneffe Islands

Die Inselgruppe liegt östlich des Barrier Reef und ist von einem eigenen Korallenriff umgeben. Taucher und Sportfischer treffen sich am Rendezvous Point im Norden der Insel. Ein weiteres beliebtes Tauchgebiet sind die English Caye Banks im Südwesten, denn 3 km südöstlich dieses Atolls liegt ein 10 m tief abfallendes Korallenriff mit besonders reicher tropischer Fischwelt. Ein dritter stark besuchter Tauchplatz ist Caye Bokel im Süden der Inselgruppe.

Hotel

Gut und teuer: Turneffe Lodge, P. O. B. 480, Belize City, ✆ 23 31, auf Taucher spezialisiertes Haus.

Verkehrsmittel

Kein regelmäßiger Bootsverkehr (nur Charterflüge).

Lighthouse Reef

Das langgestreckte Atoll östlich der Turneffe Islands (90 km von Belize City) ist am weitesten der Küste vorgelagert und umschließt eine Reihe winziger Inseln. In der Mitte des Korallenriffs liegt das Blue Hole, eine Vertiefung (120 m) mit 300 m Durchmesser, von der aus man in ein Höhlensystem (mit Stalaktiten) tauchen kann. Das Blue Hole wurde 1960 von Jacques Cousteau entdeckt und durch seinen Film ›Blaue Grotten‹ weltweit bekannt. Aufgrund seiner faszinierenden, vielfältigen Korallenformationen und tropischen Unterwasserlebewesen sind immer Tauchexpeditionen am Riff anzutreffen.

Im Süden des Atolls liegt Halfmoon Caye, ebenfalls ein Paradies für Taucher. Hier sieht man viele Boote aus Belize City, die mit Tauchergruppen unterwegs sind. Das 40 qkm große Halfmoon Caye Natural Monument schützt eine Kolonie seltener Vögel, die von einer Aussichtsplattform beobachtet werden können. Im Naturschutzgebiet liegen ein Riff sowie eine Inner Lagoon, in denen sich Schnorchelausflüge und ausgiebige Tauchgänge anbieten. Sehenswert ist auch der 100 Jahre alte Leuchtturm, der 1982–83 repariert wurde. Auf den Inseln des Lighthouse Reef gibt es keine Übernachtungsmöglichkeit; man schläft auf den Booten.

Von Belize City nach Norden

Die Straße von Belize City zur mexikanischen Grenze (166 km) führt durch das von englischen Siedlern abgeholzte ehemalige Logwood-Flachland. Es besteht heute aus Sümpfen, Lagunen und Marschen, die von Flüssen und Bächen durchzogen werden. Große Teile wurden trockengelegt und zum Anbau von Zuckerrohr und Gemüse präpariert. In diesem Gebiet liegen einige Maya-Stätten des Landes.

Der Northern Highway führt durch die Distrikte Belize, Orange Walk und Corozal, vorbei am internationalen Flughafen, der Ruinenstätte Altun Há und durch die Städte Orange Walk und Corozal Town, bevor er den Río Hondo, den Grenzfluß zu Mexiko, überquert.

Community Baboon Sanctuary

Bald nach Passieren des Belize International Airport zweigt in westlicher Richtung eine Straße nach Burrell Boom ab, die am Belize River endet. Seit 1985 kümmern sich hier die Einwohner von sieben kreolischen Dörfern (Bermudian Landing, St. Pauls u. a.) und rund ein Dutzend privater Landbesitzer zusammen mit der Belize Audubon Society (der nationalen Naturschutzgesellschaft) und dem World Wildlife Fund um ein Naturschutzgebiet, in dem eine Kolonie von Schwarzen Brüllaffen lebt. Ein 45 qkm großer Streifen zu beiden Seiten des Flusses, der in diesem Gebiet stark mäandriert, ist von 100 unterschiedlichen Baumarten bewachsen und bietet ein ideales Revier für die Baumbewohner, die die Belizianer Baboon nennen. Die Dorfbewohner und die Landbesitzer verpflichteten sich, bei der landwirtschaftlichen Nutzung ihres Bodens den Wald zu erhalten und insbesondere keine der von den Affen bevorzugten Futterbäume zu fällen.

Neben den Affen leben im Naturschutzgebiet 200 Vogelarten, Leguane, Rotwild, Wasserschweine sowie viele andere Säugetiere, Amphibien und Reptilien. Wanderpfade erschließen den größten Teil des Gebietes.

Eine Broschüre zum Sanctuary ist von der Belize Audubon Society (s. S. 444) erhältlich. Vor Betreten des Naturschutzgebietes ist eine Anmeldung im Informationsbüro des Verwalters in Bermudian Landing erforderlich. Hier befindet sich auch ein kleines Museum zur Naturgeschichte des Gebietes. Übernachtungen bieten Privatpensionen in Bermudian Landing an.

Altun Há

Die bedeutendste archäologische Stätte Altun Há (›Steinerner Teich‹) des Landes liegt 50 km nordwestlich von Belize City, östlich des Northern Highway an der Abzweigung des Old Northern Highway bei Rockstone Pond Village, 9 km von der karibischen Küste entfernt. Die ca. 100 Lagunen in der Umgebung ziehen Moskito-Schwärme an. Es ist feuchtschwül; buschartiger Dschungel bedeckt bereits wieder die mühsam freigelegten Tempel und Mauern. Altun Há wurde nur wenig restauriert; die halbverfallene Anlage macht heute einen wenig gepflegten Eindruck.

Am östlichen Rand des Maya-Siedlungsraumes gelegen, war Altun Há vermutlich ein Handelsplatz auf der Route von Guatemala zur Karibikküste. Fundstücke wei-

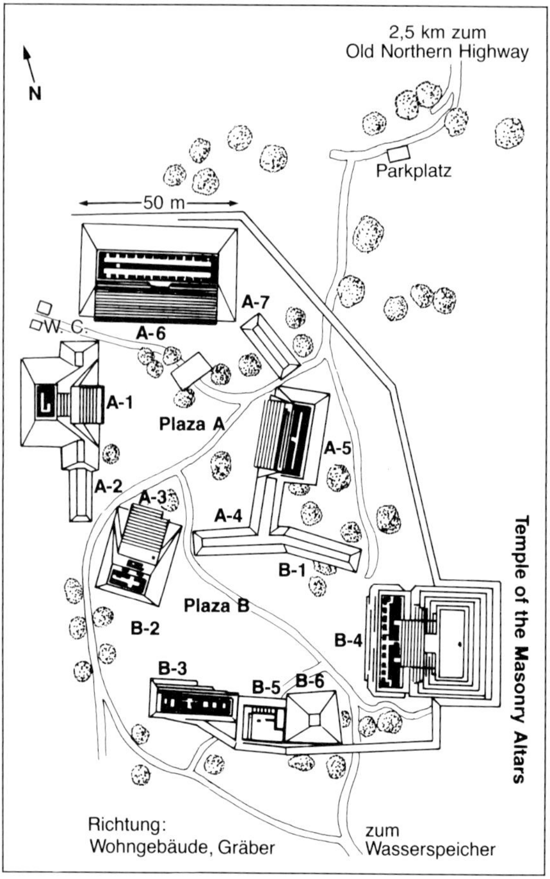

Die archäologische Stätte Altun Há

sen auch auf Handelsbeziehungen mit Teotihuacán im mexikanischen Hochland hin. Erste Ausgrabungsarbeiten erfolgten 1964–70 durch die archäologische Abteilung des Royal Ontario Museum in Toronto. Das von den Maya in Altun Há besiedelte Gebiet erstreckte sich über 9 qkm, der Stadtkern umfaßte 4 qkm. Von den etwa 500 Gebäuden des Zentrums wurden 55 teilweise oder ganz freigelegt. Die ältesten Bauten, runde Plattformen ohne Aufbau, entstanden vermutlich um etwa 600 v. u. Z.

Im Süden der Stätte liegt ein großer Wasserspeicher, östlich davon eine 17 m hohe Pyramide, auf der das Grab eines Priesters entdeckt wurde. Im Zentrum der Stadt, die zwischen 300 und 900 bewohnt war, liegen an zwei Plazas fünf Tempel und viele Wohngebäude. Um 900 begann Altun Há zu verfallen, um 1400 war es verlassen.

Besichtigung

Eine Abzweigung vom Old Northern Highway führt von Osten bis zu einem Parkplatz, der dicht am Zentrum von

Altun Há liegt. Man gelangt über einen Fußweg zunächst zur Plaza A, die von vier Tempeln umgeben wird. An der Westseite steht der teilweise restaurierte Tempel A-1 (Haupttempel, Tempel des grünen Grabes). Die obere Treppe wird am Hauptaufgang von einem großen Altar gekrönt, der mit der obersten Plattform abschließt. Unter dem Altar entdeckte man ein Grab aus dem Jahre 575, das über 300 Schmuckstücke aus Jade enthielt. Das gegenüberliegende Gebäude A-5 war vermutlich ein hochherrschaftliches Wohnhaus. An der Südwestseite der Plaza sieht man den noch nicht restaurierten Tempel A-3, an der Nordseite eine große Plattform, auf der einst mehrere Tempel standen.

Südlich der Plaza A erstreckt sich die Plaza B, an deren Westseite man die Mauerreste des Tempels B-2 findet. Die im Südwesten der Plaza liegende Plattform B-3 mit einem Gebäude ist besser erhalten. An der Ostseite sind Teile der ehemaligen Plaza-Bepflasterung zu erkennen, und zwar vor dem Gebäude B-4 (›Tempel des gemauerten Altars‹), einem langgestreckten Komplex, zu dem eine Treppe hinaufführt. Hier sind ein um 650 entstandener Altar und zahlreiche Gräber zu besichtigen, in denen man ebenfalls Schmuck entdeckte. Darunter befand sich der berühmte Jade-Kopf des Sonnengottes Kinich Ahau von 15 cm Durchmesser und 4,4 kg Gewicht. Er wird heute von der Bank of Canada in Belize City ausgestellt.

Ein Fußweg führt von der Plaza B nach Süden zum Wasserspeicher, vorbei an vielen Resten von Wohngebäuden, Gräbern und Tempeln (tgl. 8–17 Uhr, mit Kiosk und Picknickplatz).

Crooked Tree

Das 1984 eingerichtete Vogelschutzgebiet liegt zu beiden Seiten des Northern Highway, etwa 50 km nördlich von Belize City. Der östliche Teil (Mexico Lagoon und Jones Lagoon) ist für Besucher nicht zugänglich; westlich der Straße (3 km Schotterweg) besteht das Naturschutzgebiet aus sechs untereinander verbundenen Lagunen, Wasserläufen und Sümpfen. Es sind zwar einige Schotterstraßen vorhanden, am besten erfolgt die Erkundung des Reservats jedoch per Boot. Die Zufahrtstraße vom Northern Highway nach Westen kreuzt einen Damm, an dessen rechter Seite eine Informationshütte steht. Eine Ausstellung gibt Aufschluß über die Tier- und Pflanzenwelt des Naturschutzgebietes, eine Karte der Wander- und Wasserwege ist auch erhältlich. Crooked Tree Village, der ehemalige Siedlungsort der ersten englischen Holzfäller, war bis vor kurzem nur per Boot zu erreichen (hier werden Boote vermietet). Die Bewohner leben vom Fischfang, der Viehwirtschaft sowie vom Ertrag der Mango- und Cashew-Bäume.

Die flachen Gewässer, Sümpfe und Marschen bilden ein ideales Brutareal für verschiedene Reiherarten, Enten, Geier, Eisvögel, Seeadler, Habichte und viele andere Vögel. Die Attraktion ist der seltene Jabiru-Storch, einer der größten flugfähigen Vögel der Welt, mit einer Flügelspannweite von über 3 m; er kommt im November zum Nestbau. Im April und Mai treffen sich ganze Scharen dieser Störche im Reservat und reisen mit Beginn der Regenperiode wieder ab.

Bei Black Creek findet man eine Reihe hoher Bäume, die von einer Kolonie Schwarzer Brüllaffen bevölkert werden. Im übrigen Gebiet leben Krokodile, Schildkröten und Leguane.

An der Vogelwelt interessierte Besucher erhalten im Touristenbüro in Belize City eine Broschüre mit einer Beschreibung der Vogelarten des Reservats. Auch die Belize Audubon Society (s. S. 444) hält Informationsmaterial zu Crooked Tree bereit.

Lamanai

Die große archäologische Stätte Lamanai (›Untergetauchtes Krokodil‹) liegt 50 km südlich von Orange Walk am Westufer der New River Lagoon, von Orange Walk aus über San Felipe in der Trockenzeit (Januar – April) zu erreichen; ansonsten von Guinea Grass oder Shipyard per Boot.

Der Ort war vermutlich schon 1500 v. u. Z. besiedelt und noch im 16. Jh. von Maya bewohnt. Dies bestätigen die Berichte der ersten spanischen Missionare.

Maske des Regengottes Chac in Lamanai

Danach siedelten in Lamanai englische Holzfäller und US-amerikanische Zuckerrohrfarmer, die vor dem Bürgerkrieg in den Südstaaten geflohen waren. Heute leben viele Flüchtlinge aus Guatemala hier.

Besichtigung

Von der Bootsanlegestelle führt rechts ein Pfad zum Gebäude P 9-56, einer Pyramide, die mehrere Male überbaut wurde. Sie ist mit großen Masken verziert, die einen Herrscher mit Krokodil-Haarschmuck zeigen.

Südwestlich des Gebäudes befindet sich die Pyramide N 10-43, die sich 33 m über die Plaza erhebt und aus der präklassischen Zeit der Maya stammt. Von ihrer oberen Plattform sieht man im Süden Altun Há liegen.

Südöstlich erstreckt sich der Ballspielplatz; hier fand man ein Tongefäß mit Quecksilber unter einem großen Zeremonialstein. Den südlichen Rand der Stätte begrenzt die Pyramide N 10-9 aus der frühen klassischen Epoche; sie ist mit Jaguar-Masken verziert. Auf der gegenüberliegenden Seite der Plaza sieht man Reste von Wohnhäusern.

Westlich von Lamanai liegt die Indian Church Sugar Mill, südlich die Missionskirche von Indian Church.

Orange Walk

Die Hauptstadt des gleichnamigen Distrikts (9000 Einwohner) liegt 105 km nördlich von Belize City am linken Ufer des New River. Die Bewohner leben von der Zuckerrohrproduktion, der Viehwirtschaft sowie dem Obst- und Gemüseanbau. Sehenswürdigkeiten gibt es kaum, dafür

Die 1869 erbaute Indian Church Sugar Mill

locken einige lohnende Ausflugsziele in der Umgebung. Im Zentrum der Stadt findet man die Reste von Fort Mundy, das von Flüchtlingen des Yucatán-Kastenkrieges erbaut wurde. Nur die Grundmauern, auf denen heute das Government Rest House steht, sind erhalten.

Hotels

Gut und teuer: Baron's, 40 Belize-Corozal Rd., ✆ 2518, mit Pool und Disco.

Mittelklasse: Chula Vista, Trial Farm Village, am Stadtrand, ✆ 23 65; La Nueva Ola, 73 Otro Benque Rd.; Favorita, 12 Lover's Lane, ✆ 20 29; Jane's, 1 Baker St.

Einfach und preiswert: Nuevo Mi Amor, 19 Belize-Corozal Rd., am Busstop, ✆ 20 31.

Ausflüge

Indian Church: An der New River Lagoon, über San Felipe (Schotterstraße, nur in der Trockenzeit befahrbar) oder von Guinea Grass und Shipyard per Boot zu erreichen. Die Ramada Church wurde von Franziskanern Mitte des 16. Jh. erbaut, jedoch bald darauf von den Maya zerstört. Nur die Grundmauern (behauene Steine) sind erhalten. Ende des 16. Jh. errichteten die Franziskaner eine zweite Missionskirche, die jedoch ebensowenig den Angriffen der Maya standhielt.

Indian Church Sugar Mill: Ebenfalls in der Nähe von Lamanai liegt die 1869 aus Ziegeln erbaute Zuckermühle. Sie wurde von Flüchtlingen, die aus den US-Südstaaten vor dem Bürgerkrieg flohen, gegründet und von Maya und Chinesen betrieben. Man sieht riesige Holzräder, Reste von Ziegelmauern und gewaltige hölzerne Tragebalken; alles andere ist vom Dschungel überwuchert.

Cuello: 6 km in westlicher Richtung an der Yo Creek Rd. liegt auf dem Gelände der Rumfabrik, die den bekannten Caribbean Rum herstellt (Cuello Distillery), die älteste Maya-Stätte des Landes. Die kleine Siedlung wurde um etwa 2500 v. u. Z. gegründet, wie Elemente der Plattform 34 mit einer kleinen Pyramide belegen. Andere Bauteile datieren bis 500 u. Z. Die Stätte erhielt ihren Namen vom Besitzer der Rumfabrik. Eine Erlaubnis zur Besichtigung ist in seinem Büro einzuholen.

Blue Creek: Die Mennoniten-Siedlung ist von Cuello in südwestlicher Richtung über Yo Creek sowie Carver Ranch (Rinderfarm und Fleischverarbeitung) zu erreichen. Hier steht auch Belizes einziges Wasserkraftwerk. Jenseits von Blue Creek und der Grenze zu Guatemala liegt Río Azul, eine guatemaltekische Maya-Stätte.

Sarteneja: Ein Fischerdorf mit kleiner Bootswerft und schönem Strand an der Karibikküste. Auf einer überdachten, von Hand gezogenen Fähre überquert man den New River. Auf dem Weg kommt man am Dorf San Estevan vorbei. Baden ist in der Süßwasserlagune von Progresso möglich. In Sarteneja steht ein kleines Gästehaus mit Restaurant. Der Brunnen im Zentrum der Ortschaft ist den Maya gewidmet.

Nohmul (Großer Hügel): 12 km westlich des Northern Highway hinter dem Dorf San Pablo im Corozal-Distrikt. Ausgrabungen in der Maya-Stätte förderten zwei Zeremonialzentren zutage, die durch die Sacbe (einen Prozessions- und Transportweg der Maya) miteinander verbunden sind. Über einer Plattform erhebt sich eine 24 m hohe Pyramide. Die Maya verließen Nohmul während der klassischen Epoche.

Corozal Town

Die Hauptstadt des Distriktes Corozal, zweitgrößte Stadt Belizes (9000 Einwohner), liegt 155 km nördlich von Belize City und 12 km vor der mexikanischen Grenze an der Bucht von Chetumal. Sie wird überwiegend von Zuckerrohrfarmern spanischer Abstammung bewohnt. Die Stadt wurde – wie Orange Walk – Mitte des 19. Jh. von Flüchtlingen aus Yucatán gegründet. 1955 zerstörte der Hurrikan Janet den größten Teil des Ortes.

Besichtigung

Die Ruinen von Sta. Rita, einem bedeutsamen Handelshafen der Maya, liegen in Corozal. Der Ort in der geschützten Bucht ist seit 2000 Jahren besiedelt und wurde 1530 von den Spaniern erobert. Eine Pyramide aus der klassischen Epoche, an der unterschiedliche Bauphasen zu erkennen sind, birgt zwei Gräber. Eines ent-

Mennonitenbäuerin auf dem Markt

hält das Skelett einer Frau, um etwa 300 u. Z. beigesetzt, das andere die Überreste eines Fürsten aus dem Jahre 500. (Die Pyramide liegt gegenüber der Coca Cola-Fabrik).

Corozal Town Fort: 1849 von Yucatán-Flüchtlingen zum Schutz ihrer neuen Heimat erbaut, steht es westlich des Zentralparks in der Stadtmitte; es sind jedoch nur Grundmauern erhalten. Die roten Ziegelsteingebäude an den Ecken des Forts beherbergen Verwaltungseinrichtungen.

Das Rathaus von Corozal zeigt ein Wandgemälde von Manuel Villamour.

Sehenswert ist auch der kleine Markt, direkt am Meer gelegen.

Hotels

Gut und teuer: Caribbean Motel and Trailer Park, im Süden an der Straße nach Orange Walk, am Meer, ✆ 20 45.

Mittelklasse: Adventure Inn, Playa Consejo, 12 km nordöstlich (Schotterstraße), ✆ 21 87; Maya South End, am Meer, ✆ 20 82; Tony's Inn, South End, im Süden an der Straße nach Orange Walk, an der Bucht, ✆ 20 55.

Einfach und preiswert: Capri, 14 4th St., am Meer, ✆ 20 42; Nestor's, 123 5th Ave., ✆ 23 54.

Campingplatz Four Miles Lagoon Camping Site, 10 km nördlich von Corozal, mit Restaurant und Badegelegenheit.

Restaurants

Rexo, 6th St. N.; Belmont, 30 5th Ave.

Verkehrsmittel

Bus: nach Belize City 9 × tgl. (Venus, Batty)

Flüge: Tgl. nach Belize City, zum International Airport, nach Caye Chapel, San Pedro und Sarteneja.

Ausflüge

Aventura Sugar Mill: 12 km nördlich am Northern Highway; von der Zuckerfabrik aus dem Jahr 1850 ist nur noch der gewaltige Schornstein erhalten (in Privatbesitz).

Consejo: Schöner Strand, 12 km nordöstlich, Wassersportmöglichkeit, Übernachtung.

Mennonitenbauer auf seiner Farm

Cerros (Cerro Maya): Die archäologische Stätte liegt jenseits der Bucht auf einer Halbinsel und ist in 30 Min. per Boot zu erreichen, in der Trockenzeit (Januar – April) auch auf einer Schotterstraße über Progresso und Copper Bank. Sie ist teilweise vom Meer überflutet, einige Gebäude liegen bereits unter Wasser. Cerros fungierte offensichtlich als Versorgungsstelle der Maya an einer antiken Handelsroute von Yucatán (Mexiko) über das Río Hondo/New River-Flußsystem nach Petén (Guatemala). Es wurde während der präklassischen Epoche erbaut und an deren Ende wieder verlassen. Die Siedlung ist von einem gemauerten Kanal aus Stein umgeben, auf dem die Lastkanus der Maya fahren konnten. Eine 21 m hohe Pyramide überragt den Ort.

Von Belize City nach Südwesten

Die Straße (Western Highway) von der Küste zur Grenze nach Guatemala führt am Zoo von Belize vorbei und über Belmopan und San Ignacio nach Benque Viejo del Carmen; wenige Kilometer weiter liegt die guatemaltekische Grenzstadt Melchor de Mencos. Die Strecke wird regelmäßig von mehreren Busgesellschaften befahren.

Belmopan

Die heutige Hauptstadt Belizes (4000 Einwohner) wurde 1961 auf dem Reißbrett entworfen. Sie liegt im geographischen Zentrum des Landes, 84 km südwestlich von Belize City, und ist seit 1970 Regierungssitz.

Eine 4 km lange Ringstraße umschließt das Parlamentsgebäude mit den Regierungs- und Verwaltungseinrichtungen sowie mehrere Wohnsiedlungen. Freie Flächen sind für weitere Wohnungen vorbereitet. Bislang leben vornehmlich Regierungsangestellte in der Stadt. Die Schulen und anderen öffentlichen Einrichtungen liegen verkehrsgünstig im Zentrum der jeweiligen Wohnsiedlung. Die Verwaltungsstadt ist langweilig, und Reisende, die auf der Busroute von und nach Guatemala aussteigen, weil sie die Hauptstadt des Landes nicht verpassen wollen, trifft man bereits am nächsten Tag in Belize

Belmopan

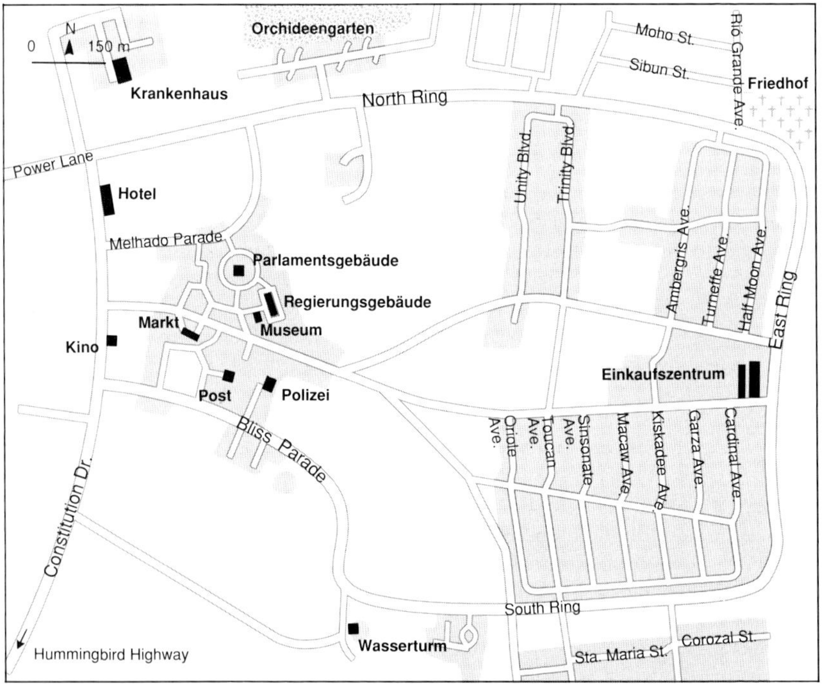

City oder an der Grenze wieder. Sehenswert sind lediglich das Parlamentsgebäude (National Assembly) und einige im nachgeahmten Maya-Stil errichtete Verwaltungsbauten.

Hotels
Gut und teuer: Belmopan Convention, Bliss Parade/Constitution Dr., ✆ 21 30, Swimmingpool.

Mittelklasse: Circle A Lodge, 37 Halfmoon Ave., ✆ 22 96; Bull Frog Inn, 23–25 Halfmoon Ave., ✆ 21 11.

Einfach und preiswert: Banana Bank Ranch, Mile 48 Western Highway, 3 km vor der Stadt.

Verkehrsmittel
Novelo's Bus Station liegt an der Bliss Parade am Stadtrand; nach Belize City 4 × tgl., nach San Ignacio und Benque Viejo 4 × tgl.; Batty fährt 8 × tgl. nach Belize City; weitere Verbindungen nach Dangriga und Punta Gorda.

Leihwagen: Leslie's, 31–33 Oriole Ave., ✆ 27 29.

Adressen
Auskunft: Department of Archaeology, zwischen zwei Verwaltungsgebäuden im Zentrum, ✆ 08–21 06; ein kleines Museum zeigt Maya-Exponate aus dem gesamten Land.

Ausflüge
St. Hernan's Cave: 17 km entfernt am Hummingbird Highway, Richtung Dangriga (bei Mile 44); gewaltige Tropfsteinhöhlen, in die ein 2 km langer Bach hineinführt. Die Stätte diente vermutlich den Maya als Zeremonialplatz (Taschenlampe erforderlich).

Blue Hole: 3 km weiter bei Mile 42; eine Treppe führt 30 m tief hinab zu einem Wasserloch, um das sich mystische Erzählungen ranken (Schwimmen ist möglich).

Guanacaste Park: Am Anfang des Hummingbird Highway; auf dem gewaltigen Guanacaste-Baum wachsen 35 Pflanzenarten (u. a. Orchideen, Kakteen, Farne). Ein Pfad durch den Park führt zum Roaring Creek (Schwimmgelegenheit). Unterwegs sieht man viele exotische Pflanzen, Vögel und auch Wild.

Spanish Lookout: Nördlich des Western Highway Richtung San Ignacio (bei Mile 59); von weitem schon sind die Scheunen der Mennoniten-Siedlung zu sehen. Hier werden Hühner gezüchtet sowie Milch und Käse für einen großen Teil der Landesbevölkerung produziert.

San Ignacio

Die auch ›Cayo‹ genannte Hauptstadt des Distrikts Cayo liegt 116 km west-südwestlich von Belize City und 15 km vor Benque Viejo, der Grenzstadt nach Guatemala. Sie wird von der Schwesterstadt Sta. Elena durch den Macal River getrennt. Die Hawksworth Bridge verbindet die beiden Städte, die zusammen etwa 6000 Einwohner haben. Der frühere Name ›Cayo‹ (Insel) stammt von spanischen Siedlern, da die Stadt von den Flüssen Macal und Mopan umfaßt wird.

Hotels
Gut und teuer: San Ignacio, 18 Buena Vista Rd., auf einem Hügel über dem Macal River, ✆ 20 23, Swimmingpool, das stilvolle Haus mit Mahagoni-Interieur bietet auch Flußfahrten, Dschungelausflüge und Reitexpeditionen an; Maya Mountain Lodge, 6 Cristo Rey Rd., 1,5-km-Abzweigung von der Straße nach Belmopan, ✆ 21 64, 6 Hütten, Leihwagen; Chaa Creek Cottages, 8 km Richtung Benque Viejo, bei Chial links zum Macal River abbiegen, ✆ 20 37, 8 palmengedeckte Hütten.

Mittelklasse: Piache, Buena Vista Rd., ✆ 21 09; El Indio Suizo, Calle Creek, ✆ 20 25.

Einfach und preiswert: Mike's Gran Hotel, 5 Sta. Elena, ✆ 21 55; Belmoral, 24 Burns Ave., im Zentrum an der Plaza.

Restaurants
Aron's Plaza, neben Hotel Belmoral; Maxim's, West St., chinesisch.

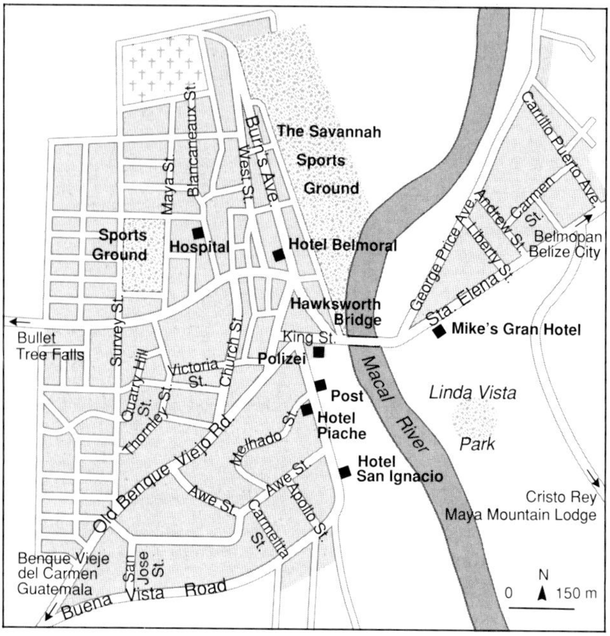

San Ignacio

Verkehrsmittel
Bus nach Belize City und Benque Viejo 8 × tgl. (Batty, Novelo).

Ausflüge mit dem Kanu bei Scott Cast, P.O.B. 48, San Ignacio, ✆ 2188.

Mountain Pine Ridge: Landschaftliche Schönheit zeichnet das südöstlich von San Ignacio gelegene Mittelgebirge aus. Der 400 m hohe Hidden Valley-Wasserfall und das Río Frío-Höhlensystem ziehen viele Wanderer an. Organisierte Ausflüge werden von den größeren Hotels angeboten. Wer den Wasserfall auf eigene Faust besuchen will, nimmt von Georgeville am Western Highway (zwischen Belmopan und San Ignacio) die nach Süden führende Chiquibul Rd. oder von San Ignacio die Straße über Cristo Rey und San Antonio zur Chiquibul Rd. Von dieser zweigt die Baldy Beacon Rd. in östlicher Richtung zur Cooma Cairn Rd. ab. An diesen Straßen sowie an der Roaring Creek Rd. findet man Schilder für den Wanderweg zu den Hidden Valley Falls.

Benque Viejo del Carmen

Kurz vor der Grenze zu Guatemala (2 km) liegt die 2500 Einwohner zählende Kleinstadt Benque Viejo del Carmen am Ostufer des Mopan Rivers, eines Zuflusses des Belize Rivers. Die Stadt wird von Nachkommen guatemaltekischer Einwohner aus dem 19. Jh. bewohnt, die daher überwiegend spanisch sprechen. Für Touristen ist sie Durchgangsstation auf dem Weg von und nach Guatemala (Tikal) sowie Ausgangspunkt für einen Besuch der Ruinen von Xunantunich.

Hotels
Mittelklasse: Oki's, George St., ✆ 093-2076; Roxi, 70 St. Joseph St.

Einfach und preiswert: Hospedaje Castellanos; Maya, 11 George St.

Verkehrsmittel
Busse: Nach Belize City (über San Ignacio und Belmopan) 12 × tgl. (Novelo, Batty, Car-

men); laufend Busverkehr zur Grenze (2 km). Novelo's Bus Stop: 119 George St., ✆ 093-2054.

Xunantunich

Die archäologische Stätte Xunantunich (›Steinerne Frau‹) liegt 13 km südwestlich von San Ignacio und 6 km nördlich von Benque Viejo an der Grenze zu Guatemala auf einem künstlich verbreiterten Bergkamm. Sie ist mit einer Fähre (über den Belize River) bei San José Succotz zu erreichen.

Die Ruinenstadt ist unterteilt in GruppeA, B und C. Im Süden der Anlage liegt das Castillo (Gebäude A-6), mit 12 m die höchste Pyramide Belizes, deren verzierte Steine und Friese mit Stuck restauriert wurden. Die östliche Fassade zeigt einen astronomischen Fries mit Mondsymbolen und Masken des Sonnengottes.

Westlich der Gruppe A gelangt man zum Ballspielplatz, der nur an seinen Ecksteinen auszumachen ist. Von dort führt ein Pfad zu den Wohngebäuden der Gruppe B.

Nördlich des Castillo liegt das Gebäude A-16, an dessen Fuß man drei Stelen fand, die heute unter einem Schutzdach ausgestellt sind. Eine der Gedenksäulen aus dem Jahr 830 zeigt eine Herrschergestalt in Zeremonialkleidung und mit Zepter, eine andere einen Fürsten mit einem Speer. Im Norden der Stätte, die um 900 von den Maya verlassen wurde, liegt das Gebäude A-13 mit umliegenden Herrschaftswohnhäusern.

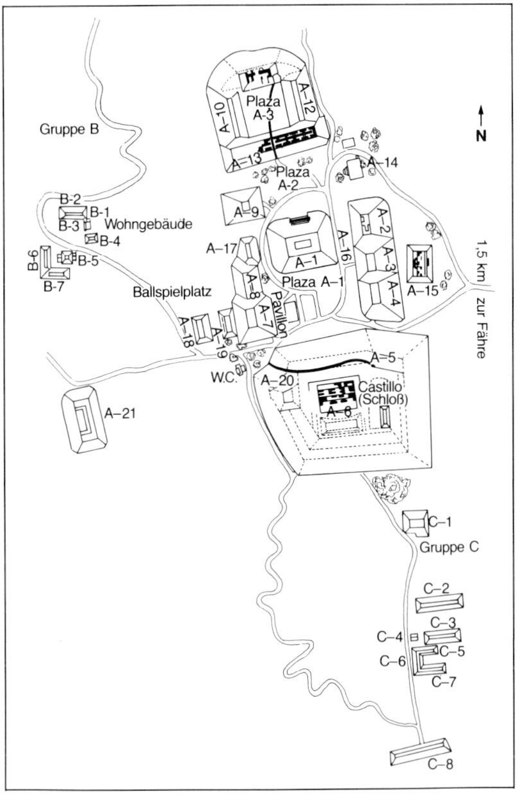

Die archäologische Stätte Xunantunich

Von Belize City nach Süden

Der Weg in Richtung Süden und nach Punta Gorda (Fähre nach Guatemala und Honduras) führt zunächst über den Western Highway nach Belmopan und von dort über den Hummingbird Highway zur Hafenstadt Dangriga. Kurz vor dem Stadtgebiet biegt der Southern Highway nach Süden über Big Creek nach Punta Gorda ab. Bis Dangriga besteht regelmäßiger Busverkehr, für die Strecke weiter südlich (Schotterstraße) muß man in der Regenzeit Auskünfte über die Passierbarkeit einholen (z. B. bei Polizeistationen, Tankstellen oder Busunternehmen).

Dangriga

Hauptstadt des Distrikts Stann Creek, daher auch Stann Creek Town genannt, 170 km von Belize City entfernt und 80 km südöstlich von Belmopan an der Küste gelegen. Die geschäftige Handelsstadt, durch den North Stann Creek geteilt, ist von Zitrus- und Bananenplantagen umgeben. Sie wird überwiegend von Garífuna (schwarzen Kariben) bewohnt. Südlich der Stadt liegt der Tiefseehafen Commerce Bight. Der Hummingbird Highway verläßt den Ort Richtung Süden, und kurz darauf zweigt der Southern Highway links ab.

Hotels

Gut und teuer: Pelican Beach Resort, nördlich der Stadt am Meer (Scotchman Town), ✆ 20 44.

Mittelklasse: Gateway, 34 Havana St., ✆ 20 32; Riverside, 135 Commerce St.

Einfach und preiswert: Catalina, 38 Cedar St.; Chameleon Central, 119 Commerce St., ✆ 20 08

Verkehrsmittel

Bus: Nach Belize City 4 × tgl. (Z Line); Busstation: 8 Vincent St., ✆ 22 11.

Flüge: Tgl. nach Belize City (Maya), Big Creek, Punta Gorda.

Einkaufen

Flores, 78 Saroya St., Kunsthandwerk

Ausflüge

Hopkins: 16 km südlich auf dem Southern Highway, dann 6 km zum Meer; Übernachtung in den Cabañas Tropical Paradise.

Cockscomb Naturschutzgebiet

Westlich des Southern Highway, zwischen Dangriga und Big Creek, liegt im tropischen Regenwald am Fuße der Maya Mountains das 400 qkm große Naturschutzgebiet Cockscomb Basin Wildlife Sanctuary and Jaguar Reserve. Seit 1984 werden hier mit Unterstützung einer großen Automobilfirma und ihrer US-amerikanischen und kanadischen Niederlassungen die Lebensbedingungen für eine Reihe von Wildkatzen verbessert.

Der Zugang erfolgt vom Maya Center am Southern Highway aus, dort werden auch organisierte Ausflüge in das Reservat angeboten. Im Naturschutzgebiet selbst dienen alte Holztransportstraßen als Durchfahrtswege; es gibt darüber hinaus Wanderpfade mit Markierungen und Wegweisern sowie genügend Wasserstellen. Ein Parkplatz und ein Campingplatz sind vorhanden.

Der South Stann Creek und der Swazey Branch des Monkey River durchfließen das Reservat; an einigen Stellen kann man baden.

Neben Jaguaren leben im Reservat insgesamt etwa 1500 Tierarten, u. a. Cougar,

Auf dem New River

Margay, Ozelot, Jaguarundi und Tapir. Des weiteren kann man Ottern, Schildkröten, Schlangen, Eidechsen und viele Vögel entdecken. Der Jaguar zeigt sich allerdings nur im Schutz der Dunkelheit.

Der im Reservat gelegene Maya-Zeremonialplatz Alabama ist nur mit einem Führer (Auskunft im Maya Center) zu finden.

Caracol

Die große archäologische Stätte Caracol (›Schneckenhaus‹) auf dem Vaca Plateau in den Maya Mountains (Chiquibul Forest Reserve) ist schwer zu erreichen; Anfahrt nur über Augustine in der Mountain Pine Ridge, dann ca. 50 km Schotterstraße, die nur in der Trockenzeit passierbar ist. Für die Besichtigung benötigt man eine Genehmigung des Department of Archaeology (s. S. 444).

Das bedeutsame Maya-Zentrum stand – wie die Funde von ähnlichen Handelsartikeln vermuten lassen – in Konkurrenz zu dem benachbarten Tikal. Seit 1979 sind Ausgrabungen in Gang; bisher fand man 22 Stelen und 19 Altäre. Letzere sind mit Datumsangaben in Form von Glyphen versehen, die älteste datiert von 534. Die Anlage wird von einer 40 m hohen Pyramide überragt.

Placentia

Bevor der Southern Highway Big Creek erreicht, zweigt links eine Straße zur 15 km langen Halbinsel Placentia ab. Der Weg führt durch Maya Beach und Seine Bight nach Placentia Village am Südende der Landzunge. Der kleine Fischerort wird von Kreolen bewohnt. Die unberührten, feinen Sandstrände nördlich und südlich des Dorfes bieten eine gute Voraussetzung für den sich langsam entwickelnden Fremdenverkehr.

Im Zentrum des Ortes findet man die Post (Telefon) und verschiedene Hotels. Ein hölzerner Brettersteg, 60 cm breit und 1,5 km lang, zieht sich durch die gesamte Ortschaft.

Hotels
Gut und teuer: Rum Point Inn, 3 km nördlich, ✆ 20 17; Cove Resort, Bungalows nördlich des Ortes, ✆ 20 24.

Mittelklasse: Sonny's Resort, 13th St./F St., am Strand, ✆ 4 49 75 (Belize City); Dalton's E-Lee, südlich des Ortes.

Einfach und preiswert: Ron's Travel Lodge, mit Garten; Ms. Cuncu's Guest House, Zentrum.

Verkehrsmittel
Flugzeuge von Maya Airways landen in Big Creek, gegenüber von Placentia. Von dort verkehren Boote zur Halbinsel. Bei Anmeldung im Hotel von Placentia wird man in Big Creek mit dem Boot abgeholt.

Flüge von Big Creek tgl. nach Belize City, Dangriga, Punta Gorda.

Schiffsverbindungen: Boote von Big Creek oder Mango Creek nach Placentia. Übernachtung in Mango Creek: Tony's Hello (Mittelklasse).

Punta Gorda

Die Hafenstadt (2500 Einwohner) im Süden des Landes (330 km von Belize City) ist Hauptstadt des Distrikts Toledo. Sie wurde im frühen 19. Jh. gegründet. Bedeutsamer Wirtschaftsfaktor sind der Hafen und die Fährverbindung nach Guatemala und Honduras.

Hotels
Gut und teuer: Mira Mar, 95 Front St., ✆ 07-20 33.

Mittelklasse: Lux Drive Inn, 17 Front St.; St. Charles Inn, 21 King St., ✆ 07-20 46.

Einfach und preiswert: Mahung's, 11 Main St./North St., ✆ 07-20 44; Verdes Guest House, 22 Middle Main St., ✆ 07-20 69.

Restaurants
Bob's Restaurant (Charterboote); Restaurant im Mira Mar-Hotel, chinesische Küche, Fischspezialitäten.

Verkehrsmittel
Bus: Nach Belize City 2 × tgl. (Z Line, James) und nach San Antonio 3 × wöchentlich.

Flüge: Tgl. nach Belize City, Big Creek, Dangriga.

Schiffsverbindungen: Fähre nach Lívingston und Puerto Barrios (Guatemala) und weiter nach Honduras, Di und Fr 15 Uhr. Tickets im Mira Mar oder bei Carlos Godoy, Middle Main St.

Einkaufen
La Indita Maya, Middle St., Kunsthandwerk

Ausflüge
Saddle Back Sugar Mill: 2,5 km vom Zentrum, an der Straße zur Flugpiste; die in Privatbesitz befindliche Zuckermühle war bis 1978 in Betrieb und ist vollkommen erhalten. Die Schornsteine bestehen aus roten Ziegeln.

Seven Hills Sugar Mill: Eine Zuckermühle aus der Kolonialzeit, mit dem Boot zu erreichen (in Bob's Restaurant Bootsverleih).

San Antonio: Ein Maya-Mopan-Dorf, 30 km westlich gelegen. Sehenswert ist die Kirche mit ihren bleiverglasten Fenstern. Übernachtung im Hotel Hilltop möglich. San Antonio ist Ausgangspunkt für eine Reihe weiterer interessanter Ausflüge:

Hakeb Há: Eine Höhle südlich des Dorfes am Blue Creek.

Pusil Há: Maya-Ruinen an der Grenze zu Guatemala. Man fährt den Weg bis Aguacate (Kekchi-Dorf), von dort führt ein Pfad zur archäologischen Stätte.

Ux Ben Kah (›Alter Platz‹): Maya-Ruinen, 5 km westlich von San Antonio bei Sta. Cruz. Sie wurden erst 1984 entdeckt; bisher fand man 20 Stelen, sieben davon ornamentiert und mindestens eine aus der frühen klassischen Epoche. Auch hier wurden die Bauten auf Hügeln errichtet, die man mit Steinmauern so bedeckte, daß der Eindruck gewaltiger Gebäude entstand.

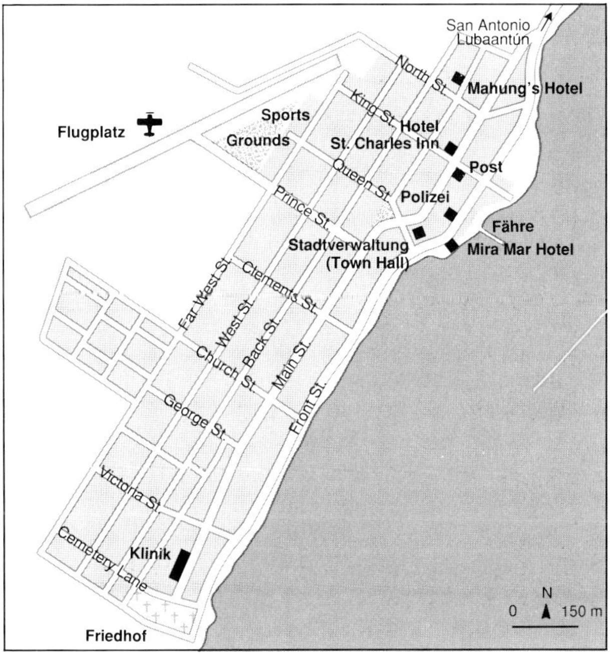

Punta Gorda

Lubaantún

Die archäologische Stätte (›Platz der fallenden Steine‹) liegt nordöstlich von San Antonio und nördlich des Colombia River, 26 km von der Küste (Punta Gorda) entfernt. Sie ist vom Southern Highway über die Abzweigung (westlich) nach San Miguel, Silver Creek, San Pedro zu erreichen. Bei Anfahrt über San Antonio liegt Lubaantún 8 km von dem Mopan-Dorf entfernt; von dem Dorf San Pedro Colombia ist ein 2-km-Fußmarsch zurückzulegen.

Lubaantún wurde zwischen 730 und 890 u. Z. erbaut. Elf große Gebäude wurden bisher an insgesamt fünf Plazas freigelegt. Ein großer Teil liegt noch unter Erde und dichter Vegetation verborgen, weitere 13 Plazas mit umliegenden Gebäuden werden vermutet. Man entdeckte drei Ballspielplätze und ausgedehnte Wohnsiedlungen. Jedoch findet der Besucher in Lubaantún keine Ornamente, keine Stelen und Kraggewölbe, alle Steine und Bauten sind schlicht. Die Gebäude wurden hier so in natürliche Hügel hineingebaut und mit Mauern (bis zu 10 m hoch) versehen, daß ein Eindruck wesentlich größerer Bauten entsteht. Die Steine bearbeitete man sehr sorgfältig, so daß sie ohne Verwendung von Mörtel fein aneinander paßten. (Es handelt sich um Kalkstein, der dem Marmor sehr ähnelt.) Das höchste Gebäude mißt 18 m, von seiner Spitze kann man das Karibische Meer sehen.

Verkehrsmittel

Bus: Von Punta Gorda nach San Antonio 3 × pro Woche.

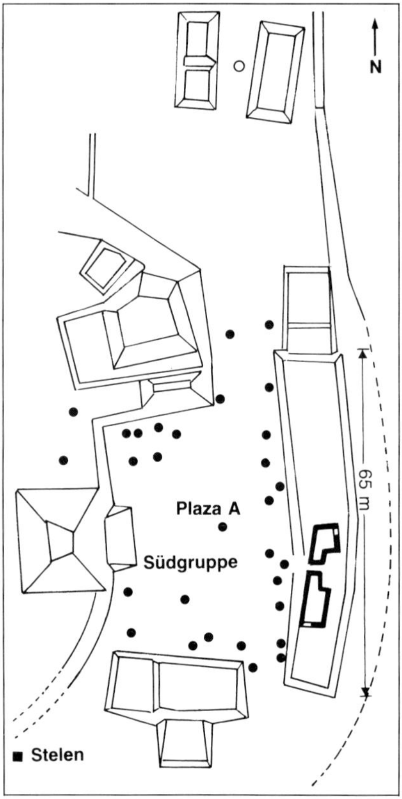

Die archäologische Stätte Nim li Punit

Nim li Punit

Die ehemalige Maya-Stadt Nim li Punit (›Großer Hut‹) liegt westlich des Southern Highway (Mile 75) bei Indian Creek (15 Min. zu Fuß). Ihren Namen erhielt sie von dem Kopfschmuck, der auf einer der aufgefundenen Stelen abgebildet ist.

Die archäologische Stätte, aus der spätklassischen Epoche, erst 1976 entdeckt, umfaßt drei Hauptgruppen von Zeremonialbauten und viele Wohngebäude. Nur die Südgruppe ist für Besucher zugänglich; sie besteht aus zwei Plazas und einem Ballspielplatz.

Eine der Plazas, die 2 m über der anderen liegt, birgt 25 Stelen, davon sind acht fein bearbeitet, jedoch alle vom Regen stark verwaschen. Die größte Stele mißt 9 m und ist vermutlich nie aufgestellt worden, weil der Maya-Steinmetz in der letzten Reihe einen Fehler machte und die Glyphe daher nicht korrekt gemeißelt ist.

Im Osten der Südgruppe liegt ein ungewöhnlich langes Gebäude (65 m lang und 3 m hoch), dessen Funktion unbekannt ist.

Costa Rica

Allgemeine Landeskunde

Lage, Größe, geographische Gliederung

Die Verleihung des Friedensnobelpreises an den costaricanischen Präsidenten Oscar Arias Sanchez (s. S. 32) lenkte 1987 die Augen der Weltöffentlichkeit auf eine kleine Republik, die scheinbar eine Ausnahme unter den von wirtschaftlicher Abhängigkeit, politischer Instabilität und Armut geprägten Staaten Mittelamerikas darstellt. Die ›Schweiz Zentralamerikas‹ wird das Land oft genannt, und diese plakative Bezeichnung verweist auf die Richtung, in der Costa Ricas Sonderstellung liegt: Seit 40 Jahren funktioniert hier reibungslos ein parlamentarisches Regierungssystem, gibt es Ansätze einer Sozialgesetzgebung nach westeuropäischem Vorbild. Seit 40 Jahren ist das Land nicht in Kriege mit den Nachbarstaaten verwickelt, möglicherweise auch deshalb, weil es keine reguläre Armee, sondern nur noch eine Zivilgarde mit Polizeiaufgaben besitzt (vgl. dazu S. 82).

Die ›touristischen Qualitäten‹ Costa Ricas gibt wohl am treffendsten das Bild vom ›Garten zwischen zwei Ozeanen‹ wieder: tropische Natur, eine breit gefächerte Fauna und Flora, viele Nationalparks und Schutzgebiete in unterschiedlichen Vegetations- und Klimazonen, außerdem riesige Anbaugebiete für Kaffee und Bananen – und Blumen über Blumen. Aus dem ungewöhnlichen Pflanzenreichtum wurde die purpur und weiß blühende Cattleya, eine Orchidee, zum nationalen Symbol auserkoren.

Costa Rica liegt zwischen Nicaragua und Panama. Seine karibische Küste ist ca. 200 km, seine pazifische mehr als 1000 km lang. Auf einer Gesamtfläche von ca. 51 000 qkm (ungefähr die Größe von Hessen und Rheinland-Pfalz zusammen) leben heute ca. 2,8 Mio. Einwohner (etwa soviel wie in Berlin). Costa Rica hat nach Panama die geringste Bevölkerungsdichte Lateinamerikas.

Wie ein Rückgrat durchzieht parallel zur Pazifikküste ein hügeliger Bergrücken das Land – die Cordillera Volcánica, an deren beiden Seiten sich zu den Ozeanen hin das atlantische und das pazifische Tiefland erstrecken. Die Distanz zwischen den Meeren beträgt an der schmalsten Stelle ca. 120 km, an der breitesten ca. 300 km.

Costa Rica

Die Cordillera Volcánica, die mehrere aktive und erloschene Vulkane aufweist, wird vereinzelt von Tälern durchschnitten. Die dadurch entstandenen Hochebenen und Hochbecken gehören seit frühester Zeit wegen ihres Klimas und der fruchtbaren vulkanischen Aschenböden zu den bevorzugten Siedlungs- und Anbaugebieten. Die bedeutendste dieser Hochebenen ist die 20 km breite und 50 km lange Meseta Central, auch Valle Central genannt, in deren östlichem Teil in 1200 m Höhe die heutige Hauptstadt San José wie auch die ehemalige Hauptstadt Cartago liegen.

Vulkane – es gibt 69 im Land – sind das geographische Kennzeichen Costa Ricas, und dank touristischer Infrastruktur sind viele von ihnen auch zugänglich. Der höchste Berg des Landes, der Chirripó Grande (3819 m) im Süden, ist vulkanischen Ursprungs, ebenso wie der 57 km von San José entfernte Poás (2708 m) und der 53 km von San José entfernte Irazú (3432 m), die beide gern bestiegen werden.

Der flache karibische Küstenstreifen ist insbesondere südöstlich von Puerto Limón bis hin nach Panama sumpfig und unwirtlich. Überwiegend felsig zeigt sich die Pazifikküste im Bereich der großen Halbinsel Nicoya; südöstlich der Hafenstadt Puerto Quepos befinden sich riesige Bananen- und Kakaoplantagen großer US-amerikanischer Firmen.

Costa Rica zählt zu denjenigen Ländern der Welt, in denen sich der Wald in den letzten Jahrzehnten erschreckend dezimiert hat. Waren 1940 noch ca. drei Viertel der Gesamtfläche mit Wald bedeckt, so findet man heute außer in Nationalparks und geschützten bzw. unzugänglichen Gebieten kaum noch größere Baumbestände. Über drei Viertel des Landes sind entwaldet. Die voranschreitende Landschaftszerstörung, die in erster Linie auf ausländische Wirtschaftsinteressen zurückgeht, wird tiefgreifende ökologische Probleme nach sich ziehen. Doch versucht Costa Rica im letzten Moment, mit einer neuen Naturschutzpolitik der ökologischen Selbstzerstörung entgegenzuwirken. Heute machen die Nationalparks bereits 10% der Landesfläche aus.

Klima

Costa Rica liegt zwischen dem achten und dem zehnten nördlichen Breitengrad, also mitten in den Tropen. Typisch tropisches Klima (warm bis heiß und feucht) herrscht jedoch nur an der atlantischen Küstenseite, während die pazifische Seite eher warm und trocken ist. Dessen ungeachtet gehört Costa Rica zu den zehn regenreichsten Ländern der Erde. Relativ trocken sind die Monate Dezember bis April, aber selbst in den Regenmonaten ›gießt‹ es meist nur am Nachmittag.

Größere klimatische Unterschiede bestehen in den einzelnen Höhenlagen, der *Tierra caliente* (›Heißes Land‹, bis 700 m), der *Tierra templada* (›warmes Land‹, bis 1500 m) und der *Tierra fría* (ab 1500 m). Da man also in höhere, gemäßigte bis kühle Regionen ausweichen kann, sind die Lebensbedingungen in Costa Rica angenehmer als im benachbarten Panama oder Nicaragua.

In San José (1000 m) ist mit 23 °C der Januar der kühlste, mit 27 °C der Mai der wärmste Monat des Jahres. Dem trockensten Monat Februar steht der September mit einer Regenmenge von 350 mm gegenüber. Im Jahresmittel liegt die Niederschlagsmenge in der Hauptstadt bei 2000 mm.

In Puerto Limón am Atlantik schwankt die Temperatur zwischen 27 °C (Dezember) und 31 °C (Juni). Hier regnet es das ganze Jahr über, im ›trockenen‹ September ca. 150 mm, im ›feuchten‹ Dezember 600 mm und im Jahresdurchschnitt ca. 4000 mm.

Bevölkerung

Nach dem Zweiten Weltkrieg betrug die Einwohnerzahl ca. 750 000, im Jahr 1960 war sie auf 1 Mio. angewachsen, heute beträgt sie 2,8 Mio. Regional verteilt sich die Bevölkerung sehr ungleichmäßig. Mehr als die Hälfte der Costaricaner lebt im Valle Central; allein auf die Provinz in und um die Hauptstadt San José entfällt ein Drittel der Bevölkerung. Auch die Verstädterung im Agrarland Costa Rica hat in den letzten Jahren zugenommen. 40% der Bewohner leben heute in Ballungsgebieten, während die feuchten und heißen Gebiete an der karibischen Küste nur sehr dünn besiedelt sind.

Costa Ricas Bevölkerung ist jung. Im Jahr 1987 war mehr als ein Drittel der Landesbewohner unter 15, aber nur knapp 10% über 60 Jahre alt. Die Lebenserwartung ist die höchste Lateinamerikas: Sie liegt für Männer bei 72, für Frauen bei 76 Jahren.

Costa Rica hat als einziges Land Zentralamerikas eine überwiegend weiße Bevölkerung (80%), meist spanischer Abstammung. Die übrige Einwohnerschaft setzt sich aus Mestizen (15%), Asiaten (2%), Schwarzen (2%) und Mulatten (0,5%) zusammen. Die Nachkommen der indianischen Urbevölkerung sind nahezu aus-

Junge aus Cahuita

gerottet; nur ca. 5000 Indios leben heute noch in den entlegenen Reservaten.

Neun von zehn Costaricanern sind römisch-katholisch. Kleinere protestantische Gemeinden – meist Anglikaner, Methodisten, Baptisten oder Adventisten – bestehen nur an der Karibikküste und in der Hauptstadt.

Indios in Costa Rica

Die CONAI (Comisión Nacional de Asuntos Indígenas) kümmert sich um den Schutz jener Indio-Minderheiten, die seit 1977 dank eines Gesetzes (Ley Indígena) in abgegrenzten Reservaten leben. Sie hat zumindest durchgesetzt, daß der den Indios übereignete Grund und Boden in den 15 Reservaten nicht an Käufer von außerhalb veräußert werden darf.

Trotzdem bilden die ca. 5000 Indios in den Reservaten die mit Abstand ärmste Minderheit der costaricanischen Gesellschaft, weil selbst in den größten Reservaten der Dschungelgebiete Talamancas die traditionelle Subsistenzwirtschaft nicht mehr gewährleistet ist. Die Indios sind daher gezwungen, am Wirtschaftskreislauf außerhalb des Reservats teilzunehmen. Hier aber sind sie der Konkurrenz ausgesetzt, die – wollen sie Schritt halten – zur Zerstörung ihrer Produktions- und Lebenszusammenhänge führt.

Von der weißen Bevölkerungsmehrheit werden die Indios wie Menschen dritter Klasse behandelt. Nur als Produzenten von Kunsthandwerksartikeln erfahren sie zumindest einen Teil jener Anerkennung, die ihnen ansonsten eher von ausländischen Touristen entgegengebracht wird.

Die Costaricaner bezeichnen sich selbst als ›Ticos‹. Dieser Name geht auf das die kolonialen Herrschaftsstrukturen verschleiernde, christliche Idiom »Wir sind alle hermaniticos (kleine Brüder)« zurück.

Flora und Fauna

Naturschutzgebiete und Nationalparks bilden heute wegen ihrer Bedeutung für den Tourismus den Reichtum des Landes – und glücklicherweise sind sie nicht exportfähig. Ein Gesetz von 1969 schuf die Grundlage dafür, daß »Gebiete, die aufgrund ihrer Naturschönheiten oder ihrer Flora und Fauna von nationaler oder internationaler Bedeutung sind, ... für die Erholung und Bildung der Öffentlichkeit sowie für den Tourismus und die wissenschaftliche Erforschung ...« vom Staat besonders geschützt werden. 20 Jahre später, 1989, gibt es 22 Nationalparks mit über 500000 ha Gesamtfläche, das sind mehr als 10% des Naturraums von Costa Rica. Allerdings sind große Teile der geschützten Gebiete in privatem Besitz; die Auflage beschränkt sich hier aufs Nichtabholzen.

Nahezu alle Pflanzen und Tierarten des Landes, seine unterschiedlichen tropischen Vegetations- und Lebensräume sowie die wesentlichen geologischen Besonderheiten werden auf diese Weise erhalten. Costa Rica leistet durch diese Nationalparkgründungen einen Beitrag, der weltweiten Zerstörung der Erde Einhalt zu gebieten, obwohl es andererseits durch seine Viehwirtschaft genau das Gegenteil bewirkt. Dies ist um so beachtlicher, als das Land selbst über Jahre ökologisches Opfer internationaler Kapitalinteressen war und – im Gegensatz zu den meisten Ländern der Erde – aus eigener Kraft im letzten Moment zur Umkehr bereit ist.

Als erstes Land des Westens honorierte Schweden das umsichtige Vorgehen des Landes. Es ›kaufte‹ 1989 für 25 Mio. US-$ costaricanische Auslandsanleihen und finanzierte davon Aufforstungen in einem Nationalpark.

Dschungelpfad im Naturreservat von Monteverde

Geschichte

Spuren aus präkolumbischer Zeit sind in Costa Rica kaum zu finden. Von der indianischen Urbevölkerung, die weit verstreut und in relativ geringer Zahl hier lebte, sind drei Völker bekannt – die Huetares, die an der Karibikküste, im Valle Central und am San Juan River lebten, die Chorotega, die das Gebiet südlich des Nicaragua-Sees sowie die Halbinsel Nicoya bewohnten, und die Brunca, die an der südlichen Pazifikküste, im Grenzgebiet zu Panama siedelten. Sie alle waren einfache, seßhafte Bauern, hatten untereinander kaum Tauschbeziehungen, und über ihre Gesellschaftsform und ihre Religion wissen wir nicht viel. Zivilisationsgeschichtlich standen sie im Schatten der präkolumbischen Großkulturen, vor allem der Maya. Die wenigen Indios, die heute noch in Costa Rica leben, sind Nachkommen eines dieser drei Völker.

Zu den interessanten Funden aus präkolumbischer Zeit gehören die 1940 von der amerikanischen Archäologin Doris Stone im ehemaligen Gebiet der Brunca entdeckten rätselhaften Granitkugeln, von denen die größten mit 2 m Durchmesser 16 t wiegen. Bis heute weiß man weder, wie sie hergestellt und über Land und Meer transportiert wurden (z. B. zur Isla de Cano), noch kennt man ihren Verwendungszweck. Einige dieser Indian- oder Sky Balls, wie die völlig runden, glatten, überdimensional großen Steinkugeln in Costa Rica genannt werden, befinden sich heute am Paseo Colón in San José. Nur

Erich von Däniken hat für die Herkunft der Kugeln eine Spekulation anzubieten:

»Hätte ich es nicht vorher gewußt, wäre mir bei meinem Aufenthalt in Costa Rica klargeworden, daß es um die Steinkugeln ein Geheimnis gibt. Lösen konnte ich es nicht, wohl aber hat sich meine Vermutung gefestigt, daß die prähistorischen Kugeln – und alle ihre Darstellungen in Reliefs und an Höhlenwänden – in einem ursächlichen Zusammenhang mit dem Besuch fremder Intelligenzen stehen, von Intelligenzen, die in einer Kugel auf unserem Planeten gelandet sind. Sie wußten bereits und hatten es erprobt, daß die Kugel die zweckmäßigste Form für interstellare Raumflüge ist.

Die weite Reise zurück zu den Sternen wird eines Tages, eines gar nicht so fernen Tages, auch von unserem Planeten aus wahrscheinlich in einem kugelförmigen Raumfahrzeug erfolgen – weil die Kugel die natürlichste aller geometrischen Formen für den Flug im All darstellt.«

(Aus: E.v. Däniken: Zurück zu den Sternen. München 1969, S. 94)

Die spanischen Siedlungsgründungen (1502–1824)

Mit der Vorstellung vom großen Reichtum, der in der Neuen Welt zu finden sei, erreichte Kolumbus auf seiner vierten und letzten Reise im September 1502 die karibische Küste und ging südlich der Mündung des Río San Juan bei der Insel Cariari vor Anker. Er gab dem Gebiet den Namen ›Reiche Küste‹ (Costa Rica), wozu ihn der Gedanke an Gold ebenso inspiriert haben mag wie die faszinierende Küstenlandschaft, die sich den Entdeckern bot. Die Hoffnung auf Reichtum erfüllte sich für die Spanier nicht, doch die Bezeichnung des Kolumbus lebt als Landesname fort.

In den folgenden Jahrzehnten kam es wegen des Interesses der Spanier an Gold- und Silberminen vereinzelt zu Siedlungsgründungen. Diese lagen nach dem gängigen Kolonialisierungsmuster in der Nähe indianischer Siedlungen, weil die Spanier die seßhaften Indios als Arbeitskräfte benötigten.

Da jedoch im Gebiet des späteren Costa Rica keine Edelmetalle gefunden wurden und das Land zudem nur sehr dünn von Indios besiedelt war, fand eine systematische Eroberung nicht statt. 1561 drangen die Spanier in die fruchtbare und klimatisch günstige Hochebene des Valle Central vor und gründeten hier 1563 Cartago, die Hauptstadt der seit 1540 dem Generalkapitanat Guatemala unterstellten Provinz Costa Rica. Von Cartago aus, das bis zum Ende der Kolonialzeit der einzige Ort des Landes mit einem größeren städtischen Kern blieb, erfolgte schrittweise die Besiedlung der Hochebene. Hier konnten die Eroberer auch in relativ bescheidenem Umfang indianische Arbeitskräfte ›rekrutieren‹, die sie – in Ermangelung von Gold- und Silberminen – für Getreideanbau und Viehhaltung versklavten. Nach Aufzeichnungen des Bischofs Bernhard Thiel lebten damals (1569) in Costa Rica 113 Weiße (Spanier), 30 Schwarze, 170 Mestizen und über 17000 Indios. 1575 wanderten noch einmal 335 Andalusier in die Provinz ein.

Da ausschließlich reiche Adlige als Kavalleristen zum Militärdienst der Krone herangezogen wurden und nur sie nach siegreicher Heimkehr Landbesitz (und indianische Arbeitskräfte) als Lohn erhielten, hatten die spanischen Siedler, die nur als Fußsoldaten dienten und ihren Boden mit geliehenen Sklaven bestellen mußten, wenig Interesse an Eroberungs- und Christianisierungsfeldzügen. Sie wandten sich der Mais- und Weizenproduktion zu, deren Überschüsse sie auf dem sog. Weg der Maultiere nach Panama exportierten. In ihren Handelsgeschäften orientierten sie sich vorwiegend zum südlichen Nachbarland hin, denn für eine Reise in die Verwaltungshauptstadt Guatemala benötigte man mehr als 50 Tage, nach Panama weniger als die Hälfte. Von Wohlstand oder gar Reichtum waren die Siedler allerdings weit entfernt.

Am Ende des 18. Jh. war nur ein sehr geringer Teil der Provinz (ca. 2% der gesamten Fläche) landwirtschaftlich erschlossen. Es wurde so wenig produziert, daß die erzielten Gewinne nicht einmal für die Gehälter der aus Guatemala entsandten Gouverneure ausreichten und diese von Einnahmen der Nachbarprovinz Nicaragua besoldet werden mußten.

Zu Beginn des 19. Jh. trat eine leichte Verbesserung der ökonomischen Lage ein. Zwar standen der sich ausdehnende Tabakanbau und seine Absatzwege formal unter der Kontrolle des spanischen Vizekönigs bzw. der nachgeordneten Capitanía General in Guatemala, aber zumindest für das 1737 in unmittelbarer Nachbarschaft von Cartago gegründete San José brachte der Tabak einen wirtschaftlichen Aufschwung. Denn es besaß eine eigene Ausfuhrkonzession, die einen neuen, relativ gut organisierten Tabakhandel aufblühen ließ. 1810 zog Guatemala die Konzession zurück, um die eigenen Einnahmen zu erhöhen. Dennoch war das beginnende 19. Jh. die Zeit des Aufbruchs im Zeichen eines politischen und wirtschaftlichen Liberalismus. 1808 brachte ein costaricanischer Tabakhändler eine Kaffeepflanze aus Kuba mit; zum ersten Mal wurde jetzt auf dem lateinamerikanischen Festland Kaffee angebaut. 1815 entdeckte man in der Region von Puntarenas Gold.

Als nach dem langen, von Mexiko geführten Unabhängigkeitskrieg 1821 Spanien sich aus seinen amerikanischen Besitzungen zurückziehen mußte, beanspruchte das neugegründete Mexiko auch das Generalkapitanat Guatemala und damit gleichzeitig die Provinz Costa Rica. Es kam noch im selben Jahr zu Auseinandersetzungen zwischen den costaricanischen Monarchisten, die formell den Anschluß an das neue Königreich Mexiko festschreiben wollten, und den Republikanern, die sich für einen unabhängigen, liberalen Staat einsetzten. Nach dem Sieg der Republikaner wurde deren Zentrum San José anstelle des alten, von den Monarchisten beherrschten Cartago zur Hauptstadt erklärt.

1823 löste sich mit dem Sturz Agustín Iturbides' in Mexiko das Generalkapitanat Guatemala auf. Fünf seiner acht Provinzen bildeten als autonome Staaten die Zentralamerikanische Föderation, der auch Costa Rica bis 1838 angehörte. Bereits 1824 wurde auf der Grundlage einer neuen Verfassung der erste Präsident, Juan Mora Fernández, gewählt.

Die Entwicklung nach der Unabhängigkeit (1824–1949)

Da nach einigen spektakulären Goldfunden der Bergbau immer unrentabler wurde, verlagerte sich das nationale Handelskapital in der ersten Hälfte des 19. Jh. zunehmend auf den Kaffee-Anbau im Valle Central. Die Regierung förderte die neue Entwicklung, indem sie z. B. Kaffee von Steuern befreite und brachliegende Grundstücke nach fünfjährigem Anbau an die Pächter übereignete. Diese Subventionspolitik bewirkte zwischen 1835 und 1860 eine verstärkte Einwanderung nord-

Um 1808 wurde in Costa Rica erstmalig Kaffee angebaut; blühender Kaffeestrauch

spanischer Bauern nach Costa Rica. Ab 1840 führte Costa Rica Kaffee in größeren Mengen aus und steigerte von Jahr zu Jahr dessen Exportanteil.

Der weit übers Land verstreute bäuerliche Kleinbesitz sowie der Mangel an billigen Arbeitskräften verhinderten die Entstehung von Großlatifundien nach brasilianischem Muster. In Costa Rica waren die Kaffee-Haciendas selten größer als 500 ha, weil die Besitzer nur wenige Dauerarbeitskräfte fanden und in den Erntemonaten hohe Löhne an jene bezahlen mußten, die in dieser Zeit ihre eigenen Höfe vernachlässigten. Dank intensiver Bewirtschaftung und beständig gutem Absatz stabilisierte sich so das kleine und mittlere Bauerntum. Zudem brachte die dezentralisierte Kaffeeproduktion auch für das Transportgewerbe und die Verarbeitungsunternehmen gute Gewinnmöglichkeiten. Während dieser Jahre gründeten einige größere Kaffee-Exporteure nationale Handelshäuser und importierten ausländische Waren, die sie im Land gut absetzen konnten. Der relative Wohlstand um die Mitte des 19. Jh. und die Ausprägung einer geordneten staatlichen Verwaltung ließen zunehmend ein nationalstaatliches Gebilde entstehen, das im Ausland dann auch diplomatische Anerkennung fand.

Die Einführung neuer Rationalisierungsverfahren dank moderner Maschinen veränderte die Eigentumsverhältnisse binnen weniger Jahre radikal. 1849 wurde ein Vertreter der Kaffee-Aristokratie Präsident – Juan Rafael Mora, der zusammen mit Vincente Aguilar das größte und mächtigste Export/Import-Unternehmen des Landes besaß.

Da London das Handelszentrum für Kaffee war, suchten Regierung und Kaffee-Adel seit 1865 nach einer Möglichkeit, die gewinnträchtigen Bohnen von einem Atlantikhafen aus zu verschiffen. 1871 unterzeichneten Präsident General Tomás

William Walker – Oder:
Die frühe Existenzbedrohung des costaricanischen Staates

Als der US-amerikanische Söldnerführer William Walker sich anschickte, von Nicaragua aus nach Costa Rica zu marschieren, besiegte ihn eine Freiwilligen-Armee von 2500 Costaricanern unter Führung des Präsidenten Juan Rafael Mora im März 1856 durch einen Überraschungsangriff um 4 Uhr früh bei Sta. Rosa. Walker mußte sich nach Rivas am Nicaragua-See zurückziehen. Mora setzte nach, und es kam einen Monat später zur ›Schlacht von Rivas‹. Beim Ansturm auf die Befestigungen zeichnete sich der in Alajuela geborene einfache Soldat Juan Santamaría durch besondere Tapferkeit aus, als er mit einer Fackel durch den Kugelhagel zur Festung rannte und sie in Brand steckte. Aber im costaricanischen Heer brach die Cholera aus und Mora mußte sich ohne eindeutigen Sieg zurückziehen. Erst am 11. April 1857 gelang es den zentralamerikanischen alliierten Truppen, Walker wiederum bei Rivas zu besiegen (vgl. S. 444). In der Geschichte Costa Ricas gilt dieser militärische Sieg über den Söldner William Walker als die herausragendste Abwehrleistung gegenüber Bedrohungen von außen.

Guardia und ein Konsortium Londoner Banken einen Kreditvertrag über 3,5 Mio. Pfund Sterling zum Bau einer Eisenbahn zwischen dem Valle Central und Puerto Limón am Atlantik. Nach Costa Rica gelangten davon weniger als 1 Mio. Pfund (über 2 Mio. blieben in England für Materialbeschaffung und Zinsen), und das Land geriet damit zum ersten Mal in finanzielle Auslandsabhängigkeit. General Tomás Guardia begann mit dem Bau der Bahnlinie aus Prestigegründen in San José (1878). Das hatte zur Folge, daß man Maschinen und Materialien über Puntarenas hinauf nach San José befördern mußte, anstatt sie in Puerto Limón an Land zu bringen, um von hier aus die Bauarbeiten ins Valle Central voranzutreiben. Schon bald war der Kreditrahmen erreicht. In dieser Situation half der US-amerikanische Eisenbahningenieur Henry Keith dem General aus der Klemme. Er bot US-Kapital an und verlangte als Gegenleistung das Nutzungsrecht für die bereits fertiggestellten Trassenteile zum Transport seiner Bananenernten.

Für das Abtragen weiterer Schulden sicherten sich Keith und US-Investoren 1884 vertraglich mehr als 300000 ha Land sowie das Recht, für 99 Jahre die (noch nicht fertiggestellte) Eisenbahn für den Bananentransport zur Atlantikküste zu nutzen. Keith gründete und kaufte mit US-Kapital weitere Bananenpflanzungen in Costa Rica. 1894 schloß er sich mit der Boston Fruit Company des Andrew Preston zusammen. Aus dieser Vereinigung entstand 1899 die United Fruit Company (UFCO), die ab der Jahrhundertwende den Bananenhandel vom Anbau über den Transport und die Verschiffung bis zur Vermarktung in Costa Rica kontrollierte. Der Bananenanbau in Plantagen zog soziale Veränderungen nach sich. Schwarze Arbeitskräfte wurden aus Jamaika eingeschifft, und die Campesinos, die in den Zentralregionen Costa Ricas landlos geworden waren, mußten sich in den Plantagen verdingen.

Auf den Export von Kaffee und Bananen angewiesen, hing die politische und wirtschaftliche Situation Costa Ricas in den kommenden Jahren von der Weltwirtschaftslage ab. Zunächst dominierten in der Innenpolitik liberale Ideen. 1882 wurde die Todesstrafe abgeschafft, 1886 der kostenlose Schulbesuch formal zur Pflicht. Nach der Wahl José Joaquín Rodriguez' 1890 zum Präsidenten folgten – ganz im Gegensatz zu den Nachbarstaaten – Jahrzehnte der politischen Stabilität. 1914 wurde Alfredo González Flores als erster Präsident eines Landes in Mittelamerika auf der Grundlage eines freien, geheimen, allgemeinen und direkten Wahlrechts, das allerdings damals nur den Männern zustand, gewählt. Nach dem Zusammenbruch des Außenhandels im Ersten Weltkrieg führte González 1916 eine Einkommens- und Grundsteuer ein, um die sozialen Folgen der Wirtschaftskrise für den Staat auffangen zu können. Doch die von den Steuern betroffenen Grundbesitzer stürzten ihn 1917 mit Hilfe der US-Gesellschaften. Neue Herrscher wurden die Brüder Tinoco, die in Costa Rica ein diktatorisches Regime einführten. Zwei Jahre dauerte es, bis nach heftigem Widerstand des Mittelstandes und des liberalen Bürgertums auch General Federico Tinoco 1919 abgesetzt wurde und erneut ein gewählter Präsident die Regierungsgeschäfte übernehmen konnte.

Im allgemeinen Boom erlebte auch Costa Rica nach dem Ersten Weltkrieg einen wirtschaftlichen Aufschwung, weil Kaffee- und Bananenexport rasant anstiegen. Aber ab 1925 begannen auf dem Weltmarkt die Kaffeepreise zu sinken, und nach dem ›Schwarzen Freitag‹ 1929 in New York ging auch weltweit die Bananennachfrage zurück. Während der 30er Jahre verschärften sich die wirtschaftlichen und sozialen Spannungen weiter. In dieser Situation nominierte die konservative Republikanische Partei (Partido

Kaffee- und Bananentransport; Deckengemälde im Nationaltheater von San José

Republicano Nacional, PRN) mit dem Arzt Rafael Angel Calderón Guardia eine charismatische Führerpersönlichkeit als Präsidentschaftskandidat. Calderón, der nach Jahren schwerer Wirtschaftsdepressionen ein größeres Engagement des Staates im sozialen Bereich versprach, wurde mit großer Mehrheit 1940 gewählt. Seine sozialreformerischen Maßnahmen, insbesondere das Arbeitsgesetz, ließen jedoch die ländlichen Mittelschichten und vor allem die vermögenden Familien von ihm abrücken. Die Anti-Calderón-Koalition aus Konservativen, Liberalen und Intellektuellen trat 1948 mit ihrem Kandidaten Otilio Ulate Blanco gegen Calderón an und siegte mit äußerst knappem Vorsprung. Calderón unterstellte Wahlbetrug, ließ die Wahl durch den Kongreß, in dem die PRN über die Mehrheit verfügte, für ungültig erklären und blieb einfach im Amt. Die Verbrennung von belastenden Wahlunterlagen und der militärische Einsatz gegen Anti-Calderón-Demonstranten führten zu bürgerkriegsähnlichen Auseinandersetzungen. Zentralfigur des Widerstandes gegen Calderón wurde José María Figueres Ferrer.

Figueres war kein Unbekannter in der Oppositionsszene: 1942 war der Kaffeeplantagenbesitzer (auch Don Pepe genannt) nach einem Rundfunkinterview des Landes verwiesen worden; 1944 kehrte er zurück und gründete mit karibischen Exildemokraten eine Initiative zum Sturz von Diktatoren in den Karibikstaaten. Terrorakte in und außerhalb Costa Ricas wurden in diesen Jahren Figueres und der ›Karibischen Legion‹ zugeschrieben, konnten ihnen aber nie nachgewiesen werden.

Im März 1948 begann der von Figueres als »Krieg der nationalen Befreiung« bezeichnete Aufstand. Wegen seiner sozialistischen, wohlfahrtsstaatlichen Vorstellungen schlossen sich ihm Bauern und Arbeiter an. Auch der Erzbischof von San José unterstützte Figueres. Es nützte der amtierenden Regierung unter Calderón nichts, daß sie nicaraguanische Verstärkung ins Land holte. Die Regierungstruppen wurden binnen eines Monats bei Puerto Limón vernichtend geschlagen. Am 19. April 1948 war der Bürgerkrieg, der 2000 Costaricaner das Leben gekostet hatte, zu Ende. Figueres wurde Präsident.

Der Sieger zeigte sich staatsmännisch. Anstelle von Strafmaßnahmen erließ er eine Generalamnestie und setzte grundlegende Reformen durch, die in der neuen Verfassung von 1949 festgeschrieben wurden: so das neue Wahlsystem, die Sozialpflicht des Staates und die Abschaffung der Armee. Nachdem er mit Hilfe der Organisation der Amerikanischen Staaten (OAS) Grenzüberschreitungen von Truppen Somazas aus Nicaragua abgewehrt hatte, übergab Figueres noch 1949 die Regierungsgeschäfte dem Wahlsieger von 1948, Otilio Ulate Blanco.

Costa Rica entwickelt sich zur ›Schweiz Zentralamerikas‹

Der Bürgerkrieg hatte die Parteienlandschaft verändert. Neben den bürgerlichen Traditionsparteien, die sehr von ihren Führerpersönlichkeiten geprägt waren, entstand jetzt die an sozialdemokratischen Zielen orientierte Partido de Liberación Nacional (PLN), eine Mitgliederpartei mit Programm und Basisorganisation. Sie gewann die absolute Mehrheit bei den Parlamentswahlen 1953 und sollte von nun an eine dominierende Kraft im Kongreß bleiben. Entsprechend der Gesellschaftsstruktur des Landes war die PLN, obwohl Mitglied der Sozialistischen Internationalen, keine Arbeiterpartei, sondern ein Bündnis

Präsident Figueres Ferrer nach seiner Wiederwahl zum Präsidenten im Jahre 1953

der mittleren und kleinen Kaffeebauern, der städtischen Intellektuellen sowie der staatlichen Angestellten. Die PLN, die in den letzten 40 Jahren mit Ausnahme der Legislaturperiode von 1978 bis 1982 immer über die Mehrheit im Kongreß verfügt hat, setzte die Zulassung von Gewerkschaften, den Achtstundentag, die staatliche Sozialversicherung und die kostenlose Gesundheitsversorgung durch, ebenso die Verstaatlichung von Banken und Elektrizitätsgesellschaften sowie das Bildungsmonopol des Staates. Auf die inzwischen 40jährige Kontinuität dieser Sozialstaatspolitik begründet sich Costa Ricas Ruf als ›Schweiz Mittelamerikas‹, auch wenn diese Bezeichnung bei genauer Analyse nur in Relation zum Umfeld gerechtfertigt erscheint.

1953 übernahm nach siegreicher Wahl noch einmal Figueres das Präsidentenamt. Zwei Jahre später versuchte der Sohn des früheren costaricanischen Präsidenten Picado (Amtszeit 1944–48), der Sekretär von Somoza war, zusammen mit alten Anhängern Calderóns, von Nicaragua aus Figueres zu stürzen. Zur Unterstützung bombardierte die Luftwaffe Somazos sogar San José und andere Städte. Obwohl Costa Rica keine bewaffneten Streitkräfte unterhielt, kam es dank des öffentlichkeitswirksamen Eingreifens der OAS sehr schnell zu einer Übereinkunft.

Die stetige Maxime Costa Ricas politisch neutral zu sein und doch wirtschaftlich auf der Seite des Westens zu stehen, brachte dem kleinen Staat viel Sympathie und Unterstützung von seiten der westlichen Demokratien und verhalf ihm zugleich in den nächsten Jahren zu einer gewissen Unabhängigkeit von den USA.

So gewährte Costa Rica vielen politischen Flüchtlingen aus den Nachbarländern Asyl, nahm als erster Staat Zentral-

Costa Rica – Ein Land ohne Armee?

Mehrere glückliche Umstände trafen im April 1948 in Costa Rica zusammen, die zur Abschaffung des Militärs führten: Die kleine Regierungsarmee hatte unter Führung Calderóns im Kampf gegen Figueres hohe Verluste erlitten. Da sie gegen den neuen Präsidenten erbittert Widerstand geleistet hatte, konnte man Figueres nicht zumuten, den Oberbefehl über den versprengten Rest seiner Feinde zu übernehmen. Andererseits sollten die Aufständischen in der Karibischen Legion, die loyal für Figueres gekämpft hatten, nicht in den Rang der Regierungsarmee aufsteigen. Und ein Drittes: Es gab in Costa Rica keine Fabriken zur Herstellung von Waffen, Munition und Uniformen, so daß weder Arbeitslosigkeit noch Profiteinbußen hätten befürchtet werden müssen.

Da bot sich jene weitsichtige Lösung geradezu an, die 1949 als Artikel 23 in die Verfassung Eingang fand: »Die Armee als ständige Einrichtung ist verboten. Für die Sicherheit und die Aufrechterhaltung der öffentlichen Ordnung wird es die notwendigen Polizeikräfte geben.«

Lange Jahre galt für Costa Rica der wohl einmalige Vergleich, daß das Land mehr Schulen als Soldaten habe. Aber den Mythos vom Land ohne Armee gilt es in Frage zu stellen. Die Polizeieinheiten *(Guardia Civil* und *Guardia Rural)* wurden seit 1980 vergrößert, neue Waffen, gepanzerte Fahrzeuge und Computerelektronik angeschafft. 1985 registrierte das Londoner Institute for Strategic Studies (ISS) einen sprunghaften Anstieg auf insgesamt 12 500 Mann, für deren Professionalisierung die USA engagiert Sorge trägt.

amerikas 1971 diplomatische Beziehungen mit der Sowjetunion auf und forderte 1974 als erstes lateinamerikanisches Land die Wiederaufnahme Kubas in die OAS.

In diesen Jahren formierte sich in Nicaragua der bewaffnete Kampf gegen den Diktator Somoza. Junge Nicaraguaner, die gegen Somoza zu kämpfen bereit waren, hatten schon immer in Costa Rica offene Türen gefunden, so auch die Sandinisten. Der seit 1974 regierende Präsident Daniel Oduber Quiros war wie sein Vorgänger Figueres Anti-Somozist. Ohne die Hilfe von Costa Rica hätte die Sandinistische Befreiungsfront (Frente Sandinista de Liberación Nacional, FSLN) kaum gegen Somoza gewinnen können. Als die Sandinistas am 19. Juli 1979 triumphierend in Managua einzogen, wurden sie von Regierungsmitgliedern aus San José begleitet. Doch die Aktivitäten der USA gegen die neue sandinistische Regierung brachten für Costa Rica politische Schwierigkeiten.

Ab 1981 ging das Wirtschaftswachstum zurück, 1983 fiel es auf den Stand von 1973. Die schwere Rezession und die Abhängigkeit von den schwankenden Weltmarktpreisen für Kaffee und Bananen gefährdeten das Sozialsystem. 1982 übernahm Luís Alberto Monge Alvarez, Sozialdemokrat wie Figueres, die Regierung. Costa Rica mußte sich den Auflagen des Internationalen Währungsfonds unterwerfen, die Staatsausgaben radikal kürzen und über 3 Mrd. US-$ Auslandsschulden zu tilgen versuchen. Dabei hatte Costa Rica noch Glück, denn die USA standen in großer Rivalität zu Nicaragua und unterstützen deshalb den ›einzigen demokratischen Staat‹ Mittelamerikas.

Natürlich hatte ihr Wohlwollen seinen Preis: Die Kämpfer des Contra-Anführers Edén Pastora gingen damals im nördlichen Costa Rica ein und aus. San José verwandelte sich zu einem zentralamerikanischen Casablanca, einem beliebten Ort für Geheimdienste und politische Komplotte. Am 17. November 1983 proklamierte Monge in dieser Situation die »permanente, aktive und unbewaffnete Neutralität« Costa Ricas, um der Region überdeutlich zu vermitteln, daß sein Land mit Nicaragua nichts mehr zu tun haben wollte, sondern beabsichtige, sich auf seinen wirtschaftlichen Aufbau zu konzentrieren. Ein Attentat auf Edén Pastora, der mit einer Costaricanerin verheiratet ist, und dessen Rückzug aus der Contra-Bewegung (1984), kam Costa Rica als Rechtfertigung für seine Politik entgegen.

Ab Februar 1986 hieß der costaricanische Präsident Oscar Arias Sanchez: PLN-Mitglied, reicher Landbesitzer, Absolvent der London School of Economics. Hatte sein Vorgänger Monge im Mai 1985 noch US-Militärberater zur Unterstützung der Contra ins Land gelassen, so sprach sich Arias deutlich gegen die Aktivitäten der USA in Nicaragua aus. Er forcierte mit großem Engagement und gegen den Widerstand der Vereinigten Staaten alle Bemühungen in der Region, die eigenen Konflikte ohne fremde Einmischung zu lösen. Am 7. August 1987 unterzeichneten auf seine Initiative hin die Präsidenten von El Salvador, Guatemala, Honduras, Nicaragua und Costa Rica ein Mittelamerika-Friedensabkommen, für das dem ›Architekten‹ Arias 1987 der Friedensnobelpreis verliehen wurde (vgl. S. 32). Die damit verbundenen 600 000 DM übergab Arias einer Sozialstiftung seines Landes, um den Preis, wie er sagte, mit seinem Volk zu teilen.

1990 gewann der konservative Rafael Angel Calderón, der Sohn des ehemaligen Präsidenten Calderón Guardia, die Präsidentschaftswahlen. Er besiegte seinen sozialdemokratischen Gegenkandidaten Carlos Manuel Castillo nur knapp. Auch bei den Parlaments- und Kommunalwahlen errangen die Konservativen die Mehrheit.

Staat und Verwaltung

Regierungssystem

Costa Rica ist seit 1949 eine repräsentative, pluralistische Präsidialdemokratie. Alle vier Jahre werden der Präsident, die zwei Vizepräsidenten und die 57 Abgeordneten *(Diputados)* des Einkammer-Kongresses direkt und geheim gewählt. Die Wahlbezirke entsprechen den sieben Provinzen Costa Ricas. Das Wahlrecht – seit 1959 besteht Wahlpflicht – gilt für Männer und Frauen. Verweigerer müssen eine Geldbuße zahlen; im Wiederholungsfall droht Gefängnis.

Über Vorbereitung und Ablauf der Wahl wacht der Oberste Wahlgerichtshof *(Tribunal Supremo de Elecciones, TSE)*. Dieses unabhängige Gremium ist mit weitgehenden Befugnissen ausgestattet. Dazu gehören die Einsetzung der Wahlleitungsorgane, die Auszählung der Stimmen, die Entscheidung über Einsprüche und Anfechtungen und das Recht, in der

Wahlkampfzeit, ggf. mit Hilfe der Polizei, Beeinflussungen zu verhindern. Das Gericht entscheidet auch über die Parteizulassungen. Ihm ist es zu danken, daß aufgrund einer Verfassungsänderung seit 1975 auch ›verfassungsfeindliche Gruppen‹ an Wahlen teilnehmen dürfen, vorausgesetzt, daß mindestens 3000 Costaricaner sie unterstützen.

Gewählt werden für den Kongreß in Listenwahl die Parteien, nicht der Kandidat des Wahlkreises. Die Wahl des Präsidenten erfolgt nach relativem Mehrheitswahlrecht, doch müssen auf den Sieger mindestens 40% der gültigen Stimmen entfallen, nötigenfalls in einer Stichwahl zwei Monate nach dem ersten Wahlgang. Eine Wiederwahl des Präsidenten ist seit 1969 ausgeschlossen. Es besteht eine indirekte staatliche Parteifinanzierung in Form einer gesetzlich geregelten Wahlkampfkostenerstattung.

Obwohl sich bis zu 16 Parteien an den Wahlen beteiligen, zeichnet sich in den letzten Jahrzehnten eine zunehmend stabile Entwicklung für zwei Parteiengruppen ab: Der aus dem Bürgerkrieg hervorgegangenen PLN, einer sozialdemokratisch orientierten Mitgliederpartei, steht eine wenig gefestigte Gruppierung aus bürgerlichen Parteien gegenüber, die vor Wahlen in der Regel Zweckbündnisse für einen gemeinsamen Wahlkandidaten schließen (Kristallisationspartei dieser Wahlkoalitionen ist die rechts der Mitte angesiedelte Partido Unidad). Die Unterschiede in den ideologischen Grundeinstellungen dieser annähernd gleich starken Parteienlager sind in erster Linie wirtschaftspolitischer Natur, obwohl sich beide heute zur kapitalistischen Ökonomie bekennen. Das Wahlbündnis aus Kommunisten und Sozialisten, die Pueblo Unido, blieb in den 80er Jahren landesweit stets unter 10%.

Bildung und Erziehung

Kein Land Zentralamerikas kann sich heute im Bildungswesen mit Costa Rica messen, denn hier gehen tatsächlich alle Kinder zur Schule. Seit Jahrzehnten (formal seit 1869!) besteht das Prinzip der obligatorischen und kostenlosen Grundschulausbildung. Zwar gibt es ein deutliches Gefälle zwischen Stadt und Land, aber dies drückt sich vor allem in der Höhe der Schulabschlüsse aus. Die Analphabetenquote liegt unter 10%; meist sind es die älteren Bewohner in den Dörfern der Karibikküste, die des Lesens und Schreibens unkundig sind.

An die sechsjährige Grundschulausbildung schließt sich eine Sekundarstufe an, in der drei Jahre lang allgemeinbildende und zwei Jahre berufsorientierte Fächer unterrichtet werden.

Zur Zeit gibt es in Costa Rica ca. 4000 Bildungseinrichtungen, die von 780 000 Lernenden besucht werden; jeder dritte Bewohner des Landes ist also Schüler oder Student. Die Erziehungsverwaltung ist der größte Arbeitgeber des Landes.

Grund- und Sekundarschulen werden überwiegend vom Staat getragen, der 22% seines Haushaltes – den höchsten Anteil am Gesamtbudget – in das Bildungswesen investiert. Daneben gibt es wenige private – meist konfessionelle – Träger. Auch die Plantagengesellschaften an der Atlantikküste unterhalten eigene Schulen.

Die öffentlichen Hochschulen sind autonom, d. h., sie unterstehen zwar nicht dem Erziehungsministerium, werden aber aus dem öffentlichen Haushalt bezahlt; z. Z. studieren ca. 60 000 Costaricaner. Die älteste, renommierte, eher konservative Universidad de Costa Rica (UCR) in San José und die eher als linksliberal einzustufende Universidad Nacional (UNA) in Heredia unterhalten regio-

›Blutiges Gold‹

Weltweit betreten 30 Mio. Menschen täglich die Restaurants der Bulettenkonzerne McDonald's, Burger King oder Wendy's. Heute erzielen die Fast-Food-Konzerne zusammen in nur einem Jahr einen Umsatz von 50 Mrd. US-$ (1987). Allein McDonald's in den USA verarbeitet jeden Tag 1000t Rindfleisch zu Hackfleisch.

1940 waren noch über 72% der Landfläche Costa Ricas mit tropischem Regenwald bedeckt. Inzwischen ist der Bestand auf 25% zurückgegangen. Im gleichen Zeitraum verdoppelte sich das Weideland. Jährlich werden ca. 50000 ha Costa Ricas entwaldet. Der Hauptgrund: Auf vier Fünfteln der gerodeten Fläche grasen Rinder, die den Rohstoff für die US-amerikanischen Hamburger-Ketten liefern. Wie andere Länder auf Öl, setzt Costa Rica – neben Bananen und Kaffee – auf den Export von Fleisch, auf ›blutiges Gold‹; 100000 t pro Jahr exportiert es bereits.

Doch die devisenträchtige Aufzucht von Schlachtvieh – meist Zebu-Rinder aus US-amerikanischen Züchtungen – auf ehemaligen Urwaldböden, die durch künstliche Graseinsaat zu Weiden umfunktioniert wurden, erweist sich als kurzsichtiger und folgenschwerer Naturraubbau, der am Ende zur Vernichtung des Urwaldes, der Landwirtschaft und vieler Arbeitsplätze führt.

Der tropische Regenwald, Inbegriff unerschöpflicher Fruchtbarkeit, ist ein Ökosystem mit einer sich selbst reproduzierenden Pflanzen- und Tiergemeinschaft. Der Urwaldboden bildet die Basis für diesen Kreislauf, ist selbst im Grunde jedoch unfruchtbar. Benötigt ein Rind im ersten Jahr nach der Rodung jeweils 1 ha Weideland, so ist der Boden nach fünf Jahren bereits derart erschöpft, daß danach pro Tier schon 5–7 ha benötigt werden. Nach spätestens zehn Jahren sind die Böden vollständig ausgelaugt. Zudem verringern starke Regengüsse die Weideflächen. Die Rinderzüchter versuchen mit Chemikalien (aus Deutschland und den USA), den Zusammenbruch ihrer Tierfarmen hinauszuzögern. Damit überdüngen sie nicht nur den ausgebeuteten Boden, sondern verringern auch ihre Einnahmen. Um trotzdem Umsatz zu machen, müssen Costa Ricas Rinderzüchter immer mehr Fleisch auf den Exportmarkt werfen – und tragen damit zum Preisverfall des eigenen Produkts bei. Denn den Preis für Rindfleisch bestimmt die Fleischbörse in Chicago, zu Bertolt Brechts Zeiten Standort der weltgrößten Schlachthöfe, heute Hauptsitz von McDonald's.

Die einseitige Nutzung des Bodens zerstört Speicherbecken für Grund- und Regenwasser, verhindert eine Luftreinigung durch die Wälder, läßt Holz als Roh- und Brennstoff langsam rar werden und fördert die Erosion, durch die wiederum Tausende von Hektar fruchtbaren Ackerlandes verlorengehen. Zudem sind die Costaricaner in doppelter Hinsicht Opfer der US-amerikanischen Fast-Food-Konzerne: als Zulieferer der Rohstoffe mit den langfristigen Schäden für Natur und Umwelt und als Verbraucher. In Costa Rica ist Fleisch knapp. Während sich die Fleischproduktion seit 1960 vervierfacht hat, halbierte sich der Fleischkonsum der einheimischen Bevölkerung. Fleisch ist in Costa Rica unerschwinglich teuer, weil es in den Export geht.

Die Imbißketten verändern auch das traditionell ländliche Gefüge Costa Ricas. Immer mehr kleinere dörfliche Garküchen können nicht mehr existieren, immer kleiner wird die Anbaufläche für die ursprünglichen Lebensmittel Bohnen und Mais. Immer größer hingegen wird die ländliche Arbeitslosigkeit, denn nur wenige Arbeitskräfte sind nötig, um die derzeit 3 Mio. Rinder Costa Ricas im Zaum zu halten.

nale Zweigstellen in anderen Städten. In Cartago befindet sich das Instituto Tecnológico, die Technische Universität des Landes.

Außenpolitik: Wie neutral will und kann Costa Rica sein?

Am 17. November 1983 verkündete Präsident Luís Alberto Monge die »ständige, aktive und unbewaffnete Neutralität« Costa Ricas. Sie wird auch heute noch definiert als unparteiische Haltung gegenüber dritten Staaten, die sich im Kriegs- bzw. im Bürgerkriegszustand befinden. Deshalb will Costa Rica verhindern, daß die Grenzregionen des Landes von einander bekämpfenden Parteien als Operationsbasis benutzt werden. Die Verteidigung dieser Neutralität ist für Costa Rica seit 1949 keine Frage von Bewaffnung. Grundvoraussetzungen sind die Identifikation der Costaricaner mit ihrem politischen System und ihre Bereitschaft, mit völkerrechtlichen, moralischen und politischen Mitteln Widerstand gegen jene zu leisten, die seine Grenzen gewaltsam verändern wollen.

Doch seit dem Sturz Somozas im benachbarten Nicaragua drohte Costa Rica immer mehr ins außenpolitische Schlepptau der USA zu geraten und damit in den Konflikt USA – Nicaragua hineingezogen zu werden.

Die Orientierung der costaricanischen Exporte und Importe an den USA, die jährliche US-Wirtschaftshilfe in Höhe von Millionen Dollar, die US-Privatinvestitionen in Costa Rica und die enorme Auslandsverschuldung von ca. 4 Mrd. US-$ machen es den Vereinigten Staaten leicht, Druck auf die costaricanische Innen- und Außenpolitik auszuüben. Bei ihren wirtschaftlichen Repressionen ging die Reagan-Administration sogar so weit, die politische Destabilisierung in Costa Rica in Kauf zu nehmen und damit den Bestand des einzigen funktionierenden parlamentarisch-demokratischen Regierungssystems in Mittelamerika zu gefährden.

Wirtschaft

Der Mangel an Rohstoffen sowie der niedrige indianische Bevölkerungsanteil, der z. Z. der spanischen Kolonialherrschaft eine Sklavenbewirtschaftung verhinderte, ließen in Costa Rica über Jahrhunderte einen relativ homogenen bäuerlichen Kleinbesitz entstehen. Diese Sozialstruktur veränderte sich zwar gegen Ende des 19. Jh. mit dem Aufkommen der exportorientierten Kaffee- und Bananen-Plantagenwirtschaft, aber dank eines stabilen Regierungssystems kam es in der Folge nicht zu sozialen Umwälzungen.

Das System des Exports von Agrarprodukten und des Imports von allen Industriewaren bei einer gleichzeitig hohen Subsistenz im Bereich der Grundnahrungsmittel funktionierte bis zur Mitte des 20. Jh. Wegen der Abhängigkeit vom Weltmarkt setzte in den 50er Jahren eine staatlicherseits unterstützte – allerdings importabhängige – Industrialisierung ein; gleichzeitig begannen Bemühungen um einen gemeinsamen zentralamerikanischen Markt (Mercado Central Centro Americano, MCCA), dem Costa Rica 1963 beitrat. Doch mündete der MCCA aufgrund der mittelamerikanischen Bürgerkriege nicht in den von Costa Rica erhofften Binnenmarkt für seine Produkte. Hinzu kamen Anfang der 70er Jahre die enormen Preissteigerungen für zu importierende Industrieprodukte und insbesondere für

Der Mercado Central in San José

Rohöl. Da gleichzeitig die Weltmarktpreise für Costa Ricas Exportgüter Kaffee und Bananen über Jahre sanken, mußte sich das Land bei ausländischen Kreditgebern verschulden.

Die großen Ausfuhrgüter des Landes sind Kaffee, Bananen, Rindfleisch und Zucker. Kaffee und Bananen stellen mit ca. 50% die wichtigsten Exporterzeugnisse dar, sind jedoch gleichzeitig den größten Preisschwankungen auf dem Weltmarkt ausgesetzt. Weltweit ist Costa Rica der größte Bananenexporteur. Im Rahmen der Industrialisierungsbemühungen der letzten Jahre konnte man die Ausfuhrerlöse aus Textil- und Papierwaren sowie Maschinen steigern. Auch Rindfleisch zählt zu den Exportgütern, die in jüngster Zeit hohe Zuwachsraten ausweisen.

Unter den Devisenbringern nimmt heute der Tourismus die dritte Stelle ein. Dank der Pflege und der umsichtigen Erweiterung der Naturparks sowie mit Hilfe finanzkräftiger Japaner, die sich seit 1986 vermehrt im costaricanischen Tourismusgeschäft engagieren, wird dieser Wirtschaftszweig in den nächsten Jahren weiter anwachsen.

Wichtigster Handelspartner Costa Ricas sind seit der Jahrhundertwende die USA. Sie nehmen ca. 50% des gesamten Exports ab, und Costa Rica importiert aus den USA ca. 40% seiner Waren. Aus Europa bezieht das Land rund 10% seiner Einfuhrgüter, wobei unter den EG-Ländern die Bundesrepublik die Hälfte aller importierten Waren liefert.

Costa Rica steht, was die Pro-Kopf-Verschuldung betrifft, ganz oben in der Rangliste der westlichen Länder. Insgesamt 4 Mrd. US-$ beträgt sein Soll. Bis zur Hälfte seiner Deviseneinnahmen muß es pro Jahr zur Tilgung aufwenden. Vor sechs Jahren stand das Land deshalb schon einmal vor dem Ruin. »Doch die Commandantes in Managua waren die indirekte Rettung«, schrieb damals eine US-Zeitschrift, »die Sandinisten wurden zur ersten Industrie Costa Ricas.« Mit massiver Kredit- und Wirtschaftshilfe aus dem Westen, die nur aufgrund des Regierungswechsels in Nicaragua floß, konnte das Land seine Ökonomie wieder beleben.

Orts- und Landschaftsbeschreibungen

San José

Inmitten des Valle Central liegt in 1150 m Höhe San José, die Hauptstadt Costa Ricas. Obwohl sie heute ca. 1 Mio. Einwohner *(Josefinos)* zählt, ist San José keine Stadt mit großer historischer Vergangenheit. Dafür zieht sie all die Touristen an, die eine moderne zentralamerikanische Großstadt zum Einkaufen und zum Amüsement besuchen wollen.

Um den Bewohnern des westlichen Valle Central den weiten, beschwerlichen Weg zur Kirche in Cartago zu ersparen, ließ der Bischof in dem kleinen Dorf La Boca del Monte 1737 eine weitere Kirche bauen, die er dem hl. Joseph (San José) weihte. Bis ins 19. Jh. hinein blieb der Ort unbedeutend. Aber mit dem Kaffee-Anbau stieg die Bevölkerung schnell an: 1809 zählte die Stadt 8000 Einwohner, zehn Jahre später schon doppelt soviel. 1823 löste San José Cartago als Hauptstadt ab, nachdem die cartagischen Monarchisten im Bürgerkrieg gegen die Republikaner, die für eine Unabhängigkeit Costa Ricas eintraten, unterlagen. Von nun an wuchs die Stadt unaufhaltsam zum heutigen Handels- und Verwaltungszentrum heran.

Besichtigung

San José wurde wie die meisten zentralamerikanischen Städte nach schachbrettartigem Grundmuster gemäß den Vorstellungen der spanischen Kolonialherren geplant und angelegt. Dabei heißen die von Ost nach West verlaufenden Straßen Avenida, die von Nord nach Süd verlaufenden Calle. Beide tragen keine Namen, sondern sind numeriert.

Der Mittelpunkt von San José ist die Plaza de la Cultura, seit 1982 ein modern gestalteter Platz, auf dem bis spät in die Nacht costaricanische Amateurkünstler Vorstellungen geben und diese stets neu variieren.

Die meisten der beschriebenen Sehenswürdigkeiten sind gut zu Fuß von der Plaza de la Cultura zu erreichen.

Nach San José fährt man nicht der Kulturdenkmäler wegen: Es lockt die quirligfreundliche Atmosphäre, das mittelständisch orientierte Waren- und Unterhaltungsangebot, das Flair einer mittelamerikanischen Hauptstadt. Deshalb lohnt sich besonders der Aufenthalt in den Straßen und Parks, auf den Märkten oder in den Sodas und Cafés. Aber einiges zu sehen gibt es doch.

Goldmuseum (Museo del Oro): Av. Central/Calle 3–5, neben dem Nationaltheater an der Plaza de la Cultura, Calle 5/Av. Central 2, ✆ 23 05 28; ausgestellt werden über 1500 präkolumbische Schmuck- und Kultgegenstände aus purem Gold; ursprünglich Sammlung der Zentralbank (Sa und So 10–17 Uhr).

Nationaltheater (Teatro Nacional): Av. 2/Calle 3, an der Plaza de la Cultura, ✆ 21 13 29; nach den Plänen der Pariser Oper von italienischen und costaricanischen Architekten und Handwerkern erbaut, ist es das prächtigste Theater

Im Nationaltheater von San José

Zentralamerikas; Marmor in Hülle und Fülle, Statuen aus Alabaster, venezianische Spiegel, Fresken und Wandmalereien; ein sehr gepflegtes und behütetes Kleinod des Neoklassizismus. Das Treppenhausgemälde diente als Vorlage für den Fünf-Colones-Schein.

Seit 1890 spendeten die Kaffeebarone pro exportierten Sack Kaffee fünf Cent, um sich dieses Theater zu leisten. Am 19. Oktober 1897 wurde es mit Gounods Oper ›Faust‹ eröffnet. Aufführungen (Ballett, Konzerte etc.) vorwiegend dienstags; Kartenverkauf an der Nordfront (für Besucher: Mo–Sa 9–18, So 9–16 Uhr).

Schräg hinter dem Nationaltheater, vor dem Hochhaus der Seguro Social, liegt eine der prähistorischen Granitkugeln (s. S. 75); ihr Durchmesser beträgt ca. 1,80 m.

Kathedrale (Catedral Metropolitana): Av. 2–4/Calle Central; Kreuzbau in streng klassizistischem Stil. Die tonnengewölbte Holzdecke wird von zwei Reihen aus je zwölf Säulen getragen, Wände und Glasfenster zeigen Darstellungen aus der Heiligen Schrift im Nazarenerstil. Die Marienstatue am Hauptaltar wird nicht von Kerzen, sondern von Neonsternen ins rechte Licht gerückt.

Vor der Kathedrale erstreckt sich der Parque Central, an dessen Nordseite das neoklassizistische Teatro Melico Salazar liegt.

Teatro Melico Salazar: Av. 2/Calle Central; klassizistischer Bau, Ende der 80er Jahre renoviert; innen viel Samt, Stuck und Gold (tgl. 10–16 Uhr und während der Vorstellungen).

Iglesia La Merced: Av. 2/Calle 10; alte Kolonialkirche aus dem 17. Jh.; eindrucksvolle Holzdecke und Chorgestühl; lichtdurchfluteter Innenraum, eine Marienstatue dominiert den Hauptaltar.

Hauptpost (Oficina Central de Correos y Telégrafos): Av. 1/Calle 2; eines der ganz wenigen Kolonialbauwerke aus der Zeit der Jahrhundertwende, im 1. Stock Sondermarkenausstellung und Verkauf.

Morazán-Park (Parque Morazán): Av. 3–5/Calle 5–9; größter Park der Innenstadt mit Denkmälern (z. B. Simón Bolívars) und einer Bühne, auf der jeden Sonntagvormittag Folklorekonzerte dargeboten werden, meist in Verbindung mit Bilderausstellungen. Der Pavillon wurde dem Staat Costa Rica vom nicaraguanischen Diktator Somoza gestiftet.

Jade-Museum (Museo de Jade): Av. 7/Calle 9, im 11. Stock des INS-Versicherungshochhauses, ✆ 2 35 80; herrlicher Blick über die Stadt und das Valle Central. Ausgestellt werden Jade- und Goldschmuck der spanischen Kolonialepoche sowie aus präkolumbischer Zeit (Mo–Fr 9–15 Uhr).

Bolívar-Park (Parque Simón Bolívar): Av. 11/Calle 11, städtischer Erholungspark mit Zoo.

San José 1 Plaza de la Cultura mit ICT (Touristeninformation) 2 Museo del Oro 3 Teatro Nacional 4 Catedral Metropolitana 5 Parque Central 6 Teatro Melico Salazar 7 Iglesia La Merced 8 Mercado Central 9 Hauptpost 10 Parque Morazán 11 Museo de Jade 12 Parque Simón Bolívar 13 Bahnhof Atlántico 14 Parque Nacional 15 Palacio Nacional 16 Museo Nacional 17 Bahnhof Pacífico 18 Hospital San Juan de Dios 19 Museo de Arte Costarricense 20 Museo La Salle **Hotels** 21 Cariari 22 Irazú 23 Sheraton Herradura 24 Corobici 25 Aurola Holiday Inn 26 Amstel 27 Gran Hotel 28 Asia 29 Astoria 30 Jugendherberge

Nationalpark (Parque Nacional): Av. 1/ Calle 15, Nähe Bahnhof Pacífico; städtischer Park mit einem Bronzedenkmal von Rodin zur Erinnerung an die Schlachten von Sta. Rosa und Rivas, in denen die fünf zentralamerikanischen Staaten 1856 den US-Söldnerführer William Walker besiegten. Der Park wird im Norden durch die Nationalbibliothek begrenzt.

Nationalpalast (Palacio Nacional): Av. Central/Calle 15; Sitz des costaricanischen Parlaments; Besucher sind bei den Plenarsitzungen zugelassen (Reisepaß muß vorgelegt werden).

Nationalmuseum (Museo Nacional): Av. Central-2/Calle 15–17 (Eingang: Calle 17), ✆ 22 12 29; Geschichtsmuseum in einer alten Festung, Sammlung präkolumbischer Funde und illustrative Schaukästen zu Stationen der nationalen Geschichte (z. B. dokumentenreiche Ausstellung aus Anlaß der Verleihung des Friedensnobelpreises an Präsident Arias); im Parterre Ausstellungsräume zu Fauna und Flora, schöner Garten; im Innenhof sind Granitkugeln (s. S. 75) zu sehen; die größte hat einen Durchmesser von 1,20 m (Di–Sa 8.30–17, So 9–17 Uhr).

Museum für Kunsthandwerk (Museo de Arte Costarricense): Im Stadtpark La Sabana (Parque Metropolitano La Sabana) am westlichen Ende des Paseo Colón/ Calle 42, im früheren Flughafengebäude (Kolonialstil), ✆ 22 72 47; ausgestellt werden Skulpturen, Kunstgegenstände und Gemälde des 19. und 20. Jh. (Di–So 10–16.30 Uhr).

Naturgeschichtliches Museum La Salle: Im Gebäude des ehemaligen La Salle-Gymnasiums am La Sabana Metropolitan-Park, ✆ 32 64 27; exponiert werden über 1500 Spezies der landestypischen

Die Kathedrale von San José

Fauna und Flora, darunter bereits ausgestorbene (Mo–Fr 7.30–15, Sa 7.30–12 Uhr).

Im Stadtteil La Sabana befindet sich auch das nationale Fußballstadion.

Zentralfriedhof (Cementerio General): Av. 10/Calle 26; wer eindrucksvolle Grabstätten schätzt, sollte unbedingt diesen sehr gepflegten Friedhof mit seinen prächtig geschmückten Grabdenkmälern und -tempeln besuchen.

Hotels

Übernachtungsmöglichkeiten gibt es in ausreichendem Maße und in allen Preisklassen. Während der Monate Dezember – März empfiehlt es sich, in den teuren Hotels zu reservieren. Auch die preiswerten Unterkünfte sind ausnahmslos sauber.

Eine Übersicht aller Hotels und Unterkunftsmöglichkeiten – inkl. der billigeren und der neueröffneten – liegt im Touristeninformationszentrum aus.

Gut und teuer: Aurola Holiday Inn, Zentrum am Park Morazán, Av. 5/Calle 5, ✆ 33 72 33; Cariari, Luxushotel auf dem Gelände des Cariari Country Club, neben dem Sheraton, ✆ 39 00 22, Golfplatz; Corobici, Hotelhochhaus am Stadtrand (Flughafenstr.), ✆ 32 81 22, exotisches Interieur (japanischer Besitzer); Irazú, größtes Hotel der Stadt, nähe Corobici (ebenfalls Flughafenstr.), ✆ 32 48 11, ausgedehnte Parkanlage; Sheraton Herradura, 18 km außerhalb, an der Flughafenstr., ✆ 39 00 33, sehr großzügige Anlage, japanisches Restaurant.

Mittelklasse: Amstel, Zentrum, Av. 1-3/Calle 7, ✆ 22 46 22, angenehm ruhiges Haus; Balmoral, nahe Zentrum, Av. Central/Calle 9, ✆ 22 50 22; Costa Rica Tennis Club, am Stadtrand, Sabana Sur, ✆ 32 12 66, großes Schwimmbad; Gran Hotel Costa Rica, Zentrum, gegenüber dem Nationaltheater, ✆ 21 40 00, stilvolles, nicht mehr ganz neues Haus; La Gran Vía, Zentrum, Av. Central/Calle 1-3, ✆ 22 77 37 (schwedischer Besitzer); Europa, Zentrum, Av. 3-5/Calle Central, ✆ 22 12 22, mit Schwimmbad; Don Carlos, Zentrum, Av. 9/Calle 9, ✆ 21 67 07, kleines Hotel im Stil eines kolonialen Palastes.

Einfach und preiswert: Asia, Av. Central/Calle 11, ✆ 23 38 93; Astoria, Zentrum, Av. 7/Calle 5-7, ✆ 21 21 74; Diplomat, Zentrum, Av. Central/Calle 6, ✆ 21 81 33, sauber; Jugendherberge *(Albergue Juvenil)* Toruma, Av. Central/Calle 29/33, P.O.B. 329-1002.

Restaurants

Sehr großes Angebot an Restaurants aller Preisklassen; hinzu kommen die der Hotels. Die Cámara Costarricence de Restaurantes y Afines (✆ 24 19 22) gibt kostenlos einen Führer mit allen Restaurants der Stadt heraus; erhältlich im Touristeninformationszentrum. Wir empfehlen:

Le Jardin, im 5. Stock des Gran Hotel Costa Rica, ✆ 21 40 00, Kristallüster, Kerzenlicht, Blick auf das Nationaltheater, Tisch am Fenster reservieren; Ile de France, Av. Central/Calle 7, ✆ 22 42 41, gediegenes französisches Haus; El Balcón de Europa, Av. Central/Calle 7-9, ✆ 21 48 41, italienisch, das älteste Restaurant der Stadt (seit 1909), gepflegtes Interieur mit nostalgischen Fotos, hervorragendes Käse- und Nachtischbuffet, Reservierung nach 18 Uhr empfehlenswert; Club Londres, Paseo Colón/Calle 40, ✆ 22 78 96, elegant und teuer, aber hervorragend; El Chalet Suizo, Av. 1/Calle 5-7, ✆ 22 31 18, europäische Küche.

Wer Heimweh im Magen verspürt: Kudamm, deutsches Restaurant in San Pedro de Montes, 200 m westlich der Plaza del Sol, ✆ 53 76 01 (Mo-Sa 11.30-14.30 und 18-23 Uhr).

Beim Bummel durch die Stadt ist ein Besuch in einer der vielen kleinen *Sodas* sehr empfehlens-

Das Teatro Melico Salazar gezeichnet von René Arias (Radierung)

wert, in denen die typisch einheimischen Gerichte vor Ihren Augen zubereitet werden. Hier gibt es auch die *Refrescos Naturales,* frisch zubereitete Säfte aus tropischen Früchten.

Beliebter Treff für Rucksackreisende ist der Soda Palace, Av. 2/Calle 2.

Sehr angenehm ist es, unter den Arkaden des Gran Hotels gegenüber dem Nationaltheater zu frühstücken.

Verkehrsmittel

Bus: Das städtische Busnetz ist ausgezeichnet, Hinweise auf die Endstationen der Busse an den Fahrzeugen.

Überlandbusse nach: Puerto Limón, Bahnhof Atlántico (Av. 3/Calle 19); 6, 8, 12, 13, 14, 16 Uhr; 2,5 Std.; Puntarenas, Av. 7–9/Calle 12; 6, 8, 12, 14, 16, 18 Uhr; 2,5 Std.; Liberia, Av. 1–3/Calle 14; 7, 9, 11.30, 13, 15, 16, 18, 20 Uhr; 6 Std.; Alajuela, Av. 2/Calle 12–14; von 6–21 Uhr alle 30 Min.; 25 Min.; Cartago, Av. Central-2/Calle 13; von 6–20 Uhr alle 45 Min; 30 Min. (Eine Übersicht über alle nationalen Busverbindungen hängt im Touristeninformationszentrum.)

Internationale Überlandbusse: Mit Tica Bus (nach Panama, dem übrigen Zentralamerika und Mexiko), Av. 2/Calle 9, ✆ 21 89 54; nach Panama City, tgl. 22 Uhr; 18 Std.; nach Managua, tgl. 5 Uhr; 10 Std.; mit Sirca, Av. 2/Calle 11, tgl. nach Managua, ✆ 22 40 80.

Eisenbahn: Verbindung nach Puerto Limón, Ferrocarril al Atlántico, Bahnhof: Av. 3/Calle 19–21. Der um 1900 erbaute Bahnhof wurde zum Kulturdenkmal erklärt. An der Ostseite steht noch eine alte Dampflokomotive.

Die Strecke des sog. *Jungle Train* ist nicht elektrifiziert (Diesellokomotiven), jedoch besonders zwischen San José und Siquirres kurvenreich und interessant. Abfahrt tgl. 10 Uhr, ca. 7 Std.; Rückfahrt ab Puerto Limón tgl. 6 Uhr. Für die Fahrt von San José nach Puerto Limón hat man von Plätzen auf der rechten Seite des Zuges die bessere Aussicht.

Verbindung nach Puntarenas: Ferrocarril Eléctrico al Pacífico, Bahnhof: Av. 20/Calle 2. Abfahrt: 6.30, 10, 15 Uhr, 5 Std., Rückfahrt: 6, 10, 15.30 Uhr.

Leihwagen: Vor dem Flughafengebäude unterhalten die großen Anbieter Niederlassungen. Hier kann man den Wagen auch ohne Rückführungsgebühr wieder abgeben. Das Preisniveau hat europäischen Standard. Beim städtischen Touristeninformationsbüro ICT an der Plaza de la Cultura liegt eine Vergleichsliste aller Anbieter aus (vgl. auch Sonderangebote in der Tico Times).

Firmen: Avis, Am Park Sabana Nte., ✆ 32 99 22; Budget, Av. Central/Calle 30, ✆ 23 32 48; Dollar, Av. 9/Calle Central, ✆ 33 33 39; Hertz, Paseo Colón/Calle 30, ✆ 21 18 18; National, Av. Central/Calle 38, ✆ 33 44 06.

Unterhaltung

Tanz: La Tranquera, Av. 2/Calle 8, gehobenes Nachtlokal, Diskothek: Leonardo's, Paseo Colón/Calle 38, im Centro Colón.

Musik: La Copucha, Av. Central/Calle 9, Folklore am Freitagabend.

Kino: In San José gibt es viele moderne Kinos, gezeigt werden auch die neuesten US-amerikanischen Produktionen. Scala Garbo, Av. 2/Calle 28, auch europäische Filme.

Vergnügungspark (Parque de Diversiones): Freizeitpark mit Jahrmarktcharakter an der Interamericana Richtung Heredia, Abzweigung in Hohe des Hospital México nach Westen (Mo–Fr 10–17, Sa und So 10–19 Uhr).

Sport

Schwimmbäder La Sabana, am westlichen Ende des Paseo Colón; Ojo de Agua (s. S. 111).

Einkaufen

Die Stadt bietet Einkaufsmöglichkeiten für jeden Geschmack und Anspruch; man findet Modeboutiquen mit europäischen Kollektionen, aber auch den kleinen Hehler an der Straßenecke. Haupteinkaufsstraßen sind im Innenstadtbereich die Viertel zwischen Av. Central-2 und Calle 2–3; hier sind die Geschäfte bis 20 Uhr geöffnet.

Die deutsche Bäckerei Panadería Schmidt, Av. Central/Calle 11, bietet ein breites Angebot an deutschen Kuchensorten.

Wer besonders an Lederwaren interessiert ist, fährt am besten in den Stadtteil Moravia, 10 Min. von der Innenstadt entfernt.

Märkte: Mercado Central, Av. Central/Calle 6–8, farbenprächtigster Markt der Stadt mit reichhaltigem Souvenirangebot, bevorzugter Einkaufsmarkt der Ticos (Mo–Sa 6.30–18, So 7-12 Uhr), im Zentrum Restaurants und Cafés; Mercado Borbón, Av. 3–5/Calle 8–10, großer Gemüse- und Obstmarkt.

Kunsthandwerk: Mercado de Artesanía, Av. 2/Calle 3, vor dem Gran Hotel de Costa Rica und dem Nationaltheater, großer Wochenendmarkt, auf dem die Touristen sich mit Souvenirs eindecken können (Sa und So 8–17 Uhr). Mercado Nacional de Artesanía, hinter der La Soledad-Kirche, Av. 6/Calle 9, Angebote handgefertigter Holz-, Leder-, Stoff- und Tonarbeiten, feste Preise (Mo–Fr 10–18, Sa 10–20 Uhr); Artesanía Nacional, Av. Central/Calle Central, zahlreiche Kleinläden und Einzelstände mit breitem Angebot unter einem Dach, größter Kunsthandwerksmarkt der Stadt; Arte Rica, Av. 2/Calle Central-2, im Teatro Melico Salazar, gegenüber dem Zentralpark.

Adressen

Gesundheit: Rotes Kreuz (Cruz Roja Costarricense), Av. 8/Calle 14, ✆ 21 58 18.

Krankenhäuser: San Juan de Dios, Paseo Colón/Calle 14, ✆ 22 01 66 (1846 gegründetes und heute größtes Krankenhaus der Stadt); Clínica Americana, Av. 14/Calle Central, ✆ 22 10 10 (24 Std. Dienst).

Zahnarzt: Zahnklinik (Clínica Dental); Dr. M. Hoffmann, Av. Central/Calle 2 (gegenüber der Banco Central), ✆ 33 40 85.

Brillen repariert sofort (und spricht deutsch): Rivera Consultorio Optico, Av. Central/Calle 5–7, ✆ 21 43 41.

Reisebüros: Wer nicht auf eigene Faust Ausflüge in die Umgebung (etwa zu den Vulkanen) oder mehrtägige Reisen ins Landesinnere (z. B. zu den Nationalparks) unternehmen will, kann sich an eines der vielen Reisebüros *(Agencias de Viajes)* in der Stadt wenden. Sie organisieren komplette Arrangements, mehrtägige Ausflüge, aber auch Einzelbuchungen für Flüge und Hotels. In der Regel sprechen die Mitarbeiter Englisch.

Costa Rica Expediciones, Av. 1–3/Calle Central, ✆ 33 03 84; Swiss Travel Service, ✆ 31 40 55, in den Hotels Irazú, Sheraton, Herradura, Cariari, Amstel; Tico Tours, Av. 2/Calle 1–3; ✆ 33 67 23.

Telefon: Radiográfica Costarricense (ICE), Av. 5/Calle 1, Mo–Fr 7.30–17 Uhr. Direktverbindungen nach Deutschland.

Ausflüge

San José ist für die meisten Besucher Ausgangspunkt für Besichtigungen des Valle Central, ja sogar des ganzen Landes, u. a. deshalb, weil von hier die besten Verkehrsverbindungen (z. B. Eisenbahn und Buslinien) bestehen.

Aserri: Südlich von San José liegt die Bergkette der Cordillera Central. An der dem Valle Central zugewandten Seite kann man von der Aussichtsplattform Mirador Ram Luna das gesamte Valle Central und die größten Vulkankegel hervorragend überblicken. Beste Aussicht am Vormittag.

Entfernung von San José

Städte	Entfernung (km)
Alajuela	20
Heredia	11
Cartago	21
Liberia	217
Puntarenas	110
Puerto Limón	162
Strände	
Karibische Küste	
Tortuguero	242
(davon 70 km per Schiff)	
Cahuita	200
Puerto Viejo	215
Pazifische Küste	
El Coco	251
Tamarindo	306
Junquillal	304
Samara	331
Herradura	104
Jacó	106
Manuel Antonio	143
Quepos	139
Vulkane	
Arenal	170
Poás	56
Irazú	52

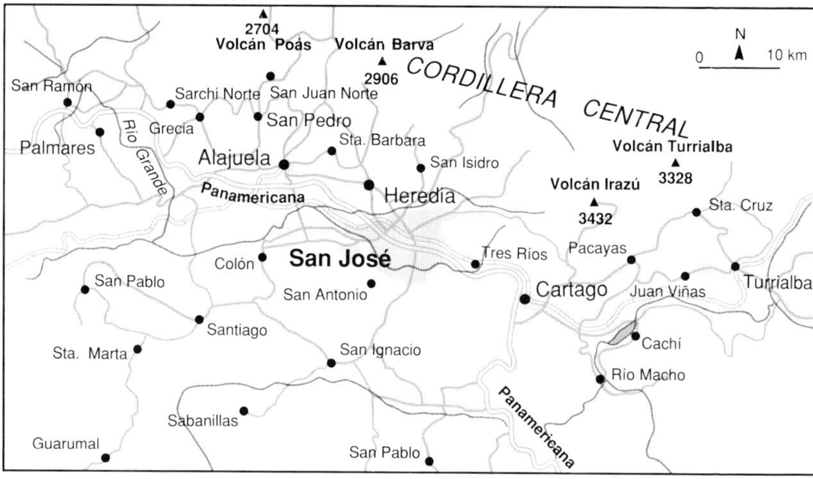

San José und Umgebung

Cruz de Alajuelita: Berggipfel in unmittelbarer Nähe des Vororts Alajuelita el Leano, nach leichtem Aufstieg (2 Std.) durch tropisches Grün bietet sich ein herrlicher Blick über die Stadt bis zu den Vulkanen Irazú und Poás (Bus von La Merced nach Alajuelita).

San Isidro de Coronado: 11 km nordöstlich von San José in 1500 m Höhe gelegene Sommerfrische, die 1938 erbaute Kirche wird durch ein Stahlskelett gestützt; vielbesuchtes Volksfest am 15. Februar.

Etwas außerhalb von Coronado unterhält die Nationaluniversität eine Schlangenfarm, die wissenschaftlichen Untersuchungen dient. Die Farm kann besichtigt werden (Mo–Fr 10–13 Uhr).

Die Karibikküste

Die 200 km lange karibische Küste Costa Ricas gehört verwaltungstechnisch zur Provinz Limón. Zentrum dieser Region ist Puerto Limón (mit dem neuen Tiefseehafen im Nachbarort Moín). Jahrhundertelang gab es keine direkten Verbindungen (und bis 1970 lediglich eine Eisenbahnlinie) von hier nach San José und dem Valle Central.

Puerto Limón ist bis heute der Hinterhof des Landes. Es gilt als ›karibisch‹, gemeint ist ›schwarz, englischsprachig, protestantisch, peripher‹, im Gegensatz zum Valle Central, das als ›weiß, spanischsprachig, katholisch und zentral‹ charakterisiert wird.

Gegenüber von Puerto Limón liegt die Insel Uvita, auf der 1502 Kolumbus landete, um seine Schiffe zu reparieren.

Heute ist Puerto Limón durch drei Verkehrsverbindungen von San José aus zu erreichen:

– nach wie vor durch die zwischen 1871 und 1890 gebaute Eisenbahn, den Jungle Train, der für die 150 km 7 bzw. 9 Std. braucht;
– seit 1970 durch eine Straße über Cartago und Turrialba, seit 1987 durch eine neue Straße über Guapiles mit dem längsten Autobahntunnel (562 m) Zentralamerikas. Die Fahrzeit verkürzt sich auf dieser Strecke von 5 auf 3 Std.;
– zweimal täglich verkehrt die nationale Fluglinie Sahsa zwischen den beiden Städten. (Detaillierte Informationen s. Verkehrsmittel.)

Nur von Puerto Limón aus kann man in die anderen Orte an der Karibikküste gelangen. Seit mehreren Jahren wird in der Gegend nach Öl gebohrt.

Puerto Limón

Wichtigste Hafenstadt Costa Ricas, ca. 50 000 Einwohner, ohne architektonische Sehenswürdigkeiten, dafür mit karibischem Flair, vielen netten Kneipen, feuchtheißem Klima.

Obwohl die Spanier hier zum ersten Mal den Boden des späteren Costa Rica betraten, kam es erst 1867, nach mehr als 300 Jahren, zum planmäßigen Aufbau einer Stadt. Anlaß war das ökonomische Interesse, den Kaffee aus dem Hochland leichter nach Europa verschiffen zu können, und Limón war als Endpunkt für die geplante Eisenbahnlinie vorgesehen. Bereits vor Fertigstellung der Schienenstrecke entwickelte sich die Stadt durch

Der Jungle-Train von San José nach Puerto Limón

die Bananenplantagen in der Küstenregion zu einem bedeutenden Überseehafen.

Für Eisenbahnbau und Bananenplantagen wurden Ende des 19. Jh. Zehntausende Jamaikaner als billige Arbeitskräfte ins Land geholt. Ihre Nachkommen stellen heute die Bevölkerungsmehrheit in der Region.

Besichtigung

Stadtpark mit alten, schattenspendenden Bäumen: Av. 1–2/Paseo Juan Santamaría, ideal zum Ausruhen nach dem Stadtbummel.

Kathedrale: Av. 3–4/Calle 6, neokoloniales Bauwerk mit prachtvoller Innenausstattung.

Hafen (Muelle Alemán): Karibisches Hafenmilieu, viele ausländische Seeleute.

Mercado Central: Av. 2–3/Calle 3–4, größter Markt des Landes an der Karibikküste.

Typische Holzhäuser in Puerto Limón

Hotels

Es gibt ca. 20 Hotels in der Stadt; Reservierung nur um den 12. Oktober (Kolumbus-Tag) notwendig.

Gut und teuer: Las Olas, an der Straße nach Portete, ✆ 58 14 14, größeres Haus über Felsen am Strand erbaut; Matama, Bungalow-Hotel, Strandnähe, an der Straße nach Portete, ✆ 58 11 23.

Mittelklasse: Acón, Av. 2/Calle 3, Zentrum, ✆ 58 10 10, bestes Hotel in der Innenstadt; International, Av. 5/Calle 2–3, Zentrum, ✆ 58 04 34, ruhige Straße.

Einfach und preiswert: Cabinas Cocori y Marbella, gegenüber Hotel Matama, ✆ 58 29 30, einfache kleine Häuschen; Park, Av. 3/Calle 1–2, Zentrum, ✆ 58 34 76, sauber, aber laut.

Verkehrsmittel

Bus: Puerto Limón hat keinen zentralen Busbahnhof; die Überlandbusse tragen Schilder ihres Fahrtziels.

Abfahrt nach: San José (über Siquirres), Av. 1/Calle 2, Abfahrt: 6, 8, 12, 13, 14 und 16 Uhr; Cahuita, Puerto Viejo, Av. 4/Calle 3–4, 2 × tgl., 90 Min.; Moín, Av. 4/Calle 4, ab 5 Uhr stdl.

Eisenbahn: Neuer Bahnhof, 2 km außerhalb des Zentrums, Zug nach San José morgens 6 Uhr.

Flüge: 2 × tgl. (außer Sa und So) nach San José. Flughafen, 5 km südlich der Stadt an der Straße nach Cahuita, Check-in neben dem Hotel Park, Av. 3/Calle 1–2.

Feste

Zu Ehren von Christoph Kolumbus feiert Limón um den 12. Oktober eine Woche lang Carnavales, ein ausgelassenes Volksfest, das die ganze Stadt in Atem hält.

Sport

In Limón selbst lädt der Strand nicht gerade zum Baden ein. Im Hafen des Ortes gibt es das kleine öffentliche Schwimmbad Japdera.

Ausflüge

Richtung Norden: Es gibt keine Straßenverbindung entlang der Küste zur nicaraguanischen Grenze. Die nationale Fluglinie Sahsa fliegt einmal tgl. Barra del Colorado an. Einige der exklu-

Puerto Limón
und Umgebung

siven Lodges in den Nationalparks bieten Aufenthalt inklusive Charterflug bzw. Bootsanreise an.

Moín: 7 km nördlich von Puerto Limón gelegener Tiefseehafen; die Straße endet hier; Busverbindung ab Puerto Limón (stdl.); Badestrand Playa Bonito (in Portete, zwischen Puerto Limón und Moín).

An- und Ablegestelle der Schiffe nach Tortuguero und Barra de Colorado, Do 7 Uhr, Sa 10 Uhr; Rückfahrt erst am nächsten Tag.

Tortuguero: Auf der Strecke nach Tortuguero fallen zunächst die gepflegten Bananen- und Kakaoplantagen auf. Ab Parismina entlang des nördlichen Küstenstreifens erstreckt sich ein riesiges Sumpfgebiet, das von Kanälen durchzogen wird.

Touristisches Zentrum dieses Regenwaldgebietes ist Barra de Tortuguero, 80 km von Puerto Limón entfernt (8–10 Std. Fahrt!). Der Ort (2000 Einwohner) ist Ausgangspunkt für Ausflüge in den Nationalpark (Parque Nacional Tortuguero), den wohl artenreichsten des Landes. Tortuguero ist mit 6000 mm pro Jahr das Gebiet mit den meisten Niederschlägen. Dessenungeachtet gehören wegen der märchenhaften Vegetation und der Vielfalt der Tiere eine Bootsexkursion nach Tortuguero und die Kanalfahrt durch den Nationalpark zu den beliebtesten Ausflügen in Costa Rica. Der spanische Name ›Tortuguero‹ leitet sich von ›Tortuga‹, Schildkröte, ab. In den Monaten Juli bis September legen die behäbigen Tiere in dieser Region nachts ihre Eier ab. (Auskunft und Führungen durch die Nationalparkverwaltung, Casa Verde, Tortuguero.)

Der Ort besticht durch seine paradiesische Einfachheit inmitten tropischer Vegetation an einem langen dunklen Sandstrand. Vereinzelt stößt man mitten in Tortuguero auf große verrostete Maschinen und riesige Eisenteile. Es sind die Reste US-amerikanischer Unternehmen, die hier im vorigen Jahrhundert Edelhölzer schlugen, sie roh verarbeiteten und exportierten. Als es nicht mehr lohnte, ließen sie die mitgebrachten Maschinen und die dorthin verschleppten Arbeitskräfte einfach zurück. Die Mehrzahl der Bewohner Tortugueros sind Nachkommen jener schwarzen karibischen Arbeiter.

Hotels

Mittelklasse: Tortuga Lodge, jenseits des Kanals, gegenüber dem Dorf, ✆ 718156, sehr schöne gepflegte Anlage; Cabinas Sabinas, im Dorf, direkt am ›Schildkröten‹-Strand, ✆ 718099, zweistöckige Anlage; Pension Tortuguero, im Dorf, einfache kleine Unterkunft.

Barra de Colorado liegt 25 km nördlich von Tortuguero an der Mündung des Río Colorado, nahe der Grenze zu Nicaragua. Der von naturbelassenen Mangrovensümpfen umgebene Ort ist nur per Boot oder Flugzeug zu erreichen. Barra de Colorado (1500 Einwohner) ist Teil des großen Schutzparks wildlebender Tiere (Refugio Nacional de Fauna Silvestre). Menschliche Eingriffe sind in diesem Gebiet nur den dort lebenden Einheimischen zur Nahrungsbeschaffung erlaubt. Für Sportfischer und Liebhaber undurchdringlicher Sümpfe, dichten Dschungels und seltener Tierarten ist es geradezu ein Paradies. Jede der wenigen Lodges bietet Bootsfahrten durch die verzweigten Kanäle und Lagunen mit orts- und naturkundigen Führern an.

Hotels

Übernachtungen müssen von San José aus reserviert werden.

Gut und teuer: Río de Colorado Lodge, unweit der Landepiste gelegen, ✆ 324063, bevorzugt von US-Amerikanern, Buchungen über Hotel Corobici, San José; Isla de Pesca, hinter dem Dorf Barra de Colorado an einem schönen Kanal im Dschungel gelegen, in japanischem Besitz, aufmerksame Hotelbedienung, ✆ 234560, besonders gute Dschungelführungen. Casa Mar, am weitesten vom Flughafen entfernt, sehr schöne Lage an einer Lagune, ✆ 412820, costaricanische Leitung.

Einfach und preiswert: Hotel Tarponland, direkt am Flughafen, parallel zur Rollbahn.

Wer nicht auf eigene Faust (d. h. auch mit viel Zeitaufwand) Tortuguero oder Barra de Colorado besuchen möchte, kann in San José bei einem Reisebüro ein komplettes Arrangement buchen. Dazu gehören in der Regel Fahrt, Unterkunft sowie Besichtigungs- bzw. Aktivitätenprogramme. Anbieter sind z. B.: Costa Rica Expeditions, Av. 3/Calle Central, ✆ 220333; Río Colorado Lodge, Hotel Corobici (s. S. 92), ✆ 324063; Perfini Travel (Isla de Pesca), P.O.B. 8-4390, ✆ 213609.

Von Puerto Limón führt eine gut ausgebaute Straße (N 32) parallel zur Küste bis zur panamaischen Grenze am Río Sixaola. Wer Bananenplantagen des Multis Standard Fruit besuchen möchte, muß von dieser Straße nach etwa 25 km ins Landesinnere nach Pandora im Valle de Estrella abbiegen.

Cahuita: Kleiner Badeort mit 2 km langem, herrlich weißem Sandstrand und vielen Kokospalmen. Vorgelagert ist ein Korallenriff von seltener Schönheit. Riff und Palmenstrand werden als Teile eines Nationalparks besonders geschützt. Schnorchelausrüstung wichtig! Zugang zum Riff leichter von Puerta Vargas (5 km südlich von Cahuita), hier auch Informationsstelle.

Cahuita ist ein Karibikort wie aus dem Reiseprospekt: Traumstrände mit Palmen bis dicht ans Meer, Bambushütten-Bars, jede Menge Reggae- und Salsa-Musik und viele badende Schönheiten!

Hotels

Es gibt ca. zehn Hotels, alle nur für einfachere Ansprüche, darunter:

Hotel Cahuita, am Strand, ✆ 581515 App. 201; Vaz Cabinas, am Strand, ✆ 581515 App. 218; Palmer Cabinas, am Strand, sehr einfach, ✆ 581515, App. 243.

Puerto Viejo: 15 km südlich von Cahuita gelegener Badeort (ohne Elektrizität!), großes Korallenriff. Ausgangsort zu den abgeschiedenen Reservaten in den Cordilleras de Talamanca.

Hotels

Wenige, sehr einfache Häuser: Cabinas Manuel León, ✆ 580854; Maiti, ✆ 580854.

Strand von Cahuita

Die Pazifikküste

Wirtschaftszentrum und kultureller Mittelpunkt an der über 1000 km langen pazifischen Küste Costa Ricas ist Puntarenas, der traditionsreiche Hafen und Badeort am Golf von Nicoya, 120 km westlich von San José. Puntarenas ist auch Provinzhauptstadt.

Die nördliche Pazifikküste begrenzt die Halbinsel Nicoya. Sie gehört – wie der ganze Nordwesten – zur Provinz Guanacaste. Der südliche Teil der Küste einschließlich der Halbinsel Osa bis zur panamaischen Grenze ist verwaltungstechnisch der Provinz Puntarenas angegliedert.

Nur zwischen Puntarenas und Dominical verläuft die Straße parallel zur Küste.

Puntarenas

Die Hafenstadt dehnt sich in Ostwestrichtung auf einer 6 km langen Halbinsel aus. Sie ist heute Verwaltungszentrum der gleichnamigen Provinz, Anlegeplatz für die Fährschiffe zur Halbinsel Nicoya und beliebter Badeort der Josefinos. In der Umgebung werden Bananen und Reis angebaut.

Erst als größere Kaffeemengen aus dem Valle Central auf dem Seeweg Costa Rica verlassen sollten, erlangte der im 18. Jh. gegründete Ort als Hafen Bedeutung. Präsident Tomás Guardia entschied damals, daß hier die Eisenbahnlinie aus dem Hochland enden sollte, und als 1910 der erste Zug aus San José die Stadt erreichte, war

Puntarenas' Vorrangstellung an der Westküste gesichert. Heute hat die Stadt mehr als 70 000 Einwohner.

Besichtigung

Puntarenas ist der beliebteste Bade- und Urlaubsort der Costaricaner. In der Hochsaison von Januar bis April stellen das Strand- und Badeleben die Hauptattraktionen dar, einschließlich der Open-Air-Konzerte und des Folklore-Angebots an der Uferpromenade. Das Hafenleben (Fähren, Werften, Fischmärkte) spielt sich auf der nördlichen, der dem Pazifik abgewandten Seite der Halbinsel ab. Der um die Jahrhundertwende errichtete Bahnhof weist eine eigenwillige Architektur mit kunstvoll gestaltetem Dach auf.

Hotels

Gut und teuer: Costa Rica Yacht Club, Av. Central/Calle 14, ✆ 61 07 84, vermietet auch an Nichtmitglieder; Los Chalets, Bungalow-Anlage am Strand, ✆ 63 01 50, es wird nur jeweils ein Haus (bis zu 4 Personen) vermietet; Colonial, Av. Central/Calle 68–70, ✆ 61 18 33, nettes Haus am Porto Bello-Hafen.

Mittelklasse: Tioga, Paseo de los Turistas, Av. 4/Calle 19, Barrio El Carmen, ✆ 61 02 71, sehr beliebtes Haus, unbedingt reservieren!, sehr schönes Schwimmbad; Cabinas El Jorón, Paseo de los Turistas, Av. 4/Calle 25, ✆ 61 04 67, geräumig; Porto Bello, Av. Central/Calle 68–70, Cocal, ✆ 61 13 22, herrlicher Blick über die Bucht.

Preiswert: Es gibt viele kleine, billige Pensionen und Hotels, darunter: Las Hamacas, Av. 4/Calle 5–7, Innenstadt am Strand, ✆ 61 03 98; Hotel Imperial, Av. 4/Calle Central-2, ✆ 61 05 79, Vierbett-Zimmer.

Restaurants

Aloha Restaurant, Av. 4, neben Hotel Tioga, offenes Gartenrestaurant; chinesische Restaurants an der Av. Central, z. B. Mandarin; Bierstube, gute, reichliche Portionen in ›deutscher Gemütlichkeit‹.

Marimba-Spieler in Puntarenas

Verkehrsmittel

Bus: Zentrale Busabfahrt Av. 4/Calle 2–4 (nach San José stdl., 2 Std.). Von San José nach Puntarenas Abfahrt Av. 7/Calle 12.

Eisenbahn: Abfahrt vom Bahnhof Pacifico in San José, Elektrolokomotiven, ca. 3 Std.

Flüge: Abflug von San José nach Puntarenas am Flughafen Santamaría, ca. 30 Min., aber die Gesamtreisezeit beträgt mehr als 3 Std.

Schiffsverbindungen: Autofähre nach Playa Naranjo (ca. 1 Std.), Av. 3/Calle 31, tgl. 7.30 und 16 Uhr, Sa und So zusätzliche Fähre um 11 Uhr; Personenfähre nach Paquera (1,5 Std.), Av. 3/Calle 2, hinter dem Markt, tgl. Mo–Sa 6 und 15 Uhr.

Sport

Öffentliches, sehr schönes Schwimmbad an der Westspitze der Halbinsel; Surfen und Wellenreiten am Doña Ana-Strand, jenseits der Barranca-Mündung.

Einkaufen

Städtischer Markt (Mercado Municipal), Av. 3/Calle 2.

Ausflüge

Tagestour mit einem Schiff zu den Vogelinseln am Golf von Nicoya mit Badeaufenthalt auf der Isla Tortuga, Abfahrt 7 Uhr (Jachthafen), Rückkehr gegen 17 Uhr.

Der Nordwesten und Westen von Puntarenas

Puntarenas ist unvermeidbarer, zugleich aber auch aufgrund seiner Verkehrsstruktur idealer Ausgangspunkt für den Besuch der Halbinsel Nicoya und ihrer pazifischen Badeorte: Südlich von Puntarenas erstrecken sich jene 200 km Pazifikküste, deren Badeorte durch die Küstenstraße Nr. 239 leichter zu erreichen sind als jene am Pazifikstrand der Halbinsel Nicoya.

Miramar

Ehemalige Goldgräberstadt, die stillgelegten Minen sind für Besucher noch zugänglich. Von Miramar überblickt man den gesamten Golf von Nicoya.

Monteverde

Im 1500 m hoch gelegenen Nebelwald gründeten 1951 vierzig aus USA ausgewanderte Quäker eine Siedlung, um in diesem Naturreservat Landwirtschaft zu betreiben. Für den Besuch der puritanisch gesinnten Quäkergemeinschaft, die ohne Alkohol, Nikotin und andere Drogen lebt, muß man einen beschwerlichen, 20 km langen Weg von der Panamericana (Abzweigung am Río Lagartos) bis Sta. Elena (4 km vor Monteverde) zurücklegen. In Monteverde, mit seinen weit verstreut liegenden Häusern, bestehen einfache Übernachtungsmöglichkeiten, z. B. Hotel de Montaña, ✆ 61 18 46.

Die Halbinsel Nicoya

Mittelpunkt der Halbinsel ist die alte Chorotega-Stadt Nicoya, die man von Liberia oder von Puntarenas aus gleichermaßen gut erreichen kann. Von den Spaniern im 17. Jh. ausgebaut, entschieden die Stadtväter 1824, sich zukünftig Costa Rica und nicht Nicaragua anzuschließen. Der Ort mit der alten, sehenswerten Kolonialkirche ist Ausgangspunkt für Ausflüge.

Hotels

Gut und teuer: Curime, außerhalb der Stadt, ✆ 68 52 38, sehr schönes Bungalow-Hotel.

Mittelklasse: Jenny, ✆ 68 50 50, großzügige Anlage.

Einfach und preiswert: Familiar Chorotega, im Zentrum, ✆ 68 52 45.

Ausflüge

Die Karsthöhlen des **Nationalparks Barra Honda,** 15 km nördlich von Nicoya; der Bus nach Sta. Ana hält am Eingang. Die Kalkhügel, die in steilen Wänden bis zu 500 m hoch ansteigen, bergen im Innern große Höhlensysteme. Bis heute sind 19 solcher Höhlen in Barra Honda entdeckt worden; sie haben keine Verbindungen untereinander. Die Caverna Terciopelo gilt als die schönste.

Von Nicoya erreicht man über eine Asphaltstraße die weißen Strände der pazifischen Badeorte **Samara** und **Garza** am schnellsten.

Hotels

Gut und teuer: Las Brisas del Pacífico, in der Bucht von Samara, ✆ 68 08 76, Bungalow-Hotel mit Komfort (deutscher Manager); Villaggio La Guaria Morada, ✆ 68 07 84, schöne Anlage in Garza mit Freizeitangebot.

Playa Junquillal: 2 km langer, schöner und offener Strand mit Hotels und Zeltplatz im nördlichen Strandbereich. Die Playa Junquillal erreicht man über die Straße von Sta. Cruz.

Hotels

Gut und teuer: Villa Serena, ✆ 68 07 37, kleines, feines, ruhiges Hotel, Reservierung notwendig, sehr empfehlenswert; Autumalal, ✆ 68 05 06, Bungalow-Hotel mit großem Komfort und Freizeitangebot, viele Bäume.

Playa Tamarindo: Kilometerlanger, weißer Sandstrand mit sehr guten Übernachtungsmöglichkeiten; direkte Bus- und Flugverbindungen von San José.

Der Badeort gehört mit Playo Coco zu den schönsten des Landes.

Hotels

Mittelklasse: Tamarindo Diria, ✆ 68 06 82, dreistöckiges Haus mit schönem Schwimmbad, tropische Gartenanlage bis zum Strand; Pozo Azul, ✆ 68 01 47, neue Bungalow-Anlage, große Räume und schattige Veranden.

Einfach und preiswert: Pension Doly, ✆ 68 01 74, kleine Zimmer, sauber, schöne Aussicht; Zuly Mar, ✆ 26 47 32, große Zimmer, 100 m zum Strand, empfehlenswert; (Zu den Badeorten nördlich von Tamarindo s. S. 115).

Strände und Orte im Südosten von Puntarenas

Die *Costañera* ist z. Z. Costa Ricas Straßenbauprojekt Nummer eins. Die Straße (R 239) beginnt in Puntarenas, führt über Esparza, vorbei am Carara-Naturreservat und an der pazifischen Küste entlang bis Playa Dominical. Die zweispurige Straße ist zum größten Teil asphaltiert. Die noch im Bau befindlichen Abschnitte sind mit Schotter belegt und gut befahrbar.

Es bestehen Pläne, die Straße über Playa Dominical hinaus parallel zur Küste weiterzuführen; vorerst ist sie von dort über eine Verbindung nach San Isidro de El General an die Panamericana angebunden. Von dieser Straße (R 239) sind die nachfolgenden Orte direkt zu erreichen.

Carara: 40 km südöstlich von Puntarenas (110 km von San José) liegt das Naturschutzgebiet Reserva Biológica Carara, ein küstennaher tropischer Regenwald mit Hunderten von Vogelarten; Informationszentrum am Eingang.

Playa Tarcoles: Ruhige Strandbucht am südlichen Teil Cararas, artenreiche Vogelwelt.

Hotel
Gut und teuer: Cabinas Villa de Mar, ✆ 612478, zweistöckiges Hotel in Strandnähe.

Playa Herradura: 2 km langer, schwarzer Sandstrand, Restaurants, Zeltmöglichkeiten.

Hotel
Gut und teuer: Punta Leone, ✆ 69 05 11, großes, eindrucksvolles Hotel in Strandnähe.

Playa Jaco:
Berühmter Badeort mit ständig hohen Wellen; 1987 Austragungsort der nationalen Meisterschaften im Wellenreiten; 4 km langer, dunkler Sandstrand, Busverbindungen von San José (2 Std.).

Hotels
Gut und teuer: Club Marparaíso, ✆ 67 30 25, neues dreistöckiges Hotel direkt am Strand; Jaco Beach Hotel, ✆ 64 30 64; großzügige, komfortable Anlage mit liebevollen Einzelheiten, gleicher Besitzer wie das Irazú in San José, hoteleigener Bus-Service.

Mittelklasse: Cocal, ✆ 64 30 67, kleines freundliches Haus im südlichen Bereich des Strands, schöne Gartenanlage.

Einfach und preiswert: Cabinas Playa Las Brisas, ✆ 64 30 87, hübsche Bungalows.

Puerto Quepos: Von US-Multis als Bananen-Ausfuhrhafen angelegt, ist es heute ein kleiner Fischereihafen und Ausgangspunkt für den südlich gelegenen Nationalpark Manuel Antonio.

Hotels
Nur einfache Hotels, wir empfehlen Hotel Quepos, Zentrum, ✆ 770274, sauber, viele Traveller.

Playa Manuel Antonio: 6 km südöstlich von Quepos beginnt ein Gebiet mit herrlichen weißen Badestränden, die durch Landrücken voneinander getrennt sind. Bis zum ersten Strand kann man fahren, hier stehen auch einige Hotels (weitere oben an den Hängen). Die beiden anschließenden kleineren Strände sind bereits Teil des Nationalparks Manuel Antonio: üppige Tropenvegetation, vorgelagerte Inseln, Affen, Faultiere, unzählige Vogelarten, dazu zwei Bilderbuch-Badebuchten. Manuel Antonio zieht an Feiertagen und während der Ferien viele Besucher an.

Hotels
Bei allen der etwa 15 Hotels – keines hat mehr als 25 Zimmer – sollte man zwischen Dezember und März unbedingt reservieren!

Gut und teuer: La Mariposa, ✆ 77 03 55, am Hang, herrlicher Blick, mittelgroßes Hotel mit allem Komfort, nur Halbpension (unserer Meinung nach z. Zt. das schönste Strandhotel Costa Ricas).

Mittelklasse: Cabinas Divisamar, ✆ 77 03 11, am Hang, schöne große Bungalows, eigener Bus zum Strand, Pferdeverleih; La Arboleda, ✆ 77 04 14, sehr angenehmes Bungalow-Hotel am Hang, Affen und Vögel in der Gartenanlage, schöne Zimmer; Vela Bar, ✆ 77 04 13, am Hang oberhalb des Strandes, große kühle Räume.

Einfach und preiswert: Cabinas Manuel Antonio, ✆ 77 02 12, sehr einfaches Hotel am Strand (Nationalpark), viele jugendliche Gäste; Cabinas Ramirez (früher Mar y Sombra), ✆ 77 05 10, am Strand, schattige Terrassen vor jedem Zimmer; Bungalows, Bambushütten am Strand (vor Hotel Cabinas Ramirez), einfach, Gemeinschaftsdusche.

Von San José nach Panama

Cartago

Nur 22 km östlich von San José liegt in 1400 m Höhe am Fuße des Vulkans Irazú die ehemalige Hauptstadt (80 000 Einwohner); 19 °C Durchschnittstemperatur, Regenzeit von Mai bis Dezember; vierspurige Autobahn ab San José, gebührenpflichtig.

Um 1550 drangen die Spanier, von der Pazifikküste kommend, ins zentrale Hochland vor. 1563 gründete der spanische Gouverneur Juan Vazquez de Coronado Cartago. Nur 100 Einwohner zählte damals die Provinzhauptstadt. Von hier begann die Erschließung Costa Ricas durch die spanischen Kolonialherren.

Nach mehrmaligen Überflutungen verlegte Gouverneur Anguciana de Gamboa die Stadt aus dem Bereich der Flüsse Coris und Purires. Dennoch blieb Cartago weiterhin von Naturgewalten, wie Erdbeben oder Vulkanausbrüchen des Irazú, bedroht. Die Stadt wurde mehrmals völlig verwüstet (1841 und 1910), aber immer wieder aufgebaut. Obwohl Cartago während der Kolonialzeit Regierungs- und Bischofssitz war, findet man heute keine Bauwerke mehr aus dieser Zeit.

1823 verlor Cartago seine Hauptstadtfunktion an San José, blieb aber religiöses Zentrum des Landes.

Besichtigung

Ruine der Kathedrale (La Parroquia): Av. Central/Calle Central. Zu sehen sind nur noch die Außenmauern des einst mächtigen Sakralbaus. Er wurde 1575 zu Ehren des Apostels Jakobus (Santiago) errichtet, mehrmals durch Erdbeben zerstört (so z. B. 1656, 1718, 1822, 1841), aber stets von neuem restauriert. Nach dem Erdbeben von 1910 entschloß man sich, die Reste des Granitbauwerkes in einen Stadtpark zu integrieren. Künstler stellen in der Anlage von Januar bis April sonntags ihre Bilder aus.

Basílica Nuestra Señora de los Angeles: Av. 2/Calle 16–18 (im Osten der Stadt), im byzantinischen Stil des 19. Jh. erbaute Kirche; katholisches Wallfahrtszentrum. Alljährlich am 2. August wird hier die Madonna von Cartago volksfestähnlich gefeiert. Die schwarze, edelsteingeschmückte, 15 cm kleine Marienstatue mit indianischen Gesichtszügen, die im Innern der Basilika steht, wird dann in einer Prozession durch die Kirchen der Stadt getragen. Die Legende berichtet, daß die kleine Statue einst von einem armen Mädchen als Puppe benutzt wurde, aber immer, wenn das Kind sie weggetragen hatte, an ihren Standort in der Basilika zurückkehrte!

Beim Bau der Basilika hat man auch an das irdische Wohl gedacht. Hinter der Kirche steht das Restaurante de la Basílica, mit großem Park-, Freizeit- und Picknickplatz.

Hotels

In Cartago gibt es nur einfache Unterkünfte: Venecia, schräg gegenüber dem Bahnhof; El Brumoso, Av. 6/Calle 5, ✆ 51 43 51; Familar Las Arcadas, neben dem Bahnhof.

Verkehrsmittel

Bus: Abfahrt der Überlandbusse nach San José: Av. 4/Calle 2–4, alle 30 Min.; zum Vulkan Irazú: Av. 4/Calle 2–4 nur Sa und So 7 und 13 Uhr; nach Turialba, Av. 2/Calle 1–2; stdl.

Einkaufen

Markt (Mercado Municipal) Av. 4–6/Calle 1–3, Kunsthandwerksartikel.

Die Ruinen der 1910 durch ein Erdbeben zerstorten Kathedrale

Adressen
Gesundheit: Rotes Kreuz, Av. 5/Calle 1–3.

Krankenhaus Dr. Max Peralta, Av. 5–9/ Calle 1–3.

Ausflüge
Vulkan Irazú: Eine der touristischen Hauptattraktionen des Landes ist der 3442 m hohe Irazú, ein Eruptiv-Vulkan mit einem kreisrunden Krater von 1000 m Durchmesser. Von Cartago führt eine Serpentinenstraße (35 km) bis unterhalb des Kraterrandes. Von den *Miradores* (Aussichtspunkten) entlang der Strecke blickt man in das intensiv landwirtschaftlich genutzte Valle Central.

Das kahle Kratergebiet ist touristisch erschlossen (Park-, Zelt- und Picknickplätze, Toiletten, Lehrpfad etc.). Schwefliger Dampf strömt ständig aus dem ca. 250 m tiefen Cráter Diego de la Haya; das Wasser seines Kratersees ist vom Schwefel milchig gelb gefärbt. Gegen Mittag bilden sich regelmäßig Wolken und leichter Nebel. Der Vulkan, der mehrmals ausbrach und 1841 und 1910 Cartago verwüstete, stieß im Mai 1963, am Tag des John F. Kennedy-Besuchs in Costa Rica, zum letzten Mal größere Mengen Schlacke und Asche aus, die bis nach San José geweht wurden.

Bei schönem Wetter kann man zwischen Dezember und März vom höchsten Punkt des Vulkans, am Südrand des Cráter Playa Hermosa neben dem Fernsehantennenturm, im Osten den Atlantik und im Westen den Pazifik schimmern sehen. (Am Krater ist es kühl, ständig weht ein Wind, Pullover nicht vergessen.)

Verkehrsmittel:
Bus: Abfahrt vom Marktplatz Mo, Do, Sa 6 und 13 Uhr, So 7 und 13 Uhr; 2 Std. (Aufenthalt: 2 Std.).

Für Pkw-Fahrer: Von San José bis zum Gipfel sind es genau 55 km.

Orosi: Dorf in dem wunderschönen Tal gleichen Namens – mit der ältesten Kirche Costa Ricas, einer kleinen, 1743 von Franziskanern erbauten Missionskirche.

In der Nähe von Orosi liegen die Ruinen des 1833 wegen Überflutung verlassenen Dorfes Ujarras und der Staudamm von Cachi.

Turrialba: Stadt mit 20 000 Einwohnern am Fuß des Vulkans Turrialba, Station des Jungle

> Die Ctra. Interamericana heißt in Costa Rica von San José bis zur panamaischen Grenze Nationalstraße (N 2); bis zur Grenze sind es 359 km.

Basílica Nuestra Señora de los Angeles

Train San José – Limón und Haltestelle für alle Busse auf der gleichen Strecke. Von hier direkte Straßenverbindung (R 230) zum Vulkangipfel. Etwas außerhalb Turrialbas liegt das Forschungsinstitut für Tropischen Landbau, das nach vorheriger Anmeldung besucht werden kann, ✆ 56 64 31.

20 km nördlich Turrialbas befindet sich ein Nationalpark mit archäologischer Ausgrabungsstätte, der Parque Nacional Guayabo. Die Ausgrabungen, von der Universität San José geleitet, legten eine 1000 Jahre alte Siedlung frei.

San Isidro de El General

Die Stadt liegt ca. 118 km südöstlich von Cartago an der Panamericana. Die Straße durchquert hinter Cartago die Cordillera de Talamanca und führt über den 3491 m hohen Paß Cerro de la Muerte, den höchsten Punkt der Panamericana in Zentralamerika, hinunter in die fruchtbare Ebene, in der in etwa 700 m Höhe Viehhaltung und Kaffee-Anbau dominieren.

San Isidro de El General ist Ausgangspunkt für den Besuch des Chirripó-Nationalparks (Parque Nacional Chirripó) und für den Aufstieg zum gleichnamigen Berg.

Hotels

Einfach und preiswert: Hotel Balboa, Zentrum, ✆ 71 06 06; Hotel Chirripó, Bushaltestelle, ✆ 71 05 29.

Ausflüge

Dominical: 35 km westlich von San Isidro de El General, ein einfacher Badeort am wilden Pazifik mit Übernachtungsmöglichkeiten. Von hier führt eine Küstenstraße bis Puntarenas (N 22).

Hotels

Mittelklasse: Cabinas Punta Dominical, am Strand, ✆ 25 53 28.

Einfach und preiswert: Cabinas Coco Suiza, direkt am Strand, ✆ 71 08 66.

Nationalpark Chirripó: Das 70 000 ha große Areal weist infolge hoher Niederschlagsmengen (bis zu 6000 mm) eine selten üppige Vegetationsvielfalt auf. Von San Isidro führt gen Nordosten entlang des Río Chirripó Pacífico eine Straße ins 18 km entfernte San Gerardo (Bus ab San Isidro nur morgens). Von hier (1400 m) beginnt der Aufstieg zum Chirripó, dem höchsten Berg des Landes (3820 m). Für den Weg zum Gipfel benötigt man ca. 10 Std. An dem ausgewiesenen Pfad liegen drei Hütten zum Verschnaufen.

Für den Aufstieg sind Schlafsack, festes Schuhwerk und vor allem Regenschutz erforderlich; von Februar bis April herrscht günstiges Wetter zum Wandern. Vor dem Aufstieg Parkverwaltung (✆ 33 55 73) anrufen, um ggf. Übernachtung in einer der Hütten zu sichern.

In San Gerardo kann man Pferde mieten. Der Besitzer begleitet die Besucher bis zur Hütte im Los Crestones-Tal (herrliche Buntsandstein-Gebilde), die Platz für ca. 40 Personen bietet. Von Los Crestones sind es noch 4 km bis zum Gipfel, hier beginnt der interessantere Teil, der Weg führt am Valle de los Morenos und den San Juan-Seen vorbei, beides Formationen ehemaliger Gletscher. Vom Gipfel aus sieht man beide Ozeane.

Golfito

35 km vor der Grenze zweigt von der Panamericana eine Nebenstraße (N 14) zum Küstenstädtchen Golfito ab. Die Stadt (›Kleiner Golf‹) wurde 1935 inmitten unberührter Tropenvegetation von US-amerikanischen Bananengesellschaften, allen voran der United Fruit Company, aus dem Boden gestampft. Sie benötigten ein Verladezentrum für ihre neu angelegten Plantagen, weil die Bananenanbaugebiete an der Karibikküste durch eine Pflanzenkrankheit, die sog. Mal de Panama, unrentabel geworden waren. Die neue Stadt entwickelte sich schnell, blieb aber von den Bananenplantagen abhängig.

Heute ist Golfito eine sterbende Stadt mit hoher Arbeitslosenrate. Denn 1983 verließen die US-Multis Costa Rica wegen der Auflagen, die ihnen durch die Sozialgesetzgebung gemacht wurden. Golfito hat keinen schönen Strand. Bademöglichkeiten gibt es auf der gegenüberliegenden Halbinsel Osa.

Hotels
Nur einfache Übernachtungsmöglichkeiten: Hotel Delfina, Zentrum, ✆ 75 00 43; Hotel Uno, Zentrum, ✆ 75 00 61.

Ausflüge
Die Halbinsel Osa ist ein nicht erschlossenes Tropenparadies. Der als Nationalpark (Parque Nacional Carcorado) besonders geschützte südwestliche Teil bildet für Naturwissenschaftler ein beliebtes Untersuchungsfeld. Sitz der Verwaltung des Nationalparks ist Sirena.

Hotel
Übernachtungsmöglichkeit in Cabinas Los Manglares, ✆ 75 03 11/2 02 (Puerto Jiménez).

Verkehrsmittel
Schiffsverbindung: In Puerto Jiménez, der einzigen Stadt der Halbinsel, kann man Boote mieten und durch Mangrovenwälder oder entlang der Küste auf Entdeckungsfahrt gehen. Fähre von Golfito nach Puerto Jiménez.

Paso de Canoas: 14 km vor der Grenze liegt an der Panamericana die Stadt Neily, in deren Umgebung 1986 ein Höhlenlabyrinth mit unterirdischen Wasserfällen und Höhlenfischen entdeckt wurde. Cuidad Neily bietet die letzte Möglichkeit vor der Grenze, auf costaricanischem Boden zu übernachten.

Hotels
Einfach und preiswert: Hotel Museo, Las Vegas, El Viajero.

Übernachtung im Gebiet der Freihandelszone – Einfach und preiswert: El Hogar, ✆ 78 22 17, sehr um das Wohl der Gäste bemüht; Azteca, ✆ 78 20 26.

Verkehrsmittel:
Bus: Nach Paso de Canoas, der beliebten Freihandelszone, in der sich eigens mit Bussen angereiste Josefinos mit Luxusgütern eindecken.

Von San José nach Nicaragua

Heredia

Kaffeezentrum 10 km westlich von San José, Hauptstadt der gleichnamigen Provinz (50 000 Einwohner), Temperaturen zwischen 21 °C und 25 °C.

Vom ehemals spanisch-kolonialzeitlichen Charakter zeugen vereinzelt weißgekalkte Häuser mit roten Ziegeldächern, schwarzen schmiedeeisernen Fenstergittern und gepflegten Gärten. Der Ort hat sich selbst – zu Recht – den Namen ›Blumenstadt‹ gegeben.

Um den im Valle Central weit verstreut lebenden Siedlern den Kirchgang zu erleichtern, ließ der Bischof von Cartago 1706 im Ort Cubujuqui eine Kapelle errichten. Sein Nachfolger befahl 1748 die Zerstörung mehrerer Höfe, um deren Bewohner zum Umzug nach Cubujuqui zu zwingen und so den Ausbau des Dorfes zu beschleunigen. Der Gouverneur der Provinz Guatemala, Fernández de Heredia, verlieh dem Ort 1763 die Stadtrechte; von nun an hieß er Villa de la Inmaculada Concepción de Cubujuqui de Heredia. 1824 wurde Heredia, inzwischen aufgrund des Kaffee-Anbaus weiter gewachsen, von Juan Mora Fernández zur Provinzhauptstadt erklärt.

Besichtigung

Parque Central: Parkanlage, die noch von einigen Häusern aus dem 19. Jh. eingerahmt wird; Treffpunkt am Abend.

La Inmmaculada Concepción: Av. 2/ Calle Central–Calle 1. Die dicken Mauern mit ihren Außenverstärkungen und die je 15 Stützpfeiler zu beiden Seiten des Innen-

Heredia

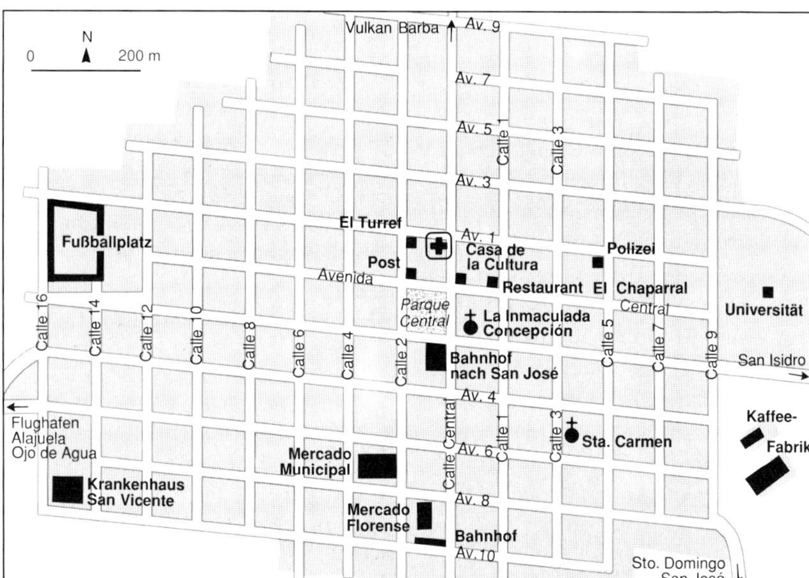

schiffs der Kolonialkirche sind Ausdruck menschlicher Bemühungen gegen Naturgewalten; die 1797 erbaute Pfarrkirche hat bisher auch alle Erdbeben überstanden. Möglicherweise trug dazu auch die Lobpreisung über dem Eingangsportal bei: *Deo soli gloria in orbis et pax in terra* (Allein Gott sei Ehre in der Welt und Friede auf Erden). Die Glocken stammen aus dem peruanischen Cuzco.

Casa de la Cultura: Av. Central/Calle Central. Haus des ehemaligen Präsidenten Alfredo Gonzales Flores, heute Kulturtreff mit wechselnden Ausstellungen.

El Turref: 20 m hoher Turm, dessen Schießscharten sich kurioserweise nach außen öffnen, errichtet von dem Künstler Fadrique Gutiérrez, gegenüber der Casa de la Cultura:

Kaffee-Fabrik: Beneficio Atirro, Av. 8–6/Calle 9 (im Osten der Stadt). Altes Fabrikunternehmen, bei dem die Besucher die Verarbeitung des Kaffees von der frischen Bohne bis zum exportfertigen Produkt besichtigen können. Anmeldung über das städtische Kaffe-Büro, ✆ 22 65 11.

Iglesia de la Sta. Carmen: Av. 4/Calle 3. Klassizistischer Baustil, Glockenturm mit handgefertigter Uhr aus dem Jahre 1867.

Hotels

Im Zentrum der Stadt gibt es nur einfache Unterkünfte: Colonial, Av. 4/Calle 4–6, ✆ 37 52 58; El Verano, Av. 6/Calle 4, ✆ 37 16 16.

Etwas außerhalb liegen die noch zu San José zählenden Luxushotels Sheraton Herradura und Cariari sowie El Tirol (in San Rafael), ✆ 39 71 04, Chalet-Hotel im alpenländischen Stil, kurios, aber sauber und angenehm (Mittelklasse).

Verkehrsmittel

Bus: Richtung San José alle 30 Min., Abfahrt in der Av. 4/Calle Central.

Adressen

Gesundheit: Rotes Kreuz, Av. 1/Calle 2; Krankenhaus San Vincente de Paul, Av. 6–10/Calle 14–16.

> Die Ctra. Interamericana trägt in Costa Rica zwischen San José und der nicaraguanischen Grenze den Namen Nationalstraße 1 (N 1); bis zur Grenze sind es 330 km.

Ausflüge

Ojo de Agua (Auge des Wassers): Freizeitanlage mit herrlicher Schwimmgelegenheit, 6 km westlich von Heredia, Abzweigung von der Panamericana Richtung Alajuela hinter dem Flughafen zum Ort El Coco; sonntags völlig überlaufen.

Vulkan Barva: Im Nationalpark Braulio Carrilo, 18 km nördlich von Heredia. Inmitten unberührten tropischen Regenwaldes erhebt sich der 2906 m hohe Vulkan Barva mit mehreren Kratern und schönen Kraterseen, z. B. die Laguna de Barva (200 m Durchmesser) und die Laguna Danta (500 m Durchmesser). Der Nationalpark trägt den Namen des Präsidenten, der zwischen 1835 und 1842 eine Verbindung von San José nach Limón bauen wollte, aber seinen Plan nicht realisierte.

Anfahrt auf der N 9 über San José de la Montaña bis Sacramento, ab dort dann 3 km zu Fuß.

Puerto Viejo: Kleine Stadt (ca. 90 km) nördlich von Heredia am Río Sarapiqui. Der Sarapiqui fließt in den San Juan, den Grenzfluß zu Nicaragua. In der Umgebung kann man mehrere Wasserfälle besichtigen.

Die Straße von Heredia nach Puerto Viejo führt durch herrliche Landschaften.

Hotels

Nur einfache Unterkünfte: El Antigua, ✆ 71 69 01/2 05; Sta. María; Cabinos Monte Verde, ✆ 71 69 01/2 36.

Alajuela

Nur 25 km von San José entfernt (5 km östlich des Flughafens), liegt die 1782 gegründete Provinzhauptstadt Alajuela in 950 m

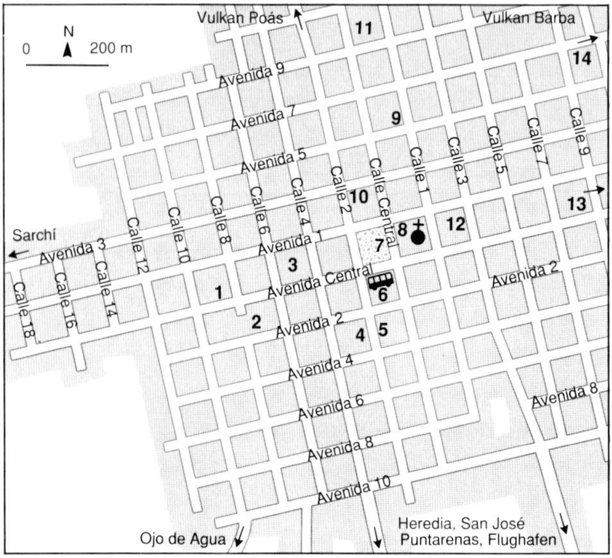

Alajuela
1 Bus-Bahnhof nach San José
2 Bahnhof
3 Mercado Municipal
4 Kinderspielplatz
5 Monumento de Juan Santamaría
6 Bus-Station zum Poás
7 Parque Central
8 Kathedrale
9 Polizei
10 Museo Histórico Juan Santamaría
11 Krankenhaus
12 Rotes Kreuz
13 La Agonía
14 Fußballplatz

Höhe. Die Temperaturen schwanken zwischen 18 °C und 28 °C, Regen fällt von Mai bis November. Heute hat die zweitgrößte Stadt des Landes über 100 000 Einwohner. In Alajuela wurde Juan Santamaría (s. S. 78) geboren.

Um den ca. 300 Siedlern an den Südwesthängen des Vulkan Poás den beschwerlichen Weg zur Kirche in Heredia zu erleichtern, wurde 1782 im Ort La Alajuela auf Drängen des Bischofs Esteban Lorenzo de Tristán eine Kirche errichtet, für deren Baukosten die Bewohner allerdings selbst aufkommen mußten.

Im Bürgerkrieg 1823 kämpfte Alajuela an der Seite von San José gegen Cartago und Heredia.

Besichtigung

Parque Central: Anlage inmitten der Stadt, mit alten hochgewachsenen Bäumen, angenehmen Sitzgelegenheiten, Springbrunnen und Restaurant mit Terrasse. An der Westseite befindet sich das Gebäude, in dem 1824 das erste Parlament Costa Ricas zusammentrat (heute Zweigstelle der Nationalbank).

Neue Kathedrale: Im Zentrum gegenüber dem Parque Central, Av. Central/ Calle Central. Im Innern beeindrucken die schöne Holzdecke, die grünen Fenster sowie die Kuppel über dem Altarraum.

Museo Histórico Juan Santamaría: Gegenüber dem Parque Central, Av. 1–3/ Calle 2, Eingang Av. 3. Hier wird der mutige Einsatz des costaricanischen Soldaten Juan Santamaría 1856 in Rivas gegen die Truppen des US-amerikanischen Söldnerführers William Walker nachgestellt (Di–So 14–21 Uhr).

Denkmal zu Ehren Juan Santamarías: Av. 2–4/Calle 2. Die lebensgroße Bronzestatue steht auf einem Marmorsockel, davor befinden sich zwei große Originalkanonen aus der Schlacht von Sta. Rosa.

Iglesia La Agonía: Av. Central-1/ Calle 9. Kirche mit zwei großen Wandmalereien *(Murales)* an den Wänden der Seitenschiffe und eindrucksvollem Glokkenturm.

Hotels
Einfach: Alajuela, Av. Central 2/Calle 2, südlich des Parks, ✆ 41 12 41; nett und sauber; El Real, Zentrum, ✆ 41 20 48.

Restaurant
Antarcha, Av. 2/Calle 2.

Verkehrsmittel
Bus: Zentraler Bahnhof: Av. Central/Calle 8–10; Verbindung nach Sardú; zum Vulkan Poás nur So 8.30 Uhr ab Parque Central (Rückfahrt 15 Uhr).

Einkaufen
Mercado Municipal, Av. Central-1/Calle 4–6; samstags Blumenmarkt.

Ausflüge
Sarchí: Das Städtchen pflegt das traditionelle Kunsthandwerk und ist besonders für Holzarbeiten bekannt. Aus Sarchi kommen die berühmten bemalten Ochsenkarren (engl.: ox-cart). 1903 gründete hier die Familie Chaverri eine Fabrik und ließ die Tradition der alten Holzwagen wieder aufleben. Heute ist der ganze Ort ein einziger Touristen- und

Kunsthandwerker, der die berühmten Ochsenkarren herstellt

Exportbasar. Im Zentrum befindet sich eine rosa und hellgrün getünchte Kirche im Zuckerbäckerstil.

7 km vor Sarchí liegt Cretia mit der 1921 gebauten braun-weißen Holzkirche im Zentrum, die zum Schutz gegen Regen von außen mit Blech beschlagen wurde.

Vulkan Poás (Parque Nacional Volcán Poás): Eindrucksvoller, noch tätiger Vulkan (2708 m) mit einem Krater von ca. 1500 m Durchmesser. Der See, den man vom Kraterrand nicht sehen kann, ist sehr tief (ca. 200 m), sein Wasser über 50 °C heiß, ständig steigt Wasserdampf auf. Beim letzten Ausbruch des Poás (1954) wurde graue Asche bis weit ins Valle Central geweht.

Das Kratergebiet ist touristisch erschlossen. Eine ständige Ausstellung im Besucherpavillon am Parkplatz gibt Auskunft über die Entstehung und die 120 Mio. Jahre alte Geschichte des Vulkans sowie über die Besonderheiten des Nationalparks. Vom Informationspavillon führt ein asphaltierter, zweispuriger Weg zu einer Besucherplattform am Kraterrand. Von hier steigt man auf einem schattigen Fußpfad zum alten Krater hinauf (ca. 15 Min.), dessen Ränder von dichtem Grün überzogen sind. Er hat einen Durchmesser von ca. 400 m, sein See (Botos Laguna) ist klar und kalt. Der Name dieses ca. 15 m tiefen Kratersees geht auf die hier einst lebenden Botos zurück.

Die Anreise von Alajuela ca. 1 Std. mit dem Auto führt durch eindrucksvolle Kaffeeplantagen, vorbei an den Orten San Pedro und Poasito, mit herrlicher Aussicht auf das Valle Central. Die Straße endet ca. 500 m unterhalb des Kraters. Besucher-Bus nur Sa und So 8 Uhr, ab Südseite Parque Central, Rückkehr gegen 16 Uhr. Achtung: Am Gipfel ziehen gegen Mittag meist Wolken auf; an den Wochenenden treffen hier sehr viele Besucher ein (Nationalpark tgl. von 8–16 Uhr, Informationspavillon nur Sa und So geöffnet).

Die Panamericana verläßt das zentrale Hochland hinter Alajuela und San Ramón und führt in die tiefer gelegenen Regionen der großen Viehweiden. Jenseits von San Ramón fällt die Straße bis zum Ort Esparza stark ab.

Cañas

Cañas, 140 km nordwestlich von San José, ist Ausgangspunkt für einen Besuch des 600 m hoch gelegenen Arenal-Sees. Der Stausee – die wichtigste Energiequelle des Landes – liefert sogar Strom für Nicaragua und El Salvador. Nur 5 km entfernt erhebt sich der Vulkan Arenal.

Hotels

Mittelklasse: El Corral, Av. Central/Calle 4, ✆ 69 06 22; Hacienda La Pacífica, 4 km nördlich von Cañas, ✆ 69 00 50.

Einfach und preiswert: Cañas Cabinas, Av. 1/Calle 2, ✆ 69 00 39.

Ausflüge

Tilarán liegt am Arenal-See, ein angenehmer, kühler ›Luftkurort‹ oberhalb der Guanacaste-Ebene.

Hotels

Nur einfache Übernachtungsmöglichkeiten: Cabinas El Sueño; Cabinas Mary, am Park, ✆ 69 54 70, ruhig; Central, ✆ 69 53 63, ruhig, sehr sauber.

Liberia

Zentrum des costaricanischen Viehhandels, direkt an der Panamericana, 30 000 Einwohner, 150 m ü. d. M. Liberia ist Hauptstadt der Provinz Guanacaste, von hier führt eine Straße zur Halbinsel Nicoya.

Bis 1824 gehörte die Region zu Nicaragua, danach per Volksentscheid zu Costa Rica. Die Stadt wurde wegen ihrer Durchgangslage in die kriegerischen Auseinandersetzungen mit William Walker verwickelt und erhielt deshalb in Anlehnung an den damals siegreichen costaricanischen Präsidenten für einige Jahre den Namen Moracia.

Millionen Rinder weiden heute in den Ebenen der Provinz Guanacaste. Sie liefern das Fleisch für die US-amerikanischen Fast-Food-Ketten; Liberia ist Umschlag- und Verkaufsplatz.

Die Attraktionen Liberias sind seine Volksfeste und Reiterspiele, seine Auktionen und die Stierkampfarena. Sehenswert ist die kolonialzeitliche Kirche La Agonía.

Auffallend sind an vielen der einstökkigen alten Wohnhäuser die sog. Sonnentüren, hölzerne Doppeltüren an den Nord-Ost-Ecken der Häuser. Dies hatte in Zeiten ohne Elektrizität den Sinn, morgens durch Öffnen der einen und mittags der anderen Tür Licht ins Haus zu lassen.

Hotels
Gut und teuer: Las Espuelas, 2 km südlich der Stadt an der Panamericana, ✆ 66 01 44, Schwimmbad.

Mittelklasse: El Sitio, Innenstadt, ✆ 66 12 11, großes Hotel.

Einfach und preiswert: La Siesta, Av. 4–6/ Calle 4, ✆ 66 06 78, kleines Haus, Schwimmbad; Margarita, Zentrum, ✆ 66 04 68.

Ausflüge
Von Liberia aus erreicht man am leichtesten die sehr beliebten, schönen Badestrände und Buchten im Nordwesten der Halbinsel Nicoya (für den Westen und Südwesten s. S. 104).

Playa Panama: Noch ist der Strand nur über einen Feldweg zu erreichen, aber wegen des beständig schönen Wetters und der Pläne vom Instituto Costarricense de Turismo (ICT) für das ›Papagayo-Projekt‹ wird hier mit Sicherheit ein bedeutendes Ferienzentrum entstehen. Zur Zeit kann man nur in der einfachen Pension Las Bananas übernachten.

Playa Hermosa: Langer Sandstrand (ca. 2 km), schattenspendende Laubbäume, Zentrum ist ein sehr großes Bungalow-Hotel mit vielen möglichen Aktivitäten (z. B. Reiten, Golf, Angeln etc.). 2 × tgl. Bus von Liberia.

Hotels
Mittelklasse: Condovac La Costa, ✆ 67 02 67, ca. 80 weitverstreute Bungalows; Playa Hermosa, ✆ 67 01 36, kleines nettes Hotel unter Bäumen am Ende des Strandes (Besitzer: US-Ehepaar); Los Corales, neues Bungalow-Hotel unterhalb Condovac (1989 im Bau).

Playa del Coco: El Coco ist ein altes Fischerdorf mit ca. 1000 Einwohnern; heute gilt es als beliebtes Ziel globetrottender Freizeitkapitäne (Treffpunkt: Papagayo Bar).

Die 2 km lange Strandbucht von El Coco ist die am besten erschlossene der Region (brauner Sandstrand), großes Übernachtungsangebot und typische Badeurlaubsattraktionen; Dezember bis März überlaufen; auch direkte Busverbindung von San José.

Hotels
Gut und teuer: Flor de Itabo, ✆ 67 00 11, Bungalow-Hotel in attraktiver Gartenanlage, schönes Schwimmbad, ca. 600 m bis zum Strand; Aldea Keystone, ✆ 32 02 10, Bungalow-Anlage unter Bäumen, Strandnähe.

Mittelklasse: Cabina Chale, nordöstlich außerhalb der Stadt, schöne Bungalows, 1 km bis zum Strand.

Einfach und preiswert: Casino Playa de Coco, ✆ 67 01 67, einfach, aber am Strand.

Bahía Ocotal: Kleiner Strand südlich von El Coco in geschützter Bucht.

Hotels
Gut und teuer: El Ocotal, ✆ 67 02 30, Komfort-Bungalow-Anlage mit großem Freizeitangebot (Reiten, Tennis, Bootsverleih).

Mittelklasse: Bahía Pez Vela, in einer kleinen Bucht südlich der Playa del Coco, ✆ 67 01 29, kleines, aber feines Angler Camp, gute Schwimm- und Schnorchelmöglichkeiten.

Playa Brasilito: Anreise über Filadelfia oder Sta. Cruz (Bus 2 × tgl.), sehr schöner Strand (1,5 km lang), mit Zeltplatz und Hotels.

Hotel
Gut und teuer: Hacienda Las Palmas, ✆ 68 05 73, große Hotelanlage, oberhalb der Bucht, mit allem Komfort, schöne Terrassen, ausgezeichnetes Essen.

Playa Flamengo: Nördlich von Brasilito gelegen, große Bucht mit schönem Strand.

Hotels

Nur gut und teuer: Flamengo Beach Hotel, ✆ 39 15 84, Presidential Suites, Luxusanlage (23 Zimmer) mit Blick über die Bucht, aller erdenklicher Komfort; Flamengo Beach, ✆ 39 15 84, fünfstöckiges Hotel unmittelbar daneben.

Badeorte südlich von Playa Flamengo s. S. 103.

Volcán Rincón de la Vieja

Den nordöstlich von Liberia in den Cordillera de Guanacaste gelegenen Vulkan (Parque Nacional Rincón de la Vieja) erreicht man am besten, wenn man im Ort Guadalupe (5 km nördlich von Liberia an der Panamericana) die Straße nach dem 10 km entfernten Curubande einschlägt. Nach weiteren 15 km liegt hier die Hacienda Rincón de la Vieja, der Sitz der Parkverwaltung mit einem Informationsbüro. Der weithin sichtbare, 1920 m hohe Kegelvulkan mit einem Kraterdurchmesser von 500 m war zum letzten Mal 1970 aktiv und bedeckte damals weite Teile der ihn umgebenden Weidelandschaften mit Asche.

Am Fuß des Rincón de la Vieja befinden sich in den Gebieten Las Pailas und Las Hormillas Thermalquellen.

Parque Nacional Sta. Rosa

Nördlich von Liberia zweigt von der Panamericana in Cuajiniquil eine Nebenstraße nach Westen zum Eingang des Nationalparks ab (18 km). Das Naturschutzgebiet umfaßt etwa zwei Drittel der Halbinsel Sta. Elena. Zum einen wird hier eine Savannen-Landschaft mit laubabwerfendem tropischen Trockenwald erhalten, zum anderen in der Bucht von Naranjo am Playa Nancite ein Eiablageplatz der Pazifik-Schildkröten geschützt. Von August bis Dezember kriechen Tausende von Meeresschildkröten nachts an den Strand, um ihre Eier tief in den Sand einzugraben; Nationalparkwächter sorgen für eine ungestörte Brutentwicklung.

Auf dem Weg zum Nationalpark befindet sich ca. 5 km nach der Abzweigung in Cuajiniquil das zum Museum umgestaltete **Casona de Sta. Rosa.** Hier wurde am 20. März 1856 frühmorgens William Walker durch einen Überraschungsangriff von einer kleinen costaricanischen Armee unter Führung des Präsidenten Juan Rafael Mora geschlagen. Beim Museum befindet sich auch eine Informationsabteilung des ICT.

Peñas Blancas

Von San José braucht der Bus ca. 7 Std. bis zur nicaraguanischen Grenze in Peñas Blancas. Die Panamericana ist auf den letzten Kilometern in sehr schlechtem Zustand. Auf costaricanischer Seite befinden sich die besseren Restaurants; die Gepäckkontrollen sind auf beiden Seiten sehr zeitraubend. Übernachtungsmöglichkeiten bestehen nicht.

El Salvador

Allgemeine Landeskunde

Lage, Größe, geographische Gliederung

Die República de El Salvador liegt nördlich des Äquators an der südwestlichen Pazifikküste Mittelamerikas. Mit ca. 21400 qkm (einschließlich der neun Inseln im Golf von Fonseca) ist sie das kleinste Land Zentralamerikas und etwa so groß wie Hessen.

El Salvador grenzt im Nordwesten an Guatemala (Länge der gemeinsamen Grenze: 200 km), im Norden und Osten an Honduras (400 km) und im Südosten an den Golf von Fonseca, auf dessen gegenüberliegender Seite Nicaragua liegt.

Parallel zur ca. 20 km breiten Küstenebene verlaufen in Nordwest-Südost-Richtung zwei Gebirgszüge vulkanischen Ursprungs, die eine Hochebene einschließen. Der südliche Gebirgszug erreicht eine Höhe von 2300 m und wird vom Vulkan Sta. Ana sowie vom Doppelkegel des San Vicente überragt. Auf 600–650 m Höhe liegt die anschließende zentrale Hochebene. Der bis zu 2500 m hohe nördliche Gebirgszug bildet teilweise die Grenze zu Honduras. Höchste Erhebung des Landes ist der 2365 m hohe Sta. Ana-Berg im Nordwesten des Landes. Hochebene und Gebirgshänge sind fruchtbare, teils bewaldete Gebiete.

El Salvador ist ein Land der Vulkane. Seit dem 16. Jh. werden Ausbrüche verzeichnet, so z. B. die der Vulkane Sta. Ana, San Salvador und San Miguel. 1685 entstand auf diese Weise El Playón, 1722 der als Leuchtturm des Pazifiks bezeichnete Izalco und 1880 die Cerros Quemados, eine Insel im Llopango-See. Die tätigen Geisire von Ahuachapán und Carolina werden zur Energiegewinnung genutzt.

Vulkanische Prozesse führten zur Entstehung von Bergseen, von denen der Llopango mit 72 qkm der größte ist. Etwa die doppelte Ausdehnung erreicht der künstliche Stausee Suchitlán (Tiefe bis 80 m), der zur Energiegewinnung und Bewässerung angelegt wurde. Auch der Güija-See (44 qkm), durch den die guatemaltekische Grenze verläuft, entstand nach einem Vulkanausbruch. Das kleine Land wird von mehr als 300 Flüssen durchzogen, von denen jedoch nur der Río Lempa, der größte Fluß Mittelamerikas, schiffbar ist.

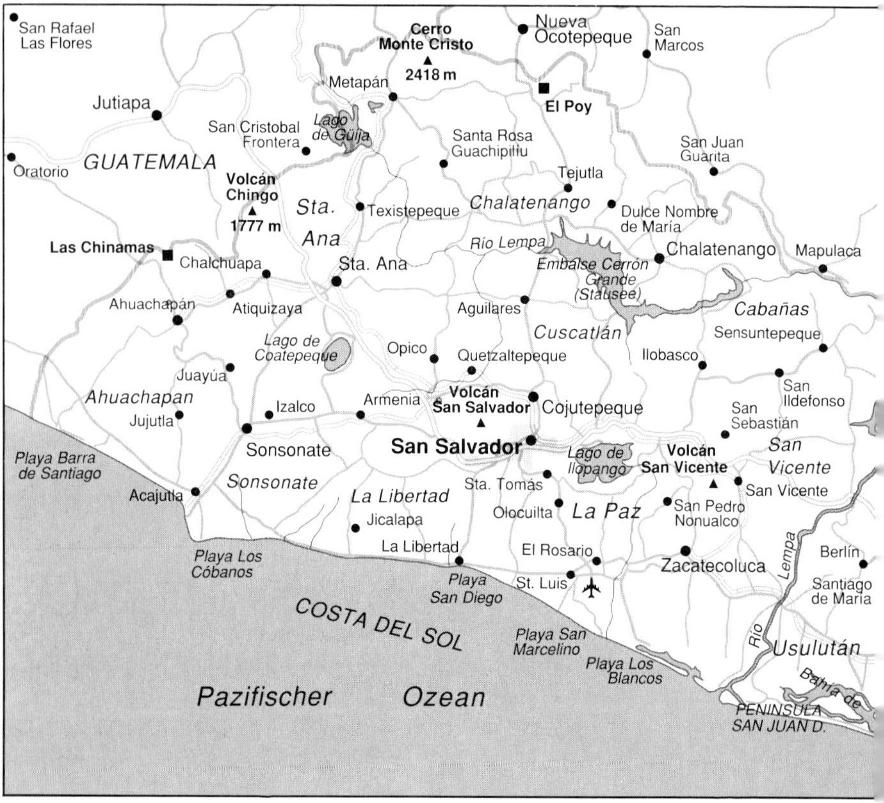

El Salvador

Durch El Salvador fließt der Río Lempa insgesamt 325 km. Er bildet die Grenze zu den Ostprovinzen (die ca. ein Drittel der Landesfläche einnehmen) und liefert Wasser für zwei Stauwerke (Cerrón Grande und Cinco de Noviembre), bevor er in den Pazifik mündet.

El Salvador verfügt über lange Pazifikstrände (Gesamtlänge der Küste 320 km), schöne Vulkangebirge, ausgedehnte Pinienwälder, viele saubere Seen, zahlreiche heiße Quellen, 15 Nationalparks in landschaftlich besonders reizvoller Umgebung und etwa 100 präkolumbische Stätten, darunter bedeutsame Maya-Ruinen. Hinzu kommt ein sehr gut ausgebautes Straßennetz. An 360 Tagen des Jahres ist das Klima sonnig, warm und (außer an der Küste) wenig luftfeucht. Im Grunde ist El Salvador ein ideales Urlaubsland, aber man sieht kaum auswärtige Touristen. Das hat z. Z. berechtigte Gründe.

Klima

Temperaturen und klimatische Verhältnisse entsprechen denen des übrigen Mittelamerika (s. S. 427). Die Hauptstadt San Salvador liegt in 680 m Höhe in der *Tierra caliente;* dort ist es heiß, jedoch nicht luftfeucht. Im Küstenstreifen dagegen herrscht heißes und luftfeuchtes Klima.

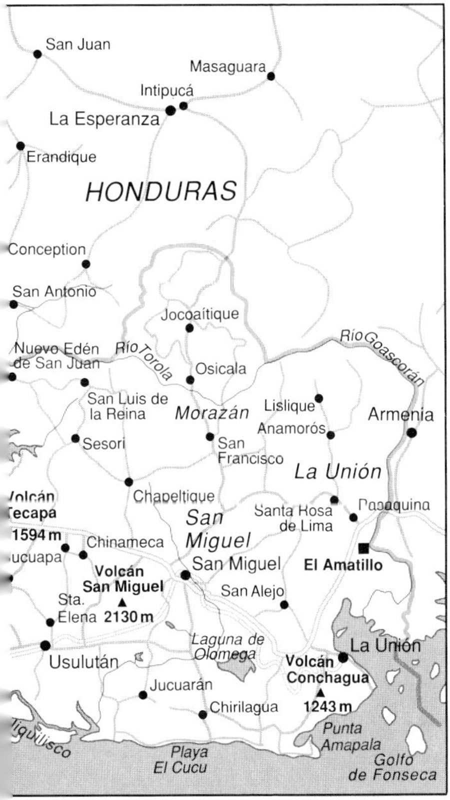

Von November bis April ist Trockenzeit; die monatlichen Niederschläge betragen dann nur etwa 100 mm, die Zeit heißt daher *Verano* (Sommer). Ab Mai beginnt die Regenzeit mit monatlich 200–300 mm Niederschlägen (*Invierno* = Winter). Die monatlichen Durchschnittstemperaturen liegen bei 22–24 °C.

Bevölkerung

El Salvador ist mit 5,15 Mio. Einwohnern das dichtestbesiedelte Land Mittelamerikas (241 Einwohner pro qkm entsprechen mitteleuropäischen Verhältnissen). Etwa die Hälfte der Bevölkerung ist unter 20 Jahre alt, die Lebenserwartung liegt bei 63 Jahren. Das jährliche Bevölkerungswachstum wird auf 3,4% geschätzt. El Salvador gilt als überbevölkert. Die Regierung bemüht sich daher intensiv um die Verbreitung von Familienplanungsprogrammen. Zudem konzentriert sich die Bevölkerung auf wenige Gebiete. Das nördlichste Department Chalatenango hingegen sowie die östlichen Departments Morazán und La Unión sind dünn besiedelt. Die meisten Bewohner leben in den Departments San Salvador und Cuscatlán, davon allein zwischen 800 000 und einer Million in der Hauptstadt.

95% der Bevölkerung sind Mestizen *(Ladinos)*, nur 4% Indios und 1% Weiße. 90% sind römisch-katholischen Glaubens. Die überwiegend katholischen Indios verehren aber auch ihre überlieferten Götter *Tzultacah* (Gott der Erde), *Tlaloc* (Gott des Regens) und *Xipe Totec* (Mais-Gott).

60% der Bevölkerung leben auf dem Land. Die Arbeit auf den Kaffee-, Baumwoll- und Zuckerrohrplantagen sowie den Mais- und Getreidefeldern ist saisonabhängig, bezahlt wird nur in der Erntezeit. Wegen der geringen Entlohnung und weil sie für die Arbeitseinsätze mobil sein müssen, reicht es nur für einfache Hütten aus Wellblech oder Lehm. Nur 2% der Bevölkerung besitzen 60% des Bodens, während 40% über kein eigenes Land verfügen. Der kultivierbare Boden ist sogar so verteilt, daß nur 0,02% der Bevölkerung 30% und 91% der Bevölkerung nur 22% dieser wertvollen Ressourcen besitzen. Keiner Regierung gelang es bisher, eine gerechte Landreform durchzusetzen. Die Großgrundbesitzer haben dies, unterstützt durch die Militärs, in der Vergangenheit immer verhindern können.

Besonders schwerwiegend ist das Flüchtlingsproblem. Etwa 500 000 Salvadorianer

Scherenschleifer

sind ins Ausland geflohen, in andere mittelamerikanische Staaten oder in die USA. Eine etwa gleich große Anzahl von Menschen rettete sich aus den nördlichen und östlichen Bürgerkriegsgebieten oder wurde von dort zwangsumgesiedelt. Hinzu kommen die Obdachlosen infolge des letzten Erdbebens (1986). Sie alle leben in Flüchtlingslagern an der Peripherie der Hauptstadt in behelfsmäßigen Behausungen wie Wellblechhütten *(Champas),* z. T. in leeren Fabriken, Kirchen und Haciendas, andere an Flüssen, Straßen und wenig genutzten Wegen.

In Honduras gibt es salvadorianische Flüchtlingslager entlang der Grenze zu El Salvador. Diese Auffangstätten werden nicht nur von der honduranischen Armee, sondern auch von der salvadorianischen Nationalgarde und der rechtsextremen Organisation ORDEN bedroht. Seit 1987 bemüht sich der Flüchtlingskommissar der Vereinten Nationen um die Rücksiedlung der Flüchtlinge. 1989 wurden aus dem Lager Mesa Grande (Honduras) 6400 Menschen, die z. T. seit sieben Jahren dort gelebt hatten, in die Departments Chalatenango, Cuscatlán und Cabañas zurückgebracht. Jedoch wurde das Rückführungsprogramm von der ARENA-Regierung Anfang 1990 wegen der bürgerkriegsähnlichen Situation im Lande wieder ausgesetzt.

Flora und Fauna

Die einst ausgedehnten Wälder, die sich auch die beiden Gebirgszüge hinaufzogen, wurden zum beträchtlichen Teil abgeholzt. Dafür entstanden landwirtschaftliche Nutzflächen zum Anbau von Kaffee, Zuckerrohr, Baumwolle und Getreide.

Bekannt ist El Salvador für seine 2000 Orchideenarten und für den bis zu 10 m hohen Balsambaum, der bis heute forstwirtschaftlich genutzt wird. Sein Harz dient als Basis für Medikamente und Parfüms.

Die Vielfalt der exotischen Tierwelt ist mit der Abholzung stark zurückgegangen. Puma, Adler und Jaguar sind in El Salvador ausgestorben. Überlebt haben 400 verschiedene Vogelarten.

Jardín Botánico in San Salvador

Geschichte

Die Eroberung El Salvadors durch die Spanier

Das heutige Gebiet von El Salvador war schon 600 v.u.Z. dicht besiedelt, wie etwa die Funde von Tazumal (s. S. 154) zeigen. Spätere Quellen geben Auskunft über die ethnische Verteilung bei Ankunft der Spanier: Das Pokomam-Volk lebte im Westen des Landes (Ahuachapán und Sta. Ana), die Lenca und Ulna im Osten (Usulután, San Miguel, Morazán, La Unión) und Norden (Chalatenango und Cabañas). Hier siedelten auch die Chorti. Seit der Mitte des 11. Jh. lebten die Pipil (ein toltekischer Stamm), die unter ihrem Anführer Topiltzin Axcitl hierher gekommen waren, in El Salvadors Westen und im zentralen Hochland.

Im Mai 1522 erreichte der spanische Seefahrer Andrés Niño die Insel Meanguera im Golf von Fonseca und benannte die Bucht nach einem mitfahrenden spanischen Pater. Anschließend segelte er die Küste entlang in westlicher Richtung und entdeckte an der Mündung des Río Lempa Cuscatlán, das ›Land der wertvollen Dinge‹.

Im Juni 1524 überschritt der spanische Eroberer Pedro de Alvarado, von Guatemala kommend, den La Paz-Fluß und eroberte die Region des späteren El Salvador in nur 17 Tagen. Er unterwarf Cuscatlán, die Hauptstadt der Pipil, und tötete deren Anführer Atonatl. Dann zwang ihn eine Beinverletzung nach Guatemala zurückzukehren.

Im Februar 1525 setzte sein Bruder Gonzalo de Alvarado die Eroberung fort und gründete im April den spanischen Verwaltungssitz La Bermuda (das spätere San Salvador); Bürgermeister wurde Diego de Holguín, Cousin der Alvarados, der die Siedlung 1526 nach Indio-Angriffen wieder aufgeben mußte. Zwei Jahre später wurde der Ort erneut gegründet und 1544 nach einem Erdbeben in das Valle de Hamacas verlegt. Zunächst hieß er La Aldea; 1545 erhielt er seinen heutigen Namen: San Salvador. Die spanischen Kolonialherren teilten das Gebiet unter ihren Landsleuten auf und versklavten die Indios zu Landarbeitern. 1786 erfolgte die bis heute gültige Grenzziehung zu Guatemala. Während der spanischen Herrschaft ähnelten die sozialen Verhältnisse in El Salvador denen im übrigen Mittelamerika.

Die Unabhängigkeitsbewegung

Nach fast 300jähriger Fremdherrschaft rief am 5. November 1811 Pater José Matías Delgado in der Kirche La Merced in San Salvador zum Aufstand gegen die Spanier auf. Als Verabredungszeichen galt das Läuten der Kirchenglocken. Die Erhebung richtete sich gegen die Übergriffe der Spanier auf den Klerus. 1812 schlugen die Spanier den Aufstand nieder, aber 1814 kam es zu einer erneuten Konspiration, in deren Folge Delgado und seine Anhänger bis 1818 in Haft gehalten wurden. Die Aufstandsbewegung weitete sich dennoch aus und erfaßte weite Teile der Bevölkerung. Am 15. September 1821 erklärten die Salvadorianer ihr Land für unabhängig.

Drei Jahre später trat El Salvador mit einer eigenen Verfassung dem Mittelamerika-Bund (Föderation der Vereinigten Provinzen von Mittelamerika) bei, in dem es bis 1839 verblieb. Im Verlauf eines Bürgerkrieges (1839–41) löste eine neue Unab-

Leibwache des Präsidenten vor dem Regierungspalast in San Salvador (Historische Aufnahme von 1931)

hängigkeitserklärung die Bindungen zur zentralamerikanischen Föderation. El Salvador wurde selbständige Republik.

Von 1850 bis 1900 zählte das Land nicht weniger als 47 Staatschefs, die alle die Interessen der Kaffee-Bourgeoisie vertraten und eng mit dem Militär zusammenarbeiteten. Ein Versuch, zusammen mit Nicaragua, Honduras und Guatemala die República Mayor de Centroamérica zu bilden, scheiterte nach drei Jahren (1895).

El Salvador im 20. Jahrhundert

Seit 1898 herrschten zivile Präsidenten. 1930 kündigten sich die ersten sozialen Bewegungen gegen die Ausbeutung durch die Großgrundbesitzer an: Die Föderation der Arbeiter (100 000 Mitglieder) und die Kommunistische Partei wurden gegründet. Bei den ersten freien Wahlen (1931) wurde Arturo Araujo Präsident, der sein Reformprogramm jedoch nicht verwirklichen konnte, da er nach nur neun Monaten Amtszeit von General Maximiliano Hernández Martínez mit Hilfe der USA gestürzt wurde. Bei diesem Militärputsch verloren mehr als 30 000 Landarbeiter ihr Leben, unter ihnen auch Agustín Farabundo Martí, Held, Vorbild und Namensgeber der gegenwärtigen Guerilla-Bewegung (Frente Farabundo Martí para la Liberación Nacional, FMLN). Hernández Martínez gelang es, zwölf Jahre an der Macht zu bleiben, bis er 1944 nach einem Generalstreik sein Amt niederlegen mußte. General Salvador Castañeda Castro regierte danach im Ausnahmezustand. 1948 putschte sich mit Oberstleutnant Oscar Osorio ein Reform-Militär an die Macht.

Von 1950–60 stellte die Partido Revolucionaria de Unificación Democrática, zunächst unter Führung Osorios, ab 1956 unter José María Lemús die Regierung.

1961 inszenierten die USA einen erneuten Putsch; mit ihrer massiven Unterstützung gelangte Julio Adalberto Rivera 1962 an die Macht, der zwischen 1962–67 alle Stellen im öffentlichen Dienst an Mitglieder seiner Partei, der Partido de Conciliación Nacional (PCN), vergab. Rivera wurde 1967 von Oberst Fidel Sánchez Hernández abgelöst, der ebenfalls von den USA protegiert wurde.

Der ›Fußballkrieg‹

Der Krieg zwischen Honduras und El Salvador im Juni/Juli 1969 ging als ›Fußballkrieg‹ in die Geschichte Mittelamerikas ein: Doch er läßt sich nur bedingt auf Fußballspiele und ihre Folgen zurückführen.

1969 lebten und arbeiteten im dünnbesiedelten Honduras ca. 300 000 Salvadorianer als Landarbeiter oder Kleinbauern. Einige hatten auch kleine Geschäfte eröffnet. Sie machten 12% der honduranischen Bevölkerung aus. Im Zuge einer Landreform in Honduras kam es im März 1969 zu Unruhen und Ausweisungen von Salvadorianern.

Am 8. Juni 1969 trafen bei den Qualifikationsspielen für die Fußballweltmeisterschaft (1970 in Mexiko) Honduras und El Salvador in Tegucigalpa aufeinander. Honduras gewann 1:0. El Salvador beklagte die unfaire Behandlung von Spielern und Schlachtenbummlern. Beim Rückspiel am 15. Juni in San Salvador gewann El Salvador mit 3:1; danach kam es zu Übergriffen auf honduranische Schlachtenbummler.

Daraufhin eskalierte die Auseinandersetzung. In Honduras wurden salvadorianische Gastarbeiter Opfer von Gewalttaten, ihre Geschäfte wurden geplündert, ihre Häuser angezündet, es gab erste Todesfälle. Über 10 000 Salvadorianer ohne gültige Aufenthaltsgenehmigung wurden des Landes verwiesen. Als das entscheidende dritte Spiel am 26. Juni in Mexiko 3:2 für El Salvador endete, vermehrten sich die Angriffe auf Salvadorianer in Honduras.

El Salvadors Präsident Fidel Sánchez Hernández brach die diplomatischen Beziehungen zum Nachbarland ab, salvadorianische Streitkräfte marschierten zum Schutz ihrer Bürger in Honduras ein und bombardierten einige Städte. Honduras antwortete mit einem militärischen Gegenschlag. Die Zerstörungen in beiden Ländern waren erheblich. Insgesamt gab es 25 000 Tote. Durch Vermittlung der Organisation Amerikanischer Staaten (OAS), kam es zum Waffenstillstand. Erst 1980 nahmen die beiden Staaten ihre diplomatischen Beziehungen wieder auf.

Auf Fidel Sánchez Hernández folgte im Juli 1972 Oberst Arturo Armando Molina Barraza (PNC) nach einer erneuten Fälschung der Wahlergebnisse; gewonnen hatte die Wahl die Partei der Christdemokraten (PDC) unter José Napoleón Duarte. Dieser versuchte einen Putsch, wurde aber verhaftet, gefoltert und ins Exil getrieben. In den allgemeinen Unruhen kam es zu Landarbeiteraufständen, Fabrikbesetzungen und ersten Aktivitäten der Guerilla. Molina gründete in dieser Zeit die paramilitärische National-Demokratische Organisation ORDEN (Ordnung). 1977 erfolgte ein erneuter Wahlbetrug durch General Carlos Humberto Romero Meña. 1979 herrschte in El Salvador das Chaos. Die Regierung bekämpfte den Widerstand der Bevölkerung mit repressiven Methoden und setzte das Militär gegen das Volk ein. Die Guerilla-Bewegung wird seit dieser Zeit von einem großen Teil der Bevölkerung unterstützt.

In dieser Situation putschte eine reformierte Junta gegen Präsident Romero. Duarte kehrte aus dem Exil zurück und wurde Chef der Regierungsjunta. Er schloß im Januar 1980 einen Pakt mit den Militärs, die dennoch im gleichen Jahr die Universität verwüsteten, da sie dort ein Zentrum der Widerstandsbewegung vermuteten. Duarte enteignete über 300 Großgrundbesitzer, die mehr als 500 ha Land besaßen und verteilte es an 40 000 Campesinos. Er verstaatlichte den Außenhandel und sicherte dem Staat eine 51%-Mehrheit bei den Banken. Ungeachtet dessen kam es zu Massakern im gesamten Land: Polizei, ORDEN und die Nationalgarde bekämpften die Guerilla und die mit ihr sympathisierende Bevölkerung. Im März 1980 wurde Erzbischof Oscar Romero erschossen. Er hatte zuvor die Soldaten aufgefordert, nicht mehr auf die Be völkerung zu schießen. Major d'Aubuisson wurde vorgeworfen, Drahtzieher der Todesschwadronen und Anstifter zum Mord an Romero zu sein. Am 30. November 1980 ermordete die Nationalgarde schließlich die gesamte Führungsspitze der neugegründeten Frente Democrático Revolucionario (FDR), einer Oppositionsbewegung aus dem linken Flügel der Christdemokraten, der Sozialisten und Kommunisten. Die Ermordeten wurden vor ihrem Tod grausam mißhandelt. Unter der Herrschaft des Christdemokraten Duarte starben in den Jahren 1981 und 1982 allein 25 000 Zivilisten eines gewaltsamen Todes.

Die Präsidentschaftswahl im Mai 1984, die dritte innerhalb von zwei Jahren, gewannen wieder Duarte und die Christdemokraten. Duarte schlug die rechtsextreme ARENA von Major d'Aubuisson nur knapp. Von der christdemokratischen Regierung wurde im Ausland eine Stabilisierung des Landes erwartet. Entwicklungshilfeminister Warncke überbrachte im Oktober 23 Mio. DM Entwicklungshilfe nach El Salvador. Die von diesen Geldern gekauften Ambulanzfahrzeuge fuhren jedoch direkt zu den Militärs in die Kasernen.

Etwa ein Viertel des Landes, die Provinzen im Norden und Osten, standen mittlerweile unter der Kontrolle der FMLN. Sie entführte im Oktober 1985 die Tochter des Staatspräsidenten, Ines Duarte, und 33 Bürgermeister. Diese wurden dann gegen 25 gefangene Angehörige der FMLN ausgetauscht.

Das Plakat wirbt für einen Radiosender mit dem Namen des Revolutionärs Augstín Farabundo Martí

Am 10. Oktober 1986 erschütterte das stärkste Erdbeben seit 50 Jahren San Salvador und seine Umgebung. Es forderte 1300 Menschenleben, 10 000 Verletzte, 130 000 Obdachlose und richtete Sachschäden in Höhe von etwa 2 Mrd. DM an. Das Militär weigerte sich, bei den Aufräum- und Rettungsarbeiten zu helfen, da es zur Aufrechterhaltung der Sicherheit benötigt würde. Es behinderte sogar die Hilfsgütersendungen aus Kuba und der UdSSR. Die christdemokratische Regierung bemächtigte sich der Hilfssendungen und verkaufte Medikamente und Nahrungsmittel an die leidende Bevölkerung, statt sie zu verteilen.

Im November 1987 kehrte der Oppositionspolitiker Rubén Zamóra, stellvertretender Vorsitzender der FDR, nach Unterzeichnung des mittelamerikanischen Friedensplanes nach sieben Jahren Exil in sein Heimatland zurück. Sein Bruder Mario, der Leiter des Socorro Jurídico, der kirchlichen Hilfsorganisation zum Schutz der Menschenrechte, war von Todesschwadronen ermordet worden. Auch Guillermo Ungo, Chef der FDR, beendete sein siebenjähriges Exil und kehrte nach El Salvador zurück.

Bei den Wahlen zur gesetzgebenden Versammlung im März 1988 entstand eine Pattsituation. Auf die rechtsradikale ARENA entfielen 30 der 60 Sitze im Parlament, 23 auf die PDC und 7 auf die PCN. Durch den Übertritt eines Christdemokraten zur ARENA erhielt diese eine knappe Mehrheit. Die Präsidentschaftswahlen 1989 gewann ebenfalls ein ARENA-Kandidat, der Kaffeemillionär Aristides Alfredo (›Freddy‹) Cristiani. Er ging bei geringer Wahlbeteiligung mit 54% der abgegebenen Stimmen als Sieger hervor. Unter Cristiani haben erneut soziale Unruhen und militärische Unterdrückung zugenommen.

Menschenrechte – Guerilla-Bewegung – Die Rolle der Kirche

Die Verordnungen der salvadorianischen Regierung erlauben es den Sicherheitskräften, jede Person ohne Angabe von Gründen festzunehmen und 15 Tage in Gewahrsam zu halten. Bei Verdacht auf »subversive Tätigkeit« kann der Beschuldigte bis zu 180 Tage ohne Anklage inhaftiert werden, ohne Verteidigungsmöglichkeit, ohne Angehörigenbesuch, ohne Kommunikation nach außen.

Die Verbindung von Justiz und Militär macht die Angelegenheit für Verdächtigte besonders schwer; viele Richter sind hohe Offiziere. Mord, Totschlag und Gewalt von Militärangehörigen, Polizei, paramilitärischen Einheiten und den Todesschwadronen werden daher praktisch nicht verfolgt.

Trotz ständiger Bedrohung haben sich in El Salvador mehrere Menschenrechtsorganisationen etabliert, unter ihnen ein Büro der katholischen Kirche (Tutela Legal), das Rechtshilfe gewährt, Zeugenaussagen sammelt und Verletzungen durch Folter dokumentiert. Darüber hinaus existieren nach dem Vorbild der argentinischen ›Mütter‹ drei Organisationen, die öffentlich nach verschwundenen und getöteten Angehörigen forschen sowie versuchen, Verhaftete und Gefangene zu betreuen. Seit 1975 gibt es auch das Büro Socorro Jurídico der Jesuiten-Universität UCA, eine Rechtshilfeeinrichtung bei Menschenrechtsverletzungen.

Die Guerilla-Bewegung ist regional und politisch aufgesplittert und besteht aus höchst unterschiedlichen Einzelorganisationen. Die größte ist die FMLN (s. S. 123) mit ca. 10 000 Bewaffneten. Aus kleineren Gruppen, insgesamt etwa 3000 Mann, bestehen die FARN (Fuerzas Armadas de Resistencia Nacional), die FAPL (Fuerzas Armadas Populares de Liberación), die ERP (Ejército Revolucionario del Pueblo) und die FAL (Fuerzas Armadas de Liberación). Die Stärke der Guerilla wird unterschiedlich hoch eingeschätzt: Die USA sprechen von 12 000, das Militär von 7000 Mitgliedern.

Der Guerilla stehen 56 000 Mann des Militärs und 15 000 Mitglieder der Sicher-

Denkmal der Revolution in San Salvador ▷

heitskräfte (Nationalgarde, Nationalpolizei und Finanzpolizei) gegenüber.

Die Guerilla wendet sich gegen die Aufteilung des Bodens auf wenige Personen, die damit verbundene Armut der Landbevölkerung, die Konzentration der politischen Macht bei den Rechtsextremen und das Kaffee-Monopol einiger weniger Unternehmer. Sie bemängelt den starken Einfluß der USA und deren Aktivitäten zur Aufrechterhaltung der bestehenden Verhältnisse und kritisiert die Unterstützung der politischen Machthaber und der Großgrundbesitzer durch das Militär.

Die Guerilla legitimiert ihre Aktivitäten mit der Notwendigkeit der Bekämpfung eines verbrecherischen Regimes und der Schaffung sozial gerechter Verhältnisse. Die juristischen und verfassungsrechtlichen Möglichkeiten einer politischen Opposition und eines politischen Widerstandes in El Salvador sind ausgeschöpft, die Anrufung internationaler Instanzen, etwa der UN, der OAS oder des Internationalen Gerichtshofes, aussichtslos. Die Regierung kommt deren Beschlüssen nicht nach. Die Gewaltanwendung der Guerilla richtet sich gegen das diktatorische Regime und seine Instrumente wie Militär und Polizei, nicht gegen die Zivilbevölkerung.

Heute kontrolliert die Guerilla im Norden und Nordosten El Salvadors etwa ein Viertel des Staatsgebiets. 10% des Landes gelten als *en disputa* (im Kampf) und werden weder von der Regierung noch von der FMLN kontrolliert. In den ›befreiten Orten‹ richtet die Guerilla Juntas Directivas (gewählte Ortsräte) ein, so daß die Gemeinden Schulunterricht und Gesundheitsversorgung sowie den Schutz der Bevölkerung selbst in die Hand nehmen können.

Unter internationalem Druck und nach Vermittlung durch Erzbischof Rivera y Damás führte Duarte seit 1984 Friedensgespräche mit der Guerilla. Diese blieben auch nach der Unterzeichnung des Arias-Friedensplanes bisher ohne Erfolg. Sie werden von der rechtsextremen ARENA-Partei als Hochverrat angesehen.

Das berühmteste Opfer der Todesschwadronen war der Erzbischof von San Salvador, Oscar Arnulfo Romero, der im März 1980 während einer Messe in der Kirche erschossen wurde. Wenige Tage vorher hatte er einen Brief an US-Präsident Carter gesandt, mit der Bitte, keine Waffen und andere Militärhilfe mehr nach El Salvador zu schicken. Zwei Monate nach dem Mord wurde Major d'Aubuisson von der Nationalgarde unter dem Verdacht der Anstiftung und Mittäterschaft verhaftet, jedoch kurze Zeit später wieder freigelassen. Im November 1987 erbrachten die weiteren Nachforschungen (in deren Verlauf ein Untersuchungsrichter in seinem Haus beschossen wurde und ins Ausland floh), daß d'Aubuisson, inzwischen Chef der rechtsextremen ARENA-Partei, tatsächlich den Mord an Romero veranlaßt hatte (s. a. S. 27).

Romeros Nachfolger, Arturo Rivery y Damás, besuchte 1986 Ost-Chalatenango, einen Teil der von der FMLN kontrollierten Gebiete. Er kritisierte die Zerstörungen der Militärs in den Dörfern und forderte nachdrücklich ein Ende des Bombardements.

Die Solidarität der katholischen Kirche mit der unterdrückten Bevölkerung hat in den vergangenen Jahren stark zugenommen. Die Kirche gilt daher in den Augen der politischen Machthaber und des Militärs als subversiv. Ihre Sozialarbeit und Hilfsbemühungen werden zunehmend behindert; ihre Mitarbeiter müssen mit Hausdurchsuchungen, Festnahmen und Überfällen rechnen. Mehrere wurden be-

Plakat, das sich gegen die US-Einmischung in El Salvador richtet

reits ermordet. Bombenanschläge auf Kirchen und kirchliche Gebäude wurden ebenfalls bekannt.

Seit den Kongreßwahlen vom März 1988, die die ARENA-Partei knapp gewann, hat sich die Menschenrechtssituation keineswegs verbessert. Nach Angaben des Instituts für Menschenrechte der Zentralamerikanischen Universität wurden von April bis Juni 224 Personen von Polizei, Armee und Todesschwadronen umgebracht. Die Ablösung des Christdemokraten José Blandón als Armeechef durch Oberst René Emilio Ponce von der ARENA führte innerhalb weniger Monate zur Bildung neuer Todesschwadronen. Die Zahl der Opfer des Bürgerkriegs gibt die katholische Kirche El Salvadors für 1988 mit 1400 Personen an.

Bereits drei Wochen nach seiner Wahl zum Präsidenten im März 1989 erhielt Cristiani ein Angebot der Guerilla-Bewegung für einen Waffenstillstand unter der Bedingung, daß er sein Kabinett als Übergangsregierung erkläre und Neuwahlen ausschreiben ließe. Cristiani lehnte ab und reiste statt dessen nach Washington, wo er sich der Unterstützung der USA im Kampf gegen die Guerilla versicherte.

Gegen Ende des Jahres 1989 erreichte die bürgerkriegsähnliche Situation einen neuen Höhepunkt. Angehörige des Militärs ermordeten sechs Professoren der Jesuiten-Universität UCA, darunter deren Rektor Ignacio Ellacuría, sowie zwei ihrer Haushilfen. Die FMLN drang in die Hauptstadt vor, woraufhin das Militär mehrere Stadtviertel San Salvadors bombardierte. Todesdrohungen häuften sich. Der Sozialdemokrat Guillermo Ungo ging zurück ins Exil. Der Ausnahmezustand (mit Aussetzung der verfassungsmäßigen Rechte) wurde zur Regel. In dieser Situation wurden Anfang 1990 völlig überraschend die mutmaßlichen Mörder der Jesuiten, unter ihnen ein hoher Offizier, verhaftet; eine bis dahin unvorstellbare Maßnahme der Regierung in El Salvador.

Staat und Gesellschaft

Regierungssystem

El Salvador ist eine präsidiale Republik. Der Präsident, gleichzeitig Staats- und Regierungschef, ernennt das Kabinett und übt die Exekutive aus. Er ist formal auch oberster Befehlshaber des Militärs, was zivilen Präsidenten bisher aber faktisch nicht zugestanden wurde. Seine Amtszeit beträgt fünf Jahre, Wiederwahl ist nicht möglich.

El Salvador gliedert sich in 14 Verwaltungsbezirke *(Departamentos)*, die von einem vom Präsidenten ernannten Gouverneur regiert werden. Die Departamentos sind in Amtsbezirke *(Municipios)* unterteilt.

Die Gesetzgebung erfolgt durch die *Asamblea Nacional Legislativa* (Gesetzgebende Versammlung), deren 60 Vertreter alle zwei Jahre gewählt werden. Es besteht Wahlpflicht für Männer über 18 Jahre und Wahlrecht für Frauen.

Bildung und Erziehung

Das salvadorianische Ausbildungssystem liegt in staatlicher Hand, der Schulbesuch ist kostenlos. Es besteht Schulpflicht vom sechsten bis zum 14. Lebensjahr (zwei Jahre Vorschule und sechs Jahre Grundschule). Drei weitere Jahre kann man die Mittelschule besuchen, nach fünf Jahren an der Höheren Schule das Abitur *(Bachillerato)* ablegen. Von der siebten bis zur neunten Klasse erfolgt der Unterricht zum großen Teil über das Fernsehen. 60% der schulpflichtigen Kinder besuchen die Schule, 50% erreichen das dritte Schuljahr, nur 15% den Abschluß der Mittelschule, 10% das Abitur. Die Analphabeten-Quote wird heute noch auf 40–50% geschätzt.

An der Nationaluniversität studieren gegenwärtig etwa 38 000 Studenten in acht Fakultäten, weitere 6000 an der privaten Jesuiten-Universität (Universidad Centroamericana José Simón Cañas, UCA). 5000 Studierende besuchen die Polytechnische Universität des Landes und etwa 20 000 die zahllosen privaten Kleinuniversitäten. Der Staat gibt etwa 15% des Haushalts für das Bildungswesen aus.

Außenpolitik

Die USA bestimmen indirekt El Salvadors Außenpolitik über finanzielle Zuwendungen und Militärhilfe. Von 1980–85 flossen nachweislich 1,7 Mrd. US-$ in das Land, davon 523 Mio. US-$ als Militärhilfe, und 1,17 Mrd. US-$ Wirtschaftshilfe. 1987 war die Militär- und Wirtschaftshilfe mit 608 Mio. US-$ höher als das nationale Budget. El Salvador ist der viertgrößte Empfänger solcher Hilfsmaßnahmen nach Israel, Ägypten und Pakistan. Mit dieser Unterstützung können die USA auf die Innen- und Außenpolitik des Landes einwirken. Im Inneren wird die Militärhilfe zur Bekämpfung der Guerilla verwendet, außenpolitisch gingen von El Salvador auf Wunsch der USA Destabilisierungsmaßnahmen gegen Nicaragua aus.

Beziehungen zur Bundesrepublik Deutschland

Der zweitwichtigste Außenhandelspartner El Salvadors ist die Bundesrepublik, die ihrerseits pharmazeutische und chemische Produkte, Fertigwaren und Maschinen liefert. Die Entwicklungshilfe summierte sich bis 1988 auf rund 100 Mio. DM. Ihre Höhe erklärt sich aus den guten Beziehungen der Bundesregierung und der Konrad Adenauer-Stiftung zur christdemokratischen Partei El Salvadors.

1987 besuchte Duarte zum dritten Mal die Bundesrepublik, um über finanzielle Zuschüsse zu verhandeln. Er erklärte seine Bereitschaft zu Gesprächen mit der Guerilla, beklagte jedoch deren Unterstützung durch die Sozialistische Internationale.

Im August 1988 entdeckte der Bundestagsausschuß für wirtschaftliche Zusammenarbeit, daß ein Hilfsbetrag der Bundesregierung von 7 Mio. DM, vorgesehen für die medizinische Versorgung der Bevölkerung, von Duarte an das Militär weitergegeben worden war. (Duarte starb Anfang 1990.)

Die für 1990 von der Bundesrepublik vorgesehene finanzielle Hilfe in Höhe von 48,5 Mio. DM für den Bau eines Wasserkraftwerks und eines Krankenhauses wurde Ende 1989 aufgrund der politischen Situation in El Salvador vorerst eingefroren.

Für viele ist der Markt die einzige Möglichkeit, Geld zu verdienen ...

Wirtschaft

El Salvador ist ein Agrarland. 60% des Bruttosozialprodukts werden von 40% der nationalen Arbeitskräfte im agrarischen Sektor erwirtschaftet. Die Arbeitslosenrate liegt bei 35%, unter Einbeziehung der Unterbeschäftigung sogar bei 50%. Die Schulden El Salvadors im Ausland belaufen sich auf 2 Mrd. US-$, die Inflationsrate liegt bei 30% jährlich.

Im Agrarsektor dominiert der Kaffee-Anbau (hauptsächlich im Westen des Landes und in der zentralen Region). Er macht 40% der landwirtschaftlichen Produktion aus. Neben Baumwolle werden Zuckerrohr (5%), Tabak, Reis, Mais, Kartoffeln, Obst und Gemüse angebaut. Im Bereich der Grundnahrungsmittel kann sich das Land selbst versorgen, wozu auch die Fischereiwirtschaft beiträgt.

Grundlage der industriellen Produktion sind vier Elektrizitätswerke. Zu den in El Salvador hergestellten Erzeugnissen gehören: Lederwaren (zum großen Teil Schuhe), Textilien, chemische Produkte, Lebensmittel, Tabakwaren und Getränke. 14% der Arbeitnehmer sind im verarbeitenden Gewerbe tätig. Bodenschätze sind rar. Neben Salz und Kalk finden sich geringe Gold- und Silbervorkommen im Osten des Landes. Der Abbau von Schwefel, Kupfer, Zink, Eisen, Steinkohle, Blei und Quarz hat noch kein nennenswertes Ausmaß angenommen.

1986 exportierte El Salvador Güter im Wert von 770 Mio. US-$, davon 70% landwirtschaftliche Produkte. Hauptausfuhrware ist mit 50% der Kaffee; 1930 machte er noch 95% des Exports aus. Weitere Ausfuhrprodukte sind Baumwolle (13%), Zucker, Textilien, Fisch und Krustentiere (Garnelen). Hauptabnehmerland sind die USA mit 45% aller Exporte, hauptsächlich Garnelen und Zucker, weitere wichtige Ausfuhrländer sind die Bundesrepublik (Kaffee), Guatemala und Japan.

Die Einfuhren schlugen 1986 mit 1,1 Mrd. US-$ zu Buche, hauptsächlich für Maschinen, Erdöl, elektrische Geräte, Kraftfahrzeuge und Stahl. Geliefert wird von den USA (33% aller Importe), Mexiko und Venezuela (Erdöl), Guatemala, Japan und der Bundesrepublik Deutschland.

Von den Ausgaben des Staates entfällt rd. ein Drittel auf das Militär. Der Mindestlohn beträgt monatlich umgerechnet 90 US-$, obwohl als Existenzminimum 200 US-$ nötig wären. Campesinos arbeiten in der Regel nur vier Monate pro Jahr während der Erntezeit (Kaffee-Ernte von November bis März). Etwa 50% der Bevölkerung leben daher unter der absoluten Armutsgrenze, d. h. ihre Einkünfte reichen nicht für Nahrungsmittel, Unterkunft und Gesundheitsversorgung aus.

Bis zum Beginn des Bürgerkrieges vollzog sich eine stetige Modernisierung der Landwirtschaft, die die Produktivität und die Exporterlöse erhöhte. Gleichzeitig konzentrierte sich der Besitz an kultiviertem Boden und an Kapital zur Unterhaltung landwirtschaftlicher Großbetriebe in den Händen weniger reicher Leute, die darüber hinaus auch Einfluß auf Banken und Handel haben. So zog die landwirtschaftliche Modernisierung eine Verarmung der Landbevölkerung nach sich, die in die Städte zog oder emigrierte.

Orts- und Landschaftsbeschreibungen

Da die von der Guerilla im Norden und Osten kontrollierten Gebiete Reisenden nicht zugänglich sind, kann man alle touristisch interessanten Orte im kleinsten Land Zentralamerikas in Tagesausflügen von San Salvador aus erreichen. In der Tat halten sich die meisten ausländischen Besucher El Salvadors in der Hauptstadt auf und fahren von dort aus zu den Sehenswürdigkeiten des Landes.

Städte, Dörfer und Ausflugsziele werden daher im Anschluß an die Hauptstadt in alphabetischer Reihenfolge beschrieben, kleinere Ortschaften dabei als Ausflüge von größeren.

San Salvador

Hauptstadt des Landes, 60 km von der Küste im Valle de las Hamacas in 689 m Höhe gelegen. Die Stadt wird vom Berg San Jacinto und dem Vulkan San Salvador (1960 m) überragt. Mit ca. 1 Mio. Einwohnern (einschließlich der Vororte) ist San Salvador die zweitgrößte Stadt Mittelamerikas.

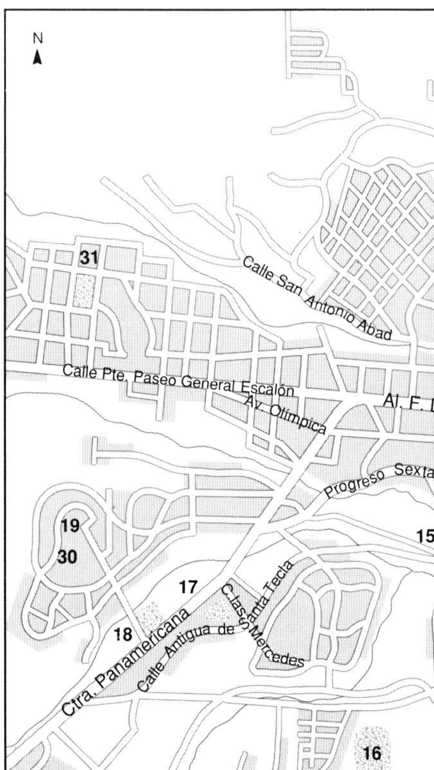

San Salvador 1 Palacio Nacional 2 Plaza Las Américas (Plaza Barrios) 3 Catedral Metropolitana 4 Teatro Nacional 5 Plaza Libertad (Plaza Central) 6 Iglesia Rosario 7 Iglesia La Merced 8 Mercado Principal 9 IST Touristeninformation 10 Casa Presidencial 11 Museo de Historia Natural 12 Saburo Hirao-Park mit Botanischem Garten 13 Parque Zoológico Nacional 14 Vergnügungspark 15 Bus-Station Terminal de Occidente y Sur 16 Cuscatlán-Stadion 17 Feria (Kunsthandwerksmarkt) 18 Museo Nacional 19 Monumento de la Revolución 20 Metrocentro 21 Universidad Nacional 22 Villa Delgado 23 Instituto Geográfico Nacional 24 Bahnhof 25 Bus-Station Terminal de Nor-Oriente **Hotels** 26 Bruno 27 Alameda 28 Ritz 29 Camino Real 30 Presidente 31 Sheraton

Gonzalo de Alvarado gründete 1525 den spanischen Verwaltungssitz La Bermuda vermutlich 30 km nördlich der jetzigen Hauptstadt. Nach dem Sieg über die Cuscatlecos im Zalcoatitlán-Tal (1539) wurde die Siedlung verlegt und 1545 als Stadt gegründet; ein Jahr später verlieh ihr Kaiser Karl V. die Stadtrechte.

Heftige Erdbeben erschütterten die Hauptstadt in allen Jahrhunderten. Der letzte Ausbruch des Vulkans San Salvador im Jahre 1917 begrub die Stadt unter Asche, ein 7 km langer Lavastrom ergoß sich ins Tal. 1965 zerstörte ein Erdbeben den Flughafen Llopango sowie die dichtbesiedelten Armenviertel im Osten San Salvadors, 1986 richtete wiederum ein Beben Millionenschäden in allen Teilen der Stadt an. San Salvador ist teilweise von landwirtschaftlichen Anbauflächen umgeben, bereits am Ende des 18. Jh. begann man mit der Anpflanzung von Zuckerrohr- und Balsamholz nahe der Stadt.

Die westlichen Vororte mit ihren Villen ziehen sich an den Hängen des San Salvador entlang, das Viertel Escalón befindet sich nur 3 km vom Kraterrand entfernt. Die östliche Grenze der Stadt bildet der Río Acelhuate; im dichtbevölkerten Ostteil der Stadt liegen der Bahnhof und die ärmlichen Wohnviertel. Kaffeepflanzungen bedecken die Berghänge im Süden und Osten.

Im Norden der Stadt wurden die ehemaligen Ortschaften Villa Delgado, Mejecanos und Cuscatancingo eingemeindet,

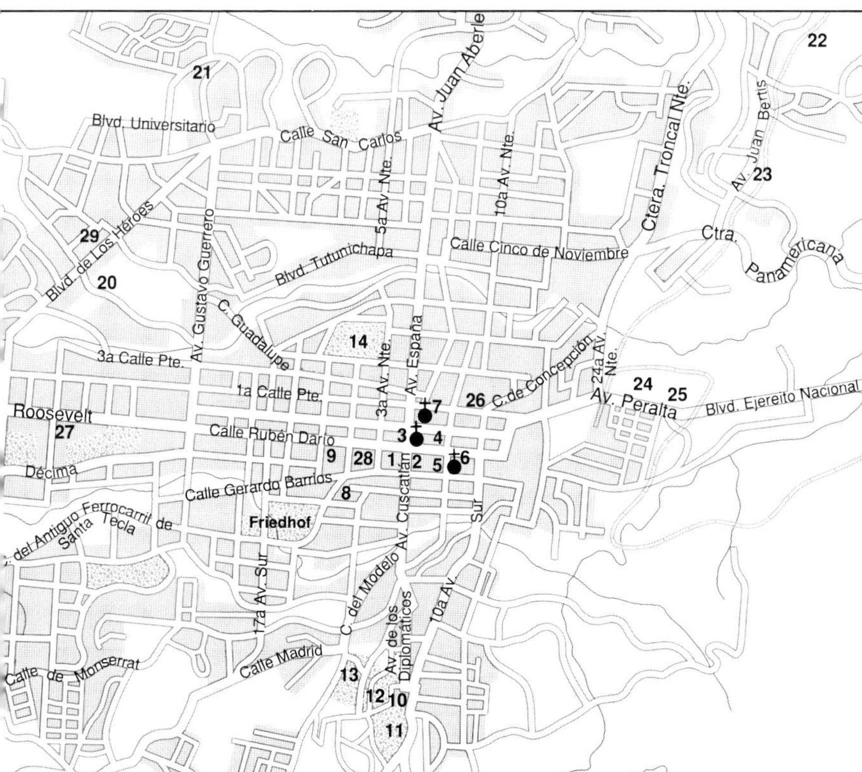

im Osten Soyapango. Antigua Cuscatlán im Südwesten und San Marcos im Osten sind noch selbständige Städte, obwohl sie dem Großraum San Salvador zugerechnet werden. Die Industriegebiete erstrecken sich entlang der östlichen und südlichen Ausfallstraßen.

Im Umkreis der Plaza Central mit ihren Prunkfassaden befinden sich der Nationalpalast, die Hauptpost, die Nationalbibliothek, die Kathedrale, vier Kirchen, große Banken, Hotels sowie Markthallen. Entsprechend dicht ist hier der Verkehr.

Besichtigung

Kolonialzeitliche Gebäude gibt es in der von vielen Erdbeben zerstörten Stadt nicht mehr. Jedoch sind einige Gebäude im Zentrum in spanischem Stil wieder aufgebaut worden.

Palacio Nacional (Parlamentsgebäude): Calle Delgado. 1904–11 im Renaissance-Stil erbaut; Statuen von Kolumbus und Isabella aus Spanien zieren den Eingang.

Plaza Las Américas (auch Plaza Barrios genannt): Die Christus-Statue (Monumento al Salvador del Mundo), eine riesige weiße Säule mit Kreuzen an den vier Seiten trägt eine Weltkugel, auf der der Erlöser steht.

Catedral Metropolitana: Calle Delgado gegenüber dem Nationalpalast. Der Betonrohbau ist mit Wellblech aus den 50er Jahren verkleidet. Hier befindet sich das Grab von Erzbischof Romero, der die Fertigstellung untersagt hatte, um das Geld den Armen zukommen zu lassen. Die alte Kathedrale, eine Holzkonstruktion, war 1951 abgebrannt.

Iglesia St. Ignatius de Loyola: Ein ultramodernes Gebäude aus Beton und Glas in einem Palmengarten mit vielen tropischen Pflanzen.

Teatro Nacional: Das restaurierte Theater in der Calle Delgado ist innen mit viel Plüsch und Kristall-Leuchter geschmückt. Im schönen und frei zugänglichen Theatercafé kann man sich von einem Stadtspaziergang erholen.

Rosario-Kirche: Das wieder aufgebaute, ursprünglich kolonialzeitliche Gebäude an der östlichen Seite der Plaza Libertad, ist an ihrem offenen Glockenturm zu erkennen. Hier liegt José Matías Delgado begraben, der Held des salvadorianischen Unabhängigkeitskampfes.

Kirche La Merced: 10 a Av. Sur. Wieder errichtete spanische Kirche, von deren Glockenturm José Matías Delgado 1811 zum Aufstand aufrief. Die dicken Mauern und niedrigen Kuppeln sollen das Gebäude vor Erdbebenschäden schützen.

Zoologischer Garten (Jardín Botánico Nacional): Calle Modelo, 2 km südlich des Zentrums gegenüber dem Präsidentenpalast, 1953 eingerichtet. Der modernste Zoo Mittelamerikas zeigt 650 Tierarten in ihrer natürlichen Umgebung (Mi–So 9–17 Uhr, Bus 2 Richtung Modelo, ab Av. Cuscatlán, westlich der Kathedrale).

Saburo Hirao-Park (Parque de Diversiones – Erholungspark): Col. Minerva südöstlich vom zoologischen Garten. Die Anlage enthält einen Gedächtnisgarten für den japanischen Philanthropen, der das riesige Grundstück stiftete. Botanischer Garten mit Teichen, großzügigem Kinderspielplatz und einem **Museum für Naturgeschichte,** das u. a. die Tier- und Pflanzenwelt El Salvadors vorstellt (Mi–So 9–16 Uhr), Bus 2 nach San Jacinto ab 4 a Av. Sur.

Kirche San Sebastián: Das Gotteshaus befindet sich in Villa Delgado am nördlichen Stadtrand; trotz der Eingemeindung hat das Städtchen mit seinem pittoresken Markt seine Eigenständigkeit bewahren können.

Die Kirche El Rosario

Museo Nacional David J. Guzmán: Blvd. de la Fuerza Armada (Col. San Benito) in der Nähe des Hotels Presidente gelegen. Das moderne Gebäude mit Terrassen und Patios, wurde nach seinem ersten Direktor benannt.

Es werden Ausgrabungsfunde der Pipil und Cuscatleco seit der präklassischen Epoche gezeigt sowie eine Reihe kolonialer Exponate. Unter den präkolumbischen Skulpturen befinden sich auch die Stele von Tazumal, der Chac Mool von Casa Blanca (Chalchuapa) und der Sonnenstein von Cara Sucia (Ahuachapán). Besonders interessant sind 19 Petroglyphen von der Insel Tipa (Güija-See) mit Fischen und Vögeln. Am Eingang des Museums steht die Figur Chipec, ein Priester, der sich die Haut eines Geopferten überzieht (Di–So 9–12 und 14–17 Uhr, Eintritt frei; Bus 34 ab 4a Calle Poniente/7a Av. Sur Nähe Hotel Ritz).

Monumento de la Revolucion: Av. de la Fuerza Armada (bei Hotel Presidente und Nationalmuseum). Das gewaltige Gemälde (auf einer gewölbten Betonwand) zeigt einen Menschen, der die Arme hoffnungsvoll zum Himmel reckt.

Basilika der Jungfrau von Guadalupe: Kolonialzeitliche Fassade; Wallfahrtsort der Indios mit großem Fest am 12. Dezember (Bus 101 ab 11 Av. Sur/Calle Rubén Darío, Haltestelle Basílica de Guadalupe).

Hotels

Gut und teuer: Presidente, Av. La Revolución, Col. San Benito, ✆ 24 30 44, bogenförmiges, dreistöckiges Gebäude in einem großen Park nahe dem Nationalmuseum; Camino Real, Blvd. de Los Héroes/Av. Los Sisimiles, ✆ 23 33 44, achtstöckiges Gebäude gegenüber dem Einkaufszentrum Metrocentro; Sheraton, 11 Calle Pte./89 Av. Nte., Col. Escalón, ✆ 24 22 22, sechsstöckig, am Abhang des Vulkans San Salvador gelegen, mit Flutlicht-Tennis, Squash-Halle und Golfplatz.

Basilika der Jungfrau von Guadalupe

Mittelklasse: Casa de Huéspedes Austria, 1a Calle Pte. 3843, Col. Escalón, ✆ 240791; Alameda, 43 Av. Nte./Alameda Roosevelt 2305, ✆ 239999; Ritz Continental, 7a Av. Sur 219, ✆ 220033, im Zentrum, jedoch wenig attraktive Gegend; Family Guest House, 1a Calle Pte. Bis 925, ✆ 221902; American Guest House, 17 Av. Nte. 119, ✆ 710224; Izalco, Calle Concepción 666, ✆ 222613.

Einfach und preiswert: Bruno, 1a Calle Ote. 531, zwischen 8a und 10a Av., ✆ 223958; Custodio, 10a Av. Sur 109, ✆ 220951.

Restaurants

China Town, Av. Olímpica 4710, ✆ 242889 (chinesisch); Señor Pico, Paseo General Escalón 5025, ✆ 232067 (mexikanisch); Vienna Delicatessen, Paseo General Escalón 4104, ✆ 243957; La Posada de Abilio, Alameda Roosevelt 2211, ✆ 230812 (spanisch); Spaghetti House, Paseo General Escalón 4329, ✆ 241629 (italienisch); El Fogón Argentino, 67 Av. Sur 115, ✆ 244219 (argentinisch); Pollo Campero, Calle Rubén Darío/7a Av. Sur, ✆ 230036 (schnell); La Tortuga Veloz,

Metrocentro, Local 38, ✆ 24 37 56 (salvadorianisch); Los Globos, Alameda Roosevelt 2115, ✆ 24 36 63 (Fisch); La Zanahoria, Calle Arce 1144, ✆ 21 58 42 (vegetarisch).

Verkehrsmittel

Bus: Nach Los Chorros, Bus 77 und 79 ab Calle Rubén Darío; La Libertad, Bus 102 ab 4 a Calle Pte./17 Av. Sur; Llopango-See, Bus 15 ab Plaza Morazán (vor Banco Salvadoreño).

Zum Flughafen: Minibus Acaya, ab Ed. Lux, 1a Diagonal, Nähe US-Botschaft, ✆ 25 77 68.

Nach Süden und Westen: Sonsonate (Bus 205), Costa del Sol (Bus 495), Zacatecoluca (Bus 133), Sta. Ana, Sta. Tecla, Los Chorros, San Andrés (Bus 201), auch internationale Busse nach Guatemala ab Terminal de Occidente y Sur, Blvd. Venezuela 2963, ✆ 23 37 84, mit Stadtbussen 4, 27 und 34 zu erreichen.

Nach Osten und Norden: Usulután (Bus 302), San Miguel (Bus 301), La Unión (Bus 304), San Vicente (Bus 116), Quetzaltepeque (Bus 109) ab Terminal de Nor-Oriente, Av. Peralta, ✆ 22 03 15, mit Stadtbussen 7, 29 und 13 zu erreichen.

Nach Guatemala, Honduras, Nicaragua Tica-Busse ab 1a Calle Ote. 531, ✆ 21 95 56.

Eisenbahn (Fenandesal): Av. Peralta 903, ✆ 21 14 17, beim Busbahnhof Nor-Oriente.

Flüge: Internationaler Flughafen Cuscatlán, 40 km südlich der Stadt, ✆ 24 44 55. Der alte Flughafen bei Llopango, 13 km östlich der Stadt, wird nur noch für regionalen Charter- und Privatverkehr benutzt.

Leihwagen: Avis, 43 Av. Sur 137, Col. Flor Blanca, ✆ 24 26 23, auch im Flughafen und in den Hotels Sheraton, Presidente, Camino Real; Hertz, Calle Los Andes J-16, Col. Miramonte, ✆ 26 80 99, auch im Flughafen; Budget, 85 Av. Sur 220, Local 1, ✆ 23 56 77.

Unterhaltung

Theater: Teatro Nacional, Plaza Morazán, ✆ 22 56 89; Ballett, spanische Operetten *(Zarzuelas)*, Ballett Folclórico (indianische und spanische Volkstänze); von Juli bis Dezember spielt das Nationale Symphonie-Orchester.

Diskotheken: Ein reges Nachtleben findet man in der Zona Rosa in San Benito.

Kindervergnügungspark: Campo de Marte, Av. España/9 a Calle Pte.

Feste

Die Fiesta El Salvador del Mundo, das Fest des Erlösers und Namensgebers des Landes (und der Hauptstadt) findet vom 1. bis 6. August statt. Tänze, Bälle und Paraden bestimmen das Stadtleben. Höhepunkt ist eine Prozession am 5. August, bei der 25 Männer eine schwere Christus-Statue durch die Innenstadt zur Kathedrale tragen. Das Fest endet mit einem großen Feuerwerk.

Einkaufen

Mercado Municipal No. 1 (Principal): Westlich des Nationalpalastes in der Nähe der Plaza Libertad befindet sich ein überdachter Markt aus sonnengetrockneten Ziegeln. Neben allen Sorten Gemüse und exotischen Früchten findet man Kleidung und Waren aus zweiter Hand. Vor allen Dingen werden lebende Tiere verkauft, und zwar nicht nur als Haustiere. Die Iguanas, 60–120 cm lange, grün-braune Leguane, gelten als Leckerbissen. An Ort und Stelle können Marktbesucher gebratene Leguanstücke probieren. Des weiteren sieht man auch Affen, Füchse und viele Meerestiere.

Metrocentro: Großes Einkaufszentrum am Blvd. de los Héroes gegenüber dem Camino Real-Hotel; Kaufhäuser, Boutiquen, Supermärkte, Geschäfte, Restaurants und Cafés liegen an überdachten Passagen.

Feria: Kunsthandwerksmarkt in der Nähe des Hotels Presidente am Mercado Cuartel. Kunsthandwerksmarkt im ehemaligen Militärfort, 1a Calle Ote. zwischen 8 a und 10 a Av.; Zona Rosa im Reichen-Viertel San Benito.

Adressen

Einwanderungsbehörde: Dirección de Migración, Centro de Gobierno, 17 Calle Pte. 320.

Botschaft von Nicaragua: Av. Maracaibo, Col. Miramonte, ✆ 25 72 81.

Britisches Konsulat: Centro de Gobierno, 17 Calle Pte. 320, ✆ 71 10 91.

Auskunft: Touristenbüro: Instituto Salvadoreño de Turismo, Calle Rubén Darío 619 (Zentrum), ✆ 22 80 00, 21 74 45, 21 48 45.

Banken: Banco Central, 1a Calle Pte./5 a Av. Nte.; Banco Cuscatlán, Al. Roosevelt/41 Av.

Sur; Citibank, Torre Roble, Blvd. de los Héroes; Banco Salvadoreño, Calle Rubén Darío 1236.

Gesundheit: Notruf für das Rote Kreuz: ✆ 225155.

Hospital Salvadoreño, 6a und 10a Calle Pte. 2419, Col. Flor Blanca, ✆ 24 06 60 (24 Std.).

Farmacia Clínicas Médicas, 25 Av. Nte. 640, ✆ 25 02 77.

Reisebüros: Angencia Salvadoreña de Turismo, Mena 1, Centro de Gobierno, 17 Calle Pte. 320, ✆ 22 23 03; American Travel Service, 6a Calle Ote. 211, ✆ 21 40 18; Mundial de Viajes, Al. Roosevelt 2635/51 Av. Sur, ✆ 23 03 64.

Ausflüge

Jardín Botánico La Laguna: Botanischer Garten im Krater eines erloschenen Vulkans (letzter Ausbruch Ende des 18. Jh.), 800 m hoch, südöstlich von Antigua Cuscatlán am Stadtrand von San Salvador gelegen; von der Panamericana Richtung Sta. Tecla (Südwesten) zweigt man nach Süden ab oder vom Blvd. Deininger (Richtung Antigua Cuscatlán) nach Westen. Der 100 Jahre alte, wunderschön gelegene Park (unter deutscher Leitung) ist von Bäumen umgeben, die sich die Kraterhänge hinaufziehen. Der letzte Vulkanausbruch verwandelte den Kratersee (La Laguna) in einen Sumpf, in dem viele einheimische und exotische Pflanzen gedeihen, darunter Prachtexemplare des Ceiba-Baumes. Versteinerte Lava ist im Park noch an vielen Stellen zu sehen. Das 3 ha große Gelände erlaubt schöne Spaziergänge, im Zentrum liegt eine Cafetería (Di–Fr 10–17, Sa/So 10–18 Uhr, Mo geschlossen, Bus 101 ab 11 Av. Sur/Calle Rubén Darío, erste Haltestelle nach Basílica de Guadalupe).

Parque Balboa: In Los Planes de los Renderos, 12 km südlich von San Salvador, 970 m hoch. Der 1949 angelegte größte Park El Salvadors dient den Bewohnern der Hauptstadt als Erholungsgebiet. Interessant sind u. a. die vielen tropischen Bäume (darunter die in El Salvador fast ausgestorbene Immergrüne Eiche) sowie Zapote- und Mango-Bäume, aber auch exotische Pflanzen, wie z. B. wilde Orchideen.

Skulpturen von Maya-Herrschern (Repliken) und modernen Helden stehen im Park verstreut. An offenen Imbißständen ißt man *Pupusas,* die salvadorianische Tortilla-Variante.

Figur im Parque Balboa San Salvador

Der Kurzweil dienen eine Rollschuhbahn, ein Fußballplatz, Picknickanlagen mit steinernen Tischen und hübsche Lauben. Schöner Ausblick auf die Hauptstadt (Bus 12 Richtung Mil Cumbres, Abfahrt an der Ostseite des Zentralmarktes, Av. 29 de Agosto/12 Calle Pte. und Bus 17 in Richtung Panchimalco, Abfahrt an der Av. Cuscatlán).

Puerta del Diablo: Aussichtspunkt (1000 m hoch), 14 km südlich von San Salvador und 1 km südlich des Parque Balboa (gelegentlich werden die beiden Felsen auch Puerta de Los Angeles genannt). Unterhalb liegt das Dorf Panchimalco, von wo man bei gutem Wetter den Llopango-See, den San Vincente-Vulkan und bis zum Pazifik sieht. Besonders malerisch ist der Ausblick bei Sonnenuntergang. Eine in den Fels gehauene Treppe führt zur Spitze des Berges Chulo (1131 m). Links vor dem Abgrund gelangt man über Steintreppen zu einer Höhle, deren historische Bedeutung unbekannt ist. Sie wird von Besuchern wegen ihrer akustischen Effekte aufgesucht (Busse 12 und 17 s. o.).

Ansicht von Panchimalco – Im Hintergrund das Teufelstor Puerta del Diablo

Seitenaltar der Kirche Sta. Cruz de Roma in Panchimalco

El Mirador: Aussichtspunkt an der Ostseite des Parque Balboa an der Straße nach Panchimalco. Da der Felsen am Rand eines tiefen Einschnittes liegt (Loma Larga im Berg Asuyatepeque), sieht man von hier bis zum Llopango-See, auf San Salvador und zum Cerro San Jacinto. Unter dem Mirador befindet sich eine Cafetería.

Cerro San Jacinto: Berg (1153 m) am östlichen Stadtrand von San Salvador (Blvd. del Ejército Nacional) in der Ciudad Credisa (Col. Amatepeque). Eine Schweizer Seilbahn führt zur Spitze, auf der ein Vergnügungspark mit Bar, Restaurant und Cafetería eingerichtet wurde. Der Berg ist dem Poeten Alfredo Espiño gewidmet (Do 12–17, Fr 9–17, Sa/So 9–19 Uhr; Bus 9 ab 6a Av. Sur, Nähe Plaza Libertad, vor dem Kino Libertad).

Vulkan San Salvador: Quetzaltepeque (Berg des Quetzalvogels), 1960 m hoch, letzter Ausbruch 1917. Eine Straße führt vom nordwestlichen Stadtrand bis zum Vulkanabhang; über einen Fußweg ist der Kraterrand El Boquerón (›Großes Maul‹) zu erreichen. Er mißt 1600 m im Durchmesser und ist 543 m tief. Der zweite, etwas höhere Berg des Doppelkegels, Picacho, hat die Form einer Pyramide. (Das Dorf Boquerón am Vulkan ist von Sta. Tecla mit dem Linien-Bus zu erreichen.)

Panchimalco: Im Tal südlich des Balboa-Parks gelegene Indio-Siedlung, 700 m hoch, 15 km von San Salvador entfernt, mit einer kleinen, 400 Jahre alten Kirche (schöne Holzschnitzereien), die zum nationalen Denkmal erklärt wurde. Im Dorf werden farbige Schals auf kleinen Webstühlen gefertigt, die im Kulturzentrum an der kopfsteingepflasterten Hauptstraße erhältlich sind. Hier kann man auch schöne alte Möbel und Geräte kaufen. Vom 1. bis 7. Mai findet das Palmenfest statt, ein traditionelles Ritual aus präkolumbischer Zeit. Beim ›Tanz der Blumen‹ bringen Indio-Mädchen, begleitet von Trommel- und Flötenmusik, der Jungfrau Maria Blumen dar. Am 13. und 14. September wird das Fest der historischen Tänze gefeiert (Bus 17, s. o., ab San Salvador).

Cihuatán: 45 km nördlich der Hauptstadt an der Straße nach Chalatenango; eine der größten archäologischen Stätten des Landes. Die Maya-Ruinen, im wesentlichen aus behauenen Steinen erbaut, wurden 1929–30 von Antonio Sol, dem Direktor des historischen Departments der Regierung, erstmals erforscht. Seit der Freilegung der Südostseite von Hügel Nr. 1 im Jahre 1979 sind keine weiteren Arbeiten unternommen worden.

Quetzaltepeque: 25 km nördlich von San Salvador an der CA-4 (Troncal del Nte.). Spezialität der Stadt sind grüne und braune Töpferwaren. Am Nordostrand von Quetzaltepeque liegt das Turicentro Toma de Quetzaltepeque mit einem natürlichen Schwimmbecken, üppigen Gärten, Sporteinrichtungen und einer Cafetería (Bus 109 vom Terminal Oriente, Eisenbahn Richtung Río Lempa und Sta. Ana).

Sta. Tecla: 15 km südwestlich von San Salvador an der Panamericana, 60 000 Einwohner. Die geschäftige Stadt, 1854 als vorläufiger Ersatz für die erdbebengeschädigte Hauptstadt gegründet, wurde 1955 offiziell in Nueva San Salvador umbenannt, heißt aber im Volksmund aber immer noch Sta. Tecla. Neben dem großen Markt finden in fast allen Straßen der Innenstadt täglich kleine Märkte statt, auf denen die Bewohner ihre Waren feilbieten (Bus 101 ab 3a Av. Nte./Calle Rubén Darío; Bus von Sta. Tecla zum Dorf Boquerón, das am Abhang des Vulkans San Salvador liegt).

Los Chorros: Nationalpark und Turicentro, 18 km westlich von San Salvador und 6 km nördlich von Sta. Tecla in einem engen Tal gelegen. Drei natürliche Felsenbecken bieten Gelegenheit zum Schwimmen, sie werden von Quellwasser gespeist, das überall aus den Felsen dringt und z. T. in kleinen Wasserfällen in die Tiefe stürzt. Tropische Vegetation überwuchert die Schlucht, die von schönen Gärten umgeben ist. Ein malerischer Spazierweg führt durch das Tal.

Eine Cafetería, Umkleidekabinen, Schließfächer und Duschen sind vorhanden. Das Hotel Monte Verde (✆ 28 12 63) liegt in der Nähe; Campingmöglichkeit im Turicentro (Busse 77 und 79 ab Calle Rubén Darío, Bus 201 ab Terminal Occidente Richtung Sta. Ana.

Acajutla

Acajutla, El Salvadors bedeutendster Hafen im Department Sonsonate am Pazifik, liegt 83 km südwestlich von San Salvador entfernt und 8 km südlich der Küstenstraße CA 2, zu erreichen über Sonsonate. Über den modernsten Hafen Mittelamerikas (17 000 Einwohner) wird etwa die Hälfte des salvadorianischen Kaffee-Exports verschifft. Acajutla ist Anlegestelle für US-Kriegs- und internationale Kreuzfahrtschiffe. Wegen ihrer industriellen Großbetriebe (Zementwerk, Raffinerie, Düngemittelfabrik) gilt die Stadt selbst als wenig attraktiv, jedoch liegen in ihrer Umgebung einige der schönsten Strände des Landes, El Espino, El Cuco und Jaltepeque.

Hotels

Motel Acajutla, km 2 Ctra. Acajutla, ✆ 52 31 92 (Mittelklasse); Motel El Greco, 2a Calle Y, Col. Acaxual, ✆ 52 33 46.

Restaurants

Montecarlo und Playa Hermosa, beide in der Calle Principal.

Verkehrsmittel

Bus: Verbindung nach Sta. Ana und San Salvador; vom Terminal Occidente in San Salvador nach Acajutla (Bus 207).

Eisenbahn: Nach Portón 2 (Cepa), ✆ 52 31 18.

Adressen

Gesundheit: Hospital Instituto Salvadoreño de Seguridad Social (ISSS), ✆ 52 31 48.

Farmacia San José, Calle Principal.

Ahuachapán

Hauptstadt des gleichnamigen Departments im Westen des Landes, 735 m hoch, 100 km westlich von San Salvador, Zentrum des Kaffeehandels, 65 000 Einwohner. An der Plaza, die von einem Pavillon überragt wird, liegt – ganz in Rosa – die kolonialzeitliche Kirche. Daneben findet man unter hohen Palmen den zentralen Markt.

Hotels
Einfache Gästehäuser *(Hospedajes)* im Zentrum, z. B. La Ahuachapaneca.

Restaurants
El Parador und La Posada, bei km 102,5 bzw. 102 an der Straße nach Guatemala.

Verkehrsmittel
Bus: Von Guatemala City nach San Salvador, hält in Ahuachapán; von San Salvador aus Bus 202.

Eisenbahn: Nach Sta. Ana und San Salvador.

Adressen
Banken: Banco Cuscatlán, Av. F. Menéndez Sur/Calle G. Barrios Pte.

Gesundheit: Centro Clínico, 6a Calle Ote., ✆ 43 05 91.

Farmacia Central, Av. F. Menéndez Sur/ 1a Calle Ote. 2–1.

Ausflüge
Zwei Sehenswürdigkeiten liegen in unmittelbarer Umgebung der Stadt. Die **Geisire (Ausoles)** sind heiße, aus vulkanischer Tätigkeit entstandene Quellen; seit 1958 gibt es Versuche, diese für die Energiegewinnung nutzbar zu machen. Das erste geothermische Elektrizitätswerk ist schon in Betrieb (zu erreichen mit dem Bus nach El Barro, wenige Kilometer östlich der Stadt).

In der präkolumbischen Fundstätte **Cara Sucia,** 1976 zum Nationalmonument erklärt, wird seit 1982 gegraben und restauriert. Man erkennt 24 Hügel, unter denen sich vermutlich Pyramiden und Tempel verbergen, sowie Reste zweier Ballspielplätze. Der hier aufgefundene Sonnenstein ist im Nationalmuseum der Hauptstadt zu sehen. Die Stätte ist in südwestlicher Richtung von Ahuachapán aus über Tacuba zu erreichen und befindet sich in der Nähe der Küste, an der Stelle, wo die Straße auf die Ctra. del Litoral trifft.

Cerro Verde

Turicentro auf dem gleichnamigen Vulkan (2030 m), 67 km nordwestlich von San Salvador und wenige Kilometer südwestlich des Coatepeque-Sees. Vom Turicentro (1980 m) hat man einen guten Blick in den Krater des nur 2 km östlich gelegenen Vulkans Izalco (1910 m), der bis in die jüngste Vergangenheit (60er Jahre) aktiv war. Bei gutem Wetter sieht man bis zum Pazifik. Man erreicht Cerro Verde von Sonsonate aus oder von der Straße, die von der Panamericana zum Lago de Coatepeque (14 km) führt. Bereits während der Fahrt eröffnet sich immer wieder ein schöner Ausblick auf den See. Auf dem Cerro Verde liegt neben einem kleinen Krater ein Park mit vielen tropischen Blumen und 120 Vogelarten. Restaurant, Cafetería, Picknick, Campingplatz und Mietkabinen sind vorhanden. Tagesbesucher zahlen Eintritt für den ganzen Tag und können damit alle Einrichtungen benutzen.

Hotel
Gut und teuer: Hotel de Montaña, ✆ 28 19 81.

Verkehrsmittel
Bus: Von San Salvador (Terminal Pte.) bis Sta. Ana (Bus 201); von Sta. Ana (2 × tgl.) ab Marktplatz (Bus 248); von Sonsonate unregelmäßig.

Ausflüge
Von der Straße zum Cerro Verde zweigt ein Spazierweg zum Vulkan Sta. Ana ab.

Coatepeque-See

Höchstgelegener (744 m) See des Landes, 60 km nordwestlich von San Salvador abseits der Panamericana, 20 km südlich von Sta. Ana. Der beständig 26 °C warme Kratersee (6 km Durchmesser und bis zu 120 m tief) ist am Wochenende beliebtes Ausflugsziel. Segeln und alle Arten Wassersport sind möglich, ebenso Angeln. Um den See stehen viele Wochenendhäuser auf Privatgrund, so daß man nicht leicht ans Ufer gelangt. An einigen Stellen reicht der Dschungel bis unmittelbar an das Wasser – ein Paradies für Vögel und Schmetterlinge. Der See mit den beiden kleinen Inseln Los Anteojos und El Cerro wird von den Vulkanen Cerro Verde, Sta. Ana und Izalco überragt. Im März kann man nicht baden, weil die Algenblüte zu schmerzhaften Reizungen der Haut führt (von den Einheimischen *Pica Pica* genannt).

Hotels

Am See liegen zwei Hotels, teilweise stehen auch Bungalows zur Verfügung.

Mittelklasse: Hotel del Lago, ✆ 78 28 73.

Preiswert: Hotel Torremolinos, ✆ 41 18 59.

Restaurants

In den beiden Hotels: Spezialität sind Krebse *(Cangrejos)* und Krebssuppe.

Verkehrsmittel

Bus: Von Sta. Ana; von San Salvador nach Sta. Ana (Bus 201).

Adressen

Gesundheit: Rotes Kreuz, 4a Av. Sur/Calle Roosevelt, ✆ 42 11 60.

Ausflüge

Zum Cerro Verde (s. S. 144).

Corinto-Höhlen

Im Zancudo-Berg bei dem Dorf Corinto nahe der Grenze zu Honduras liegen in 850 m Höhe prähistorische Höhlen mit sehenswerten, 10 000 Jahre alten Petroglyphen. Die Höhlen Cueva del Toro (Höhle des Stiers), Cueva del Duende (Höhle des Kobolds) und Cueva del Espíritu Santu (Höhle des Hl. Geistes) wurden zwischen 1954 und 1977 von dem Hamburger Wissenschaftler Wolfgang Haberland erforscht. Die Espíritu Santu-Höhle diente als Unterschlupf für wandernde Jäger und Sammler. Gefunden wurden Holzkohle, Obsidian, Feuersteine, Pfeilspitzen, Messer und andere Werkzeuge. Von Nordosten gelangt man durch den 26 m breiten Eingang in die 18 m lange Höhle, die im Zentrum eine Höhe von 12 m erreicht. Im Innern sind die Wandmalereien teilweise dunkelrot und gut sichtbar, teilweise braun, gelb oder oliv und weniger gut zu erkennen. Zu den Motiven gehören menschliche Figuren ohne Gesichter (nur eine zeigt einen Mund), deren Bekleidung und Ausrüstung sie als Jäger ausweisen. Die Höhlen sind durch Wasser- und Windeinwirkung beschädigt und stark vernachlässigt.

Um die Höhlen zu erreichen, fährt man auf der Straße von San Miguel Richtung Goascarán-Brücke (Ruta Militar), kurz vor El Divisadero zweigt man nach San Francisco Gotera ab, um vor dem Ort in Richtung Corinto einzubiegen.

Costa del Sol

Küstenabschnitt und Erholungsgebiet im Department La Paz, 65 km südöstlich von San Salvador und westlich der Río Lempa-Mündung auf einer Halbinsel (Nehrung) gegenüber dem Estero de Jaltepeque gelegen. (Als *Estero* [Ästuar] bezeichnet man eine durch Gezeiteneinwirkung trichterförmig erweiterte Flußmündung.)

Die Straße von Norden trifft bei San Marcelino auf die Küste und verläuft dann in östlicher Richtung auf der Nehrung am Pazifikufer entlang, vorbei an mehreren Stränden, und über El Zapote, das 2 km vor der Spitze liegt, hinaus bis fast an das Ende der Halbinsel. Kanäle und Wasserrinnen zergliedern die Nehrung.

Am Strand der Costa del Sol stehen mehrere Luxushotels (hier fanden 1989 die Friedensgespräche der mittelamerikanischen Präsidenten statt), die Tennis, Rei-

Der Llopango-See – Im Hintergrund der Vulkan San Vicente

ten, alle Arten Wassersport, Hochseeangeln und Kanutouren in das Naturschutzgebiet Jaltepeque anbieten. Diese Region besteht aus dichten Mangrovenwäldern, zwischen denen sich kleine Fischerdörfer finden. Auch die Inseln in der Gezeitenmündung des Estero de Jaltepeque lohnen eine Bootstour.

Das Turicentro Costa del Sol (Nationalpark) besteht aus einem gepflegten Strandabschnitt mit Schwimmbad, Wassersportmöglichkeiten (auch Surfen), Sonnenschutzdächern und runden, strohgedeckten Hütten, die man tageweise mieten kann.

Hotels

Gut und teuer: Tesoro Beach, ✆ 71 21 11, 34 06 00, mit Golfplatz (9 Löcher) und Pferdestall; Izalco Cabaña Club, bei km 60 auf der Ctra. nach Costa del Sol, ✆ 23 67 64, 24 04 02; Pacific Paradise, ✆ 24 18 18.

Verkehrsmittel

Bus 495 von San Salvador (Terminal Pte.).

Llopango-See

Größter See El Salvadors (72 qkm), 16 km östlich der Hauptstadt in 440 m Höhe gelegen, bis zu 230 m tief. Am Nordufer des Kratersees findet man das Turicentro Apulo mit Wochenendhäusern und Villen sowie privaten Wassersportclubs, Restaurants und einem Golfplatz. Im benachbarten Freizeitpark Santa Fé gibt es Cantinas, Imbißstände und viel Musik. Bootsverleih mit Angelmöglichkeit in den Clubs und im Hotel. Das Südufer ist überwiegend in Privatbesitz.

Im See sind durch geologische Erschütterungen drei Inseln entstanden: Portillón, Los Patos und Cerros Quemados. Zum Baden eignen sich die Strände Apulo, Asino, Corinto und Amatitlán.

Hotel

Vistalago, bei km 12,5 an der Ctra. nach Apulo, ✆ 27 02 08; Campingmöglichkeit im Turicentro.

Playa San Diego bei La Libertad

Restaurant
Mirador 70, bei km 13 an der Ctra. nach Apulo, ✆ 272187, Terrasse mit Blick auf den See, Fischspezialitäten.

Verkehrsmittel
Bus: Von San Salvador nach Apulo (Bus 15), Haltestelle: Plaza Morazán, vor der Banco Salvadoreño.

Izalco

Malerisches, hauptsächlich von Indios bewohntes Dorf, 60 km westlich von San Salvador und 8 km nördlich von Sonsonate am Fuß des gleichnamigen Vulkans gelegen. Von der Dominikaner-Kathedrale aus dem Jahre 1572 sind einige Mauerreste und die originale Glocke übriggeblieben, die inzwischen in den neuen Turm gehängt wurde. Die Pfarrkirche des Ortes steht am Hauptplatz. Gegenüber liegt ein schattiger Park.

Hotel
Hospedaje San Rafael, an der Plaza vor der Kirche (einfach).

Verkehrsmittel
Izalco liegt an der Straße von San Salvador nach Sonsonate (CA-8).

Bus: Von San Salvador (205 Terminal Occidente) und Sonsonate.

Eisenbahn: Verbindung von San Salvador nach Sonsonate.

Feste
17.–25. Juni und 8.–15. August, religiöse Feste der Indios mit Prozessionen.

Adressen
Auskunft: Stadtverwaltung, 1a Av. Sur 2, ✆ 510876.

Banken: Caja de Crédito, 3a Calle Pte./1a Av. Nte., ✆ 510208.

Gesundheit: Farmacia Izalqueña, Av. Morazán, ✆ 510391.

Ausflüge
Turicentro Atecozol: 2,5 km entfernt, ✆ 511525, mit Cafetería Kiosk, Umkleidekabi-

nen, Gepäckschließfächern und Picknickplätzen.

Natürliche Schwimmbecken in Lavagestein, von heißen Quellen gespeist, in einem großen Park mit Palmen, Balsa- und Kautschukbäumen sowie Zedrachgewächsen. Inmitten der tropischen Vegetation steht eine Statue des Pipil-Häuptlings Atonatl, der an dieser Stelle Pedro de Alvarado mit seinem Pfeil getroffen haben soll.

Vulkan Izalco: 14 km Richtung San Salvador, dann links zum Lago de Coatepeque abbiegen. Der 1910 m hohe und kahle Kegel hat eine klassische Form. Seitdem der Izalco 1722 erstmals ausgebrochen war, folgten seine weiteren Eruptionen in so regelmäßigen Abständen, daß man ihn den Leuchtturm des Pazifiks nannte. Auf dem benachbarten Cerro Verde wurde sogar ein Hotel und Turicentro errichtet, von dem man den Krater beobachten kann. Seit 1966 ruht der Vulkan jedoch.

La Libertad

Hafenstadt, 35 km südlich von San Salvador, Haupteinkommensquellen: Fischerei, Fremdenverkehr, Handel. Die nahe gelegenen (dunklen) Strände El Obispo und La Paz ziehen besonders einheimische Touristen an.

La Libertad ist der älteste Hafen am Pazifik und wurde im 16. Jh. von spanischen Seefahrern gegründet. In der Stadt gibt es eine Touristenzone (Complejo Turístico) mit Schwimmbad, Souvenirläden, Restaurants, Cafeterías und Imbißständen. Die Wassertemperatur im Meer beträgt gleichbleibend 27 °C, doch beeinträchtigen die starke Brandung und gefährliche Strömungen das Schwimmen.

Hotels

Mittelklasse: Posada de Don Lito, 5a Av. Sur 37-6 (Playa La Paz), ✆ 35 31 66; Motel Siboney, km 28,5 auf der Ctra. nach La Libertad, ✆ 35 30 72.

Einfach und preiswert: Conchalio, Playa Conchalio, ✆ 35 31 84.

Restaurants

Panama, Calle Principal, ✆ 35 31 44; Posada El Obispo, Playa El Obispo, ✆ 35 31 14; Punta Roca, 4a Calle Pte./5a Av. Sur (Playa La Paz), ✆ 35 31 61; empfehlenswert sind die Austern, die in kleinen Palmhütten und von fliegenden Händlern angeboten werden.

Verkehrsmittel

Bus: Von San Salvador ab 4a Calle Pte./17 Av. Sur (Bus 102).

Adressen

Gesundheit: Rotes Kreuz Complejo Turístico, ✆ 35 30 49.

Farmacia Central, 2a Av. Sur 1, ✆ 35 31 41.

Ausflüge

Die Strände westlich der Stadt (an der Playa del Bálsamo) sind mit den Bussen 192 und 287 zu erreichen: Conchalio (5 km ab La Libertad), El Sunzal (9 km, Surfen), El Zonte (16 km, Surfen), Mizata (39 km), Sihuapilapa (43 km); Tagesmitgliedschaften in den Beach Clubs möglich. In östlicher Richtung (Bus 187) liegen der Strand San Diego (3 km) sowie die Costa del Sol (35 km).

La Unión

Hafenstadt 138 km östlich von San Salvador am Golf von Fonseca (25 000 Einwohner). Schon im 17. Jh. wurde an der Stelle der heutigen Stadt ein Dorf errichtet. Die Gründung des Hafens San Carlos de la Unión erfolgte 1824.

Der Hafen Cutuco, 3 km östlich, ist Liegeplatz der salvadorianischen Marine. Über ihn wird zudem die Hälfte des Außenhandels abgewickelt. Trotz einiger Industriebetriebe (Getreidemühle, Baumwollverarbeitung, Fischfabrik) wird La Unión von einheimischen Touristen besucht.

La Unión und Umgebung

Mittelpunkt der Stadt ist die Plaza Central. Hier spielen im Sommer täglich Marine-Blaskapellen; oft beginnen sie schon sehr früh am Morgen.

Hotels

Mittelklasse: Hotel Centroamericano, 4a Calle Ote. (zwischen 1a und 3a Av. Sur), ✆ 64 40 29, mit gutem Restaurant.

Einfach und preiswert: Hospedaje Sta. María, 7a Av. Nte./Calle General Menéndez, ✆ 64 42 38.

Verkehrsmittel

Bus: Tgl. zur honduranischen Grenze; Bus 383 zum El Tamarindo-Strand; Bus 418 zum Playitas-Strand; Bus 304 von San Salvador (Terminal Ote., 4 Std.)

Eisenbahn: Station, ✆ 64 40 55, Verbindung mit San Salvador über San Vicente, Usulután und San Miguel.

Schiffsverbindungen: Fähre nach Potosí in Nicaragua (zeitweilig außer Betrieb).

Adressen

Einwanderungsbehörde: Delegación de Migración, 3a Calle Pte. 2, ✆ 64 43 75.

Konsulat von Nicaragua, 3a Calle (am Fluß).

Gesundheit: Hospital ISSS, 11 Av. Nte., ✆ 64 41 61.

Farmacia Cristo Rey, Av. Cabañas 1–5, ✆ 64 41 18.

Ausflüge

Bootsfahrten ab Hafen zu den **Inseln** im Golf von Fonseca, z. B. Zacatillo und Meanguera, aber auch zu den **Stränden** der Inseln Martín Pérez, San Juan, Perico und Conchaguita.

Südlich der Stadt (5 km) liegt der **Vulkan Conchagua** (1243 m). Der Gipfel, Cerro del Ocote, ist 1258 m hoch und hat einen 30 m tiefen Krater, dessen Durchmesser 300 m beträgt.

Die östliche Spitze, Cerro de la Bandera, ist 1170 m hoch und zeigt eine tiefe Erosionsschlucht gleich unterhalb des Gipfels. Zwischen den beiden (2,3 km Entfernung) liegt der Gipfel Conchagua.

Metapán

Kleinstadt im Department Sta. Ana, in 476 m Höhe gelegen, 112 km nordwestlich von San Salvador, 32 km nördlich von Sta. Ana (CA-12) und 10 km nordöstlich des Sees Güija. Die meisten Bewohner sind in der örtlichen Zementfabrik beschäftigt. Metapán war schon in präkolumbischer Zeit bewohnt, sein Name bedeutet ›Fluß der Maguey-Agave‹. Die heutige Ortschaft wurde Ende des 17. Jh. von 80 Indio-Familien gegründet, die in der Umgebung gelebt hatten und bei den Kämpfen mit den spanischen Eroberern entkommen waren. Sehenswert sind zwei spanische Kirchen, die die vielen Erdbeben El Salvadors überstanden haben: die Iglesia del Cavallo und besonders die 1736–43 erbaute Iglesia de la Parroquia de Metapán (San Pedro). Mehrere Säulen verzieren ihre 28 m hohe, weiße Barockfassade. Das Kirchenschiff ist gut erhalten, der Altar zeigt einige schöne Silberarbeiten. 1953 wurde das kolonialzeitliche Gebäude zum Nationalmonument erklärt.

Hotel
Hospedaje Central, 2a Av. Nte. 7, ✆ 420164 (einfach).

Restaurant
Daimond, km 12 an der Ctra. nach Guatemala, ✆ 420151.

Verkehrsmittel
Bus: von Sta. Ana.
Eisenbahn: Station, ✆ 420125.

Adressen
Bank: Banco de Comercio, Av. Ignacio Gómez 1, ✆ 420036.
Gesundheit: Rotes Kreuz, Av. Isidro Menéndez 5, ✆ 420102;
Clínica Médica, Calle 15 de Septiembre/8a Av. Nte., ✆ 420184;
Farmacia El Angel, Av. Ignacio Gómez 3, ✆ 420031.

Ausflüge
Die Straße CA-12 von Sta. Ana nach Metapán führt am östlichen Ufer des **Güija-Sees** vorbei, ebenso die Eisenbahn. Dieser See gehört zur Hälfte zu Guatemala und ist nach einem Vulkanausbruch entstanden, der ein Flußbett füllte, den Wasserlauf staute und damit den See schuf. Auf dem Seegrund liegen vermutlich Ruinen präkolumbischer Gebäude, die bisher nicht erforscht wurden. Am Seeufer findet man Felsen mit prähistorischen Petroglyphen unbekannter Herkunft, die menschliche und Tier-Figuren zeigen.

San Andrés

Archäologische Stätte im Zapotitlán-Tal, 415 m hoch gelegen, 32 km nordwestlich von San Salvador an der CA-1 (Bus nach Sta. Ana), auch Campaña San Andrés genannt. Die Freilegungs- und Restaurierungsarbeiten begannen 1940/41 unter Aufsicht von US-Archäologen und wurden 1977 noch einmal intensiviert; seitdem wird die Stätte nur noch konserviert.

Zu sehen sind 20 Hügel (darunter liegen vermutlich Pyramiden, Tempel und andere Gebäude) eines Zeremonialgeländes, das die Form einer Glocke hat. Die Stätte wurde von 600 bis 950 von Pipil bewohnt. Nur das Gebäude Nr. 7, es handelt sich um eine symmetrische Pyramide mit zwei Terrassen, ist völlig freigelegt; an ihrer Westseite führt eine Treppe aus Lava-Blöcken hinauf. Ebenfalls an der Westseite steht ein kleiner Altar (50 cm hoch), der für religiöse Rituale benutzt wurde.

San Miguel

Hauptstadt des gleichnamigen Departments (170 000 Einwohner), in 136 m

Höhe am Fuße des Vulkans San Miguel (Chaparrastique) gelegen, 135 km östlich von San Salvador (CA-1).

Die Stadt wurde 1530 von dem spanischen Eroberer Luís de Moscoso gegründet. Heute ist sie ein Handelszentrum für Kaffee, Baumwolle, Milcherzeugnisse und Baumwolltextilien. Die Kathedrale (18. Jh.) an der Plaza lohnt trotz ihrer schlichten Fassade einen Besuch; im Innenraum beeindrucken bunte Glasfenster und ein vergoldeter Barockaltar.

Hotels
Gut und teuer: Trópico Inn, Av. Roosevelt Sur 303, ✆ 61 12 88; Motel Milian's, km 136 auf der Ctra. Panamericana, ✆ 61 19 70.

Mittelklasse: Hispanoamericano, 6a Av. Nte./8a Calle Ote., ✆ 61 12 02; Caleta, 3a Av. Sur 607, ✆ 61 17 75; China House, km 137 an der Ctra. Panamericana/15 Av. Nte. (am Stadteingang), ✆ 61 05 68. Einfach und preiswert: Hospedaje Buenos Aires, Av. José Simeón Cañas 317, ✆ 61 06 67; Hospedaje Primavera, 4a Calle Ote./8a Av. Nte. 511, ✆ 61 02 59.

Restaurants
La Hacienda, 4a Calle Ote. 618, ✆ 61 26 24; Las Botellitas, 10a Av. Nte. 105, ✆ 61 00 84 (Fischspezialitäten); Spezialitäten in den Restaurants der Stadt: *Garrobo guisado* (gebratener Leguan) und *Sopa de garrobo* (Leguansuppe).

Verkehrsmittel
Bus: 301 von San Salvador (Terminal Ote.); Bus zur Goascarán-Brücke (Honduras-Grenze) auf der Ruta Militar über Sta. Rosa de Lima ab 6a Calle Ote.

Eisenbahn: Nach La Unión und Usulután (weiter nach San Salvador).

Flüge: Charterflüge: ALAS, 4a Calle Pte./3a Av. Nte., ✆ 61 02 88.

Feste
Karneval im November, Höhepunkt am 20. und 21., mit Tänzen, Feuerwerk und Motorradrennen (unter internationaler Beteiligung).

Adressen
Auskunft: Stadtverwaltung, 2a Av. Nte./2a Calle Ote., ✆ 61 13 63.

Banken: Banco Salvadoreño, 4a Calle Ote. 104, ✆ 61 16 01.

Gesundheit: Centro Médico, 8a Calle Pte. 505, ✆ 61 17 93.

Farmacia del Pueblo, 7a Av. Nte. 201, ✆ 61 01 49.

Reisebüro: Milian's, 2a Av. Nte. 103, ✆ 61 04 02.

Ausflüge
Zum **Vulkan San Miguel**, 2129 m hoch, südwestlich der Stadt.

Nach **Chinameca** am Fuß des gleichnamigen Vulkans, 15 km nordwestlich auf der CA-1, mit sehenswerter Kirche in einem Park mit Brunnen und Standbildern.

Zum **El Cuco-Strand:** 14 km südlich (Bus 320), mit Übernachtungsmöglichkeit.

Zum **Turicentro Altos de la Cueva:** 1 km nördlich, mit Schwimmbecken, Gärten, Restaurant, Sportmöglichkeiten, Gepäckschließfächern (Bus 60).

Zu den **Corinto-Höhlen** (s. S. 145)

San Vicente

Hauptstadt des gleichnamigen Departments (63 000 Einwohner), 380 m hoch, 60 km östlich von San Salvador (Abzweigung von der Ca-1 nach Süden) am Fluß Alcahuapa und am Fuß des Vulkans Chinchontepeque San Vincente gelegen. Sehenswert sind die an einem schattigen Platz gelegene kolonialzeitliche Kirche El Pilar in der 2a Calle Pte. 2 (1763–69 erbaut) sowie die neuere Kathedrale (1a Calle Ote./4a Av. Nte.). Die zahlreichen Gebäude aus der Kolonialzeit prägen das Bild der Stadt.

Hotels
Mittelklasse: Casa del Viajero, 3a Calle Pte./1a Av. Nte., ✆ 33 03 16.

Einfach und preiswert: Pensión Vicentina, 1a Av. Nte. 10, ✆ 33 01 40.

Restaurant
Brisas del Mar, 7a Av. Sur 7, ✆ 33 07 02.

Verkehrsmittel

Bus: 116 von San Salvador (Terminal Ote.).

Eisenbahn: Verbindung mit San Salvador und nach Osten.

Fest

Karneval am Allerheiligen-Tag (1. November).

Adressen

Auskunft: Stadtverwaltung, 1a Calle Ote./Av. José M. Cornejo, ✆ 33 00 46.

Gesundheit: Hospital Sta. Gertrudis, 2a Av. Sur, ✆ 33 01 16.

Farmacia Central, Calle Quinónez 15, ✆ 33 02 06.

Ausflüge

Zum Doppelkegel-Vulkan **Chichontepeque** (2181 m) südwestlich der Stadt; auf dem Weg dorthin passiert man eine Reihe heißer Dampfquellen, die *Infiernillos* – kleine Höllen – genannt werden.

Turicentro Amapulapa: 3 km, am östlichen Stadtrand (Bus 172), ✆ 33 04 12; drei Schwimmbecken in einem Park, Umkleidekabinen, Gepäckschließfächer, Restaurant, Cafetería, Sporteinrichtungen.

Zum **Turicentro Apastepeque** am gleichnamigen kleinen See, an einer nördlichen Abzweigung von der CA-1 (Bus 174) gelegen; Einrichtungen wie oben, mit Übernachtungsmöglichkeiten.

Sta. Ana

Zweitgrößte Stadt des Landes (ca. 300 000 Einwohner) und Hauptstadt des gleichnamigen Departments, 665 m hoch gelegen, 64 km nordwestlich von San Salvador (CA-1) entfernt. Ihr ehemaliger Nahua-Name Cihuatehuacán bedeutet ›Platz der heiligen Frau‹. In der fruchtbaren Umgebung werden Kaffee und Zuckerrohr angebaut; die Stadt selbst ist Handelszentrum für Kaffee und andere landwirtschaftliche Produkte.

In Sta. Ana findet man eine Reihe kolonialzeitlicher Gebäude, die zum großen Teil an der Plaza (kleiner Park mit Brunnen) stehen: Die Kathedrale (Catedral Sta. Ana), ein gotischer Bau mit reichverzierter Fassade ist innen eher spärlich ausgestattet. Am Teatro Nacional (Teatro de Sta. Ana) im Renaissance-Stil erbaut, fällt zunächst der Arkadengang auf, über den fünf Balkone errichtet wurden; Figuren der Musen schmücken das Dach. Auch das Rathaus (Palacio Municipal) und die Kirche El Calvario lohnen einen Besuch.

St. Ana-Theater

Hotels

Mittelklasse: La Libertad, 4a Calle Ote. 2, Nähe Plaza, ✆ 41 23 58; Florida, 2a Av. Sur 2, Zentrum, ✆ 41 17 90; Hospedaje Lívingston, 10a Av. Sur 17-A, ✆ 41 18 01.

Einfach und preiswert: Hospedaje Mendoza, 14 Av. Sur 14, ✆ 41 21 23; Hospedaje Lux, Av. José M. Delgado Sur 57 (Nähe Parque Colón), ✆ 40 33 83; Hospedaje Corinto, 11 Calle Ote./9a Av. Sur 27, ✆ 41 16 99; Hospedaje Miranda, 17 Calle Pte., ✆ 41 07 10; Hospedaje Monterrey, 10a Av. Sur 29, ✆ 41 27 58.

Verkehrsmittel
Bus 201 von San Salvador (Terminal Occidental).

Restaurants
Regis, 9a Calle Pte./6a Av. Sur, ✆ 41 01 04; Toto's Pizza, 1a Calle Ote./3a Av. Sur, ✆ 40 72 17.

Fest
22.–26. Juli: Religiöse Feiern im Gedenken an die hl. Anna, begleitet von Tanz, Messe, Jahrmarkt, Feuerwerk und Paraden.

Adressen
Auskunft: Automóvil Club de El Salvador (ACES), 3a Av. Sur 5, ✆ 41 19 15.

Bank: Banco Salvadoreño, 2a Av. Sur/1a Calle Pte., ✆ 41 13 04.

Gesundheit: Clínica de Emergencia, 2a Calle Ote., an der Ctra. nach Sapoapa, Col. Sta. Marina, ✆ 41 35 99.

Farmacia Binder, 3a Av. Sur/9a Calle Ote., ✆ 41 34 25.

Ausflüge
Turicentro Sihuatehuacán: Am östlichen Stadtrand, mit Schwimmbecken, Sportmöglichkeiten, Gepäckschließfächern, Rollschuhbahn und Freilichttheater (Busse 50 und 51).

Vulkan Sta. Ana (Ilamatepec), 2365 m hoch, südwestlich der Stadt beim Cerro Verde (s. S. 144) gelegen.

Lago de Coatepeque (s. S. 144).

Nach **Tazumal** (s. S. 154).

Sonsonate

Hauptstadt des gleichnamigen Departments im Südwesten El Salvadors (50 000 Einwohner), 225 m hoch gelegen, 65 km westlich von San Salvador (CA-8), 22 km nördlich der Hafenstadt Acajutla. Das Klima in der ›Stadt der Palmen‹ ist das ganze Jahr hindurch sehr heiß. In der Umgebung werden Zuckerrohr, Baumwolle und Tabak angebaut. Am Stadtrand befinden sich Manufakturen für Baumwolltextilien sowie Tabakfabriken und Molkereien. Das Handelszentrum verfügt über einen großen Markt, auf dem neben Fleisch- und Milchprodukten Erzeugnisse der umliegenden Landwirtschaftsbetriebe angeboten werden.

In der 1550 von den Spaniern gegründeten Ortschaft gibt es noch eine Reihe kolonialzeitlicher Gebäude. Sehenswert sind einige Wohnhäuser im Zentrum, die Kirche El Pilar aus dem 17. Jh. und die Kathedrale, deren Kuppel mit weißen Kacheln verkleidet ist.

Hotels
Mittelklasse: Florida, 18 Av. Sur 1–2, ✆ 51 09 67; Orbe, 4a Calle Pte./2a Av. Sur, ✆ 51 14 16; Hogar del Viajero, Av. 15 de Septiembre 3–5, ✆ 51 05 84.

Einfach und preiswert: Veracruz, Av. Rafael Campo 2–3, ✆ 51 06 16; Sonsonate, Calle Obispo Marroquín/6a Av. Nte., ✆ 51 06 01.

Restaurants
Elsy's, 3a Av. Sur 1–5, ✆ 51 07 49; Hilay, Av. Rafael Campo 1–3, ✆ 51 01 16.

Verkehrsmittel
Bus: Von San Salvador (Terminal Occidente, Bus 205); Bus-Station Mercy, Calle Obispo Marroquín 6–7, ✆ 51 31 21.

Eisenbahn: Verbindung nach San Salvador.

Feste
›Verbena de Sonsonate‹, 13.–24. Januar, Straßenfest des Roten Kreuzes; besonders viele spektakuläre religiöse Zeremonien in der Osterwoche.

Adressen
Banken: Banco Salvadoreño, Calle Obispo Marroquín 2–8, ✆ 51 01 79.

Gesundheit: Rotes Kreuz, Av. Ferrocarril (zwischen 8a und 10a Av. Nte.), ✆ 51 03 14.

Clínica Clidisa, 5a Av. Nte., ✆ 51 11 56.

Farmacia El Aguila, Calle San Antonio 1–5, ✆ 51 04 90.

Ausflüge
Zum **Cabaños-Strand** (Bus 257), zu den **Metalio-** und **Barra de Santiago-Stränden** (Bus 259); zum Indio-Dorf **Izalco** (s. S. 147).

Tazumal

Bekannteste archäologische Stätte des Landes (auf dem 100-₡-Schein abgebildet), am Río Pampe, in der Nähe des Cuscachapa-Sees. Sie befindet sich am südöstlichen Stadtrand von Chalchuapa (78 km nordwestlich von San Salvador). Ein Teil der Ruinen wurde überbaut. Tazumal bedeutet in der Quiché-Sprache ›Pyramide, auf der die Opfer verbrannt werden‹. In der 10 qkm großen archäologischen Zone wurde bisher nur der südliche Bereich erforscht und zwischen 1942 und 1954 ausgegraben. Tazumal war bereits 600 v. u. Z. besiedelt und diente neun Jahrhunderte hindurch als Zeremonialstätte: von ca. 300 bis 1000 den Chorti, von 1000 bis 1200 den Pokomam, einem Maya-Volk mit toltekischer Führungsschicht, und den Pipil.

Die jüngsten Gebäude bilden das Kultzentrum im Süden. Es entstand vermutlich im 11. Jh. Die 23 m hohe Hauptpyramide, auf der ein Altar steht, wurde 1947 freigelegt (die Restaurierung erfolgte unglücklicherweise mit Beton). Zwei flache Pyramiden liegen an ihrer Westseite. Erhalten sind acht Säulen mit Figurenreliefs. An der Nordseite der Hauptpyramide gruppieren sich mehrere komplexe Gebäude um einen Patio. An der Stelle des zerstörten Ballspielplatzes befindet sich heute der schöne Friedhof der Stadt Chalchuapa, den man von der Pyramide aus gut sehen kann. Am Gebäude Nr. 1 lassen sich 14 Bauphasen aus den Jahren 300–1000 unterscheiden; der Einfluß aus Mesoamerika (Teotihuacán) ist nicht zu übersehen. Das Gebäude Nr. 2, zwischen 1000 und 1200 erbaut, zeigt im Dekor Parallelen zu toltekischen Mustern. Viele Fundstücke (z. B. Tongefäße, Schmuck mit religiösen Motiven, Halsketten, Ohrringe, Spiegel, Jaderinge, Perlen und Zubehör für das Ballspiel wie z. B. Hüftgürtel) lassen Handelsverbindungen Tazumals mit dem gesamten Mittelamerika bis nach Panama hin vermuten. Die an der Westseite des Teocalli-Tempels entdeckte Estela de Tazumal wurde in das Nationalmuseum von San Salvador gebracht. Der 2,65 m hohe und 1,16 m breite Monolith aus Basaltgestein zeigt einen hochrangigen, prächtig geschmückten Pipil-Würdenträger aus dem Stamm der Tolteken.

Das kleine Museum von Tazumal stellt einen Teil der Fundstücke aus, die anderen befinden sich in San Salvador. Stätte und Museum tgl. 9–12 und 13–17 Uhr).

Hotel
Mittelklasse: Hotel Gloria in Chalchuapa, Av. 2 de Abril/Calle R. Flores, ✆ 44 01 31.

Verkehrsmittel
Bus: Von Sta. Ana nach Chalchuapa; der Melva-Bus von San Salvador nach Guatemala hält ebenfalls in Tazumal.

Zacatecoluca

Hauptstadt des Departments La Paz (69 000 Einwohner), 200 m hoch gelegen, 57 km südöstlich von San Salvador. Haupteinkunftsquellen sind Tabakanbau und -verarbeitung.

Hotels
Gut und teuer: Litoral, km 56 an der Ctra. Litoral, ✆ 34 05 70.

Mittelklasse: Vista Hermosa, Calle Miguel Tomás Molina 8, ✆ 34 03 26.

Einfach und preiswert: Hospedaje Viroleno, Calle Dr. Nicolás Pena, ✆ 34 00 44.

Restaurant
Sinaloa, 1 a Av. Sur 10, ✆ 34 03 01, mexikanisch.

Die Maya-Ruinen in Tazumal

Verkehrsmittel
Bus: Von San Salvador (Terminal Occidente, Bus 133).

Eisenbahn: Nach San Vicente und weiter nach San Salvador sowie in östlicher Richtung bis La Unión.

Einkaufen
Kunsthandwerksartikel aus Rattan: z. B. Möbel und Körbe.

Adressen
Gesundheit: Hospital Sta. Teresa, Av. Juan M. Rodríguez, ✆ 340190.

Farmacia El Carmen, Av. Juan M. Rodriguez 12.

Ausflug
Zum **Turicentro Ichanmichen** (✆ 340115) mit Schwimmbecken, Restaurant, Gepäckschließfächern, Imbiß und Sporteinrichtungen; wenige Kilometer südlich (Bus 92).

Guatemala

Allgemeine Landeskunde

Lage, Größe, geographische Gliederung

Guatemala (von Cuauthlamallán = Reichtum an Bäumen) ist nach Nicaragua und Honduras mit 108 889 qkm das drittgrößte Land Mittelamerikas. Die regierungsamtlich angegebene Größe von 132 000 qkm schließt Belize ein. Für viele Besucher ist Guatemala wegen seiner landschaftlichen Vielfalt, der vulkanischen Gebirge und kristallklaren Bergseen, der tropischen Vegetation mit einer äußerst artenreichen Tierwelt und nicht zuletzt wegen seiner überwiegend indianischen Bevölkerung mit ihrem Kunsthandwerk, ihren Märkten und den indianischen Traditionen das schönste Land Mittelamerikas.

Guatemala wird im Westen und Norden von Mexiko, im Osten von Belize, Honduras und einer 90 km langen Atlantikküste, im Südosten von El Salvador und im Süden von einer 350 km langen Pazifikküste begrenzt.

Drei Gebirgsketten ziehen sich in nordwestlicher Richtung durch das Land, darunter die aus Mexiko auslaufende Sierra Madre. Mehr als die Hälfte Guatemalas besteht aus Gebirge, und mehr als 50% der Landesfläche sind bewaldet. Unter den 33 Vulkanen am südlichen Rand des Gebirges nahe der salvadorianischen Grenze übersteigen vier die 4000 m-Grenze und drei Vulkane sind noch tätig; der höchste ist der Tajumulco mit 4200 m. Pinien, Eichen und andere Nadelhölzer bedecken die Gebirge, obwohl bereits viele Waldflächen dem Maisanbau weichen mußten. Auf den Hochebenen lebt heute der größte Teil der indianischen Bevölkerung. An den südlichen und nördlichen Hängen, in Höhen zwischen 600 und 1500 m, wird Kaffee angebaut. Der nördliche Teil des Landes, El Petén, ist Flachland mit Dschungel und tropischen Wäldern. Hier lebten früher die Maya, und hier liegt Guatemalas größte, besterhaltene und berühmteste Ruinenstätte Tikal. Dieser Teil des Landes ist am wenigsten besiedelt, nur zur Karibikküste hin werden Kaffee und Bananen angebaut.

Zwei große Flüsse ziehen sich vom Hochland nach Nordosten: der Motagua mündet nach 400 km in die Karibik, der Río Polochic nach 300 km in den Izabal-See. Im Süden des Landes erstreckt sich ein

30–50 km breiter Küstenstreifen, von mehren Flüssen unterbrochen, entlang des Pazifiks. In dieser sehr fruchtbaren Ebene werden Zuckerrohr, Baumwolle, Reis, Mais und Bananen angebaut sowie Viehzucht betrieben.

Die größte Stadt des Landes ist Guatemala City. Sie liegt in 1500 m Höhe und hat zusammen mit ihren Vororten etwa 1,5 Mio. Einwohner. Der wichtigste Hafen am Atlantik ist Sto. Tomás de Castilla (Puerto Barrios) mit einer Freihandelszone; am Pazifik sind es die Häfen San José sowie der neugebaute Puerto Quetzal.

Infrastrukturell gehört Guatemala zu den am besten erschlossenen Ländern Mittelamerikas. Deshalb ist es dem Besucher leicht möglich, die große Vielfalt des Landes auch in entlegenen Orten kennenzulernen.

Klima

Guatemala hat, wie die meisten Länder Mittelamerikas, drei unterschiedliche Klimazonen (s. S. 427). Aufgrund des gemäßigten Klimas in den Hochebenen der Sierra Madre konzentriert sich hier ein Großteil der Bevölkerung.

Auch Guatemala City liegt in der sog. Tierra Templada, der gemäßigten Zone. Von November bis Mitte April ist es in der Hauptstadt trocken mit starker nächtlicher Abkühlung, in den übrigen Monaten fallen insgesamt 1300 mm Regen. Im Sommer ist es schwül. Die Jahresdurchschnittstemperatur beträgt 20 °C, im Winter 18 °C und im Sommer 21 °C.

Diese klimatischen Verhältnisse veranlaßten Alexander von Humboldt, Guatemala »das Land des ewigen Frühlings« zu nennen.

Die Trockenzeit des Landes kennt eine Ausnahme: an der Karibikküste regnet es auch dann. In den Küstenebenen an Pazifik und Atlantik herrscht eine durchschnittliche Tagestemperatur von 28 °C, nachts 24 °C.

Bevölkerung

Die Hälfte der 8,2 Mio. Einwohner Guatemalas sind Indios. Diese bezeichnen sich selbst als *Indígenas* (oder *Naturales*) und meinen damit ihre besondere Sprache und Kultur, nicht die Rasse- oder Blutsverwandtschaft. Die Unterscheidung zwischen Indígenas und Nicht-Indígenas wird seit 1950 getroffen. Damals gingen die Behörden von 54% Indígenas aus. 1973 ergab eine Volkszählung 5,15 Mio. Einwohner, von denen sich 44% selbst als Indígenas einschätzten. Diese Zahl scheint jedoch zu niedrig, da die Wahrscheinlichkeit, einen im Hochland lebenden Indio nicht zu erfassen, sehr viel größer ist, als einen in der Stadt lebenden *Ladino* zu übergehen.

Die restliche Bevölkerung Guatemalas setzt sich aus *Criollos* (Kreolen, d.h. Nachkommen der eingewanderten Spanier), Weißen, Europäern, Mulatten, Schwarzen und vor allem Mestizen zusammen. Letztere werden nach soziokulturellen, nicht nach rassischen Kriterien als Ladinos bezeichnet, weil sie Spanisch sprechen und keine indianische Kleidung tragen.

Etwa 70 000 guatemaltekische Flüchtlinge leben seit 1982/83 in El Salvador, ungefähr 200 000 in Mexiko (in Lagern entlang der Grenze zu Guatemala) und ca. 100 000 Inlandflüchtlinge in Lagern innerhalb Guatemalas. In den Flüchtlingslagern überwiegen ältere Männer, Frauen und Kinder. Wegen der unzulänglichen hygienischen Verhältnisse ist die Sterblichkeits-

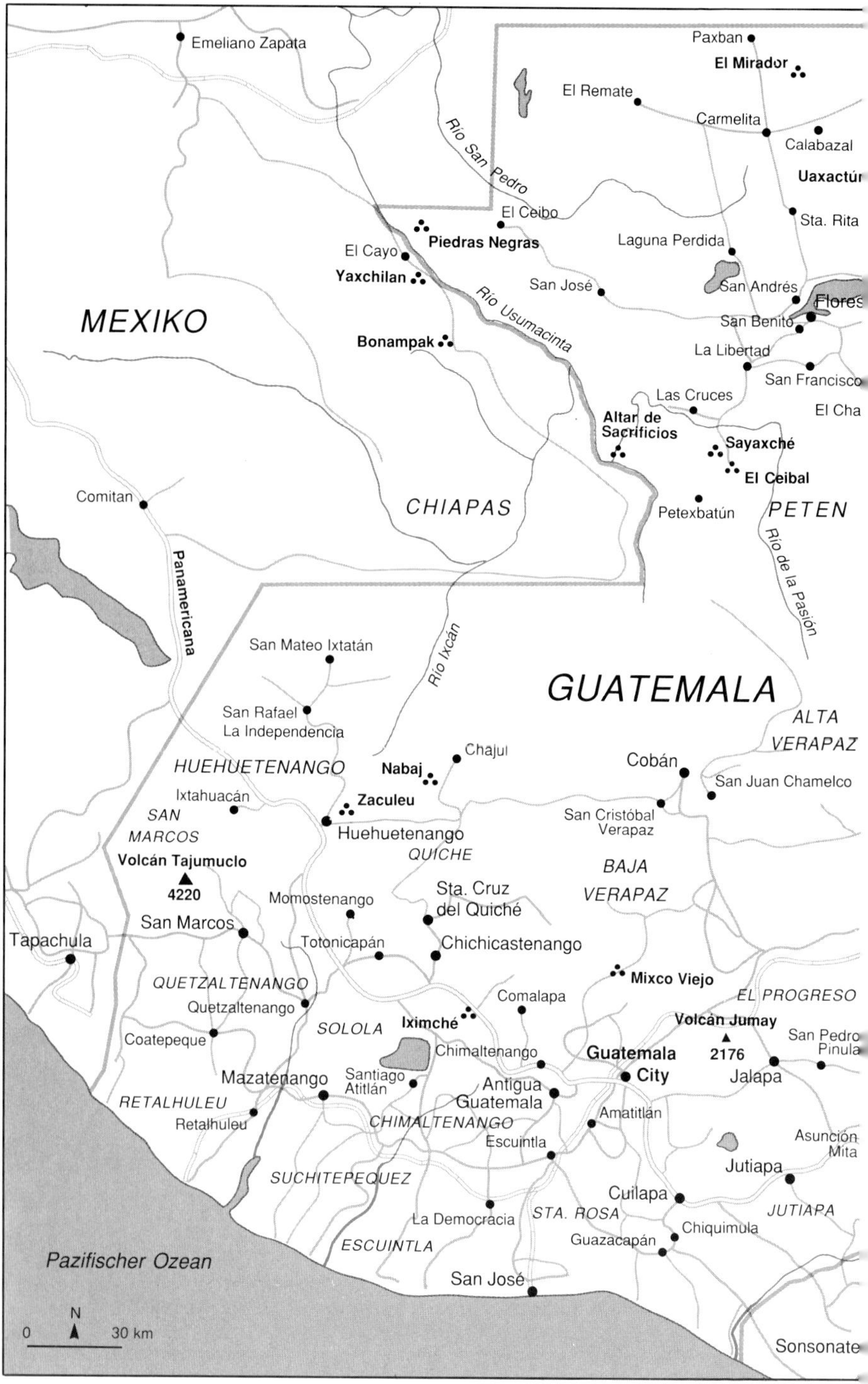
Emeliano Zapata
Paxban
El Mirador
El Remate
Carmelita
Calabazal
Uaxactún
Río San Pedro
El Ceibo
Sta. Rita
Piedras Negras
Laguna Perdida
El Cayo
Yaxchilan
San José
San Andrés
Flores
Río Usumacinta
MEXIKO
San Benito
Bonampak
La Libertad
San Francisco
Las Cruces
El Cha
Altar de Sacrificios
Sayaxché
El Ceibal
Comitan
CHIAPAS
Petexbatún
PETEN
Río de la Pasión
Panamericana
San Mateo Ixtatán
Río Ixcán
GUATEMALA
San Rafael La Independencia
ALTA VERAPAZ
Chajul
Cobán
HUEHUETENANGO
Nabaj
San Juan Chamelco
Ixtahuacán
Zaculeu
San Cristóbal Verapaz
SAN MARCOS
Huehuetenango
QUICHE
Volcán Tajumuclo
BAJA VERAPAZ
4220
Momostenango
Sta. Cruz del Quiché
San Marcos
Tapachula
Totonicapán
Chichicastenango
Mixco Viejo
QUETZALTENANGO
Comalapa
EL PROGRESO
Quetzaltenango
Volcán Jumay
Iximché
SOLOLA
San Pedro Pinula
Coatepeque
Chimaltenango
Guatemala City
2176
Mazatenango
Santiago Atitlán
Antigua Guatemala
Jalapa
RETALHULEU
Amatitlán
Retalhuleu
CHIMALTENANGO
Escuintla
Asunción Mita
Jutiapa
SUCHITEPEQUEZ
Cuilapa
La Democracia
STA. ROSA
JUTIAPA
Chiquimula
Guazacapán
ESCUINTLA
Pazifischer Ozean
San José
N
0
30 km
Sonsonate

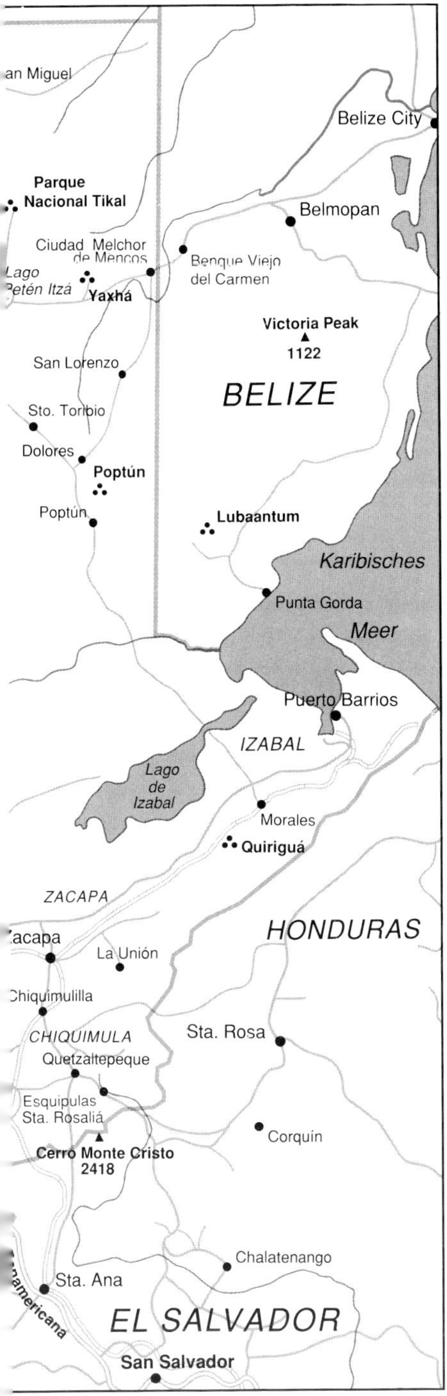

rate hoch. Hinzu kommen Übergriffe des Militärs auf die Lagerbewohner.

Neben einer kleinen einflußreichen Oberschicht (etwa 2% der Bevölkerung) existiert eine Mittelschicht aus Kaufleuten, Beamten, Angestellten und Großbauern, die zusammen etwa ein Fünftel der Bevölkerung ausmachen. Die verbleibenden vier Fünftel, zu denen alle Indios gehören, leben in bitterer Armut.

Das Bevölkerungswachstum liegt zwischen 3 und 4% jährlich, die durchschnittliche Lebenserwartung beträgt bei Indios 40 Jahre, bei Ladinos 60 Jahre. 45% der Guatemalteken sind jünger als 15 Jahre.

Der Anteil der Stadtbewohner macht 40% aus, allein 20% der gesamten Bevölkerung leben in Guatemala City. Die Verstädterung nimmt ständig zu. Man schätzt die in Slumsiedlungen *(Asientamientos)* lebenden Menschen in und um Guatemala City auf 400 000; 1988 wurden 152 solcher Siedlungen gezählt. Jährlich kommen 60 000 Landflüchtlinge hinzu. Die Slums sind ohne fließendes Wasser, Kanalisation und Strom.

Die Indio-Völker werden im allgemeinen nach ihrer Sprachzugehörigkeit unterschieden und bezeichnet, nicht nach ethnischen Kriterien. Es gibt mehr als 20 verschiedene Maya-Sprachen die so unterschiedlich sind, daß sich die Indios teilweise nicht untereinander verständigen können. Die bedeutendsten Sprachen sind Quiché (50%), gefolgt von Mam, Cakchiquel, Kekchi, Itzá, Lancandón, Yucatán. Die Pipil (an der Grenze zu El Salvador) sprechen Pipil, eine Nahuatl-Sprache. Zehn der Maya-Sprachen werden in Grundschulen unterrichtet.

Die Indios leben vornehmlich in Dörfern auf dem Land, als Bauern und Handwerker. Sie sind in Guatemala als meisterliche Hersteller von Kunsthandwerksartikeln bekannt, die sie seit jeher als Gebrauchsgegenstände produzieren. An den unterschiedlichen Trachten der Indios kann man teilweise ihre Dorfzugehörigkeit ablesen. Die Kleidung wird überwiegend selbst hergestellt.

Im Zentrum eines Dorfes liegt die Plaza, auf der Markt abgehalten wird. Sie ist von der Kirche und öffentlichen Gebäuden – in der Regel katholisches Pfarrhaus, Schule, Dorfkasse *(Tesorería)*, Standesamt *(Registro)*, Polizei und Post sowie Dorfverwaltung – umgeben. Die Straßen verlaufen meist rechtwinklig. Am Ortsrand liegt der Friedhof.

Neben einer eigenen Tracht haben die Dorfgemeinschaften auch eigene christliche Heilige, zu deren Ehren an bestimmten Tagen Feste zelebriert werden. Daher wird immer irgendwo gefeiert. Die Dörfer verfügen darüber hinaus über eigene Kultstätten ihrer traditionellen Religion.

Grundlage zur Ausübung der traditionellen Gewohnheiten und Rituale *(Costumbres)* der Quiché-Indios ist das Popol Vuh, das ›Buch des Rates‹. Sein anonymer Erzähler, ein Indio, gibt in Versform ältere Erzählungen aus der Zeit vor, während und nach der Konquista wieder. Ursprünglich wurden die Bilder und Texte auf Bastpapier und Hirschleder geschrieben. Der sehr schwer verständliche, mythische Text beinhaltet die Schöpfungslegende der Quiché, die Geschichte der Stämme und ihre Lebensweise; er wurde von einem des Quiché mächtigen Missionar übersetzt. Das ›Chilam Balam‹ (›Sprachrohr der Götter‹), ein Dokument der yukatekischen Maya, besteht aus den Antworten, die ein Wahrsager dieses Volkes in Trance auf seine Fragen von den Göttern erhielt. Es ist ebenfalls Grundlage für eine Reihe von traditionellen kultischen Ritualen der Indios.

Die meisten Indios sind Bauern. Sie ernähren sich von Mais und Bohnen sowie anderen Gemüsen, die sie auf kleinsten Parzellen kultivieren. Da diese meist nicht zur Versorgung der Familie das ganze Jahr hindurch ausreichen, verdingen sich viele Männer in der Saison als Tagelöhner auf Baumwoll-, Kaffee- und Zuckerrohrplantagen. Der Mindestlohn, der gleichzeitig immer der Maximallohn ist, wird oft noch nicht einmal ganz ausbezahlt und liegt unterhalb des Existenzminimums. Jährlich werden etwa 600 000 Indios für die drei bis vier Monate der Erntezeit unter unwürdigen Bedingungen in überfüllten Lastwagen von den Hochebenen auf die Plantagen an der Pazifikküste gekarrt. Unfälle und Todesfälle sind nicht selten. Mit 50 US-$ kehren sie nach der Saison heim in ihre Dörfer.

Ändern lassen sich diese Verhältnisse nur durch eine grundlegende Landreform, die bisher nur einmal versucht und von den USA sogleich wieder rückgängig gemacht wurde, weil der größte Landbesitzer eine US-Firma war (s. S. 166). Denn 2% aller Grundbesitzer verfügen über 65% des fruchtbaren Bodens (Latifundien), den sie zu etwa 40% brach liegen lassen. Sie investieren ihre Gewinne aus dem Agrarexport nicht, sondern schaffen sie ins Ausland. Diese Gewinne werden garantiert durch das riesige Heer arbeitsloser Indios, die gegen minimale Bezahlung angeheuert und nach Bedarf wieder entlassen werden. 90% der Landeigentümer müssen sich mit 20% des anbaufähigen Bodens (Minifundien) begnügen. Dieser reicht zur Subsistenz nicht aus. Die Großgrundbesitzer lassen mehr Land brach liegen, als 300 000 Kleinbauern zusammen besitzen.

95% der Bevölkerung sind römisch-katholisch, der Rest Minderheiten protestantischer Sekten und Juden. Bei den Indios sind die christlichen Rituale vermischt mit traditionellen Riten aus der Maya-Religion. Dieser Synkretismus zeigt

Frauen aus Tecpán

Viehzucht in Pedro La Laguna

sich z. B. beim Besuch der traditionellen Kultstätten, zu denen die Indios pilgern, um Sonnen-, Mond- und Maisgötter zu verehren, Harz auf den Kirchentreppen verglimmen zu lassen und Rosenblätter um brennende Kerzen zu legen; man betet zu Maria, den Heiligen und dem Maisgott in ein und demselben Gebet.

Rund 200 protestantische Sekten werben in Guatemala um Mitglieder. Hoffähig sind sie durch den Präsidenten-General Efraín Ríos Montt (1982–1983) geworden, der ein führendes Mitglied einer nordamerikanischen Sekte, der Kirche des Wortes, war, seinen Beraterstab sowie andere Schlüsselpositionen mit Sektenmitgliedern besetzte und sonntäglich im Staatsrundfunk predigte. Die Sekten, in fundamentalistischer Bibelauslegung miteinander verbunden, verteilen Bibel und Medikamente und wenden sich bevorzugt an Angehörige der Unterschicht. Man macht kaum eine Busreise, auf der nicht ein Nordamerikaner den Mitreisenden reich bebilderte Bibelheftchen und christliche Comics vorzeigt und sie dann in ein Missionierungsgespräch verwickelt. Seit Ríos Montts Abtritt gehen die Erfolge der Sekten etwas zurück.

Flora und Fauna

Im tropischen Klima des guatemaltekischen Tieflands mit seinen reichlichen Niederschlägen wächst und gedeiht ein Pflanzenparadies. Besucher aus Europa beeindrucken insbesondere die vielen Palmen, die Hunderte von Orchideenarten und die zahlreichen tropischen Früchte, darunter Mango, Papaya und Ananas. Einmalig schön ist die tropische Vegetation in und um die Ruinen von Tikal.

Die Tierwelt steht der Flora an Artenreichtum nicht nach. Jaguare, Affen, Wildkatzen, Wildschweine, Leguane, Eidechsen leben hauptsächlich im nördlichen Dschungel des Landes. Zu den 900 heimischen Vogelarten gesellen sich 200 Zugvogelarten aus dem Norden. Berühmtester Vogel ist der Quetzal, mittlerweile vom Aussterben bedroht. Dafür sieht man viele Papageienarten und den buntschnabeligen Tukan.

Zum Schutz bestimmter Tier- und Pflanzenarten wurden zahlreiche Nationalparks angelegt. Im Biotopo Chocón Machacas am Río Dulce, nur per Boot zu erreichen, gibt es zwischen Mangrovenwäldern eine Kolonie der sehr seltenen Rundschwanz-Seekühe. Im Mario Dary Rivera-Nationalpark wird der Quetzal geschützt, im Cerro Cahui-Park am Petén-Itza-See der Wildtruthahn. An der Pazifikküste liegt in Sta. Rosa der Monterrico-Nationalpark mit Mangrovenwäldern, seltenen Meerespflanzen sowie Schildkröten und anderen bedrohten Meerestieren.

Eine Besonderheit des guatemaltekischen Dschungels stellen die Affen dar. Bei Spaziergängen in Tikal oder im angrenzenden Belize hört man die Brüllaffen schon lange, bevor man sie sieht. Dieser größte Vertreter der mittelamerikanischen Affen hat einen kastanienbraunen Körper und schwarze Gliedmaßen. Zu seiner bevorzugten Nahrung gehören tropische Baumblüten. Die Brüllaffen, die in Zentralamerika *Mono Congo* genannt werden, wandern in Gruppen umher. Das markerschütternde Heulen vernimmt man meist morgens oder abends.

Der Klammeraffe *(Mono Colorado)* ist mit seinen vier langen Gliedmaßen und dem Schwanz sehr gelenkig. Nahezu spielerisch bewegt er sich durch die Bäume; mit dem Schwanz hält er sich fest oder hängt sich daran auf. Seine Farbe variiert zwischen hellbraun und schwarz. Spätestens bei den Pyramiden von Tikal sieht man diese Tiere nahe den Spazierwegen in den Baumkronen sitzen oder die Besucher begleiten.

Geschichte

Die Eroberung Guatemalas durch die Spanier

Im Dezember 1523 überquerte Pedro de Alvarado den heutigen Grenzfluß zwischen Mexiko und Guatemala und stieß im Hochland auf drei Indio-Völker: die Quiché, die Cakchiquel und die Tzutuhil. Sie lebten im wesentlichen vom Maisanbau, den sie zwischen ausgedehnten Wäldern betrieben, und pflanzten auch Kakao an. Alvarado war mit 420 spanischen Soldaten, 160 Pferden, vier kleinen Kanonen und einem Söldnerheer von etwa 3000 mexikanischen Indios unterwegs. Im Frühjahr 1524 besiegte er die Quiché, die erbitterten Widerstand leisteten, und tötete persönlich deren Herrscher Tecún Umán.

Dann zog Alvarado nach Iximché (Tecpán Cuauthlamallán), der Hauptstadt der Cakchiquel. Diese unterwarfen sich sofort. Im Juli 1524 erklärte Alvarado Iximché

Der Eroberer Pedro de Alvarado (Federzeichnung)

zur neuen Hauptstadt des Landes und nannte sie Santiago de Guatemala (die Ruinen liegen südlich von Tecpán Guatemala bei Pueblo Viejo). Zusammen mit den Cakchiquel besiegte Alvarado deren Gegner, die Tzutuhil.

Die Spanier töten unterschiedslos alle Herrscher, Adligen, Priester und Krieger und ließen nur die Bauern am Leben, um sie zu missionieren und zu versklaven. Sie zogen in die Steinhäuser der Indios ein.

1527 kam es nach Quiché-Aufständen zur Neugründung der Hauptstadt im Tal von Almolonga, am Fuß des Vulkans Agua. Bereits 14 Jahre später zerstörte ein Vulkanausbruch den Ort (die Ruinen kann man bei der heutigen Stadt Ciudad Vieja besichtigen), der 1543 im benachbarten Tal von Panchoy neu errichtet wurde (Antigua Guatemala).

Das Land der Indios wurde den Angehörigen der Eroberungsarmee zugewiesen, die Größe variierte dabei nach dem jeweiligen Dienstgrad. Die nachkommende spanische Verwaltung führte das *Ecomienda*-System (s. S. 18) ein. Die fruchtbaren Böden und der gewinnverheißende Bergbau der Maya verstärkten den Willen zur Eroberung und zur Annexion riesiger Landstriche. 150 Jahre nach der Eroberung Guatemalas, im Jahr 1676, gründeten die Spanier hier in Antigua die Universidad de San Carlos. 1721 wurde die Sklaverei abgeschafft.

Im Jahre 1773 erschütterte das fünfte und heftigste Erdbeben des Jahrhunderts das Land und forderte 70 000 Menschenleben. Drei Jahre später wurde die neue Hauptstadt als Nueva Guatemala an ihrer heutigen Stelle gegründet, die alte hieß fortan Antigua Guatemala.

Unabhängigkeit und Diktaturen

1821 endete die spanische Herrschaft über Mittelamerika. Die Zugehörigkeit Guatemalas zur Zentralamerikanischen Föderation währte nicht lang. 1839 wurde Guatemala unabhängiger Staat. Die Anführer der Unabhängigkeitsbewegung handelten vornehmlich aus wirtschaftlichen Motiven, und die Macht ging in die Hände weniger Familien über. General José Rafael Carrera übernahm 1835 die Staatsgewalt, von 1844–65 regiert er als Präsident. Einfluß auf die Geschichte des Landes nahmen lediglich konservative Gruppen sowie eine kleine aristokratische Schicht.

Während Carreras Amtszeit landete der US-amerikanische Abenteurer William Walker in Nicaragua. Wegen der drohenden Gefahr bat Guatemala England und Frankreich um Hilfe.

1871 übernahm General Miguel García Granados die Macht, vertrieb die Jesuiten und beschlagnahmte das Kirchenvermögen. Der liberale Präsident Justo Rufino Barrios setzte diese Politik in den Jahren 1873–85 fort und konfiszierte den Landbesitz der katholischen Kirche, entzog ihr die Judikative sowie das Erziehungsrecht und erlegte ihr eine 10%ige Steuer auf. Zur Unterstützung holte er Protestanten aus den USA und förderte ab 1882 deren Stiftungen mit staatlichen Mitteln. Großzügig überließ Barrios ausländischen Einwanderern Land, wenn sie Plantagen einrichten oder Viehzucht betreiben wollten. Dazu beschlagnahmte er indianischen Besitz und gründete zur Durchsetzung dieser Maßnahmen die Nationalarmee. Seine neue Verfassung von 1879 begünstigte den Erwerb von Großgrundbesitz und legte die Direktwahl der Abgeordneten und des Präsidenten fest. Während seiner Amtszeit wanderten viele Deutsche ein und bauten große Kaffeeplantagen auf. Von 1898–1920 regierte der Diktator Manuel Estrada Cabrera. Er schloß 1906 mit der US-Bananenfirma United Fruit Company einen Vertrag, in dem er den Amerikanern 69 000 ha fruchtbares Land überschrieb; als Gegenleistung forderte er den Bau einer Eisenbahnstrecke zum Atlantik (Puerto Barrios), die die United Fruit Company ohnehin zum Abtransport der Bananen benötigt hätte. Cabrera erklärte sich einverstanden, daß bei Streitigkeiten mit El Salvador über den Grenzverlauf die USA und Mexiko die Sachlage entschieden. 1915 holte er die US-Bananenfirma Cuyamel ins Land, und 1919 spendete er der Demokratischen Partei der USA 1 Mio. US-$, um sich deren Wohlwollen und damit die Sicherung seiner Macht zu erhalten. Dies nützte ihm jedoch nicht viel. Zwar marschierten ein Jahr später 10 000 US-Soldaten aus Kuba in Guatemala ein, um seine Position zu schützen. Dennoch kam es zu einem Volksaufstand, und Cabrera wurde gestürzt. Sein Nachfolger Herrera hob einen Teil der Konzessionen an die Amerikaner wieder auf. Der nächste Präsident, Chacón, gewährte den Firmen für 25 Jahre Zoll- und Steuerfreiheit; trotzdem setzte ihn die United Fruit 1930 ab und brachte den Diktator Jorge Ubico Castañeda 1931 an die Macht. Dieser erfreute sich während seiner gesamten Präsidentschaft der Unterstützung durch die USA. Zur Sicherstellung ausreichender Arbeitskräfte auf den Plantagen erließ Ubico 1931 Gesetze gegen die ›Landstreicherei‹. Als Landstreicher galten fortan Bauern, die sich nicht zur Arbeit auf Latifundien verpflichtet hatten und weniger als 3 ha Land besaßen. Die Zahl der jährlichen Arbeitstage, die die zwangsrekrutierten Kleinbauern ableisten mußten, hing von der Größe des eigenen Landbesitzes ab: je kleiner das Feld, desto mehr Tage. 1936 unterzeichnete Ubico einen Vertrag der United Fruit, der ihr alles benötigte Land steuerfrei und ohne Bezahlung garantierte. Die United Fruit verpflichtete sich im Gegenzug, Eisenbahnlinien, Straßen und Hafenanlagen zu bauen. Von diesem Zeitpunkt an nahmen die Enteignungen von Indio-Land zu.

Die ›Oktoberrevolution‹ und ihre Folgen

Im Juni 1944 kam es zur Revolte. Angeführt von Studenten, drangen Arbeiter, Lehrer und auch Offiziere in die Kasernen und Regierungsgebäude der Hauptstadt ein und stürzten Ubico. Da dessen Nach-

Der ›Tanz der Schwarzen‹ (Baile de los Morenos) in Lívingston

folger Ponce sich auch nicht lange halten konnte, übernahm im Oktober ein Revolutionsrat die Macht. Noch im gleichen Jahr wurden Wahlen zur verfassungsgebenden Versammlung abgehalten; die neue Verfassung schrieb die soziale Verpflichtung des Eigentums fest. Im März 1945 wurde Juan José Arévalo der erste demokratisch gewählte Präsident Guatemalas. Der gemeinsame Kandidat verschiedener Linksgruppierungen hatte während der Herrschaft Ubicos als Professor im argentinischen Exil gelehrt. Arévalo setzte sich für die Gleichberechtigung der Ethnien, die Verbesserung der Ausbildung und eine Agrarreform (Kooperativen, Verpachtung von Staatsland und Latifundien, Eigenerwerb kleiner Felder) ein und übergab sein Amt 1951 an seinen gewählten Nachfolger, den Armeehauptmann Jacobo Arbenz Guzmán, Mitglied des Revolutionsrates von 1944/45 und Arévalos Verteidigungsminister.

1952 wurde ein gemäßigtes Landreformgesetz beschlossen. Nur brachliegende Latifundien sollten beschlagnahmt und zusammen mit staatlichem Land verteilt werden. 1953 gab es 140 000 neue Landbesitzer, denen insgesamt 750 000 ha Boden, (d. h. nur ein Sechstel des bisher ungenutzten Privatlandes) gehören. Von den inzwischen 210 000 ha Grundbesitz der United Fruit Company, drei Viertel davon brachliegend, wurden 175 000 ha verstaatlicht. Die staatliche Entschädigungssumme von 1 Mio. US-$ entsprach genau dem Betrag, den die Firma in ihrer Steuererklärung als Wert des Bodens angegeben hatte. Sie forderte jedoch 15 Mio. US-$. Die katholische Kirche, die als erste in den Enteignungen den Kommunismus gewittert hatte, machte sich zum Verbündeten der

Großgrundbesitzer, der Unternehmen und der großen Konzerne, die gemeinsam Arbenz stürzen wollten.

Rückkehr zur Diktatur

Unter Federführung der United Fruit, deren Aktionär US-Außenminister Dulles sich 1954 mit Adenauer in der Einschätzung der politischen Lage einig war, wurde Guatemala nun als kommunistische Bedrohung Lateinamerikas hingestellt. An die US-verbündeten Staaten Honduras und Nicaragua wurden Waffen geliefert. Die guatemaltekische Armee war den hochgerüsteten umliegenden Ländern aufgrund des seit 1948 bestehenden US-Waffenembargos hoffnungslos unterlegen. Als in dieser Situation eine Waffenlieferung der Schweden in Puerto Barrios eintraf, war der Anlaß zum Eingreifen gegeben: Oberst Carlos Castillo Armas, nach einem mißglückten Staatsstreich gegen Arévalo seit 1950 in Honduras exiliert, marschierte im Juni 1954 im Auftrag von Dulles in Guatemala ein. Zwar konnte die guatemaltekische Armee ihn aufhalten, aber die US-Bomber aus Nicaragua kamen ihm zu Hilfe und bombardierten Guatemala City und Puerto Barrios. Arbenz trat noch im Juni zurück, in der Hoffnung, die Landreform dadurch retten zu können. Die an seine Stelle tretende Militärjunta fand nicht die Anerkennung der USA und mußte zugunsten von Castillo Armas zurücktreten.

Castillo Armas machte die Landreform sofort rückgängig. Er vertrieb die Kleinbauern von ihren neuen Parzellen und gab bis 1956 der United Fruit und den Großgrundbesitzern alles Land zurück. Die Alphabetisierung der Bevölkerung wurde gestoppt, die Volksorgane zerschlagen, die Kommunistische Partei verboten.

Denkmal für den Komponisten der guatemaltekischen Nationalhymne (Guatemala City)

Viele engagierte Funktionäre der Agrarreform und der Volksbildungsbewegung fanden den Tod. Terror, Mord, Massaker und willkürliche Verhaftungen waren wieder an der Tagesordnung. 1956 verabschiedete Castillo eine neue Verfassung, in der die sozialen Errungenschaften außer Kraft gesetzt werden.

1957 wurde Armas von einem Soldaten seiner Schutztruppe erschossen, angeblich auf Veranlassung des dominikanischen Diktators Trujillo.

Die Wahlen von 1957 erklärte der Verlierer, Ydígoras Fuentes, kurzerhand für ungültig und übernahm 1958 mit Unterstützung der USA das Präsidentenamt. Unter ihm blühte die Korruption, und bei der Verfolgung politisch Andersdenkender setzte er auf Gewalt. Die von Guatemalas Territorium ausgehenden Anschläge auf Kuba führten zu einer Revolte von Bevölkerung und Streitkräften. Erste Guerilla-Aktivitäten richteten sich gegen das Militär und die United Fruit Company. 1963 wurde Fuentes von seinem

Verteidigungsminister Peralta Azurdia gestürzt.

1965 trat eine neue Verfassung in Kraft. Nach umstrittenen Wahlen wurde Julio César Méndez Montenegro Präsident. Er regierte bis 1970; während seiner Amtszeit gab es 1967 einen erneuten Höhepunkt der Gewalttaten: Rechte Terrorgruppen töteten Intellektuelle, Gewerkschafter, Studenten und Bauern. Als im Hochland Kupfer, Zinn und Erdöl entdeckt wurden, bemächtigte sich das Militär sofort des gewinnträchtigen Gebiets und vertrieb die Bewohner.

Kein Präsident schied fortan aus dem Amt, ohne zuvor einen Teil des wertvollen Bodens erworben und auf Staatskosten eine Straße zu den Liegenschaften gebaut zu haben. Die Vertreibung der Indios ging auch während der Präsidentschaft von General Carlos Arana Osorio (1970–74) weiter. Er nahm den Kampf gegen die Guerilla erneut auf, suspendierte Grundrechte und griff verstärkt zu repressiven und gewalttätigen Maßnahmen.

1974 gewann der Christdemokrat General Efraín Ríos Montt die Wahl, doch nach offensichtlichem Betrug übernahm General Eugenio Kjell Laugerud García das Präsidentenamt. 1976 erschütterte ein gewaltiges Erdbeben das Land, das Zehntausende von Menschenleben forderte. Laugerud setzte die Verfolgung politischer Gegner fort: Von 1972–74 gab es nachweislich 5700 Morde und 1100 Entführungen.

Von 1978–82 regierte der korrupte General Fernando Romeo Lucas García, wiederum aufgrund eines Wahlbetruges. Die wirtschaftliche Krise verschärfte sich, die Befreiungsbewegung bekam immer stärkeren Zulauf. 1978 wurden bei Panzós 100 Campesinos erschossen.

Im Januar 1980 besetzten 32 Indios friedlich die spanische Botschaft in Guatemala City. Die Campesinos aus dem Hochland wollten gegen Vertreibung und Unterdrückung, Terror und Mord protestieren. Sie hatten das Einverständnis des Botschafters. Trotz seiner Bitten wurde das Gebäude gestürmt und in Brand gesteckt. Der Botschafter konnte entkommen, die Demonstranten sowie zwei Angehörige des Personals und zwei hohe guatemaltekische Politiker kamen in den Flammen um. Den einzigen überlebenden Indio ließ der Botschafter zur Behandlung in ein privates Krankenhaus bringen, denn er fürchtete um das Leben des Zeugen. Doch in der folgenden Nacht wurde der Campesino aus dem Krankenhaus entführt und am nächsten Tag tot aus einem fahrenden Auto geworfen. Der Botschafter floh in die US-Botschaft und von dort nach Spanien. Sein Land brach die diplomatischen Beziehungen zu Guatemala ab.

1982 putschte General Efraín Ríos Montt und übernahm mit einer Dreier-Junta die Macht. Im Juni proklamierte das Militär Ríos Montt zum Präsidenten. Während seiner Regierungszeit bis August 1983 wurden 5000 Zivilpersonen getötet und Hunderte von Dörfern zerstört. Viele Guatemalteken flohen ins Ausland und fanden eine notdürftige Unterkunft in Flüchtlingslagern oder in den Slumsiedlungen der Städte. Verteidigungsminister Oscar Humberto Mejía Victores putschte im August 1983 und löste Ríos Montt ab.

1984 stellten sich 17 Parteien zur Wahl der verfassunggebenden Versammlung. Die neue Verfassung wurde 1985 verabschiedet und trat 1986 in Kraft. Seit Januar 1986 steht wieder ein ziviler Präsident an der Spitze des Staates: der Christdemokrat Marco Vinicio Cerezo Arévalo. Er führte im Oktober 1987 nach den Vereinbarungen in Esquipulas Gespräche mit der guatemaltekischen Guerilla, der ›Nationalen Revolutionären Einheit Guatemalas‹, in Madrid, jedoch ohne Ergebnisse.

Die Stimme des Volkes, Radiosender der Guerilla Unidad Revolucionaria Nacional de Guatemala

Von 1821–1984 gab es 26 Verfassungen und Verfassungsänderungen, 64 Präsidenten mit durchschnittlich 2,4 Jahren Regierungszeit (darunter jedoch auch einige mit sehr langen, z. B 14 und 22 Jahre). Von neun Präsidenten der Jahre 1954–84 waren acht Militärs.

Die Bilanz der UNO-Menschenrechtskommission für 1989 sah für Guatemala düster aus: es war der Cerezo-Regierung nicht gelungen, der Tätigkeit der Todesschwadronen und der unkontrollierten Gewalt Herr zu werden; Entführungen, Folterungen und Morde waren wieder an der Tagesordnung und richteten sich vornehmlich gegen Studenten.

Staat und Gesellschaft

Regierungssystem

Die heutige Verfassung, seit 1986 in Kraft, geht auf die verfassunggebende Versammlung des Jahres 1984 zurück, in der zwei extrem rechte Parteien den stärksten Block bildeten. Sie erlaubt zwar Parteien und Gewerkschaften, doch die Stellung des Militärs bei der Gestaltung des politischen Lebens ist außerordentlich stark: Alle Militärdekrete wurden zur Verfassungsnorm, das Militär bestimmt in der Verwaltung mit, es zwangsrekrutiert weiterhin Männer für die Zivilpatrouillen (insgesamt 900 000 Mann), die die Ortschaften gegen die Guerilla schützen sollen. Es baut nach wie vor Wehrdörfer, in die Campesinos und Indios zwangsweise eingewiesen werden. Das Militär stellt den Verteidigungsminister, und Armeeangehörige brauchen sich strafrechtlich nur vor Armeegerichten zu verantworten.

Im Nationalkongreß (61 Abgeordnete) verfügen die Christdemokraten (Democracia Cristiana Guatemalteca, DCG) über 40% und die rechte Nationale Zentrumsunion (Unión del Centro Nacional, UCN) über 20% der Sitze. Die Wahl Cerezos zum Präsidenten kam mit 51% der Stimmen zustande.

Die Guerilla-Bewegung ist gespalten. Die Zahl aller Guerilleros, die seit 1982 in 18 der 22 Departments aktiv sind, wird auf etwa 6000 geschätzt. Erst seit jüngster Zeit sind sie in der URNG (Unidad Revolucionaria Nacional de Guatemala) zusammengeschlossen. Es gibt ca. 300 Einzelgewerkschaften – z. T. haben Betriebe eine eigene Gewerkschaft – und verschiedene Gewerkschaftsföderationen.

Eine Reihe von rechtsextremen, antikommunistischen Aktionsgruppen verbreitet seit mehr als 30 Jahren Angst und Schrecken. Auf ihr Konto gehen zahllose Morde, Entführungen und andere Gewalttaten.

Präsident Cerezo versucht – auch auf internationalen Druck hin –, die Gewalttaten des Militärs und der Todesschwadronen einzuschränken. Auch die ›Patrouillen zur zivilen Selbstverteidigung‹ gehen weiterhin mit Terror, Mord und Brandschatzung vor. Die guatemaltekische Menschenrechtskommission berichtet von 427 Ermordeten und 112 Entführten allein im Jahr 1987.

Eine Delegation des Europaparlaments stellte im Februar 1988 eine Zunahme der Gewalttaten fest; sie empfahl u.a. eine Veränderung der Agrarstruktur. Aber Cerezo will keine Agrarreform. Ihm stehen zehn gut organisierte Gruppen mit insgesamt 200 000 landlosen, verarmten Bauern gegenüber, die auf eine Agrarreform dringend angewiesen sind.

Nachdem Cerezo sich 1987 mit der Widerstandsbewegung GAM (Grupo Apoyo Mutuo – Gruppe für gegenseitige Hilfe) traf und ihr die Einrichtung einer Regierungskommission zur Untersuchung von Menschenrechtsverletzungen zusagte, erfolgte im Mai 1988 eine Militärrevolte, die Cerezo jedoch niederschlagen konnte. Den Preis bezahlte wieder die leidgeplagte Bevölkerung: Zugeständnisse an das Militär, erneute Integration der Polizei unter die Befehlsgewalt der Militärs, keine Gespräche mit der Guerilla.

Im Haushalt 1989 wurden die Militärausgaben um die Hälfte (auf 32%) aufgestockt, für Erziehung und Gesundheit um 15% (auf 10%) gesenkt. Die Guerilla-Führung machte Cerezo im September 1988 ein Gesprächsangebot, das dieser unter dem Druck der Militärs ablehnte. Er forderte zunächst die Niederlegung der Waffen. Die Guerilla trifft sich seither mit der nach dem Esquipulas II-Abkommen gebildeten nationalen Versöhnungskommission (Comisión Nacional de Reconciliación, CNR) in Costa Rica und verhandelt dort auch mit Arias.

Im Hochland von El Quiché gehen davon unabhängig die Übergriffe auf Indios weiter. Traurige Bilanz am Ende des Jahres 1988: Seit 1954 sind 40 000 Menschen in Guatemala verschwunden.

Außenpolitik

Besonders enge Beziehungen unterhält Guatemala zu den USA, die seit 35 Jahren indirekt den guatemaltekischen Präsidenten einsetzen. Dafür revanchieren sich die Vereinigten Staaten mit großzügiger Militär- und Wirtschaftshilfe. Gegenwärtig planen sie den Bau einer 440 km langen Pipeline von San José am Pazifik nach Puerto Barrios am Atlantik, um ihr Öl aus Alaska nicht mehr durch den politisch unsicheren Panama-Kanal transportieren zu müssen. Nach Fertigstellung wird vermutlich eine kilometerbreite US-amerikanische Militär- und Sicherheitszone das Land teilen.

Auch zu Israel bestehen sehr gute diplomatische Beziehungen. Guatemala empfing, besonders in den 60er und 70er Jahren, landwirtschaftliche Entwicklungshilfe aus Israel; Berater zeigten neue landwirtschaftliche Siedlungsmodelle und richteten Wehrdörfer ein. In den 70er Jahren begann auch die Ausrüstung der guatemaltekischen Armee mit israelischen Waffen, um der Bedrohung durch die Guerilla und die verarmten, Land fordernden Campesinos Herr zu werden.

In einer Generalversammlung der UNO wurde der Kurs des neuen Präsidenten

Cerezo begrüßt. Seit 1987 hat Guatemala den Vorsitz in der Gruppe der 77 und ist damit Sprecher der (mehrheitlich vertretenen) Dritte-Welt-Länder. Dieses Amt wird durch Fernando Andrade Díaz Durán wahrgenommen, vormals Botschafter Guatemalas bei der UNO, der bei den nächsten Präsidentschaftswahlen in Guatemala kandidieren will.

Cerezos Politik der ›aktiven Neutralität‹, ein Konzept, von dem er auch die anderen Staaten Mittelamerikas überzeugen will, trug bisher wenig Früchte. Seine Vorschläge für ein mittelamerikanisches Parlament wurden im Esquipulas I-Abkommen zwar aufgenommen, aber bisher noch nicht verwirklicht.

Beziehungen zur Bundesrepublik Deutschland

Die Bundesrepublik ist für Guatemala nach den USA das zweitwichtigste Handelsland. Sie kaufte 1987 von Guatemala Waren im Wert von 150 Mio. DM (davon 69% Kaffee) und verkaufte an Guatemala für 117 Mio. DM Fertigprodukte, Maschinen, Kraftfahrzeuge, Kunststoffe und andere Produkte.

Präsident Cerezo besuchte 1986 die Bundesrepublik, und im Jahr darauf reiste Bundespräsident von Weizsäcker nach Guatemala. Das neue christdemokratische Regime wird von der Schwesterpartei in der Bundesrepublik unterstützt.

Ein neues Kooperationsprogramm vom Oktober 1988 sieht für die Departments Alta Verapaz, das südliche Quiché und Totonicapán Hilfen beim Straßen- und Wohnungsbau, sowie insgesamt Unterstützung bei der Wasserversorgung und Technikerausbildung vor. 1990 soll unter deutscher Beteiligung mit dem Bau der Straße von Modesto Méndez nach Flores begonnen werden; damit wäre die Straße von Guatemala City in den Petén endlich durchgehend geteert. Der Bau der Straße im Petén, mit 115 Mio. DM von der Bundesrepublik finanziert, soll 1990 in Angriff genommen werden. Die finanzielle Unterstützung geht teilweise über die Konrad Adenauer-Stiftung an die christdemokratische Partei Guatemalas und deren Projekte und wurde auch zur Ausrüstung der guatemaltekischen Polizei eingesetzt.

Wirtschaft

Guatemalas Wirtschaft wird von der Agrarproduktion bestimmt. Auf dem Weltmarkt ist es daher von den Preisschwankungen seiner Hauptprodukte Kaffee, Baumwolle, Zucker und Bananen abhängig. Da der größte Teil der Exporte in die USA geht, ist Guatemala immer auf das Wohlwollen und die Abnahmebereitschaft des mächtigen Partners im Norden angewiesen. Um sich davon etwas zu lösen, versucht das Land, seine Handelsbeziehungen zur EG auszuweiten.

Der Export landwirtschaftlicher Produkte geht von den Latifundien der einheimischen und US-Großgrundbesitzer aus, der restliche Boden dient der Subsistenz der verarmten Landbevölkerung. 88% der Campesinos arbeiten auf fremdem Boden oder kleinstem Eigentum für die notdürftige und unzureichende Versorgung ihrer Familien.

Einen beträchtlichen Exporterlös erbringt das Kardamom, das in Guatemala besonders gut gedeiht. Das Gewürz wird gerne von Arabern bei der Kaffeezubereitung verwendet. Auch die Viehzucht hat in den letzten Jahren einen gewissen Auftrieb bekommen, und Fleisch wird bereits exportiert.

Leider liegt fast die Hälfte des fruchtbaren Landes brach; z. B. läßt die US-Firma del Monte, Nachfolgerin der United Fruit Company, in deren Händen die gesamte Bananenproduktion liegt, 80% ihres Bodens unbebaut.

Die industrielle Entwicklung steht noch am Anfang. Heute werden bereits Nahrungs- und Genußmittel, Getränke und Textilien produziert sowie Zuckerrohr zu Zucker verarbeitet.

Im Gebiet der Franja Transversal del Norte, das im Zuge einstmals geplanter Landreformen von landlosen Campesinos besiedelt werden sollte, wurden Ende der 60er Jahre Nickel-, Zinn-, Zink-, Erdöl-, Silber-, Blei-, Erdgas- und Kupfervorkommen entdeckt. Heute besitzen statt der Campesinos die ehemaligen Präsidenten die Franja Transversal. Ein kanadischer Nickelkonzern investierte bereits 220 Mio. US-$ in die Ausbeute des mineralienreichen Bodens.

Erdöl wurde in Ixcan Chiquito im Petén entdeckt. Von den Erdölquellen bei Rubelsanto und Chinaja besteht seit 1979 eine Pipeline-Verbindung zum Hafen Puerto Barrios.

1986 war die Handelsbilanz zum letzten Mal positiv. Eine neue Devisenquelle ist für Guatemala der Tourismus. 1986 kamen 300 000 Besucher und ließen 77 Mio. US-$ an Devisen im Land. Zu schaffen macht Guatemala die Kapitalflucht. Etwa

Auf großen Flächen wird Kaffee – eines der wichtigsten Exportprodukte – getrocknet

2,5–3,5 Mrd. US-$ der im Land erwirtschafteten Gewinne wurden in die USA transferiert und liegen dort auf Privatkonten. Dies ist um so bedenklicher, als die Auslandsschulden Guatemalas 1987 bereits 2,7 Mrd. US-$ betrugen.

Orts- und Landschaftsbeschreibungen

Guatemala City

Die Hauptstadt des Landes liegt in 1450 bis 1550 m Höhe in der Sierra Madre auf einem etwa 15 km breiten Plateau (Valle de las Vacas). Mehrere Schluchten durchziehen das Stadtgebiet.

Die genaue Einwohnerzahl von Guatemala City ist nicht bekannt; sie wird auf 1,5 Mio. geschätzt. Davon sind etwa 10% Indios.

Obwohl die Stadt das wirtschaftliche und kulturelle Zentrum des Landes ist, in dem fast ein Fünftel der Gesamtbevölkerung lebt, liegen die wesentlichen Sehenswürdigkeiten Guatemalas außerhalb der Hauptstadt. Von Touristen wird Guatemala City eher als Ankunfts- und Abflugsort oder als Umsteigebahnhof bei Überlandreisen benutzt und bald wieder verlassen.

Eine 1620 erbaute Kapelle zog die ersten Siedler zum Cerro del Carmen im Valle de la Ermita. Hier wurde 1775 La Ciudad de Guatemala, die vierte und letzte Hauptstadt des Landes, gegründet, da Antigua Guatemala drei Jahre zuvor einem Erdbeben zum Opfer gefallen war. Viele Kostbarkeiten aus den zerstörten Klöstern und Kirchen Antiguas wurden in die neue Hauptstadt gebracht. 1782 hatte der Ort bereits 13 000 Einwohner, landwirtschaftliche Randsiedlungen und ein Aquädukt wurden angelegt. Ab 1810 erhielt der heutige Stadtkern seine quadratische und schachbrettartige Form mit der Plaza de Armas, der Kathedrale, dem Vorläufer des heutigen Regierungspalastes, den Verwaltungsgebäuden, die sich über acht Straßen erstrecken, sowie vielen einstöckigen Häusern (mit Patios). An der Peripherie der Stadt wurden 13 Klöster errichtet.

Zum Zeitpunkt des Erdbebens von 1830 hatte Guatemala bereits 25 000 Einwohner. Ab 1874 baute Präsident Justo Rufino Barrios die Prachtstraße La Reforma aus, ließ ein Telefonnetz anlegen, führte 1879 die Gasbeleuchtung ein und stellte bis 1884 die Eisenbahnstrecke zum Pazifikhafen San José fertig. 1885 begann auch die Elektrifizierung der Stadt. Um die Jahrhundertwende hatte Guatemala City 70 000 Einwohner.

Im Dezember 1917 und im darauffolgenden Januar legten zwei gewaltige Erdbeben den größten Teil der Stadt in Schutt und Asche. Die meisten Kolonialgebäude fielen zusammen, nur wenige Kirchen hielten trotz großer Beschädigungen stand. Es bildeten sich die ersten Slumsiedlungen am West- und Ostrand. In den Jahren 1940–64 stieg die Einwohnerzahl von 175 000 auf 580 000, nicht zuletzt wegen der Industrieansiedlungen, die seit 1970 entlang der Straße nach Westen und der Eisenbahnlinie nach Norden entstanden. Die Größe und Unübersichtlichkeit der Stadt machte eine Verwaltungsreform mit einem Zonensystem erforderlich. 1976 überstand Guatemala sein vorerst letztes großes Erdbeben mit besonders schweren Schäden im Stadtzentrum.

Besichtigung

Zum leichteren Zurechtfinden: Die Avenidas laufen von Norden nach Süden; sie sind lang und durchziehen mehrere Zonen. Die Calles sind kurz und laufen von Ost nach West. Darüber hinaus gibt es einige kleine Rutas und Vías sowie lange Diagonales; schließlich tragen einige (wenige) Straßen Namen. Und einige wiederum sind mit dem Zusatz A versehen.

Da die Calles in jeder Zone (von Norden nach Süden) neu zu zählen beginnen, da es also jede Adresse mehrfach gibt, ist die Angabe der Zone bei einer Adresse unerläßlich.

Parque Central: Im Norden der 6 a Av. (Zona 1). Zum Zentralpark gehören die östlich gelegenen Plaza Mayor (mit einem großen Brunnen) und der Parque Centenario (westlich), hinter dem die Nationalbibliothek liegt. An der Südseite des Hauptplatzes findet man einen Arkadengang mit einer Reihe von Geschäften und Verkaufsständen auf mehreren Etagen. Im Osten des Platzes steht die Kathedrale, daneben das Haus des Erzbischofs. Hinter der Kathedrale liegt die Plaza del Sagrario. Hier befand sich bis zum Erdbeben von 1976 der Zentralmarkt (9–18 Uhr). Er wurde zunächst verlegt und dann am ehemaligen Standort über mehrere Etagen hinweg neu aufgebaut.

Palacio Nacional: An der Nordseite der Plaza (9000 qm). Das hellgrüne Gebäude im klassischen Kolonialstil, 1939–43 von Diktator Jorge Ubico errichtet, wird durch französische und neoklassische Elemente ergänzt. Viele Patios mit Brunnen dienen der architektonischen Gestaltung; Marmorfußböden sorgen für angenehme Kühle. Die Feinheiten findet man besonders im Detail: in den filigran verzierten Säulen, den gußeisernen Lampen, handgeschnitz-

Verkaufsstand im Parque Central (Guatemala City)

ten Holztüren und kunstvollen Treppen. Die Eingangshalle schmücken drei Wandgemälde von Alfredo Gálvez Suárez mit Darstellungen zur Geschichte Guatemalas: darunter eine Missionierungsszene sowie das berühmte *Sacrificio Maya* (›Opfer der Maya‹); dieses Motiv einer knienden Frau mit Schale wird dem Besucher überall in Guatemala (z. B. auf Keramiken und Textilien) wieder begegnen. Der Palast beherbergt auch ein Modell von Tikal.

Archivo General de Centro América: In der Nationalbibliothek an der Plaza Centenario, 4 a Av. 7–17 (Zona 1), befindet sich das 1846 gegründete Archiv. Es gliedert sich in die Abteilungen Kolonialzeit und Unabhängigkeit und bewahrt 8500 Akten sowie 100 000 Dokumente zu Guatemala, Chiapas, El Salvador, Honduras, Nicaragua und Costa Rica auf (Fotokopie- und Mikrofilm-Service).

Catedral Metropolitana (9–18 Uhr): Die Kathedrale an der Ostseite der Plaza Mayor, wurde 1782–1815 erbaut, nach dem Erdbeben von 1976 noch nicht vollständig repariert. Von außen beeindrucken zwei Glockentürme sowie die drei hölzernen Eingangstüren. Im Inneren finden sich Gemälde aus dem 18. Jh. und eine deutsche Orgel (Walcker), die 1937 installiert wurde. Neben der Kathedrale liegt der weiße Palast des Erzbischofs **(Palacio del Arzobispo)** mit seinen massiven Holztüren und kunstvollen Eisenornamenten.

In der Nähe der Hauptplaza liegen drei sehenswerte Kirchen:

Iglesia de la Merced: 11 Av., zwischen 4 a und 5 a Calle (Zone 1). Die 1813 erbaute Kirche wurde nach dem Erdbeben von 1917/18 erneuert. Man findet kolonialzeitliche Altäre und Statuen aus der La Merced-Kirche in Antigua und eine riesige barocke Orgel auf einer Empore gegenüber dem Hauptaltar. Die Kirche wurde 1976 wieder schwer beschädigt.

Iglesia Santo Domingo: 12 Av., zwischen 10 a und 11 Calle (Zona 1). Die um 1800 mit zwei Glockentürmen errichtete Kirche, in auffälligem Pastellgelb, wurde nach dem Erdbeben von 1917/18 restauriert.

Iglesia Las Capuchinas: 10 a Calle/10 a Av. (Zona 1). Die kleine Kirche aus dem Jahr 1789 wurde nach 1917/18 erneuert, fiel jedoch 1976 noch einmal in Trümmer. Die Altäre stammen z. T. aus zerstörten Kolonialkirchen in Antigua.

Drei kleinere Museen befinden sich im Zentrum:

Museo Nacional de Artes e Industrias Populares: 10 a Av. 10–72 (Zona 1), ✆ 8 03 34. Das Volkskundemuseum zeigt Keramiken, Textilien und Schmuckstücke (Di–Fr 9–16.30, Sa und So 10–12 und 14–16 Uhr).

Museo Fray Francisco Vásquez: In der Iglesia San Francisco, 13 Calle 6–34 (Zona 1). Es werden Gemälde aus dem 18. und 19. Jh. ausgestellt (Di–Sa 8–12 und 15–18, So 15–18 Uhr).

Museo Nacional de Historia: 9 a Calle/10 a Av. (Zona 1), ✆ 53 61 49. Museum für guatemaltekische Geschichte (Mo–Fr 9–16 Uhr).

Die **Mapa en Relieve:** Ein 1800 qm großes Beton- und Gipsmodell zeigt sehr anschaulich Guatemalas Gebirge, Seen, Vulkane, Flüsse, Orte und archäologische Stätten. In den blau gestrichenen Flüssen und Seen fließt manchmal sogar Wasser. Von zwei kleinen Türmen läßt sich alles gut überblicken. Der horizontale Maßstab beträgt 1:10 000, der vertikale 1:2000. Durch diese Verzerrung werden die Erhebungen plastisch betont. Die Grenze zu Belize ist nicht markiert (s. S. 137). Das 1904–5 entstandene Kunstwerk befindet sich im Parque Minerva, nördlich des Zentrums, 11 Calle/6 a Av. (Zona 2), und ist mit den Bussen 1, 18 und 47 zu erreichen.

Catedral Metropolitana in Guatemala City

Ermita del Carmen: Auf dem Cerro del Carmen, zwischen Diagonal 9 und Diagonal 4 (12 Av.), nordöstlich des Zentrums in Zona 1. Hier stand bereits 1620 eine kleine Kapelle zu Ehren der Jungfrau Maria, die jedoch 1917/18 und 1976 zerstört und jeweils wieder erneuert wurde. Die Kirche enthält eine Gold-Silber-Statue der Jungfrau (aus Spanien) sowie ein Bildnis, das 1604 von einem Pater aus Spanien mitgebracht wurde; es ist in einem Glaskasten im goldverzierten Mahagoni-Altar, der die Stirnwand beherrscht, zu sehen. Die gelbweiße Kirche ist daher zu einer Wallfahrtsstätte geworden.

Neben der Kirche erhebt sich der wuchtige – historische – **Glockenturm.** Man beachte auch vorn rechts in der Kirche die kleine Tür im Kolonialstil aus schwarzem Holz (vor dem Beichtstuhl). Eine enge Kopfsteinpflasterstraße führt den Hügel hinauf, auf dem weithin sichtbar 1925 ein Kreuz errichtet wurde. Vom nahe gelegenen gepflegten Garten (mit Kakteen, Palmen und Brunnen) hat man einen schönen Ausblick auf die Innenstadt.

Südlich der Kreuzung der 5a und 6a Av. mit der Diagonal 2 bzw. der 20 Calle (Zona 1) liegt ebenfalls auf einem Hügel im Park das **Fuerte de San José,** ein spanisches Fort aus dem Jahre 1846, das heute als Kulisse eines Freilichttheaters dient. Es ist in Beton rekonstruiert und enthält ein kleines Waffenmuseum (**Museo de Heráldico,** unregelmäßige Öffnungszeiten). Südlich des Forts liegt das **Teatro Nacional,** ein modernes Gebäude in Pyramidenform mit 2000 Plätzen (Besichtigung nach Vereinbarung in Gruppen möglich, Eingang von der Ruta 2).

Santuario Expiatorio del Sagrado Corazón de Jesús: 26 Calle/2a Av. (Zona 1). Die riesige moderne Kirche mit angeschlossenem Kulturzentrum wurde erst nach dem Erdbeben von 1976 erbaut; sie gilt als architektonisches Meisterwerk.

Cementerio General: Der 1881 gegründete Hauptfriedhof der Stadt (4a Av./ 21 Calle, Zona 3) zeigt eine Vielfalt katholischer und indianischer Grabsteine und -monumente.

Der **Torre del Reformador** (›Eiffelturm‹) von Guatemala City verbindet die 7a Av. an der Kreuzung mit der 2a Calle in Zona 4. Die dem Pariser Vorbild nachempfundene Metallkonstruktion wurde zu Ehren von Präsident Barrios errichtet.

Capilla de Yurrita: Vía 8/Ruta 6 zwischen 7a Av. und 7a Av. A (Zona 4). Die private Kapelle wurde 1928 erbaut und zeigt feingearbeitete Holzschnitzereien. Über den durch Säulen abgetrennten Seitenschiffen verlaufen Emporen, deren Holzverzierungen sich bis hinter den ebenfalls hölzernen Altar fortsetzen. Die Mischung aus Barock-, Rokoko- und

Capilla de Yurrita

Mudejar-Stil verleiht der Kirche ein märchenhaftes Aussehen. Nebenan bewohnt die Familie Yurrita ein Gebäude von ähnlich eigenwilliger Architektur mit Türmchen, Zinnen und einem kunstvoll gestaltetem Dach.

Kaminal Juyú (›Hügel des Todes‹): Die archäologische Stätte am westlichen Stadtrand (Diagonal 24/24 Av. in Zona 7) erhielt ihren Namen von einem guatemaltekischen Archäologen. Unter den Hügeln des Areals liegen Terrassen, Pyramiden, Tempel, Paläste und andere Gebäude. Nur wenige davon wurden ›angegraben‹, und heute besteht die Anlage aus von Gras, Büschen und Bäumen bewachsenen Erhebungen. Den Kern der Pyramiden bilden mit vulkanischem Gestein verkleidete Lehmziegel *(Adobes)*. Die Stätte wurde vermutlich um 400 v. u. Z. von Olmeken besiedelt.

In der präklassischen Epoche bestand eine enge Verbindung zwischen Kaminal Juyú und Teotihuacán im mexikanischen Hochland (architektonische Parallelen, Keramikfunde). Die ursprünglichen Lehmziegelgebäude (200 v. u. Z.–200 u. Z.) wurden später mit festeren Materialien ausgebessert, ergänzt oder überbaut.

Kaminal Juyú ist umgeben von Wohnsiedlungen (tgl. 9–18 Uhr, keine Eintrittsgebühr, Busse 7 und 17).

Südwestlich der Stätte, jenseits der Clzd. Roosevelt, liegt die Area Arqueológico Kaminal Juyú mit weiteren 200 Hügeln, unter denen allein 13 Ballspielplätze und ein ausgedehntes Gräberfeld vermutet werden. Breite Straßen müssen diese Zeremonialstätte durchzogen haben. Der Platz liegt im Bereich mehrerer Fincas und des Golfplatzes.

Museo Popol Vuh: Av. de la Reforma 8–60 (Zona 9), Ed. Galería Reformas, Torre II, 6. Stock, ✆ 31 89 21. Die vormals private archäologische Sammlung (heute gehört sie der Universität Francisco Marroquín) zeigt präkolumbische Fundstücke (Steinskulpturen, Vasen, Keramik, Urnen, Räuchergefäße) aus der Quiché-Region sowie vom Lago de Amatitlán, kolonialzeitliche Skulpturen, Bilder und Silberarbeiten sowie Masken und Trachten. Besondere Erwähnung verdient eine Kopie des Codex Dresden, der ältesten und besterhaltenen der drei präkolumbischen Maya-Handschriften (Mo–Sa 9–17.30 Uhr).

Parque La Aurora: Der nördlich des Flughafens in Zona 13 gelegene Park umfaßt den Zoo, die Museen für Archäologie und Moderne Kunst, den Kunsthandwerksmarkt für Touristen, eine Pferderennbahn, die Stierkampfarena und (südlich des Flughafens) das Meteorologische Observatorium.

Museo Nacional de Historia Natural: 7a Av. 6–81 (Zona 13), ✆ 72 04 68. Das naturhistorische Museum befindet sich ebenfalls im Parque La Aurora und wird mit seinen ausgestopften Tieren, aufgespießten Schmetterlingen und einigen Fossilien gern von Schulklassen besucht (Mo–Fr 9–16 Uhr, Busse 5 und 6).

Museo Nacional de Arqueología y Etnología: Gebäude 5, Parque La Aurora (Zona 13), ✆ 72 04 89. Bedeutendstes Museum in der Stadt. Modelle der archäologischen Stätten Tikal und Zaculeu, Keramiken aus fast allen wichtigen Ausgrabungsorten, Steinskulpturen sowie sämtliche Fundstücke aus Kaminal Juyú. Stelen aus unterschiedlichen Landesteilen reihen sich um einen runden, lichtdurchfluteten Innenhof mit Brunnen; darunter Stele 15 aus Piedras Negras und Stele 3 aus Ceibal. Besonders interessant ist eine Stuckmaske aus dem Gebäude E VII Sub in Uaxactún (s. S. 205). Eine anschauliche Modelldarstellung zum Maya-Leben und zum Pyramidenbau ergänzt die Ausstellung. Es empfiehlt sich, dieses Museum vor der Besichtigung archäologischer Stätten zu besuchen (Di–So 9–16 Uhr, Busse 5 und 6).

Museo Nacional de Arte Moderno: Gebäude 6, Parque La Aurora (Zona 13), ✆ 72 04 67. Das Museum für Moderne Kunst liegt gegenüber dem archäologischen Museum (Di–Fr 9–16, Sa und So 9–12 und 14–16 Uhr).

Museo Ixchel de Traje Indígena: 4a Av. 16–27 (Zona 10), ✆ 68 07 13. Das seit 1973 von einer Frauenkooperative unterhaltene Museum besitzt 5000 Indio-Trachten, von denen aus Platzmangel immer nur wenige (meist in regionaler Zusammenstellung) exponiert werden. Darüber hinaus sieht man handgewebte, z. T. sehr alte und wertvolle Textilien. Auch andere ethnographische Objekte wie Webstühle und Töpferscheiben werden gezeigt.

Zum Archiv des Museums gehören eine Bücherei (2000 Exemplare), eine Fotosammlung sowie Kunstgegenstände. Ein kleines Geschäft bietet Textilien, Bücher, Schmuck und Kunsthandwerksartikel an (Mo–Sa 9–17.30 Uhr).

Museo de Historia Natural y Jardín Botánico: Calle Mariscal Cruz 1–56 (Zona 10), ✆ 31 09 04. Die Straße Mariscal Cruz biegt am nördlichen Ende der Reforma – am Kreisel mit dem Obelisken eröffnet sich ein schöner Blick auf die Kirche Yurrita und den Torre del Reformador – nach Osten ab und führt dann an Kasernen und der Universität San Carlos de Guatemala vorbei. Museum und Garten gehören zur Universität (Museum: Mo–Fr 8–12 und 14–18 Uhr, Botanischer Garten: Di–So 9–17 Uhr, im Dezember und Januar geschlossen).

Dort wo die Zonen 9 und 10 in die Zonen 13 und 14 übergehen, wo die nördliche Av. de la Reforma in die südliche Av. de las Américas mündet, liegt der **Parque Independencia** mit einem Obelisken

Ein Spaziergang im Süden der Stadt

Die Av. de la Reforma ist eine breite Prachtstraße mit großzügigem Mittelstreifen, der von vielen Standbildern (Politiker, Künstler, Tierfiguren) geziert wird. Moderne Betonhochhäuser, Verwaltungsgebäude und Banken säumen die Straße ebenso wie Supermärkte, kleine Geschäfte und Apartmenthäuser. Hier liegen auch viele Villen und zahlreiche, von hohen Mauern umgebene Botschaften.

Die Straße gerät teilweise zum Park, in dem viele alte Laub- und Nadelbäume Schatten spenden.

Folgt man der unteren Reforma in südlicher Richtung, vorbei an ehrwürdigen Denkmälern, Tierskulpturen und Gedenktafeln, so gelangt man zur Plaza (Parque) Independencia. Dort wendet man sich rechts (in westlicher Richtung) in die Diagonal 12 (Blvd. de la Liberación). Linker Hand dieser breiten Straße verläuft ein spanischer Aquädukt, der sich bis zu 11 Av. erstreckt. In den Ziegelsteinbau sind heute moderne Wachtürme des Militärs integriert, und im Bereich des Flughafens stehen Wachsoldaten auf dem Bauwerk. Im Hintergrund ist von Zeit zu Zeit der Vulkan Pacaya zu erkennen.

Rechts der Straße passiert man die Reloj Floral, eine aus Blütenpflanzen gebildete große Uhr; links steht ein Denkmal für Bernal Díaz del Castillo.

An der 11 Av. gelangt man links durch den Aquädukt hindurch in den Parque La Aurora. Gleich rechts liegt der Mercado de Artesanías, das staatliche Kunsthandwerkszentrum. Auf der Straße, die hinter dem Markt rechts abbiegt, erreicht man den Zoo, auf der nächsten Straße rechts die drei Museen des Parks. Auf diesem Weg liegt linker Hand das Hippodrom. Rechts folgt zunächst das Museum für Moderne Kunst, dahinter das Archäologische Museum und gegenüber das Museum für Naturgeschichte.

Von den Museen führt die 7a Av. rechts zum Denkmal für Tecún Umán vor dem Eingang zum Zoo. Der Krieger mit einer gewaltigen Lanze steht auf einem hohen rostbraunen Sockel. Von hier führt die 12 Calle zurück zur Plaza España.

(Monumento a la Independencia) zum Gedenken an die Unabhängigkeit des Landes.

Weiter südlich, zwischen 16 und 18 Calle, stößt man auf die **Plaza Colón** an der Av. de las Américas (Zone 14). Auf einer Weltkugel steht hier die Figur des Entdeckers der Neuen Welt, Christoph Kolumbus.

Hotels

Gut und teuer: Residencial Reforma La Casa Grande, Av. de la Reforma 7–67 (Zona 10), ✆ 65723, ein sehr schönes dreistöckiges Haus in Kolonialbauweise, mit Patio und Garten, empfehlenswert; Conquistador Sheraton, Vía 5, 4–68 (Zona 4), ✆ 61212, neues Gebäude mit Zimmern im Kolonialstil; Camino Real, Av. de la Reforma/14 Calle (Zona 10), ✆ 681271, modernes Gebäude mit zwei Pools in ruhiger Lage; nahe Zona Viva; Panamerican, 9a Calle 5–63/6a Av. (Zona 1), ✆ 26807, ein alter Bau mit Patio, modernisiert, Nähe Plaza Mayor, etwas preiswerter als die vorgenannten.

Mittelklasse: Posada Belén, 13 Calle A 10–30 (Zona 1), ✆ 29226, kolonialzeitliches Dekor und Ambiente, Patio, ruhig, sehr empfehlenswert; Del Centro, 13 Calle 4–55 (Zona 1), ✆ 81281, modern und komfortabel; Colonial, 7a Av. 14–19 (Zona 1), ✆ 22955, Kolonialstil-Gebäude mit Patio; Hogar del Turista, 11 Calle

Siesta vor der Kathedrale

10–43 (Zona 1), ✆ 2 55 22; Spring, 8 a Av. 12–65 (Zona 1), ✆ 2 66 37.

Einfach und preiswert: Chalet Suizo, 14 Calle 6–82/6 a Av. (Zona 1), ✆ 5 13 86; Brasil, 3 a Av. 19–14 (Zona 1), ✆ 51 90 64; Hospedaje El Quijote, 22 Calle 2–41 (Zona 1), ✆ 277 95; Oasis House, am Fuße des Cerrito del Carmen; Familiar No. 4, 6 a Av. A 20–60 (Zona 1); Casa de Huéspedes Alameda, 4 a Av. 16–10 (Zona 10), in der Zona Viva in ruhiger Lage.

Restaurants

Sa Crêpe, 14 Calle 7–49 (Zona 9), ✆ 32 51 54; Holá, Av. de las Américas 5–77 (Zona 14), französisch, Fischspezialitäten; Amigos, 10 a Calle A 0–48 (Zona 10), Fischgerichte (Mittelklasse); El Rodeo Steak House, 7a Av. 14–84 (Zona 9), ✆ 31 49 28; Arrin Cuan, 5 a Av. 3–27 (Zona 1), ✆ 8 02 42, guatemaltekisch; Excellent, 2 a Av. 12–74 (Zona 10), ✆ 6 42 78, chinesisch; Peña de los Charangos, 6 a Av. 13–62 (Zona 9), ✆ 6 57 33, argentinisches Gaucho-Restaurant mit Musik.

Preiswerte chinesische Restaurants findet man in der 6 a und 8 a Av. im Bereich der 12 Calle in der Zone 1, viele weitere Eßlokale (preiswerte Schnellrestaurants und teurere) in der Zona Viva (im Osten der südlichen Reforma).

Verkehrsmittel

Busse: An der Busstation Terminal Zona 4, 2a–4a Av./6a–9a Calle (Zona 4), bedienen sehr viele Busgesellschaften hauptsächlich den Westen und Süden des Landes, aber auch andere Orte. Von der Busstation an der 8a–9a Av./18–19 Calle (Zona 1) fahren die meisten Busse nach Osten und Norden. Darüber hinaus findet man in der Stadt an unterschiedlichen Orten weitere Busgesellschaften. Richtung

Antigua: Mit La Preciosa, 15 Calle 3–37/ 4 a Av. (Zona 1), stdl.; Orellano, 18 Calle/ 4 a Av. (Zona 1), stdl.; Unidos, 15 Calle 3–65 (Zona 1).

Chichicastenango, Huehuetenango, La Mesilla: Mit Lima, 8 a Calle 3–63 (Zona 1), tgl.

Chimaltenango, Los Encuentros, Chichicastenango: Mit Lima (s. o.), Rebulí, 20 Calle 3–42/4 a Av. (Zona 1).

Cobán: Escobar, 8 a Av. 15–16 (Zona 1), 3 × tgl.

Chiquimulá, Esquipulas, Honduras-Grenze: Mit Paiz Guatesqui, 19 Calle 8–26 (Zona 1), 6 × tgl.; Orientales, 19 Calle 8–18 (Zona 1), 8 × tgl.

El Salvador: Mit Centro América, 9 a Av. 15–06 (Zona 1); Melva, 4 a Av. 1–20 (Zona 9); fünf weitere Gesellschaften in der Nähe, auch von Busstation Zona 4.

Escuintla: Mit Lima (s. o.)

Flores: Mit Fuente del Norte, 17 Calle 8–46 (Zona 1), 6 × tgl.; auch alle Busse nach Puerto Barrios (s. u., in diesem Fall in La Ruidosa aussteigen und Minibus Richtung El Relleno bis Brücke über Río Dulce nehmen).

Panajachel: Mit Rebulí (s. o.), stdl., 3,5 Std.; Higueros, 17 Calle 6–25 (Zona 1), 2 × tgl.

Puerto Barrios: Mit Litegua, 15 Calle 10–40 (Zona 1), stdl.; Orientales (s. o.), 1.-Klasse; Fuente del Norte (s. o.); Lima (s. o.).

Quetzaltenango, Huehuetenango, La Mesilla (Mexiko): Mit Lima (s. o.), 4 × tgl.; Galgos, 7a Av. 19–44 (Zona 1); El Condor, 19 Calle 2–01 (Zona 1).

Retalhuleu: Mit Lima (s. o.).

Tecún Umán, Talisman (mexikanische Grenze): Mit Lima (s. o.).

Internationaler Verkehr: Mit Melva (s. o.); Tica, Vía 4/Ruta 6 (Zona 4); 14 Calle/4 a Av. (Zona 1); 9 a Av. 15–06 (Zona 1).

Eisenbahn: Bahnhof in der 18 Calle zwischen 9 a und 10 a Av. (Zona 1); Abfahrt nach Puerto Barrios tgl. morgens.

Flughafen: La Aurora, 6 km südlich des Zentrums in Zona 13; Bus 6 ab Zona 1, Bus 5.

Leihwagen: Dollar, 7a Av. 7–28 (Zona 9), ✆ 677 96; Rental, 11 Calle 2–18 (Zona 9), ✆ 6 14 16; Tabarini, 2 a Calle A 7–30 (Zona 10), ✆ 31 61 08.

Motorräder: Moto-Rental, 11 Calle 2–18 (Zona 9), ✆ 6 14 16.

Unterhaltung

Restaurants, Diskotheken, Kinos und andere Vergnügungsstätten befinden sich hauptsächlich in der Zona Viva (Zona 10).

Theater: im Centro Cultural südlich der Plaza Bolívar zwischen Av. Simón Bolívar und

6a Av. (Zona 1), mit Freilichtbühne und verschiedenen Ausstellungshallen.

Musik: Mariachi-Kapellen an der Plazuela España, 7a Av./12 Calle (Zona 9).

Fest

Das wichtigste Fest der Stadt (Virgen de la Asunción) findet vom 14.–16. August statt, farbenprächtige Prozessionen am 15. August.

Einkaufen

Märkte: Mercado Central, östlich des Parque Central, 8a Av./8a Calle (Zona 1); nach der Zerstörung durch das Erdbeben von 1976 wurde der Markt zur Plaza Barrios verlegt und in mehreren Geschossen unterirdisch neu angelegt; die Kleinstrestaurants liegen in der 1. Etage. Mercado Central, 9a Av. zwischen 18 und 19 Calle (Plaza Barrios), der 1976 als Übergangslösung eingerichtete Markt hat sich erhalten. Mercado del Sur 2, 6a Av. 19–21 (Zona 1), gegenüber dem Fuerte de San José: Lebensmittel, alle tropischen Früchte und Kunsthandwerksartikel. Der grüne Ziegelbau ist bis auf den letzten Platz belegt, daher sind viele Stände auf die umliegenden Fußwege ausgelagert.

Kunsthandwerk: Mercado Nacional de Artesanías, 11 Av., im Parque La Aurora (Zona 13), an der Straße zum Zoo. In mehreren Bungalows im Park werden Souvenirs produziert und verkauft. Man kann einen Webstuhl in Funktion besichtigen und sich auf Bänken unter Palmen vom Einkauf erholen. Der für Touristen eingerichtete Markt ist mit Bus 5, Richtung Aurora, von der 8a Av. zu erreichen. Galería de Arte El Dzunún, 2a Av. 12–33 (Zona 9), Bilder, Postkarten, Reproduktionen, Boutique, Café im schönen Patio; Plástica Contemporánea, 2a Av. 12–28 (Zona 10), moderne Plastiken.

Bücher und Landkarten: Vista Hermosa-Buchhandlung, 2a Calle 18–50 (Vista Hermosa II, Zona 15); Instituto Geográfico Nacional, Av. de las Américas/16 Calle, Plaza Simón Bolívar, Zona 13.

Geschäfte und Warenhäuser liegen an der 6a Av. (Zona 1 und 4) sowie in der Zona Viva (Zone 10).

Adressen

Auskunft: Inguat, 7a Av. 1–17 (Zona 4), Centro Cívico, ✆ 31 13 33, 31 13 47.

Deutsche, Österreichische, Schweizer Botschaft s. S. 457.

Britische Botschaft (Visum für Belize): Embajada Gran Bretaña, 7a Av. 5–10 (Zona 4), Ed. Centro Financiero, Torre II, 7. Stock, ✆ 32 16 01.

Gesundheit: Hospital Herrera Llerandi, 6a Av. 8–71 (Zona 10), ✆ 6 67 71/5.

Zahnarzt Dr. Robert Turton, Av. de la Reforma 12–81 (Zona 10), ✆ 31 63 33.

Farmacia Sto. Domingo, 12 Av. 8–51 (Zona 1), ✆ 53 56 73.

Reisebüros: Maya Expeditions, 4a Calle 1–69 (Zona 9), ✆ 34 11 53, abenteuerliche Touren zu weniger besuchten Orten, Flußfahrten auf dem Río Cahabón und dem Usumacinta; Tourama, Av. de la Reforma 15 (Zona 10), hilfsbereit, zuverlässig, Personal spricht Deutsch.

Telefon: Guatel, 8a Av./12 Calle (Zona 1).

Von Guatemala City nach Süden

Die Straße CA-9 führt von der Hauptstadt aus westlich des Amatitlán-Sees und des Pacaya-Vulkans zur Industriestadt Escuintla; bis dorthin ist sie überwiegend autobahnähnlich ausgebaut. Danach verläuft die Landstraße, zunächst parallel zur Eisenbahnlinie über Palín und Masagua zum Pazifikhafen San José. Die 105 km lange Strecke geht von 1500 m Höhe abwärts bis auf Meeresniveau; man passiert zunächst Kaffeeplantagen, dann wird die Vegetation dichter und zunehmend tropisch. Die Temperaturen und die Luftfeuchtigkeit steigen stetig; in San José angekommen, fühlt man sich wie im Treibhaus. Man wird jedoch durch die aufregende Fahrt und den atemraubenden Blick auf die Vulkane Agua, Fuego und den Doppelkrater Acatenango belohnt.

Amatitlán

Der etwa 45 qkm große und bis zu 40 m tiefe Lago de Amatitlán liegt ca. 30 km südlich der Hauptstadt und ist besonders am Wochenende ein beliebtes Ausflugsziel. Wassersport, Bootstouren, Segeln und andere Unternehmungen sind vom Strand der Stadt Amatitlán (s. u.) aus möglich. Am Rand des Sees entspringen heiße Quellen, von denen einige für Schwimm- und Thermalbäder genutzt werden (z. T. mit Restaurant- oder Hotelbetrieb). Eine Straße führt um den See; im Süden verläuft sie direkt am Ufer entlang. Privatgrundstücke mit Villen und Wohnhäusern nehmen jedoch den größten Teil des Ufers ein; der Zugang zum See beschränkt sich auf die Playa Pública (öffentlicher Strand) und den Stadtrand von Amatitlán.

Am Ufer östlich des Ortes und im See selbst sind Relikte aus der Maya-Zeit gefunden worden. Vom Park Las Ninfas an der Playa Pública in Amatitlán, den man auch in Pferde- und Eselskutschen befahren kann, führt eine Seilbahn zum 2,5 km nördlich gelegenen Parque Naciones Unidas hinauf, mit Campingmöglichkeit und schönem Ausblick auf Stadt, See und – im Süden – den Vulkan Pacaya.

Die Eisenbahnlinie von Guatemala City überquert den See an seiner schmalsten Stelle und führt dann am Südufer entlang zur Stadt Amatitlán. Industriebetriebe leiten ihre Abwässer in den See ein, so daß zum Baden die Thermalquellen vorzuziehen sind.

Die Stadt Amatitlán (21000 Einwohner) liegt 27 km südlich der Hauptstadt in 1250 m Höhe an der Nordwestspitze des Sees gleichen Namens.

Hotels

Gut und teuer: Balneario Rocareña, am Seeufer, ✆ 03 30-3 37; Termales Sta. Teresita, am Ufer des Río Michatoya, ✆ 03 30-2 25; Campingmöglichkeit an heißen Quellen an der Straße zum Pazifik: Las Hamacas (km 31,5), La Red (km 33) und Turicentro Automariscos (km 33,5), ✆ 03 30-4 79, mit exzellentem Fischrestaurant.

Restaurants

Cafetería Tai Lien, 9a Av. 5-40 (chinesisch); Termales Maya, auf der Ctra. nach Morlón, gegenüber der Brücke La Gloria.

Verkehrsmittel

Bus: Von Guatemala City ab Terminal Zona 4.

Eisenbahn: Von Guatemala City weiter nach San José und Tecún Umán an der mexikanischen Grenze.

Ausflüge

Palín: Auf der Fahrt nach Süden passiert man die Anlage Automariscos (Hotel, Restaurant,

El Castillo am Lago Amatitlán

Schwimmbad, Camping) und das Balneario Agua Tibia, beide links an der Straße gelegen. Bei km 40 erreicht man den Ort Palín. Wenn man von der Hauptstraße rechts in die Dorfstraße einbiegt, kommt man zunächst an einer kleineren Plaza mit einer Kirche und einem Ceiba-Baum vorbei. Etwa 1 km weiter liegt der Hauptplatz mit einem zweiten, jahrhundertealten Ceiba-Baum, der viele Besucher anzieht. Sein Stamm hat einen Durchmesser von 4,50 m, die Spannweite seiner Krone beträgt 60 m. Mittwochs und sonntags findet ein Indio-Markt auf der Plaza statt. Von hier eröffnet sich ein herrlicher Ausblick auf die Vulkane Fuego und Acatenango.

El Castillo: Ein schöner Spaziergang führt von der Stadt Amatitlán am nördlichen Seeufer entlang einige Kilometer in östlicher Richtung zu einer kleinen ehemaligen Kirche, die 1935 im Stil einer Burg aus Naturstein errichtet wurde. Sie wird von den Einheimischen El Castillo (das Schloß), seltener Iglesia Niño de Atoche genannt. In einem zauberhaften Garten liegt zwischen Palmen und hohen Bäumen das jetzt als Wochenendsitz privat genutzte Haus, das rund um die Uhr besichtigt werden kann.

Parque Naciones Unidas: Sofern man nicht die Seilbahn *(Teleférico)* von der Stadt Amatitlán aus benutzen möchte, ist der Park auch von Guatemala City aus über eine Abzweigung von der Hauptstraße zu erreichen. In dem weitläufigen, von Nadelhölzern bestandenen Park liegt ein Aussichtsplatz *(Mirador)*, von dem man auch die den See überquerende Eisenbahnlinie sowie Fischzuchtanlagen am Seeufer sehen kann. Bänke, Grillplätze, Hütten und Sportanlagen laden zu verschiedenen Aktivitäten oder zum Entspannen ein. An der Plaza Guatemala stehen Beton-Nachbildungen von Gebäuden der Gran Plaza in Tikal (etwa 10 m hoch) sowie von verschiedenen Stelen und von zwei Tempeln aus Zaculeu. An der Plaza Típica findet man kleine strohgedeckte Hütten, einen Kiosk und ein Restaurant sowie Stelen aus Aguateca und Ceibal. Die Plaza Colonial schließlich umgeben weißgetünchte Häuser mit roten Ziegeldächern und eine kleine Kirche.

Der Pacaya-Vulkan

Der seit 1965 wieder aktive Vulkan (2552 m) liegt südlich des Amatitlán-Sees. Bei km 37 der CA-9 zum Pazifik zweigt eine Schotterstraße in östlicher Richtung (ca. 10 km) zum Dorf San Vicente Pacaya ab. Ein Fußweg führt ins Nachbardorf San Francisco de Sales (nur selten fährt ein Bus). Von dort gibt es einen Pfad zur Meseta (1,5 Std.), einem Plateau, von dem aus bereits der aktive neue Krater beobachtet werden kann. Nach einem beschwerlichen Aufstieg (1 Std.) durch sehr feinen Lavasand gelangt man zum alten Kraterrand, von dem man in den kleineren Mac Kenney-Krater hinuntersieht. Lava brodelt und fließt rotglühend und zischend über den Rand. Einige Besucher übernachten auf der Meseta, um die Faszination des ›Feuerwerks‹ im Dunkeln besser erleben zu können. Es empfiehlt sich, die Dienste eines der Führer anzunehmen, die sich an den Parkplätzen in San Francisco und San Vicente anbieten.

Hotels

Übernachtung in den Hotels auf dem Weg nach Palín, in Amatitlán oder in Escuintla.

Verkehrsmittel

Busse: Nach San Vicente Pacaya, Amatitlán und Palín von Guatemala City (Terminal Zona 4).

Escuintla

Die Hauptstadt des gleichnamigen Departments, 340 m ü. d. M., liegt 58 km südlich von Guatemala City in einem fruchtbaren tropischen Tal. Sie ist von Gemüsefeldern, Palmenhainen, Baumwoll- und Zuckerrohrplantagen umgeben. Schon früh entwickelte sich die Stadt (30 000 Einwohner) zu einem landwirtschaftlichen Handelszentrum, und mit der Zeit etablierte sich auch ein großer Markt; heute sind eine Reihe von Agrarindustriebetrieben hinzugekommen.

Die ehemalige Siedlung Iscuintepeque der Pipil-Indios wurde von den Spaniern unter Pedro de Alvarado erobert und anschließend zerstört. Über Sehenswürdigkeiten verfügt das auf den Resten errichtete Escuintla nicht. Die Stadt ist Knotenpunkt der CA-9 mit der parallel zum Pazifik verlaufenden CA-2 (Ctra. del Pacífico), die von der mexikanischen zur salvadorianischen Grenze führt.

Hotels

Gut und teuer: La Villa, 3 a Av. 3–21/3 a Calle 3–28 (Zona 1), ✆ 03 80–3 12.

Mittelklasse: Sarita, Av. Centroamérica 15–32 (Zona 3), ✆ 03 80–4 82; Texas, Av. Centroamérica 15–04 (Zona 3), ✆ 03 80–1 83.

Einfach und preiswert: Hospedaje La Comodidad, 5 a Av. 9–49 (Zona 1), ✆ 03 80–2 81; Hospedaje San Vicente, 10 a Calle 5–08 (Zona 1), ✆ 03 80–4 03.

Restaurants

La Ponderosa, 3 a Av. 8–41 (Zona 1); Cafetería Los Camarones, 4 a Av. Sur 10–90 (Zona 1), Fischspezialitäten; León Dorado, 5 a Av. 7–82 (Zona 1).

Verkehrsmittel

Bus: Von Guatemala City ab Terminal Zona 4; auch 1.-Klasse-Busse der Linie Lima, 8 a Calle 3–63 (Zona 1); Direktverbindung nach Antigua.

Busunternehmen nach Siquinalá und La Democracia findet man an der Ausfallstraße nach Sinquinalá.

Taxi: Für den Ausflug nach La Democracia Taxis Unidos, 3 a Av. A 8–45 (Zona 1).

Eisenbahn: Nach Guatemala City und San José; südlich der Stadt zweigt die Strecke nach Tecún Umán (mexikanische Grenze) ab.

Adressen

Gesundheit: Hospital Nacional, auf der Ctra. nach Taxisco, km 59,5, ✆ 03 80–7 83.

Farmacia Las Vegas, 3 a Av. 9–78 (Zona 1).

La Democracia

Die Kleinstadt (3000 Einwohner) liegt 90 km südwestlich von Guatemala City und ist von Escuintla über die westliche CA-2 (Richtung Sta. Lucía Cotzumalguapa) zu erreichen. In Siquinalá zweigt eine Straße (7 km nach Süden) nach La Democracia ab. Kurz vor der Stadt überquert man die Eisenbahnlinie nach Tecún Umán.

Attraktion des Städtchens sind die auf der Plaza aufgestellten Skulpturen, deren Entstehung auf den Zeitraum von 1000 bis 300 v. u. Z. datiert wird. Es handelt sich um dicke, unförmige Köpfe, z. T. mit Rumpf- und Gliederansatz, die nur auf einer Seite gemeißelt sind. Die Augen in Form eines Halbmondes und die gesamte Gestalt erinnern an die Olmeken-Köpfe der mexikanischen La Venta-Kultur, obwohl kein Zusammenhang mit diesen nachgewiesen werden konnte. Der Unterschied der guatemaltekischen Monolithen zu den Olmeken-Skulpturen zeigt sich in den eng anliegenden Extremitäten und dem dicken Leib.

Die ersten Figuren wurden 1860 auf den Fincas der Cotzumalguapa-Region gefunden, als der tropische Regenwald dem Kaffee-Anbau und der Plantagenwirtschaft weichen mußte. Immer noch stößt man gelegentlich auf Fundstücke in den Zuckerrohrfeldern und bei Rodungs- und Grabungsarbeiten. Die Standplätze einiger Monolithen dienen den Indios noch heute als Kultstätten.

Bei landwirtschaftlichen Arbeiten entdeckte man auch Keramiken, die bis 1500 v. u. Z. datiert werden. Man kann sie, neben Masken, Steinskulpturen und anderen Exponaten, im 1971 gegründeten Museo Regional de Arqueología an der Plaza von La Democracia besichtigen (Di–So 8–12 und 14–17 Uhr).

Hotels

Mittelklasse: Santiaguito, Sta. Lucía, CA-2, km 90,9, ✆ 0745–435; Motel La Paz, an der CA-2 in Siquinalá.

Einfach und preiswert: El Camino, Sta. Lucía, CA-2, km 90,5, ✆ 0745–316; weitere Pensionen gegenüber Motel La Paz in Siquinalá.

Verkehrsmittel

Bus: Verbindung von Guatemala City (Terminal Zona 4) und Escuintla nach Siquinalá, Sta. Lucía Cotzumalguapa und La Democracia.

Ausflüge

Auf der Plaza von Sta. Lucía Cotzumalgualpa, 1 km nördlich der CA-2, liegen drei große behauene und stark reliefierte **Wandfragmente.**

Nördlich von Sta. Lucía (3a Av. ab Plaza) erreicht man über eine schmale Straße (Hotel Flores) und einen Weg durch Zuckerrohrfelder die **Finca El Baúl.** Inmitten der Felder stößt man zunächst bei Baulíto auf drei Maya-Skulpturen, u. a. einen 1,50 m hohen Kopf, der von den Indios sehr verehrt wird und als Wallfahrtsziel gilt. Diese Region wurde im 7. Jh. von Bewohnern der Stadt Teotihuacán besiedelt, die wegen der Invasion von Völkern aus Mexikos Norden ihren angestammten Ort veralssen hatten. Sie wurden in Zentralmexiko ansässig und gelangten später bis nach Copán (Honduras), nach Yucatán und nach Sta. Lucía.

Im Zentrum der Finca (am Eingang der kleinen Ortschaft 200 m nach links) findet man einen kleinen eingezäunten Platz mit ca. 20 Stelen, Figuren, Köpfen und – einer alten Lokomotive aus Zuckerrohr.

San José

Der 1953 an ungeschützter Stelle gegründete Exporthafen (10 000 Einwohner) liegt 109 km südlich der Hauptstadt (CA-9) am Pazifik.

Die Stadt hat seit 1880 eine Eisenbahnverbindung nach Guatemala City und ist Ausgangshafen für ein Drittel der guate-

Am Hafen von San José

maltekischen Exporte. Der Andrang der Schiffe machte den Bau einer neuen Hafenanlage notwendig, so entstand östlich der Stadt Puerto Quetzal. Als Hafenstadt kann San José mit vielen Bars und Unterhaltungsbetrieben für Seeleute aufwarten.

Zwischen San José und dem neuen Hafen liegen zwei große Salinen (San José und Sta. Marta). Parallel zur Küste kommt von Westen der Canal de Chiquimulilla. Er durchzieht die Stadt, mündet im Südosten ins Meer und setzt sich von Puerto Quetzal in östlicher Richtung bis zur salvadorianischen Grenze fort. Die Wasserstraße kann nur von Booten mit geringem Tiefgang befahren werden.

Die Strände in und um San José bestehen aus schwarzem Vulkansand.

Hotels

Gut und teuer: Club Chulamar, 5 km westlich, zwei Swimmingpools, Bungalows.

Mittelklasse: Turicentro Likin, km 113,5 an der Ctra. nach Iztapa (5 km östlich); Bungalows: Viñas del Mar, Barrio Miramar, ✆ 0741-236.

Restaurant

Martita, CA-9, km 107, Col. El Progreso.

Verkehrsmittel

Bus: Von Guatemala City (Terminal Zona 4) nach San José und Iztapa.

Eisenbahn: (✆ 0741-121) nach Guatemala City und über Retalhuleu und Champerico nach Tecún Umán an der mexikanischen Grenze.

Adressen
Gesundheit: Farmacia La Salud, Av. 30 de Junio.

Ausflüge
Chulamar: 5 km westlich, Badestrand mit Übernachtungsmöglichkeit.

Balneario Likin: Badeort 5 km östlich auf einer Insel zwischen Kanal und Küste (Fähre ab Parkplatz), Bungalows und Cabañas.

Iztapa: 20 km östlich zwischen Kanal und Küste (Fähre), Hotels, Strände, Restaurants.

Bootsausflüge auf dem Kanal in östlicher Richtung durch tropische Vegetation; Boote in Puerto Quetzal, Likin und Iztapa zu mieten.

Von Guatemala City zur Karibik

Die Straße von der Hauptstadt in nordöstlicher Richtung zur Karibik und zum Hafen Puerto Barrios ist etwa 300 km lang, zweispurig und durchgehend geteert. Mehrere Busgesellschaften bedienen die Strecke täglich und in kurzen Abständen. Die CA-9 verläuft zunächst parallel zur Bahnlinie und später durch das Tal westlich des Río Motagua. Kurz hinter El Progreso zweigt links die CA-14 nach Cobán ab. In Río Hondo (hier machen alle Busse an einer Raststätte eine Pause) führt die CA-12 (rechts ab) in südliche Richtung über Zacapa und Chiquimulá nach Esquipulas. Von dort ist der Übergang nach Honduras und El Salvador möglich.

Kurz hinter Chiquimulá erreicht man auf einer 50 km langen Schotterstraße (CA-11) in östlicher Richtung die Ruinen von Copán (Honduras), die sich unmittelbar hinter der Grenze befinden.

Im weiteren Verlauf der CA-9 liegt östlich der Straße bei Los Amates die archäologische Stätte Quiriguá. Bei La Ruidosa zweigt nordwestlich die lange Schotterstraße nach Flores und Tikal (Weiterfahrt nach Belize möglich) ab. Sie überquert nach 35 km den Río Dulce, der hier den Lago de Izabal verläßt. Mit Booten gelangt man von der Brücke zu nahe gelegenen Unterkünften am See und am Fluß, zum Castillo de San Felipe de Lara sowie nach Lívingston. Während der langen Weiterfahrt nach Flores lohnt sich ein Stopp in Poptún (schöne Landschaft, Ausflüge zu den Höhlen).

Eisenbahnlinie und CA-9 enden beide in Puerto Barrios. Von hier verkehrt eine Fähre nach Lívingston und weiter nach Belize sowie nach Honduras.

Cobán

Die Hauptstadt des Departments Alta Verapaz, 1317 m hoch gelegen (ca. 15 000 Einwohner) erreicht man von Guatemala City (218 km) über eine geteerte Straße. Das Klima ist subtropisch, es regnet viel, und die Temperaturen liegen tagsüber zwischen 14 und 22 °C. Die kolonialzeitliche Stadt, deren Bevölkerung zu 80% aus Indios besteht, wurde 1538 von Bartolomé de Las Casas gegründet und erhielt 1544 von Kaiser Karl V. die Stadtrechte.

Heute ist sie wichtiges Handels- und Wirtschaftszentrum inmitten riesiger Zuckerrohr-, Kardamom- und Kaffeeplanta-

Castillo San Felipe de Lara

gen. Letztere wurden Ende des 19. Jh. von Deutschen angelegt, die Präsident Barrios zur Ankurbelung der Wirtschaft in das Land geholt hatte. Die Deutschen wurden während des Zweiten Weltkrieges enteignet, ihre Fincas betreibt heute größtenteils der Staat. Gleichwohl sieht man blonde Einheimische, allerlei deutsche Namen, und selbst einige deutsche Wörter finden sich im lokalen Kekchi-Dialekt der Indios wieder.

Touristen besuchen die Stadt und ihre Umgebung hauptsächlich wegen der einzigartig schönen, von Cañóns durchzogenen Landschaft mit ihren Seen und Flüssen, den grünen Bergen und der reichen Vegetation. Hier befindet sich auch das Quetzal-Naturschutzgebiet zur Erhaltung des schönen, selten gewordenen Nationalvogels, dessen Federn schon den Eroberer Hernán Cortés begeisterten.

Zu den Sehenswürdigkeiten der Stadt Cobán gehört die 1559 errichtete Kolonialkirche El Calvario. Sie befindet sich auf einem Hügel (7a Av. Nte.) mit Blick über die Stadt. An der über 130 Stufen hinaufführenden Treppe stehen kleine Altäre mit Blumen und Kerzen. Die Christusfigur im Kircheninneren stammt von Evaristo Zuñiga, einem Künstler der Kolonialzeit, der auch die Jesusfigur in der La Merced-Kirche von Guatemala City (die vorher in Antigua stand) schuf. Die Kirche wurde innen vollkommen restauriert, die Fassade blieb jedoch im Originalzustand erhalten.

Die Stadt ist in vier Zonen eingeteilt, die an der Plaza zusammentreffen. Hinter der Kathedrale, die an der dreieckigen Plaza steht, wird täglich ein sehenswerter Markt abgehalten. Gegenüber der Kirche befindet sich das aus der Kolonialzeit stammende Regierungsgebäude des Departments mit doppeltem Bogengang und rotem Ziegeldach.

Hotels
Mittelklasse: La Posada, 1a Calle 4–12 (Zona 2, an der Plaza), ✆ 05 11-4 95, ein Haus im Kolonialstil, mit großen Zimmern, Holzbalkendecken, Patio und angenehmer Atmosphäre; Cobán Imperial, 6a Av. 1–12 (Zona 1); Central, 1a Calle 1–79 (Zona 4), ✆ 05 11-4 42.

Einfach und preiswert: Hospedaje Maya, 1a Calle 2–53 (Zona 4); La Paz, 6a Av. 2–19 (Zona 1), ✆ 05 11-3 58; Pensión Continental, Plaza, sehr preisgünstig.

Restaurants
Im Hotel La Posada; Chipi-Chipi, 2a Av. 1–17 (Zona 3); El Refugio, an der Plaza; viele preiswerte Restaurants an der Plaza.

Verkehrsmittel
Bus: Verbindung von Guatemala City mit Escobar, 8a Av. 15–16 (Zona 1), 4 × tgl., 4 Std., auch 1.-Klasse-Busse; nach El Estor am Lago Izabal (Fährverbindung Mariscos – El Estor) 2–3 × tgl., 7–8 Std.; nach Huehuetenango mit Escobar in Cobán: 2a Calle 3–77 (Zona 4), ✆ 05 11-5 36 (Richtung Guatemala City).

Andere Richtungen: Terminal 4a Av. 2–28 (Zona 4).

Fest
Das Stadtfest (zu Ehren von Santo Domingo de Guzmán) findet vom 31. Juli bis 6. August statt, Höhepunkt ist der 4. August. Die Feiern werden verbunden mit einem nationalen Folklorefest (El Paabanc), das weit über die Grenzen der Stadt hinaus bekannt ist.

Adressen
Gesundheit: Hospital de la Cruz, 5a Av. 1–64 (Zona 4); ✆ 05 11-8 05.

Farmacia Norte, 1a Calle 14–43 (Zona 1).

Telefon: Guatel, an der Plaza.

Ausflüge
Höhlen von Lanquín: 70 km östlich von Cobán, 350 m hoch gelegen. Das Höhlensystem ist insgesamt 90 km lang, davon sind jedoch nur 4 km zur Besichtigung freigegeben und beleuchtet (Taschenlampe mitnehmen). In den bis zu 50 m hohen Hallen befindet sich eine Reihe von Maya-Altären, die auf eine Benutzung der Höhlen zu kultischen Zwecken schließen läßt.

In der Höhle entspringt der Fluß Lanquín, er verläuft zunächst unterirdisch, tritt dann aus der Höhle aus und wird schnell breit und so tief, daß er mit Booten befahrbar ist und man darin schwimmen kann.

Hotel
Pensión Mary; Campingmöglichkeiten an der Höhle.

Verkehrsmittel
Bus: 2 × tgl. von Cobán nach Lanquín, 3–4 Std., 2 km von den Höhlen entfernt; Busgesellschaft La Esmeralda, 2a Calle 4–66 (Zona 1).

10 km südlich von Lanquín liegt der nur über eine Schotterstraße erreichbare Ort **Semuc Champey.** Man findet dort weitere Höhlen sowie eine ›natürliche Brücke‹ über den Río Cohabón. Es handelt sich um eine fast 1 km lange Sandsteinformation, die vom Fluß unterspült wurde. In der Regenzeit, d. h. bei Hochwasser, bilden sich Tümpel auf der ›Brücke‹, in denen sich baden läßt. In der Nähe befindet sich eine malerische Hängebrücke (Campingmöglichkeit auf der ›natürlichen Brücke‹).

San Pedro Carchá: 6 km östlich von Cobán, 1250 m ü. d. M., ein Indio-Dorf (von Dominikanern gegründet) mit 5500 Einwohnern, die von Kaffee-Anbau und Viehzucht leben (Bus von Cobán verkehrt stdl., ca. 15 Min.). Die Kunsthandwerker des Ortes sind bekannt für ihr Geschick bei der Herstellung von Webarbeiten, hölzernen Masken sowie Silberschmuck (tgl. Markt). Am Ortsrand bieten die Balnearios Las Islas Gelegenheit zum Schwimmen. Sehenswert sind die kolonialzeitliche Kirche sowie eine Brücke über den Río Cobán. Ein kleines Regionalmuseum stellt Maya-Keramiken sowie lokale Trachten aus.

Hotel
Shanghai, Diagonal 1 3–27, ✆ 51 14 23.

San Juan Chamelco: 8 km südöstlich von Cobán, stdl. Busverkehr, ca. 20 Min. Eine berühmte Kolonialkirche dient den Indios als Zeremonialstätte für christlich-indianische Rituale.

Tactic: Indio-Dorf in einem langen, engen Tal, 32 km südöstlich von Cobán, Abzweigung bei km 184 der Straße von Guatemala City, 1450 m hoch. Sehenswert: die Koloniale Kirche, die beim Erdbeben von 1976 jedoch stark beschädigt wurde. Donnerstags und sonntags wird Markt abgehalten; er ist besonders bekannt für seine Huipiles, gewebte tunikaartige Gewänder. Am Ortsrand steht der *Pozo Vivo*, der ›Lebende Brunnen‹, dessen Wasser angeblich zu brodeln anfängt, sobald man sich ihm nähert. Ursache dafür ist eine starke Quelle, die im Brunnen entspringt und dort die schwimmenden Abfälle in Bewegung bringt. Da man dies nur beim Nähertreten sehen kann, behaupten die Einheimischen, erst dann beginne das Schauspiel. Ein Ereignis, das den Marsch über die sumpfigen Wiesen nicht lohnt.

Hotel
Hotel Sulmy, Pensión Central.

San Cristóbal Verapaz: Westlich von Tactic 1400 m hoch an einem See gelegen. Die Kirche El Calvario stammt aus der Kolonialzeit und liegt auf einem Hügel. Die Einwohner arbeiten fast alle in der lokalen Schuhfabrik oder bieten ihre Waren auf dem donnerstags und sonntags stattfindenden Markt an.

Hotel
Pensión Central.

Verkehrsmittel
Bus: Von Cobán stdl.

Tamahú: Indio-Dorf, 1050 m hoch, in einem Tal mit schönem Regenwald, 44 km südöstlich von Cobán (Abzweigung bei Tactic Richtung Panzós und El Estor). Die schönen Huipiles des Dorfes kann man donnerstags und sonntags auf dem Markt erwerben. In der Umgebung gibt es viele Kaffee- und Bananenplantagen.

Senahú: 115 km südöstlich von Cobán, Abzweigung bei Tactic, Bus 4 × tgl., ca. 7 Std. Trotz der tropischen Landschaft sowie der kunstvoll gefertigten Huipiles lockt es nur wenige der Touristen an, die auf dem Weg zwischen dem Izabal-See und Cobán sind, um einen Abstecher nach Senahú zu machen.

Hotel
Pensión El Porvenir.

Biotopo Universitario para la Conservación del Quetzal: Vom 1981 ermordeten Naturforscher Mario Dary gegründet, 4 km südlich von Purulha östlich der Straße. Durch das waldige Naturschutzgebiet, das zur Erhaltung der Quetzalvögel eingerichtet wurde, führen schöne Spazierpfade (Campingmöglichkeit).

Hotel
Hospedaje Los Ranchitos im Biotop oder 7 km davor bei km 156 im Mittelklassehotel Posada Montaña del Quetzal, Reservierung von Guatemala City, ✆ 314181.

Chiquimulá

Die gleichnamige Hauptstadt des Departments Chiquimulá liegt in 370 m Höhe und wird von Reisenden hauptsächlich als Ausgangsbasis und Übernachtungsort bei Ausflügen über die honduranische Grenze zu den Ruinen von Copán (s. S. 302) gewählt. Bei km 135 der CA-9 nach Puerto Barrios führt rechts (östlich) die CA-10/CA-12 nach Chiquimulá (32 km) und Esquipulas sowie zu den Grenzübergängen nach Honduras und El Salvador (an der Abzweigung liegt das Motel Hawai, Mittelklasse).

Wenige Kilometer nach der Abzweigung gelangt man nach La Estanzuela. Die Dorfstraße (rechts ab) führt nach 1 km zu einem von Inguat unterhaltenen Museum für Paläontologie, Geologie und Zoologie. Die Wände sind mit Motiven aus der Maya-Kultur bemalt. Ausgestellt werden in einer großen Halle Maya-Steinskulpturen und Werkzeuge aus dem Nordosten des Landes, zwei Skelette von Rundschwanzseekühen und von Mastodonten (ausgestorbene, elefantengroße Rüsseltiere aus dem Jungtertiär), die etwa 30 000 Jahre alt sind. Im Untergeschoß kann man ein wiederaufgebautes Maya-Grab besichtigen, das in Progreso (66 km entfernt) entdeckt wurde (Di–So 9–17 Uhr). In Chiquimulá selbst findet man keine Sehenswürdigkeiten. Ein schöner Ceiba-Baum schmückt die Plaza, auf der täglich Markt abgehalten wird.

Hotels

Mittelklasse: Posada Perla de Oriente, 12 Av. 2–30, ✆ 42 05 34; Darío, 8 a Av. 4–40 (Nähe Plaza), ✆ 42 01 92.

Einfach und preiswert: Chiquimulá, 3 a Calle 6–51 (Nähe Plaza), ✆ 42 09 24; Pensión Hernández, 3 a Calle 7–41, ✆ 42 07 08; Übernachtungsmöglichkeiten auch in Vado Hondo, El Florido und Copán.

Restaurant

In der Pensión Hernández; Liu, 3 a Calle 6–51.

Verkehrsmittel

Abzweigung nach Copán bei km 117 der CA-12 (Vado Hondo) nach Esquipulas; bis Vado Hondo 10 km, von dort bis Copán 66 km.

Busse: von Guatemala City nach Chiquimulá und Esquipulas: Rutas Orientales, 19 Calle 8–18 (Zona 1), stdl.

Bus zur honduranischen Grenze (El Florido, Brückenübergang) 4 × tgl.; von dort Minibusse und Taxis nach Copán (14 km) und zur archäologischen Stätte. Wer am selben Tag aus Honduras zurückkehren will, muß sehr früh losfahren und Copán mittags verlassen, um in El Florido den letzten Anschlußbus zu erreichen. Bus von Chiquimulá nach Puerto Barrios (Carmencita).

Eisenbahn: Von Guatemala City nach Puerto Barrios, der Zug hält in Zacapa (21 km von Chiquimulá); eine Eisenbahnverbindung führt von Zacapa nach El Salvador (zeitweilig außer Betrieb).

Fest

11.–18. August *(Virgen del Tránsito),* Höhepunkt am 15. August mit einem (ansonsten in Guatemala seltenen) Stierkampf.

Esquipulas

Die an den Grenzen von Guatemala, Honduras und El Salvador gelegene Stadt Esquipulas (8000 Einwohner, 950 ü. d. M., 50 km von Chiquimulá entfernt) gelangte durch die mittelamerikanischen Friedensverhandlungen (s. S. 32) zu Berühmtheit. Touristen dient der Ort als Durchgangsstation für Busreisen über die Grenzen. 10 km östlich von Esquipulas (CA-10) liegt Agua Caliente, der Grenzübergang nach Honduras. Von hier führt eine Straße in nordöstlicher Richtung nach San Pedro Sula. Etwa 15 km vor Esquipulas zweigt die CA-12 nach Süden ab zur salvadorianischen Grenze (20 km bis Anguiatú); die Straße führt weiter über Metapán nach Sta. Ana.

Die mächtige weiße Basilika (1759 erbaut) mit ihren vier Ecktürmen und einem schönen Garten ist das Wahrzeichen der Stadt. Im Innern der Kirche wird (hinter Glas) eine 1,50 m hohe und mit wertvollem Gewand und Edelsteinen verzierte, schwarze Christusfigur *(Cristo Negro)* aufbewahrt. Der 1594 von Quirio Cataño geschaffenen Statue werden Heilkräfte zugesprochen.

Am 15. Januar wird Esquipulas zum Wallfahrtsort für Gläubige aus Guatemala und dem übrigen Mittelamerika. Auf Knien legen viele Menschen die letzten Meter bis zur Basilika zurück. Zur Feier des Tages finden folkloristische Tänze statt; die Kirche und der gesamte Ort quellen über vor Besuchern.

Die Kirche ist umgeben von Souvenirständen, an denen man Devotionalien kaufen kann und vor allen Dingen einen jener Strohhüte, die von der erfolgten Wallfahrt künden. In der Nähe der Kirche lädt eine heiße Quelle zum Baden ein.

Hotels

Gut und teuer: Payaquí, 2 a Av. 11–56, ✆ 04 31-143, mit Swimmingpool.

Die Wallfahrtskirche von Esquipulas

Mittelklasse: Monte Cristo, 3a Av. 9–12, ✆ 04 31–4 53; Los Angeles, 2a Av. 11–94, ✆ 04 31–2 54.

Einfach und preiswert: Zacapa, 3a Av. 9–51, ✆ 04 31–1 51; Pensión Lemús, Doble Vía Quirio Cataño, ✆ 04 31–1 56; Pensión Argentina, 3a Av. 8–38, ✆ 04 31–0 03.

Verkehrsmittel s. Chiquimulá s. 193.

Quiriguá

Bei km 205 der CA-9 von Guatemala City, etwa 6 km hinter der Ortschaft Los Amates und 100 km vor Puerto Barrios, liegt die kleine Ortschaft Quiriguá (1300 Einwohner). Etwa 1 km weiter nördlich führt eine 3,5 km lange Schotterstraße in östlicher Richtung durch Bananenplantagen und über die Bahnlinie zum Nationalpark Quiriguá am Nordufer des Río Motagua, der hier in einer 9 km breiten und grünen Ebene fließt.

Die archäologische Stätte liegt im Nationalpark. Ihr Zentrum wurde von Urwald und Buschwerk befreit, jedoch liegen noch beträchtliche Teile des ursprünglichen Maya-Areals im Urwald versteckt. An der archäologischen Stätte ist es beständig feucht, heiß und schwül; es regnet oft. Der Rasen ist dicht und hoch, und selbst auf den ausgegrabenen und gesäuberten Gebäuden wachsen wieder Moos und Pflanzen. Überall hört man das Gezwitscher der tropischen Vögel. Am Parkplatz vor dem Eingang befinden sich einige kleinere Restaurants (Mo–So 9–18 Uhr).

Vermutlich um die Wende vom 5. zum 6. Jh. gründeten Siedler aus Copán (heute Honduras) eine Zeremonialstätte (die heutige Gruppe A), deren Gebäude und Monolithen denen von Copán stark ähneln. Sie verlegten das Zentrum dieses Kultplatzes später 2 km nach Osten (heutige Gruppe B), und in der spätklassischen Epoche errichteten sie weitere 2 km östlich ein drittes Zentrum, das heute die archäologische Stätte Quiriguá (Gruppe C) bildet.

Zwischen 780 und 795 formten die Maya hier vier gewaltige Steinblöcke, denen sie die Gestalt kauernder tierischer Ungeheuer gaben, sog. Zoomorphe mit menschlichen Köpfen im Rachen. Die Figuren sind mit mythischen Motiven und Datumsglyphen reich verziert und zum Teil mit ebenso bearbeiteten Altarplatten verbunden. Ihre religiöse Funktion ist unklar, doch weiß man, daß ihre Errichtung das Ende des vorher praktizierten Stelenkults markiert, von dessen Existenz neun über 10 m hohe Monumente Zeugnis ablegen.

John L. Stephens, der bereits die Ruinen von Copán gekauft hatte, versuchte auch, die Stelen von Quiriguá zu erwerben, scheiterte jedoch am geforderten Preis. 1881–94 erfolgten die ersten Untersuchungen durch Alfred P. Maudslay; 1915–34 setzte Sylvanus G. Morley die Ausgrabungen und Restaurierungen fort. Ab 1975 wurde der Hauptplatz von William R. Coe, dem Tikal-Spezialisten, freigelegt.

Besichtigung

Man findet in Quiriguá kaum spektakuläre Bauten, nur wenige Pyramiden und Tempel wurden bisher ausgegraben. Aber man entdeckt einige der schönsten, überaus kunstvollen und aufwendigen Bildhauereien der Maya-Kultur; es handelt sich um Stelen von unbeschreiblicher Formenvielfalt.

Das Zentrum des Nationalparks und der archäologischen Stätte bildet ein 1000 × 400 m großes Areal, das als Gruppe C bezeichnet wird.

Man betritt die Stätte vom Parkplatz aus und gelangt auf die Gran Plaza. Alle Skulpturen und Bauwerke sind mit Informationstafeln gekennzeichnet. Am Nordrand der Plaza befindet sich der noch nicht ausgegrabene Palacio Norte; auf der Kuppe des Hügels, der den Bau bedeckt, stehen Bäume. Die Gebäude links und rechts davon liegen z. Z. noch unter grasbewachsenen Erdwällen. Vor dem Palast befinden sich drei Stelen und ein Altar. Sie sind, wie viele andere auch, zum Schutz gegen Regen von einem Gestell aus Holz und Palmwedeln überdacht. Durch die abgeschrägte Konstruktion liegt der obere Teil der Skulpturen meist im Schatten. Zoomorph B, ein riesiger skulptierter Steinblock von unregelmäßiger Form, stellt ein Mischwesen dar, aus dessen Rachen ein menschlicher Kopf mit Armen

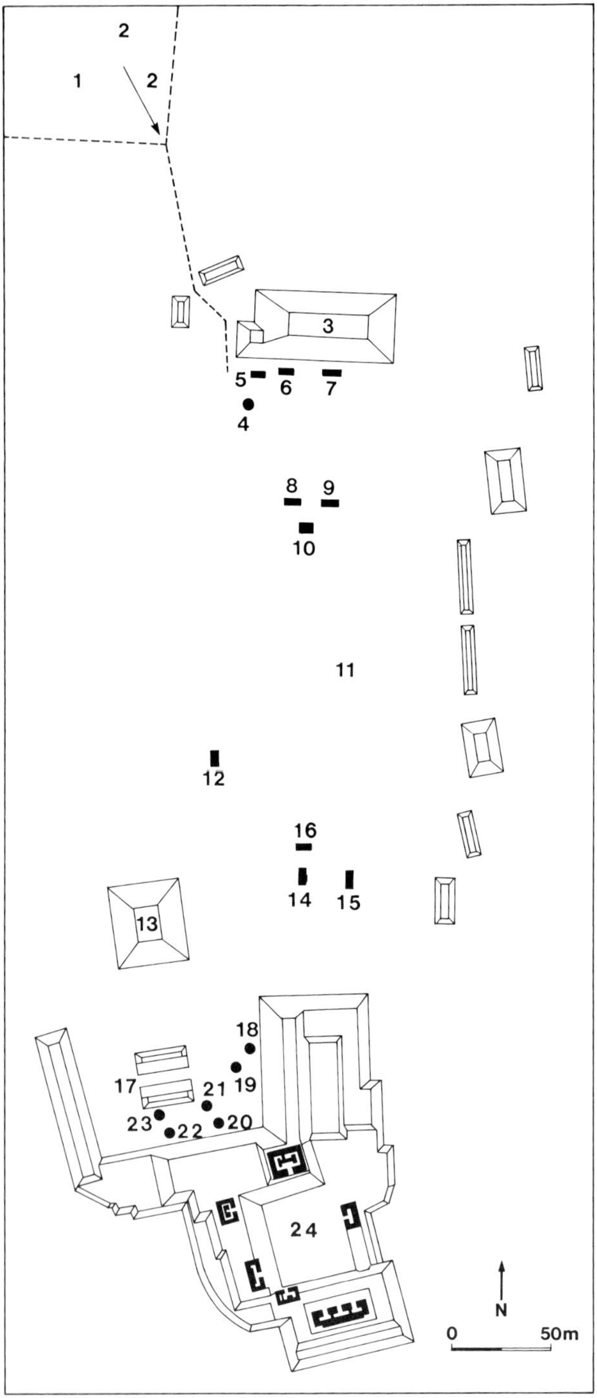

Quiriguá (Gruppe C)
1 Parkplatz
2 Restaurants
3 Palacio Norte
4 Zoomorph B
5 Zwillingsstele A
6 Zwillingsstele C
7 Stele D
8 Stele E
9 Stele F
10 Zoomorph G
11 Gran Plaza
12 Stele H
13 Pyramide
14 Stele J
15 Stele K
16 Stele I
17 Ballspielplatz
18 Altar L
19 Altar M
20 Zoomorph O
21 Altar von Zoomorph O
22 Zoomorph P
23 Altar von Zoomorph P
24 Akropolis (Südgruppe)

herausragt. Er ist 4,60 m lang, 1,90 m hoch und 3,35 m breit.

Die Zwillingsstelen A und C aus dem Jahr 775 liegen 15 m voneinander entfernt vor der Nordgruppe; sie sind 4 bzw. 4,30 m hoch. Auf ihren Vorder- und Rückseiten ist je eine Figur mit doppelköpfigem Zeremonialstab abgebildet.

Die Stele D gilt als besonders gelungenes Kunstwerk und markiert den Höhepunkt der Maya-Steinbildhauerei. Sie zeigt eine Figur mit Zepter und Schild. Das Gesicht an der Front ist stark verwaschen, Zähne und Unterlippe sind jedoch gut zu erkennen. An der rechten Seite sieht man oben eine Darstellung menschlicher Figuren; Hieroglyphen nehmen die untere Hälfte ein.

Der östliche und westliche Rand der Gran Plaza wird von Ceiba-, Amate-Bäumen und Palmen abgeschlossen. Im Waldstück östlich des Platzes liegen noch nicht ausgegrabene Gebäude, die nur als Hügel zu erkennen sind, auf denen einige Bäume wachsen. Man trifft zunächst auf die Stele E, den gewaltigsten Monolithen (10,67 m hoch, 5,25 m breit, 65 t schwer), den die Maya je bearbeitet haben. Die Stele, die auf der guatemaltekischen 10 Centavos-Münze abgebildet ist, stammt aus dem Jahr 771. Sie stellt eine Person mit Zepter und Schild dar, deren Gesicht gut erhalten ist. Im oberen Bereich weist die Stele eine mit hellem Zement reparierte Stelle auf. Eine schützende Holzkonstruktion dient gleichzeitig als Stütze für den Steinblock.

Insgesamt sind auf dem Hauptplatz neun Steinmäler aus den Jahren 751 (Stele H) bis 805 (Stele K) gefunden worden. Während die älteren eine Höhe von ca. 3 m haben, erreichen die jüngeren Größen von 7,60 m (Stele D), 7,25 m (Stele F) und schließlich sogar 10,67 m (Stele E).

Die Steinmäler bestehen aus Sandstein und zeigen religiöse und weltliche Herrscher in Hoch- oder Flachrelief. Die Rückseiten der Stelen sind mit Hieroglyphen geschmückt. Das Material stammt aus einem 4 km entfernten Steinbruch. Die Maya kannten keine Räder; die Aufrichtung der Steine erfolgten einzig und allein durch menschliche Muskelkraft.

Stele F (761) bildet zwei Personen ab, eine mit Zeremonialstab, demnach ein religiöser Würdenträger, und eine mit Zepter und Schild, also ein weltlicher Herrscher. Südlich der beiden Stelen liegt Zoomorph G (785), der als Jaguar interpretiert wird.

Auf dem weiteren Weg nach Süden stößt man auf Stele H aus dem Jahre 751. Die Pyramide südlich dieses Monolithen ist nur als grasbewachsener, von Bäumen bestandener Hügel zu erkennen. Östlich dieses Hügels trifft man auf Stele J (756) und Stele K (805). Die erstgenannte ist 5 m hoch und zeigt eine Figur mit Zepter und Schild; eine Bruchstelle im unteren Bereich wurde mit Zement und Eisenstangen repariert. Die Stele K, die jüngste Quiriguás, stellt auf der einen Seite einen weltlichen, auf der anderen einen religiösen Würdenträger dar.

Das Gebäude südlich der Stelen J und K, das den Ballspielplatz im Osten begrenzt, wurde nicht ausgegraben. Gras und Bäume bedecken den Tempel, an dessen Westseite lediglich einige Steine freigelegt wurden.

Der Ballspielplatz ist nur an den leichten Aufwölbungen der Grasdecke zu erkennen. Auch das Gebäude westlich des Platzes wurde nicht ausgegraben.

Um den Ballspielplatz gruppieren sich mehrere steinerne Skulpturen. Im Osten befinden sich Altar L, der wie ein kleiner Zoomorph aussieht, und Altar M von der Form einer Schildkröte. An der südöst-

Zoomorph P ca. 795 u. Z. (Quiriguá)

lichen Ecke des Ballspielplatzes sieht man vor einer restaurierten Mauer den Zoomorphen O, vor dem ein Altar steht. An der südwestlichen Ecke liegt Zoomorph P mit Altar P. Vor seinem Rachen hockt mit gekreuzten Beinen eine prächtig gewandete Figur.

Am Südrand der Gran Plaza befindet sich der Haupttempel (Akropolis) auf mehreren Plattformen.

Vom Ballspielplatz aus läßt sich das Bauwerk besteigen. Es ist teilweise ausgegraben und restauriert, auf einigen der Gebäude wird noch gearbeitet. Der Innenhof wurde freigelegt, ebenso die ihm zugewandten Gebäudeseiten. Südlich der Akropolis schließt sich dichter Wald an.

2 km westlich der Gruppe C liegt die Gruppe B. Es handelt sich um drei kleine Hügel, die eine rechteckige Plaza an drei Seiten begrenzen. Nur eine dreistufige Pyramidenplattform aus behauenen Steinblöcken und Flußsteinen wurde freigelegt. Sie diente vermutlich als Fundament für ein hölzernes Gebäude, das sich nicht erhalten hat. Stele S mit dem Datum 746 steht im Süden dieser Gruppe; sie zeigt eine Figur mit einem Zepter.

Den ältesten Teil Quiriguás bildet die Gruppe A, 2 km westlich in der Nähe der Bahnstation gelegen; sie wurde erst 1921 entdeckt. Auf einem kleinen Hügel sieht man die Reste eines 6 × 4,25 m großen Tempels mit nur einem Raum. Davor stehen die Stelen U und T. Letztere (1,92 m hoch) trägt das älteste in Quiriguá dokumentierte Datum, das Jahr 692.

An der archäologischen Stätte findet man nur kleinere Imbißbuden; Restaurants und Hotels muß man in den Ortschaften Quiriguá oder Los Amates suchen. Will man auch die Gruppen A und B besichtigen, empfiehlt sich die Übernachtung in Quiriguá. Die Ortschaft liegt unmittelbar östlich der CA-9, umgeben von dichter Vegetation. Eine Schotterstraße führt von der Landstraße ins Zentrum (1 km).

Hotels

Royal, in Quiriguá, einfaches Holzhaus an der Plaza in der Nähe der blau-weißen Kirche; Sta. Mónica, einfache Unterkunft an der CA-9 in Los Amates, neben der Tankstelle.

Restaurants

Cafetería Lissbeth, an der Plaza von Quiriguá; im Hotel Royal; an der CA-9 in Los Amates.

Verkehrsmittel

Busse müssen an der CA-9 in Quiriguá oder Los Amates angehalten werden.

Eisenbahn: Vom Zentrum der Ortschaft Quiriguá gelangt man zum Bahnhof; Züge nach Guatemala City und Puerto Barrios; vom Bahnhof führt ein Fußweg zu den Gruppen A und B.

Puerto Barrios

Hafenstadt und Hauptstadt des Departments Izabal an der karibischen Küste, 297 km nordöstlich von Guatemala City, 25 000 Einwohner. Die Ende des 19. Jh. gegründete Stadt bezieht ihre Einnahmen aus der Kaffee- und Bananenverschiffung, wenngleich der Hauptteil des guatemaltekischen Im- und Exports über den 3 km südwestlich gelegenen, modernen Hafen Sto. Tomás de Castilla abgewickelt wird. Im ständig feuchtheißen Puerto Barrios gibt es nicht viel zu sehen und zu unternehmen; die Straßen sind zum großen Teil sandig, die Holzhäuser alle ein wenig heruntergekommen. Als Hafenstadt verfügt Puerto Barrios über ein ausgedehntes Vergnügungsviertel, in dem nach Einbruch der Dunkelheit reges Treiben herrscht und der Alkohol reichlich fließt.

Hotels

Gut und teuer: Puerto Libre, km 292 Cruce a Sto. Tomás de Castilla (an der Abzweigung von der Ctra. Atlántico), ✆ 48 04 47, mit Pool und Klimaanlage.

Mittelklasse: El Reformador, 7a Av. 159/16 Calle, ✆ 48 05 33; del Norte, 2a Av./6a–7a Calle, ✆ 48 00 87, am Meer gelegen, empfehlenswert ist der alte (hölzerne) Teil des Hauses; Europa, 8a Av./8a–9a Calle, ✆ 48 01 27, empfehlenswert.

Einfach und preiswert: Canadá, 6a Calle/6a–7a Av., ✆ 48 00 25; La Caribeña, 4a Av./10a–11 Calle, ✆ 48 03 84; Internacional, 7a Av./16–17 Calle, ✆ 48 01 27.

Weitere preiswerte Hotels befinden sich an der 9a Calle, dort jedoch viel Lärm durch Bars, Post, Busse und Markt.

Restaurants

Empfehlenswert sind die Restaurants der Hotels Europa, del Norte und Caribeña; viele preiswerte Eßlokale auf der 9a Calle, z. B. Guana Chapi und im Bereich des Marktes (9a Calle/6a–7a Av.).

Verkehrsmittel

Bus: Verbindung nach Guatemala City stdl., 6 Std., Litegua-Station 6a Av./9a Calle; nach Flores tgl. morgens, 7–10 Std.; nach Esquipulas und Copán (Honduras) 2 × tgl.

Eisenbahn: Verbindung von und nach Guatemala City tgl. morgens, ca. 10–12 Std. Die Schmalspurstrecke ist eingleisig.

Flüge: Der kleine Flugplatz wird nur im Charterverkehr (Tapsa) bedient.

Schiffsverbindung: Fähre nach Lívingston 3 × tgl., Ende der 9a Calle, 1,5 Std.; Fähre nach Puerto Cortés (Honduras) und Punta Gorda (Belize) 2 × wöchentlich.

Fest

Großes religiöses und folkloristisches Fest der Stadt vom 16.–22. Juli.

Adressen

Gesundheit: Hospital del Nte., 5a Av./13 Calle, ✆ 48 00 15; Farmacia Nueva, 13 Calle/7a Av. 138, ✆ 48 04 43.

Reisebüro: Izabal Adventure Tours, 8a Av./7a–8a Calle, ✆ 48 09 88.

Telefon: Guatel, 8a Av./10 Calle.

Ausflüge

Badegelegenheit nur auf der nördlich von Puerto Barrios gelegenen Halbinsel; Bootsfahrten ab Hafen; das Reisebüro (s. o.) organisiert Touren mit Geländewagen.

Río Dulce

Der 36 km lange Fluß entspringt im Lago Izabal und mündet bei Lívingston in die Bucht von Amatique (Golf von Honduras). Die den Fluß in Seenähe überspannende Brücke wird auf dem Weg nach Flores/Tikal überquert und liegt 275 km nördlich von Guatemala City. Der Río Dulce ist tief und selbst für größere Boote schiffbar. Er fließt gemächlich durch Schluchten und dichten Regenwald, so daß Ausflüge auch mit kleineren Booten möglich sind. Das Gebiet des Río Dulce bietet neben seiner schönen Umgebung und der bunten Vogelwelt noch andere Attraktionen, wie etwa Sportangeln, den Besuch des Naturreservats für Seekühe oder die Besichtigung eines spanischen Forts.

Man erreicht den Río Dulce von Puerto Barrios aus zunächst mit der Fähre nach Lívingston, dann weiter mit dem Postschiff oder einem kleinen Motorboot. Überlandverbindung: Abzweigung von der Ctra. Atlántico bei La Ruidosa (km 245), dort (nach Kontrolle des Gepäcks) mit dem Minibus zur Brücke über den Río Dulce (30 km) bei El Relleno.

Hotels

Gut und teuer: Catamarán Island, von der Brücke 1,5 km flußabwärts, auf einer palmenbestandenen Insel, Hütten, Restaurant, Pool, Reservierung von Guatemala City aus, ✆ 32 48 29.

Mittelklasse: Turicentro Marimonte, in El Relleno am Fluß, Reservierung von Guatemala City aus: ✆ 31 44 37.

Wohnsiedlung am Río Dulce

Einfach und preiswert: Don Humberto, am Seeufer hinter dem spanischen Fort, mit Restaurant, sehr einfach.

Ausflüge

Castillo San Felipe de Lara: Am Río Dulce gelegen. Das Fort wurde von den Spaniern Lara und Mongrovejo im Jahr 1652 zum Schutz gegen Seeräuber errichtet und nach dem spanischen König Philip II. benannt. Das vollkommen restaurierte Fort sowie der umgebende Park mit Restaurant, Swimmingpool, vielen tropischen Fruchtbäumen und Schildkröten wird von Inguat als Turicentro unterhalten.

Biotopo Chocón Machacas: Das 135 qkm große Naturreservat liegt am Nordufer des Flusses El Golfete. Es umfaßt einen Teil des Ufers sowie einige Inseln und Lagunen mit vielen Wasserwegen. In diesem Biotop lebt die Süßwasser-Rundschwanzseekuh *(Manatí)*, ein sehr seltenes Säugetier. Vom Empfangszentrum beim Bootsanleger führen schöne Spazierwege durch dichten tropischen Wald mit herrlichen Mangroven. Auch per Boot läßt sich das Reservat erkunden.

Lago Izabal: Der größte See Guatemalas mißt etwa 48 × 24 km und verfügt über eine Reihe weißer Strände. Fährverbindung von Mariscos am Ostufer nach El Estor auf der Westeite (jedoch nicht für Autos, An- und Abfahrt nur per Bus).

Verkehrsmittel

Bus: Nach Flores Abfahrt von der Brücke (4–5× vormittags); Bus von Guatemala City Richtung Flores, Abfahrt: Fuente del Nte.

Bootsverbindung zwischen El Relleno und Lívingston 2× wöchentlich (sehr früh) mit dem Postschiff; man kann auch ein Motorboot (bis zu 6 Personen) mieten, Fahrtzeit ca. 2 Std.; Bootsverleih ebenfalls für die Fahrt von El Relleno zum Castillo und den flußabwärts gelegenen Hotels.

Lívingston

Die auf einem Hügel angesiedelte Stadt erstreckt sich vom Nordufer der Mündung des Río Dulce bis in die Bucht von Amatique. Lívingston liegt daher teils am Flußufer, teils an der offenen Karibischen See. Der Ort hat etwa 3500 Einwohner, davon sind 3000 Kariben. Seit dem 18.Jh. wurden Schwarze als Sklavenarbeiter aus Jamaika an die Küsten des Golfes von Honduras verschleppt. Als Marcos Monteros aus Haiti die Stadt 1802 gründete, bestand die Bevölkerung nur aus Schwarzen; dies hat sich bis heute nicht geändert. Sie nennen sich Garífuna und sprechen eine Mischung aus Spanisch, Englisch und Holländisch.

Der Reiz Lívingstons beschränkt sich nicht auf seine malerische Lage über der Flußmündung, sondern ist auch in seiner karibischen Atmosphäre begründet. Die bunten Holzhäuser stehen zum großen Teil auf Pfählen und werden von großen Veranden geschmückt.

Oft hört man in Lívingston die Gesänge der Garífuna bis tief in die Nacht. Sie sollen einen verstorbenen Freund oder Verwandten mehrere Tage lang auf seiner Reise in den Himmel begleiten.

Hotels

Gut und teuer: Tucán Dugú, Hauptstraße, am Fluß gelegen, Reservierungen von Guatemala City aus: ✆ 48 15 85, 31 52 13, mit kleinem Zoo, Pool und riesiger Spitzhütte im karibischen Stil in der sich ein Restaurant befindet.

Mittelklasse: Casa Rosada, Hütten am Flußufer, 700 m von der Anlegestelle der Fähre (nach links), ✆ 17 11 21 (Guatemala City); Flamingo, am karibischen Strand, Hütten und Zimmer in Steinhäusern, deutsch-guatemaltekische Besitzer, schöner Garten, empfehlenswert; del Mar, Hauptstraße, schönes Holzhaus.

Einfach und preiswert: Río Dulce, Hauptstraße, großes blaues Holzhaus mit Veranda; Minerva, an der Happy Corner von der Hauptstraße links ab; African Place, ein maurischer Minipalast, an der Happy Corner links.

Restaurants

African Place, gute Fischgerichte, preiswert, Treffpunkt der internationalen Szene; Tucán

Dugú, Spitzhütte, schöner Blick über die Flußmündung, teuer; Margoth, an der Happy Corner links ab, Fischgerichte, Restaurant mit einheimischer Küche, preiswert; Cabaña, Hauptstraße gegenüber Municipalidad.

Spezialität des Ortes ist süßes Kokosnußbrot, das von fliegenden Händlern angeboten wird. Weitere Spezialitäten in der Backstube an der Hauptstraße (Beratung in deutsch).

Verkehrsmittel
Fähre (ein 10 m-Kutter) von und nach Puerto Barrios 3 × tgl; Postschiff nach El Relleno Di und Fr 11 Uhr, von dort Abfahrt 6 Uhr. Lancha (Kahn) nach El Relleno (bis zu 6 Personen) mieten; Fähre nach Punta Gorda (Belize) 3 × wöchentlich.

Adressen
Bank: Geldwechsel nur im Hotel Tucán Dugú (sehr schlechter Kurs), da keine Bank vorhanden.

Fest
Religiöses Fest der Stadt vom 24.–31. Dezember, Höhepunkt mit folkloristischen Tänzen am 28. Dezember.

Ausflüge
Über den Karibikstrand gelangt man zu den 6 km entfernten **Siete Altares.** Ab Hotel Flamingo geht es etwa 45 Min. am schmalen Strand entlang, dicht an von Kokospalmen umgebenen Hütten und Häusern vorbei. Nach Überquerung eines Flusses sind noch einmal 45 Min. zu gehen, jetzt im zunehmend dichter werdenden Wald, der bis an das Ufer reicht. Die ›Sieben Altäre‹ sind übereinanderliegende Wasserbecken und Wasserfälle eines aus dem Urwald kommenden Flusses. Das Hinaufklettern am Rande des Flusses ist etwas beschwerlich, in der Trockenzeit kann man teilweise in den steinernen Becken laufen. Alleinreisende Frauen sollten für diesen Spaziergang einen einheimischen Führer anheuern, um Belästigungen zu vermeiden.

Bootsausflüge entlang der Karibikküste, auf dem Río Dulce, auf dem Río Blanco und über die Bucht von Amatique.

Poptún

Etwa auf halber Strecke zwischen El Relleno (Río Dulce) und Flores liegt Poptún, (6000 Einwohner). Da die Busfahrt langwierig und anstrengend ist, empfiehlt sich hier eine Fahrtunterbrechung (km 105).

Flußfahrt auf dem Río Dulce

Am Busstopp befindet sich das Restaurant Ixobel mit Übernachtungsmöglichkeit. Dort erhält man eine kleine Skizze für den Fußweg zur 3,5 km entfernten **Finca Ixobel** jenseits des Flugplatzes. (Alternative: den Busfahrer bitten, bei km 101 südlich von Poptún in der Nähe der Finca anzuhalten.)

Die Farm gehört US-Amerikanern und ist zum Treffpunkt jüngerer Reisender geworden. Man übernachtet in einer Hängematte, mit Schlafsack im Hühnerstall, im Freien, im Mehrbett- oder einem der wenigen Doppelzimmer oder gar im Baumhaus; auch Camping ist möglich.

Ausgezeichnete Verpflegung (Buffet) wird preiswert angeboten. Die Atmosphäre ist ungezwungen und international, gestört wird man nur durch einen Papagei, der die Gäste unaufhörlich belästigt. Ein kleiner Teich steht zum Baden zur Verfügung.

Landkarten für Wanderungen zu den Höhlen der Umgebung sind erhältlich. Beliebt ist eine zwei bis dreitägige Wanderung in kleinen Gruppen oder mit Maulesel zur 28 km entfernten **Höhle von Naj Tunich,** die einige Maya-Hieroglyphen aus dem 8. Jh. birgt. Mit Kohle angefertigte Fresken schmücken die Wände.

Verkehrsmittel

Busse von Poptún nach Flores und Guatemala City tgl. 3–4 × vormittags.

Flores

Die Hauptstadt des nördlichen Departments Petén liegt auf einer kleinen Insel in einem südlichen Ausläufer des 100 qkm großen Sees Petén Itzá und ist mit dem Festland durch einen Damm verbunden. Auf der gegenüberliegenden Seite des Dammes befinden sich die Orte Sta. Elena und – westlich davon – San Benito.

An der Stelle des heutigen Flores gründeten die Itzá im 13. Jh. den Ort Tayasal, der 1697 von den Spaniern erobert wurde. Von Tayasal blieb außer einigen Steinen, die auf dem Grund des Sees liegen, nichts erhalten. Flores ist Verkehrsknotenpunkt für Touren nach Tikal und zu anderen archäologischen Stätten der Maya, Durchgangsstation auf dem Landweg nach Belize und dem etwas abenteuerlichen Wasserweg nach Mexiko. Da die Fremdenverkehrseinrichtungen in Tikal für die Besucherströme nicht ausreichen und darüber hinaus die meisten Flugzeuge in Sta. Elena landen, ist Flores zum touristischen Zentrum des Petén geworden. Die drei Ortschaften bieten wenig an Sehenswürdigkeiten, jedoch lohnt durchaus der Spaziergang um die auf einem Hügel gelegene Stadt Flores sowie in ihr Zentrum, von dem man einen schönen Blick über den See hat.

Wer in Flores wohnt, muß beim Verlassen der Ortschaft immer erst den Damm überqueren, weil alle Busse ab Sta. Elena fahren. Jedoch ist es in Flores etwas ruhiger und angenehmer. Touren nach Tikal bietet auch das Hotel Petén.

Hotels

Gut und teuer: Camino Real, Bungalow-Anlage am See, 30 km nördlich des Flughafens am Cerro Cahui; Costa del Sol, Sta. Elena, Clzd. Virgilio Rodríguez Macal 3–56, ✆ 81 13 36, mit Pool und Klimaanlage; Tziquinaha, Sta. Elena, an der Straße zum Flughafen, ✆ 81 12 16.

Mittelklasse: El Patio, zwischen Damm und Flughafen am See, ✆ 81 12 29; Maya Internacional, Sta. Elena, am Damm, ✆ 81 13 52, 12 Hütten am und im Wasser (empfehlenswert), schönes Restaurant; Petén, am Playa Poniente in Flores, hinter dem Damm links ab und am Seeufer entlang, ✆ 81 16 92, empfehlenswert.

Einfach und preiswert: El Jade, Sta. Elena, 3a Calle; San Juan 1, Sta. Elena, 2a Calle (Nähe

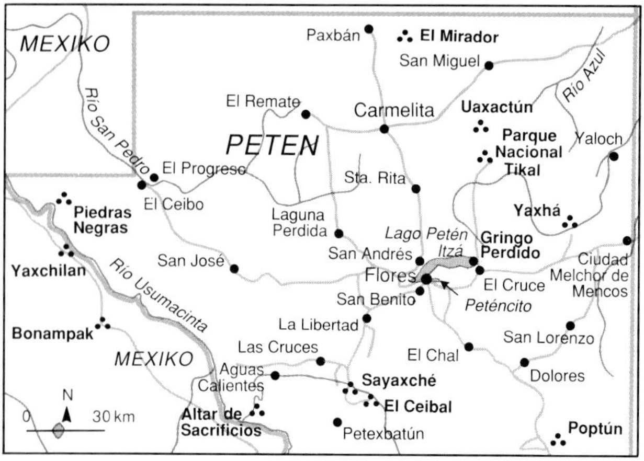

Das Department Petén

Damm); ✆ 81 15 62, viel Betrieb; Bella Guatemala, San Benito, ✆ 81 24 75; Casa Blanca, Flores, Playa Poniente; Universal, Flores, Playa Poniente.

Restaurants
Gran Jaguar, Flores, 2a Calle; La Jungle, Flores, 2a Calle; Palacio Maya, Flores, Zentrum; La Mesa de los Mayas, Flores, Abzweigung von der 2a Calle. Alle diese Lokale servieren Reh- und Wildschwein-Gerichte.

Verkehrsmittel
Bus: Bushaltestelle in Sta. Elena am Hotel San Juan I und am Markt, tgl. 2 × Poptún (5 Std.), 3 × tgl. Guatemala City (10–14 Std.), 3 × tgl. Melchor de Mencos (2–3 Std.); Touren mit privaten Minibussen zu den Maya-Ruinen ab Hotel San Juan I; Linienbus nach Tikal tgl. 6 und 13 Uhr (2 Std.); Minibusse ab San Juan I nach Tikal ab Hotel Petén und Maya Intercontinental. Tikal-Besuche mit Hotel-Minibussen lohnen wegen der kürzeren Fahrzeit, die einen längeren Aufenthalt bei den Ruinen ermöglicht.

Nach Mexiko: Fahrt nach Naranjo mit dem Bus, dann Bootsfahrt bis La Palma, weiter nach Tenosique und Palenque.

Flüge: Flughafen Sta. Elena, 2,5 km östlich der Stadt am Seeufer, 2 × tgl. Guatemala City mit Aviateca, ✆ 81 13 37, und mit Aerovias, ✆ 81 15 13.

Feste
Religiöse Feier in San Benito vom 1.–9. Mai, Hauptzeremonie in der Kirche am 3. Mai. In Flores findet vom 12.–15. Januar ein Fest zu Ehren des Cristo Negro statt, das von Tanzdarbietungen begleitet wird.

Adressen
Auskunft: Ein Inguat-Büro liegt innerhalb des Flughafengeländes Sta. Elena. Alle Auskünfte über Verkehrsmittel und organisierte Touren zu weniger leicht erreichbaren Maya-Stätten erhält man im Hotel San Juan I in Sta. Elena, in der Nähe des Damms. Hier auch Abfahrt vieler Busse, u. a. frühmorgens nach Tikal.

Gesundheit: Clínica Médica, Sta. Elena, Clzd. Rodríguez Macal 8–96, ✆ 0 81–12 75.

Farmacia Nueva, Flores, Calle Centro América, ✆ 0 81–13 87.

Reisebüro: Tropical Tours, Sta. Elena, 2a Calle (auch Touren nach Piedras Negras und Yaxchilán); organisierte Touren zu schwer erreichbaren Maya-Ruinen werden auch vom Hotel San Juan I in Sta. Elena angeboten.

Ausflüge
Spaziergang zu den **Höhlen** von **Actún Kan,** 3 km südlich von Sta. Elena *(Cueva de la Serpiente,* Schlangenhöhle, 8–17 Uhr). Die große Tropfsteinhöhle ist in unzählige Räume und Hallen unterteilt, deren Wände in vielen Farben schimmern. Die beleuchteten Höhlengänge erstrecken

sich über eine Länge von 3 km; von der Höhle führt die *Ruta Secreta* (›Geheimweg‹), ein 7 km langer unterirdischer Weg, der schon den Maya bekannt gewesen sein soll, nach Sta. Elena.

Biotopo Cerro Cahui: Ein 650 ha großes Waldgelände am Nordostufer des Sees, mit Boot ab Flores oder Sta. Elena sowie auf dem Landweg zu erreichen.

Gringo Perdido: Ein Touristencamp am östlichen Ende des Sees, 3 km von El Remate entfernt, mit Hütten, Campingplatz, Booten, Wassersport, Badegelegenheit und Restaurant.

Turicentro Peténcito: Zoo auf einer kleinen Insel im Osten des südlichen Seeausläufers, mit Jaguaren und anderen Wildkatzen, Affen und Nabelschweinen.

Ausflüge zu archäologischen Stätten

El Mirador

Die 1926 entdeckte riesige Kult- und Wohnstätte der Maya liegt 55 km nordwestlich von Tikal und 7 km vor der mexikanischen Grenze im dichten Urwald des Petén. Sie ist z. Z. nur von Sta. Elena über Carmelita (Bus oder Kleinflugzeug) und von dort in einem 30-km-Fußmarsch zu erreichen. Die gewaltigen Ruinen, die selbst die Bauten Tikals an Größe übertreffen, liegen meistenteils noch unter Schutt und dichter Vegetation verborgen. Ausgrabungen sind seit mehreren Jahren im Gang, schreiten jedoch wegen unzureichender finanzieller Mittel nur langsam voran.

Sayaxché

Die Maya-Stätte Sayaxché befindet sich am Río de la Pasión, 65 km südwestlich von Flores, und ist über eine Schotterpiste mit dem Bus (3 Std.) zu erreichen. Gelegentlich werden auch Charterflüge von Flores angeboten. In der Nähe der Ruinen mit schönen, gut erhaltenen Stelen und Altären, befinden sich einige kleinere Unterkünfte. Sayaxché ist Ausgangspunkt für Bootstouren zur 6 km südöstlich gelegenen Lagune Petexbatún. Westlich dieses Sees und südwestlich der Ortschaft Petexbatún liegt die archäologische Stätte **Dos Pilas** (›Zwei Steintröge‹), die von ihrem Entdecker 1960 *Dos Pozos* (›Zwei Brunnen‹) genannt wurde, da er zwei Erdlöcher als ehemalige Maya-Brunnen interpretierte. Sehenswert sind die reichverzierten Stelen sowie eine – unvollendete – Treppe mit drei reliefgeschmückten Stufen (eine Besonderheit in der Maya-Architektur). Am Nordufer des Sees erstreckt sich die Maya-Stätte Tamarindito, am Südufer Aguateca, das von einer 100 m langen und 3 m hohen Plaza beherrscht wird. Hier findet man keine Tempel, dafür jedoch viele Stelen. Im See entspringen schwefelhaltige Quellen; zwischen März und Mai trifft man am Seeufer auf eine Kolonie von Jabiru-Störchen (in Aguateca stehen auch einfache Unterkünfte zur Verfügung).

Uaxactún

Uaxactún liegt 24 km nördlich von Tikal und ist von dort nur in der Trockenzeit über eine Piste zu erreichen. Während der Regenzeit werden in Flores organisierte Ausflüge (Fußmarsch) ab Tikal angeboten.

Uaxactún war fast 600 Jahre lang ein wichtiges Maya-Zentrum, von dem bedeutende Impulse bei der Entwicklung der Schrift und die Schöpfung des Kalenders ausgingen. Im 9. Jh. wurde der Ort von den Maya verlassen. Die Anlage ist in acht Gruppen von Gebäudekomplexen unterteilt, die nah beieinander liegen und durch gepflasterte Straßen miteinander verbunden sind. Gruppe E befindet sich am Ostrand.

Das schönste, im Originalzustand bewahrte Bauwerk der späten präklassischen Epoche (bis 200 u. Z.) ist das Gebäude E VII Sub (im Innern der zur Gruppe E gehörenden Pyramide VII). Der Bau wurde entdeckt, als die darüberliegende, schwer beschädigte Pyramide abgetragen wurde. Die quadratische, 8 m hohe Konstruktion hat kunstvolle Treppenanlagen, die von 18 riesigen Masken des Regengottes Chac flankiert werden, jede 2,40 m breit und 1,80 m hoch. Die Anordnung der Terrassen erforderte zwei übereinandergeschichtete Plattformen. Die gesamte Pyramide ist von einer sehr gut erhaltenen, gelblichweißen Stuckschicht überzogen, die seit der Freilegung dem Regen ausgesetzt ist. Vor dem Gebäude steht die Stele 9.

Yaxhá

Yaxhá liegt nördlich der Straße nach Belize am Nordufer des gleichnamigen Sees, 30 km südöstlich von Tikal. Es ist in der Trockenzeit über eine Schotterstraße zu erreichen. Da man den See überqueren muß, um zur archäologischen Stätte zu gelangen, ist die Teilnahme an einer organisierten Tour von Flores aus erforderlich. Das große religiös-rituelle Zentrum der Maya durchzieht ein gepflastertes Straßennetz, das die schachbrettartige Anordnung der Gebäude bedingt. Die Stätte wurde während der klassischen Epoche erbaut und bis in die spätklassische Maya-Zeit bewohnt. Sehenswert sind vor allem die Ostakropolis und die Plaza B mit Stele 11 (Darstellung des Regengottes im Teotihuacán-Stil).

Über vier kleine Inseln im Westen des Sees erstreckt sich die Maya-Stätte Topoxté aus der postklassischen Epoche (ab 900). Aufgrund ihrer unzugänglichen Lage wurde sie erst 1697 von den Spaniern eingenommen.

Altar de Sacrificios

Von Sayaxché aus geht es auf dem Río de la Pasión in westlicher Richtung flußabwärts bis zum Río Chixoy. Hier liegen am Südufer des Pasión die drei Gebäudegruppen der Maya-Kultstätte Altar de Sacrificios (›Opferaltar‹). Gruppe A, im östlichen Teil direkt am Flußufer, besteht aus 26 Bauten (zwischen 600 und 800 errichtet). Der Platz wurde um ca. 950 u. Z. verlassen. Zu sehen sind Plattformen, Paläste, Stelen mit Hieroglypheninschriften, Altäre, ein Ballspielplatz, diverse Gräber in Plattformen sowie um Plätze angeordnete, quadratische Tempelpyramiden.

Piedras Negras

Die Maya-Kultstätte aus dem 6.–9. Jh. am Ufer des Grenzflusses Usumacinta gelegen, ist nur mit einer umständlichen, mehrtägigen Reise auf dem Wasserweg zu erreichen, der in Sayaxché beginnt. In *Piedras Negras* (›Schwarze Steine‹) ist ein Großteil der Bauwerke von einer dichten Vegetation überwuchert, da bislang nur wenige Ausgrabungen und Restaurationsarbeiten vorgenommen wurden. Die quadratischen Pyramiden und rechteckigen Paläste (ältestes Datum 514) zeigen deutliche Einflüsse aus Palenque. Fünf große Pyramiden umgeben die Südgruppe, in deren Mitte ein Ballspielplatz mit einem 5 × 20 m großen Spielfeld liegt. Eine Reihe künstlicher Hügel umrahmt auch die Ostgruppe. Der anschließende, deutlich höher gelegene Hof der Westgruppe (ca. 115 × 75 m) wird an seiner Westseite von der großen Akropolis überragt; im Norden des Hofes liegen die große Pyramide U 5 sowie ein weiterer Ballspielplatz. Man fand in Piedras Negras etwa 40 Stelen, die ihren Daten zufolge zwischen 554 (Stele 9) und 810 entstanden.

Ceibal

Das Kultzentrum der Maya, bis in die spätklassische Epoche hinein bewohnt, befindet sich 16 km östlich von Sayaxché auf der linken Seite des Río de la Pasión und ist von Sayaxché mit dem Boot (2 Std. flußaufwärts) oder in der Trockenzeit über eine Piste zu erreichen. Die Ruinen liegen 5 km von der Ortschaft El Ceibal entfernt. Die vier Gebäudegruppen verteilen sich auf dem 1 qkm großen Areal etwa 100 m vom Fluß entfernt. Ein Pyramidentempel aus der klassischen Maya-Epoche (Gebäude 3) steht auf einer quadratischen Grundfläche von 20 m Seitenlänge. Die zweite Plattform in 4 m Höhe wird von einer niedrigen Steinmauer umfaßt, die an allen vier Seiten von je einer Stele überragt wird. Die gut erhaltenen Stelen mit Darstellungen menschlicher Figuren stammen aus dem Jahr 870, dem letzten in Ceibal dokumentierten Datum. Hinter den Stelen führen vier Freitreppen zu je zwölf Stufen auf eine dritte Plattform. Die vierte Plattform krönt ein Tempel, dessen Dach zusammengebrochen ist. Er besteht aus drei rechteckigen Räumen, im mittleren steht eine Stele. Man fand in Ceibal zahlreiche Keramikarbeiten, darunter männliche und weibliche Tonfiguren, die auf toltekischen Einfluß hinweisen. Auch die Skulptur auf Stele 19 ist mit einer Maske des toltekischen Windgottes Ehecatl abgebildet, und Stele C (849) zeigt eine Figur, die neben Maya-Insignien einen toltekischen Nasenpflock aus Jade trägt. Weiterhin deutet die Plattform des einzigen Rundtempels im Petén auf mexikanischen Einfluß hin. Vermutlich wanderten im 9. Jh. Tolteken friedlich nach Ceibal ein.

Tikal

Die bedeutendste und nach El Mirador größte Maya-Anlage liegt 315 km Luftlinie nördlich der Hauptstadt (auf dem Landweg sind es 535 km) und 63 km südwestlich von Flores. Der Komplex befindet sich in 283 m Höhe und bildet das Zentrum des 576 qkm großen Tikal-Nationalparks. Die Ausgrabungen, die sich auf 16 qkm der ehemaligen Maya-Siedlung erstrecken, förderten bislang 3000 Bauten zutage, die etwa ein Fünftel des ursprünglichen Stadtgebietes ausmachen.

Die verlassene Großstadt der Maya, ein weltweit anerkanntes Kulturdenkmal, liegt mitten im undurchdringlichen Urwald des Petén, versteckt unter bis zu 50 m hohen Bäumen. Das Klima ist tropisch-schwül, es herrscht eine Durch-

Legenden zum Farbteil

1 Pulhapanzak (Honduras)
2 Auf dem Weg von Puerto Limón nach Barra de Colorado (Costa Rica)
3 Kratersee des Vulkans Poás (Costa Rica)
4 Bei Lamanai (Belize)
5 Typische Lodges in Barra de Colorado (Costa Rica)
6 Skyline von Panama City
7 Guatemala City: Parque Central mit Nationalpalast und Kathedrale
8 Randbezirk von Tegucigalpa (Honduras)
9 Kirche Sto. Tomás in Chichicastenango (Guatemala)
10 Managua, Ruine der Kathedrale (Nicaragua)
11 Kathedrale von Guatemala City
12 Wallfahrtskirche von Esquipulas (Guatemala)
13 Die Kirche des hl. Franziskus in Gracias (Honduras)
14 Politische Wandmalereien im Stadtteil Caledonia in Panama City
15 Bus-Station in Sta. Ana (El Salvador)
16 Blick auf Guatemala-City
17 Markt in Masaya (Nicaragua)
18 Die Stadt Colón in Panama
19 Männer genießen die späte Nachmittagssonne in Santiago Atitlán (Guatemala)
20 Comayagua - Die Lastenträger warten auf Kundschaft (Honduras)
21 Markttag in Chichicastenango (Guatemala)
22 Wandmalereien in Managua, Erinnerungen an die Jahrestage der Revolution (Nicaragua)
23 Wandmalerei an der Plaza España in Managua (Nicaragua)
24 Wandbild in Corozal (Belize)
25 Strand in Cahuita (Costa Rica)
26 Schwarzer Lavastrand in Puerto José (Guatemala)
27 Kanal von Chiquimulilla (Guatemala)
28 Vulkan Izalco (El Salvador)
29 Vulkan Poás (Costa Rica)
30 Der schwefelgelbe Kratersee des Vulkan Irazú (Costa Rica)
31 Ballspielplatz Copán-Ruinen (Honduras)
32 Tempel I., II. und III. der Ruinenstätte in Tikal (Guatemala)
33 Jaguar-Tempel in Tikal (Guatemala)
34 Im Parque Central von Guatemala City vor der Kathedrale

2

3

4

5

6

BIENVENIDOS
BIENVENIDOS
MANDAD JESUS NAZARENO

10

11

12

13

YO NO VENDO
MI PATRIA
BLOQUEO
CRIMINAL
YANKI
14

Casino
KING SIZE
Lee shoes
TE LLEVAN
A CONOCER EL NUEVO CAMPEON
Lee SPORT
DE VENTA EN ZAPATERIAS DE PRESTIGIO EN TODO EL PAIS
TAZUMAL
218
SANTA ANA
INTERNATIONAL
15

ME SAPO EN EL BATALLON
SMR
A REVENTAR A LOS QUE NO QUIEREN CESE AL FUEGO

17

...con más cantidad!
MALTA DEL BARU
REF. AVE

18

19

20

21 ▷

JUGOS
DUCAL

4
ANIVERSARIO
83

22

F.S.M.N
ESCUELA
ENMANUEL MONGALO
SOLO LA UNIDAD NOS HARA FUERTES Y RESPETADOS
ANDEN
DESPUES DEL PRIMER PASO NO PARAREMOS DE ANDAR JAMAS

23

24 ▷

La Casta Divina
1858
La Derrota de Bacalar
La Cruz Parlante

25

26

28

29

31

33 ▷

32

34 ▷▷

schnittstemperatur von 27 °C. Zu jeder Jahreszeit kann es regnen, nur zwischen Februar und Mai sind Niederschläge seltener.

Die Brüllaffen hört man schon von weitem, ihre durchdringenden Schreie verängstigen so manchen unkundigen Besucher. Klammeraffen klettern die Pyramiden hinauf und sitzen in den Bäumen an den Spazierwegen. Papageien und Tukane fliegen über die Rasenflächen, Kolibris umschwirren die Blüten. Etwa 300 exotische Vogelarten sind im Nationalpark nachgewiesen. Unablässig hört man das singende Geräusch der Zikaden. Riesige Ceiba- und Zapote-Bäume versperren die Sicht auf die Pyramiden; Palmen bilden ein undurchdringliches grünes Dickicht. Außerhalb des Zentrums der archäologischen Stätte leben Jaguare, Pumas, Ozelots, Weißwedelhirsche und viele Schlangenarten. Die sehenswerten Gebäude liegen verstreut im Wald, aus dem acht größere Pyramiden herausragen. Zum Besuch des Zentrums reicht ein halber Tag, da die wichtigsten Gebäudegruppen nur 1–2 km auseinander liegen. Für die genaue Besichtigung einer größeren Zahl von Kunst- und Bauwerken sowie Spaziergänge in der herrlichen Dschungellandschaft muß man mehrere Tage einplanen. Tikal beeindruckt durch die enormen Ausmaße seiner Bauten. Hier nannten die Archäologen erstmals einen größeren Komplex von Tempeln und Gebäuden ›Akropolis‹ (d. i. eine hochgelegene, befestigte Siedlung der hellenischen Antike) und übertrugen so eine ursprünglich griechische Bezeichnung auf eine Maya-Stätte. Allein die Nordterrasse wurde in der spätklassischen Epoche zu einer massiven, acht Tempel tragenden Plattform ausgebaut (Nördliche Akropolis).

Die Pyramiden entstanden aus übereinandergebauten Plattformen, die nach oben immer kleiner wurden. Weitere, darübergelegte Bauschichten führen zu einer zwiebelartigen Struktur. Türstürze und Dachträger wurden aus dem sehr harten Holz des Sapotill-Baums (dessen Milchsaft heute zu Kaugummi verarbeitet wird) gezimmert. In Tikal fand man insgesamt 151 Stelen, davon 32 verziert, und 74 schmucklose sowie 18 bearbeitete Altäre.

Geschichte

Die Stätte des heutigen Tikal war vermutlich schon um 600 v. u. Z. besiedelt. In seiner heutigen Form entstand das Kult-, Verwaltungs- und Wohnzentrum der Maya ab dem Jahr 250 und erreichte sehr schnell, im 3. und 4. Jh., seine Blütezeit. Das älteste Datum (299 u. Z.) fand man an der Stele 29. Etwa 10 000 Bauten sind bis zum 9. Jh. errichtet worden, in denen bis zu 60 000 Menschen lebten. (Nur El Mirador mit seinen schätzungsweise 80 000 Einwohnern war größer.) Tikal entwikkelte sich auch zu einem bedeutenden Handelszentrum. Wasserreservoirs wurden angelegt, Straßen gebaut, Sümpfe entwässert, der gewonnene Boden kultiviert.

Im 9. Jh. wurde Tikal aus unbekannten Gründen von seinen Bewohnern verlassen, das jüngste Datum, das man an einer Stele fand, weist in das Jahr 869. Im 18. Jh. wurde Tikal wiederentdeckt, und 1848 besuchte Oberst Modesto Méndez, Gouverneur des Petén, die Anlage und erstattete Präsident Rafael Carrera Bericht. In den Jahren danach wurde von Tikal viel außer Landes geschafft. 1864 fand man in Puerto Barrios eine Jadetafel aus Tikal mit dem Datum 320, die als ›Leidener Grünsteinplatte‹ im Museum der Stadt Leiden (Niederlande) zu sehen ist. 1877 transportierte der Schweizer Bernoulli eine Reihe von verzierten hölzernen Türstürzen in die Schweiz, heute im Baseler Museum für Völkerkunde zu besichtigen. 1881

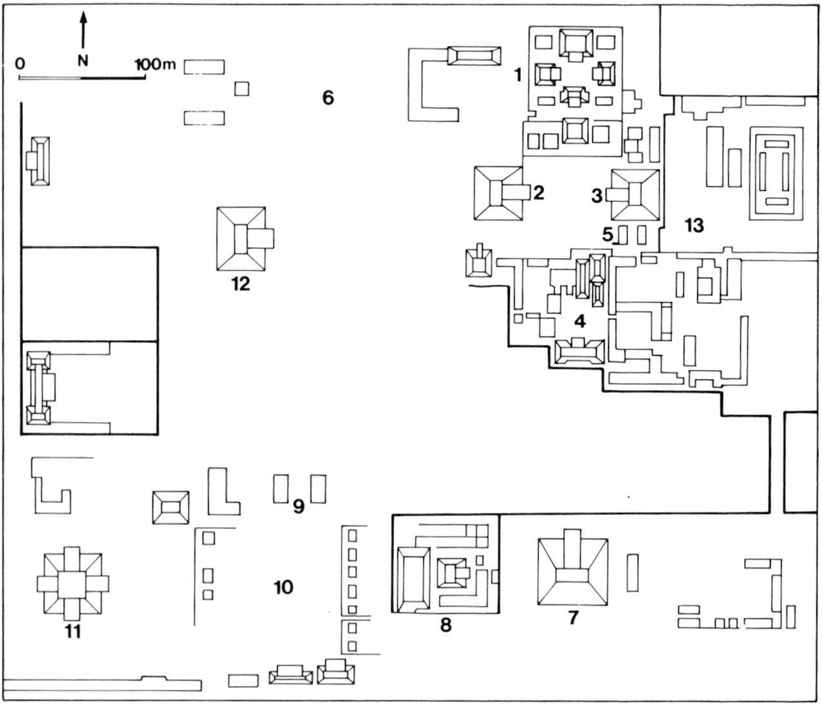

Tikal - Zentrum 1 Nördliche Akropolis 2 Tempel II 3 Tempel I 4 Zentrale Akropolis 5 Kleiner Ballspielplatz 6 Westliche Plaza 7 Tempel V 8 Südliche Akropolis 9 Ballspielplätze 10 Platz der 7 Tempel 11 Gebäude 5C–54 12 Tempel III 13 Östliche Plaza

erreichte der Brite Alfred P. Maudslay die Ruinen und fertigte die ersten Zeichnungen an. 1895 und 1904 erstellte der Deutsche Teobert Maler Skizzen, Fotos und Pläne der Anlage. Eingehende Untersuchungen erfolgten zwischen 1914 und 1937 durch Sylvanus G. Morley. Die entscheidenden Ausgrabungsarbeiten und Restaurierungen unternahm das Museum der Universität von Pennsylvania in den Jahren 1956–69 unter Leitung von William R. Coe.

Besichtigung

Der Eingang zum Nationalpark befindet sich an der Straße von Flores nach Tikal; hier ist eine Eintrittsgebühr zu entrichten. Alle Busse und Taxis halten am Haupteingang zur archäologischen Stätte (6–18 Uhr, ab 17.30 Uhr werden keine Besucher mehr eingelassen und die übrigen zum Verlassen des Geländes aufgefordert). Zu den ›Ruinas‹ führt nur ein Weg, an dem erneut eine Gebühr verlangt wird, die dann auch zum Besuch des Museums berechtigt. Die Flugpiste endet am Haupteingang; hier liegen auch die Hotels, Campingplätze, Restaurants, das Museum und Souvenirstände. Gutes Schuhwerk ist zum Besteigen der Pyramiden erforderlich.

Vom Haupteingang zum zentralen Platz von Tikal sind es etwa 1,5 km. Die Wege zwischen den einzelnen Gebäudegruppen verlaufen auf den historischen Dämmen der Maya, die sich durch das sumpfige Gebiet zogen. Sie tragen heute die Namen bedeutender Archäologen und Maya-Forscher.

Der Große Platz (Gran Plaza) von Tikal bildet das Zentrum der Maya-Stätte. Zwei Tempel und zwei Akropolen begrenzen seine etwa 9000 qm große Fläche. Im Originalzustand war die Gran Plaza gepflastert und wurde regelmäßig erneuert, wie die übereinanderliegenden Schichten zeigen. Heute ist der Platz mit Gras bedeckt. Ein großer Teil der in Tikal entdeckten Stelen befindet sich hier.

Der im Osten der Gran Plaza liegende Tempel I gilt als Wahrzeichen von Tikal. Im Tempelaufbau, der die Pyramide krönt, sind noch einige der originalen Holzbalken vorhanden. Die Darstellung auf dem hölzernen Türsturz gab dem Tempel seinen zweiten Namen, Tempel des großen Jaguars. Das Bauwerk ragt 47 m über die Plaza. Zur Spitze führt eine sehr steile Treppe. Obwohl in der Mitte eine Haltekette befestigt ist, ist das Hinaufklettern nur schwindelfreien und trittsicheren Besuchern zu empfehlen. Die Stufen sind schwer beschädigt, unregelmäßig, sehr schmal und hoch. Wer dann glücklich oben angekommen ist, schafft es möglicherweise nicht mehr hinunter, denn der Abstieg erscheint fast senkrecht. Von oben bietet sich eine grandiose Aussicht auf die Plaza und den nahen Urwald, aus dem die Spitzen der größten Pyramiden herausragen. Unter der Pyramide fand man eine 4 m tiefe Gruft (Grab 116) mit einem Skelett und sehr vielen Keramik- und Schmuckbeigaben. Eine Nachbildung dieses Grabes mit einigen Fundstücken ist im Museum von Tikal zu sehen.

Gegenüber von Tempel I steht der Tempel der Masken (Tempel II) der gleich-

Nördliche Akropolis von Tikal

Tikal – Zentrale Akropolis 1 Hof 1 2 Hof 2 3 Hof 3 4 Hof 4 5 Hof 5 6 Hof 6 7 Gran Plaza 8 Östliche Plaza 9 zum Tempel III 10 zum Palast-Wasserreservoir 11 Kleiner Ballspielplatz

falls um 700 erbaut wurde. Einige Wandmalereien der Maya lassen sich noch erkennen. Die Treppe wurde sehr gut restauriert, so daß man gefahrlos hinaufsteigen kann. Vor der Pyramide steht die größte Stele Tikals, ein 3,50 m hoher, unverzierter Monolith mit dem dazugehörigen Altar.

Die Nördliche Akropolis besteht aus vielen Gebäuden, die auf unterschiedlichen Ebenen angelegt wurden. Eine Reihe der Bauten diente offensichtlich religiösen und zeremoniellen Zwecken, bei vielen anderen ist die Funktion unbekannt. Teilweise sind sie so restauriert worden, daß die älteren, darunterliegenden Bauwerke noch zu sehen sind. Bei Tunnelgrabungen stieß man auf eine Anzahl von Gräbern. Im Bereich dieser Akropolis wurden die Stelen 26, die eine rötliche Bemalung aufweist, und 31, mit der bisher längsten in Tikal gefundenen Inschrift, entdeckt. Sie sind heute im Tikal-Museum zu sehen. Die Stelen und Altäre vor der Akropolis werden von kleinen Palmblattdächern gegen Regen geschützt.

Die zentrale Akropolis wird auch Palast der Adligen genannt, da in einem Teil des Komplexes offensichtlich Maya-Würdenträger residierten. Auf unterschiedlichen Ebenen liegen insgesamt sechs Höfe, die von 42 ein- bis zweigeschossigen Gebäuden umgeben waren. Einige dieser Bauten, von denen nur noch die Grundmauern erhalten sind, bezeichnet man als Paläste; sie könnten aber auch als Speicher, Priesterzellen oder Verwaltungsräume gedient haben. Besonders gut ist von hier aus der kleine Ballspielplatz südlich von Tempel I zu erkennen. Am südlichen Rand der Akropolis liegt ein Wasserspeicher.

Vom Zentrum Tikals an der Westseite des Tempels II gelangt man auf dem Tozzer-Damm zum Tempel IV. Davor liegt gleich am Anfang links des Weges der Tempel III (55 m hoch). Ein steiler Pfad führt zum Tempel des Jaguarpriesters (um 810) hinauf, der nach der Darstellung auf einer Stele am Fuß der Pyramide benannt ist. Westlich des Tempels befinden sich der Fledermaus-Palast sowie der Komplex N, zwei um 711 entstandene, identische Pyramiden. Solche Zwillingspyramiden sind in Tikal nicht selten. Zum Komplex N gehören zahlreiche Altäre und Stelen, unter ihnen der Altar 5 mit einer Abbildung von zwei Priestern (sie diente als Vorlage für das Motiv des 10-Quetzales-Scheines) und die besonders fein verzierte Stele 16. Am Ende des Tozzer-Damms trifft man auf die Pyramide IV (Tempel IV), die um 741 entstandene und mit 65 m bislang höchste Pyramide der Maya-Kultur. Über abenteuerlich steile Pfade, durch Buschwerk und über Leitern steigt man zu den drei Räumen hinauf, in denen die Inschriften verblichen sind. (Beständiger sind leider die Herzchen neueren Datums, mit denen Manfred und Birgit ihre Reise ins Maya-Land dokumentieren.) Man wird jedoch nach dieser Enttäuschung wieder versöhnt durch die phantastische Aussicht, die sich von der obersten Terrasse bietet.

Vom Tempel IV führt der Maudslay-Damm nach Nordosten zur Gruppe H mit den Zwillingspyramiden (Komplex M und P). Von dort gelangt man über den Maler-Damm zurück zum Zentrum, zur östlichen Plaza.

Auf halbem Weg liegen links die Komplexe R und Q, wiederum Zwillingspyramiden. Im Komplex Q kommt man durch ein Kraggewölbe zur Stele 22 (771) mit dem Altar. Die Stele zeigt eine Maiskörner säende Figur, deren Kopf erheblich beschädigt ist. Auf dem Opferaltar liegt ein Gefangener.

Der Méndez-Damm verläuft vom Zentrum in südöstlicher Richtung zum Tempel der Inschriften. Gleich rechts liegt die Gruppe G, ein Komplex von Palästen, in dem Wandmalereien und Inschriften zum Teil noch sichtbar sind. Der Tempel der Inschriften (Tempel VI), 1951 entdeckt, trägt eine Reihe von Glyphen an den Wänden und auf dem Dach; sie gaben dem Gebäude den Namen und geben Auskunft über die Maya-Herrscher und ihre Taten. Vor dem Tempel steht die reich verzierte Stele 21 mit dem dazugehörigen Altar, beide stammen aus dem Jahr 736 und sind leider beschädigt.

Auch die Gebäudekomplexe im Süden der Gran Plaza lohnen eine Besichtigung. Vom Tempel III führt ein Weg zur Plaza der Sieben Tempel, an die sich der dreiteilige Ballspielplatz anschließt. Westlich dieser Plaza findet man die 32 m hohe Pyramide Mundo Perdido (›Verlorene Welt‹) inmitten eines Komplexes aus fünf Tempeln, die im 3. Jh. errichtet wurden.

Museum

Das Sylvanus G. Morley-Museum liegt im Eingangsbereich der Ruinenstätte. Ausstellung im offenen Patio und den umgebenden Räumen (Di–So 9–17 Uhr). Gezeigt werden Funde aus den Tikal-Grabungen sowie eine komplette Rekonstruktion des Grabes 116 aus Tempel I. Man findet Stelen, steinerne Werkzeuge, Schmuckstücke, Keramikarbeiten, Knochen und Mahlsteine zur Maisverarbeitung. Ausgestellt ist auch Stele 29, 1959 entdeckt, mit dem Datum 292; sie ist die älteste datierte Stele im Maya-Gebiet, die bisher gefunden wurde. Auch die Stele 31 von der Nördlichen Akropolis ist zu sehen, sie zeigt die Figur eines Adligen. Interessant ist insbesondere die Fotodokumentation der Ausgrabungen.

Hotels
Jungle Lodge (Posada de la Selva), Zimmer im Haupthaus (Mittelklasse) sowie 10 Bungalows (teuer), schöne Lage am Rande der Rui-

Maske des Regengottes Chac an der Nördlichen Akropolis

nen, Reservierung von Guatemala City aus: ✆ 76 02 94.

Mittelklasse: Tikal Inn, am Waldrand gelegen, einfache Zimmer oder Mittelklasse-Bungalows, wenig attraktiv, mit eigenem Campingplatz gegenüber dem Ende der Flugpiste (Hängematten-Vermietung), Moskito-Schutz erforderlich, Regendächer vorhanden, einfache Mahlzeiten.

Restaurants

Jaguar Inn (empfehlenswert) und im Hotel Jungle Lodge; diverse Comedores (einfache Restaurants) südlich der Flugpiste.

Verkehrsmittel

Bus: Von Flores ab 6 Uhr morgens.

Flüge: Kleine Flugpiste in Tikal seit 1951, heute asphaltiert; es landen die DC 3 der Aviateca sowie Charterflugzeuge; die meisten Maschinen fliegen jedoch Sta. Elena an.

Melchor de Mencos

Die guatemaltekische Grenzstadt zu Belize, 110 km östlich von Flores, wurde erst 1962 gegründet. Da die meisten Busse Flores am frühen Morgen verlassen (wer von Tikal kommt, muß in El Cruce den Bus wechseln), passieren viele Reisende gleich die Grenze, um noch gegen Mittag Belmopan oder Belize City zu erreichen (die Busse halten unmittelbar jenseits der Grenze).

Der nächste Ort auf Belize-Seite heißt Benque Viejo del Carmen; von dort läßt sich die Maya-Stätte Xunantunich besuchen. Das Fest von Melchor mit Volkstanzdarbietungen zu Ehren von San Martín wird vom 15.–22. Mai gefeiert, Höhepunkt ist der 16. Mai.

Von Guatemala City nach Westen

Die westliche Route verläuft zum überwiegenden Teil entlang der Panamericana. Sie führt zu großartigen Maya-Stätten (Tecpán, Iximché, Zaculeu) sowie durch malerische Ortschaften und Gebiete um den Atitlán-See und Chichicastenango. Die beiden letzten Orte sind hauptsächlich von Indios bewohnt und haben sich zu vielbesuchten Touristenzentren entwickelt. Die vielleicht schönste, in jedem Fall meistbesuchte Stadt des Landes, das kolonialzeitliche Antigua, liegt ebenfalls an dieser Strecke.

Mixco Viejo

Die heutige Stadt Mixco befindet sich 18 km westlich von Guatemala City an der Straße nach Antigua im Department Chimaltenango. Der Ausgrabungsort Mixco Viejo der nachklassischen Maya-Epoche liegt 50 km nordwestlich der Hauptstadt und 1 km abseits der Straße. Man erreicht ihn über die Ortschaften San Pedro und San Juan Sacatepéquez, die beide im Jahr 1976 durch ein Erdbeben zerstört und von ihren Bewohnern wieder aufgebaut wurden. Von der Abzweigung nach Raimundo fährt man auf einer kurvenreichen Schotterstraße zum Ort Mixco Viejo, der durch seine Festung und seine topographische Lage auf mehreren Bergkuppen kaum zu erobern war.

Die meisten Gebäude stammen aus dem 14. und 15. Jh., einige wenige aus dem 13. Jh. Sie weisen nur selten Spuren der ursprünglichen Maya-Tradition auf, hingegen läßt sich an einer Reihe von toltekischen und aztekischen Kulturelementen ein deutlicher mexikanischer Einfluß nachweisen. Mixco Viejo war die Hauptstadt des Maya-Volkes Pokomam und wurde zum Schutz gegen den Angriff feindlicher Stämme stark befestigt angelegt. Ein enger, in den Fels gehauener Weg fungierte als einziger Zugang. Bei Belagerung konnte die Versorgung durch einen geheimen Tunnel erfolgen. 1525 nahm Pedro de Alvarado Mixco Viejo ein, nachdem er den Tunnel entdeckt hatte. Die Festung wurde niedergebrannt, die Einwohner in das heutige Mixco gebracht. 1896 entdeckte der deutsche Reisende Karl Sapper die Anlage. Sie wurde ab 1954 von Franzosen restauriert, jedoch beim Erdbeben von 1976 erneut unter Schutt und Asche begraben.

Heute zeigt sich die archäologische Stätte nahezu perfekt restauriert mit unterschiedlich großen, flachen Natursteinen, die die einzelnen Gebäudeteile der Architektur betonen.

Besichtigung

Vom Parkplatz aus betritt man die archäologische Stätte durch einen engen Felsweg. Man gelangt zunächst zum Zentralbezirk (Gruppe B), mit einem Modell der Anlage, das die Orientierung erleichtert.

Die beiden Zwillingspyramiden auf der abgeflachten Bergkuppe in der Gruppe B haben – für die Maya-Bauweise ganz ungewöhnlich – einen gemeinsamen Sockel. Vor den beiden steilen Treppen und vor weiteren Gebäuden, die die Plaza umgeben, stehen kleine Altäre.

Zur Gruppe C führt ein Weg in südwestlicher Richtung. Das beeindruckendste dieser Bauwerke ist die zentrale Pyramide (C-1), deren Kern – wie Ausgrabungen zeigten – zweifach überbaut wurde.

Das Gebäude C-2 im Westen weist mit 47 × 14 m beträchtliche Maße auf. Die Bauten C-1 und C-2 sind von oben zugänglich, so daß man in ihrem Inneren die älteren Bauphasen sehen kann.

In den sich westlich anschließenden Gruppen E und F konnten noch nicht alle Gebäude rekonstruiert werden.

Von der Gruppe B gelangt man über einen Weg zur nördlich gelegenen Gruppe A. Das langgestreckte Gebäude A-5, das hier die Plaza im Norden begrenzt, verfügt über vier unabhängige Treppenaufgänge. Eine Öffnung erlaubt auch hier den Blick auf die älteren Konstruktionen.

Verkehrsmittel

Tgl. 4 × Busverbindung vom Terminal der Zona 4 in Guatemala City Richtung Pachalum, 2,5 Std.; nur wer den frühesten Bus nimmt, kann am selben Tag noch zurückkehren; von der Haltestelle an der Landstraße (bei km 60) ist es 1 km Fußweg bis zum Parkplatz vor der archäologischen Stätte.

Antigua Guatemala

Ehemalige Hauptstadt des Landes, heute Hauptstadt des Departments Sacatepéquez (30 000 Einwohner, 1520 m ü. d. M.), 45 km südlich von Guatemala City. Antigua Guatemala liegt am Fuß der Vulkane Agua, Fuego und Acatenango im Panchoy-Tal, inmitten von Kaffeeplantagen, die von schattenspendenden Seideneichen umgeben sind. Wer im Mai oder Juni anreist, erlebt die Kaffeeblüte: dann ist die Umgebung Antiguas in ein weißes Kleid gehüllt. Die Stadt mit ihren Bauten im spanischen Barockstil steht seit 1930 unter Denkmalschutz und wurde 1965 von der UNESCO zum Kulturdenkmal Amerikas erklärt. Das Klima ist beständig mild, mit Temperaturen zwischen 14 und 20 °C.

1543 wurde die Stadt mit dem Namen Santiago de los Caballeros de Guatemala gegründet. Sie übernahm die Funktionen einer Landeshauptstadt, nachdem zwei Jahre zuvor die benachbarte Kapitale (heute Ciudad Vieja) von einem Erdrutsch zerstört worden war. Um 1650 bildete sie das kulturelle Zentrum und war mit 70 000 Einwohnern die drittgrößte Stadt Lateinamerikas. 1680 wurde hier die Universität San Carlos de Borromeo gegründet. Nach dem Erdbeben von 1773 verlegten die Spanier die Hauptstadt im Jahr 1776 an ihren jetzigen Ort, und Antigua Guatemala erhielt seinen heutigen Namen. 1976 erschütterte ein weiteres großes Erdbeben die Stadt. Viele restaurierte Gebäude liegen seither erneut in Trümmern, nur wenige wurden wieder aufgebaut.

Besichtigung

Die einstige Metropole Mittelamerikas beherbergt viele kolonialzeitliche Prachtbauten mit überladenen Renaissance- und Barockfassaden. Die alten Kopfsteinpflasterstraßen verlaufen rechtwinklig zueinander. Viele Gebäude und Wohnhäuser, meist mit einem von Arkaden begrenzten Patio und von Gärten geschmückt, sind außergewöhnlich groß und erstrecken sich über ganze Straßenzüge. Kirchen- und Klosterruinen – während der Kolonialzeit soll es 45 Kultbauten gegeben haben – sind über die gesamte Stadt verstreut. Die Gebäude wurden, insbesondere bei den Erdbeben von 1773 und 1976, stark beschädigt. Wegen der hohen Restaurierungskosten liegen viele pompöse Bauten noch immer unter Trümmern begraben. In den erhaltenen Gebäuden werden Gemälde, Skulpturen, Altäre und Möbel aus der barocken Epoche zwischen der Mitte des 17. und dem Ende des 18. Jh. ausgestellt (bei der Verlegung

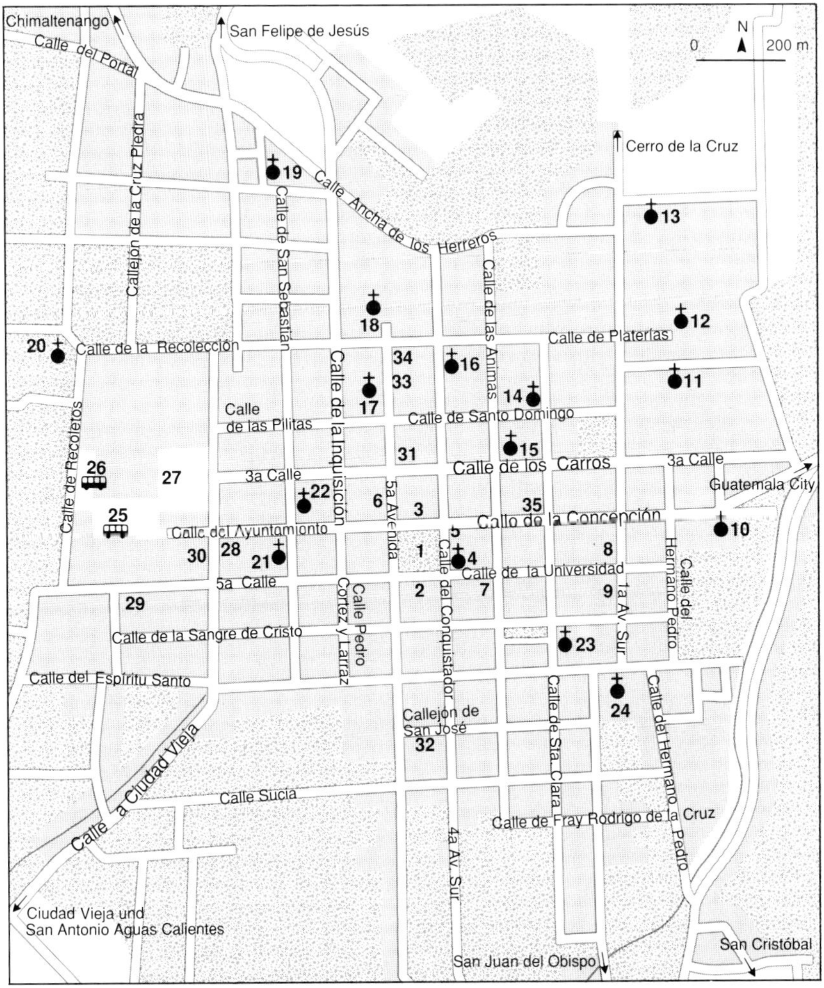

Antigua Guatemala 1 Plaza Mayor (Parque Central) 2 Palacio de los Capitanes Generales mit Touristeninformation 3 Palacio del Noble Ayuntamiento mit Museo de Arte Colonial 4 Kathedrale 5 Casa de la Cultura 6 Portal del Comercio 7 Universidad San Carlos mit Museo Colonial und Museo de Artes 8 Casa de Bernal Díaz del Castillo 9 Casa Popenoe 10 La Concepción 11 Sto. Domingo 12 Sta. Rosa 13 La Candelaria 14 Las Capuchinas mit Museum für Reliquien 15 El Carmen 16 Sta. Teresa 17 Sta. Catalina 18 La Merced 19 San Sebastián 20 San José de Recolección 21 San Agustín 22 Compañía de Jesús 23 Sta. Clara 24 San Francisco mit Museum für Reliquien 25 Bus-Station (Fernverkehr) 26 Bus-Station (Stadtverkehr) 27 Mercado Central 28 Postamt 29 Hospital Nacional 30 Monumento Rafael Landívar **Hotels** 31 Posada de Don Rodrigo 32 Antigua 33 Pensión El Arco 34 Casa del Patio 35 Aurora

der Hauptstadt sind allerdings die schönsten Stücke nach Guatemala City gebracht worden). Eine Reihe von Häusern, Kirchen, Klöstern und Palästen aus dem 16. Jh. blieben bei dem Beben von 1717 unbeschädigt oder wurden restauriert. Doch viele dieser Gebäude überstanden trotz meterdicker Wände und stützender Säulen das Erdbeben von 1773 nicht.

Der folgende Rundgang schließt auch die weniger bekannten Klöster und Kirchen ein. Man sollte dafür einen ganzen Tag einplanen. (Beachten Sie jedoch, daß viele Gebäude montags geschlossen sind.) Der Rundgang verkürzt sich durch Auslassen der am Stadtrand gelegenen Sehenswürdigkeiten auf einen halben Tag.

Im Zentrum der Stadt liegt die **Plaza Mayor** (früher: Plaza Real) mit einem Brunnen aus dem 18. Jh.; heute wird sie auch Plaza de Armas oder Parque Central genannt. Über die gesamte Südseite erstreckt sich der **Palacio de los Capitanes Generales** (Generalspalast), die 1769 errichtete Residenz der Vertreter des spanischen Königs (Gouverneure). Das Renaissance-Haus mit zwei übereinanderliegenden Bogengängen ist Sitz der Verwaltung des Departments Sacatepéquez. Die Nordseite der Plaza begrenzt der **Palacio del Noble Ayuntamiento,** das heutige Rathaus. Der Bau wurde bereits 1743 begonnen, jedoch erst Anfang des 20. Jh. fertiggestellt. Lange Zeit diente er als Gefängnis, heute ist er Sitz der Stadtverwaltung und beherbergt zwei Museen: das **Museo del Libro,** 1956 eingerichtet, mit einem Modell der ersten Buchdruckerpresse Guatemalas (1660) und wertvollen Erstausgaben aus der Kolonialzeit, und das **Museo de Santiago** (Museo de Armas). Ausgestellt werden (seit 1957) Waffen und Kriegsgeräte aus der Zeit der Konquista, auch Gemälde und Möbel. Im Patio befinden sich Kanonen, darunter eine aus dem Castillo San Felipe.

An der Ostseite der Plaza erhebt sich die **Catedral Metropolitana,** 1545 begonnen, 1669 erweitert, danach durch zwei Erdbeben schwer beschädigt. Die Restaurierungsarbeiten sind heute noch im Gange. Trotzdem wird ein Teil der Kathe-

Arkadengang an der Plaza Real in Antigua Guatemala

Ruine der Catedral Metropolitana in Antigua Guatemala

drale für Gottesdienste genutzt. Hier steht die von Q. Catano geschaffene Skulptur Jesús del Perdón. Im zerstörten Teil liegen die Gräber von Pedro de Alvarado, seiner Frau Beatriz, von Bernal Díaz del Castillo und Francisco Marroquín. Neben der Kathedrale befindet sich die **Casa de la Cultura,** die wechselnde Ausstellungen präsentiert.

Gegenüber der Kathedrale steht in der 5a Calle Ote. die im Mudejar-Stil erbaute **Universidad San Carlos de Borromeo.** Sie ist die drittälteste Universität Amerikas. Der Gebäudekomplex umschließt einen phantastischen Innenhof mit einem Brunnen und gut erhaltenen, reich verzierten Bogengängen. Über den Arkaden sieht man vier historische Wappenschilder. Gewaltige Holztüren führen in die hohen Innenräume. Das dort untergebrachte **Museo de Arte Colonial** (1936 gegründet) zeigt Ölgemälde und Heiligenfiguren. Im Saal 4 wird mit menschengroßen Puppen ein Examen nachgestellt, wie es in der Kolonialzeit durchgeführt wurde. Während ein wissenschaftlicher Aufseher von einer Kanzel zuschaut, befragen zwei Prüfer einen Kandidaten; drei weitere Studenten wohnen dem Geschehen bei. In Saal 5 zeigt ein Wandgemälde Szenen aus dem spanischen Universitätsleben; Saal 6 enthält kunstvoll geschnitzte Heiligenfiguren. In anderen Räumen des Museums sieht man Skulpturen, Möbel und Architekturdarstellungen aus dem 16. und 17. Jh. (Di–Fr 9–16, Sa 9–12 und 14–16 Uhr).

Die **Casa de Bernal Díaz del Castillo** an der Calle de la Universidad erstreckt sich über den ganzen Block. Der spanische Geschichtsschreiber der Konquista, nach dem das Haus benannt wurde, verbrachte seinen Lebensabend in Antigua und erstellte dort eine Dokumentation zur Eroberung Mittelamerikas durch seine Landsleute. Heute ist hier die Oberschule Liceo Florales untergebracht.

Gegenüber dem Lyzeum (Eingang an der 1a Av. Sur) steht das schönste Privathaus der Stadt. Die 1640 erbaute **Casa Popenoe** wurde 1929 von William Popenoe erworben und bis 1930 mit Balken, Fenstern, Türen und schmiedeeisernen Verzierungen aus anderen Häusern der Stadt komplett restauriert. Das ehemalige Wohnhaus des spanischen Richters Don Luís de las Infantes y Mendoza stellt kostbare Möbel aus der kolonialen Epoche aus (Mo–Sa 14–16 Uhr).

Im Osten der Stadt, am Ende der 4a Calle Ote., liegt die Ruine des Klosters La Concepción. Nördlich davon befindet sich die Kirche und das Kloster Sto. Domingo in der gleichnamigen Straße. Gegenüber, in der Calle de la Platería, ›wartet‹ die Kirche Sta. Rosa auf den Wiederaufbau. Weiter nördlich gelangt man zur Ruine der Kirche Candelaria. Auf dem Weg Richtung Plaza stößt man auf das 1736 erbaute **Kloster Las Capuchinas.** Im dazugehörigen **Museum** werden Reliquien ausgestellt (tgl. 10–16 Uhr). Trotz meterdicker Wände und Säulen stürzte das Kloster beim Erdbeben von 1773 ein. Das Hauptgebäude verfügt über 30 Zellen, der danebenstehende Turm über weitere 18 Zellen. Unter dem zur Anlage gehörenden Innenhof befindet sich ein Weinkeller.

In der Nähe von Las Capuchinas liegen die Ruinen der Kirchen El Carmen und Sta. Teresa.

Die 5a Av. führt durch einen Torbogen aus dem 17. Jh., den Arco de Sta. Catalina, der die beiden Gebäude des **Klosters Sta. Catalina** verbindet; eines dieser beiden Häuser ist heute ein Hotel.

Nördlich von Sta. Catalina steht das wohl meist fotografierte Bauwerk der Stadt: das **Kirchenkloster La Merced** (1541–84 erbaut). Der stark in Mitleidenschaft gezogene Bau wurde im maurischen Stil umfassend restauriert. Beim Beben im Jahr 1773 blieb die Kirche mit ihrer barocken Fassade und der von sieben goldenen Löwen geschmückten Kuppel erhalten. Das Kloster hingegen wurde schwer beschädigt, die Altäre des Klosters brachte man nach Guatemala City. Auf dem Platz vor dem Kloster liegt eine steinerne Kugel mit einem Kreuz. Besonders sehenswert sind die gut erhaltenen Arkaden und der zweistöckige Brunnen des Klostergartens.

Bei einem kleinen Abstecher nach Nordwesten gelangt man am Ende der Straße San Sebastián zur gleichnamigen Pfarrkirche, die leider nicht wieder aufgebaut wurde.

Westlich der Stadt wurden 1708 die **Kirche** und das **Kloster San José la Recolección** gegründet. Die einstmals prunkvolle Anlage, 1715 erweitert und 1798 gänzlich neu errichtet, muß den Mönchen geradezu paradiesische Zustände geboten haben, um ihnen das Erdendasein in Erwartung des Ewigen Reiches angenehm zu gestalten. Heute sind von der Pracht nur noch Ruinen in einem Kaffeehain zu sehen.

Über die Busstation und den Markt geht es zur Kirche und Klosteranlage San Agustín. Auf dem Weg passiert man an der Alameda de Sta. Lucía das **Grabmal** des guatemaltekischen Dichters Rafael Landívar (1731–93), der in der Klosterschule La Compañía de Jesús erzogen wurde und 1767 mit den Jesuiten Guatemala verlassen mußte. Er starb in Italien und wurde später in Antigua beigesetzt. Sein Wohnhaus liegt zerfallen hinter dem Grabmal.

San Agustín befindet sich in der Nähe der Post innerhalb der Stadt. Der größte Teil des Komplexes liegt noch in Trümmern, nur die Außenmauern stehen noch.

Ruinen der Kirche La Recolección in Antigua Guatemala

Die Kirche wurde 1615 gegründet, 1749 ausgebaut und 1773 völlig zerstört. Das Gebäude ist abgesperrt.

In unmittelbarer Nähe sieht man die 1626 eingeweihte **Jesuitenkirche Compañía de Jesús** mit ihren feingeschnitzten Türen. Sie wird zur Zeit aufwendig restauriert. Im angrenzenden Kloster war bis zum Erdbeben von 1976 der zentrale Markt der Stadt untergebracht, der danach an den westlichen Stadtrand verlegt wurde.

Im Jahr 1700 begann man mit dem Bau des **Klosters Sta. Clara,** das an der Ecke zur Calle de los Peregrinos liegt. Bereits 1717 stürzten die Gebäude ein und wurden von 1723 bis 34 völlig neu errichtet. Knapp 40 Jahre später fielen die Gebäude wieder in Trümmer; lediglich ein doppelter Arkadengang blieb erhalten. Den Innenhof ziert ein wundervoller Brunnen; hier liegen auch riesige Steinbrocken, die einen Eindruck von der einstigen Größe des Klosters vermitteln. Von der Kirche steht heute nur noch ein Teil der Grundmauern, denn das Gotteshaus hielt zwar dem Erdbeben von 1776 stand, nicht jedoch dem heftigen Beben, das 1874 die Stadt erschütterte. Nur die Katakomben können besichtigt werden.

Kloster und **Kirche San Francisco** in der Calle de Chipilapa wurden bereits 1543 erstellt. In diesem Kloster fand der Franziskanermönch Pedro de Bethancourt, der hier ein Hospital für die Armen eingerichtet hatte, seine letzte Ruhestätte. Der Schrein neben dem seitlichen Kircheneingang ist heute noch Ziel von Wallfahrten. In einem der 1961 vollkommen restaurierten Gebäude befindet sich das **Museum für Reliquien.** Vier vergoldete Altäre, die im Gegensatz zu vielen anderen Kunstgegenständen nicht nach Guatemala City abtransportiert wurden, sind hier zu besichtigen.

Hotels

Gut und teuer: Posada de Don Rodrigo, 5a Av. Nte. 17, ✆ 32 02 91, Haus im Kolonialstil (die restaurierte Casa de los Leones vom Anfang des 18. Jh.) mit einem großen und zwei kleineren Patios, Gärten, Brunnen, Arkaden und antiken Möbeln; nachmittags Marimba-Musik, empfehlenswert; Antigua, Callejón San José (4a Av. Sur/8a Calle Ote.), ✆ 32 02 88, modernes Luxushotel im Kolonialstil mit Gärten und Swimmingpool, Zimmer mit Kamin; Ramada, 9a Calle (Straße nach Ciudad Vieja) am Stadtrand, ✆ 32 00 11, Swimmingpool, große Rasenflächen, Kaminzimmer.

Mittelklasse: Posada San Francisco, 3a Calle Ote. 19; Casa del Patio, 5a Av. Nte. 37, ✆ 32 06 03, Nähe La Merced, Zimmer mit Kamin, empfehlenswert; Aurora, 4a Calle Ote. 16 (Calle de la Concepción/2a Av. Nte.), ✆ 32 02 17, ruhiges Haus im Kolonialstil mit Patio und großen Zimmern, sehr empfehlenswert.

Einfach und preiswert: Pensión El Arco, 5a Av. Nte. 30, beim Catalina-Bogen; Pensión Posada Antigueñita, 2a Calle Pte. 25, preiswert; Hospedaje Casa Sta. Lucía, Clzd. Sta. Lucía Sur 5, Nähe Markt und Busbahnhof; Hospedaje Posada Doña Angelina, 4a Calle Pte. 33 (Nähe Markt), Zimmer um einen großen Innenhof gruppiert; Los Capitanes, 5a Av. Sur 8, ✆ 32 05 81; Pensión El Pasaje, Clzd. Sta. Lucía; Camping und Jugendherberge Shitkickers, 7a Av. Nte. 36 (privat).

Restaurants

Doña Luisa Xicótencatl, 4a Calle Ote. 12 (Calle de la Concepción), schönes Haus aus dem Jahre 1650 mit Innenhof, Brunnen, Galerie, mehreren großen Räumen, Vollwertkost, von der Galerie Blick auf den Vulkan Agua; El Sereno, 6a Calle Pte. 30, Haus im Kolonialstil mit Patio, Brunnen, Holzbalken, Kamin, angenehmes Ambiente (das Haus nimmt keine Kinder unter 8 Jahren auf); La Casa de las Górgolas, 5a Av. Nte. 14 (in der Nähe der Plaza), Innenhof mit Restaurants und Geschäften; immer von Touristen frequentiert, überhöhte Preise; Mistral, 4a Calle Ote. 7, schöner Innenhof, Natursäfte; ›D‹ Rino, 5a Av. Nte. 12, Innenhof mit Brunnen, Doppelarkaden, italienisch, preiswert.

Verkehrsmittel

Bus: Von Guatemala City nach Antigua Guatemala alle 30 Min. ab 5a Av. (Zona 1) mit La Franciscana; ab 15 Calle 3–37 (Zona 1) mit La Preciosa; ab 18 Calle/4a Av. (Zona 1), ab 15 Calle 3–65 (Zona 1) mit Unidos.

Busse nach Guatemala City und Chimaltenango stdl. ab Bus-Station beim Markt, Busse Unidos ab 1a Av. Sur 11.

Busse zu den Dörfern der Umgebung vom Halteplatz hinter dem Markt.

Minibusse von Antigua zum Flughafen La Aurora in Guatemala City 5 × tgl. von den größeren Hotels.

Mietwagen und Motorräder bei Centro Internacional, 2a Calle Ote. 2, ✆ 32 07 48.

Feste

Eine Broschüre über die vielen Feste in der Stadt und den umliegenden Ortschaften hält das Touristenbüro bereit.

Besonders aufwendig und farbenprächtig sind die Osterumzüge, bei denen Heiligenfiguren auf großen Prozessionsbahren durch die Stadt getragen werden. Teppiche aus Blumen und farbigen Sägespänen, zu kunstvollen Bildern gestaltet, bedecken die Straßen und Plätze.

Die Feierlichkeiten beginnen bereits am Palmsonntag und enden am darauffolgenden Ostersonntag; Höhepunkt ist der Karfreitag. Reiter in der Kleidung römischer Soldaten traben an diesem Tag über die alten Kopfsteinpflaster von Antigua. Laut wird der Tod Jesu von Nazareth ausgerufen. Um 8 Uhr verläßt eine Prozession purpurrot gewandeter Männer und Knaben die Kirche La Merced. Die 7000 Pfund schwere Trage wird auf ihre Schultern gehievt. In Wolken von Weihrauch bewegt sich der Umzug bis zum frühen Nachmittag durch die Straßen. Eine weitere Prozession verläßt die Kirche Escuela de Cristo um 16 Uhr.

Vom 21.–26. Juli (Höhepunkt am 25.) wird das Fest des Schutzpatrons der Stadt, des Apostels Jakob (Santiago), mit Tänzen und Theateraufführungen im Freien begangen.

Im November richtet die Stadt ein Kunst- und Kulturfestival mit Ausstellungen und Theateraufführungen aus.

Einkaufen

La Casa de Jade, 4a Calle Ote. 3, moderne Jadearbeiten; Un poco de todo, 5a Av. Nte. 10A (Plaza), Bücher und Bilder; Casa de Artes, 4a Av. Sur 11, Kunsthandwerk, Textilien, Schmuck; Cruz Enrique España, Calle San Felipe de Jesús 58, Keramik; Casa Andinista, 4a Calle Ote. 5A (gegenüber Doña Luisa), Bücher und Landkarten; Antigüedades La Unión, Calle de los Peregrinos (gegenüber Sta. Clara), koloniale Antiquitäten wie Kerzenhalter, Holzarbeiten, Waffen

Der Markt (tgl.) liegt am westlichen Stadtrand am unteren Ende der 4a Calle Pte.

Adressen

Auskunft: Touristenbüro, im Erdgeschoß des Palacio de los Capitanes an der Plaza, 5a Calle Ote./4a Av. Sur, ✆ 320763.

Banken: An der Plaza, z.B. Banco de Guatemala (Mo–Fr 9–14 Uhr).

Gesundheit: Farmacia Roca, 4a Calle Pte. 11, ✆ 320612.

Post: Pakete packt und verschickt The Pink Box, 5a Av. Nte. 14.

Reisebüros: Agencia de Viajes im 1. Stock über ›Un poco de todo‹ an der Plaza, ✆ 320892, Flugtickets, Ausflüge; Centro Internacional, 2a Calle Ote. 2, ✆ 320748, Touren, Wanderungen, Leihwagen.

Telefon: Guatel, 5a Av. Sur/5a Calle Pte., an der Plaza.

Ausflüge

Zu allen nachstehenden Orten fahren Busse (in der Regel stdl.) hinter dem Marktplatz ab.

San Felipe de Jesús: 1430 gegründetes Dorf nördlich von Antigua (2,5 km), auch zu Fuß über die 6a Av. Nte. zu erreichen. Ein Markt bietet Keramikarbeiten und Süßigkeiten, in den angrenzenden Straßen befinden sich Restaurants. In der weißen gotischen Kirche (mit rotem Ziegeldach) steht eine Christus-Statue, zu der Wallfahrten unternommen werden. Besichtigt werden kann auch die Silberwerkstatt Los Horcones (2 Straßenzüge von der Plaza entfernt).

Ciudad Vieja (Almolonga): Kleines Dorf 5 km südwestlich am Fuß des Agua-Vulkans. Hier wurde 1527 von Pedro de Alvarado die zweite Hauptstadt des Landes gegründet. Die Stadt fiel 1541 einem Erdrutsch zum Opfer, bei dem auch Beatriz, die Frau des Gründers und nach dessen Tod Gouverneurin von Guatemala, den Tod fand. Am Stadteingang liegt links ein herrliches kolonialzeitliches Gebäude, das Hotel El Cortijo. Im Zentrum steht die 1534 errichtete Kirche La Concepción mit barocker Front und einer Reihe von Heiligenfiguren in den Außennischen. In der 12 Av., 100 m von der Plaza entfernt, stößt man auf die Ruine des Palacio de Doña Beatriz de la Cueva; es sind nur einige Grundmauern und die Reste eines Ziegelbogens erhalten.

San Antonio Aguas Calientes: 6 km südöstlich von Antigua: An der kleinen Plaza des Dorfes werden kunstgewerbliche Artikel hergestellt und verkauft; beliebter Ausflugsort für Touristenbusse aus Antigua und Guatemala City.

San Juan del Obispo: 3 km südlich; an der Straße dorthin liegen 14 mit lateinischen Ziffern numerierte Kirchen und Kapellen, die die Stationen des Kreuzweges Jesu Christi symbolisieren. In San Juan steht eine Rekonstruktion des Palastes von Francisco Marroquín, des ersten Bischofs von Guatemala. Wer den Palast betreten möchte, muß an der Rückseite des Gebäudes klingeln. Von einem prächtigen Patio hat man Zugang zu einer Reihe von Zimmern mit kolonialzeitlichen Möbeln. Balkendecken, kunstvoll geschnitzte und verzierte große Bogentüren, viel Schmiedeeisen und antike Keramik geben dem Haus ein gediegenes Ambiente.

In der benachbarten Kirche kann man die ältesten Altäre Antiguas besichtigen; das Gebäude wurde 1547 von Marroquín in Auftrag gegeben. Der Zugang zur Kirche erfolgt vom Innenhof. Der hohe Hauptaltar wird von acht vergoldeten Heiligenfiguren geschmückt. Hohe Holzsäulen mit Figuren stützen die Seiten. Vom Patio gelangt man auch in eine kleine Kapelle mit vergoldetem Altar. Die Nonnen, die das Anwesen unterhalten, erwarten für ihre Führung ein geringes Entgelt.

Sta. María de Jesús: 16 km südlich von Antigua; mit dem beständigen Anstieg der Fahrstraße verbessert sich die Sicht auf die umliegenden Vulkane. Im Ort werden Textilien verkauft. Eine kleine Pension an der Plaza bietet Übernachtungsmöglichkeiten. Am Dorfbrunnen liegt der Waschplatz. Vom anderen Stadtausgang kann man die Eruptionen des Vulkans Pacaya beobachten.

Vulkan Agua: Südlich von Antigua, 3765 m hoch; der Aufstieg beginnt in Sta. María, dort bieten sich auch Führer für den zwei- bis dreistündigen Fußmarsch an. Vom Kraterrand eröffnet sich ein hervorragender Blick über die benachbarten Vulkane und das südliche Guatemala.

Die **Vulkane Acatenango** (3975 m) und **Fuego** (3763 m) liegen südwestlich von Antigua. Ein von weitem sichtbarer Doppelkegel krönt den Vulkan Acatenango. Der Aufstieg (für erfahrene Bergwanderer) ist von La Soledad oder von Concepción Calderas aus möglich. Zwischen den beiden Kegeln des Acatenango steht eine Schutzhütte.

San Andrés Itzapa: 14 km nördlich von Antigua Guatemala, ist über Pastores (14 km vor Chimaltenango, ab dort 2 km Schotterstraße) zu erreichen. Wer mit dem Bus fährt, muß in Chimaltenango umsteigen. Die Stadt wurde 1976 vom Erdbeben zerstört, einige kunstvoll gemusterte Kopfsteinpflasterstraßen sind erhalten geblieben. An der Av. San Simón (einen Straßenzug hinter der Kirche rechts ab) liegt die Capilla San Simón. Hier wird der indianische Maximon-Kult zelebriert: Auf einem Podest sitzt in einem Schrein eine männliche Schaufensterpuppe in dunklem Anzug mit Hut, Schlips und Kragen. Feierlich ziehen die Gläubigen an der Figur vorbei, murmeln Gebete und legen Geldgeschenke ab. Mit lautem Singen, Rufen und Schluchzen wird der Verehrung zusätzlich Ausdruck verliehen. Auf Tischen aus Beton brennen unzählige Kerzen in allen Farben, ihre Duftstoffe füllen den Raum. (Der Ausflug lohnt nur, wenn man an der Zeremonie interessiert ist.)

Chimaltenango

Die Hauptstadt des gleichnamigen Departments liegt 20 km nördlich von Antigua und 56 km westlich von Guatemala City an der Panamericana. Chimaltenango ist Umsteigestation auf dem Weg von Antigua zum Atitlán-See und Ausgangspunkt für die Besucher des Los Aposentos-Nationalparks am Fuße des Berges, auf dem die Stadt liegt.

Der 1526 von Spaniern gegründete Ort ist heute Handelszentrum des Departments und Hauptsitz einer Reihe von US-amerikanischen Sekten, die hier Kirchen und Bildungszentren unterhalten. Nach den schweren Zerstörungen durch das Erdbeben von 1976 ist der größe Teil der Stadt neu aufgebaut worden. Die Plaza liegt nördlich der Panamericana;

Kiosk an der Plaza in Chimaltenango

das Polizeigebäude im Stil eines Castillo und die kolonialzeitliche Kirche aus dem 17. Jh. umrahmen sie. Einige Standbilder und ein gewaltiger Brunnen mit Steinskulpturen verschönern den kleinen Park, in dem auch eine Rundbühne installiert ist.

Hotel
Mittelklasse: La Predilecta, 2a Av. 2–32, ✆ 39 13 24.

Verkehrsmittel
Bus: Verbindung von Guatemala City (Abfahrt in Zona 1, 20 Calle/Av. Bolívar) und nach Antigua stdl., Busse nach Quetzaltenango an der Plaza.

Adressen
Gesundheit: Clínica Behrhorst, 2a Calle 1–55, ✆ 39 13 56, von US-Amerikanern geleitet.

Ausflüge
Nationalpark Los Aposentos: 3 km südlich der Stadt, Richtung Antigua und Guatemala City; Campingmöglichkeiten an einem künstlichen See (Lago de los Cisnes), Swimmingpool, Bootsverleih, Imbiß, Restaurant.

In Santiago Sacatepéquez (auf halber Strecke von der Hauptstadt nach Chimaltenango, nördlich der Panamericana) wird das Allerheiligenfest am 1. November mit einer besonderen Attraktion gefeiert: Die Männer lassen riesige Drachen steigen, die sie aus Bambus und kunstvoll bemaltem Papier lange zuvor gebastelt haben.

Tecpán Guatemala

Die Indio-Stadt (6000 Einwohner) liegt in 2285 m Höhe (88 km westlich von Guatemala City, etwas abseits der CA-1) und ist wirtschaftliches Zentrum des Hochlandes. In der Umgebung betreibt man Getreideanbau und Holzwirtschaft, die Produkte werden z.T. in der Stadt weiterverarbeitet. Die sehenswerte kolonialzeitliche Kirche im Zentrum mit verzierten hölzernen Säulen und bemalten Balken birgt einen silberplattierten Altar; sie wurde 1976 schwer beschädigt.

Hotel
Einfache Unterkunft im Hotel Hosteña Poromá im Barrio Poromá, ✆ 39 16 61, etwa 1 km vom Zentrum entfernt.

Restaurants
Auf dem Weg nach Los Encuentros (Richtung Westen) liegt links an einem Fluß das Restaurant Chichoy (preiswert und empfehlenswert), kurz vor Tecpán rechts das Restaurant Katok.

Verkehrsmittel
Bus: Stdl. Busverbindung nach Guatemala City und Quetzaltenango.

Fest
Das Fest der Stadt, zu Ehren des hl. Franz von Assisi, wird vom 26. September – 5. Oktober gefeiert; das von Volkstänzen begleitete Geschehen erreicht am vorletzten Tag seinen Höhepunkt.

Iximché

4 km südwestlich von Tecpán liegt bei Pueblo Viejo in 2260 m Höhe Iximché. Der Weg ist spärlich ausgeschildert. Es fährt kein Bus. Die Sandstraße führt durch bewaldete Hügel, in denen neue Siedlungen entstehen, in ein Tal hinunter, über eine Brücke und dann links den Berg hinauf. Bei der nächsten Abzweigung an einem weißen Kreuz fährt man geradeaus weiter.

Die um 1470 gegründete Hauptstadt der Cakchiquel erstreckt sich wie eine Festung über einen Bergrücken. Sie wurde 1524 von Pedro de Alvarado ohne Widerstand ihrer Bewohner eingenommen und zur ersten Hauptstadt (Santiago) von Guatemala erklärt. Die maßlosen Forderungen der Spanier nach Gold beantworteten die Cakchiquel mit mehreren Aufständen, in deren Folge Iximché 1526 niedergebrannt und die Hauptstadt 1527 nach Almolonga

Iximché 1 Palast 2 Plaza mit rundem Altar 3 Plaza B 4 Ballspielplatz 5 Plaza A 6 Pyramidenplattform (Tempel II) 7 Ballspielplatz 8 Tempel 9 Tempel I 10 Tempel III 11 zur Plaza C 12 zum Eingang, Besucherzentrum, Parkplatz

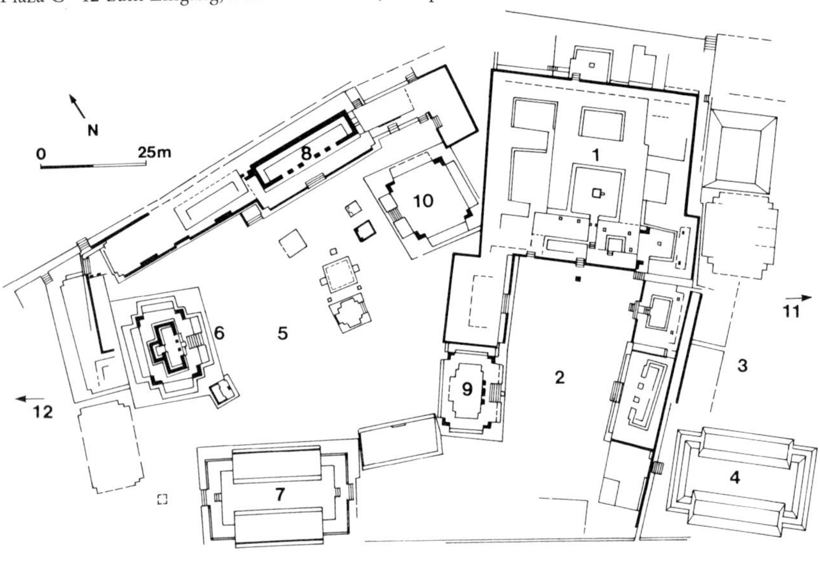

Runder Altar auf Plaza B – Im Hintergrund Tempel III

(Ciudad Vieja) verlegt wurde. Erst 1530 war der Widerstand der Cakchiquel endgültig gebrochen.

Vier große Zeremonialplätze und zwei kleinere Plazas sind von Tempeln, Plattformen, Palästen und zwei Ballspielplätzen umgeben. Die unteren Gebäudeteile wurden freigelegt und größtenteils restauriert, Holz- und Lehmziegelaufbauten sind verschwunden. Noch bei seinem Besuch im Jahr 1840 beschrieb John L. Stephens einen Graben, der die Zeremonialgebäude von den Wohnhäusern trennte. Er ist heute zugeschüttet. Seit 1958 wird Iximché restauriert. Die archäologische Stätte ist geöffnet (8–17 Uhr).

Besichtigung

Hinter dem Eingangstor liegt das Besucherzentrum, und geradeaus führt der Weg zu den Ruinen. Im Besucherraum findet man Kunsthandwerksartikel, Fotos von den Ausgrabungsarbeiten, ein vorzügliches Modell der archäologischen Stätte sowie einen Orientierungsplan.

Man gelangt von Norden zu den hintereinander liegenden Plazas A, B und C. Vor der Tempelpyramide II an der Westseite der Plaza A (9 m hoch), steht ein Opferblock aus Stein. Am Südrand erstreckt sich ein 40 m langer restaurierter Ballspielplatz über drei Terrassen. Südöstlich liegt eine kleinere Plaza mit einem runden Altar (3,50 m Durchmesser) im Zentrum. Der Tempel III wurde freigelegt und mit Beton restauriert. Ein Ballspielplatz begrenzt die Südseite von Plaza B. Insgesamt ist von Iximché bisher wenig ausgegraben worden; dichte Vegetation bedeckt den größten Teil der Gebäude. Man kann nur wenige Treppen und Mauern besichtigen.

Atitlán-See

Der See in 1562 m Höhe liegt 150 km westlich von Guatemala City im Department Sololá. Er ist ca. 150 qkm groß und gilt vielen als der schönste Zentralamerikas. 18 kleine und kleinste Inseln liegen im See, der an seiner Südseite von drei hohen Vulkanen überragt wird, zwei weitere sind in einiger Entfernung sichtbar. Im Norden erstreckt sich eine Gebirgskette, die das Gewässer um etwa 1000 m überragt und stellenweise bis an sein Ufer hin abfällt. Um den See gruppieren sich die Städte Panajachel (am Nordufer), Santiago Atitlán (am Südufer), zehn Dörfer und einige kleinere Siedlungen. Alle werden von Indios der Völker Cakchiquel, Tzutuhil und Quiché bewohnt. Das Wasser des bis 300 m tiefen Sees hat eine beständige Temperatur von 20 °C, seine Farbe wechselt mit dem Stand der Sonne von Grün bis Tiefblau. Am Südufer leben einige der vom Aussterben bedrohten, endemischen Poc-Vögel in einem geschützten Reservat.

Panajachel

Panajachel (5500 Einwohner) liegt am Nordufer des Sees, wo der sich nach Nordosten mit hohen Bergwänden zuspitzende Cañón des Río Panajachel sich in ein Delta öffnet. Von Guatemala City aus fährt man auf der Panamericana nach Westen bis Los Encuentros (ca. 130 km) und biegt dann in südlicher Richtung über Sololá ab (18 km). Von Westen kann man die Stadt auch über die alte Trasse der Panamericana erreichen, die steil, mit Haarnadelkurven, z. T. nicht asphaltiert und in schlechtem Zustand über Patzicía und Patzún heranführt. Von der Pazifikküste her besteht eine Straßenverbindung über San Lucas Tolimán am Südostende des Sees. Das Zentrum von Panajachel liegt etwa 1 km vom See entfernt.

Am Ufer steht nur ein etwa 1 km langer Abschnitt, die Playa Pública, der Öffentlichkeit zur Verfügung, der Rest ist in Privatbesitz. Die frei zugängliche Playa Pública reicht von der Flußmündung bis zur Calle Santander. Am Fluß erweitert sie sich zu einem größeren Platz mit Bus-Station, Restaurants, Hotels, Pensionen, Souvenirständen und Bootsanlegestellen. Westlich des Flusses liegt das Zentrum mit der Kirche, dem Markt und der Stadtverwaltung. Hier wohnen Ladinos und Ausländer; die Indios leben vorwiegend im Ostteil und in Richtung Norden. Ihren Lebensunterhalt bestreiten sie durch Gemüse-, Kaffee- und Obstanbau, während die Ladinos sich dem einträglicheren Tourismusgeschäft widmen. Die Stadt dehnt sich an beiden Flußufern nach Norden und Westen aus. Im Westen liegt hinter einem schmalen Felsvorsprung ein kleines Tal mit der Finca Buena Ventura. Nach Norden erstrecken sich Gebirgsketten mit ausgedehnten Kaffeepflanzungen. Nordwestlich der Stadt (8 km) liegt Sololá, Hauptstadt des Departments sowie Handels- und Verwaltungszentrum.

Panajachel hat zweimal pro Jahr Hochsaison: Zwischen Dezember und März

Am Atitlán-See – Im Hintergrund Vulkan San Pedro

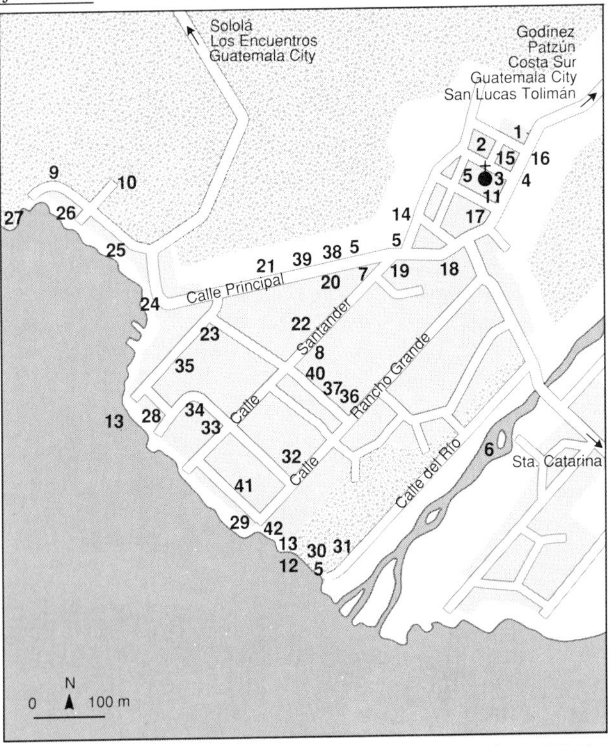

Panajachel
1 Mercado Central
2 Post
3 Kathedrale
4 Stadtverwaltung
5 Bus-Station
6 Río Panajachel
7 Inguat (Touristeninformation)
8 Guatel (Telefonzentrale)
9 Finca Buena Ventura
10 Molino Viejo
11 The Pink Box
12 Playa Pública und Touristenboote
13 Postboot
14 Circus
Hotels
15 Panajachel
16 Las Casitas
17 Maya Kanek
18 Galindo
19 Mayan Palace
20 Fonda del Sol 21 Casa Contenta 22 Regis 23 Cacique Inn 24 Tzanjuyú 25 Visión Azul 26 Atitlán 27 Hotel-Komplex 28 Monterrey 29 Del Lago 30 Playa Linda 31 Paradise Inn **Hospedajes** 32 Zulema 33 Sta. Elena Anexco 34 Vista Hermosa 35 Sta. Isabel 36 García 37 Mi Chosita 38 Sta. Elena **Sonstige Unterkünfte** 39 Mini Motel Riva Bella 40 Mario's Rooms 41 Bungalows el Aguatel 42 Bungalows el Rosario

kommen vornehmlich ältere Touristengruppen, im Juli und August überwiegend jüngere Individualreisende. Deshalb wird die Stadt scherzhaft auch *Gringotenango* genannt.

Was Panajachel so attraktiv macht, ist die reizvolle Lage am See mit seinen umliegenden Vulkanen. Beliebt sind auch die Ausflüge zu den Indio-Dörfern am Seeufer und Wanderungen in die Umgebung.

Die Kolonialkirche im Zentrum wurde 1527 von Franziskanern begonnen und 40 Jahre später fertiggestellt. Beim Erdbeben von 1976 wurde sie schwer beschädigt, das Portal ist jedoch erhalten geblieben. Das Gebäude wurde aus Hohlblocksteinen neu errichtet, das Dach mit roten Ziegeln gedeckt.

Hotels

Gut und teuer: Atitlán, 2 km westlich des Zentrums am See, ✆ 62 14 41, ein Haus aus Naturstein und Holz im Kolonialstil, mit kleinem Privatstrand, Swimmingpool, stilvollem Restaurant (Seeblick), Zimmer mit Kamin; del Lago, am See beim öffentlichen Strand (Ecke Rancho Grande), ✆ 62 15 55, Luxushotel mit Swimmingpool, Reservierung in Guatemala City, ✆ 34 80 16, hauptsächlich von Touristengruppen belegt; Casa Contenta, Calle Principal, Kolonialgebäude mit großem Restaurant, ✆ 62 10 25; Tzanjuyú, am See, an der Straße nach Sololá (Stadtrand), ✆ 62 13 18, viele Zimmer mit Terrasse und Seeblick, auch Bungalows, Swimmingpool, Bootsvermietung, großer Garten.

Mittelklasse: Cacique Inn, Calle Embarcadero, ✆ 62 12 05, Zimmer mit Kamin, die sich um einen Patio gruppieren, Swimmingpool, Restaurant; Visión Azul, westlich am Seeufer (Richtung Hotel Atitlán), ✆ 62 14 26, Privatstrand; Mayan Palace, Calle Principal/Calle Santander, im Zentrum, ✆ 62 10 28, modernes Haus, etwas laut; Rancho Grande Inn, Calle Rancho Grande, ✆ 62 15 54, kleine Häuschen im Garten; Galindo, Calle Principal, ✆ 62 11 68, preiswerte Suiten; Playa Linda, Calle Rancho Grande, gegenüber dem öffentlichen Strand, ✆ 62 11 59, preiswert, Terrasse; Fonda del Sol, Calle Principal (Nähe Inguat), zweistöckiges Holzhaus; Regis, Calle Santander, ✆ 62 11 49, Pool, 14 Bungalows im Kolonialstil; Monterrey, Calle Monterrey, am Stadtrand in der Nähe des Sees, ✆ 62 11 26, Privatstrand; Mini Motel Riva Bella, Calle Principal, 2-Zimmer-Bungalows am Cañón; Bungalows El Rosario, Playa Pública, preiswert; Hospedaje Sta. Isabel, an der Abzweigung von der Calle Principal zum See, schöner Orangengarten, ruhige Lage; Bungalows El Aguatel, Nähe Hotel del Lago, ✆ 62 14 82.

Einfach und preiswert: Mario's Rooms, Calle Santander, ✆ 62 13 13, Treffpunkt jüngerer US-Touristen; Las Casitas, Calle Principal, neben der Stadtverwaltung, sehr preiswert; Maya Kanek, Calle Principal Nähe Kathedrale, ✆ 62 11 04, etwas laut; Riva Bella, Calle Principal, unterschiedlich komfortable Hütten; Hospedaje Sta. Elena, Calle Principal, gegenüber Inguat; Hospedaje Sta. Elena Anexco, Calle Santander, sehr beliebt; Hospedaje Vista Hermosa, daneben; Hospedaje García, Calle Rancho Grande, etwas teurer.

Campingmöglichkeit am See.

Sehr preiswerte Unterkünfte, auch für längere Zeit, sowie Campingmöglichkeiten und Privatzimmer findet man in Jucanyá auf der Ostseite des Ortes; zum Teil Lehmziegelhäuser ohne jeden Komfort.

Das Luxushotel Camino Real unterhält malerisch gelegene Komfort-Hüttenbungalows in den Bergen bei San Antonio Palopó, nach 20 Min. Bootsfahrt ab Panajachel wird man mit dem Geländewagen weitertransportiert, Swimmingpool, gute Aussicht, jedoch etwas abseits gelegen.

Restaurants

Hsieh, Calle Los Arboles/Calle Principal, vegetarisch, Treffpunkt jüngerer Leute; El Patio, Calle Principal, preiswertes und gutes Touristenlokal mit Gartenrestaurant; Restaurant im Hotel Cacique Inn, Kolonialstil-Einrichtung mit großem Kamin; Restaurant des Hotels del Lago, rund, mit Seeblick, vornehm, teuer; Cafetería Los Hermanos, Calle Rancho Grande. The Last Resort, Calle Santander, Nähe Guatel, Treffpunkt jüngerer US-Touristen.

Die Restaurants an der Playa Pública sind (außer dem El Pescador) Nepplokale von niederer Qualität.

Verkehrsmittel

Die Bushaltestellen liegen im Stadtzentrum beim Hotel Mayan Palace (Calle Principal/Calle Santander), auf dem Platz hinter der Kathedrale und an der Playa Pública; die meisten Busse fahren alle drei Stellen an.

Bus: 6 × tgl. mit dem Unternehmen Rebulí direkt nach Guatemala City, 1 × tgl. direkt nach Chichicastenango, stdl. nach Sololá und weiter nach Los Encuentros, von dort auch Verbindungen nach Guatemala City und nach Westen. Bus nach Santiago Atitlán und zu den anderen Orten am See mehrmals tgl. ab Playa Pública.

Schiffsverbindungen: Tgl. vormittags Bootsverbindung zu den anderen Orten am See, Abfahrt: Playa Pública am Flußufer.

Unterhaltung

Circus, Calle Los Arboles (neben Restaurant Hsieh); mehrmals pro Woche Kabarett und Artistik.

Diskothek: Pista de Baile Molino Viejo, zwischen den Hotels Visión Azul und Atitlán.

Fest

Das Stadtfest von Panajachel findet vom 2.–6. Oktober zu Ehren des Schutzpatrons Franz von Assisi statt; Höhepunkt ist der 4. Oktober.

Sport

Am öffentlichen Strand und in den Uferhotels stehen Ruder- und Segelboote, Kanus und Wasserskiausrüstung zur Verfügung. Anglerzubehör ist in der Stadt erhältlich, eine Genehmigung braucht man nicht. Zu empfehlen: die Bootsvermietung am Ende der Calle Santander am Ufer und die Wasserskiboote des Hotels Tzanjuyú.

Der öffentliche Strand ist steinig, schmutzig und lebhaft. Einige Kilometer außerhalb des Ortes bieten sich jedoch schöne Strände zum Baden an. Achtung: Am späten Vormittag ziehen zum Teil heftige Winde auf.

Adressen

Auskunft: Touristenbüro, Calle Principal, ✆ 62 13 92.

Bank: Banco Agrícola Mercantíl, Calle Principal/Calle Santander, Ed. Mayan Palace, (9–15 Uhr).

Gesundheit: Das städtische Centro de Salud kann nur bei Kleinigkeiten helfen, ✆ 62 12 58; besser ausgestattet ist das Hospital Nacional in Sololá, Calz. Venanzio Barrios, ✆ 62 12 57.

Telefon: Guatel, Calle Santander.

Ausflüge

Von Panajachel aus führt eine Straße, zunächst in östlicher Richtung, fast um den ganzen See herum. Sie endet in San Marcos La Laguna. Die meisten Orte am See sind daher mit dem Bus zu erreichen, viele auch per Boot. Bei Unternehmungen mit Ruderbooten oder gar Kanus ist zu bedenken, daß es auf dem See nachmittags recht stürmisch werden kann.

Sta. Catarina Palopó: 5 km südöstlich von Panajachel am Seeufer. Das Cakchiquel-Dorf (1000 Einwohner), dessen Einwohner vom Fisch- und Krebsfang leben, ist in einem zweistündigen Spaziergang zu erreichen. Sehenswert ist die indianische Lehmziegel-Kirche.

Hotel

Gut: Bella Vista am Seeufer, eigene Bootsanlegestelle.

Verkehrsmittel

Bus: 3 × tgl. von Panajachel.

Schiffsverbindung: 4 × tgl. von Panajachel.

San Antonio Palopó: 10 km von Panajachel, wird ebenfalls von Cakchiquel (3500 Einwohner) bewohnt und zieht sich am Gebirgshang hinauf. Die Kleidung der Männer besteht aus längsgestreiften roten Hemden, einem karierten grauen Wollrock und einem Sombrero. Die Frauen tragen Blusen in ähnlichen Farben und dazu einen dunkelblauen Rock.

Die Häuser der Ortschaft sind überwiegend aus Adobe-Ziegeln gebaut und mit Wellblech gedeckt. Die Bewohner leben von landwirtschaftlichen Kleinbetrieben (Mais, Bohnen, Zwiebeln) und unterhalten eine Kunsthandwerkskooperative; Badegelegenheit am Ostrand.

Hotel

Mitteklasse: Terrazas del Lago, empfehlenswert.

Verkehrsmittel

Bus: 3 × tgl. nach Panajachel.

Die schmale Schotterstraße am See entlang endet in San Antonio.

San Lucas Tolimán: Am südöstlichen Ende des Sees gelegen. Die Cakchiquel-Kleinstadt (6000 Einwohner) betreibt traditionell den Kaffeehandel in Nord-Süd-Richtung, da die von hier bis zum Pazifik geteerte Straße den Transport erleichtert. Freitags ist Markttag.

Hotel

Mehrere Pensionen, z. B. Tolimán, empfehlenswert.

Verkehrsmittel

Bus: 3 × tgl. nach Panajachel.

Santiago Atitlán: Die Tzutuhil-Stadt (15 000 Einwohner) erstreckt sich an einer südlichen Bucht über einen Hügel. Während der Karwoche finden Prozessionen zu Ehren von Maximon, einer indianisch-christlichen Gottheit statt. Täglich wird Markt abgehalten (freitags und samstags besonders vielfältig).

Sehenswerte Kirche mit Kloster, 1568 von den Franziskanern erbaut. Viele Gebäude der Stadt bestehen aus geschickt behauenen und aufgeschichteten Natursteinen; zum Teil wird heute noch auf diese Weise gebaut.

Souvenirgeschäft in San Pedro La Laguna

Hotel
Chi Nim Ya, von der Brücke kommend erste Straße links.

Restaurants
Cafetería El Gran Sol, am Weg von der Bootsanlegestelle in die Stadt, Gepäckaufbewahrung; schräg gegenüber: Café San Juan Tadeo.

Verkehrsmittel
Bus: Abfahrt Plaza 3 × tgl. direkt nach Guatemala City; Bus von Panajachel mehrmals tgl.

Schiffsverbindung: Tgl. 3–4 Boote (60 Min.) ab Playa Pública nach Panajachel; nach San Pedro vor- und nachmittags.

San Pedro La Laguna: Die am Südwestufer des Sees gelegene Tzutuhil-Kleinstadt (5600 Einwohner) beherbergt zehn Kirchen. Die Bewohner leben überwiegend vom Kaffee-Anbau (am Seeufer kann man beobachten, wie der Kaffee geerntet wird).

Hotel
Hospedaje Balneario Chuazanatu, empfehlenswert.

Verkehrsmittel
Schiffsverbindung: Nach Santiago und Panajachel mehrmals tgl., verschiedene Anlegestellen!

San Pablo La Laguna: Tzutuhil-Dorf (3000 Einwohner) an der Westseite des Sees, nicht direkt am Ufer, sondern oberhalb des steilen Abhangs gelegen. Es ist berühmt für die dort hergestellten Hängematten und die intensive landwirtschaftliche Produktion. Sehenswert ist eine weiße, gut erhaltene kolonialzeitliche Kirche. (Bootsverbindung von San Pedro und Panajachel.)

San Marcos La Laguna: Cakchiquel-Dorf (1000 Einwohner) an der Westseite des Atitlán-Sees, aus Lehm- und Bambushütten errichtet, das von der Landwirtschaft lebt. (Bootsverbindung von Panajachel, Bus von Santiago Atitlán; auch zu Fuß von Panajachel aus zu erreichen.)

San Jorge La Laguna: Am Nordufer gelegen, mit dem Boot oder zu Fuß zu erreichen (1000 Einwohner). Ein schöner Spaziergang führt von Panajachel aus in westliche Richtung, später muß man jedoch in die Berge klettern. Man zweigt von der Straße nach Sololá links ab und geht am See und an den Hotels Tzanjuyú und Visión Azul vorbei. Am Ende des Visión Azul-Parks (hier stehen Bungalows von Einheimischen) geht es links zum See hinunter, zum Hotel Atitlán, rechts zur Molino Viejo (einer zur Diskothek umfunktionierten alten Mühle) und geradeaus in die Finca Buena Ventura.

Der landwirtschaftliche Betrieb wurde aufgegeben. Die Finca ist recht verwildert, doch die einstige Pracht ist noch in vielen Einzelheiten zu erkennen. Man passiert Sitzgruppen aus Ziegelsteinen, kunstvoll mit Schmiedeeisen, Fliesen und Lampen verziert, mit Kacheln geschmückte Brunnen, geziegelte Blumenbehälter und Säulen mit schönen Kapitellen. Auf dem Weg durch die Finca überquert man zwei Bäche; früher zur Bewässerung genutzt, fließen sie heute in den See. Die beim Pflügen der Felder angefallenen Steine wurden zu Figuren aufgeschichtet. Man entdeckt einige zerfallene Gebäude. Es leben nur einige Menschen auf der Finca, die Adobe-Ziegel herstellen und ein wenig Landwirtschaft betreiben. Der Kopfsteinpflasterweg endet vor drei gewaltigen neuen Hoteltürmen am Seeufer.

Will man den Weg nach San Jorge La Laguna fortsetzen, so muß man kurz vor den Hoteltürmen rechts in die Berge hinaufklettern. Gutes Schuhwerk und Trittsicherheit sind Voraussetzung. Am Seeufer endet der Weg, ein anderer zweigt von der Straße nach Sololá links nach San Jorge ab. Bis zu den Hoteltürmen dauert der Spaziergang 1,5 Std.

Der **Vulkan Atitlán** (3536 m) wird am besten von San Lucas Tolimán aus bestiegen. Es geht zunächst durch Buschwerk, dann über vegetationslose Berghänge. Der Aufstieg dauert 6–8 Std. Oben findet man inmitten von Lavagestein eine Schutzhütte; gute Sicht auf den See, die umliegenden Orte und die übrigen Vulkane.

Der Aufstieg zum **Vulkan Tolimán,** dessen Doppelkegel 3235 und 3158 m hoch sind, kann von Santiago Atitlán (4–6 Std.) oder von San Lucas Tolimán (ca. 5 Std.) erfolgen.

Der **Vulkan San Pedro** (3020 m) wird von San Pedro La Laguna aus erklettert; wegen seiner dichten Bewaldung besteht selten eine freie Aussicht auf den See.

Sololá

Sololá, die Hauptstadt des gleichnamigen Departments, liegt 8 km nordwestlich von Panajachel und 11 km vor Los Encuentros in 2113 m Höhe. Die Stadt oberhalb des Sees, 1547 gegründet, wird heute von ca. 5000 Cakchiquel bewohnt. Die Straße nach Sololá eröffnet immer neue phantastische Ausblicke auf die Umgebung, den See und die Vulkane. Freitags ist Markttag. Die Cakchiquel kommen zu Fuß, mit gewaltigen Lasten auf dem Rücken, oder auf Karren und alten Lastwagen aus den umliegenden Dörfern und bieten ihre Waren auf dem großen Markt an. Man kann dabei die schönsten und vielfältigsten Trachten sehen. Das Fest La Virgen de la Asunción wird in Sololá vom 11.–17. August gefeiert (Höhepunkt 15. August). Am 12. und 13. Juni kommen viele Gläubige zur festlichen Prozession der Cofradía, der Christlichen Laienbruderschaft.

Lohnend ist der Abstieg von Sololá nach Panajachel auf einer malerischen Straße, die sich in vielen Windungen durch das Gebirge schlängelt. Am Stadtausgang Richtung Norden steht das von einem einheimischen Künstler geschaffene Monument der Flöte und Trommel. (Übernachtung im Hotel Sta. Ana, Nähe Plaza, einfach.)

Chichicastenango

Rund 145 km nordwestlich von Guatemala City liegt in ca. 2100 m Höhe Chichicastenango. Man fährt auf der Panamericana (CA-1) bis Los Encuentros und biegt bei km 127 nach Norden in Richtung El Quiché ab. Bei km 137 passiert man einen Aussichtspunkt, den Mirador Sto. Tomás, mit Blick auf Chichicastenango. Etwa 5 km vor der Stadt führen sehr steile und

Indio-Frau auf dem Markt in Chichicastenango

enge Serpentinen in ein Tal, an dessen Fluß eine alte Mühle liegt.

Die Stadt am Fuß des Pocokil-Berges, mit engen Kopfsteinpflasterstraßen, niedrigen weißen Häusern und roten Ziegeldächern, beherbergt etwa 6000 Einwohner; die meisten von ihnen sind Ladinos. In der näheren Umgebung leben 30 000 Quiché-Indios, die z. T. in farbenfrohen Trachten meist an Donnerstagen und Sonntagen den traditionellen städtischen Markt besuchen. An diesen Tagen kommen auch die Touristenbusse aus der Hauptstadt.

Von November bis Februar herrschen Temperaturen zwischen 12 und 15 °C, im Sommer um 18 °C, nachts ist es aufgrund der Höhenlage immer kühl.

Die ehemalige Cakchiquel-Residenz ist heute kommerzielles und kulturelles Zentrum der Maya-Quiché. Lange vor der Eroberung durch die Spanier hatten die Cakchiquel den Ort verlassen und waren nach Iximché übergesiedelt, um weiter weg von den feindlichen Quiché zu leben, deren Hauptstadt Utatlán nur 20 km entfernt lag. Alvarado eroberte 1524 Utatlán, woraufhin die Quiché nach Chichicastenango zogen.

Die Stadt wird von Ladinos verwaltet, unter Beteiligung der Quiché. Das religiöse Leben bestimmen Cofrades, schlicht gekleidete, christliche Laienbrüder. Die bedeutendste der insgesamt 14 Vereinigungen, von denen jede einen anderen Heiligen verehrt, ist die Sto. Tomás-Bruderschaft, da sie den Namen des am Ort verehrten Schutzpatrons trägt.

Besichtigung

Die **Sto. Tomás-Kirche** steht an der Ostseite der Plaza; sie wurde 1540 von Dominikanern über den Ruinen eines Maya-

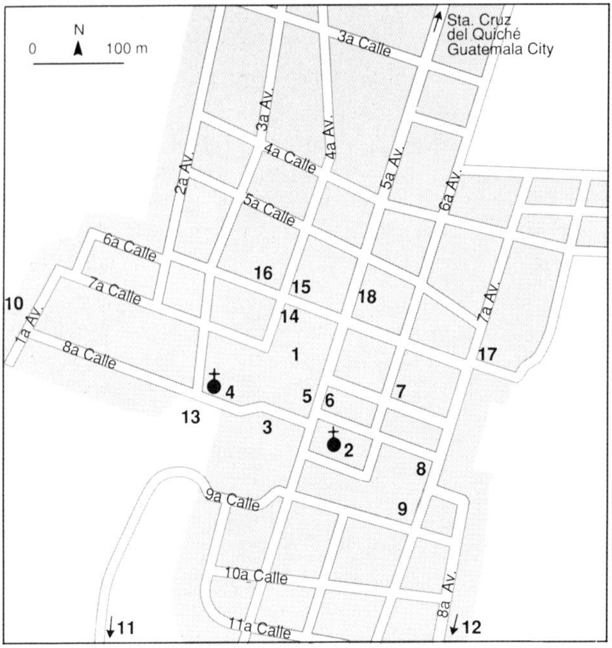

Chichicastenango
1 Plaza
2 Iglesia Sto. Tomás
3 Museo Arqueológico y Colección de Jade
4 Capilla del Calvario
5 Stadtverwaltung
6 Teatro Nacional
7 Klinik
8 Guatel
9 Post
10 Friedhof
11 Pascual Abaj
12 Mirador
Hotels
13 Maya Inn
14 Maya Lodge
15 Arco Cucumatz
16 Girón
17 Sto. Tomás
18 Pensión Chugüila

Tempels errichtet. Zu der weißen und schmucklosen Kirche, die nach einem Erdbeben vollständig restauriert wurde, führen 18 Stufen hinauf. Die z. T. präkolumbischen Steine der Treppe haben für die Indios große religiöse Bedeutung. Täglich finden sich Quiché hier zum Gebet ein und lassen auf den Stufen Kopal-Harz verglimmen. Die Treppenseiten sind übersät von Asche und Kerzenresten. Der Rauch der Pflanzen- und Früchteopfer zieht bis vor das Kirchenportal. Vor den Stufen stehen Weihrauchkessel. Indios hocken im Kirchenraum auf dem Fußboden und verharren in Andacht vor ihren Opferkerzen, umgeben von Rosenblättern und Gladiolenblüten. Alles wird regelmäßig mit Weihwasser besprengt. Die hölzernen Altäre sind mit silbernen Beschlägen verziert. Podeste aus Holz, mit Handgriffen versehen, sind mit Federn und Spiegeln geschmückt. Im Innern befinden sich Heiligenfiguren und Holzschnitzereien, die Bibelszenen darstellen. Vor der Kirche kann man hölzerne Tanzmasken erstehen. (Im Innenraum herrscht Fotografierverbot.)

Der spanische Priester Fray Francisco Ximénez fand im späten 17. Jh. das Manuskript von Chichicastenango, ein in lateinischer Schrift, aber auf Maya verfaßtes Dokument der Quiché aus dem Jahr 1530, das die Sagen und Legenden der Maya überliefert und als *Popol Vuh* bekannt wurde. Es befand sich im 1542 neben der Kirche erbauten Dominikanerkloster, das heute von der Kirchenverwaltung als Gesundheitszentrum und Casa de la Cultura genutzt wird. Der Zugang zur Kirche führt durch das ehemalige Kloster.

Museo Regional Arqueológico y Colección de Jade ›Rossbach‹ im Rathaus

(Ed. de la Municipalidad) an der Südseite der Plaza. Das 1950 eingerichtete archäologische Museum zeigt Exponate der Maya-Quiché-Kultur, viele Keramikfunde und die Jadeschmucksammlung des Priesters Rossbach (Mi–So 9–12 Uhr, an Markttagen auch länger).

Die **Capilla del Calvario** an der Westseite der Plaza ist das architektonische Pendant zur Sto. Tomás-Kirche; auf den steilen Stufen, die zum Kirchenvorhof hinaufführen, wird Kopal verbrannt. Die Rituale vor und innerhalb der Kirche ähneln den Gebräuchen in der gegenüberliegenden Hauptkirche. Sehenswert sind die Balkendecke, die Holzarbeit hinter dem Altar und zwei Wandmalereien eines namentlich nicht bekannten Künstlers aus dem Jahr 1941.

Der Friedhof **(Cementerio)** der Stadt liegt zwei Straßenzüge westlich der Plaza Central (Zugang über 1a Av./7a Calle, 6.30–17.30 Uhr). Von hier bietet sich ein schöner Blick auf die Stadt und die umliegenden Hügel. An der linken Seite befindet sich im Hintergrund die Grabstätte des Priesters Rossbach, ein großes gelbes Gebäude, dessen Inneres mit Asche, Blüten und Gras übersät ist. Zwischen den zum Teil großartigen Grabmälern des Friedhofs werden Opferrituale zelebriert. An Allerheiligen und Allerseelen finden an Ort und Stelle Familienfeste zu Ehren der Toten statt.

Der **Arco Cucumatz,** ein 1932 erbauter, mit Maya-Symbolen in Grün und Blau ornamentierter Bogen überspannt die 5a Av. Zwei Treppen führen hinauf, oben verläuft die 4a Calle. Cucumatz war ein hochverehrter Führer und zugleich Gott der Quiché und der Gründer der Festung Utatlán.

An der Straße nach Guatemala City erhebt sich hinter der Tankstelle ein mit Natursteinen ummauerter Hügel, der einmal als Standort für ein größeres Hotel vorgesehen war. Heute dient er als Aussichtspunkt (Mirador) für die Zivilpatrouille.

Kostümierte Indios beim ›Eroberungstanz‹ (Baile de la Conquista)

Hotels

Gut und teuer: Sto. Tomás, 7a Av. 5–32, ✆ 561061, ein neues Haus im Kolonialstil, zwei Patios mit Arkaden und gepflegten Gärten, Holzbalkendecken und antike Möbel, Kaminzimmer, mit schönem Ausblick; Maya Inn, 8a Calle 1–91 an der Westseite der Plaza, ✆ 561176, zwei schöne Kolonialhäuser, durch die Straße getrennt, mit Patios und Gärten, antik eingerichtete Zimmer mit Kamin – z. T. auch mit Terrassen zu den Höfen und Gärten –, schweren Holztüren, Deckenbalken und spanischen Gemälden. Die Bedienung trägt traditionelle Maya-Kleidung, nachmittags Marimba-Musik im Patio, teurer als das Sto. Tomás, nicht ganz so komfortabel und bequem, doch zweifellos das stilvollste Hotel des Landes.

Mittelklasse: Pensión Chugüilá, 5a Av. 5–24 (beim Arco nördlich der Plaza), ✆ 561134, ein Kolonialgebäude mit Patio, Kaminzimmern, gutem Restaurant, preisgünstig und empfehlenswert; Maya Lodge, Plaza, ✆ 561167, Kaminzimmer.

Einfach und preiswert: Casa de Huéspedes Girón, 6a Calle/4a Av., nördlich der Plaza, ✆ 561156; weitere Pensionen (Katotok, Salvador, San Antonio) im Stadtzentrum.

Restaurants

In den Hotels Maya Lodge und Chugüilá, preiswert; im Maya Inn, stilvoll; im Sto. Tomás, gut und teuer; Cafetería Eben Ezer, 10 Calle 5–32; San Cristóbal, 7a Av. (gegenüber Guatel), sehr einfach.

Verkehrsmittel

Bus: Donnerstags und sonntags morgens sind alle Busse Richtung Chichicastenango überfüllt; es empfiehlt sich daher, am Vorabend oder an anderen Tagen anzureisen; Abfahrt der 2.-Klasse-Busse vom Terminal in der Zona 4 von Guatemala City alle 2 Std.; 1.-Klasse-Busse des Unternehmens Rutas Lima nach Quetzaltenango ab 8a Calle 3–63, Zona 1 bis Los Encuentros, dort umsteigen; zwischen Chichicastenango und Los Encuentros stdl. Busverkehr, von dort ebenfalls Verbindung nach Queztaltenango, Sololá und Panajachel.

Feste

Das Hauptfest der Stadt, zu Ehren des Schutzpatrons Sto. Tomás, wird vom 15.–21. Dezember gefeiert (Höhepunkt am 21. Dezember). Dazu gehören Prozessionen, Tänze in traditionellen Trachten und die *Voladores.* Die Voladores fliegen von einem ca. 30 m hohen Pfahl, an dessen Spitze ein rotierender Holzrahmen befestigt ist. Sie haben die sie tragenden Seile um ihre Taille geschlungen und schweben um den Stamm kreisend auf den Boden, indem die Seile sich von dem Stamm abwinden.

Zu den einzelnen Festen der unterschiedlichen Laienbruderschaften (Cofradía), die bereits in der Morgendämmerung mit Flötenspiel und wehmütigen Liedern beginnen, gefolgt von Böllerschüssen und dumpfen Trommelschlägen, kommen Tausende von Indios in die Stadt, um den Prozessionen beizuwohnen. Die hier praktizierten Zeremonien zeigen wirkungsvoll die Verschmelzung von katholischen mit indianischen Glaubensritualen.

Einkaufen

Der berühmte Markt von Chichicastenango wird donnerstags und sonntags abgehalten. Dazu kommen 800–1000 Händler aus der Umgebung, meist schon am Vorabend, in die Stadt und bauen auf der riesigen Plaza und in den angrenzenden Gassen ihre Stände auf. Es werden nicht nur Mais, Bohnen und Zwiebeln, Obst und Gemüse, Hühner und Schweine angeboten, sondern auch Kaffee und Getreide, Textilien und Keramik, kurzum alles, was Indios herstellen oder brauchen. Touristen interessieren sich vornehmlich für Webarbeiten, Keramik und Holzmasken. Man sollte den Markt am frühen Morgen (ab 7 Uhr) besuchen, da ab 10 Uhr die Touristenbusse aus der Hauptstadt eintreffen. Jedes der Dörfer, aus denen die Indios in ihrer traditionellen Kleidung auf den Markt kommen, hat seine typischen Farben und Muster. Blau und Rot herrschen vor, aber auch grelle Farben sind im Laufe der ›Modernisierung‹ hinzugekommen.

Adressen

Bank: Banco de Ejército, 6a Calle, Nähe Plaza.

Telefon: Guatel, 7a Av. 8–21.

Die ›Vogelmenschen‹ (Voladores) kreisen in der Luft

Ausflug
Auf einem Hügel, 1 km südwestlich der Stadt, liegt **Pascual Abaj,** der traditionelle Opferplatz der Quiché (von der 9a Calle auf einem zunächst steilen Weg bergab). Täglich wird er besucht, um Turkaj, einem freundlichen Maya-Gott, Früchte und Hühner zu opfern. Der Schrein besteht aus einer steinernen Figur, umgeben von kleineren Steinen und einer Plattform zur Verbrennung von Kopal. Von hier bietet sich eine schöne Aussicht auf die Stadt.

Sta. Cruz del Quiché

Die Hauptstadt des Departments El Quiché liegt 19 km nördlich von Chichicastenango in rd. 2020 m Höhe. Die Straße windet sich in ein kiefernbestandenes Tal hinab, überquert einen Fluß (hier liegt ein Turicentro) und führt in engen Serpentinen wieder hinauf. Bei km 156 liegt links ein kleiner See, die Laguna Lemoa.

Donnerstags und sonntags wird Distriktmarkt abgehalten; der täglich stattfindende Markt (hinter der Kathedrale) bietet neben Lebensmitteln auch Textilien und die bekannten in der Stadt hergestellten Sombreros.

Im Zentrum von Sta. Cruz (Plaza Tecún Umán) liegt die kolonialzeitliche Kathedrale zwischen den Gebäuden der Department- und der Stadtverwaltung. Das Regierungsgebäude mit seinem dreistöckigen Kolonialstilturm hat in der 1. Etage einen hölzernen Säulenumgang, der einen schönen Blick auf die Plaza und Stadt erlaubt. Auf der Plaza befinden sich eine Steinkugel mit einem Kreuz, ein Brunnen und ein Denkmal für Tecún Umán; auch eine Bühne ist dort installiert. Das Stadtfest zu Ehren von Sta. Elena de la Cruz (14.–18. August) erreicht, von folkloristischen Tänzen begleitet, am letzten Tag seinen Höhepunkt.

Hotel

Einfach und preiswert: San Pascual, 7a Calle 0–43, ✆ 551107; Tropical, 1a Av./9a Calle; Posada Calle Real, 2a Av. 7–36/6a Calle.

Verkehrsmittel

Bus: Station Ecke 1a Av./10a Calle. Der Bus von Guatemala City nach Chichicastenango fährt weiter nach Sta. Cruz; tgl. Busverbindung nach Nebaj.

Ausflüge

Utatlán: 4 km westlich der Stadt, 5a Calle, vorbei an einer Adobe-Ziegelfabrik, ehemalige Hauptstadt der Quiché und von ihnen Cumarcaaj genannt. 1524 ließ Alvarado die beiden letzten Häuptlinge der Quiché bei lebendigem Leib verbrennen und die Stadt zerstören. Über das im 13. Jh. gegründete Cumarcaaj ist nur wenig bekannt. Es soll prächtig ausgestattet und sehr einflußreich gewesen sein. Als John L. Stephens und Frederick Catherwood 1840 dort eintrafen, berichteten sie von einem geräumigen Opferplatz und einer quadratischen Pyramide mit 20 m Seitenlänge und 10 m Höhe. An drei Seiten seien Treppen gewesen, die vierte (West-)Seite habe Stuckverzierungen aufgewiesen. Jedoch bereits 1878, als Alfred P. Maudslay den Ort besuchte, fand er nur noch einen Hügel vor, seiner Meinung nach eine Festung, die den Damm zur ehemaligen Stadt sichern sollte.

Man betritt die archäologische Stätte von Süden. Am Eingang befinden sich das Besucherzentrum mit einem Modell der Anlage sowie Fundstücken aus Keramik und Leder (8–18 Uhr).

Auf dem baumbestandenen Plateau erkennt man einen freigelegten, fast runden Tempel, den Templo de Cucumatz. Er besteht aus Natursteinen, die durch Lehmschichten verbunden sind. Auf den wenigen, spärlich ausgegrabenen Pyra-

Utatlán 1 Plaza Central 2 Templo de Cucumatz 3 Ballspielplatz 4 Plaza Ceremonial Norte 5 Plaza Ceremonial Sur 6 Zeremonialplaza

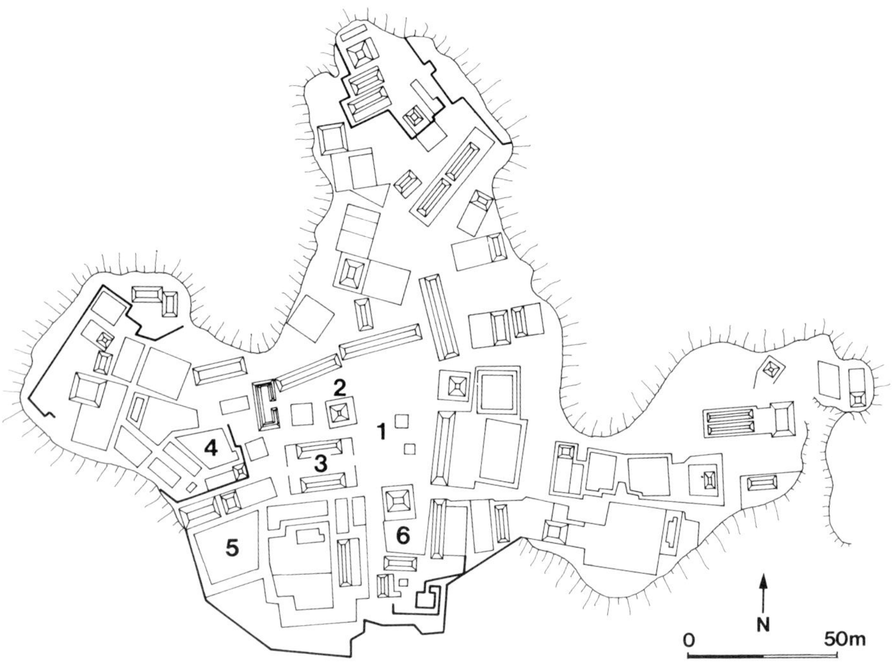

miden und Palästen klettern Schulklassen herum und vollenden in Kürze, wozu Vegetation und Wetter Jahrhunderte benötigen: die Zerstörung der indianischen Heiligtümer. Glücklicherweise liegt ein beträchtlicher Teil der Gebäude unter grasbewachsenen Hügeln versteckt und ist daher geschützt. Von der Hügelkuppe kann man die wunderschöne Aussicht nach Utatlán am besten genießen.

An der Westseite der Anlage führt eine Treppe zu einer Höhle, die sich bis unter den Platz ausbreitet.

San Francisco: Nördlich der CA-1, gilt als der Ort mit dem bedeutendsten Markt im Osten des Landes. Dieser wird zwei Tage pro Woche (Do und Fr) abgehalten. Eine steile Straße führt in den Ort hinauf. Die Bus-Station befindet sich an der 3a Calle vor der Plaza; zwei Hospedajes bieten Unterkunft.

San Cristóbal: Der Ort profitiert von der nahe gelegenen Bus-Kreuzung (Kirche El Calvario an der kleinen Plaza). Sehenswert sind die alten, von Erdbeben verschonten Gebäude und der Friedhof (Nähe Plaza) mit den großen bunten Häuschen über den Gräbern. Die Kathedrale in Zona 3 (Brücke über den Fluß) birgt kunstvoll verzierte und bemalte Balken. Im Inneren findet man sieben große, fein bemalte Holzschnitzarbeiten mit Darstellungen von Heiligen und Bibelszenen.

Quetzaltenango

Die zweitgrößte Stadt Guatemalas (etwa 100000 Einwohner) liegt 206 km westlich der Hauptstadt und 10 km südlich der Panamericana in der Sierra Madre (2325 m ü. d. M.) am Fuße des Vulkans Sta. María. Über eine Reihe von Hügeln erstreckt sich die Stadt, die von den Einheimischen bei ihrem ursprünglichen Namen genannt wird: Xelaju oder kurz Xela. Der Hauptort des indianischen Westens, im ehemaligen Siedlungsgebiet der Mam gelegen, hat sich heute zu einem bedeutenden Industrie- und Handelszentrum entwickelt, in dem auch Indios leitende Funktionen in Unternehmen oder in der Stadtverwaltung bekleiden.

An den steilen Kopfsteinpflasterstraßen stehen z. T. Häuser aus gehauenem Stein, eine Reihe von kolonialzeitlichen Gebäuden, überwiegend im neoklassizistischen Stil, zieren die Innenstadt.

Das Gebiet um Quetzaltenango wurde bis ins 14. Jh. von den Mam bewohnt. Nach dem Tod des Quiché-Häuptlings Tecún Umán gründete Pedro de Alvarado die Stadt neu (1524). Nach dem Zusammenbruch des spanischen Kolonialreiches schloß sich Quetzaltenango zunächst Mexiko an, dann – als Hauptstadt des Staates Los Altos – der zentralamerikanischen Föderation. Los Altos wurde 1840 in Guatemala integriert. 1902 zerstörte der Vulkan Sta. María die Stadt; bei seinem Ausbruch enstand der Krater Santiaguito.

Im Winter liegen die Tagestemperaturen bei 10 °C, im Sommer bei 15 °C; nachts ist es immer kühl.

Besichtigung

Der **Parque Central** (oder Parque Centro América) liegt im Zentrum der Stadt (11–12 Av./4a–7a Calle). Ihn schmücken eine Rundbühne, Brunnen, Statuen und Steinbänke. Der Platz ist von neoklassizistischen Gebäuden des 20. Jh. umgeben, darunter der Palacio Municipal (neben der Kathedrale) mit korinthischen Säulen und schönen Gärten.

Die **Kathedrale** (an der Ostseite des Parque Central) ist ein neueres Gebäude mit originaler, barockverzierter Fassade und einem wuchtigen Glockenturm daneben. Die gewaltige Holztür zeigt sieben holzgeschnitzte Figuren. An der Südseite der Plaza steht die Casa de la Cultura (7a Calle 11–35), im neoklassizistischen Stil

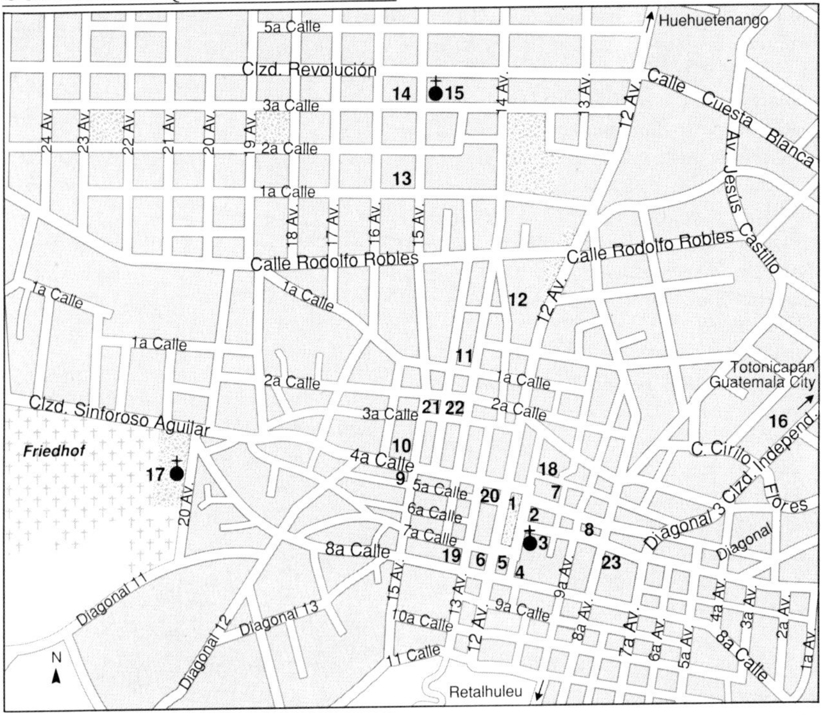

Quetzaltenango 1 Plaza Central (Parque Centro América) 2 Palacio Municipal 3 Kathedrale 4 Mercado Municipal 5 Casa de la Cultura (Museum, Touristeninformation) 6 Bus-Station (Higueros) 7 Bus-Station (Rutas Lima, Galgos) 8 Palacio de Justicia 9 Post 10 Guatel (Telefonzentrale) 11 Teatro Municipal 12 Hospital General 13 Bus-Station (Nahverkehr) 14 Parque Benito Juárez 15 Iglesia San Nicolas 16 Monumento a la Marimba 17 Iglesia El Calvario **Hotels** 18 Bonifaz 19 Kek Tem-Ja 20 Canadá 21 Modelo 22 Casa Suiza 23 Pensión Andina

mit auffallenden Säulen. Sie beherbergt das **Archäologische Museum** (Museo Arqueológico) mit Fundstücken aus der Umgebung der Stadt, einer Jadeschmucksammlung und frühen Keramikarbeiten. Trachten und ausgestopfte Tiere werden in der naturhistorischen Abteilung des Hauses ausgestellt (Mo–Sa 9–12 und 14–18 Uhr).

Die **Kirche San Nicolás,** ein Gebäude im gotischen Stil, liegt an der 3a Calle/ 15 Av. am Parque Benito Juárez.

Das **Teatro Municipal** an der 1a Calle/ 14 Av. wurde 1895 im neoklassizistischen Stil errichtet. Seine Säulen tragen dorische Kapitelle. Vor dem Haus sind Statuen der großen Dichter, Musiker und Wissenschaftler der Stadt aufgestellt.

Am östlichen Stadtrand, in der Zona 5, findet man an der Ausfallstraße das **Monumento a la Marimba,** von einem guatemaltekischen Künstler als Huldigung an das nationale Musikinstrument (ein ursprünglich afrikanisches, dem Xylophon ähnliches Instrument) geschaffen.

Hotels

Gut und teuer: Pensión Bónifaz, 4a Calle 10–50, ✆ 42 41, am Nordrand der Plaza, das feinste

Haus der Stadt, im Kolonialstil mit Dachterrasse, drei Zimmer im 1. Stock haben Fenster und Balkon zur Plaza; Hotel del Campo, an der Zufahrtstraße von der CA-1 (km 224), ✆ 20 64, mit Swimmingpool.

Mittelklasse: Kik Tem Ja, 13 Av. 7–18, ✆ 43 04, Nähe Plaza, Kolonialstil, Patio, Kaminzimmer; Modelo, 14 Av. A 2–31, ✆ 27 15, Kolonialstil; Posada de Occidente, 7a Av. 5–66, Zona 2, ✆ 20 96; Canadá, 4a Calle 12–22 Nähe Plaza, ✆ 40 45, Patio, Zimmer z.T. mit Kamin.

Einfach und preiswert: Pensión Andina, 8a Av. Sur 6–01, ✆ 40 12; Casa del Viajero, 8a Av. 9–17, ✆ 40 73; Casa Kaehler, 13 Av. 3–33, ✆ 20 91; Casa Suiza, 14 Av. A 2–36, ✆ 43 50.

Restaurants

Hotel Bónifaz, stilvoll und teuer; Hotel Modelo, preiswert und gut; Amarilla, 5a Calle 8–21, vegetarisch; Kopetín, 14 Av. 3–31, Nähe Plaza, preiswert, Fisch; Shanghai, 4a Calle 12–22, chinesisch.

Verkehrsmittel

Bus: Rutas Lima fährt stdl. nach Guatemala City und Mexiko (Nordroute über Mesilla sowie Südroute über Tecún Umán/Talisman) ab 11 Av. 4–07, ✆ 41 39; Higueros fährt nach Panajachel und Guatemala City (2. Klasse) ab 12 Av./7a Calle 71, ✆ 22 33. Die Bus-Station Galgos liegt in der Zona 2, 2a Calle 5–66.

Nahverkehr: Busse ab 10a Av./8a Calle.

Flüge: Der Flugplatz von Quetzaltenango wird nur von Charterflügen bedient.

Feste

10.–18. Juli: Namensfest des lokalen Schutzpatron San Nicolás; 12.–18. September (Höhepunkt am 15.): Fest und Jahrmarkt am Unabhängigkeitstag mit folkloristischen Darbietungen.

Einkaufen

Mercadito, alter Markt östlich (hinter) der Casa de la Cultura; Mercado La Democracia (Zona 3), große Markthalle mit vielen Ständen und Imbiß (16. Av./Calle Rodolfo Robles); Einkaufsstraßen Calle San Nicolás und Portal de Comercio, 5a Calle, Nähe Plaza.

Adressen

Auskunft: Touristenbüro, Casa de la Cultura, 7a Calle 11–35 (Zona 1), ✆ 49 31 (Mo–Fr 8–12, 14–18, Sa 8–12 Uhr).

Banken: Mehrere an der Plaza Central.

Gesundheit: Hospital Privado de Quetzaltenango, Calle Rodolfo Robles 23–51, ✆ 45 39.

Farmacia Nueva, 11 Av./6a Calle, unter dem Palacio Muncipal.

Reisebüro: SAB, 1a Calle 12–35 (Zona 1), ✆ 20 42.

Ausflüge

Das Hochland um Quetzaltenango bietet Gelegenheit für eine Reihe von reizvollen Ausflügen zu Indio-Siedlungen sowie zu Thermalbädern, die über heißen vulkanischen Quellen erbaut wurden. Abfahrt vom Busterminal in Zona 3.

Cerro El Baúl: Hügel östlich der Stadt mit schönem Blick auf Quetzaltenango und den Vulkan Sta. María. Auch zu Fuß erreicht man den Hügel mit dem weithin sichtbaren weißen Kreuz auf der Spitze.

Die Bergdörfer der Umgebung sind bekannt für ihr Kunsthandwerk, das hier wesentlich billiger ist als in Antigua, Panajachel oder Chichicastenango. Man findet Töpferwaren, Masken, Decken, gewebte Kleidungsstücke, Leder- und Korbwaren.

Totonicapán: 20 km nordöstlich von Quetzaltenango und 12 km von San Cristóbal entfernt, in 2495 m Höhe gelegen. Die Straße verläuft in einem Tal am Fluß entlang durch Nadelholzwälder mit eingestreuten Landwirtschaftsbetrieben. Am Ortseingang wurde der Fluß für einen großen Waschplatz gestaut. Ein Bassin wurde gebaut, dessen Säulen und hölzerne Balken ein schattenspendendes Dach tragen. Die Hauptstadt des gleichnamigen kleinen Departments war vor der Konquista eine bedeutende Stadt der Quiché. An der Plaza findet man ein neoklassizistisches Theater. Täglich wird westlich der Plaza Markt abgehalten, samstags mit Keramik und Textilien. (Übernachtung in der Hospedaje San Miguel, nahe der Kirche, neben der Casa de la Cultura; Busse an der Plaza.)

Salcajá: 9 km nordöstlich, liegt auf dem Weg nach Totonicapán. Hinter dem Markt des Ortes

San Cristóbal Totonicapán

errichteten die Spanier die erste Kirche in Guatemala (San Jacinto). Montag ist Markttag, jedoch lassen sich die im Ort hergestellten Textilien (Oberbekleidung) an allen Tagen in den Kooperativen erwerben. Der Ort ist bekannt für seinen Schnaps, den *Caldo de Frutas*. (An der Plaza Bus-Station und Hotel La Mansión de Don Hilario.)

Sta. María-Vulkan: 3772 m hoch, südlich von Quetzaltenango. Von der Spitze sieht man in den 300 m tiefer liegenden Krater Santiaguito hinein, der 1902 entstand und immer noch tätig ist. Aufstieg etwa 3 Std. ab Llanos del Pinal, Wegweiser auf den Felsen. Auf der Spitze befinden sich ein Campingplatz sowie eine indianische Opferstätte, die sonntags vor der Messe benutzt wird.

La Esperanza: 5 km nordwestlich an der Ca-1. Auf dem Mittwochs-Markt werden lebende Tiere, am Sonntag Kunsthandwerksartikel angeboten. Das Fest des Ortes findet vom 29. April – 5. Mai statt.

Momostenango: 22 km nördlich von Totonicapán in 2250 m Höhe auf einer Bergspitze gelegen; mittwochs und sonntags ist Markt, auf dem die berühmten Wolldecken der Stadt verkauft werden. Um die Stadt herum, z.B. unmittelbar nördlich, findet man ›Los Riscos‹, durch Erosion entstandene Sandformationen, u. a. Säulen und Höhlen.

Zunil: 12 km südlich von Quetzaltenango am Ufer des Río Salamá; 8 km entfernt (auch direkt von Quezaltenango aus zu erreichen) liegen die Thermalbäder Georginas, unter Felsen und üppiger Vegetation versteckt. Wasserbecken mit unterschiedlichen Temperaturen, Imbiß, Übernachtung im Turicentro (einige Kaminzimmer) möglich.

Almolonga: 10 km südlich, mit einer Kirche aus dem 16. Jh.; 2 km entfernt liegen die Thermalbäder Cirilo Flores und El Recreo mit bis zu 45 °C heißen Quellen (man mietet sich mit einer Gruppe ein Bad).

Retalhuleu

Die Hauptstadt des gleichnamigen Departments liegt 240 m hoch im pazifischen Flachland, 180 km westlich von Guatemala City am Pazifik-Highway. (Hier trifft die Straße von Quetzaltenango nach Süden auf die südliche Querachse des Landes.) Sie dient als Handelszentrum für die landwirtschaftlichen Produkte der fruchtbaren Umgebung: Kaffee, Kautschuk, Baumwolle, Zucker. Das Stadtfest zu Ehren der Virgen de la Concepción wird vom 6.–12. Dezember gefeiert.

Hotels

Mittelklasse: La Posada de Don José, 3a Av. A 5–14, ✆ 710180, mit Swimmingpool und Restaurant.

Einfach und preiswert: Astor, 5a Calle 4–60/ 4a Av., ✆ 710475, gutes Restaurant.

Verkehrsmittel

Bus: Nach Champerico, Quetzaltenango, Guatemala City und Tecún Umán mehrmals tgl.

Eisenbahn: Zum Pazifikhafen Champerico, über Escuintla nach Guatemala City; nach Tecún Umán zeitweilig kein Personenverkehr.

Auf der Fahrt von Quetzaltenango nach Huehuetenango gelangt man nach Pologua (dort Abzweigung rechts nach San Bartolo, 13 km). Der Markt vor dem Kirchenhügel hat sich bis zur Panamericana ausgebreitet, an der sich die Stände wie Perlen an einer Kette reihen. Dann folgt von km 210–225 eine besonders schöne Strecke mit malerischen Dörfern, Wasserfällen, Schluchten und terrassierten Feldern. Immer wieder wird man von neuen und schönen Trachten der Dorfbewohner überrascht. Bei km 228 bietet sich der erste atemberaubende Ausblick auf die nördlich gelegenen Cuchumatan-Berge.

Huehuetenango

Auch hier sind der Name des Departments und der in 1905 m Höhe gelegenen Hauptstadt identisch (6 km abseits der CA-1, Abzweigung bei km 275, 270 km von Guatemala City entfernt). Huehuetenango,

Huehuetenango
1 Plaza Central
2 Kathedrale
3 Rathaus
4 Department-Verwaltung
5 Guatel (Telefonzentrale)
6 Klinik
7 Mercado Municipal
8 Banco de Guatemala
9 Bus-Bahnhof
10 Bus-Station (Rápidos Zaculeu)
11 Bus-Station (El Condor) 12 Hospital Nacional **Hotels** 13 Zaculeu und Central 14 Marí 15 Maya 16 Gran Shinulá

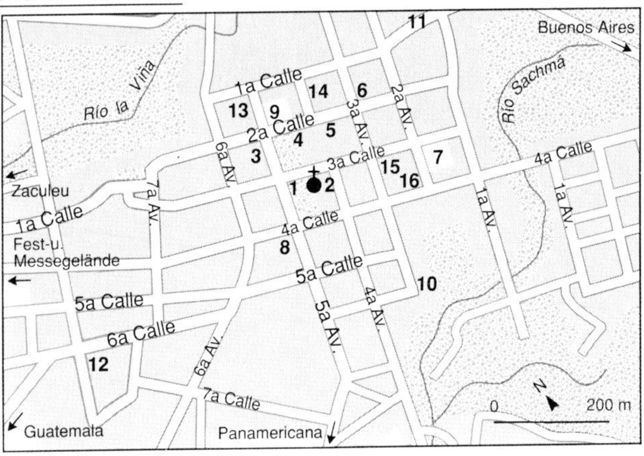

die Stadt inmitten der über 3000 m hohen Chuchumatan-Berge, ist seit präkolumbischen Zeiten das Zentrum der Mam, die seit der Zerstörung von Zaculeu hier siedelten. Ihre Nachfahren leben noch immer in der Stadt, die heute für die Herstellung von Mahlsteinen *(Metates)* zur Maisverarbeitung bekannt ist.

Der üppige tropische Regenwald, die zahlreichen Flüsse und der fruchtbare Boden der Region ermöglichen eine intensive landwirtschaftliche Nutzung. Der Erzabbau (Kupfer, Blei, Zink) in den z.T. kahlen Bergen stellt eine weitere Einkommensquelle dar. Temperaturen um 16 °C, von November bis Februar noch darunter.

Besichtigung

Die kolonialzeitliche Kathedrale an der von arkadengesäumten Plaza besteht aus grünen Steinen, die im Fluß gefunden wurden. Sie hat acht Frontsäulen mit Schmuckkapitellen und zwei Glockentürme; ihre gewaltige Kuppel ist schon von weitem zu erkennen. Gegenüber der Kirche liegt das aus grünen Stein erbaute Rathaus mit einer in die Plaza vorspringenden Terrasse. Der hohe Rathausturm wurde aus behauenen Steinen errichtet, die aus Zaculeu stammen und dort zur Restaurierung fehlen. Die Plaza selbst schmücken eine illustrative Reliefdarstellung des gebirgigen Departments, ein Brunnen und ein Kiosk, der um einen Rosenbaum mit unzähligen Wurzeln herumgebaut wurde.

Hotels

Mittelklasse: Pino Montano, km 258,5 der Panamericana, 2 km hinter der Abzweigung nach Huehuetenango, Richtung Mesilla, ✆ 64 16 37, in einem schönen Park mit Brunnen, Restaurant, Reservierung in Guatemala City, ✆ 31 07 61; Zaculeu, 5 a Av. 1–14, ✆ 64 10 86; 64 15 75, Zimmer um einen Patio-Garten gruppiert; Guadalquivir, an der Zubringerstraße von der CA-1, vor der Stadt.

Einfach und preiswert: Central, 5 a Av. 1–33; Maya, 3 a Av. 3–55; Gran Shinulá, 4 a Calle 2–20, ✆ 64 12 25; Robertos, 2 a Calle 5–49, ✆ 64 15 26; Posada Familiar, 4 a Calle 6–83; Mari, 2 a Calle (gegenüber Guatel); Hospedaje El Viajero, 2 a Calle (Plaza), Nähe Department-Verwaltung.

Die Department-Verwaltung von Huehuetenango

Restaurants
Im Hotel Zaculeu (empfehlenswert); im Hotel Central (preiswert); El Buen Samaritano, 4a Calle 3–30.

Verkehrsmittel
Zentraler Busbahnhof an der Straße zur CA-1. Ein großer Teil der Busse fährt auch ab 1a Av. im Bereich der 1a–3a Calle, z. B. die 1. Klasse-Busse des Unternehmens El Cóndor. 5 × tgl. nach Guatemala City direkt, stdl. nach La Mesilla und Quetzaltenango, tgl. nach Nebaj. Busse des Unternehmens Rápidos Zaculeu fahren ab 3a Av. 5–25.

Fest
12.–17. Juli, mit folkloristischen Tanzdarbietungen.

Einkaufen
Holzschnitzarbeiten, Web-, Töpfer-, Bronzearbeiten, Stickereien. Tgl. Markt (zwei Straßenzüge hinter der Department-Verwaltung), donnerstags und sonntags kommen die Indios aus den umliegenden Dörfern.

Adressen
Mexikanisches Honorarkonsulat: Farmacia El Cid, 5a Av. 4–11/4a Calle, ✆ 64 13 66. Hier gibt es die Touristenkarte für die Weiterreise nach Mexiko. Es wird zwar eine Gebühr verlangt, jedoch ist es nicht empfehlenswert, ohne Touristenkarte vor einem mexikanischen Grenzbeamten zu erscheinen.

Bank: Banco de Guatemala, 4a Calle 5–07/5a Av., Plaza.

Gesundheit: Hospital Nacional, 6a Calle 7–57, ✆ 64 18 49. Farmacia Corona Roja, 1a Av. 1–27, ✆ 64 11 80.

Telefon: Guatel, 2a Calle, Nähe Plaza, hinter der Department-Verwaltung.

Ausflüge
Chiantla: 5 km nördlich von Huehuetenango. Man verläßt die Stadt im Ostbezirk (Zona 3) und biegt nach 3 km hinter einer Kaffeefabrik links ab. Die Kirche des Wallfahrtsortes birgt die Marienstatue der Virgen del Rosario (Jungfrau des Rosenkranzes), deren Kleidung aus Silberfiligran gearbeitet ist. Höhepunkt der Ortsfestlichkeiten ist der 2. Februar, wenn Hunderte von Indios aus dem gesamten Department zur Statue pilgern. Zu der Heiligenfigur gelangt man über eine Empore, die von der rechten Kirchenseite hinter den Altarraum führt. Sehenswert sind außerdem die bunte, holzgeschnitzte Kirchendecke und die Wandbilder des Altarraumes sowie acht vergoldete Säulen. (Sonntagsmarkt; Bus ab 5a Av., Plaza.)

San Juan-Quelle: 2 km von Aguacatán entfernt. Unmittelbar in der Nähe der Quelle bietet sich die Gelegenheit, im Fluß zu baden, der hier von einem schönen Park mit Picknickplatz umgeben ist (Bus ab 1a Av.).

Zaculeu

4 km nordwestlich von Huehuetenango liegt die ehemalige Festung der Mam, im 13. Jh. als ihre Hauptstadt errichtet. Mit Unterstützung der United Fruit Company wurden im Jahr 1945 die archäologische Stätte freigelegt und teilweise rekonstruiert sowie ein kleines Museum errichtet. Die Gebäude des Ortes waren einst mit weißem Stuck überzogen. Im Jahr 1525 nahm Alvarado die Festung nach dreimonatiger Belagerung ein. Die Stätte wird von zwei Schluchten und dem Fluß Selegua begrenzt; der Zugang erfolgt über die schmale Nordseite. Im Zentrum liegt zunächst die große Zeremonialplaza mit der 12 m hohen, achtstufigen Hauptpyramide, an deren Westseite eine Doppelpyramide anschließt. Der Dachtempel besteht aus einem einzigen Raum mit drei Eingängen. An der Südseite befinden sich Reste von acht Säulen. Die Pyramide an der Ostseite hat in ihrem Zentrum zwei rechteckige Opferplattformen. Man besteigt sie über einen der drei Aufgänge an der Westseite.

In östlicher Richtung gelangt man zur nächsten Plaza, in deren Mitte zwei Altäre stehen. Ihre Westseite begrenzt ein Ballspielplatz mit schmalem Spielfeld. An der weiter südlich gelegenen Plaza sind noch

Die große Tempelpyramide von Zaculeu

die Reste (50 cm hoch) von sechs Säulen zu sehen.

Viele Gebäude sind nicht ausgegraben. Die Restaurierung mit Beton, ansonsten nur aus San Andrés und Tazumal in El Salvador bekannt, trägt nicht gerade zur Verschönerung der Bauwerke bei.

Im Museum der archäologischen Stätte werden Fundstücke aus der Festung ausgestellt, u. a. Keramikarbeiten, Schmuck aus Kupfer und Gold sowie ein rekonstruiertes Grab (tgl. 8–18 Uhr, Taxis und Minibusse ab 3a Av./4a Calle und 4a Av./5a Calle).

Nebaj

Der Hauptort des Maya-Volkes Ixil (5000 Einwohner) liegt 1920 m hoch im Norden des Departments El Quiché an einem Fluß. Die Straße nach Nebaj zweigt von der Straße Huehuetenango–Cobán zwischen Sacapulas und Cunén nach Norden ab. Der Ort war Anfang der 80er Jahre Schauplatz erbitterter Guerilla-Kämpfe gegen das guatemaltekische Militär. Nebaj, seit präkolumbischen Zeiten als Siedlungsort bekannt, liegt auf einer Bergkuppe und besteht im wesentlichen aus Adobe-Häusern. Der Ort ist in ganz Guatemala für die besonders schönen Huipiles berühmt, deren Farben, geometrische Muster und Verzierungen unübertroffen sind.

Hotel

Pensión de las tres Hermanas, an der Plaza, mit Patio und kleinem Restaurant.

Verkehrsmittel

Bus: Von Huehuetenango tgl., ebenfalls von Sta. Cruz del Quiché; Minibusse und Lastwagen von Sacapulas.

Fest

Das Fest des Ortes (Virgen del Tránsito) findet vom 12.–15. August statt; folkloristische Tanzdarbietungen.

Honduras

(In Zusammenarbeit mit Annegret Spelleken)

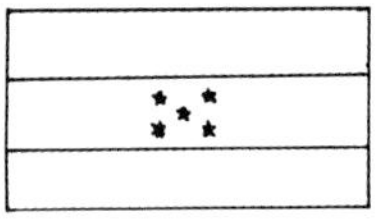

Allgemeine Landeskunde

Lage, Größe und geographische Gliederung

Honduras, nach Nicaragua das zweitgrößte Land der Region, liegt im Zentrum der mittelamerikanischen Landbrücke. Mit einer Fläche von ca. 112 000 qkm (größte Nord-/Südausdehnung: 330 km; größte Ost-/Westentfernung: 650 km) und ca. 4,5 Mio. Einwohnern hat Honduras die geringste Bevölkerungsdichte Zentralamerikas. Die karibische Küstenlinie des Landes erstreckt sich über eine Länge von 650 km, die Islas de la Bahía und Islas del Cisne mit eingeschlossen, die pazifische (Golf von Fonseca) über 80 km. Somit kann Honduras eine beträchtliche Anzahl an Sandstränden vorweisen.

Die Gebirgslandschaft im Nordwesten von Honduras (1000–1800 m) ist vulkanischen Ursprungs und deshalb von Lava überzogen und Tälern durchfurcht. Im Südwesten erhebt sich das jungeruptive Massiv El Cerro de Celaque mit einer Höhe von ca. 2800 m. Ost-Honduras wird vom bis zu 2500 m hohen mittelamerikanischen Zentralmassiv beherrscht. Zwischen den parallelen Bergketten liegen Hochtäler mit Siedlungszentren. Quer dazu verlaufen kleinere Bergzüge, die das Land in verschiedene Täler zergliedern. Diese geographische Besonderheit führt zu Erschwernissen bei der infrastrukturellen Erschließung des Landes.

Die einzigen größeren Tiefebenen des Landes befinden sich an der nördlichen Karibikküste. Sie werden von wasserreichen Flüssen (z. B. Río Coco, Río Patuca, Río Aguán oder Río Ulúa) durchzogen, deren breite Flußdeltas die großen Sümpfe und Lagunen in der Mosquitía bilden.

Die meisten Flüsse münden in die Karibik, nur wenige in den Pazifik. Längster Fluß ist mit 725 km der Río Coco. Honduras hat nur einen bedeutenden natürlichen Binnensee, den 170 qkm großen Lago de Yojoa.

Klima

Bis auf die wenigen Bergregionen ist das Klima in Honduras als warm bis tropisch zu bezeichnen. Außerdem sorgt der Nordostpassat in weiten Teilen für permanente Niederschläge.

Es gibt nur zwei Jahreszeiten: Die Regenzeit von Mai bis Oktober und die Trockenzeit von November bis April. Kälteste Monate sind Dezember und Januar.

Die Bandbreite der unterschiedlichen Klimazonen erklärt die Vielfalt der Agrarprodukte und ist Voraussetzung für die Häufigkeit der Ernten (z. B. drei Maisernten jährlich).

Bevölkerung

Honduras hat heute eine Gesamtbevölkerung von 4,5 Mio. Von 1974–85 stieg die Bevölkerung um 2,15 Mio., was einer durchschnittlichen Wachstumsrate von 4,3% entspricht.

Der Grund für diese hohen Zahlen, die in dem zweitärmsten Land Mittelamerikas vielfältige soziale Probleme verursachen, ist darin zu suchen, daß parallel zu einer mehr oder weniger stabilen, eher rückläufigen Geburtenrate die Sterberate wegen Verbesserungen im medizinischen Sektor drastisch zurückging. Auch die Säuglingssterblichkeit konnte in den letzten Jahren erheblich gesenkt werden.

Die Bevölkerung von Honduras ist sehr jung; 1985 waren mehr als die Hälfte der Einwohner jünger als 16 Jahre. Die durchschnittliche Lebenserwartung beträgt heute bei Männern 60, bei Frauen 64 Jahre. Neun von zehn Honduranern sind Mestizen. Reinblütige Indios machen nur einen Bevölkerungsteil von 4–5% aus und ca. 3% sind Garífuna, schwarze Nachkommen afrikanischer Sklaven.

Die offizielle Landessprache ist Spanisch. Nur die Isleños, die Bewohner der Islas de la Bahía, greifen aufgrund ihres britischen Ursprungs im Alltag auf die englische Sprache zurück.

Die Verfassung garantiert Religionsfreiheit. Die große Mehrheit der Honduraner (85%) ist katholisch, die Protestanten folgen mit 10%. Weit verbreitet sind US-amerikanisch importierte Sektierer (5%). Auch findet man besonders bei den Ureinwohnern eine starke Verschmelzung von

Am Strand von Trujillo

christlichem mit indianischem Glauben. Rund 10% der honduranischen Bevölkerung sind Flüchtlinge (ca. 100 000 aus Nicaragua, 150 000 aus El Salvador und Guatemala). Honduras, wegen seiner geringen Bevölkerungsdichte traditionell in der Rolle des Aufnahmelandes, apelliert immer wieder an die Regierungen seiner Nachbarländer, die innenpolitischen Konflikte auf friedliche Weise zu lösen, um so die große wirtschaftliche und soziale Last der Flüchtlinge zu verringern.

Doch Honduras hat aufgrund von Menschenrechtsverletzungen selbst mit dem Flüchtlingsproblem zu kämpfen. Ende 1988 nahm die Zahl der sog. außergerichtlichen Hinrichtungen wieder zu, ohne daß die selbsternannten Henker dafür zur Verantwortung gezogen wurden.

Im Juli 1988 hat deshalb der interamerikanische Menschenrechts-Gerichtshof in Costa Rica die honduranische Regierung wegen Menschenrechtsverletzungen in den Jahren 1981–84 verurteilt, die honduranische Armee schwer belastet und zu Entschädigungszahlungen aufgefordert. Das berüchtigte Bataillon 3–16 ist zwar heute aufgelöst, aber die Alianza de Acción Anticomunista (AAA), eine private Säuberungsgruppe einiger Offiziere, bedroht immer wieder Politiker und Gewerkschaftsvorsitzende mit dem Tode. 100 000 Honduraner leben deshalb in Nicaragua, Guatemala und vor allem im Süden Mexikos im Exil.

Flora und Fauna

Nur ein Drittel des Landes ist heute noch mit Wald bedeckt. Dabei waren die Waldbestände einst riesig und der Artenreichtum der Bäume sehr groß (z. B. Zedern, Teak, Küstenpinien, Kastanien, Öl- und Kokospalmen, Mahagoni, Balsa- und Amberbäume).

Der Süden ist kahl, von Erosion bedroht und regelmäßig von Dürreperioden betroffen. Nur vereinzelt stößt man auf Reste der früher dichten tropischen Trokkenwälder; Kakteen und hitzeresistente Flora dominieren in dieser savannenähnlichen Landschaft. Ganz anders zeigt sich der Nordosten und die Karibikregion mit üppiger tropischer Vegetation, Dschungel und großblättrigem Feuchtwald.

In der zentralen Bergregion mit ihren fruchtbaren Tälern und im Nordosten zur guatemaltekischen Grenze hin beeindrukken die Kiefernwälder mit ihren vielen, spanisch *Pino* genannten Arten. Die Spanier betrieben großflächige Abholzung, insbesondere in der Nähe alter Minen, und leisteten damit der Erosion Vorschub. Die ursprünglichen Primärwälder findet man nur noch in den hochgelegenen Bergregionen.

Nationalsymbole des Landes sind die Kiefer und die Orchidee. Von ersterer gibt es sieben, von der zweiten 20 000 verschiedene Arten. Die Wildtiere (z. B. Jaguare, Ozelote, Krokodile, Tapire, Gürteltiere, Affen und Kojoten) haben sich größtenteils in die Bergregionen, in die ausgedehnten Urwälder und geschützten Nationalparks zurückgezogen.

Geschichte

Kolumbus landete am 30. Juli 1502 auf der Insel Guanaja, die heute zu den honduranischen Islas de la Bahía gehört. Es gab im gesamten Gebiet ca. 1 Mio. Angehörige mesoamerikanischer Völker, darunter die Chorti, Chorotega, Lenca, Pipil und Paya. Diese Ureinwohner verfügten weder über die gleiche Sprache noch über eine einheitliche Kultur; ihre Dörfer lagen verstreut über das ganze Land. Bereits seit dem 9. Jh. war eines der bedeutendsten Stadtzentren des Maya-Imperiums, Copán, wieder von Dschungel überwuchert.

Die spanische Herrschaft (1502–1821)

Zu den ersten Siedlungen, die die Spanier an der Atlantikküste gründeten, gehörten Puerto Cortés und Trujillo (1525). Bald stießen sie auf den Widerstand der Indios, der sich nach den Gründungen von Choluteca und Comayagua (1540) noch verstärkte. Unter der Führung des Häuptlings Lempira, der den Spaniern bis zu 30 000 Krieger entgegenstellte, leisteten sie erbitterten Widerstand. Der kriegerischen Unterwerfung folgte der massive Abbau der Edelmetallvorkommen (vor allem des Silbers). Dann wurde die Ausbeutung des Landes mittels Zwangsarbeits- und Tributzahlungssystemen fortgeführt. Dies hatte die Dezimierung der Bevölkerung zur Folge (1778 wurden in einer Volkszählung nur noch 88 000 Einwohner erfaßt). Seit 1539 war Honduras Teil des spanischen Generalkapitanats Guatemala, 1544 wurde in Garcías die Audencia de los Confines, der Oberste Gerichtshof der Provinz, gegründet.

Insgesamt spielte Honduras keine wichtige Rolle im spanischen Kolonialreich, und seine Wirtschaft wurde auch nicht in den aufkommenden Weltmarkt integriert, obwohl 1578 der Silberabbau durch die Gründung von Real de Minas de Tegucigalpa eine gewisse Größe erreichte. Mehrheitlich erwuchs den Grundbesitzern aus einer gleichmäßig über das Land verteilten Subsistenzwirtschaft während der Kolonialzeit ein ansehnlicher Reichtum; eine Agrarbourgeoisie bildete sich nicht heraus.

An der Atlantikküste und auf den ihr vorgelagerten Inseln mußte sich Spanien seit 1650 mit Piraten und vor allem mit der englischen Seemacht auseinandersetzen. Dabei konnte England die dort lebenden Mísquito gegen die Spanier auf seine Seite ziehen.

Im Zuge der Loslösung Mexikos vom Mutterland endete die spanische Kolonialherrschaft in Honduras 1821 ohne großen Aufruhr. Bis 1823 gehörte Honduras vorübergehend zu Mexiko, danach bis 1838 zur Zentralamerikanischen Föderation (s. S. 20).

Verfestigung von Abhängigkeit und Unterentwicklung (1823–1957)

Gegen die Versuche Iturbides, die zentralamerikanischen Provinzen mit Waffenge-

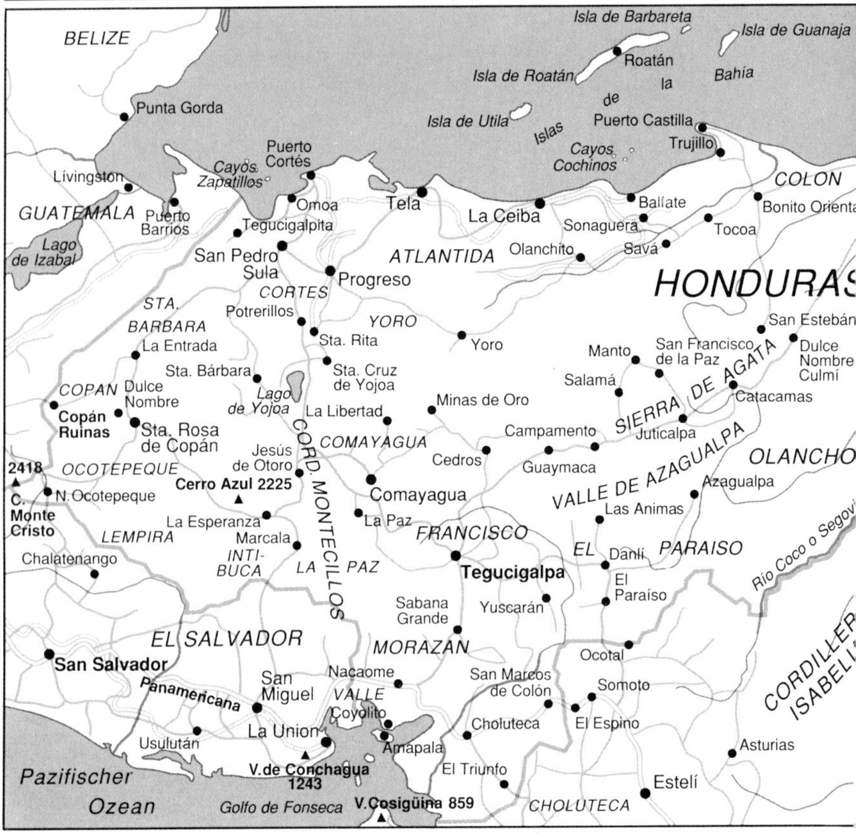

Honduras

walt von Mexiko aus zu einen, gewannen seit 1823 in allen fünf mittelamerikanischen Staaten autonome Bestrebungen die Oberhand, die entweder die Umformung der Provinzen in eigenständige Staaten oder den Zusammenschluß zur Zentralamerikanischen Föderation anstrebten. Auch in Honduras kam es wegen dieser Gegensätze zu Auseinandersetzungen zwischen den Fraktionen der Grundbesitzer. Es war der Honduraner Francisco Morazán, der nach der erfolgreichen Schlacht bei La Trinidad (1827) für kurze Zeit als Präsident an der Spitze der sonst von Guatemala dominierten Zentralamerikanischen Föderation stand. Zwar genoß Morazán als Volksheld das gleiche Ansehen wie Simón Bolívar in Südamerika, aber auch er konnte die endgültige Auflösung der Förderation 1838 nicht verhindern. Für die Provinz Honduras begann 1823 als Mitglied der Zentralamerikanischen Föderation und erst recht nach 1838 als eigener Nationalstaat eine Epoche der politischen Instabilität. Grundbesitzerfraktionen und Caudillos stritten um die Regierungsmacht. Um Reichtum zu erwerben, instrumentalisierten sie den Staat für ihre privaten Zwecke; deshalb gab es von 1821–76 in Honduras mehr als 80 Regierungen und Präsidenten.

Unterstützt von Guatemala übernahm 1876 Marco Aurelio Soto die Regierung. Seine sog. ›liberale Revolution‹ brachte für Honduras den entscheidenden Einschnitt in das bisherige Machtgefüge aus Grundbesitzern, Militärs und Klerus. In dieser Zeit liegen die Wurzeln des heutigen Parteien-Systems: auf der einen Seite das reformfreudige wirtschaftsliberale Bürgertum, das sich um die 1891 gegründete Liberale Partei (Partido Liberal; PL) gruppierte, und auf der anderen Seite konservative Latifundienbesitzer und der höhere Klerus, für die die 1923 gegründete Nationalpartei (Partido Nacional; PN) zum Sammelbecken wurde. Präsident Soto machte 1880 Tegucigalpa zur Hauptstadt, führte die Zivilehe ein und säkularisierte den Kirchenbesitz. Unter ihm wurde ein staatliches Erziehungs- und Ausbildungswesen aufgebaut, und er kurbelte durch Fördermaßnahmen die Exportproduktion an. Die Eingliederung des Landes in das kapitalistische, auf internationaler Arbeitsteilung basierende Wirtschaftssystem und die daraus resultierende bis heute bestehende Abhängigkeit sind auf die Enstehung der großen Bananenpflanzungen gegen Ende des 19. Jahrhunderts zurückzuführen. Begünstigt durch die liberale Konzessionspolitik für ausländische Investoren, mit deren Hilfe die honduranische Regierung die ökonomische Entwicklung des Landes steigern, aber vor allem durch deren Eisenbahnbau sie die dringend erforderliche infrastrukturelle Verbesserung erreichen wollte, beherrschten schließlich (1918) drei große US-amerikanische Bananenkonzerne in klassischer Enklavenwirtschaft die gesamte Atlantikküste: Cuyamel Fruit, Standard Fruit und United Fruit Company.

Über lange Jahre waren die nach USA transferierten Gewinne aus den Bananenplantagen höher als der honduranische Staatshaushalt. Auch militärische Interventionen der Marine zum ›Schutz von US-Eigentum‹ (z. B. 1910 und 1912) blieben nicht aus, da die US-Investitionen in der ›Bananenrepublik‹ von 2 Mio. (1897) auf 80 Mio. US-$ (1929) gestiegen waren. Honduras wurde zum wichtigsten Anlageland für US-Kapital in Mittelamerika. 1925 war es der größte Bananenexporteur der Welt.

Nachdem die United Fruit Company ihre stärkste Konkurrenz in ganz Zentralamerika, die Cuyamel Fruit, durch Aufkauf ausgeschaltet hatte (die Standard Fruit war wegen ihres geringen Marktanteils keine Konkurrenz), bestimmte sie praktisch das politische Geschehen in

Honduras. Um auch in Zeiten der Krise und gegen gewerkschaftliche Forderungen die Gewinne sichern zu können, verhalf der Konzern 1933 dem Diktator Tiburcio Carías Andino zum Präsidentenamt. Carías kam aus er PN und baute Anfang der 40er Jahre die Berufsarmee auf, mit der die hinter der PN stehenden Interessengruppen auch in Zeiten ohne parlamentarische Mehrheit ihren politischen Einfluß durchsetzen konnten. Seine Regierung ging gegen Bauern, die Land besetzten, vor, zerschlug gewerkschaftliche Demonstrationen gegen den US-Konzern, bei denen es Hunderte von Toten gab, und erließ der United Fruit Millionen Dollar an Steuerschulden. Carías konnte sich Ende 1948 politisch nicht mehr halten. Während der neuen Regierung unter Juan Manuel Gálvez kam es landesweit im Mai 1954 zu einem historischen Streik, der am erfolgreichsten von ca. 25 000 Arbeitern bei der Tochtergesellschaft der United Fruit, der Tela Railroad Company, organisiert worden war. Sie erreichten nicht nur Lohnerhöhungen und Verbesserungen ihrer Arbeitsbedingungen, sondern auch die Anerkennung des Koalitionsrechts. Doch die Konzerne reagierten in den nächsten Jahren mit Entlassungen, und der neue Präsident Julio Lozano Díaz ließ zwischen 1954 und 1956 die Gewerkschaftsführer verfolgen. Nach Jahrzehnten manipulierter Wahlsiege der konservativen Nationalpartei gewannen 1957 die Liberalen, und unter ihrem Präsidenten José Ramón Villeda Morales begann für Honduras eine innenpolitische Reformperiode.

Zwischen Fassadendemokratien und Militärdiktaturen

Präsident Villeda Morales leitete eine Periode der zivilen Reformen ein. Während seiner Amtszeit trat eine neue Verfassung in Kraft, wurden die Sozialversicherung eingeführt, neue Arbeitsgesetze erlassen, ein Programm öffentlicher Arbeiten zum Ausbau der Infrastruktur in die Wege geleitet und vor allem mit der Agrarreform begonnen. 1963 putschte sich der Luftwaffenoberst Osvaldo López Arellano, der in den USA ausgebildet worden war, an die Macht (bezeichnenderweise erschien die Nachricht schon einen Tag vorher in der US-Presse). Arellano verzögerte die Agrarreform und verfolgte Angehörige der radikalen Bauernorganisationen ohne jedoch die Reform abzubrechen. Unter Arellano erwarb das Nationale Agrarinstitut käuflich größere Flächen Bodens von Großgrundbesitzern für landlose Bauern. Der Militärdiktator, der der PN nahestand, legalisierte seine Präsidentschaft 1965 durch den Kongreß, verwies 350 000 salvadorianische Arbeitskräfte des Landes und ließ die Militärs den sog. ›Fußballkrieg‹ (1969) gegen El Salvador anzetteln.

Die militärische Niederlage, die besonders die Schwächen der korrupten und rückständigen Militärführung sichtbar werden ließ, führte zu einer Spaltung im Offizierskorps. Jüngere, nationalistische, teilweise auch fortschrittliche Offiziere, das mittelständische Unternehmertum, das sich nicht länger der Konkurrenz im gemeinsamen mittelamerikanischen Markt aussetzen wollte, und die in der Konföderation der honduranischen Arbeitskräfte zusammengeschlossenen städtischen Arbeiter beschlossen zur Lösung der großen Probleme einen ›Plan der nationalen Einheit‹.

Doch der gemeinsame Kompromißkandidat von Liberalen und Nationalen, Ramón Ernesto Cruz, und seine ›Regierung des nationalen Einheitspaktes‹ enttäuschte alle, besonders aber die an Agrarreformen interessierten Kräfte. General Arellano setzte Cruz daraufhin 1972 kur-

Das honduranische Wappen

zerhand ab und stellte sich an die Spitze einer Regierung aus Reformmilitärs. Arellano, eine schillernde Persönlichkeit zwischen lateinamerikanischem Caudillo und fortschrittlichem Populisten, setzte sich jetzt engagiert für die Agrarreform ein, verteilte allen staatlichen Landbesitz und schuf neue gesetzliche Grundlagen zur Enteignung allen brachliegenden Landes, um der militanten Landnahmebewegung entgegenzutreten.

Obwohl die US-Bananengesellschaften seit ca. 1965 begonnen hatten, Teile ihres Landbesitzes an den Staat zurückzuverkaufen, um ausschließlich die Produktvermarktung zu übernehmen, die ihnen durch exklusive Lieferverträge mit den nationalen Unternehmen garantiert wurde, gehörten 1970 immer noch drei Viertel aller Bananenanbaugebiete ihnen. Da Arellano im Zuge seiner Reformen auch den Bananenexport besteuert hatte, ließen die US-Gesellschaften ihn 1975 unblutig stürzen.

Nach dem Staatsstreich übernahm ab 1975 Oberst Juan Alberto Melgar Castro die Macht, der das Land mit einer Welle von Repressionsmaßnahmen überzog. Er entließ reformorientierte Offiziere aus der Armee, stoppte die Landverteilung und verfolgte Gewerkschaftsführer. Seine Zusammenarbeit mit den US-Bananengesellschaften wurde durch seine aktive Förderung sog. ›freier‹ Gegengewerkschaften offensichtlich, die im Interesse der US-Gesellschaften gegen die nationalen, kämpferischen Gewerkschaften vorgingen.

Eine Militärjunta, angeführt von Armeechef Paz García, stürzte Melgar Castro 1978 und kündigte für 1980 freie Wahlen zur Verfassungsgebenden Versammlung an, um die Voraussetzungen für die Rückkehr einer Zivilregierung zu schaffen. Aus diesen Wahlen ging die Liberale Partei mit 35 von 71 Abgeordnetensitzen als Sieger hervor. Sie bat Paz García, wegen der fehlenden absoluten Mehrheit bis 1981, nach den Parlaments- und Präsidentschaftswahlen, im Amt zu bleiben.

Die Carter-Regierung in den USA überschüttete Honduras nach dem Sturz Melgar Castros mit Wirtschafts- und Militärhilfe. Zwischen 1978 und 1980 erhielt es 110 Mio. US-$, mehr als jedes andere Land Mittelamerikas, um es als loyalen Verbündeten gegen das sandinistische Nicaragua zu gewinnen.

Im November 1981 errang die PL nach neun Jahren Militärherrschaft unter regulären Wahlbedingungen bei einer Wahlbeteiligung von 80% einen klaren Wahlsieg. Ihr Präsident Suazo Córdova wollte 1982 den Reformkurs wieder beleben, doch geriet er unter den Druck der Militärs. Diese hatten sich in der Verfassung ein Vetorecht bei Beschlüssen der Regierung, die Ernennung des Verteidigungsministers und eine Amnestie für alle Verbrechen und Korruptionsfälle während der Militärdiktatur gesichert. Seit 1982 operierten Gegner der sandinistischen Regierung mit massiver US-Hilfe von Honduras aus.

Die nordamerikanische Militärhilfe für Honduras stieg sprunghaft an, die Zahl der Soldaten wurde im gleichen Zeitraum auf 23 000 (d.h. um 50%) erhöht, die honduranische Luftwaffe zur stärksten der Region ausgebaut. Gemeinsame Manöver der honduranischen und der nordamerikanischen Streitkräfte sind bis 1990 vereinbarter Bestandteil eines Militärvertrages, der zudem eine ständige Präsenz von 2000 US-Soldaten für ›Ausbildungs- und Koordinationsaufgaben‹ in Honduras sicherstellt. Die Anzahl der CIA-Spezialisten im Land wird auf 150 geschätzt.

Eine solche massive Stärkung des Militärs und die enge Anlehnung an die USA müssen zwangsläufig jede zivile Regierung in Schwierigkeiten bringen, es sei denn, sie macht sich deren Ziele zu eigen. Seit 1982 war das in Honduras wieder der Fall. Auch die Übernahme des Präsidentenamtes durch José Simón Azcona Hoyo von der PL im Jahre 1986 änderte daran nichts. Er geriet allerdings mehr und mehr unter innenpolitischen Druck, weil die Anwesenheit der Contra die honduranische Souveränität über weite Teile des Landes in Frage stellte und die USA vom honduranischen Palmerola aus agierten, als sei es ihr eigenes Territorium. Azcona war deshalb auch bereit, den Arias-Plan zu unterzeichnen, von dem er sich eine größere nationale Souveränität erhoffte. Allerdings engte die nach wie vor sehr hohe Wirtschafts- und Militärhilfe aus den USA seine Handlungsmöglichkeiten enorm ein.

Im November 1989 gewann Rafael Leonardo Callejas, der Kandidat der PN, die Wahlen und übernahm im Januar 1990 das Präsidentenamt. Er kommt aus einer der reichsten Familien des Landes, verfügt über eine US-amerikanische Schul- und Universitätsausbildung und orientiert sich an den rechtskonservativen Zielen der salvadorianischen Arena-Partei.

Staat und Gesellschaft

Den Namen República de Honduras erhielt der Staat 1862, nachdem er 1821 die Unabhängigkeit von Spanien und 1823 von Mexiko erlangt hatte. Die erste rechtmäßige Verfassung stammt aus dem Jahre 1823. Bereits 1821 gab es erste freie Wahlen für eine selbständige Regierung unter José Tinoco de Contreras. Honduras ist heute eine präsidiale, demokratische Republik. Nach der Verfassung von 1984 teilen sich die Macht: der Präsident und sein Regierungskabinett mit 13 von ihm bestimmten Staatssekretären, die ohne Wiederwahlmöglichkeit vier Jahre im Amt sind; die Ämter des Staats- und Regierungschefs sind in einer Person vereint. Die Kontrollinstanz übernimmt der Nationalkongreß, ein Einkammer-Parlament mit 134 Abgeordneten, von denen jeder 30 000 Einwohner vertritt. Die Amtsperiode für diese erst seit 1981 bestehende Institution beträgt ebenfalls vier Jahre. Die Gerichtsbarkeit wird durch den Obersten Gerichtshof *(Corte Suprema)* und das Berufungsgericht repräsentiert; die Richter werden vom Nationalkongreß ernannt.

Das Staatsgebiet ist in 18 Verwaltungsbezirke *(Departamentos)* aufgegliedert, deren Gouverneure vom Präsidenten ernannt werden. Die 31 Städte *(Distritos)* und mehr als 280 autonomen Gemeinden *(Municipios)* werden von unabhängigen, gewählten Gemeinderäten verwaltet.

Parteien und politische Gruppierungen

Parteien verstehen sich in Honduras traditionell als Kampagnenfirmen, die ihren Anhängern für den Fall des Sieges Arbeitsplätze versprechen. Parteienbindungen folgen Familientraditionen und werden ökonomisch begründet. Politisch-ideologischer Meinungsstreit ist beliebter Zeitvertreib in intellektuellen Kreisen. Nur die Guerilla propagiert eine politische Alternative.

Halblegal arbeiten kommunistische und sozialistisch orientierte Gruppierungen. Es gibt außerdem eine ganze Reihe linksstehender Organisationen im illegalen Bereich, die sich im Guerilla-Krieg mit der Regierung befinden.

Bildung und Erziehung

In Honduras liegt die Analphabeten-Quote derzeit bei 40%, obwohl allgemeine Schulpflicht für Kinder zwischen sieben und zwölf Jahren besteht und der Unterricht an staatlichen Schulen kostenfrei ist. Viele Schüler beenden die Schule schon nach drei Schuljahren, nur etwa 30% genießen eine längere Ausbildungszeit.

Das honduranische Bildungssystem gliedert sich in die *Primaria* (Grundschule), *Secundaria* (weiterführende Schule) und die *Educación superior* (Hochschule und Universität).

Auf der Bildungsstufe der Sekundaria gibt es *Colegios públicos y privados,* höhere Schulen, um das Abitur, die Befähigung zum Grundschullehrer, Kaufmann oder Buchhalter zu erlangen.

Daran anschließend kann man an der Freien Nationalen Universität Tegucigalpa, den regionalen Universitäten in San Pedro Sula und La Ceiba, an privaten Universitäten oder einer ganzen Reihe von Forst- und Landwirtschaftsinstituten von hohem Niveau ein Studium absolvieren. Aufgrund der obligatorischen Schulgebühren sind sie der Bevölkerungsmehrheit jedoch verschlossen.

Schulkinder in Honduras

Außenpolitik

Auf Honduras konnten die USA im Kampf gegen das sandinistische Regime in Nicaragua zählen.

Doch unter Präsident Azcona drängte die Regierung zunehmend darauf, die Verantwortung für Lösungsstrategien in der Contra-Frage (Wohin mit den ausgedienten Guerilla-Kämpfern? Wer organisiert ihre Eingliederung und unterstützt sie materiell?) an die USA zurückzugeben. Im Oktober 1988 akzeptierte Honduras den nicaraguanischen Vorschlag, eine internationale Friedenstruppe an den Grenzen zu Nicaragua und El Salvador einzusetzen.

Bombenanschläge gegen das Peace-Corps-Gebäude und auf US-Soldaten sind eindeutige Anzeichen für eine sich ständig verstärkende US-feindliche Stimmung der honduranischen Bevölkerung. Kein Wunder also – so die Meinung der honduranischen Medien –, daß das US-amerikanische Interesse für seine Alliierten abgenommen habe. Doch nach wie vor ist Honduras unter allen mittelamerikanischen Staaten der engste Verbündete der USA.

Beziehungen zur Bundesrepublik Deutschland

Honduras unterhält zur Bundesrepublik Deutschland gute wirtschaftliche Beziehungen. So rangiert die BRD an fünfter Stelle unter den Lieferländern und ist nach den USA der zweitwichtigste Abnehmer honduranischer Waren. 1987 belief sich der Etat für die entwicklungspolitische Zusammenarbeit zwischen der Bundesrepublik Deutschland und Honduras auf insgesamt 65 Mio. DM (inklusive eines nicht rückzahlbaren Kredites von 12 Mio. DM).

Wichtige öffentliche Entwicklungsprojekte in Zusammenarbeit mit der Bundesrepublik Deutschland sind z. B.: ein Groß-Wasserkraftwerk in El Cajón, das Regionalentwicklungsprogramm in Sta. Barbara, die Stromversorgung von Danlí und Sta. Rosa, die Vermittlung von Sachverständigen für Forst- und Holzwirtschaft, Stipendien für honduranische Studenten, der Ausbau des dualen Berufsausbildungssystems, eine landwirtschaftliche Ausbildungsstätte in La Paz und ein Gewerbeausbildungszentrum in San Pedro Sula.

Wirtschaft

Die Ökonomie des Landes ist desolat: Die Auslandsverschuldung betrug 1988 3,5 Mrd. US-$; die Zinsen verschlingen ein Drittel der Exporterlöse; das jährliche Außenhandelsdefizit beläuft sich auf ca. 100 Mio. US-$. Trotz des krassen Schwundes der Devisenvorräte hält die Regierung an der Politik des festen Wechselkurses fest und stützt den Lempira durch weitreichende Einsparungsprogramme. Die wachsende Unzufriedenheit der Bevölkerung drückt sich in zunehmenden Streiks in zentralen Produktionsbereichen aus.

Landwirtschaft: Drei Viertel der Bevölkerung sind in der Landwirtschaft beschäftigt, aber sie erwirtschaften nur ein Viertel des Bruttosozialprodukts. Schalentiere, Baumwolle, Bananen, Kaffee, Holz, Zucker und Fleisch sind die Hauptexportprodukte. Trotz der Landreform von 1972 haben sich zwei Typen von Landbewirtschaftung erhalten: Die vielen kleinen Bauern, die für ihre Subsistenz arbeiten, und die großen Plantagen, die größtenteils in Händen ausländischer Konzerne liegen.

1975 wurde Honduras Mitglied der Vereinigung bananenproduzierender Staaten (Unión de Países Exportadores de Banana, UPEB) und senkte die Exportsteuern für Bananen. Damit festigte es die Abhängig-

keit von ausländischen Einflüssen und blieb besonders im Norden des Landes bezüglich der Infrastruktur sehr anfällig. 1988 trat Honduras auf Drängen der USA aus der UPEB aus.

Das Kaffeegeschäft liegt traditionell in Händen kleiner und mittelgroßer honduranischer Betriebe. 1987 betrug die Jahresernte 73 000 t.

Bodenschätze und Industrie: Honduras ist reich an Bodenschätzen, aber dieser Sektor ist wenig erschlossen, und die Mehrzahl der Minen ist in ausländischem Besitz. Gefördert werden Gold, Silber, Blei, Zink und Antimon sowie in kleinen Mengen auch Cadmium, Quecksilber und Kalkstein. Erdölvorkommen werden im Nordosten vermutet.

Die honduranische Industrie ist die rückständigste aller zentralamerikanischen Staaten. Sie erwirtschaftet nur ein Viertel des Bruttoinlandsprodukts, obwohl Bergbau, Baugewerbe und der Energiesektor dazugerechnet werden.

Perspektiven und Arbeitsmarktlage: Verglichen mit dem Auf und Ab der von der zentralamerikanischen Wirtschaftskrise geschüttelten Nachbarländer wirkt Honduras stabil. Das liegt in erster Linie an der rigiden Staatsführung, aber auch an den Hilfeleistungen der USA. Bedenkt man jedoch, daß das reale Einkommen eines Angestellten in den letzten vier Jahren um mehr als 20% sank und die Gewerkschaften vergeblich um eine Erhöhung des Mindestlohns kämpfen, ist ver-

Markt Las Américas in Tegucigalpa

ständlich, warum man nicht von sozialem Frieden sprechen kann.

Neben dem langjährig künstlich gestützten offiziellen Lempira-Kurs existiert trotz härtester staatlicher Sanktionen ein Parallelkurs: Barometer für die chronische Devisenknappheit! So fehlt das Geld für wichtige Importe wie Medikamente oder Düngemittel.

Bei 25% Arbeitslosigkeit und geschätzten 70% Unterbeschäftigung drängt das große Heer der Arbeitssuchenden in niedrigst bezahlte Beschäftigungen und Saisonarbeit (Monatseinkommen einer Haushälterin: 50 US-$, einer Hausgehilfin: 25 US-$; Tageslöhne von 2,5 US-$ abwärts sind bei Erntearbeitern die Regel). Die Verelendung und Unzufriedenheit weiter Teile der Bevölkerung nimmt unaufhaltsam zu.

Neben dem offiziellen Wirtschaftsleben existiert der sog. Informelle Sektor. Das sind meist Einmann- oder Familienbetriebe, die in Marktnischen auf einfachster Ebene ums materielle Überleben kämpfen. Typisch sind die nicht registrierte Kuchenverkäuferin auf der Straße, der Autowäscher, der Händler mit dem Süßwarenbauchladen und Verkäufer, die beim Anblick eines Polizisten untertauchen. Dieser Problemschwerpunkt steht in engem Zusammenhang mit dem schnellen Bevölkerungszuwachs. Eine Erleichterung erhofft sich die Regierung von einem Abkommen mit den USA, um Arbeitskräfte nach Nordamerika schicken zu können.

Tegucigalpa

Tegucigalpa, von den Bewohnern kurz Tegus genannt, ist die kleinste Hauptstadt Zentralamerikas, liegt als einzige nicht an der Panamericana und hat keine Anbindung an ein Eisenbahnnetz. Der Name ist indianischen Ursprungs und bedeutet Silberhügel.

Tegucigalpa bildet zusammen mit der Schwesterstadt Comayagüela (abgekürzt: Com.) den Distrito Central (ca. 800 000 Einwohner). Drei wichtige Brücken, die Puente Carías, Puente Soberanía und Puente Mallol, verbinden die beiden Städte. Im Hochtal am östlichen Flußufer des Río Choluteca (935 m ü. d. M.) ziehen sich die pittoresken Häuser und Hütten der Außenbezirke die steilen Hänge der umliegenden Berge (bis 1500 m) hoch.

Das Zentrum zeigt auch heute noch die Charakteristika eines kolonialen Minenstädtchens mit liebenswert provinziellem Charme. Tegus wurde nie offiziell geplant oder gegründet, es entstand sozusagen organisch aus den Hütten der Minenarbeiter entlang einer Verbindungsstraße. Hätte man Anfang des 20. Jh. nicht viele historische Gebäude im Zuge von Sanierungsarbeiten abgerissen, könnte die Stadt noch vollständig erhalten sein, da sie nie von einer Naturkatastrophe heimgesucht wurde. Auf den Höhen von La Hoya oder im Barrio La Leona eröffnet sich in den verwinkelten, mit Kopfstein gepflasterten Gäßchen immer wieder ein wunderschöner Ausblick auf die Stadt.

Tegucigalpa ist Zentrum von Politik und Bildung, während Handel und Industrie sich weiter nördlich in San Pedro Sula konzentrieren.

Im Jahre 1537 entstand in der Gegend, in der heute der Präsidentenpalast zu finden ist, eine kleine Siedlung von Goldsuchern. Man hatte damals in den Sandbänken von La Poza Tabacal bei der heutigen Brücke Puente Soberanía Gold entdeckt. Erst später wurde in Tegucigalpa und Umgebung Silber in größerem Umfang gefunden und abgebaut. 1570 wurde Tegucigalpa ›Real de Minas‹ und somit zum Verwaltungszentrum der örtlichen Bergbauindustrie. 1578 machte die Audiencia von Guatemala Tegucigalpa zur Alcaldía Mayor (Sitz mit Bürgermeister- und Richterfunktion). Seit dem Beschluß der Verfassungsgebenden Nationalversammlung im Jahre 1880 ist Tegucigalpa Landeshauptstadt.

Besichtigung

Im **Zentralpark** (Parque Central) mit seinem Springbrunnen und schattenspendenden Bäumen finden öfter auch Darbietungen von Musikgruppen und Straßentheater statt, werden Volksreden gehalten. In der Mitte des Parks steht das Reiterstandbild des Nationalhelden Francisco Morazán.

Die **Kathedrale San Miguel,** direkt am Zentralpark gelegen, wurde 1765 erbaut, um die kleine Pfarrkirche zu ersetzen. José Simón de Zalaya, Priester und Sohn rei-

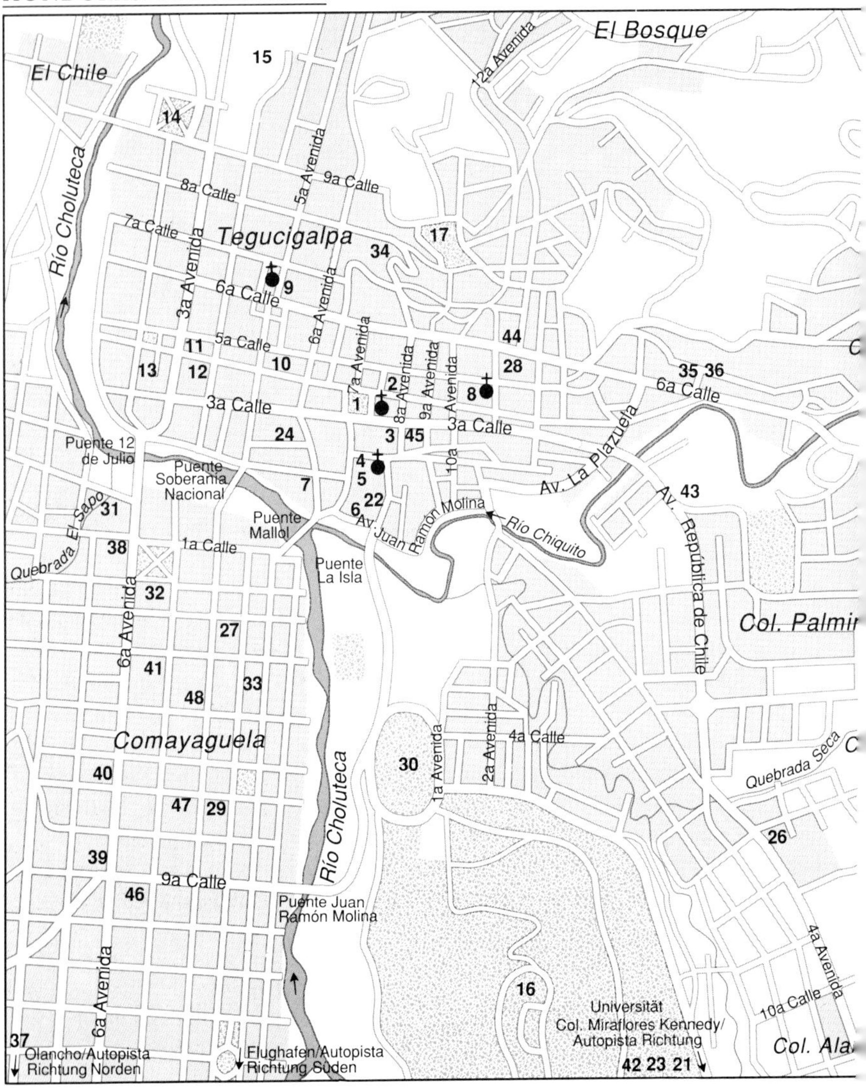

cher Eltern, finanzierte dieses pompöse Barockwerk, das vom guatemaltekischen Architekten José Naciansino Quirez entworfen wurde. Die Fassade, in reinem Barockstil gehalten, zeigt die sieben Erzengel mit dem hl. Michael in ihrer Mitte. Der Hauptaltar wurde aus Zedernholz geschnitzt und mit Blattgold belegt. Bemerkenswert ist auch das aus 30 Silberteilen zusammengesetzte Tabernakel in Form eines Granatapfels. Das aus einem Stein gehauene Taufbecken stammt aus dem Jahre 1643.

Das kleine **Museum** der Kathedrale beherbergt Silberschmuck, Gemälde und Skulpturen aus der Kolonialzeit (Di–Fr

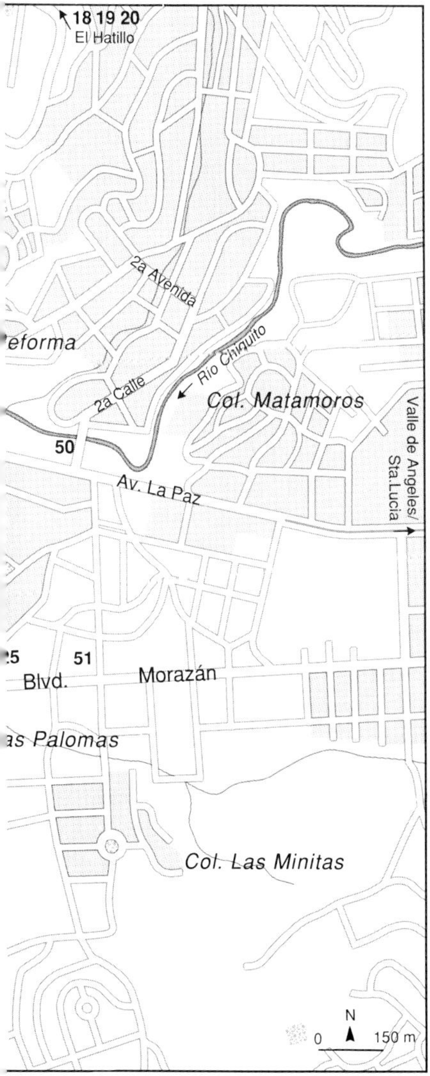

Tegucigalpa 1 Parque Central 2 Catedral San Miguel 3 Palacio del Distrito Central 4 Iglesia La Merced 5 Fl Paranynfo (ehem. Kloster, heute Nationalgalerie) 6 Palacio Legislativo (Congreso Nacional, ehem. Regierungsgebäude) 7 Palacio del Presidente 8 Iglesia San Francisco 9 Iglesia Virgen de los Dolores 10 El Peatonal (Fußgängerzone) 11 Palacio Nacional 12 Hauptpostamt 13 Teatro Manuel Bonilla 14 Parque La Concordia 15 Museo Nacional mit Ministerium für Anthropologie und Geschichte 16 Monumento de la Paz 17 Parque Leona 18 zum Parque de las Naciones Unidas 19 zum Jardín Zoológico 20 zum Jardín Biológico La Tigra 21 zur Basílica Suyapa 22 Touristeninformation, Ministerium für Kultur und Tourismus 23 Richtung Hondutel (Telefonzentrale) 24 Dirección General de Migración (Einwanderungsbehörde) 25 Deutsche Botschaft 26 Schweizer Botschaft 27 Centro Médico 28 Clínicas Viera 29 Policlínica 30 Stadion 31 Marcado las Américas 32 Mercado San Isidro 33 IHCI (Kulturinstitut von Honduras) 34 Centro Cultural Hondureño Alemán **Busterminals** 35 Figueroa 36 Cabrera 37 Hedman Alas 38 Norteños 39 El Rey 40 Mi Esperanza 41 Cotranal 42 Discua Liteña **Hotels** 43 Honduras Maya 44 La Ronda 45 Prado 46 Centenario 47 Istmania 48 Ritz

10–16 Uhr). Der **blaue Palast** der Distriktverwaltung (am Parque Central) wurde 1930 aus honduranischem Marmor und Holz gebaut. Eine Straße weiter in südlicher Richtung liegt die **Kirche La Merced** aus dem 17. Jh., Teile des Barockaltars sind noch erhalten. Gleich daneben steht das ehemalige **Mercedarier-Kloster El Paranynfo,** in dem sich im 19. Jh. die Universität befand; heute ist dort eine nationale Kunstgalerie untergebracht. Den Park vor dem Gebäude zieren die Marmorbüsten des Gründers der Universität, Pater José Trinidad Reyes, und des Nationalhelden José Trinidad Cabañas.

Südlich schließt direkt an den Park der **Palacio Legislativo** an, auffallend durch den Säulenwald auf dem das moderne Gebäude ruht. Es wurde 1952–55 an der Stelle des früheren Regierungsgebäudes erbaut. Die Monumentalskulpturen von Mario Zamora im Erdgeschoß stellen Szenen aus Industrie, Ausbildung, Landwirtschaft und dem Arbeitsalltag dar.

In westlicher Richtung fällt als nächstes der **Palacio del Presidente** ins Auge, der wie ein mittelalterliches Fort aussieht. Er wurde an den Ufern des Río Grande gebaut. Seine Vorderfront beherrscht das überdimensionale Relief des honduranischen Staatswappens, über dem fünf Löwen zum Zeichen zentralamerikanischer Einheit eine Kette halten. Viele Leute nennen den Palast das Rosa Haus, da man es nach dem Wahlsieg der Liberalen Partei kurzerhand rosa angestrichen hatte (eine Kombination aus rot und weiß, den Farben der Partei).

Die im 16. Jh. im maurischen Baustil erbaute **Iglesia San Francisco** ist die älteste Kirche Tegucigalpas. Bischof Antonio de Guadalupe López Portillo ließ sie erweitern und neu aufbauen. Im Innern der Kirche befindet sich eines der wertvollsten Gemälde des 18. Jh., der ›Erzengel Michael‹ von Zepeda. Ende des 19. Jh. wurde die Kirche in Soldatenunterkünfte umgewandelt, heute beherbergt sie eine Offiziersschule.

In der 5 Av./6 Calle liegt die **Kirche Virgen de los Dolores.** Auf dem gleichnamigen Vorplatz werden kleine Mahlzeiten, Medikamente, Kräuter und allerlei Krimskrams feilgeboten. Der Bau der Kirche begann 1732 in dem damaligen Schwarzenviertel. Befreite Negersklaven, Garífuna-Familien und Mulatten errichteten diese Kirche in ›ihrem‹ Stadtteil *(Barrio Abajo)*, um ihren Wohlstand zu demonstrieren. Die Fassade aus lasiertem Keramikschmuck zeigt eine für Zentralamerika einzigartige und gelungene Mischung afro-indianischer Einflüsse mit europäischem Barockstil.

Bekannt als die Fußgängerzone *(El Peatonal)* ist die 4a Calle, an deren Ende im alten **Palacio Nacional** (im späten 19. Jh. erbaut) verschiedene Ministerien untergebracht sind. Gegenüber befindet sich das Hauptpostamt.

Weiter westwärts in der 2a Av. stößt man auf den einzigen Theaterbau des Landes, das **Teatro Manuel Bonilla.** Der honduranische Maler Zúniga Figueroa und der spanische Baumeister Cristóbal de Prats wurden mit dem Bau 1905 beauftragt. Zehn Jahre dauerte die Errichtung des prunkvollen Gebäudes, dessen Innenarchitektur nach dem Vorbild des Pariser Theaters Athenal Comique konstruiert wurde.

In der 3a Av. liegt der **Parque La Concordia,** ein kurioses Kleinod der Stadt (angelegt 1880) mit Miniaturausgaben einiger Maya-Bauwerke, u. a. der Stele C aus Copán. Gern besucht wird der schattige Park von Verliebten, die auf dem ›See der Liebe‹, der ›Brücke der Seufzer‹, der ›kleinen Straße der Küsse« oder dem ›Ja-oder-Nein-Pfad‹ das passende Ambiente zu ihrer Stimmung finden.

Das **Museo Nacional** wurde 1981 in der Villa Roy, der Residenz des ehemaligen Staatschefs Julio Lozano Díaz, eröffnet. Auf dem gleichen Gelände befindet sich auch das Institut für Anthropologie und Archäologie mit einer guten Bibliothek. In zwei Etagen werden bedeutende Stücke honduranischer Geschichte, Kunst und Kultur gesammelt (Di–So 8.30–15.30 Uhr).

Sehenswürdigkeiten außerhalb des Zentrums

Das Friedensmonument **(Monumento de la Paz)** steht weithin sichtbar auf dem

Rekonstruktion eines Maya-Tempels im Concordia-Park

Hügel Juan A. Lainez (Nähe Nationalstadion). Es soll an die lange Zeit blutiger Bürgerkriege und an den schwer errungenen Frieden erinnern.

Vom **Parque Leona** (Löwenpark), im gleichnamigen Stadtteil gelegen, auch Parque Manuel Bonilla genannt, bietet sich vor allem in den frühen Morgenstunden ein malerischer Blick auf die Stadt.

Im **Parque de las Naciones Unidas,** besser bekannt als El Picacho, liegt der schönste Aussichtspunkt der Stadt (Höhe 1310 m). Die monumentalen Maya-Nachbildungen im Park sind am Sonntag ein beliebtes Ausflugsziel.

Der **Zoologische Garten** von Tegucigalpa (gegründet 1979) vermittelt einen Eindruck der heimischen Tierwelt. 1 km hinter dem Zoo erstreckt sich der sehr hübsch angelegte **Botanische Garten.**

Südöstlich des Stadtzentrums wurde die neue **Basílica Suyapa** errichtet, der wichtigste Wallfahrtsort in Honduras, wo die nur 8 cm kleine Statue der Schutzpatronin des Landes und der Streitkräfte aufbewahrt wird. In der ersten Februarwoche pilgern Menschen aus den entlegensten Landesteilen hierher, um an den Prozessionen durch die ganze Stadt teilzunehmen. Nach 25jähriger Bauzeit wurde die Basilika im neokolonialen Stil fertiggestellt. Ihr Altar stammt aus Spanien, die Fenster aus Mexiko. Am Ortseingang des Dörfchens Suyapa liegt die gleichnamige alte Kirche. An Wochenenden ist der große Vorplatz voller Pilger und fliegender Händler – ein buntes Treiben mit Volksfestcharakter.

Hotels

In Tegucigalpa findet man ein Hotelangebot, das internationalem Standard entspricht und in jeder Preisklasse genügend Auswahl bietet.

Gut und teuer: Holiday Inn Plaza, Calle Peatonal los Dolores, im Geschäftsviertel, zen-

Basílica Suyapa

tral, ✆ 22 01 66/7; Honduras Maya, Av. República de Chile, Col. Palmira, 10 Gehmin. vom Zentralpark, ✆ 32 31 91/95, ruhige Lage; La Ronda, Av. Jérez/6a Calle, Barrio la Ronda, zentral, ✆ 22 81 51; Prado, Av. Cervantes, 802, zentral, ✆ 22 01 21/2; Blvd. nach Suyapa, 5–10 Automin. vom Zentrum, ✆ 32 68 97.

Mittelklasse: Centenario, 6a Av./9a–10a Calle (Com.), zentral, ✆ 22 10 50, gute Küche, faire Preise; Nuevo Boston, Av. Jérez, 321, Barrio Abajo, Stadtzentrum, sehr sicher, ✆ 22 94 11; Istmania, 5a Av./7a–8a Calle, zentral, ✆ 22 16 39; Iberia, Calle Peatonal los Dolores, im Geschäftsviertel, ✆ 22 92 67; Mac Cartur I, 7a Av., ✆ 12 25.

Einfach und preiswert: Excelsior, Av. Cervantes, ✆ 15 15; Barrio la Plazuela, ✆ 22 26 38; Ritz, 5a Av./4a Calle (Com.), ✆ 22 27 69; Richard No. 5, 6a Av./5a Calle, ✆ 22 44 95; Richard No. 2 und 3, 6a–7a Av./5a Calle (Com.).

Restaurants

Tegucigalpa hat ein großes Angebot internationaler Restaurants und einheimischer Kochkunst.

Alondra, Av. República de Chile, östlich des Hotels Maya, ✆ 31 59 09, neues Spezialitätenrestaurant, kleine Speisekarte, ausgewählte Menüs, teuer und sehr gut, Vorbestellung ratsam; Gauchos, Av. La Paz, gegenüber den Kinos Alpha und Omega, ✆ 32 81 96, Fleischspezialitäten; Rincón Español, Blvd. Morazán, ✆ 32 43 92, sehr gute spanische Küche, teuer; Hungry Fisherman, Av. República de Chile 209, ✆ 32 64 93, erlesene Meeresfrüchte; Kloster, Blvd. Morazán, ✆ 32 76 76/22 55, deutsche und holländische Küche, Faßbier; El Patio, Blvd. Morazán, ✆ 32 96 46, und 5a Av./3a–4a Calle, ✆ 22 15 15, honduranische Küche, spezielle Grillgerichte, große Portionen; Roma, Av. República de Chile, ✆ 32 11 01, italienische Küche.

Verkehrsmittel

Die Innenstadt ist zwischen 8 und 17 Uhr von Autos überflutet. Deshalb empfiehlt es sich, zu Fuß zu gehen.

Bus: Innerstädtischer Verkehr: Das Buslinien-system ist unübersichtlich und die Haltestellen wechseln häufig. An Schildern auf der Stirn- und Heckseite erkennt man, woher der Bus kommt und wohin er fährt. **Achtung:** Tegucigalpa hat viele Einbahnstraßen, entsprechend variieren die Strecken.

Überlandbusse: Es gibt keine zentralen Busbahnhöfe. Die Überlandbusse fahren vor den Büros der Busgesellschaften ab. Richtung

Valle de Angeles (30 km, ca. 2 Std.) mit den Gesellschaften Figueroa, Cabrera, Abfahrt vom Cine Presidente, Av. Los Procederes.

San Juancito (40 km, ca. 3 Std.), mit Taza ab Mercado Belén, Barrio Belén.

San Pedro Sula (246 km, ca. 4 Std.) über Comayagua (82 km, ca. 1,5 Std.) und Siguatepeque (114 km, ca. 2,5 Std.) mit den Unternehmen: Hedman Alas (bester Service, ohne Zwischenstopps, Platzreservierung möglich), 11 Av./13–14 Calle (Com.), ✆ 22 71 43; Norteños, 6a–7a Av./1a Calle (Com.), ✆ 22 07 06; Saenz, 4a–5a Av./5a Calle, 511 (Com.), ✆ 22 65 21; El Rey, Av. Centenario (Com.), ✆ 33 18 55; von dort auch Danery und San Cristóbal.

Direkt nach Comayagua (alle 45 Min., ca. 2 Std.) mit Transportes Los Cotrachos, Barrio Torondón, ✆ 72 02 60, u. a.

Copán Ruinas Direktbus nach San Pedro Sula, dort Anschluß nach Copán Ruinas, Terminal El Rey.

Guatemala über Copán Ruinas nach Chiquimula (s. o.), über Sta. Rosa de Copán (s. o.) weiter nach Nueva Ocotepeque.

Choluteca (142 km, ca. 3 Std.) mit den Unternehmen: Mi Esperanza (fährt auch nach San Marcos de Colón mit Anschluß zur nicaraguanischen Grenze oder direkt nach El Espino; früh morgens, Barrio Villa Adela (Com.), ✆ 33 28 50 (mit Abstand das größte Unternehmen); Bonanza, Rivera, Royeri, Etiosa, Dandi ab Mercado San Isidro (Com.).

Amatillo (Grenze zu El Salvador, 137 km) mit der Busgesellschaft Cotranal, Nähe Mamachepa Markt, 5a–6a Av./4a Calle (Com.).

Danlí El Paraíso (108 km, ca. 2 Std.) mit der Busgesellschaft Discua Liteña, Büro: Barrio El Manchen, Calle Principal 119, ✆ 22 18 56, alle Linien fahren am Terminal am Jacaleopa-Markt ab, Blvd. nach La Kennedy, Anschluß weiter nach Las Manos (Nicaragua).

Taxi: Immer ohne Taxameter, Preis vor Fahrtantritt aushandeln! Vorbestellung: Contratax Limitada, 3a Av./1a–2a Calle, Barrio La Guadalupe, ✆ 32 07 45/76 21/36 92.

Flüge: Tegucigalpa hat einen Flughafen mit kurzer Landepiste, so daß Großraum- und Langstreckenmaschinen nicht landen können.

Von Tegucigalpa kann man alle größeren Orte erreichen: San Pedro Sula (4 × tgl., 30 Min.), weiter nach La Ceiba (3 × tgl., 20 Min.) oder nach Roatán (2 × tgl., 1 Std. 45 Min.), Fr.–Sa., So. zusätzlich Direktflüge Tegucigalpa – La Ceiba.

Darüber hinaus kann man kleine Maschinen chartern oder am Sammelcharter teilnehmen bei: Setco, Flughafen Highway unterhalb der Kolumbusstatue, ✆ 33 17 12; Divesa, Flughafen Highway vor La Piper, hinter dem Zoll, ✆ 33 34 56, und Aereo Servicios, ✆ 33 12 69/87.

Flugplan und Sammelcharter in die Mosquitía, vor dem Aeroclub (Flughafennähe).

Tegucigalpa–La Ceiba und ab da die ganze Karibikküste bedient Lansa, Flughafen, ✆ 33 18 94.

Leihwagen: Avis, unterhalb Hotel Honduras Maya, ✆ 3 20 08/32 31 91; Budget, unterhalb Hotel Honduras Maya, ✆ 32 68 32; Flughafen Toncontín, ✆ 33 51 70/1; Toyota, La Granja Calle vía Puente San José, ✆ 33 57 90 (preiswert); Molinari, Hauptbüro 1a Av./10a Calle 1002, ✆ 22 40 91.

Unterhaltung

In der Touristeninformation, Plaza La Merced, erhält man die Broschüre ›Programación Cultural‹. Sie gibt Auskunft über die wichtigsten Ereignisse. Termine von Dichterlesungen, Buchvorstellungen, Musikabenden, alternativen Theaterdarbietungen, Rockkonzerten sind zu erfahren im Café Paraíso (Intellektuellentreff, Kunst- und Kulturszene), direkt neben der Shell-Tankstelle San Francisco hinter Clínica Viera, ✆ 37 03 37.

IHCI – Instituto Hondureño de Cultura Interamericana (Ausstellungen, Filme, Vorträge, Kurse), Nähe der Escuela de Bellas Artes, 2a Av./5a Calle 511 (Com.), ✆ 377539.

Centro Cultural Hondureño Alemán (Zeitungen und Filme in deutscher Sprache, Kulturaustausch: Ausstellungen und Lesungen, Sprachkurse), Calle La Fuente, 8a Av., ✆ 221555.

Diskotheken und Tanz: El Ejecutivo, Barrio Abajo, Life-Musik von 20.30–2 Uhr (kaum Touristen), Tisch reservieren; Infinito, gegenüber der Landebahn des Toncontín-Flughafens, ✆ 331094, Disco mit zentralamerikanischer Tanzmusik, Restaurant; Metro, Ende Blvd. Morazán, Col. Los Almendros, ✆ 325030/312114, ganzer Komplex mit Großraumdisko, Bar mit Snacks; Plaza Miraflores, Blvd. Centro América, Col. Miraflores, Einkaufszentrum mit Großraumdisko und Videos.

Einkaufen

Wochenmarkt: Samstags 6–14 Uhr auf dem Stadionvorplatz, Gemüse, Blumen, Lebensmittel, Küchenutensilien; Las Américas/San Isidro, 6a–7a Calle, Col. Soto (Com.), wichtigster zentraler Markt der Stadt, unbeschreibliches Getümmel.

Kunstgewerbe: Curiosidades Típicas, Flughafen Toncontín, ✆ 331354; Candu, 4a Av./República de Chile 4, gegenüber Hotel Honduras Maya, ✆ 321268; Honduras Souvenirs, Calle Real/4a–5a Calle 410 (Com.), ✆ 224801.

Der Verband des honduranischen Kunsthandwerks hat seit neuestem ein Ladenlokal auf der Av. La Paz/Los Procederes 3209, gegenüber Hospital San Felipe, ✆ 311409.

Adressen

Auskunft: Ministerio de Cultura y Turismo, Instituto Hondureño de Turismo (Karten, Informationsmaterial, Dias, Videos), Plaza La Merced, Apartado 154C, ✆ 226618.

Instituto Hondureño de Antropologia e Historia (Broschüren zur Geschichte, Archäologie, Antropologie, Bibliothek), Villa Roy, Barrio Buenos Aires, ✆ 220079.

Ministerio de Recursos Naturales (Informationsmaterial zu Nationalparks, Flora und Fauna), Blvd. Miraflores, ✆ 328723.

Blick auf Tegucigalpa

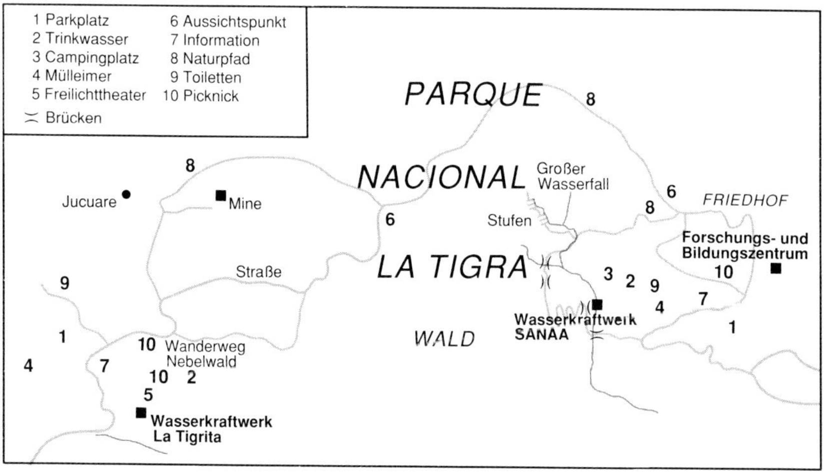

Nationalpark La Tigra

Visa (Verlängerung): Dirección General de Migración/Dirección General de Población y Política Migratoria, Blvd. El Jazmín, 5 a–6 a Av./ 3 a Calle 308, ✆ 22 77 38.

Gesundheit: Hospital Materno Infantil (Emergencia), Ctra. Suyapa, ✆ 32 23 22; Hospital Escuela, Ctra. Suyapa, ✆ 32 62 34/59 54/ 62 23.

Ausflüge

Sta. Lucía: An der Landstraße nach Valle de Angeles, 15 km von Tegucigalpa entfernt, liegt in der mit Kiefern bewachsenen Bergwelt das ehemalige Minendorf (4230 Einwohner) aus dem 17. Jh. In der kleinen kolonialzeitlichen Kirche befinden sich die von König Philip II. im Jahre 1592 gestiftete Skulptur des Schwarzen Christus und das Bild der Schutzpatronin Sta. Lucía.

Für Wanderfreudige gibt es drei verschiedene Wege von dort durch die grüne Bergwelt zurück nach Tegucigalpa (Erläuterungstafel am Ortsausgang).

Valle de Angeles: Das von Pinienwäldern umgebene Valle de Angeles liegt 15 km hinter Sta. Lucía in einem fruchtbaren Hochtal (1310 m ü. d. M.). Das angenehm kühle Klima dieser Region machte den Ort zum beliebten Ausflugsziel für Großstädter, die hier ihre Wochenendhäuser errichteten. Valle de Angeles spielte in Kolonialzeiten wegen seiner Minen eine wichtige Rolle. Die ehemalige Mine Las Animas wird z.Z. restauriert. In den letzten Jahren hat sich Valle de Angeles zu einem Herstellungszentrum für Kunsthandwerk entwickelt: Lederwaren, Souvenirgeschäfte und Ausstellungshallen für honduranisches Kunsthandwerk, große Auswahl zu moderaten Preisen (CAAVA, 9–17 Uhr).

Patronatsfest am 4. Oktober, zu Ehren von Franz von Assisi.

San Juancito: Die ehemalige Gold- und Silbermine San Juancito, die erst 1954 von der New York and Honduras Rosario Mining Company aufgegeben wurde, erwirtschaftete in 72 Produktionsjahren bis zu 180 Mio. US-$ jährlich.

Heute sind die gut erhaltenen Häuser der Minenarbeiter von nur wenigen Einwohnern bewohnt; Kinder spielen in den verlassenen Schächten. San Juancito liegt in 1200 m Höhe an den Hängen des Pico La Tigra, von hier gelangt man zum ältesten und bestgepflegten Nationalpark von Honduras: La Tigra.

Parque Nacional La Tigra: 11 km nordöstlich von Tegucigalpa erstreckt sich auf einem Areal von ca. 75 qkm ein Nebel-Hochwald, der als einer der ersten Naturräume Honduras zum Nationalpark erklärt wurde. Der Park ist

Lebensader für die Hauptstadt und deckt 40% ihres Trinkwasserbedarfs. Er besteht hauptsächlich aus Sekundärwald, d. h. einer Vegetation, die durch Abholzung und Rodung stark in Mitleidenschaft gezogen war, sich aber seit 1952 aufgrund der konsequenten Schutzmaßnahmen wieder regenerieren konnte.

Verkehrsmittel

Es gibt zwei Zugangsstraßen: Tegucigalpa – El Hatillo – Jutiapa, 27 km, Endstation des Busses Jutiapa ab Parque Herrera, ca. 2 Std., und Tegucigalpa – Valle de los Angeles – San Juancito, ca. 3 Std., ab Av. Los Procederes, Cine Presidente, rund 40 km.

Von Tegucigalpa nach San Pedro Sula

Comayagua

Comayagua, heute Regierungssitz des gleichnamigen Departaments, war 333 Jahre lang bis 1870 Landeshauptstadt. Es liegt 82 km nördlich von Tegucigalpa in einem 40 km langen und 20 km breiten fruchtbaren Tal.

Am 7. Dezember 1537 gründete Alonso de Cáceres die Siedlung Villa de Sta. María de Comayagua. Bald lehnten sich die Indios gegen die menschenunwürdige Behandlung und Ausbeutung durch die Spanier auf und setzten die ersten Hütten in Brand. Daraufhin wurde 1539 kurzerhand die Siedlung neu gegründet, 1543 in Villa de la Nueva Valladolid de Comayagua umbenannt und zur Hauptstadt der Provinz Honduras erklärt.

1557 erhielt Comayagua offiziell den Titel einer Stadt und nur ein Jahr später erfolgte hier die Einweihung der Kathe-

Arkadengang in Comayagua

drale La Merced. 1632 wurde in Comayagua die erste Universität Mittelamerikas eingerichtet. Die Zentralisierung von weltlicher und kirchlicher Macht verhalf dieser Region zu einem großen Entwicklungsvorsprung.

Besichtigung

Aus der kolonialen Blütezeit stammen zahlreiche historische Bauwerke. Bis heute hat die Stadt ihren Charakter und das stringente Planungsmuster der Renaissancezeit bewahrt. Um die Plaza Central gruppieren sich die Kathedrale, eine Kirche, die Residenz des Gouverneurs, das Rat- und das Gemeindehaus (Casa Real).

Iglesia La Merced: Die ursprüngliche Gemeindekirche im einfachen Adobe-Baustil, wurde immer wieder instand gesetzt und erneuert. Ihr heutiges Erscheinungsbild geht auf die Anfänge des 18. Jh. zurück (imitierter Barockstil). Die Fassade hat beim Erdbeben 1774 schwer gelitten.

Über dem Eingang ist die in Spanien hergestellte Skulptur der Virgen de la Merced (Jungfrau der Gnade) in eine Nische eingelassen. Darüber ein barocker Giebel, dessen Enden mit zwei Stuckrosetten geschmückt sind, aus deren Mitte zwei Katzenfiguren treten. Im Inneren befinden sich ein barocker Hauptaltar sowie verschiedene Gemälde und Skulpturen aus dem 16. Jh.

Iglesia San Sebastián: Ehemalige Wallfahrtskirche im Adobe-Stil, die Ende des 17., Anfang des 18. Jh. im Barockstil neu errichtet wurde. Die Kirche diente 1827 den guatemaltekischen Truppen als Lager und erlitt in dieser Zeit große Schäden. Man beachte die in den Boden eingelassenen Gedenktafeln berühmter Persönlichkeiten und einen kleinen barocken Altar, dessen Verzierungen eine besonders gelungene Abbildung der Flora und Fauna der Region darstellt.

Mit dem Bau der **Kathedrale** von Comayagua wurde 1580 unter Erzbischof Gaspar Andrada begonnen; fast drei Jahrhunderte lang diente sie als Hauptkathedrale der Provinz Honduras.

Das Gebäude besteht aus einem Zentral- und zwei Seitenschiffen sowie diversen Kapellen. Finanznot der Kirche und Erdbeben verzögerten den Bau, der erst 1708 unter Juan Pérez Carpintero in seiner heutigen Form fertiggestellt wurde. Die Hauptfassade zeigt in Nischen eingelassen die Figuren verschiedener Heiliger. Die 18 Rosetten über dem Hauptportal symbolisieren die 18 Indio-Dörfer, deren Bewohner die Kathedrale unter großer Anstrengung selbst gebaut haben.

Die Uhr auf dem linken Glockenturm stammt aus der Alhambra in Granada (Spanien) und ist ein Geschenk König Philipp II. aus dem Jahr 1582.

Iglesia del Señor Crucificado de los Reyes (Barrio Torondón): 1816 wollte Ramón Boquín die alte, durch schwere Unwetter stark beschädigte Kirche in einen Stadtteil verlegen, der bisher keine Kirche hatte. Es dauerte vier Jahre, bis die Behörden ihre Erlaubnis dazu gaben.

Iglesia de San Francisco: 1584 vom Franziskanerorden errichtet, der während der Kolonialzeit großen Anteil an der Missionierung dieses Landstriches hatte.

Iglesia San Juan de Dios: Die Überreste der 1590 erbauten und bei einem Erdbeben 1750 fast gänzlich zerstörten Kirche befinden sich in dem heutigen Krankenhaus (Hospital Sta. Teresa). Besonders traurige Bedeutung erlangte diese Kirche als Zentrum christlicher Inquisition.

Museo Arqueológico (Archäologisches Museum): Das Museum im alten Präsidentenpalast stellt präkolumbische Funde aus.

Museo Eclesiástico (Museum der Kirchengeschichte): Hier werden Werke der wichtigsten Maler und Bildhauer honduranischer Kirchenkunst gezeigt, z.B.: ›Sta. Barbara‹, das meisterhafte Werk von Blas de Mefa, und ›San José de Calazán‹, das bekannteste Gemälde von Zepeda.

Hotels

Da Comayagua nur über einfache Hotels verfügt, ist es empfehlenswert, am Lago de Yojoa oder in der Hauptstadt zu übernachten.

Gut und teuer: Emperador, an der Straße von Tegucigalpa nach San Pedro Sula; Imperial, Barrio Torodón.

Einfach und preiswert: Libertad Annex, nördlich der Bank Banadesa; Boulevard, Calle Blvd., klein und sauber.

Unterhaltung

Der nahe gelegene US-Luftwaffenstützpunkt Palmerola bestimmt maßgeblich die Wirtschaftsentwicklung der Stadt (einige tausend honduranische Soldaten und ca. 500 US-Berater – bei Manövern 1000–3000 US-Soldaten zusätzlich). Ein reges Nachtleben mit Diskotheken, Bars, Prostitution und Drogenhandel hat sich seither in dem ehemals ruhigen Pilgerstädtchen entwickelt.

Feste

Comayagua feiert drei Patronatsfeste: zu Ehren des hl. Sebastián (18.–23. Januar), der Jungfrau von Lourdes (2.–11. Februar) und zu Ehren der Jungfrau von Guadalupe (12. Dezember).

Ausflüge

Siguatepeque: Zweitgrößte Stadt (ca. 26 400 Einwohner) im Department Comayagua, auf einer mit Kiefern bewachsenen Hochebene erbaut. Dort befindet sich die nationale Forstschule (Escuela Nacional de Ciencias Forestales), die mit deutschen Entwicklungsgeldern unterstützt wird.

Vom 18.–27. April feiert die Stadt jedes Jahr das Fest der Kiefer (Fiesta del Pino), dem Nationalbaum von Honduras. Ort der Festivitäten ist der Wald von Celauterique, ca. 45 Min. zu Fuß von der Stadt entfernt (Patronatsfest: Am 25. Januar zu Ehren des hl. Paulus; Übernachtung s. Lago de Yojoa).

Blick auf Comayagua

Lago de Yojoa: Größter Binnensee des Landes, 22,5 km lang und bis zu 10 km breit. Der Lago de Yojoa liegt 365 m hoch und ist sehr fischreich (Barsche und Karpfen). 1971 erklärte die Regierung den 90 qkm großen See und ca. 350 qkm seines Umlandes zum Naturschutzgebiet mit vielseitigem Nutzen *(Area protegida de multiple Uso).* Im See liegt die kleine Isla del Venado.

Der malerisch gelegene See lädt zu einem Aufenthalt ein und eignet sich gut als Ausgangspunkt, um die landschaftliche Schönheit der Umgebung zu erkunden (am günstigsten mit Leihwagen).

Hotels

Gehobene Mittelklasse: Motel Los Remos, Nähe Pito Solo, Holz-Bungalows am See, Restaurant, Pferde, Bademöglichkeiten, Bootsvermietung; Motel Agua Azul, Agua Azul Sierra (Sta. Cruz de Yojoa), ✆ 53 47 50, mit gutem Restaurant und Blick auf den See, schöne Lage auf einem Hügel, Doppel- und Einzel-Bungalows *(Cabañas)* mit Schlafplätzen für bis zu 4 Personen, zu empfehlen!

Pulhapanzak: 20 km vom See entfernt in Richtung Nordwesten erreicht man den schön-

sten Wasserfall des Landes mit einer Kaskade von ca. 40 m.

Oberhalb des Wasserfalls, in einem gut gepflegten touristischen Ausflugspark mit kleinem Restaurant, kann man in einem eiskalten, klaren Dschungelsee baden und parallel zur Kaskade auf gut begehbaren Stufen durch tropische Regenwaldvegetation hinabsteigen. Grasbewachsene Hügel um eine große Rasenfläche weisen auf einen ehemaligen Versammlungsort und eine Kultstätte der Maya hin. Reste einer präkolumbischen Allee und Teile von Gebäuden aus den Jahren um 500 u. Z. sind noch erhalten.

Taulabe: Bemerkenswerte Tropfsteinhöhle, an der Fernstraße nach Tegucigalpa, mit säulenförmigen Formationen in Tiergestalt, die phantasievolle Namen tragen wie z. B. ›Die Flügel des Engels‹. Die Höhle war einst Zufluchtstätte präkolumbischer Ureinwohner. Gute Taschenlampen mitbringen (häufiger Stromausfall!).

Patronatsfest: Am 24. April zu Ehren des hl. Gaspar.

El Mochito: Heute noch aktive Silber- und Goldmine der Rosario Mining Company.

Las Vegas: Minenstädtchen mit prähistorischen Fundstätten.

San Pedro Sula

Reichste Stadt in Honduras mit internationalem Flugverkehr, Zentrum von Handel und Industrie, ca. 500 000 Einwohner, hauptsächlich ausländischer Abstammung: Araber, Deutsche, US-Amerikaner und Chinesen. Neben Tegucigalpa weist San Pedro Sula die beste touristische Infrastruktur und damit auch ausgezeichnete Verkehrsverbindungen zu den touristisch interessanten Zielen wie Copán, der Karibikküste und den Islas de la Bahía auf.

1536 wurde die Stadt an den Hängen des Murendón-Bergs in dem fruchtbaren Sula-Tal von Pedro de Alvarado gegründet. (Das Tal ist mit 100 km Länge und 40 km Breite eines der größten des Landes.) Seit Anfang dieses Jahrhunderts unterhalten hier ausländische Unternehmen große Bananen- und Ölpalmenplantagen (Palma Africana). In San Pedro Sula sind auch die wichtigsten Industriebetriebe des Landes angesiedelt. Es hat den Ruf, die am schnellsten wachsende Industriestadt zwischen Mexiko und Kolumbien zu sein.

San Pedro Sula hat keine nennenswerten historischen Gebäude. Seine neoklassische Kathedrale stammt aus dem 20. Jh. (Baubeginn 1949, erst 1985 fertiggestellt). Im neu angelegten Zentralpark wird Straßentheater gespielt, treten Musikgruppen auf und finden kulturelle Aktivitäten, Flohmärkte und Bürgerfeste statt. Wer eine schöne Aussicht auf die Stadt genießen möchte, muß in den höher gelegenen und angenehm kühlen Stadtbezirk Bella Vista gehen.

Hotels

Gut und teuer: Copantl Sula, Col. Las Mesetas, Ctra. nach Chamelecón, ✆ 53 09 00, modern, Swimmingpool, freier Transfer zum Zentrum; Gran Hotel Sula, 3a–4a Av./4a Calle, N. O., am Zentralpark gelegen, ✆ 52 99 99/92, Swimmingpool, gepflegte Atmosphäre; Suites los

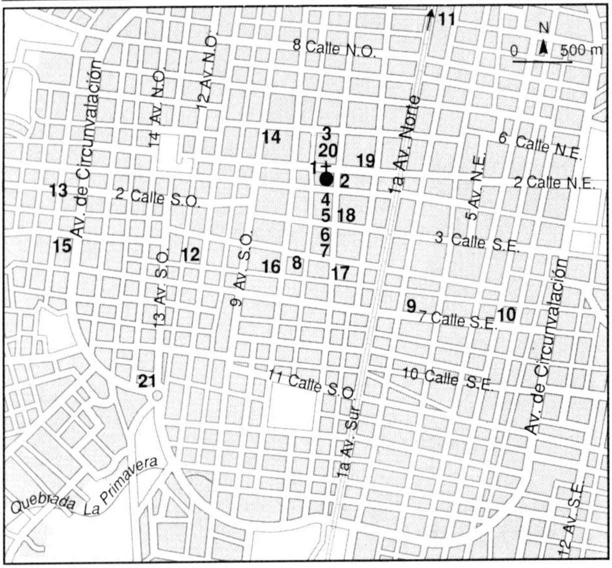

San Pedro Sula
1 Kathedrale
2 Parque Central
3 Kulturzentrum Sampedrano
4 Souvenirladen
5 Touristeninformation
6 Cramer Tours
7 Mercado Central
8 Deutsches Konsulat
9 Mercado Concepción Medina
10 Mercado Rápido
11 Mercado Barandillas
12 Centro Médico de Suyapa
13 Policlínica Bendana

Busterminals 14 Hedman Alas 15 Impala, Tupsa, City, Etumí, Compañecos, Turito, Saenz 16 El Rey **Hotels** 17 Teraza 18 San Pedro 19 Bolívar 20 Gran Hotel Sula 21 Copantl Sula

Andes, 17. Av., Circunvalácion, N. O. 84, ✆ 53 25 26, komfortable Apartments, Kochgel., Dachterrasse; Bolívar, 2a Av./2a Calle, N. O. 8, ✆ 53 52 24, Bungalowstil, Pool.

Mittelklasse: Palmira 1, 6a–7a Av./6a Calle, S. O., ✆ 53 36 78; Manhattan, 7a Av./3a–4a Calle, S. O., Canal St., ✆ 53 23 16; Teraza, 6a Av./4a–5a Calle, S. O., ✆ 53 31 08.

Einfach und preiswert: San Pedro, 1a–2a Av./ 3a Calle, S. O., ✆ 53 26 55/15 13; Palmira 2, 7a Av./4a–5a Calle, S.O., ✆ 52 23 63; San Juan, 5a–6a Av./6a Calle, S. O., 35 A, Barrio el Centro, ✆ 53 14 88; La Siesta, 2a Av./7a Calle, S.E., ✆ 52 26 50.

Restaurants

In San Pedro Sula gibt es eine große Anzahl ausgezeichneter Restaurants auch für gehobene Ansprüche.

Granada im Gran Hotel Sula, 3a–4a Av./ 1a Calle, ✆ 52 99 99/92, gut, teuer, gepflegte Atmosphäre; Central Palace, 6a–7a Av./ 4a Calle, S. O. 43, Zentrum, ✆ 53 43 60, chinesische und internationale Küche; El Ternero, 17–18 Av./1a Calle, N. O., ✆ 52 32 70, Fleischspezialitäten; Restaurante y Bar don Udo's, 17 Av., im Hotel Suites los Andes; San Marino, 16 Av./9a–10a Calle, S. O. 49, Barrio Suyapa, ✆ 52 19 69, Meeresfrüchte.

Verkehrsmittel

Von San Pedro Sula kann man mit dem Flugzeug, Bus oder Zug alle wichtigen Sehenswürdigkeiten des Landes problemlos erreichen.

Bus: Innerstädtischer Verkehr, es gibt keinen einheitlichen Busfahrplan, die Strecken wechseln häufig und die Busse sind oft stark überfüllt. Das Endziel der Fahrten steht vorn auf den Fahrzeugen. Die Innenstadt ist zu Fuß gut zu bewältigen. Alternative: Taxis oder Colectivos.

Überlandbusse: San Pedro Sula hat keinen zentralen Busbahnhof, die Busse fahren vor den Büros der Transportgesellschaften ab. Richtung

Puerto Cortés (57 km, ca. 1 Std.) Empresa Impala (mehrmals stdl.), 2a Av./4a–5a Calle, S.O. 23, ✆ 53 31 11; La Citul, 2 × stdl., 7a Calle, S. O. 21, ✆ 53 00 70.

Tela (90 km, 2 Std.), La Ceiba (ca. 200 km, 3,5 Std.), zentrale Einstiegsmöglichkeit für alle Busse dieser Richtung ist der Mercado Central, mit City, Cooperativa Interurbana de Transportes Yoreñas, 1a–2a Av.N./6a–7a Calle,

El Progreso, ✆ 56 40 30; Tupsa (4 Busse 9 × tgl.); Catisa (5 Busse 9 × tgl.).

Copán Ruinas (ca. 200 km, 5–6 Std.) fahren Direktbusse von Etumi; weiter zur guatemaltekischen Grenze.

Sta. Rosa de Copán mit Empresa Torito (stdl.), 5 a Av./5 a–6 a Calle, S. O. 34, ✆ 53 49 30; Transportes Copanecos, 4 a–5 a Av., S. O., 6 a Calle.

Nueva Ocotepeque (262 km, ca. 6 Std.), weiter nach Agua Caliente (Guatemala) mit Impala (s. o.) und Congolón (1× tgl.), Col. Las Mesetas, 1a Calle 46, S. O., ✆ 53 42 64.

Zwischen den Grenzposten (2 km) fahren Minibusse und Colectivos weiter nach El Poy (Grenze El Salvador).

La Entrada (ca. 110 km, 2 Std.), mit Transportes Copanecos (s. o.), Impala (s. o.) und Torito (s. o.), dort Umsteigemöglichkeit nach Copán Ruinas (60 km, 3 Std.), alle 40 Min. mehrere Direktverbindungen nach Sta. Rosa de Copán (ca. 1 Std.).

Tegucigalpa (ca. 250 km, ca. 4,5 Std.), mit Hedman Alas (schnell, komfortabel), 7 a–8 a Av. N. O./3 a Calle 52, ✆ 53 13 61, 4Q Av./ 9Q Calle, ✆ 22 93 33; Transportes Saenz, 4 a–5 a Av./5 a Calle 511, ✆ 22 65 21; El Norteño, 6 a–7 a Av./4 a Calle, ✆ 22 07 06; El Rey, 7 a Av./5 a–6 a Calle, S. O., ✆ 52 17 38.

Eisenbahn: Einzige, noch bediente Strecke für Personenverkehr nach Puerto Cortés, 2–3 × tgl., ca. 2 Std. Es ist möglich, von da aus (mit Umsteigen) weiter nach Tela zu fahren.

Flüge: Der Flughafen La Mesa liegt ca. 13 km außerhalb der Stadt an der Strecke nach La Lima. Kein Bustransfer! Taxis max. 10 US-$ vom Zentrum. Anbindung an die wichtigsten Flughäfen Mittel- und Nordamerikas.

Mit Tan-Sahsa von San Pedro Sula: mehrmals tgl. nach Tegucigalpa (ca. 30 Min.) und über La Ceiba (ca. 20 Min.) zu den Islas (insges. ca. 1 Std. 15 Min.). Die Servicios de Pilotos Comerciales bieten Charterdienste ohne festen Flugplan an: Flughafen, ✆ 56 23 00, 24-Std.-Service, ✆ 52 23 71.

Leihwagen: American Car Rental, 3 a Av./ 3 a–4 a Calle, N. O., ✆ 52 76 26; Budget Rent-A-Car, Hauptbüro ✆ 52 67 49, im Gran Hotel Sula, ✆ 53 34 11 und Flughafen ✆ 56 22 67; Molinari-Rent-A-Car, Gran Hotel Sula, ✆ 52 27 04/53 26 39.

Unterhaltung

Bars/Diskotheken: Bar Boa Boa, 14 Av./ 8 a Calle, Col. Suncery, ✆ 52 61 73; Bar Restaurante Touches, 11 Av./8 a Calle, S. O. 73, Barrio Suyapa, ✆ 52 33 23; Diskothek Fondo del Recuerdo, Ortsausfahrt nach Puerto Cortés, ✆ 53 26 62.

Einkaufen

Märkte: Mercado Central, 3 a–4 a Av./4 a Calle, Zentrum; Mercado Concepción Medina, Barrio Concepción Medina, 3 a Av./7 a Calle; Mercado Rápido, 10 a Av./6 a–7 a Calle, Barrio Concepción Medina; Mercado Borandillas, Av. Juan Pablo II., Barrio Borandillas.

Kunsthandwerk: Dilcia's Novedades Souvenirs, tgl. 8.30–18 Uhr, 4 a Av. Zona Peatonal, 2 a–3 a Calle, S. O.; Honduras Souvenirs, 4 a Av. S. O./2 a Calle; Industrias Jolivez, 4 a Av. S. O./ 2 a Calle.

Adressen

Auskunft: Touristeninformation: Ed Inmosa, 4 a Av./3 a–4 a Calle, und am Flughafen.

Gesundheit: Centro Médico de Emergencia Suyapa, 11 Av. S. O. 33/5 a–6 a Calle, ✆ 53 12 14/ 37 91; Policlínica Bendana, 17 Av. S. O. 46, ✆ 53 16 14.

Reisebüro: Cramer Tours, 4 a Av. S. O. 2, ✆ 53 26 74.

Ausflüge

Nationalpark Cusuco: 20 km westlich von San Pedro Sula, über Cofradía auf einer steil ansteigenden Sandpiste zu erreichen. Er erstreckt sich in einer Höhe zwischen 1800 und 2200 m über eine Fläche von 184 qkm und bietet dem Besucher eine vielfältige Landschaft (Wasserfälle, eine phantastische Fernsicht bis hin zur Karibik und eine artenreiche Fauna und Flora mit vielen verschiedenen Orchideenpflanzen).

La Lima: Erster größerer Ort (40 000 Einwohner) in Richtung Tela, ehemalige Indio-Siedlung, bewegte Geschichte mit Namenswechsel. 1923 wurde La Lima, in dessen Umgebung Bananenplantagen lagen, Sitz US-amerikanischer Konzerne. 1954 fand hier der erste große Streik der Plantagenarbeiter statt.

Durch das Gebiet von La Lima führen die Eisenbahnstrecken nach Tela und die von Puerto Cortés über Choloma, San Pedro Sula nach Portrerillas, die hauptsächlich dem Bananentransport dienten. Die Bummelbahnen müssen aufgrund der engen Schienenführung sehr oft anhalten, so daß Reisende, die genügend Zeit mitbringen, Eindrücke vom Lebensalltag auf den Plantagen sammeln können.

Patronatsfest: Am 20.–25. August zu Ehren des hl. Christophorus.

Männer beim Dominospiel

Von San Pedro Sula nach Guatemala und El Salvador

La Entrada

Am Eingang des Departments Copán gelegen, Zentrum bedeutender Ausgrabungsstätten der Region, über die das kleine Museum umfassend informiert.

Von La Entrada gibt es eine direkte Busverbindung nach San Pedro Sula und zu den Copán Ruinas, es ist Ausgangsort für die Weiterreise nach Guatemala und El Salvador.

Copán Ruinas

Ungefähr vor 100 Jahren wurde diese Gemeinde (30 000 Einwohner) offiziell gegründet; hier beginnt der Besuch der berühmten Maya-Ruinen. Verwinkelte Pflastergäßchen und weiße, mit roten Dächern gedeckte kleine Häuser prägen das Bild des Ortes, der zu den schönsten Dörfern des Landes gehört. Er liegt inmitten eines fruchtbaren Tals, in dem Mais,

Kaffee, Bohnen und der bekannte Virginia-Tabak angebaut werden.

Erste Zeugnisse über eine Besiedlung liegen aus dem Jahr 800 v.u.Z. vor. Die Stadt wurde vermutlich um 460 u.Z. gegründet. Doch zum geistlichen und weltlichen Zentrum des südöstlichen Siedlungsgebiets der Maya stieg Copán erst in den Jahren 600–700 auf. Damals regierte König Remus, der ›Jaguar‹. Um 700 erlebte die Stadt unter den Herrschern ›18 Kaninchen‹, ›Eichhörnchen‹ und ›Aufgehende Sonne‹ ihre Blütezeit. Der letzte Herrscher Copáns starb im Jahr 800. Zu diesem Zeitpunkt begann der Untergang des Maya-Reiches; er »verlief schleppend und dauerte in den entlegeneren Gebieten bis kurz nach 900 an. [...] Die Gründe hierfür sind vermutlich in einer Kausalkette kommunizierender Faktoren zu sehen« (W. Müller), z.B. in der Eroberung durch fremde Völker, deren Eindringen zu empfindlichen Störungen in den Handelsbeziehungen und damit im gesamten Wirtschaftssystem führte. Einige Nachfahren lebten bis ca. 1600 nahe dem alten Zeremonialzentrum.

Als erster Europäer gelangte Erzbischof Diego García de Palacio nach Copán; die spanische Krone nahm aber keine weitere Notiz von seinen Berichten. So gilt der Diplomat und Forscher John L. Stephens als eigentlicher Entdecker Copáns. Sein Buch ›Incidents of Travel in Central America, Chiapas and Yucatán‹ (1842) enthält detaillierte Beschreibungen, Pläne und schöne Illustrationen der Steinskulpturen. Fasziniert erstand Stephens kurzerhand die ganze Stätte für nur 40 US-$, konnte aber glücklicherweise sein Vorhaben, die wichtigsten Funde von dort außer Landes zu bringen, nicht verwirklichen. 1885 erforschte Alfred E. Maudslay Copán; er erstellte den ersten topographischen Plan und die erste Nomenklatur der Bauwerke, die bis heute beibehalten wurde. Zehn Jahre später legten Archäologen des Peabody Museums (Harvard) im Auftrag der honduranischen Regierung die große Hieroglyphentreppe und zahlreiche Gräber frei. Die Kunstschätze wurden zwischen den USA und Honduras zu gleichen Teilen aufgeteilt. 1935 begann Sylvanus G. Morley (›The Inscriptions of Copán‹, die Grundlage zur Deutung der Maya-Schrift) mit Grabungen und Aufbauarbeiten. Zunächst wurde der Fluß umgeleitet und eingedämmt, der aufgrund seiner starken Strömung seit der Entdeckung der Stätte bereits zwei Tempel der Akropolis weggerissen hatte. Andererseits war der künstlich aufgeschüttete Hügel bereits so weit unterspült, daß die Archäologen den bislang größten natürlichen Schnitt, ›El Corte‹ (30 × 300 m), vorfanden, an dem sie mühelos Schichtenforschung betreiben konnten. Im Laufe der 18 Regierungsepochen hatten die Maya ihre Gebäude bis auf 20 Ebenen übereinander gebaut. 1978 begannen die Rekonstruktionsarbeiten.

Besichtigung

Copán wurde entlang des alten Flußlaufs gebaut und in seiner Architektur dem häufigen Wechsel des Flußbettes angepaßt. Von größtem Interesse ist das zeremonielle Zentrum der Stadt, die Hauptgruppe (600 × 300 m), bestehend aus der Akropolis, einem Komplex von ineinander verschachtelten Tempeln, Treppen und Terrassen sowie fünf Plazas. Daneben stehen auf einer Fläche von 30 ha noch 16 weitere Gebäudegruppen. Auf dem von drei langen und flachen Treppen umgebenen Zeremonialplatz kann man die größte Ansammlung von 3–4 m hohen Stelen in situ besichtigen. Die Vorderseiten der Stelen

Der ›Alte Mann‹ von Copán

zeigen Mischwesen, eine Kombination aus Tieren und Menschen mit Attributen von Göttern und Helden; Inschriften prägen Seiten und Rückseite. Auf den meisten Stelen sind kleinwüchsige, starr aufrechtstehende Menschengestalten abgebildet, von denen manche die Symbole ihrer Macht in den Händen halten. Ihr prunkvoller Kopfschmuck nimmt oft den gesamten Platz des oberen Drittels der Stelen ein.

Der dekorative Reichtum erinnert an orientalische Kunst. Die Fundamente der Monolithen waren hohl und enthielten als Opfergaben wertvolle Schmuckstücke, aber auch Keramik und Tierknochen. Unter der Stele H (Vorderseite Frauenfigur, Rückseite Sonnengott) fand man die Reste einer Statue aus Gold, das aus Mexiko und Panama stammte.

Typisch für Copán sind die Tendenz zur naturgetreuen Darstellungsweise (Stele 4, 731) und die Loslösung vom Reliefcharakter hin zu dreidimensionalen Skulpturen (z. B. Stelen F, 721 und N, 764). Einige Stelen weichen von der Norm ab, so z. B. Stele 3 durch ihre Größe (4,30 m hoch, 1,70 m breit); Stele J (702), in der Schriftzüge, aber keine figürliche Abbildung eingemeißelt sind (ähnliches Exemplar nur noch in Quiriguá), oder Stele D, auf der die Jahreszahl 736 durch Figuren und nicht wie üblich durch Striche und Punkte oder seltener durch Menschenköpfe dargestellt wird. Stele C weist die ursprüngliche rote Farbe auf. Die 20 bekanntesten Stelen von Copán findet man häufig in der Nähe von sog. Altären, die sich in ihrer Ausgestaltung stark voneinander unterscheiden und deren Funktion nicht restlos geklärt ist. Obwohl anderenorts normalerweise aus einem Stück gehauen, ist der Altar ›Die Schildkröte‹ *(La Tortuga)* nahe Stele C aus mehreren Teilen zusammengesetzt. Die ältesten Altäre sind rechteckig oder rund und mit Hieroglyphen überzogen. Direkt neben den Stelen F und H liegt die Altargruppe 6. Sie ist wie Tempel 18 der Spätzeit zugeordnet und stellt doppelköpfige Schlangen dar, aus deren Rachen Menschenköpfe herausragen.

Der Zentralplatz ist nur durch einen Hügel, der als Aussichtspunkt diente, vom Zeremonialplatz getrennt. Der Altar L in der Nische nahe dem Ballspielplatz vor Stele 2 trägt das jüngste Datum (822). Der Ballspielplatz mit 28,5 m Länge und 7 m Breite, der über zwei älteren Spielfeldern errichtet wurde, ist als einziger mit einer Jahreszahl (775) versehen. Eine horizontale, mit Stein gepflasterte Fläche wird durch zwei Mauerkonstruktionen mit einer Steigung von 40° begrenzt. Oberhalb dieser Seitenbegrenzungen stehen Tempel mit typischen Maya-Gewölben. Ihr Wandschmuck konnte nicht mehr restauriert werden. An den Enden der schrängen Flächen befinden sich weitere Marksteine, rechteckige skulptierte Blöcke, deren Funktion noch ungeklärt ist.

Jaguartreppe im östlichen Hof der Akropolis

Die Hieroglyphentreppe (10 m breit, 20,76 m hoch) besteht aus 63 Stufen, die mit (ursprünglich) 2500 Reliefs bedeckt waren. In der Mitte der Stufen stehen männliche Götterfiguren. Da die Segmente der Stufen von den starken Urwaldwurzeln auseinandergesprengt wurden und verstreut lagen, konnte man nur jene 15 ihren ursprünglichen Plätzen zuordnen, deren Text zu entziffern war. Die verschiedenen Jahreszahlen umfassen einen Zeitraum von 200 Jahren. Die Ballustrade ist kunstvoll mit Schlangen und Vögeln geschmückt. An ihrem oberen Ende ist ein monolithischer Block eingesetzt, der, so berichten die einheimischen Führer, früher beweglich war und Unkundige am Aufsteigen hindern sollte, da er herunterfiel, wenn man das Auslösesystem nicht kannte.

Auf einer Treppe gelangt man zum Tempel 26, dessen Fries aus figürlichen Skulpturen gestaltet ist, die einen Hieroglyphentext ergeben; heute sind nur noch die Grundmauern erhalten. Mit Stele N am Fuß der großen Nordtreppe aus dem Jahr 761 erreicht die Kunst der Maya einen Höhepunkt. Kunstvoll ziehen sich die dargestellten Figuren um den ganzen Steinblock herum.

Die Akropolis südlich der Hieroglyphentreppe erhielt ihren Namen in Anlehnung an die griechischen Herrschersitze und Tempelbezirke.

Der Westhof wird nach Norden von Tempel 11 begrenzt, der wiederum an den Treppenhof anschließt. Die Stufen an seiner Südseite mögen als Zuschauertribüne gedient haben, weil man von dort einen Überblick über die ganze Plaza hat. Sie sind mit verschlungenen und grotesken Abbildungen verziert. An beiden Seiten flankieren zwei hockende Gestalten die oberste Stufenreihe. Neben reichem Schmuck tragen sie einen Gegenstand in der Hand, der das ›IK‹-Zeichen trägt (es bedeutet ›Wind‹ und ist Symbol des Lebens). Die oberen Glyphen zeigen das Datum 771. Die Frage, ob der ›Alte

Mann‹, ein bekannter Steinkopf, bewußt ausgerichtet oder zufällig genau auf eine Stele auf dem gegenüberliegenden Hügel schaut, ist noch offen. Tempel 11 wird aufgrund der einzigartigen Anzahl von 140 Glyphenblöcken an seinen beiden Eingängen auch ›Tempel der Inschriften‹ genannt. Er ist eines der höchsten Bauwerke und hat einen kreuzförmigen Grundriß. Die enorm große Südmauer mit acht leeren Nischen ist an den Ecken mit steinernen Leguanen geschmückt. Altar Q am Fuß der 40 m hohen Pyramide 16 zählt zu den wichtigsten Sehenswürdigkeiten Copáns. Der 70 cm hohe, 1,50 m lange Stein zeigt, so heißt es, die berühmte Szene ›Das Treffen der Maya-Astronomen in Copán‹ (776). Allerdings stellen neueste Deutungen der Inschriften diese Spekulation wieder in Frage. Viel einleuchtender ist die Erklärung, der Altar drücke die Herrscherfolge Copáns aus, da ein Datum links neben der Figur des Herrschers Yax-Pac mit dem Zeitpunkt seiner Thronbesteigung im Tempel 11 übereinstimmt.

Der Osthof mit den Überresten des Tempels grenzt an den Hang des alten Flußbettes (El Corte). Richtung Norden befindet sich an der Westseite die 16 m breite Jaguartreppe, deren imposante Tierskulpturen früher mit poliertem Obsidian verziert gewesen sein könnten. Die Treppe führt zu einer gigantischen Maske, der sog. Venus-Maske. Tempel 22 an der Nordseite des Hofes wurde im Jahr 771 ebenfalls dem Planeten Venus geweiht. Das Gebäude war durch ein Erdbeben 1934 total zerstört worden, konnte aber nach Aufzeichnungen der ersten Entdecker fast vollständig rekonstruiert werden. Den 2,80 m breiten, kunstvoll als Schlangenmaul dargestellten Eingang schmücken plastische Abbildungen und Figuren auf Totenschädeln mit zoomorphen und menschlichen Gestalten in Händen. Diese Darstellungen, so die Interpretation, sind Ausdruck der Beziehung des Menschen zum Universum. Dieser bedeutendste Tempel Copáns hat einen E-förmigen Grundriß von 25,50 × 12,50 m und ist durch die feinen Proportionen seiner Skulpturen weltbekannt geworden.

Sepulturas: Abseits der Hauptgruppe sind in einem Stadtbezirk mittlerweile über 40 Wohnstätten privilegierter Bewohner freigelegt und restauriert worden. Da man zunächst nur Gräber (Sepulturas) erwartete, wurde der Ort etwas irreführend so benannt. Nach der Ausgrabung der Palastanlage eines hohen Beamten wird z. Z. ein Begräbnistempel mit 16 Herrschergräbern freigelegt. Außerdem kann der Besucher durch Tunnels bald auch ältere Schichten der übereinander konstruierten Gebäude besichtigen.

Hotels

Copán Ruinas hat einfache, aber saubere und gut geführte Hotels im Dorf: Marina und Anexo Marina, Barrio El Centro (die besten vor Ort); Maya Copán, Barrio El Centro.

Daneben gibt es Hospedajes und Hotelitos, die sich nur unwesentlich von den Hotels unterscheiden, aber preiswerter sind, auch mit WC und privater Dusche: Brisas de Copán, Patty, Honduras, alle am Ortseingang nahe der Bushaltestelle.

Restaurants

Gutes und preiswertes Essen im Comedor Llamada del Bosque, Barrio El Centro; zahlreiche Restaurants im Dorf.

Verkehrsmittel

Die verschiedenen Stätten sind zu Fuß vom Ort zu erreichen.

Bus: Die meisten Überlandbusse starten morgens früh ab 4 Uhr vor dem Hotel Honduras. Direktbusse nach Sta. Rosa (ca. 4 Std.), Verbindung La Entrada, San Pedro Sula.

Stele H in Copán ▷

Zur guatemaltekischen Grenze: Copán Ruinas liegt nur wenige km von der Grenze nach Guatemala. Da die Straße in schlechtem Zustand ist, wird dieser Grenzübergang seltener benutzt als die Alternative Agua Caliente via Sta. Rosa de Copán. Mit Minibussen oder mit dem Bus des Unternehmens Valesques hat man Anschluß nach Guatemala City via Chiquimulá (außer So).

Eine andere Route führt zur Sta. Rosa de Copán, Nueva Ocotepeque, und zur gemeinsamen Grenze von Guatemala und El Salvador. Aufgrund der besseren Straßenverhältnisse wird diese Strecke häufig für den grenzüberschreitenden Verkehr genutzt. Sta. Rosa de Copán (30000 Einwohner, 1160 m ü. d. M.) mit guten Hotels, schönem, kolonialzeitlich geprägtem Stadtbild, kunsthandwerklich interessanten Märkten und angenehm kühlem Klima ist idealer Ausgangspunkt für Exkursionen in die Umgebung zu den Indio-Märkten von Belén Gualcho (sonntags) und La Campa sowie den Nationalparks Montañas de Celaque (wunderschöner Nebelhochwald) und Monte Cristo Trifinito.

Die Karibikküste

Puerto Cortés

1522, mehr als 20 Jahre nach Landung der Spanier, strandete Gil Gonzales Dávila, einer der ersten Eroberer Zentralamerikas, hier im Sturm. Bei dem Schiffbruch verlor er 17 Pferde und gab dem Ort, an dem er Zuflucht suchte, deshalb den Namen *Puerto Caballos* (Hafen der Pferde). Heute ist der Hafen der Stadt, die 1850 in Puerto Cortés umbenannt wurde, zum bedeutendsten Anlegeplatz Zentralamerikas aufgerückt. 1987 wurde Cortés Freihandelszone.

Weiße Palmenstrände, erstklassige Hotels, heißes Klima mit Seebrise, Bade- und Ausflugsmöglichkeiten machen den Ort zum beliebten Reiseziel.

Hotels

Gut und teuer: Costa Azul, Playas del Faro, ✆ 55 22 66/1/2; Costa Mar, Playas de la Coca Cola, ✆ 55 15 39/13 67.

Mittelklasse: La Playa, Cienaguita, Strandhotel an der Ausfahrt nach Omoa; Alquatillados del Caribe, Chivana, außerhalb; Motel Vitanza, am Strand von Omoa.

Einfach und preiswert: Hotel Formosa; Las Vegas; Sansibar, alle im Stadtzentrum gelegen.

Feste

Festival: Am dritten Samstag im August bunter Karneval mit kulturellen Veranstaltungen und der sehr beliebten *Noche Veneciana* (Venezianische Nacht). Patronatsfest: Am 15. August.

Ausflüge

Garífuna-Dörfer: In der Region Puerto Cortés lohnt es sich, die Dörfer der Garífuna, Tulián, Travesia und Bajamar, zu besuchen und in den *Comedores* Spezialitäten wie beispielsweise das Kokos-Brot *(Pan de Coco),* den Yucca-Fladen *(Tapado)* und die Fischsuppe *(Sopa de Pescado)* zu probieren.

Omoa

25 Autominuten westlich von Puerto Cortés liegt das Fischerdörfchen Omoa, mit schönen, einsamen Sandstränden und kleinen, gemütlichen Fischrestaurants an der Mole.

1759 baute die spanische Krone hier das Fort San Fernando, um die neugewonnenen Ländereien, den damals bedeutenden Hafen Omoa und die Bucht bis Puerto Caballos gegen die Überfälle der Piraten zu verteidigen.

Besichtigung

Die Festung San Fernando ist eine der bekanntesten Touristenattraktionen von Honduras. Sie ist in zwei erkennbare Bauabschnitte geteilt: Der erste, El Real, wurde 1756 fertiggestellt. Die heutige Form erhielt die Festung zwischen 1759 und 1773. Bauherr war Luís Diez de Navarra. Schon sechs Jahre nach Beendigung der Bauarbeiten konnten die Engländer das Fort einnehmen, wurden aber kurz darauf wieder vertrieben. Berühmte Freibeuter und Abenteurer wie Henry Morgan, William Walker und Luis Aury gelang es in den Folgejahren dennoch, den Schutzwall zu durchbrechen und die Küstenorte zu plündern.

Der Besucher gelangt durch einen tunnelförmigen Eingang in den geräumigen Innenhof, der rundum mit düsteren, feuchten Verschlägen bebaut ist. Viele der hier untergebrachten einheimischen Arbeitskräfte starben an Tuberkulose. Nach Erlangung der Unabhängigkeit im Jahr 1839 sowie unter den Präsidenten Miguel R. Dávila (1907–11) und Tiburcio Carías (1933–49) wurde Fuerte San Fernando als Gefängnis genutzt. Aus dieser Zeit stammen die 60 Pfund schweren Kugeln, an die Piraten, aufsässige Eingeborene und Sklaven gleichermaßen angekettet wurden.

In der ehemaligen Waffenkammer gibt es einen ausgeklügelt konstruierten Vorratsbehälter für Schießpulver zu besichtigen, der so gesichert war, daß das feuchtigkeitsempfindliche, jedoch gleichzeitig leicht entzündliche Pulver am offenen Feuer immer wieder getrocknet werden konnte.

Ein anderer Raum enthält Zylinder, um die Quecksilbervorräte zu schützen, denn mit Hilfe von Quecksilber wurden die aus den Gold- und Silberminen Trujillos stammenden Edelmetalle vom tauben Gestein getrennt. Beeindruckend sind auch die unzähligen Kanonenkugeln, die man in einer Kammer gelagert hat.

Der schräge Dachboden diente dazu, die 64 Kanonen in Position zu rollen.

Vor der Festung de San Fernando de Omoa

Ausflüge

Balneario Río Coto: Schöner, sauberer Strand, Camping möglich; Restaurant mit Fisch- und Fleischspezialitäten, Zimmer mit Dusche und WC, sehr einfache Hütten direkt am Strand.

Naturschutzgebiet der Zapatillo-Inseln (Reserva Biológica de Cayos Zapatillos): 12 km der Küste von Cortés vorgelagert, liegen drei Inseln auf Korallenriffen, von denen die Spanier die Baumaterialien für das Fort San Fernando bezogen. Heute ist dieses Gebiet eine Konfliktzone zwischen den Ländern Guatemala, Belize und Honduras geworden. Informationen über Boote und Besuchserlaubnis erteilt das Tourismusbüro im Museum von Omoa.

Tela

50 km östlich von Puerto Cortés (ca. 27 800 Einwohner), einer der wichtigsten Bananenexporthäfen von Honduras. Der 30 km lange Sandstrand von Triunfo de la Cruz bis Punta Sal im Westen geht an der Stadtgrenze nahtlos in eine Strandpromenade mit Restaurants und Hotels über. Besonders lohnend für einen Bummel ist die Altstadt mit ihren weißen Holzhäuschen und engen gepflasterten Gäßchen. Auf dem regionalen Markt herrscht ab 6 Uhr reges Treiben. Unentwegt fahren wie Miniaturzüge erscheinende Eisenbahnen mit Bananen zu den großen Überseedampfern, ein Schauspiel, das von allen Stränden der Umgebung gut zu beobachten ist.

Hotel

Gut und teuer: Villas Telamar, westlich der Brücke, am Strand, ✆ 48 21 96/7, 48 23 93, ehemalige Bananenarbeiter-Siedlung. Gut restaurierte, komfortable Holzhäuser für 2–18 Personen, teilweise mit Küche, Swimmingpool, Gelegenheit zum Reiten.

Verkehrsmittel

Tela ist bequem zu Fuß zu besichtigen.

Busse: Überlandbusse nach Westen: El Paraíso, San Juan, Tournabé stdl., nach El Triunfo de la Cruz ebenfalls (Abzweigung zur Playa la Ensenada ausgeschildert), Busbahnhof östlich der Plaza am Markt.

Ausflüge

Marinenationalpark Punta Sal: 120 qkm großes Naturschutzgebiet von einzigartiger Schönheit. Es umfaßt nicht nur die Mangrovensümpfe der Flußmündung Ulúa, sondern auch einen tropischen Regenwald, die Süßwasserlagune Los Micos, den schmalen Sanddünenstreifen mit dem Garífuna-Fischerdörfchen Miami, das felsige Cap Punta Sal und die vorgelagerten Korallenriffe.

Verkehrsmittel

Per Boot von Tela (Hafen) oder entlang der Küstenpiste bis Miami (Garífuna-Fischerdorf),

Tela und Umgebung

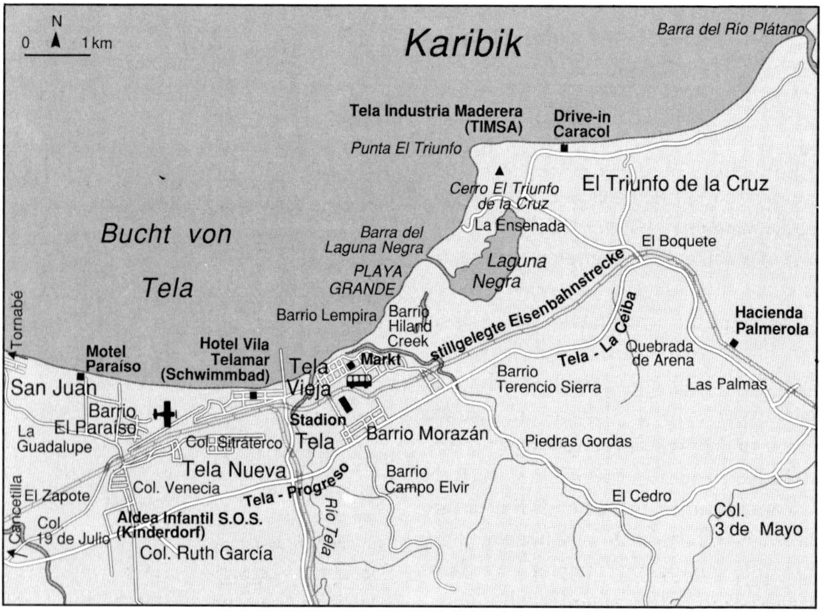

danach mit dem Boot (Privat-Charter) oder per Bus über Playa Paraíso (schöner Strand) und San Juan (Garífuna-Dorf) bis Tornabé. Boote für Tagestrips in die Lagune oder auf die Riffs sind dort bei Fischern zu mieten.

Triunfo de la Cruz: Erste Siedlung der Spanier auf honduranischem Boden, in einer schönen Bucht gelegen. Hier fand 1524 die Seeschlacht zwischen Cristóbal de Olid und Francisco de las Casas (beide Leutnants von Cortés) statt. Heute größeres Garífuna-Dorf (ca. 2500 Einwohner) mit schönen Stränden.

Hotel

Drive-In Caracol auf der Sandpiste westlich von Triunfo de la Cruz nach la Ensenada, direkt am Strand gelegen, einfache Zimmer mit Bad; empfehlenswertes, von Garífuna-Frauen geführtes Restaurant, Spezialität: frische Meeresfrüchte.

Botanischer Garten Lancetilla: Der artenreichste botanische Garten Zentralamerikas geht zurück auf eine Versuchsfarm der United Fruit Company und der Honduras Railway Company (1926). In diesem Garten sollte geprüft werden, welche Nutzpflanzen aus den tropischen Zonen aller Welt sich in Honduras akklimatisieren können. Der Versuch war ein großer Erfolg. Schon 1960 baute man in dem Park mehr als 1000 Spezies an, darunter Teakbäume, Kaoba, Eukalyptus u. a., asiatische Früchte wie Lychee, Mangostane, Jackfruit, Durian, veredelte einheimische Nutzpflanzen und eine große Kollektion Orchideen. Der Park umfaßt neben dem kultivierten Teil einen tropischen Regenwald mit Wanderwegen. Ornithologen haben hier schon mehr als 200 verschiedene Vogelarten ausfindig gemacht.

La Ceiba

La Ceiba wurde 1877 gegründet, aber erst 1893 als Hafen amtlich registriert. Heute ist La Ceiba Hauptstadt des Departments Atlantida. In seiner Umgebung werden Bananen, Ananas und Zitrusfrüchte angebaut. Die United Fruit Company, größter ausländischer Plantagenbesitzer, hat ihren Hauptsitz in der Nähe des Hafens.

Das Hafenstädtchen, im Volksmund Ceibita la Bella, das ›schöne kleine Ceiba‹ genannt, verdient seinen Namen zu Recht. Sehenswert ist der Stadtkern mit guten Hotels und Restaurants sowie eleganten Geschäften, die zum Bummeln einladen. Die bekannten weißen Palmenstrände Labarra und Miramar liegen außerhalb.

Hotels

Gut und teuer: Cayos Cochinos, Plantation Beach Resort, ✆ La Ceiba 42 26 29, exklusiver Tauchclub mit allen Extras, Vollpension mit Ausrüstung, inkl. Tauchgänge.

Mittelklasse: Gran Hotel Paris, nördlich am Zentralpark, ✆ 42 23 71/27 37, empfehlenswert, mit Swimmingpool; Gran Hotel Ceiba, Av. San Isidro, ✆ 42 27 47/37; Iberia, Av. San Isidro, 5a–6a Calle, ✆ 42 04 01.

Einfach und preiswert: Italia, Av. 14. de Julio 48, ✆ 42 01 50; Ligeros, Av. Atlántica/5a Calle, ✆ 42 01 81; Principe, Barrio El Centro, 7a Calle, ✆ 42 05 16; Los Angeles, Barrio Los Angeles, Av. República.

Hospedajes entlang der Bahnschienen zum Pier.

Camping am Flughafen.

Restaurants

Central Palace, Av. San Isidro/15. Calle, ✆ 42 20 84, chinesische Küche, gute Qualität; Ricardo's, Av. 14 de Julio/10a Calle 97, ✆ 42 06 85, gute Küche, gepflegte Atmosphäre; Atlántico, dieselbe Straße, ✆ 43 04 04, à la Carte; Plaza Santander, Av. San Isidro, ✆ 42 04 01/25 42; El Asador, Calle La Barra del Cangrejal; El Piloto und Lido s. Diskotheken; Mi Ranchito, Barrio La Isla, direkt am Meer, ✆ 42 09 33, einheimische Küche, Meeresfrüchte.

Jährliche Invasion der Krebse: Während der Monate Juli und August verlassen die großen Krebse das Meer, um zwischen Esparta und El Porvenir ins Inland zu wandern. Eine willkommene Erweiterung des Speisezettels: *Sopa de Cangrejos con coco* (Krebssuppe mit Kokos).

Verkehrsmittel

Bus: Das Stadtzentrum ist gut zu Fuß zu erkunden. Wer die einsamen, langen Sandstrände

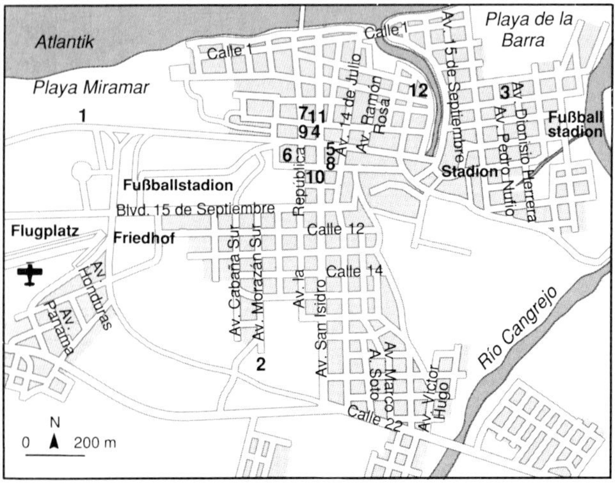

La Ceiba
1 Hondutel (Telefonzentrale)
2 Hospital
3 Bus-Station
4 Reisebüro Transmundo
5 Bank

Fluggesellschaften
6 Tan-Sahsa
7 Isleña
8 Lansa

Hotels
9 Gran Hotel París
10 Gran Hotel Ceiba
11 Iberia
12 Ligeros

außerhalb besuchen möchte, fährt mit dem Bus von Trujillo Richtung Osten und steigt bei den entsprechend beschilderten Abzweigungen aus.

Überlandbusse: Zentraler Busbahnhof acht Straßenzüge vom Zentralpark entfernt Richtung Süden. Von hier fahren u. a. regelmäßig Busse nach San Pedro Sula (3 Std.), nach Tela (2 Std.), nach Olanchito (3 Std.), nach Trujillo (5–8 Std.).

Eisenbahn: 4 Std. bis Puerto Cortés, 2 × tgl., mit Umsteigemöglichkeit in Potrerillos nach Progreso. Zug nach San Pedro Sula über Baracoa, 3 Std.

Flüge: Flughafen Golosón, 5 km vor der Stadt, von hier Verbindung zu den Islas de la Bahía und in die Mosquitía.

Leihwagen: Molinari Rent-a-car, Gran Hotel Paris, ✆ 42 00 55.

Unterhaltung

Reges Nachtleben und Amüsement z. B. in: El Piloto, direkt am Meer an der Mündung des Flusses Cangregal, östlich der Stadt, Restaurant und Tanz; Lido, Barrio La Isla, 1a Calle, ✆ 42 25 02, Restaurant und Diskothek.

Feste

Karneval in Ceiba ist das bunteste Volksfest in Honduras, Höhepunkt am dritten Samstag im Mai; das Fest wird besonders durch die afroamerikanische Rhythmik der Garífuna-Tänze geprägt.

Einkaufen

Souvenirs El Buen Amigo, Av. 14. de Julio, schräg gegenüber Supertiendas Palmira (Einkaufszentrum); Pinedas M. Raul A., Av. San Isidro 52, ✆ 42 02 12.

Adressen

Gesundheit: Clínica Sta. Cecilia, Blvd. 15. de Septiembre/Av. La República, ✆ 42 23 83; Hospital Centro Médico, 1a Calle 117, ✆ 42 27 06.

Reisebüros: Transmundo, Erdgeschoß Gran Hotel París, ✆ 42 28 20/40; Lafitte, Av. San Isidro, ✆ 42 01 15/6.

Ausflüge

Nationalpark Pico Bonito: Eine Herausforderung für Bergsteiger – vor allem der höchste Gipfel (Pico Bonito mit 2433 m Höhe) ist für seinen Schwierigkeitsgrad bekannt. Jährlich werden Exkursionen der Universität und der Naturschutzgruppe Recursos Naturales organisiert.

Der Park umfaßt das größte Urwaldgebiet, das sich in der Nähe menschlicher Zivilisation erhalten konnte, und bietet eine schöne Aussicht bis zu den Islas de la Bahía und nach Trujillo. Für eine Exkursion ist ein ortskundiger Führer unbedingt erforderlich. Auskunft erteilen die Büros von Recursos Naturales in Ceiba oder der Manager des Gran Hotel Paris (spricht Englisch).

Naturschutzgebiet Cayos Cochinos: Zwei große und 13 kleine Inseln, 17 km nördlich der Ortschaft Nueva Armenia. Die Inseln sind in Besitz eines amerikanischen Konsortiums und bieten erstklassige Unterkunft, Verpflegung und Tauchausrüstung (Vorbestellung: ✆ 42 26 29).

Es ist jedoch auch möglich, in Privathäusern eine sehr einfache Schlafgelegenheit (z. B. in Hängematten) zu finden.

Islas de la Bahía (Bay Islands)

Ungefähr 40 km vor der honduranischen Karibikküste liegt eine fast unbekannte, unberührte Inselwelt, bestehend aus den Hauptinseln Roatán, Guanaja und Utila, den kleineren Morat, Sta. Elena, Barbareta und 65 kleinsten Inselchen. Alle zusammen erstrecken sich über eine Fläche von 260 qkm. Geologisch gesehen ist dieses Archipel Teilstück des längsten Korallenriffs der Erde, das sich von der Atlantikküste Mexikos bis an die Küste Südamerikas hinzieht. Tauchexperten sind sich einig, daß hier einer der schönsten Tauchgründe der Welt liegt. In den Riffen der Bay Islands kommen 95% aller Spezies karibischer Korallen vor.

Die Inseln haben ein angenehmes tropisches Klima mit maritimem Einfluß (frische Meeresbrise), eine durchschnittliche Jahrestemperatur von 27°C und nordische Winde mit Regen in den Monaten Oktober bis Januar.

Haupteinnahmequelle der Bevölkerung ist der Fischfang, hier spezialisiert auf das einträgliche Geschäft mit Langusten, Krabben und Seeschnecken sowie der angegliederten Tiefkühl- und Verpackungsindustrie für den Export.

Die ca. 25 000 Isleños stellen eine von den Festlandbewohnern völlig unterschiedliche Ethnie dar. Im 16. Jh. wurden die indianischen Ureinwohner von den englischen Eroberern getötet oder zwangsevakuiert. Später ließen sich auf den Inseln neben englischen Piraten und Abenteurern auch freigelassene Negersklaven nieder. Ab dem 18. Jh. dienten die Bay Islands als Ausgangspunkt für englische, französische und holländische Freibeuter.

Über 100 Jahre blieben sie fest in englischer Hand. Seit 1859 ist das Archipel Honduras angegliedert. Aufgrund der unterschiedlichen Vorfahren findet man heute in der Bevölkerung außergewöhn-

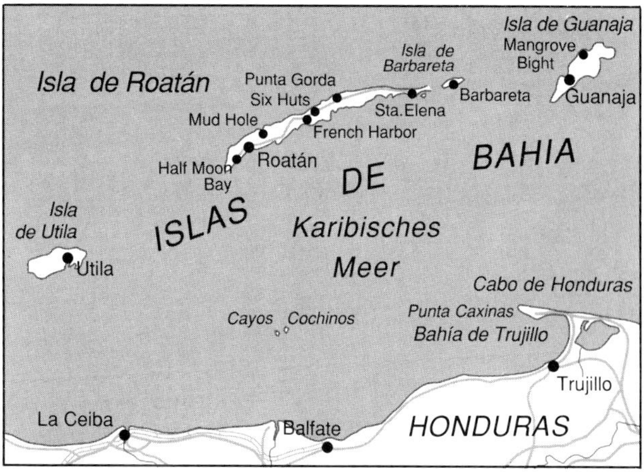

Islas de Bahía

West Bay Beach bei Roatán

liche rassische Mischformen. Der Moreño-Dialekt und Englisch sind Verkehrssprache, Spanisch Amts- und Schulsprache. In dieser bis vor wenigen Jahren fast unbehelligten Inselwelt existieren Dorfgemeinschaften in ihrer ursprünglichen Form neben hochmodernen Luxushotels. Die einzige Straße mit 52 km Länge ist auf Roatán zu finden. Auf allen anderen Inseln sind Boote *(Cayuco),* Speedboote und Kleinflugzeuge *(Avionetas)* die üblichen Verkehrsmittel.

Roatán

Hauptinsel (maya: Insel der Frauen), mit einer Fläche von 155,9 qkm (ca. 10 000 Einwohner), aufgeteilt in die Gemeinden Coxen Hole (ursprünglicher Name der Gesamtinsel) und José Santos Guardiola. Sie ist die meistbesuchte Insel und neben Copán Hauptanziehungspunkt für den internationalen Tourismus.

Coxen Hole ist der größte Ort der Insel, 15 Gehminuten vom Flugplatz entfernt. Weiter östlich, der Küste folgend (Bus- und Bootsverbindung), erreicht man die Ortschaften French Harbour und Oak

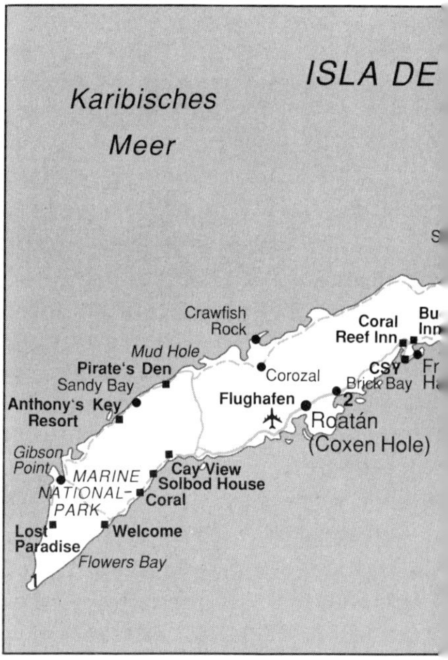

Ridge. Oak Ridge befindet sich auf einem kleinen Inselchen. Nordwestlich, ca. 1 Std. zu Fuß von Coxen Hole entfernt, liegt der Ort West-End mit den schönsten Stränden der Insel.

Besichtigung

Parque Nacional Marino Barbareta: Nationalpark, der sich vom Garífuna-Dorf Punta Gorda im Norden Roatáns ostwärts bis zur Insel Sta. Elena erstreckt und die dazwischen liegenden Mangrovensümpfe einschließt, weiterhin die Inseln Morat und Barbareta und die Südküste bis einschließlich Port Royal umfaßt. Attraktionen des Parks sind:

Die **Bucht von Port Royal** (Bahía de Port Royal): Früher Lager der Freibeuter des berühmten Piraten Henry Morgan (auch Lord Nelson besuchte Port Royal als junger Kapitän 1780), heute einer der Traumstrände der Karibik mit einsamen Buchten, weißem Sand und Kokospalmen.

Der **Diamantenfelsen** (Diamond Rock): Von den Einheimischen so genannt, weil an dieser Stelle funkelnde Steine gefunden wurden, in denen sich Perlen verbargen. Bei Stürmen suchen die Fischer hier Zuflucht.

Die **Korallenriffe** des Parks sind von seltener Schönheit und stehen unter Naturschutz. In den Hotels kann man sich über die besten Tauchgründe und die kolonialzeitlichen Schiffswracks informieren.

Barbareta: Die nahe gelegenen Möweninseln sind ideal zum Tauchen, Schnorcheln und für Picknicks. Wanderungen in die Berge führen den Besucher zu Fundstätten der Maya-Kultur.

Santuario Marino West-End: Naturschutzgebiet mit dem schönsten Sandstrand der Insel, vorgelagerten Korallenriffen und zahlreichen *Montículos,* Erd-

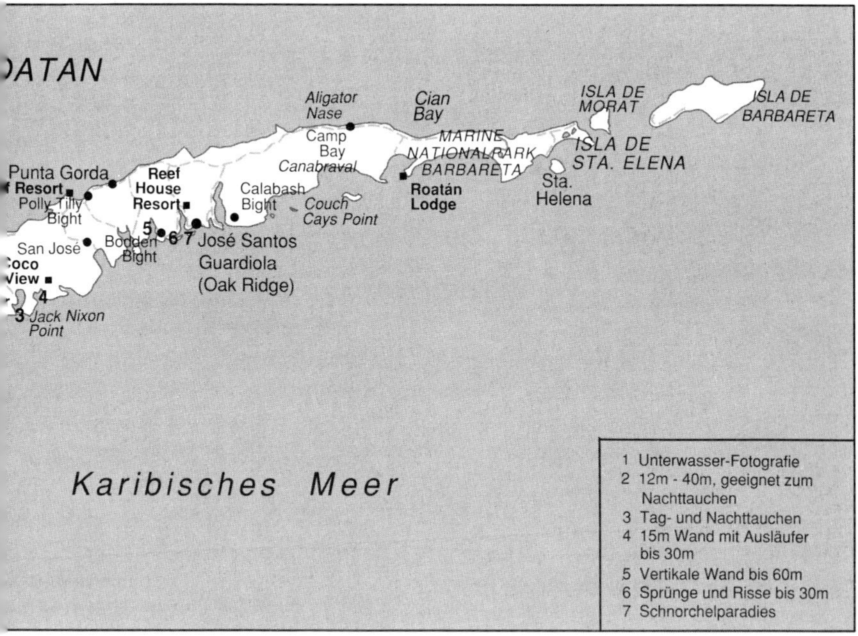

hügeln, die Bauten aus präkolumbischen Epochen bergen.

Hotels

Die Hotels der oberen Preisklasse sind ganz auf die Bedürfnisse des internationalen Tauchtourismus eingestellt. Die hohen Preise schließen tgl. Tauchexkursionen, Ausrüstung, Transfer, Ausflüge und Vollpension mit ein. Nur in den preiswerten Hotels kann man ohne Verpflegung buchen.

Gut unt teuer: Antony's Key Resort, Sandy Bay, Reservierung von Tegucigalpa: ✆ 32 55 55, privater Strand, bestes Hotel vor Ort; Pirate's Den Resort, Sandy Bay, ✆ 52 23 26/59 52; Romeo's Brick Bay, gutes Essen, Tauchhotel, Bootsvermietung; Reef House Resort, Natur-Swimmingpool, Oak Ridge, Vollpension und Boote inkl.; Roatán Lodge, Port Royal, Hafen, ✆ 42 03 02; Coco View Resort, außerhalb, Richtung French Cay; Punta Gorda Reef Resort, privater Strand, Swimmingpool, Reiten, Tauchen; Barbareta Islands Resorts, Tauchhotel mit allen Extras, Reiten, Ausflüge; Lost Paradise, West-End, schöner Strand, Vollpension, eigener Transport; French Harbour Yacht Club, für Taucher; Buccaneer Inn, French Harbour, mit allen Extras; Bay View Hotel, Coxen Hole, Reservierung von Tegucigalpa aus: ✆ 08/22 14 60.

Mittelklasse: Coral Reef Inn, French Harbour; San José Hotel, Oak Ridge, preisgünstig; Robert's Hill, West-End, schöner Strand, gutes Preis-/Leistungsverhältnis.

Einfach und preiswert: Bamboo Inn, Sandy Bay, etwas abgelegen; Solbold House, Coxen Hole, am Ort; Coral Welcome, Hotels in der Stadt Coxen Hole.

Restaurants

Coxen Hole: Ronies Place, ✆ 37; Martha's Restaurant, einheimische und internationale Küche (Fleisch- und Fischgerichte); Pelicano Restaurant; Cafetería El Punto, Schnellimbiß.

French Harbour: Atlantik Restaurant, chinesisch/internationale Speisen (mit Diskothek).

French Harbour auf Roatán

Zwischen French Harbour und Coxen Hole: Romeo's Restaurant, Meerblick, Spezialitätenrestaurant, Meeresfrüchte, vorzügliche Hummerspeisen.

Oak Ridge: Goldier's Place, Restaurant im einheimischen Stil, Meeresfrüchte, Fisch, Suppen; Delmafam, Eiscreme, Essen à la carte, kein Alkoholausschank.

Verkehrsmittel
Kleinbusse und Sammeltaxis: 2 × stdl. über die gesamte Länge der asphaltierten Straße, von West End über Coxen Hole, French Harbour, Oak Ridge bis Port Royal, halten auf der Strecke und an allen Hotels an der Straße, preiswert, aber langsam.

Taxi: 10 US-$ Minimum vom Flugplatz zu den Hotels; Halbtagsfahrten, Rundfahrten ab 60 US-$ aufwärts. Die großen Hotels verfügen über eigene Transportmittel.

Flüge: Tgl. Verbindung mit Tan-Sahsa, Lansa und Sosa nach Tegucigalpa, San Pedro Sula, La Ceiba, Utila, Guanaja und der Mosquitía.

Schiffsverbindungen: Regelmäßig nach Puerto Cortés und La Ceiba.

Leihwagen: Roatán Rent-a-Car, Turismos, Pick-Ups, Busse, Inhaber: Elmer Morales P., VHF Kanal 16, ✆ 59.

Adressen
Gesundheit: Humana Médical Centers, French Harbour (Erste Hilfe, Labor, Röntgen).

Farmacia: Venta de Medicinas Galindo, Coxen Hole.

Utila

40 qkm große Insel, in kürzester Entfernung zum Festland (32 km nördlich von La Ceiba). Zwei Dörfer mit ca. 1500 Einwohnern, ruhige, einsame Strände mit weißem Sand und Kokospalmen. Utila ist die touristisch am wenigsten erschlossene Insel der Hauptgruppe. Der größte Teil der Insel, hauptsächlich westlich des Kanals, ist Naturschutzgebiet (Santuario, Marino, Utila). Die Korallenriffe sind weniger spektakulär, die schönsten Tauchgründe liegen am östlichen Zipfel.

Hotels
Mittelklasse: Sonny's Villa, Westseite der Insel, auf halbem Weg zwischen Jewel Cay und Utila, mit Restaurant, Privatstrand, Gelegenheit zum Schnorcheln; Captain Spencer, mit Restaurant, westlich von Utila, Tauchausrüstung zu mieten.

Einfach und preiswert: Trudy's Hotel und Restaurant, Nähe Utila, in östlicher Richtung, Privatstrand, Gelegenheit zum Schnorcheln, Häuser und Zimmer auch privat zu mieten.

Verkehrsmittel
Flüge: Mit Lansa und Sosa nach La Ceiba und Roatán tgl.; Verbindung auch zu allen anderen größeren Flughäfen.

Schiffsverbindung: Motorboot, unregelmäßige Verbindungen bestehen von und nach La Ceiba (3 Std.) oder Puerto Cortés.

Guanaja

Als Kolumbus am 30. Juli 1502 auf dieser östlichsten Insel landete, nannte er sie ›Insel der Kiefern‹ *(Isla del Pino)*, weil er hier neben den für tropische Breiten üblichen Palmen auch Kiefernwälder vorfand, die bis ans Meer reichten. Die Insel ist 54 qkm groß (ca. 4000 Einwohner) und hat ein angenehmes tropisches Klima von 27° Jahresdurchschnitt.

Guanaja-Stadt liegt 600 m vor der Hauptinsel auf einem Cayo (Inselchen) und ist auf Stelzen gebaut. Straßen und Autoverkehr gibt es nicht. Die Häuser sind durch Holzstege miteinander verbunden. In der Altstadt gibt es zahlreiche Kneipen. Bis auf den heutigen Tag dient diese düstere Ecke als Unterschlupf für Piraten. Früher wurde eine große Warnglocke geschlagen, sobald etwaige Verfolger auf der Insel anlegen wollten. Außer Guanaja-Stadt gibt es noch zwei größere Ortschaften auf der Insel: Mangrove Bright und Savannah Bright.

Abends beim Bier werden die abenteuerlichsten Geschichten über die Zustände an Bord der zwar luxuriös ausgerüsteten

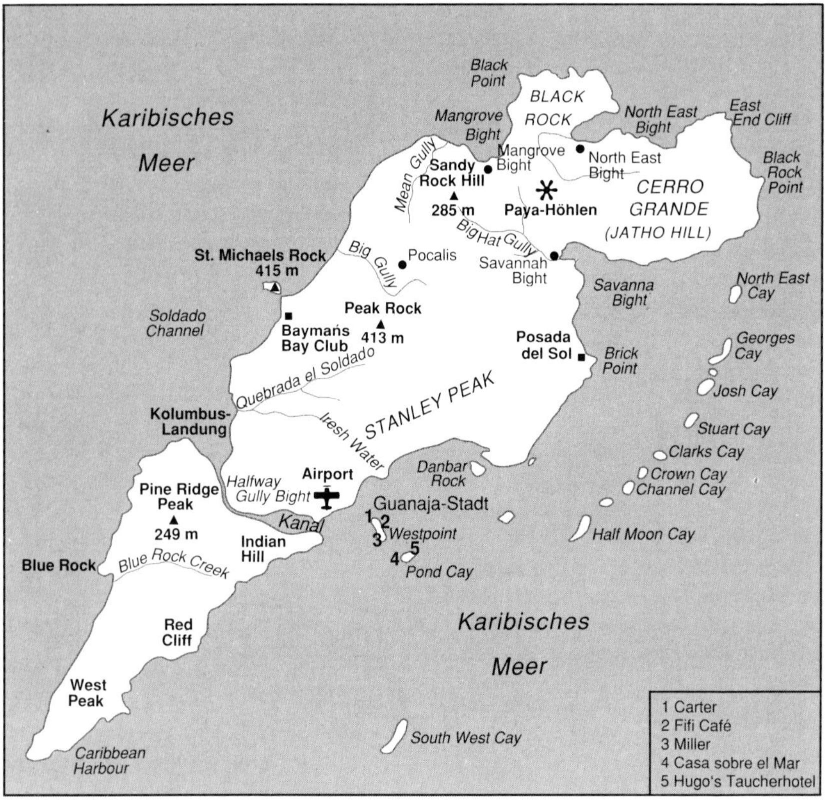

Die Insel Guanaja

Langustenschoner, aber einfachen und gefährlichen Methoden der Tiefseetaucher erzählt. 15 Tage harte Arbeit ohne ärztliche Versorgung auf hoher See, in der sich stets hungrige Haie tummeln, werden erst durch die entsprechende Bezahlung attraktiv.

Hotels

Gut und teuer: Posada del Sol und Bayman's Club, zwei Tauchgänge tgl., Transfer; I. B. Garrit – Casa sobre el Mar, Pont Cay, gegenüber Guanaja-Stadt; Hugo's Tauchhotel, Westpoint.

Mittelklasse: Alexander, Terrasse und Meerblick; Miller; Carter.

Einfach und preiswert: Bei George über dem Fifi-Café.

Restaurants

Alle Hotels (Ausnahme Alexander) haben Restaurants; darüber hinaus sind zu empfehlen:

›Harbour-Light‹ über der Diskothek Mountain View; T. C. S. Restaurant, Tagesmenü, Imbiß; Glenda's einheimische Küche, Imbiß; The Nest, Gartenlokal an der Hauptstraße, gute Fischgerichte.

Verkehrsmittel

Flüge: Mind. 1 × tgl. Tegucigalpa, San Pedro Sula, La Ceiba, Roatán, Trujillo.

Schiffsverbindung: Regelmäßige Bootsverbindungen nach La Ceiba (13 Std., mind. 1×tgl.) und Puerto Cortés.

Transfer auf der Insel: Boote und Taxiboote pendeln zwischen Guanaja-Stadt, Stränden, Hotel-Ressort; Inselrundfahrten, durch den

Kanal, am Flughafen Guanaja-Stadt vorbei; Pendelverkehr, Taxiboot oder mit Ilon im Speedboot, teuer und schnell, mit Florian (über dem Fifi-Café), Mike Brown (Hotel Miller) und While Willy preiswert.

Unterhaltung
Fifi-Café, Eisdiele: Hier bekommt man alle wichtigen Informationen und kann Nachrichten hinterlassen.

Diskothek Mountain View ist ein Erlebnis karibischer Tanzfreude!

Ausflüge
Cueva en el Mar: Höhle im Süden der Insel, die sich in einem 25 m hohen Felsen befindet und von der überliefert ist, daß sie William Walker als Unterschlupf gedient haben soll.

In der Nähe des Hotels Posada del Sol führt ein Fußweg vom Strand durch ein Tal mit wunderschöner tropischer Vegetation zu einem imposanten **Wasserfall** (Bademöglichkeit in kristallklarem Süßwasser).

Nordwestlich von Savannah Bright liegen **Höhlen** versteckt im Wald. Die unzähligen Tonscherben, Muscheln und Schneckenhäuser in ihrer direkten Umgebung lassen auf eine zentrale Bedeutung dieses Ortes in präkolumbischer Zeit schließen.

Kokospalmen, weiße Sandstrände und erholsame Ruhe (ohne Moskitos und Sandfliegen) findet man auf der Guanaja-Stadt vorgelagerten kleinen **Insel Westpoint.** Ein Paradies zum Sonnen, Schnorcheln, Schwimmen und Tauchen.

Trujillo

Hauptstadt des Departments Colón, 10 000 Einwohner (85% Garífuna, 15% Mestizen), alljährlich in der letzten Juniwoche Karneval in den Straßen der Innenstadt (sieben Tage Tanz und lukullische Genüsse).

Die Stadt mit den längsten, schönsten, von Kokospalmen beschatteten Stränden in Honduras verspricht einen ruhigen Badeurlaub bei ganzjähriger tropischer Hitze mit erfrischender Meeresbrise. Zudem: Man spricht hier Spanisch, Englisch, Französisch und die Dialekte der Garífuna, Samba und Paya.

In Punta Caxis am äußeren Rand der Bucht von Trujillo zelebrierten Kapläne (u. a. Padre Alejandro), die Christoph Kolumbus auf seiner vierten und letzten Reise begleiteten, 1502 die erste heilige Messe auf dem Festland. Ganz in der Nähe gründete 1525 Juan de Medina im Auftrag seines Kapitäns Don Francisco de Las Casas die erste bedeutendere Siedlung der Provinz und benannte sie nach dem Geburtsort des Kapitäns. Ein Jahr später weihte Papst Paul III. die örtliche Franziskanerkirche zur ersten Kathedrale von Honduras. Der Bischofsstuhl blieb bis 1561 in Trujillo, dann wurde er nach Comayagua verlegt.

Trujillo entwickelte sich zu einer kleinen aufstrebenden Hafenstadt und war bis zum Ende des 18. Jh. wichtige Zwischenstation für Frachtschiffe auf dem Weg zu den großen Karibikinseln. Zwischen 1700 und 1713 gelang es den Engländern neben den schon besetzten Islas de la Bahía, Niederlassungen am Kap von Gracias a Dios, am Kap Camarón sowie am Black River (Río Tinto) zu gründen und gemeinsam mit den Indios die landeinwärts gelegenen spanischen Siedlungen in der Nähe Trujillos anzugreifen. 1779 eroberten die Briten das Fort San Fernando de Omoa.

Nach ihrer Vertreibung von der Insel San Vincente siedelten die Garífuna seit 1800 in Trujillo. 1804 kamen außerdem unter Führung von Tousaint Lourture Franzosen hinzu, deren Spuren sowohl bei der Bezeichnung von Stadtteilen als auch im Baustil der Privathäuser noch heute zu erkennen sind. William Walker landete 1860 in Roatán und eroberte von dort aus Trujillo. Fünf Tage später näherte sich eine englische Fregatte, Walker stach in der gleichen Nacht Richtung Nicaragua in See. Der honduranische Schoner Correo de Trujillo nahm die Verfolgung auf. Walker und seine Söldner mußten sich bedingungslos ergeben, weil ihnen Wasser und Lebensmittel ausgegangen waren. Vom Kriegsgericht zum Tode verurteilt, wurde er am 12. September 1860 in Trujillo erschossen. Während des Zweiten Weltkriegs erlaubte Honduras den Amerikanern, den Stützpunkt Puerto Castilla hier einzurichten, der sich allmählich zum wichtigen US-Ausbildungszentrum für die honduranische Armee, die Contra und für salvadorianische Soldaten entwickelte.

Besichtigung

Festung Sta. Barbara: Kein in sich geschlossenes Bauwerk, 1590 nach Plänen von Don Juan Bautista Antonelli erbaut, der an einigen strategischen Punkten der Bucht Mauern errichten und mit Artillerie ausrüsten ließ. Sta. Barbara besaß aber weder die Bedeutung noch die Verteidigungskraft von San Fernando de Omoa. Heute sind neben den mit Kanonen bestückten Verteidigungsmauern das Hauptportal, die Soldatenunterkünfte, die Waffenkammern und die beiden Schilderhäuser an den früheren Zufahrtsstraßen im Osten und Westen noch gut erhalten.

San Juan de Bautista: Von Don Manuel Nacas 1795 entworfene Kirche, wurde erst 1809 fertiggestellt. Die Turmuhr stammt aus dem Jahre 1899.

William Walker-Memorials: Ein Stein im Hinterhof des Krankenhauses erinnert an den genauen Hinrichtungsplatz Walkers. Das Personal der Klinik führt den Besucher bereitwillig quer durch das Gebäude zum Gedenkstein (dies bietet zudem die Gelegenheit, ein honduranisches Krankenhaus von innen zu sehen). Das Todesurteil und die Todesurkunde, das Schwert sowie das Marienbildnis, vor dem er ein letztes Mal betete, werden in der Casa Cural in Trujillo aufbewahrt. Auf dem ›Alten Friedhof‹ fand William Walker seine letzte Ruhestätte.

Hotel

Gut und teuer: Villa Brinkley, Cuadra Trujillo, durch die Stadt, bergauf, ✆ 44 44 44, Hotel im Kolonialstil, schöne Aussicht.

Verkehrsmittel

Die Straße nach Trujillo ist noch nicht vollständig asphaltiert, daher ist der Landweg beschwerlich. Bus Ceiba–Trujillo (242 km) via Tocoa

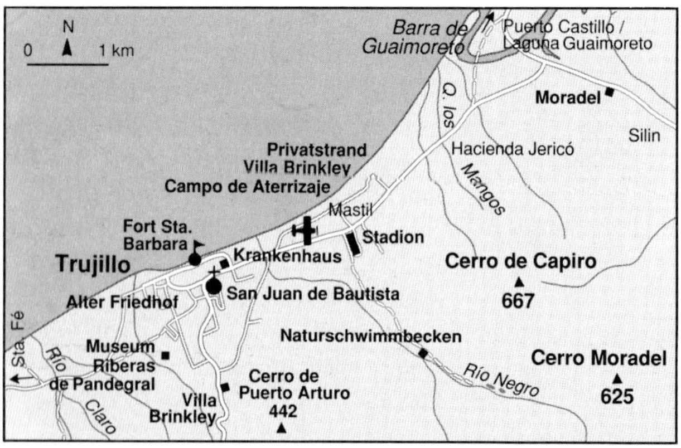

Die Umgebung von Trujillo

mind. 5 Std.; empfehlenswerter: von La Ceiba, San Pedro Sula oder Tela aus zu fliegen.

Eine Verbindungsstraße über Olancho nach Tegucigalpa steht kurz vor der Fertigstellung und wird wesentliche Erleichterungen für die Anreise mit sich bringen.

Nahverkehrsbusse: Nach Santa Fé, Castilla, zur Lagune regelmäßig ab Busbahnhof.

Ausflüge

Riberas del Pandregal: Kuriositäten-Sammlung von Señor Rufino Galán mit einer erstaunlichen Anzahl kostbarer Fundstücke aus präkolumbischer Zeit. Außerdem laden zwei Naturschwimmbecken mit Picknickplätzen zum Verweilen ein.

Reserva Biológica Guaimoreto: Dieses Naturschutzgebiet umfaßt 50 qkm Mangrovensümpfe um eine große, aber nicht sehr tiefe Lagune. Hierher ziehen sich Wasservögel, Amphibien und Wildtiere aller Art zurück. Begrenzter Fischfang ist in dem See erlaubt. Das Gebiet ist am besten mit dem Boot zu erreichen.

In westlicher (Santa Fé, 10 km) wie in östlicher Richtung liegen entlang der Küste zahlreiche **Garífuna-Dörfer.**

Die Mosquitía

Im äußersten Nordosten des Landes liegt dieses fast unbewohnte, wenig erschlossene Urwaldgebiet. Für den Naturfreund und Abenteurer eine ideale, wenn auch schwierig zu bereisende Region.

Die Mosquitía gehört seit 1861 zum honduranischen Hoheitsgebiet. Nach dem Sturz Somozas diente diese Region als Rückzugsgebiet der Contra (s. S. 352).

Je nach Jahreszeit haben die Flüsse einen sehr unterschiedlichen Wasserstand, viele Überschwemmungen und wechselnde Flußläufe verändern ständig das landschaftliche Bild.

Verkehr

Es gibt nur eine Straße im Department Gracias a Dios. Sie verbindet Puerto Lempira mit Leimus und Ahuasbila. Eine Straße nach Tegucigalpa ist im Bau.

Transport und Verkehr wird in diesem infrastrukturell benachteiligten Gebiet hauptsächlich auf den großen Wasserstraßen mit Einbäumen *(Cayucos)* und langsamen Motorbooten *(Lanchas)* abgewickelt.

Hotels

Reisende finden außer kleinen Hospedajes in den größeren Siedlungen wie Brus Laguna, Puerto Lempira und Wampursirpe nur Übernachtungsmöglichkeiten in Privathäusern.

Einfache Unterkünfte stellen auch die Mitarbeiter der Naturschutzbehörde zur Verfügung.

Adressen

Gesundheit: Militär, Rotes Kreuz (Cruz Roja) oder Missionen sind Anlaufstellen im Notfall, zur Bestellung von Charterflugzeugen und für alle fernmündlichen Angelegenheiten, da nur sie über sichere Funkverbindungen verfügen. Telefone gibt es nicht.

Rumberauschter Mísquito-König (Karikatur von 1839)

Ausflüge

Puerto Lempira: Hauptstadt des Departments Gracias a Dios, deren 5000 Einwohner von Jagd, Fischfang und Landwirtschaft leben. Die sehr erfahrenen, risikogewohnten Langustentaucher werden von den großen Fangflotten der Islas hier immer neu angeheuert.

Brus Laguna: Schmuddeliges, kleines Nest an den Ufern der gleichnamigen Lagune. Charakteristisch sind die auf Stelzen gebauten Häuser.

Wampusirpe: Kleines Dorf zwischen dem Río Patuca und den Hängen der Sierra Warunta gelegen.

Palacios: Das hübsche, an der Ibans-Lagune gelegene Fischerdörfchen war früher Stützpunkt der Engländer. Zahlreiche kolonialzeitliche Ruinen und die Kanonen eines alten britischen Forts zeugen von vergangenen Zeiten.

Nationalparks und **Naturschutzgebiete** in der Mosquitía (Reserva del Hombre y Biosfera del Río Plátano): Der einzigartige Reichtum an Flora und Fauna und der natürlich gewachsene Primärwald machen dieses riesige Areal (39 000 km) zum bedeutendsten Naturschutzgebiet Zentralamerikas.

La Ciudad Blanca: Die legendäre ›Weiße Stadt‹, soll sich im südlichen Teil des Parks an der Quelle des Río Plátano mitten im dichten Urwald befinden. Über Generationen sind Vermutungen um die Existenz einer weißen Ruinenstadt im Dschungel überliefert worden. Zahlreiche Expeditionen von Wissenschaftlern hatten das Ziel, diesen Ort ausfindig zu machen. Aber obwohl die Ruinen auf honduranischen Landkarten eingezeichnet sind, und Reiseführer Wege dorthin bschreiben, wurden sie nie gefunden. Man geht heute davon aus, daß der Begriff La Ciudad Blanca ein Sammelbegriff für eine ganze Reihe von Orten ist, in denen Reste präkolumbischer Hochkulturen gefunden wurden (z.B. Limonsito, El Zapote, Tulito, Guachule). In Agua Caliente gibt es Thermalquellen; nähere Informationen dazu erhält man im Anthropologischen Institut in Tegucigalpa.

Von Tegucigalpa nach Südwesten

Eine asphaltierte Straße (in gutem Zustand) führt von Tegucigalpa ostwärts über Danlí (96 km) und El Paraíso (18 km) zur nicaraguanischen Grenze in Las Manos.

Danlí

Kleines Kolonialstädtchen, einst Missionszentrum, mit einer schönen klassizistischen Kathedrale (1750) an der Plaza Central. Die von Bergen umgebene Stadt wird auch Ciudad de las Colinas genannt, die ›Stadt der Hügel‹. Sie ist ein Zentrum des Tabakanbaus. In sieben Fabriken werden Zigaretten und Zigarren für den Export hergestellt (Besichtigungsmöglichkeit). In der dritten Augustwoche findet das berühmte Festival Nacional del Maíz statt (mit Straßenumzügen und Freiluftkonzerten).

Über El Paraíso nach Nicaragua

In Danlí teilt sich die Straße: In Richtung Osten verläuft eine kleine Straße über eine Bergkette und eröffnet einen schönen Ausblick auf Sta. María. Die Hauptstraße zweigt jedoch nach Süden ab und führt über El Paraíso nach Las Manos, zur nicaraguanischen Grenze (18–5 Uhr geschlossen; schlechte Straßenverhältnisse, stdl. Busse von Tegucigalpa).

Von Tegucigalpa an den Pazifik

Auf der Strecke an den Pazifik liegen auch die Orte Sta. Ana, La Trinidad, Ojojona und die Baños Naturales de San Buenaventura (s. Ausflüge von Tegucigalpa).

Sabana Grande

Kleiner Ort, direkt an der Straße, mit hübscher Kolonialkirche; in der Nähe ein 30 m hoher Wasserfall. Patronatsfest: Am 2. Februar zu Ehren der Virgen de la Candelaria.

La Venta

Bekannt für die Herstellung von Ketten, Türvorhängen und Figürchen aus den farbenfrohen und formenreichen Samen der tropischen Pflanzenwelt.

Jícaro Galán

Verkehrsknotenpunkt der Panamericana von El Salvador nach Nicaragua, sie heißt in Honduras Nationalstraße 1, und der ebenfalls Nationalstraße 1 genannten Landstraße nach Tegucigalpa.

Hotel
Gehobene Mittelklasse: Turicentro Oasis Colonial, an der Panamericana, mit Swimmingpool, Reservierung von Tegucigalpa aus: ✆ 33 12 87; sehr günstig für Ausflüge an die Strände des Golfs von Fonseca, nach San Lorenzo, Choluteca und nach Amapala.

San Lorenzo

Ruhige Hafenstadt am Golf von Fonseca (Pazifik), trockenes, heißes Klima. Zen-

Frisches Obst und Gemüse werden auch auf dem kleinsten Markt angeboten

tralpark mit hübscher Kirche. In der Region dominiert die Rinderzucht, in den heißen Sommermonaten kommt es jedoch durch die trockenen Weiden zu großen Verlusten (des weiteren riesige Baumwollfelder und Garnelenzüchtung).

Der Golf von Fonseca

Diese Bucht im Pazifischen Ozean erhielt ihren Namen zu Ehren des Erzbischofs Juan Rodríguez de Fonseca.

1578 beherrschte der englische Pirat Francis Drake die pazifischen Küstengewässer von Peru bis Kalifornien. Die Insel El Tigre im Golf von Fonseca hatte er als sein Rückzugslager auserwählt.

Die Spanier gründeten auf derselben Insel eine Siedlung für mexikanische, guatemaltekische und honduranische Familien und nannten sie Amapala (maya: Ring der Feigen).

Im Golf von Fonseca gibt es 30 Inseln. Sie befinden sich in honduranischer Hand und werden aufgrund der territorialen Ansprüche von seiten El Salvadors von der honduranischen Flotte beschützt (großer Marinestützpunkt auf El Tigre, amerikanische Beobachtungsstation auf dem Berg). Die Besitzansprüche werden z. Z. vor dem internationalen Gerichtshof in Den Haag auf ihre Rechtmäßigkeit geprüft.

La Isla del Tigre

Größte Insel im Golf (5,5 qkm), erloschener Vulkankegel in der Mitte der Insel (783 m), Eruptivgestein, reich an Mineralien. Heißes und trockenes Klima; fruchtbare Berghänge mit Edelhölzern, von Obstbäumen und Wäldern bewachsen; vielfältige Flora und Fauna. Ein großer Teil der Insel ist Naturschutzgebiet.

Amapala

Der größte Ort der Insel war früher ein blühendes Hafenstädtchen (heute hat San Lorenzo die Funktion der Hafenstadt übernommen). Vernachlässigte Hotels, ein verlassenes Casino und alte Villen in abgelegenen Buchten erinnern an den ehemaligen Glanz.

Besichtigung

Besuch des Friedhofs: Erstaunlich viele Gräber mit deutschklingenden Namen (vermutlich Handelsleute).

Die Höhle der Sirene (La Cueva de la Sirena): Bei Ebbe trockenen Fußes von der Playa Grande aus zu erreichen; man munkelt, dort wäre der Tresor von Francis Drake vergraben.

Die La Laguna Seca (Trockene Lagune) und La Laguna de Agua (Wasserlagune); nahe der Ortschaft Amapala sind wunderschöne Tier- und Pflanzenparadiese.

Verkehrsmittel

Bus: Direktbus ab Tegucigalpa mit CHE, 3–4 Std. bis Coyolito. Ab Coyolito mit dem Boot *(Lancha)*.

Taxis: Privatautos (in schlechtem Zustand) fahren an jeden beliebigen Ort der Insel, Straße wenig frequentiert, Taxis für nächste Fahrt vorbestellen.

Schiffsverbindung: Bootsverleih am Hafen, preiswerter am Playa Grande.

Oft sieht man junge Mädchen und Frauen, die ihre Lasten auf dem Kopf tragen ▷

Auf der Panamericana von El Salvador nach Nicaragua

An der Sta. Clara Brücke in Goascarán kann man ein Visum für einen Besuch der Stadt Amatillo auf salvadorianischem Gebiet bekommen. Ausreiseformalitäten sind problemlos zu erledigen.

Nacaome

Die 1535 gegründete Hauptstadt des heutigen Departments Valle ist eine der ältesten Siedlungen (schöne Kirche im Kolonialstil). Nacaome hat den Ruf, die heißeste Stadt von Honduras zu sein, das Thermometer kann hier bis auf 40 °C klettern.

Choluteca

Die Hauptstadt des gleichnamigen Departments, ebenfalls 1535 gegründet, liegt in einem trockenen, heißen Rinderweideland mit Kaffee-, Baumwoll-, Cashewnuß- und Melonenanbau. Der kolonialzeitliche Stadtkern ist gut erhalten. Im Zentrum steht die ehemalige Kirche La Merced an der gleichnamigen Plaza, sie wurde inzwischen zum Kulturhaus (Casa de Cultura) umfunktioniert. Ein interessantes innenarchitektonisches Detail stellt das aus einem Stein gehauene Taufbecken aus dem Jahre 1643 dar.

Das im maurischen Stil erbaute Casino und die imposante Hängebrücke am südlichen Stadteingang sind ebenfalls sehenswert.

Hotels
Mittelklasse: La Fuente, Barrio Los Mangos, ✆ 82 02 03, Swimmingpool, sehr schöne Anlage; Camino Real, Ctra. Guasaule, ✆ 82 06 30; Pierre, Av. Valle, Calle Williams, ✆ 82 06 76.

Einfach und preiswert: San Carlos, Barrio El Centro, Calle Paz Barahona 757, ✆ 82 08 85.

Camping möglich, schattiger Platz mit Swimmingpool.

Verkehrsmittel
Busse nach Tegucigalpa mit MI Esperanza fünf Straßen vom Mercado Central entfernt; Bus nach El Espino morgens früh vom Busbahnof.

Fest
Patronatsfest vom 8.–16. Dezember zu Ehren der Jungfrau der unbefleckten Empfängnis (Virgen de la Concepción).

Adressen
Gesundheit: Hospital de Sur, Av. Borque, ✆ 82 02 31.

Ausflüge
Cedeño: Nach 13 km Abzweigung von der Panamericana, dann 33 km asphaltierte Straße (schlechter Zustand). Weiße Sandstrände, ein Fischerdorf mit Fischrestaurants und Hotels der einfachen Kategorie; Hochsaison in der Osterwoche, Patronatsfest am 25. Januar.

Punta Ratón: An der Abzweigung Los Mangles auf der Strecke von Choluteca nach Cedeño rechts abbiegen (ca. 2,5 Std.), kilometerlanger Sandstrand mit kleinen *Champas* (Fischrestaurants), badewannenwarmes Meerwasser, ideal für Kinder, keine Hotels.

Naturschutzgebiet: Ca. 1 km zu Fuß am Strand entlang Richtung Süden.

San Marcos de Colón: Ungefährt 900 m hoch in den Bergen gelegen, mit zwei sehr einfachen Pensionen. Am 26. Juli feiert das Städtchen ein Fest zu Ehren der hl. Ana. Es lohnt sich, hier kurz anzuhalten, da man von den Hügeln bei klarer Sicht einen schönen Ausblick auf den Golf von Fonseca hat.

Grenze zu Nicaragua: 6 km hinter San Marcos nach El Espino (nur ein Motel) beginnt das Niemandsland, von dort sind es noch 5 km zum nicaraguanischen Grenzhäuschen. Transport zwischen den Grenzstellen mit Minibussen.

Nicaragua

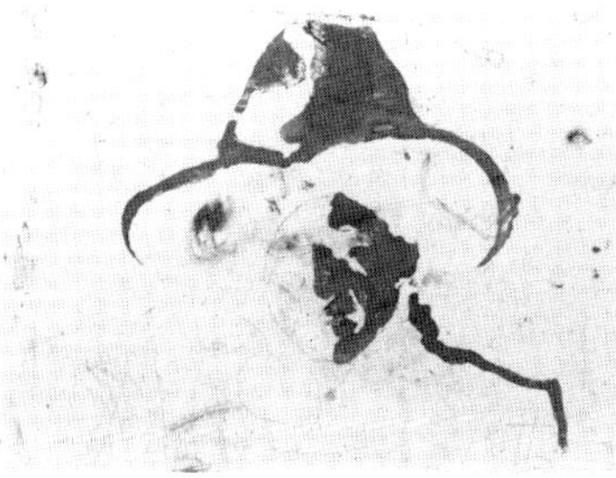

Allgemeine Landeskunde

Lage, Größe, geographische Gliederung

Nicaragua ist mit ca. 148 000 qkm flächenmäßig der größte Staat Mittelamerikas, zieht man die großen Binnenseen ab, verbleiben noch 139 000 qkm Landfläche, die jedoch wegen der Gebirge und unzugänglichen Regenwälder nur zu einem guten Drittel genutzt werden kann. Davon stehen ca. 10% der Landwirtschaft und ca. 25% der Viehzucht zur Verfügung.

Im Norden grenzt Nicaragua an Honduras, im Süden an Costa Rica. Mehr als 500 km erstreckt sich das Land entlang der Karibik, und 350 km lang ist seine Pazifikküste.

Die Cordillera Isabela reicht vom Nordwesten bis zum Südosten des Landes. Vor dem Gebirgszug in der pazifischen Küstenebene liegen die beiden größten Binnengewässer des Landes, nördlich (mit ca. 1100 qkm) der Managua-See und südlich bis zur costaricanischen Grenze (mit ca. 8500 qkm) der Nicaragua-See. Beide Gewässer sind durch den Río Tipitapa miteinander verbunden. Im westlichen Küstenraum der fruchtbaren Täler und Ebenen befinden sich die großen Städte und die Hauptstadt Managua. Hier sind 90% der Industrie angesiedelt und hier leben ca. drei Viertel der Bevölkerung.

Der Westen Nicaraguas ist die Region geologischer Instabilität, das Gebiet der Vulkane und Erdbeben. Mehr als 40 feuerspeiende Berge befinden sich hier. Seit der Ankunft der Spanier sind 14 Vulkane ein- oder mehrmals ausgebrochen. Tod und Verderben brachten die Eruptionen über das umgebende Land, aber gleichzeitig auch die segensreiche Vulkanasche, der die pazifischen Küstenebenen ihre Fruchtbarkeit verdanken. Managua lag allein in unserem Jahrhundert zweimal (1931 und 1972) in Schutt und Asche.

Hinter dem schwer zugänglichen Hochland (höchste Erhebung Nicaraguas ist mit 2438 m der Mogotón) fällt das Land zur karibischen Küste hin ab. Savannenvegetation und tropischer Regenwald dominieren in dieser größten (56% des Staatsterritoriums umfassenden), aber so gut wie unerschlossenen östlichen Region. In der Verwaltungssprache heißt sie Atlantikküste oder Mosquitía-Gebiet, und hier leben weniger als 10% der Gesamtbevölkerung Nicaraguas (vgl. S. 343).

Klima

Nicaragua, zwischen dem 11. und 15. Grad nördlicher Breite gelegen, unterscheidet sich in seiner Klimastruktur nur unwesentlich von den anderen mittelamerikanischen Staaten. Auf den Hochebenen und in den Bergtälern ist es beständig frühlingshaft bis angenehm warm; die Tagestemperaturen liegen bei 20–25 °C. In den unterhalb 750 m gelegenen Regionen herrscht das tropische Klima der Tierra Caliente. An der pazifischen Westküste ist es eher trocken und heiß, tagsüber 30–33 °C, nachts 21–25 °C (Jahresdurchschnitt 28 °C) warm. Unterschiede im Sinne unserer Jahreszeiten kann man eher an den Niederschlägen als an den Temperaturen messen. Von Mai bis November (im mittelamerikanischen ›Winter‹) beträgt die Regenmenge insgesamt zwischen 1000–1500 mm.

In der karibischen Osthälfte des Landes ist es dagegen durchgängig feuchtheiß (Jahresmittel 26 °C), die Niederschläge verteilen sich über das ganze Jahr (insgesamt mehr als 3000 mm).

Bevölkerung

Schätzungen über die Gesamtbevölkerung Nicaraguas schwanken zwischen 2,9 und 3,9 Mio. Einwohnern; amtliche Angaben sprechen von 3,325 Mio.

Drei Viertel der Bewohner sind Mestizen, weniger als 10% Weiße und ca. 8% Schwarze. Große ethnische Minderheiten leben nur an der Atlantikküste.

Nicaraguas Bevölkerung ist jung; mehr als die Hälfte zählt weniger als 20 Jahre. Die durchschnittliche Lebenserwartung beträgt heute 60 Jahre, das Bevölkerungswachstum liegt bei 3,1% jährlich. 65% der Nicaraguaner leben in Städten.

Nicaraguanische Frau auf dem Markt

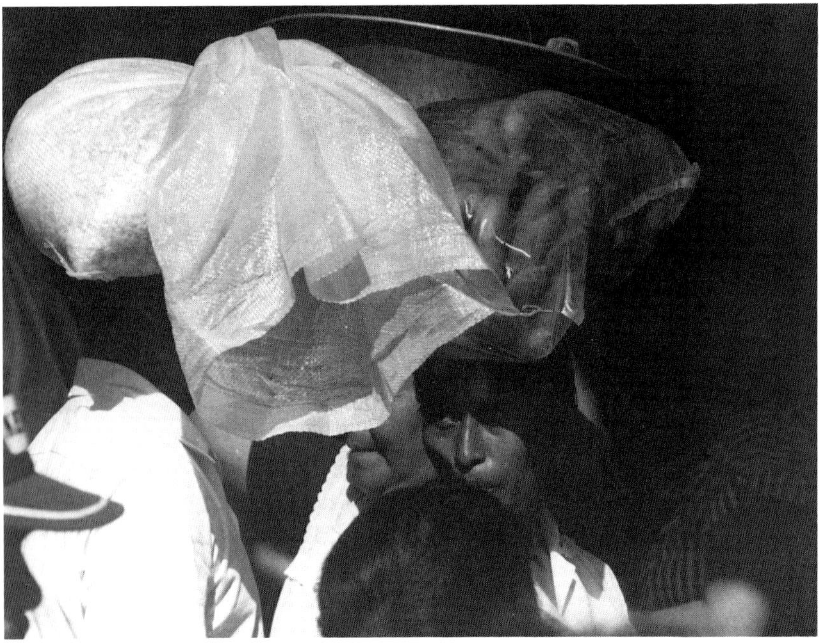

Ethnische Gruppen in Nicaragua

Mísquito

Die Mísquito, ein Indio-Volk mit stark afro-karibischem Einschlag, siedeln an der Atlantikküste Nicaraguas (vor allem im Gebiet zwischen Cabo Gracias a Dios und Pearl Lagoon sowie um die Minenstädte von Zelaya Norte). Die Ethnie umfaßt ca. 120 000 Menschen, deren Sprache entfernt mit der Chibcha-Sprachfamilie Mittel- und Südamerikas verwandt ist. Die Mísquito sind Brandrodungsbauern (vor allem für Maniok-Anbau), Viehzüchter und Sammler von wildwachsenden Früchten. Im 18. Jh. verbündeten sie sich mit den Briten gegen die Spanier (weshalb der Protestantismus bei den Mísquito stark verbreitet ist).

Im Osten von Honduras, jenseits der Grenze Nicaraguas, leben gleichfalls Mísquito, derzeit ca. 50 000, zu denen verwandtschaftliche Beziehungen bestehen. In den militärischen Auseinandersetzungen zwischen den Sandinisten und der Contra rekrutierte letztere die Mehrzahl ihrer Söldner aus den Reihen der nach Honduras geflohenen Mísquito. Viele Mísquito hatten während des Krieges Nicaragua verlassen und lebten in honduranischen Flüchtlingslagern, um der angeordneten Zwangsumsiedlung zu entgehen

Sumo

Das Gebiet zwischen Bluefields Bay und der Küste des Patuka-Flusses in Honduras wurde ehemals von den aus Südamerika eingewanderten Sumo bevölkert. Die Mísquito – von den britischen Kolonialherren bewaffnet – versklavten die Sumo, verdrängten sie aus ihrem Land und übertrugen den Begriff ›Sumo‹ (›unzivilisierte Indios‹) auf alle überlebenden Gruppen, die nicht zum Mísquito-Stamm gehörten. Drei Gruppen lassen sich unterscheiden: die Twanka, die entlang des Bocay Flusses in Jinotega leben; die Ulua, die sich in entlegenen Siedlungen am Río Grande niederließen, und die Panamanka, die in den Minengebieten von Zelaya Norte siedeln. Die Sumo konnten ihre Traditionen bis heute bewahren. Noch immer heiraten sie nur unter Blutsverwandten und sind daher die ›reinste‹ ethnische Gruppe in Nicaragua.

Rama

Die kleinste indianische Ethnie im Gebiet der Atlantikküste spricht ebenfalls eine Chibcha-Sprache. Große Epidemien und die Unterjochung durch die Mísquito haben die Rama nahezu ausgerottet. Die wenigen Überlebenden sind hauptsächlich auf Rama Cay zu finden, einer kleinen Insel in der Bluefields Bay, außerdem in Punta Mona (Monkey Point) und Punta Gorda im Süden. Die Rama-Sprache ist in jüngster Zeit nahezu völlig in Vergessenheit geraten.

Garífuna

Aus der Verbindung von Afrikanern mit den karibischen Indianern der Kleinen Antillen ging die eigenständige ethnische Gruppe der Garífuna hervor. Sie siedelten im 18. Jh. hauptsächlich in Belize. Eine relativ große Gruppe kam im 19. Jh. nach Nicaragua und ließ sich an den Ufern der Pearl Lagoon nieder. Heute gibt es ca. 60 000–70 000 Garífuna, die entlang der Küste leben, vor allem in Belize, aber auch in Guatemala, Honduras und Nicaragua. Während die von ihnen betriebene Landwirtschaft überwiegend für den Verkauf auf dem Markt produziert (Maniok,

Reis, Mais und Bananen), dient der Fischfang dem Eigenbedarf. Viele Garífuna schlagen sich auch als Gelegenheits- oder Wanderarbeiter in den USA durch. Nominell sind sie Katholiken, in der Praxis hängen sie jedoch einem Geisterkult ähnlich dem haitianischen Voodoo-Kult an. Ihre franko-karibische Kreolsprache wird kaum gesprochen, aber ihre Kultur bewahrt viele Charakteristika der afrikanischen Herkunft.

Geschichte

Unterschiedliche indianische Völker lebten in präkolumbischer Zeit im heutigen Gebiet von Nicaragua; die Mehrzahl von ihnen als seßhafte Bauern, andere in Jäger- und Sammlerkulturen.

Aus dem nördlich gelegenen Mexiko wanderten vor ca. 3000 Jahren die Chorotega und die (nach einem ihrer Führer benannten) Nicarao ein. Sie ließen sich in den Ebenen der Pazifikküste nieder und betrieben Subsistenzwirtschaft. Von ihrem Namen leitet sich die heutige Landesbezeichnung ›Nicaragua‹ ab. Aus dem Süden Amerikas kamen die Vorfahren der Sumo und der Parúa, die etwa zur gleichen Zeit sehr vereinzelt in die Atlantikregion zogen.

Die indianischen Völker hatten so gut wie keine Verbindungen untereinander. Nicaragua kann daher nicht auf eine präkolumbische Hochkultur zurückblicken und keine archäologischen Großbauwerke vorzeigen.

Von den spanischen Eroberungen zur Republik Nicaragua (1522–1838)

Von Panama kommend, drangen 1522 die Spanier unter Gil Gonzalez Dávila zum ersten Mal in das Gebiet des heutigen Nicaragua vor. Ein Jahr später gründete Hernández de Cordoba die Städte Granada und León an zwei der großen Seen des Landes (1610 wurde León nach einem Erdbeben 50 km weiter westlich neu gegründet). Beide Städte, in denen sich die kulturelle und ökonomische Elite der Kolonialzeit konzentrierte, entwickelten sich unabhängig voneinander, organisierten eigene Handelswege und kontrollierten abgegrenzte agrarische Versorgungsgebiete. Politisch unterstand die Provinz der Capitanía General de Guatemala.

Opfer der spanischen Eroberungen war die indianische Urbevölkerung. Kriege, eingeschleppte Krankheiten, vor allem aber ihre Versklavung in den spanischen Kolonien führten zum Genozid. Von über einer Million Einwohner (1527) sank die Zahl binnen 20 Jahren auf 12 000 (1548); allein 400 000 Indios wurden über Panama nach Peru verschifft. Nach der wenig erfolgreichen Goldsuche verlegten sich die Eroberer in Nicaragua mittels der bekannten Zwangsarbeitssysteme (s. S. 17) auf den Export landwirtschaftlicher Produkte (z. B. Kakao, Fleisch, Käse) in die benachbarten spanischen Kolonien.

Ungeachtet der Festigung spanischer Besitzungen an der Westküste landeten 1633 Briten an der Atlantikküste. Sie gewannen die hier siedelnden Indios als Verbündete gegen die Spanier. Britische Seeräuber griffen unter indianischem Schutz

Aufmarsch von Regierungstruppen zum Kampf gegen den Revolutionär Sacasa (Historische Aufnahme von 1927)

1645 Matagalpa an und brandschatzten 1654 Nueva Segovia. 1665 gelang ihnen sogar ein Vordringen über den Río San Juan und den Nicaragua-See bis Granada. Obwohl man nicht von einer gezielten Kolonialisierung der Atlantikküste durch Großbritannien sprechen kann, dominierte London durch seine engen Beziehungen zu den Mísquito halb Nicaragua. Der erste ›König der Mosquitía‹ verdankte seine Krönung in Jamaika britischer Unterstützung. Dank dieser Politik hielt England über 200 Jahre die Spanier von der nicaraguanischen Atlantikküste fern und sicherte seinen Einfluß in der Karibik.

Die Kunde vom Sieg Napoleons über das spanische Mutterland drang schnell bis Nicaragua vor. 1811 erhoben sich in Léon erstmalig die kreolischen Bürger gegen die Kolonialherren. Andere Städte, auch das spanientreue, konservative Granada, schlossen sich an. Ihr Ziel war die Vertreibung der ›Penínsulares‹. Zu lange waren die Kreolen von allen wesentlichen Ämtern in Kirche, Staat und Verwaltung ferngehalten worden, und zu lange waren die großen Profite an ihnen vorbeigeflossen. An die Stelle der Spanier wollte die kreolische Elite nun treten. Königliche Truppen aus Guatemala bereiteten dem Aufstand in sechs Monaten ein Ende. Doch nur für kurze Zeit.

Im Zuge der Unabhängigkeitserklärung Mexikos fühlten sich alle Kolonien Mittelamerikas Spanien nicht mehr verbunden. Wie in den anderen Provinzen des ehemaligen Kolonialreiches entflammte auch in Nicaragua der Streit darüber, ob man sich zu einem mittelamerikanischen Zentralstaat unter Führung Guatemalas bekennen oder ein unabhängiges Nicaragua schaffen sollte. Am 1. Juli 1823 brach ein

Bürgerkrieg wegen dieser Frage zwischen den Agraroligarchien der Democráticos in León und den Handelsoligarchien der Legitimistas in Granada aus, der immer wieder aufflammte, auch nachdem das Land am 13. April 1838 seinen Austritt aus der Zentralamerikanischen Föderation erklärt hatte.

Nicaragua unter US-amerikanischer Kontrolle (1855–1933)

Der Bürgerkrieg zwischen Liberalen und Konservativen um die politische Vorherrschaft entbrannte jetzt um so heftiger. In den rund 40 Jahren des Kriegsgeschehens zerstörten die lokalen Eliten mit Hilfe zwangsrekrutierter Bauernsoldaten gegnerische Städte und Gebiete. So verpaßte Nicaragua die Entwicklung zum großflächigen Kaffeeanbau und damit den wirtschaftlichen Aufschwung dieser Jahre. Zugleich riefen diese internen Auseinandersetzungen die Großmächte England und USA auf den Plan.

Am Neujahrstag 1848 eroberte der Mosquitía-König mit Unterstützung englischer Truppen San Juan del Norte (und nannte es Greytown). Der Versuch der nicaraguanischen Regierung, das Gebiet zurückzuerobern, scheiterte. In einem Vertrag mit Großbritannien, das sich so auch die Kontrolle über einen eventuellen Kanal zum Pazifik sichern wollte, mußte Nicaragua die Hoheitsrechte über die Mosquito-Küste abtreten.

Die britischen Erfolge alarmierten die USA, die ihre eigenen Pläne zur Verwirklichung eines interamerikanischen Kanals durch Nicaragua nie aufgegeben hatten. 1850 kam es überraschend zum Clayton-Bulwer-Vertrag, in dem England und die USA ihre Interessen auf nicaraguanischem

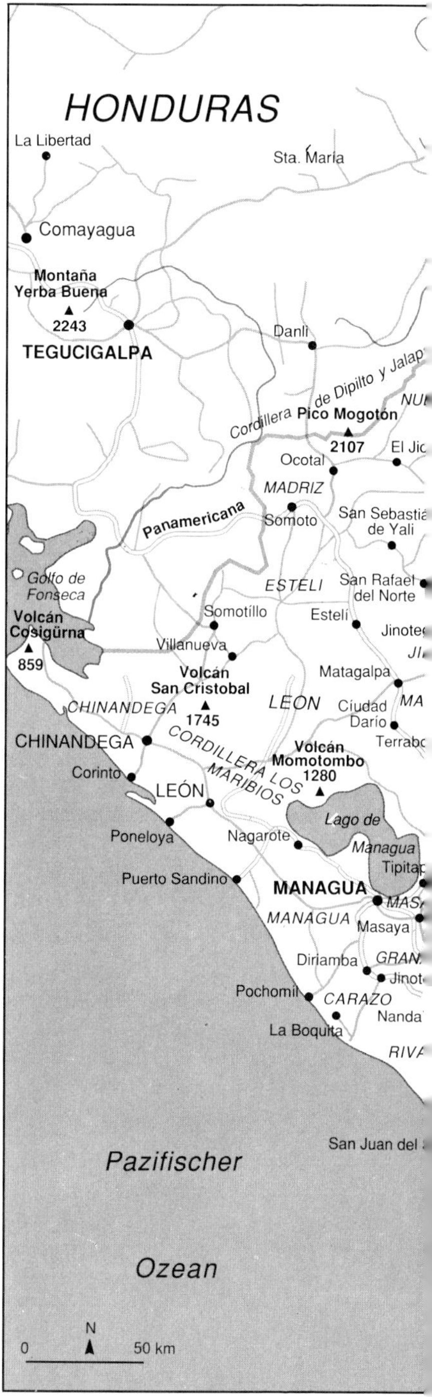

Cabo Cracias a Dios
atacamas
Río Coco o Segovia
Laguna Bismuna
Cayos Miskitos
Río Wawa
Río Coco o Segovia
Puerto Cabezas
Río Kukalaya
Cerro Saslaya
1650
GOVIA
Rosita
Río Bambana
Wiwilí
CORDILLERA ISABELLIA
Laguna de Wounta
Río Prinzapolka
NICARAGUA
Prinzapolka
San Pedro del Norte
Río Grande de Matagalpa
EGA
CORDILLERA DARIENSE
ZELAYA
ALPA
Río Kurinwás
Esquipulaz
Karibisches
BOACO
SERRANIAS HUAPI
oaco
Cerro Mumbachito
1059
Laguna de Perlas
Isla del Maíz Pequeña
Sto. Domingo
Río Siquia
CORDILLERA CHONTALEÑA
Muelle de los Bueyes
Río Escondido
Juigalpa
Isla del Maíz Grande
Bluefields
nada
CHONTALES
Volcán Mombacho 1345
Lago de Nicaragua
SERRANIAS DE YOLAINA
Meer
Altagracía
ISLA DE OMETEPE
ivas
1394
Volcán Maderas
Punta Gorda
RIO SAN JUAN
Sapoá
Cárdenas
Archipielago de Solentiname
San Carlos
Volcán Orosi
1487
San Juan del Norte
Río San Juan
Colorado
COSTA RICA
Libera

Territorium abklärten. Nicaragua wurde an den Verhandlungen nicht beteiligt. Hinzu kam, daß einflußreiche Kreise aus den US-amerikanischen Südstaaten ihre Position in dem sich abzeichnenden Sezessionskrieg dadurch zu stärken glaubten, daß sie ganz Mittelamerika gewaltsam mit den Südstaaten der USA zusammenschließen wollten.

1849 vergab die Regierung in Granada an den US-Amerikaner Cornelius Vanderbilt die Konzession für eine Transportroute durch Nicaragua. Der riesige Profit der Reederei Vanderbilt, die die Verkehrsverbindungen in Nicaragua kontrollierte, veranlaßte deren Mitarbeiter Garrison, Kontakt zur Bürgerkriegspartei der Liberalen in León aufzunehmen. Für eine Unterstützung versprachen die Liberalen ihm im Falle des Sieges die Transitkonzessionen. Garrison heuerte den Söldnerführer William Walker an. Dieser stellte eine Armee (die Phalanx of American Immortals) zusammen, die gegen Land- und Geldversprechungen an der Seite der Liberalen kämpfte. Nach dem schnellen Sieg über die Regierungstruppen Granadas übernahm Walker das Kommando über die Armee, nominierte Patricio Rivas im November 1855 zum Präsidenten und beherrschte so indirekt Nicaragua. Vier Monate später, im März 1856, erklärten die vier zentralamerikanischen Staaten unter der Führung Costa Ricas Walker den Krieg. Doch dieser ernannte sich selbst im Juli 1856 zum Präsidenten von Nicaragua (und wurde sofort von der US-Regierung anerkannt), führte die Sklaverei wieder ein, erklärte Englisch zur offiziellen Landessprache und kündigte die Transitkonzession von Vanderbilt, um sie nunmehr an seine Geldgeber Garrison und Morgan zu vergeben. Doch die zentralamerikanische Armee, die britische Marine und das Geld Vanderbilts bereiteten dem Abenteurer ein schnelles Ende. Im Mai 1857 flohen er und der Rest seiner Söldnertruppen. Zuvor hatte er Granada niederbrennen lassen und in den Trümmern das Schild ›Here was Granada‹ aufgestellt. Bei seinem zweiten militärischen Vorstoß in Zentralamerika im Jahre 1860 wurde er in Honduras erschossen.

1857 begann für Nicaragua die erste längere Phase politischer Stabilität. Sie dauerte 30 Jahre und wird von Historikern deshalb auch als Regime der 30 Jahre (1857–1888) bezeichnet. Vorausgegangen war eine Verständigung zwischen den Oligarchien, die zwar Granada die Vorherrschaft garantierte, aber León eine sichere Beteiligung einräumte. In diesen Jahren konservativer Regierungen entwickelte sich eine neue wirtschaftliche Oberschicht, die ihren Reichtum dem Kaffee-Anbau verdankte, ohne daß Nicaragua dadurch den Vorsprung seiner Nachbarn auf dem Weltmarkt eingeholt hätte. Mit der Ausdehnung der Gesamtanbaufläche für Kaffee ging die Vertreibung indianischer Bauern einher. Der Einfluß der neuen ›Kaffeebarone‹ *(Cafeteleros)* brachte nach Auseinandersetzungen unter den Konservativen Granadas 1893 einen liberalen ›*Caudillo*‹ (Führer) aus León ins Präsidentenamt: José Santos Zelaya. Er errichtete eine wirtschaftsliberalistisch orientierte Militärdiktatur in Nicaragua, die durch ökonomische Reformen und infrastrukturelle Maßnahmen zwar bessere Voraussetzungen für die Weltmarktanbindung des Landes schuf, aber zugleich die Position der Großgrund- und Plantagenbesitzer stärkte und zur Proletarisierung großer bäuerlicher Bevölkerungsgruppen führte.

Nationales Ansehen erlangte Zelaya durch die vertragliche Wiedereingliederung der Atlantikküste (1894) und vor allem durch seine Maßnahmen zur Begrenzung ausländischer Kapitaleinflüsse.

Nachdem sich die USA für den Bau des interamerikanischen Kanals auf panamaischem Territorium entschieden hatten, bot er Japan und Deutschland die Rechte für einen Kanalbau in Nicaragua an. Bei einem Aufstand gegen den Präsident Zelaya unter der Führung von Estrada und Chamorro verhinderten US-Einheiten deren Niederlage, halfen den Aufständischen, sich neu zu organisieren und unterstützten sie militärisch bis zum Sturz Zelayas. 1910 wurde der Liberale Estrada Präsident, der Konservative Adolfo Díaz Vizepräsident. Als Gegenleistung für die nordamerikanische Intervention sicherten sich US-Gesellschaften die Oberaufsicht über das nicaraguanische Banken- und Zollwesen. Díaz löste seinen Vorgänger Estrada im Präsidentenamt ab. 1912 kam es gegen seine proamerikanische Politik zu Aufständen. Wieder landeten US-Marineeinheiten in Bluefields, um Díaz an der Macht zu halten. Diesmal blieben sie bis 1925 in Nicaragua.

Unter Präsident Díaz kam es am 5. April 1914 zum Bryan-Chamorro-Vertrag, der die USA gegen Zahlung von 3 Mio. US-$ ›auf ewig‹ berechtigte, einen Kanal auf nicaraguanischem Territorium zu bauen; außerdem überließ er den USA für 99 Jahre Militärstützpunkte im Golf von Fonseca und auf den Korn-Inseln (dieser Vertrag gilt noch heute). Ende 1926 rief Díaz erneut die USA ins Land, als die Liberalen die Hälfte des Territoriums erobert hatten. Im Mai 1927 wurden die Liberalen zu einem Friedensschluß mit den Konservativen, bekannt als der Vertrag von Tipitapa, genötigt. Darin sicherten die USA dem Heerführer der Liberalen, General Moncada, das Amt des Präsidenten zu, behielten sich aber dafür genügend Einflußmöglichkeiten vor. Alle liberalen Generäle stimmten dem Vertrag zu, nur einer nicht: General Augusto César Sandino. Der Kampf gegen die Marinetruppen der USA wurde fortgesetzt und verwandelte den Bürgerkrieg zwischen Han-

Nicaraguanische Soldaten in Managua (Historische Aufnahme von 1927)

Augusto César Sandino

Als uneheliches Kind einer Kaffeepflückerin wurde Sandino am 18. Mai 1895 im Dorf Niquinohomo geboren. Sein Vater war Besitzer der Plantage.

Damals war es üblich, Landarbeitern bei Arbeitsantritt einen Lohnvorschuß zu geben, den sie abzuarbeiten hatten. Gelang ihnen das nicht, so konnte der Grundbesitzer sie ins Gefängnis werfen lassen. Sandino war gerade neun Jahre alt und arbeitete schon auf dem Feld seines Vaters mit, als seine Mutter wegen eines solchen Schuldenrückstands ins Gefängnis kam und dort starb.

Als Arbeiter einer nordamerikanischen Ölfirma in Mexiko erfuhr Sandino 1926 vom Einmarsch US-amerikanischer Truppen in seine Heimat. Er kehrte nach Nicaragua zurück, mit dem Vorsatz, Widerstand gegen die US-Truppen zu leisten.

Ende 1926 kommandierte er eine kleine Freiwilligentruppe, die er auf eigene Kosten mit Gewehren versorgte. Dann schloß er sich den Liberalen an, in der Annahme, daß ihr Krieg gegen die konservative Regierung auch ein Kampf zur Befreiung Nicaraguas von US-Truppen sei. Doch Liberale und Konservative einigten sich auf einen von den USA entworfenen Friedensplan (Vertrag von Tipitapa), der zugleich von 1928 an General Moncada, dem Anführer der Liberalen, das Präsidentenamt sicherte.

Am 1. Juli 1927 veröffentlichte Sandino ein politisches Manifest, in dem er seine Ablehnung des Vertrags begründete und Moncada einen Verräter an der nicaraguanischen Sache nannte. Seine ›Verteidigungsarmee‹ (Ejército Defensor de la Soberanía Nacional) kämpfte fünfeinhalb Jahre (1927–33) im ersten antiimperialistischen Guerilla-Krieg Mittelamerikas gegen die US-Truppen.

Sandino plante eine grundlegende Veränderung der nicaraguanischen Gesellschaft, doch konnte er seine Ziele nur in den ›befreiten Gebieten‹ und auch dort nur teilweise verwirklichen. Denn die US-Truppen zögerten nicht, mit Bombenangriffen nicaraguanische Städte (z. B. Ocotal) zu zerstören, in denen sie Sympathisanten von Sandino vermuteten. Als die US-Marine 1933 Nicaragua verließ, legte Sandino die Waffen nieder. Der neue liberale Präsident, Juan Bautista Sacasa, früher Kommandeur unter Sandino, übereignete Sandino 40 000 qkm Land in Segovia, auf denen dieser mit seinen Anhängern eine landwirtschaftliche Kooperative gründete.

Seit 1932 kommandierte ein entfernter Verwandter Sacasas die Nationalgarde, der Liberale Anastasio Somoza García, landesweit bekannt unter dem Namen ›Tacho‹. Er sah in Sandino seinen größten Widersacher, weil dieser die Auflösung der mit der Verfassung nicht zu vereinbarenden Nationalgarde zugunsten eines Volksheeres forderte. Die Spannungen steigerten sich nach der Ermordung einiger Freunde Sandinos durch Nationalgardisten derart, daß Präsident Sacasa Sandino im Februar 1934 nach Managua einlud, um weiteres Blutvergießen zu vermeiden. Nach der Verabschiedungsfeier am Abend des 21. Februar 1934 ließ Somoza Sandino sowie zwei seiner Generäle verhaften und auf dem Flugplatz erschießen. Sandinos Männer wurden weiterhin verfolgt, nur wenige konnten sich in die Berge retten.

1962 wurde unter Führung von Carlos Fonseca Amador und im Beisein von Überlebenden der ehemaligen Verteidigungsarmee die Frente Sandinista de Liberación Nacional (FSLN, Sandinistische Front der nationalen Befreiung) gegründet, die sich auf die Grundideen Sandinos beruft: Nationale Würde, nationale Souveränität, nationale Befreiung!

dels- und Grundbesitzer-Cliquen in einen nationalen Befreiungskrieg.

Sandinos Heer, bestehend aus Bauern, Kleinpächtern und Arbeitern, mied offene Schlachten und nutzte erfolgreich die Guerilla-Taktik von Überraschungsangriffen, Hinterhalten und schnellen Rückzügen. Mit zunehmenden Verlusten wuchs in den USA der Widerstand gegen diesen Krieg. Auch international wurde der Protest gegen die imperialistische Außenpolitik Amerikas größer. Daraufhin reduzierten die USA ihr militärisches Engangement auf ›technische Berater‹ und übertrugen die Kriegsführung einer von ihnen geschaffenen Truppe aus Nicaraguanern: der Nationalgarde. 1933 versprachen die USA ihren Abzug unter den Bedingungen, daß die neue Nationalgarde erhalten bliebe und daß Washington bei der Ernennung ihres Kommandanten ein Mitspracherecht zugestanden würde. Sandino schloß daraufhin einen Friedensvertrag mit dem neuen Präsidenten, Juan Bautista Sacasa, und entwaffnete sein Heer. Inzwischen hatten die USA Anastasio Somoza als Kommandanten der Nationalgarde eingesetzt, der die Anhänger Sandinos umbringen ließ. 1934 wurde Sandino selbst auf Geheiß Somozas ermordet.

Der Somoza-Clan beutet das Land aus (1933–1979)

Mit der Berufung von Anastasio Somoza García zum Oberbefehlshaber (Jefe Director) der Nationalgarde begann in Nicaragua die fast 50jährige Diktatur der Familie Somoza. Die von den USA aufgebaute, trainierte und finanzierte Nationalgarde hatte seit 1933 die gesamte militärische Gewalt inne, und Somoza nutzte sie als entscheidendes Machtinstrument für seine Ambitionen. Im Mai 1936 setzte er Sacasa ab und machte sich selbst nach manipulierten Wahlen am 1. Januar 1937 zum Präsidenten. Durch Solderhöhung und soziale Privilegien (z. B. eigene Wohnviertel und Einkaufsläden), durch Übertragung öffentlicher Aufgaben (z.B. Zoll- und Einwanderungswesen) und große Naturalschenkungen (z. B. Ländereien, Plantagen, Ernten) gelang es ihm, die Mitglieder der Nationalgarde an seine Person zu binden. Somoza regierte von Anfang an mit Hilfe von Korruption, Repression und Patronage als Diktator, wenngleich hinter formaldemokratischer Fassade. Dabei bereicherte er sich und seine Familie in unglaublicher Weise. Den USA war er ein nicht immer ergebener, aber stets verläßlicher Verbündeter; sie bauten Nicaragua unter Somoza als Ordnungshüter ihrer Interessen in Mittelamerika auf.

Während des Zweiten Weltkriegs stand Somoza auf der Seite der USA. Diese bauten Corinto zum Kriegshafen und Puerto Cabezas zum Luftwaffenstützpunkt aus. Das Eigentum von Deutschen und Italienern (meist Kaffeeplantagen) wurde beschlagnahmt und Mitgliedern der Somoza-Familie überschrieben.

Mit Ausnahme der Jahre 1946–50 blieb Somoza bis zu seinem Tod Präsident. Am 21. September 1956, nachdem er gerade in León von den Liberalen für die nächste Amtsperiode als Präsidentschaftskandidat nominiert worden war, schoß ein junger nicaraguanischer Dichter, Rigoberto López Pérez, ihn nieder. Vergeblich ließ US-Präsident Eisenhower den tödlich Verletzten per Hubschrauber in die US-Kanalzone (Panama) bringen, um mit Hilfe von US-Ärzten Somozas Leben zu retten. Doch sein Tod hinterließ kein Vakuum. Luís Somoza Debayle, der ältere Sohn, übernahm 1956 das Präsidentenamt, sein Bruder das Oberkommando über die Nationalgarde. Inzwischen war der Reichtum des Clans auf über eine Milliarde US-$ angewachsen.

Mit dem Sturz des Diktators Batista (1959) nach der erfolgreichen kubanischen Revolution begannen auch die Schwierigkeiten für die Familie Somoza. Im gleichen Jahr mußte die Nationalgarde zum ersten Mal eine Guerilla-Attacke niederschlagen. Die Auflehnung gegen die Diktatoren nahm zu. Im Juli 1961 trafen sich in der Hauptstadt von Honduras drei junge Nicaraguaner, die bereits aktiv in der antisomozistischen Bewegung tätig waren: Carlos Fonseca, Silvio Mayorga und Tomás Borge. Sie gründeten im Gedenken an Sandino die Frente Sandinista de Liberación Nacional (FSLN).

Nachdem die erste Amtsperiode für Luís Somoza Debayle 1963 zu Ende gegangen war, machte die Familie ihren Privatsekretär René Schick Guitiérrez zum Präsidenten. Zum ersten Mal antwortete die Konservative Partei mit Wahlboykott, weil die Somozas keine Beobachter der OAS zulassen wollten. Ungeachtet dessen unterstützten die USA die Regierungspraktiken der Familie, denn kein anderer mittelamerikanischer Staat übertraf damals Nicaragua an Loyalität. 1966 starb Schick. 1967 übernahm Luís' Bruder, Anastasio Tachito Somoza Debayle, nach offenem Wahlbetrug das Präsidentenamt. Dank Nationalgarde, Liberaler Partei und US-amerikanischer Unterstützung konnten die Somozas ihre Diktatur wieder stabilisieren. Die bürgerliche Opposition war schwach und gespalten, die Guerilla konnte sich noch nicht auf offene militärische Auseinandersetzungen mit der Nationalgarde einlassen. Zudem brachte der neugegründete Zentralamerikanische Gemeinsame Markt einen bescheidenen Wirtschaftsaufschwung, der dem Mittelstand, vor allem aber dem Somoza-Clan zugute kam.

Am 23. Dezember 1972 zerstörte ein Erdbeben von ungeheurem Ausmaß Managua: 20 000 Tote, 30 000 Verletzte und ca. 500 000 Obdachlose waren die traurige Bilanz. Dieses Beben führte indirekt auch zum Sturz der Somoza-Dynastie. Denn die Familie ließ große Teile der Millionenbeträge an Spenden- und Hilfsgeldern, die aus der ganzen Welt zusammenkamen, in ihre eigenen Taschen fließen, bereicherte sich an den Aufräumungs- und Wiederaufbaumaßnahmen, stieß ins Bankengeschäft vor und schaffte enorme Spendensummen auf schweizerische Bankkonten in Genf und Zürich (seit 1980 bemühte sich die sandinistische Regierung um die Rückgabe dieses Diebesgutes bei den Schweizer Banken!). Angesichts dieser schamlosen Bereicherung vor dem Hintergrund der Weltwirtschaftskrise rückte auch das Bürgertum von Somoza ab. Es formierte sich ein breites Bündnis aus verschiedenen politischen Gruppierungen und Gewerkschaften zur Institutionalisierung der verfassungsmäßigen Demokratie, die UDEL (Unión Democrático de Liberación) unter der Führung des Verlegers der oppositionellen Tageszeitung La Prensa, Pedro Joaquín Chamorro. Dennoch gelangte Somoza als Führer der Liberalen Partei 1974 durch Wahlbetrug erneut ins Präsidentenamt.

In der sog. Oktober-Offensive von 1977, in der die FSLN Kasernen angriff, zeitweise ganze Ortschaften kontrollierte und eigene Versorgungsaktionen durchführte, zeigte sich endlich die Verwundbarkeit des Regimes. Jetzt begannen auch die Basisgemeinden offen die FSLN zu unterstützen, und die Amtskirche wandte sich gegen die Menschenrechtsverletzungen durch die Regierung.

In den USA wurde nach dem Regierungsantritt Carters die Militärhilfe für Somoza öffentlich in Frage gestellt. Man erwog dort die Unterstützung von UDEL-Chef Chamorro als Möglichkeit, die FSLN von der Macht fernzuhalten. Doch am 10. Januar 1978 ließ der Diktator seinen prominenten Gegner von Nationalgardisten ermorden. Chamorros Tod löste einen wochenlangen Generalstreik aus, dem sich die Unternehmer mit einem Boykott anschlossen. Doch die eigentliche Führung des Widerstandes lag bei der FSLN.

Den Auftakt zur großen Offensive bildete 1978 der Aufstand in Monimbo, dem von Indios bewohnten Viertel der Stadt Masaya, 30 km südöstlich von Managua. Eine Woche lang bombardierte die Nationalgarde das Stadtviertel und beschoß die Bevölkerung mit Artillerie. Im ganzen Land begannen jetzt antisomozistische Aufstände; im Juli gelang der FSLN in Managua unter Führung Edén Pastoras die spektakuläre Besetzung des Nationalpalastes. Um die FSLN zur Freilassung der Geiseln zu bewegen, mußte Somoza 80 politische Gefangene herausgeben, 10 Mio. US-$ zahlen und den freien Abzug per Flugzeug nach Kuba gewähren.

Noch einmal bombardierten Somoza und die Nationalgarde ganze Städte (so im September 1978 Matagalpa), doch das Ende war nur noch eine Frage der Zeit. Die Volksbewegung hatte Ende 1978 und Anfang 1979 großen Zulauf bekommen, es formierten sich Volksmilizen und Verteidigungskomitees der Arbeiter. Im März 1979 bildeten die drei Gruppierungen der FSLN ein gemeinsames Direktorium, das die Koordination der Regierungsübernahme leitete. Doch infolge verdeckter Unterstützung der Somoza-Diktatur durch die USA, El Salvador, Guatemala und Israel dauerte die Endphase des Kampfes noch drei Monate. Angesichts des bevorstehenden Sieges wurde im Juni – inmitten von Generalstreik und Barrikadenkämpfen – die Regierungsjunta des Nationalen Wiederaufbaus ausgerufen, der neben der FSLN auch Politiker der bürgerlichen Parteien angehörten. Am 17. Juli 1979 floh Somoza nach Miami. Die

Gebeine seines Vaters und seines Bruders, die vor ihm das Land ausgeplündert hatten, nahm er mit. Gegen Mittag desselben Tages verkündete der von Somoza eingesetzte ›Nachfolger‹ Urcuyo, daß er bis 1981 an der Macht zu bleiben gedenke. Das verlängerte den Krieg um Tage. Am 19. Juli zog die FSLN in Managua ein.

Der Befreiungskampf und die Taktik der ›verbrannten Erde‹ von seiten der somozistischen Nationalgarde hatte schätzungsweise 50 000 Menschenleben gefordert und mehr als doppelt so viele Schwerverletzte hinterlassen. 150 000 Nicaraguaner hatten aus ihren Wohnungen fliehen müssen; 40 000 Kriegswaisen waren zu versorgen. Die materiellen Zerstörungen (z. B. Schulen, Straßen, Betriebe) wurden auf ca. 500 Mio. US-$ geschätzt. Auf die vierfache Summe (2 Mrd. US-$) stufte man die Kapitalflucht ein. Die Auslandsverschuldung betrug zum Zeitpunkt der Regierungsübernahme durch die FSLN ca. 2 Mrd. US-$, allein 600 Mio. waren 1979 fällig geworden.

Frente Sandinista de Liberación Nacional

Daß sich die ›Sandinistische Front zur nationalen Befreiung‹ (FSLN) seit ihrer Gründung 1961 des bewaffneten Kampfes bediente, lag weder an ihren linksrevolutionären Zielen, noch war sie die erste politische Opposition in Nicaragua, die Gewalt mit Gewalt bekämpfte. Bereits 1959 hatten Mitglieder der bürgerlichen Konservativen Partei unter Führung des später ermordeten Pedro Joaquín Chamorro von Costa Rica aus versucht, durch eine militärische Invasion das Land vom Somoza-Clan zu befreien. Das Außergewöhnliche an der FSLN war ihre Unerschrockenheit und Ausdauer. Die statistische Überlebenschance eines FSLN-Guerilleros betrug nur wenige Monate. Aus der Gründergeneration lebt heute nur noch Tomás Borge.

Fast 15 Jahre dauerte der Aufbau der Truppe in den Bergen Nicaraguas. Selten gelangen spektakuläre Erfolge, weit öfter kam es zu schweren Rückschlägen und zu verlustreichen militärischen Niederlagen. Nie kontrollierte die FSLN große Gebiete, von denen aus sie den Kampf in die Städte hätte tragen können.

Nach dem Tode der beherrschenden Integrationsgestalt Carlos Fonseca bildeten sich 1976 drei Richtungen heraus, die sich politisch-ideologisch, aber auch aufgrund ihrer Führerpersönlichkeiten erheblich unterschieden und die bis heute innerhalb der obersten Gremien der Sandinisten eine Rolle spielen:

Die alte, geduldig und beständig den Aufbauprozeß vorantreibende Kraft, die in den Städten, aber vor allem auf dem Land die Guerilla auf den Tag der Regierungsübernahme vorbereitete und die sich als Guerra Popular Prolongada (GPP), als ›verlängerter Volkskrieg‹ verstand und bezeichnete. Für sie war der bewaffnete Kampf gegen Somoza auch ein Kampf gegen das kapitalistische System, ihre Basis bestand aus Landarbeitern und Campesinos; zu ihr zählen z. B. Tomás Borge und Henry Ruíz.

Die von Studenten dominierte Linie der Tendencia Proletaria (TP) unter der Führung des späteren Ministers Jaime Wheelock versuchte, vor allem in den städtischen Armenvierteln und in den strategisch wichtigen Wirtschaftszentren, den Widerstand der Arbeiter zu organisieren. Eines ihrer Ziele war die Gründung einer marxistisch-leninistischen Partei; ihr gehören FSLN-Führer wie Carlos Núñez und Luís Carrión an.

Zwischen GPP und TP versuchte die Fraktion der ›Tendenz der Aufständischen‹ (Tendencia Insurreccional, TJ), die sog. Terceristas, als dritte Kraft zu vermitteln. Sie versprach sich von punktuellen Aktionen mit Symbolcharakter mehr Erfolg als vom zermürbenden Kleinkrieg. Ihr Konzept war pragmatisch orientiert, sie schloß eine Zusammenarbeit mit Kreisen des antisomozistischen Bürgertums nicht aus. Ihr Ziel war ein breiter Volksaufstand unter dem Regiment der FSLN. Vordenker der Fraktion waren die Brüder Daniel und Humberto Ortega.

Durch den Einfluß der Terceristas wurde die FSLN zu einem pluralistischen Bündnis progressiver Kräfte gegen die Somoza-Diktatur. Sie öffnete sich damit für die Vertreter der Basisgemeinden wie die Jesuiten Ernesto und Fernando Cardenal, für den ehemaligen Rektor der Nationaluniversität, Carlos Tunnermann, und für viele Linksintellektuelle aus der parteilich nicht gebundenen Gruppe der Zwölf, wie z. B. den Schriftsteller Sergio Ramírez.

Am 7. März 1979 kam es in San José (Costa Rica) zur Wiedervereinigung der drei FSLN-Stränge. Dank der politischen Weitsicht der Brüder Ortega bestanden die Terceristas nicht auf der ihnen durch die Ereignisse zugefallenen Führungsrolle. Von nun an bildeten je drei Comandantes der Strömungen das oberste Führungsgremium der FSLN: Daniel und Humberto Ortega sowie Víctor Tirado für die Terceristas, Tomás Borge, Bayardo Arce und Henry Ruíz für die Guerra Popular Prolongada und Jaime Wheelock, Carlos Núñez sowie Luís Carrión für die Tendencia Proletaria. Die Dreiteilung der politischen Macht spiegelte sich auch nach dem Sieg in der Besetzung wichtiger Regierungs- und Staatsämter wider.

Der Sieg der sandinistischen Revolution

Drei Tage nach dem Sieg wurde als erster Schritt im freien Nicaragua die alte Verfassung außer Kraft gesetzt und der ganze somozistische Staatsapparat zusammen mit der Nationalgarde aufgelöst. Eine kollektive Führung, die ›Junta de Gobierno de Reconstrucción Nacional‹ (Regierung des nationalen Wiederaufbaus, JGRN), trat an deren Stelle. An ihre Seite, quasi als Parlamentsersatz, wurde ein Staatsrat gestellt. Der Regierung gehörten zwei Vertreter des bürgerlichen Lagers (Alfonso Robelo und Violeta Chamorro, die Witwe des ermordeten Pedro Joaquín Chamorro), zwei Abgeordnete der FSLN (Daniel Ortega und Moises Hassan) sowie ein Vertreter der ›Gruppe der Zwölf‹ (Sergio Ramírez) an. Die JGRN verstaatlichte den gesamten Besitz des Somoza-Clans und seiner geflohenen Freunde, die Banken und den Außenhandel. Sie schaffte die Todesstrafe ab, führte kostenlosen Schulunterricht ein, verkündete die bürgerlichen Freiheitsrechte und rief zu Gewerkschaftsgründungen auf. Der Neuaufbau der staatlichen Exekutive (u. a. Polizei, Armee, Ministerien) und vor allem die Versorgung der Bevölkerung mit Nahrungsmitteln und Medizin mußten in Angriff genommen werden.

Ein wesentliches Problem im wirtschaftlichen Sektor war das kriegsbedingte Fehlen einer eingespielten Markt- und Vertei-

Buddhistischer Mönch, der gegen die Contra protestiert

lungsstruktur sowie eines funktionierenden Systems von Handelsorganisationen. Hinzu kam die hohe Analphabetenrate. Ein Volk, das jahrhundertelang in Armut und politischer Unmündigkeit gehalten worden war, mußte über Nacht selbstverantwortlich ein neues Gemeinwesen aufbauen.

Im April 1980, noch bevor die erste Phase des Wiederaufbaus begonnen hatte, verließen Violeta Chamorro und Robelo die JGRN, weil sie die wirtschaftspolitischen Interessen des bürgerlichen Lagers im Bündnis gefährdet sahen. Vorangegangen war ein Dekret, das die Anzahl der Staatsratsmitglieder von 33 auf 47 erhöhte, um den Vertretern der FSLN-Massenorganisationen Sitz und Stimme zu verleihen. Zum ersten Mal hatte die FSLN damit auch die Mehrheit von 28 Sitzen im Staatsrat.

Violeta Chamorro entließ die gesamte Redaktion ihrer Zeitung und funktionierte die beliebte ›La Prensa‹ in engster Zusammenarbeit mit Erzbischof Obando y Bravo zu einem Organ der antisandinistischen bürgerlichen Opposition um. Entsprechend ihrem überragenden Anteil am Sturz Somozas standen die FSLN und ihre Führung – die neun Comandantes de Revolución – im Zentrum der Macht. Es etablierte sich ein linksgerichtetes Regime, in dem die FSLN die dominierenden Positionen besetzte (z. B. die Ministerien des Inneren, der Verteidigung, der Agrarreform), zugleich aber einen begrenzten Pluralismus respektierte. Die Kontrolle über die Streitkräfte, die Vielzahl der sich mit den Zielen der FSLN identifizierenden Massenorganisationen und die sandinistische Ausrichtung der Massenmedien und Zeitungen (außer La Prensa) festigten ihre politische Position trotz der ausbleibenden wirtschaftlichen Erfolge.

Die größte Bedrohung für die nicaraguanische Revolution kam aus den USA. Diese lehnten von Anfang an die neue Regierung aus ideologischen Gründen ab. Ende 1981 unterzeichnete Ronald Reagan die ›Direktive 17‹ des Nationalen Sicherheitsrates. Sie enthielt u. a. den formellen Beschluß zur Gründung der Contra unter indirekter Beteiligung des CIA. 1982 stellte der Kongreß zum ersten Mal 21 Mio. US-$ für den Aufbau der Contra zur Verfügung. Ziel der US-Regierung im Rahmen ihrer Weltmachtstrategie war es, Nicaragua durch einen sog. Low Intensity Warfare (Kriegs- und Konfliktführung auf unterschwelliger Ebene) in einem langfristigen Auszehrungsprozeß wirtschaftlich zu unterminieren, um die sandinistische Regierung stürzen zu können.

Im März 1982 verhängte die Regierung angesichts der Contra-Überfälle den Ausnahmezustand, 1983 führte sie die allgemeine zweijährige Wehrpflicht ein. Die in dieser Phase ergriffenen Maßnahmen führten zur Behinderung der oppositionellen Kräfte, aber Menschenrechtsverletzungen, wie sie in den Nachbarländern tagtäglich geschehen, hat es in Nicaragua nicht gegeben. Spätestens 1985/86 zeichnete sich ab, daß die Contra trotz massiver Unterstützung der USA keinen Erfolg haben würde.

Im August 1987 kam es zur Unterzeichnung des Esquipulas II-Abkommens (s. S. 32). Nicaragua erreichte in den Folgeverhandlungen mit fünf zentralamerikanischen Präsidenten, daß die Contra nahezu aufgelöst wurde. Im Gegenzug reduzierte die Regierung 1989 die Wehrpflicht auf ein Jahr.

Die Verluste durch Krieg und Wirtschaftsboykott in den letzten acht Jahren werden in Nicaragua auf 17 Mrd. US-$ beziffert. Heute steht die Wirtschaft vor dem Zusammenbruch, die Arbeitslosigkeit beträgt 25%, der Lebensstandard ist auf das Niveau von 1950 zurückgefallen, das Bruttosozialprodukt verringert sich jedes Jahr um 3–5%, die Auslandsschulden betragen 7 Mrd. US-$. Andererseits lassen sich die Erfolge im Bildungs- und Gesundheitswesen nicht verleugnen, suchen Landreform und politische Beteiligung der Bevölkerung ihresgleichen in Zentralamerika. Und das große Verdienst der Sandinisten war es, den USA zehn Jahre erfolgreich Widerstand geleistet zu haben.

Bei den Präsidentschaftswahlen am 25. Februar 1990, die unter der Aufsicht der UNO durchgeführt wurden, erreichten – entgegen allen Vorhersagen – Daniel Ortega und die FSLN nur 41% der Stimmen. Siegerin und neue Präsidentin wurde mit 55% der Stimmen Violeta Chamorro. Einen Tag später hoben die USA alle wirtschaftlichen Boykottmaßnahmen auf, und die der Präsidentin wohlgesonnene Bundesregierung gewährte dem Land einen Kredit in Höhe von 51 Mio. DM.

Zur politischen Entwicklung der nicaraguanischen Atlantikküste

Nur 10% der Bevölkerung Nicaraguas leben in der Region ›Atlantikküste‹. Die größte Ethnie bilden die Mísquito-Indianer (ca. 120 000), während die Sumo (ca. 15 000) und Rama (ca. 1000) die am stärksten vom Untergang bedrohten Gruppen sind.

Dem 1894 erzwungenen Anschluß an den Staat Nicaragua folgte keine wirtschaftliche, soziale, kulturelle und sprachliche Integration. Die getrennte historische Entwicklung des nicaraguanischen Ostens und Westens setzte sich auch in unserem Jahrhundert fort. Zudem wurden die indianischen Gebiete jetzt mehr und mehr von landlos gewordenen Campesinos besiedelt, die, von Großgrundbesitzern vertrieben, weiter nach Osten ausweichen mußten.

An den Sieg der sandinistischen Revolution knüpften auch die Bewohner der Atlantikküste gewisse Hoffnungen. Vertreter aus den mehr als 250 Dorfgemeinschaften kamen am 11. September 1979 zusammen, um in Anwesenheit des FSLN-Vertreters Daniel Ortega die indianische Selbstverwaltungsorganisation MISURASATA zu gründen. Der Name sollte für ein Programm stehen: »Mísquito, Sumo, Rama: gemeinsam mit den Sandinisten.«

Nach großen Anfangserfolgen (z. B. in der Alphabetisierungskampagne) grenzten sich aber die Führer von MISURASATA, die ausnahmslos den Mísquito angehören, mehr und mehr von den Sandinisten ab, weil sie u. a. mehr Autonomie für die indianischen Völker forderten (wie z. B. Brooklyn Rivera) oder enger mit den rechtsorientierten Parteien und der Oppositionszeitung La Prensa zusammenarbeiteten (wie z. B. Steadman Fagoth). Zu

Beginn des Jahres 1981 spitzte sich die Auseinandersetzung zwischen MISURASATA und den Sandinisten zu, es kam zu Repressalien (z. B. wurde Spanisch zur Staatssprache erklärt), wochenlangen Demonstrationen und im Sommer 1981 schließlich zum Verbot der MISURASATA. Tausende von Mísquitos flohen daraufhin über den Río Coco ins benachbarte Honduras. Dort hatte sich Fagoth nach seiner Freilassung niedergelassen und stellte seit Anfang 1981 in den Flüchtlingslagern bewaffnete Mísquito-Verbände unter dem Namen MISURA zusammen. Im Dezember 1981 drangen MISURA-Kämpfer an der Seite der Contra über den Río Coco wieder nach Nicaragua ein. Die Kämpfe nahmen zu, immer mehr Mísquito flohen vor dem Krieg über die Grenze. Daraufhin traf im Januar 1982 die Regierung Nicaraguas die sehr umstrittene Entscheidung, alle am Río Coco gelegenen Indio-Dörfer zu evakuieren. Die Regierung erklärte, die Umsiedlung in das 80 km südlich gelegene Gebiet von Tasba Pri (›Freies Land‹) geschehe aus Gründen nationaler Sicherheit sowie zum Schutz der indianischen Bevölkerung. Die Gegner sprachen von Zwangsumsiedlung in Konzentrationslager (so die Reagan-Regierung). Auf jeden Fall waren die Mísquito, die geblieben waren, gegen die Umsiedlung. Aus Furcht vor Evakuierung überquerten in einer weiteren Fluchtwelle mehr als 10 000 von ihnen den Río Coco; in Honduras wurden sie offiziell als Flüchtlinge registriert.

Revolutionsdenkmal in Managua

Nur ca. 8000 Indios nahmen das Umsiedlungsangebot der Regierung an. Ihre Dörfer und Ernten wurden zerstört, um MISURA und Contra keine intakte Infrastruktur zu überlassen. Man versprach ihnen die Möglichkeit zurückzukehren, sobald Ruhe am Río Coco eingekehrt sei. In den Neusiedlungen von Tasba Pri gab es Schulen, Gesundheitszentren und Landzuweisungen für eine bescheidene Subsistenzwirtschaft.

Aber mehr als 20 000 nicaraguanische Indio-Flüchtlinge registrierte das UN-Flüchtlingskommissariat 1982 in Honduras. Mit Hilfe der USA gelang es dem ebenfalls nach Honduras geflohenen Steadman Fagoth, Guerilla-Verbände zu bewaffnen, die an der Atlantikküste 1983 und 1984 zahlreiche Überfälle auf Regierungsinstitutionen, aber auch auf zivile Einrichtungen verübten.

Brooklyn Rivera hingegen, den die Sandinisten 1981 nach Honduras abgeschoben hatten, versuchte seit 1983 in Costa Rica die alte Indio-Organisation MISURASATA wiederaufzubauen. Er lehnte eine Zusammenarbeit mit ehemaligen Somozisten und dem CIA ab, kämpfte aber mit seinen Truppen an der Seite Edén Pastoras, um Zugeständnisse der Sandinisten für mehr politische und kulturelle Autonomie der indianischen Bevölkerung unter Führung der MISURASATA durchzusetzen. Nach drei Jahren aufreibenden Krieges erkannten die Sandinisten, daß nur Verhandlungen mit den Indio-Vertretungen Erfolg haben würden. Für die USA war die fragwürdige Indio-Politik der Sandinisten ein willkommenes Propagandamittel, um ihre Unterstützung der Contra und den geplanten Sturz der Sandinisten zu rechtfertigen.

Mitte 1985 kam es zu Waffenstillstandsabkommen sowohl mit Teilen der MISURASATA als auch mit Teilen der MISURA, die sich nach der Ablösung Steadman Fagoths (er ging ins Exil nach Miami) aufgespalten hatte (neuer Führer der Contranahen Mísquito-Guerilla wurde Wycliff Diego). Als Innenminister Borge zur gleichen Zeit noch ein Amnestiegesetz erließ, begann die Rückkehr der Mísquito. 1987 gelang es Brooklyn Rivera, die noch vereinzelt kämpfenden Mísquito der MISURASATA und der nicht der Contra und Wycliff Diego unterstehenden MISURA in einer neuen Organisation mit Namen YATAMA zusammenzuführen. Als ihr Berater führte er gemäß den Vereinbarungen des Arias-Plans Verhandlungen mit der nicaraguanischen Regierung.

Am 2. September 1987 verabschiedete die Nationalversammlung endgültig das Autonomiegesetz. Es sichert den ethnischen Minderheiten der Atlantikküste verfassungsmäßig die Anerkennung ihrer historischen Rechte und die Förderung ihrer Sprachen und Kulturen zu. Das Gesetz garantiert je eine autonom gewählte Regierung für Nord- und Südzelaya, die in Fragen der regionalen Entwicklung mitbestimmen. Auf die Flüchtlingswelle folgte jetzt die Rückkehrwelle. Etwa 15 000 Mísquito kamen bis Anfang 1989 mit UN-Hilfe nach Nicaragua zurück. Sie erhielten eine Erstausstattung und Unterstützung beim Wiederaufbau ihrer Dörfer. Die ca. 10 Mio. DM, die die UN-Flüchtlingshelfer aufwendeten, stellte die EG zur Verfügung.

Mittlerweile wird Nicaragua als Vorbild gepriesen, was das Verhältnis zwischen Regierung und einheimischen Indios betrifft. Brooklyn Rivera und Steadman Fagoth kehrten im Juli 1989 aus ihrem jeweiligen Exil nach Nicaragua zurück. Bei den Wahlen im Februar 1990 unterstützten sie Violeta Chamorro.

Staat und Gesellschaft seit 1979

Regierungssystem, Demokratieverständnis, Verfassung, Wahlen

Die Balance zwischen zentralisierter Machtanhäufung bei Regierung und FSLN auf der einen Seite und basisdemokratischem Bemühen auf der anderen Seite war eines der Grundprobleme des revolutionären Neuaufbaus in Nicaragua.

Um das jahrhundertelang entmündigte Volk am Entwicklungsprozeß des neuen Staates zu beteiligen, schufen die Sandinisten zuerst Massenorganisationen (Organisaciones de Masas). Diese vertraten die Poder Popular (Volksmacht), indem sie die politischen Interessen und Vorstellungen der Basis bündelten. Es gelang den Sandinisten relativ schnell, politisch lebensfähige, gewerkschaftsähnliche Organisationen zu gründen. Diese Vereinigungen übernahmen anfangs auch Versorgungsaufgaben, beteiligten sich an Gesundheits-

und Bildungsaktionen und wirkten bei der zivilen Verteidigung mit. Als Interessenvertretungen der Basis wählten sie ihre Repräsentanten, die seit 1980 auch im Staatsrat Sitz und Stimme hatten. Bereits drei Monate nach dem Sieg der FSLN drängten die bürgerlichen Parteien, deren Organisationsstrukturen das Somoza-Regime unversehrt überstanden hatten, auf Wahlen. In einem Wahlkampf nach traditionellem Muster hofften sie, sich wieder ins politische Geschehen einklinken zu können, aus dem sie sich durch ihre unentschlossene Haltung gegenüber Somoza herausmanövriert hatten. Doch die FSLN zögerte und entschied schließlich, Wahlen erst 1984 abhalten zu lassen.

Bei den ersten freien Wahlen im Jahr 1984 wurde die Frontstellung konkret. Die bürgerlichen Oppositionsparteien hatten sich – mit Ausnahme der Liberalen – zu einem Wahlbündnis in der Coordinadora Democrática (CD) zusammengeschlossen. Ihr gemeinsamer Kandidat war das ehemalige Regierungsjunta-Mitglied und der spätere Botschafter Nicaraguas in Washington, Arturo Cruz. Doch nach Konsultationen mit den USA, die zu dieser Zeit noch unter Reagan auf eine militärische Lösung mit Hilfe der Contra setzten, machte die CD ihre Teilnahme an den Wahlen von neun Bedingungen abhängig. Darunter waren solche, denen die FSLN zustimmte (z.B. umfassende Amnestie für die Contra, Aufhebung des Ausnahmezustands), aber auch solche, die das neue revolutionäre Nicaragua erschüttert hätten und die daher nicht akzeptiert wurden, wie etwa die Aufhebung des Gesetzes zur Verhinderung der Kapitalflucht, die Abschaffung der Wehrpflicht (mitten im Krieg) und die Auflösung der basisdemokratischen Wohnviertelorganisationen. Daraufhin zog Cruz in Absprache mit den USA seine Kandidatur zurück und sprach von »unfreien Wahlen, die nur die totalitäre, marxistische Diktatur der Sandinisten legitimieren sollen«. Einige – z.T. von der CD abgespaltene – Parteigruppierungen beteiligten sich dennoch an der Wahl, deren Durchführung und Auszählung nach Aussagen ausländischer Beobachter korrekt verliefen und zu folgendem Ergebnis führte: 67% für die FSLN, 14% für die Konservativen, 9% für die Liberalen, 5,6% für die Christsozialen und 3,8% für die drei Linksparteien zusammen.

Im Januar 1987 trat die neue Verfassung in Kraft, die wohl als die demokratischste in ganz Mittelamerika bezeichnet werden kann. Der Verfassungsentwurf wurde im Sommer 1986 in 75 öffentlichen Bürgerversammlungen (Cabildos Abiertos) diskutiert, um Einwände der Bevölkerung zu berücksichtigen. Die Opposition lehnte jede Beteiligung ab, und La Prensa zog »aus verfassungsrechtlichen Gründen« gegen die Bürgerforen zu Felde.

Jeder einzelne Artikel der neuen Verfassung wurde dann mit einem 75%-Quorum in der Nationalversammlung verabschiedet; sie kann nur mit Zustimmung von zwei Drittel ihrer Abgeordneten geändert werden.

Seit dem 1988 verabschiedeten Wahlgesetz können sich auch Angehörige der Contra nach vorangegangener Amnestie um ein politisches Wahlamt bewerben. Viele der ehemaligen Contra-Anhänger kehrten daher wieder zurück und arbeiteten in bestehenden Oppositionsparteien mit.

Bildung und Erziehung

Die grundlegende Verbesserung der Schulbildung war eines der wichtigsten Anliegen der FSLN nach 1979. Zwar gab es

Zur Situation der Frau in Nicaragua

»Mit denselben Männern in die ›neue‹ Gesellschaft«, überschreibt die schweizerische Ethnologin Gabriela Battiglia ihre Analyse zur Stellung der Frauen im postrevolutionären Nicaragua – und hier liegt wohl das Problem. In der Guerilla – ca. ein Viertel der nicaraguanischen Frauen beteiligten sich am Kampf gegen Somoza – war die traditionelle Rollenverteilung fast gänzlich aufgehoben, weil Männer und Frauen nebeneinander mit der Waffe in der Hand kämpften. Doch die im Widerstand erreichte Gleichstellung der Frau wurde nach dem Sieg nur teilweise aufrechterhalten.

Für die Rechte der Frau stritt im sandinistischen Nicaragua die Frauenorganisation AMNLAE. Ihr Name soll an Luisa Amanda Espinoza erinnern, die als FSLN-Guerillera 1964 im bewaffneten Widerstand ihr Leben verlor. Den Programmzielen nach sollte die nicaraguanische Frau »revolutionär, politisch bewußt, engagiert patriotisch und emanzipiert« handeln. Aber auch schon auf dem Weg zur gesamtgesellschaftlichen Emanzipation, also in der alltäglichen Politik, setzte sich AMNLAE engagiert für die Interessen der Frauen ein.

Der tief verwurzelte Machismo manifestiert sich im Stolz vieler Männer darauf, Kinder mit mehreren Frauen zu haben, während sie die Verantwortung für die ›Familie‹ allein der Frau überlassen. Trotz einer katholisch geprägten öffentlichen Moral leben ca. 40% der Paare unverheiratet zusammen, und eine große Zahl der nicaraguanischen Kinder kommt unehelich zur Welt. Neue Scheidungs- und Alimentengesetze sowie das neue Familiengesetz von 1982 halfen, die ökonomische Situation betroffener Frauen rechtlich zu verbessern. Bei den Entwürfen zu den Gesetzen hatte AMNLAE aktiv mitgewirkt. Doch die Umsetzung in die Praxis geht nur langsam voran.

Die Abtreibung ist in Nicaragua wie zu Zeiten der Somoza-Diktatur verboten. Legalisiert ist sie nur aus medizinischen Gründen, wobei drei Ärzte unabhängig voneinander eine Lebensgefahr für die Schwangere bestätigt haben müssen. Da Verhütungsmittel Mangelware sind und Aufklärung immer noch tabuisiert wird, sind illegale Abtreibungen mit bleibenden Schäden für viele Frauen – insbesondere aus ärmeren Schichten – die Folge.

Bis heute schützt das Recht die Frauen nicht vor körperlicher und seelischer Gewalt des Ehemanns, Freundes oder Vaters. Mißhandlungen werden von der Polizei immer noch als Privatangelegenheit des jeweiligen Paares eingestuft, in die sich die öffentlichen Ordnungshüter nicht einzumischen haben. Um in diesen Bereichen Frauen mehr zu schützen, richtete AMNLAE 1983 ein Rechtsberatungsbüro ein.

Ungeachtet der gesetzlichen Bemühungen hat sich an der geschlechtsspezifischen Erziehung der Kinder wenig geändert. Die weitverbreitete Armut trägt wesentlich dazu bei, daß viele Mädchen schon sehr früh von ihren Müttern zur Hausarbeit herangezogen werden, keinen Beruf erlernen und – beeinflußt von der ideologischen Aufwertung der Mutterschaft – selbst früh Kinder bekommen. Die katholische Kirche hatte auch im sandinistischen Nicaragua großen Anteil an diesem traditionellen Werdegang vieler Frauen.

Im Zuge demokratischer Öffnung hat sich die Frauenorganisation AMNLAE auf ihrer Jahrestagung 1988 eine neue Struktur gegeben. Sie nennt sich jetzt MOLAE und versteht sich als unabhängige Frauenbewegung, unabhängig auch von der FSLN.

Schule in Masaya

bereits im Nicaragua Somozas – wie in den meisten lateinamerikanischen Ländern – eine sechsjährige (Grund-) Volksschule *(Primaria)*, die nach Absolvierung der anschließenden sechsjährigen Sekundarstufe *(Secundaria)* zu Berufen im Tertiärsektor (insbesondere im Handels- und Verwaltungsbereich oder in den Militärakademien) oder zum Hochschulstudium berechtigten. Aber nur ein Drittel aller nicaraguanischen Kinder besuchte damals die Grundschule, und auf dem Land erreichten nur 5% einen ordnungsgemäßen Primaria-Abschluß. Die Ursachen für diesen schlechten Bildungsstand waren fehlende Schulräume, Lehrermangel und ungeeignete Unterrichtsmaterialien. Die hohe Abbruchquote ließ sich in erster Linie auf die Mittellosigkeit großer Teile der Bevölkerung zurückführen. Denn die Kinder der Armen mußten notgedrungen zum Lebensunterhalt der Familie beitragen.

Die Secundaria besuchten noch weniger Jugendliche; sie kamen meist aus den Städten und waren Kinder von bessergestellten Verwaltungsbeamten, Militärs oder Ärzten. Fast die Hälfte von ihnen ging auf teure Privatschulen. Da die Secundaria-Schulzentren meist in den Städten lagen,

waren sie für Landkinder schwer zu erreichen und ohnehin viel zu teuer. Die Bildungsbenachteiligung der Landbevölkerung gegenüber den Stadtbewohnern wurde deshalb immer größer.

An den beiden Universitäten des Landes studierten fast ausschließlich die Kinder der Reichen, sofern sie nicht ihr Studium im Ausland absolvierten. Sie belegten vor allem die Fächer Recht und Wirtschaft.

Somoza gab für das Erziehungswesen nur halb so viel Geld aus wie für seine Nationalgarde. Im Juli 1979 hinterließ er der FSLN ein sozial völlig unterentwickeltes Land, dessen Bevölkerungsmehrheit weder lesen noch schreiben konnte. In den ländlichen Gebieten und in der Atlantikregion betrug die Analphabetenrate 80%.

Die FSLN hatte von jeher Unwissenheit und Analphabetentum als entscheidende Faktoren bei der Aufrechterhaltung von Unterdrückung und Ausbeutung gebrandmarkt und startete deshalb als erste Maßnahme nach ihrem Regierungsantritt eine nationale Alphabetisierungskampagne, die sie ›Kreuzzug gegen die Ignoranz‹ nannte. 1980 zogen etwa 100 000 in Brigaden organisierte Jugendliche in die entlegensten Dörfer und unterrichteten deren Bewohner in kleinen Gruppen bis zu vier Stunden am Tag. Grundlage der Lese- und Schreibübungen waren landeseinheitlich zwei Bücher, die die konkrete Lebenserfahrung der Lernenden berücksichtigten. Jeweils fünf Monate lebten die jugendlichen Lehrer in einem Dorf, und binnen eines Jahres war die Analphabetenquote auf 12% gesunken.

Nicaraguas Armut stellt bis heute die Bildung breiter Bevölkerungsschichten in Schulen und Hochschulen vor schier unüberwindliche Schwierigkeiten. Um trotz des Mangels an geeigneten Räumen allen Schülern den Besuch der sechsjährigen Grundstufe zu ermöglichen, wird in drei Schichten unterrichtet. Nach wie vor sind die meisten Lehrer *Empíricos*, d. h. Autodidakten ohne jede systematische Ausbildung, dafür mit großem Engagement und praktischer Erfahrung. Die wenigsten Hochschullehrer verfügen über eine abgeschlossene akademische Ausbildung, weil Graduierte die Universitäten meist verlassen, um in der Wirtschaft oder im Ausland mehr Geld zu verdienen.

Dessenungeachtet erfährt Nicaragua im Bildungssektor von einzelnen Staaten (z. B. Kuba, Schweden) große Unterstützung. Sie entsenden Professoren, schicken Lehrmaterial und vergeben Stipendien.

Die bundesrepublikanische Gewerkschaft Erziehung und Wissenschaft (GEW) unterstützt die nicaraguanische Lehrergewerkschaft ANDEN finanziell sowie durch inzwischen mehr als 30 Partnerschaften zwischen Schulen der BRD und Nicaraguas.

Die Contra

Als Somoza 1979 in die USA floh, setzten sich viele Mitglieder seiner Nationalgarde mit ihren Waffen in honduranische Dörfer nahe der Grenze ab. Nur gewohnt und fähig, das Militärhandwerk auszuüben, hatten diese Männer in Nicaragua keine Perspektive. Ihre einstigen Vorgesetzten, die jetzt in Tegucigalpa und Miami saßen und große Teile ihres Vermögens schon vorher außer Landes geschafft hatten, waren da besser dran.

Aus den geflohenen Nationalgardisten eine organisierte konterrevolutionäre Einheitsfront geschaffen zu haben ist das Verdienst der USA, die 1982 zum ersten Mal 21 Mio. US-$ für den Aufbau einer Opposition zur Verfügung stellte. Dadurch konnte der CIA alle im Grenzgebiet versprengten Gruppen der Nationalgarde zusammenführen, ihnen Sold zahlen, sie neu bewaffnen und durch Militärberater zur antisandinistischen Fuerza Democrática Nicaraguense (FDN) aufbauen, die sich selbst als ›Konterrevolution‹ (La Contra) bezeichnete. Um die FDN in den Augen der Öffentlichkeit aufzuwerten, wurde die politische Führung Zivilisten übertragen, die nicht unmittelbar mit Somoza zusammengearbeitet hatten, wie z. B. dem früheren Direktor der nicaraguanischen Coca Cola-Werke, Adolfo Calero. Aber die militärische Führung der ca. 7000 Söldner lag von Anfang an in Händen ehemaliger Nationalgardisten, und bis 1990 stand mit Enrique Bermudez ein Offizier Somozas an ihrer Spitze.

Die Liste der Greueltaten, für die nach Berichten von Amnesty International die FDN unzweifelhaft die Verantwortung trug, überschritt sehr oft selbst das Ausmaß an Gewalt, das in den meisten zentralamerikanischen Ländern üblich ist. Die Contra konnte deshalb nie mit der Unterstützung der Zivilbevölkerung rechnen, und sie bemühte sich auch nicht darum. In einem Handbuch des CIA von 1984 wurde der FDN die gezielte Anwendung von Gewalt zur Alltagssabotage und Einschüchterung vorgeschlagen. Die FDN schreckte auch nicht davor zurück, ausländische Entwicklungshelfer zu ermorden oder mit Nicaragua sympathisierende US-Amerikaner umzubringen.

Im Gegensatz zu den Befreiungsbewegungen in den Nachbarländern baut die Contra nicht auf der gewachsenen Volkskultur auf. Sie war eine Truppe kulturell entwurzelter Söldner, deren brutales Vorgehen durch den Deckmantel des antikommunistischen Freiheitskampfes eine ideologische Rechtfertigung erhielt und die von den USA bezahlt wurde.

Zur Contra, aber in Gegnerschaft zur FDN, gehörte auch die ARDE (Alianza Revolucionaria Democrática), die 1982 von Edén Pastora, dem ehemaligen FSLN-Guerillero, gegründet wurde und vier Jahre lang von Costa Rica aus operierte. Pastora hatte sich bis zuletzt geweigert, sich vom CIA finanzieren zu lassen und mit der FDN zusammenzuarbeiten. Aus Mangel an großen militärischen Erfolgen geriet er dennoch mehr und mehr in US-Abhängigkeit. 1986 wurde er in La Penca Opfer eines CIA-Attentats auf einer von ihm arrangierten Pressekonferenz, auf der er seinen Rückzug aus der Contra bekanntgeben wollte. Er überlebte schwer verletzt, löste die ARDE auf und ersuchte in Costa Rica um politisches Asyl. 1989 kehrte er im Zuge der Amnestie nach Nicaragua zurück.

Die Unterzeichnung des Friedensvertrags von Esquipulas (s. S. 32) fiel zeitlich zusammen mit der Erkenntnis in der politischen Führungsschicht der USA, daß die Contra in den Augen der Weltöffentlichkeit den USA mehr schade als nütze. Der neue Präsident Bush rückte 1989 erstmals öffentlich von einer militärischen Lösung des Nicaragua-Problems mit Hilfe der Contra ab. Einigkeit über ihre Entwaffnung und ihre Auflösung erreichten die fünf Präsidenten Mittelamerikas auf ihrem Gipfeltreffen im August 1989 in Tela. Noch einmal bewilligten die USA 21 Mio. US-$ für die Contra; diesmal jedoch ausschließlich für ›humanitäre Zwecke‹, als eine Art Nichtseßhaftenhilfe, weil kein Land – auch nicht die USA – die Söldner jetzt aufnehmen mochte. So sind die Contrakämpfer heute zum Flüchtlingsproblem geworden.

Zwei Wochen vor den Wahlen im Februar 1990 amnestierte Daniel Ortega die 1150 Contra, die während des Bürgerkriegs gefangengenommen worden waren und in nicaraguanischen Gefängnissen einsaßen. Sie würden, so verkündeten sie schon vor ihrer Freilassung, mit Sicherheit nicht die FSLN wählen.

Die Rolle der katholischen Kirche in Nicaragua

1979 konnte noch mit Hilfe der Amtskirche gegen den Widerstand der Basisgemeinden ein Neffe Somozas Weihbischof in Managua werden. Erst als die bürgerliche Opposition entschieden Stellung bezog, wurden auch kritische Stimmen des Klerus vernommen. Doch je deutlicher die Sandinisten nach dem Sieg sozialistische und antiimperialistische Prinzipien betonten, desto schwieriger gestaltete sich das Verhältnis zur Amtskirche. Besonders der Erzbischof von Managua, Miguel Obando y Bravo, schwenkte auf die antisozialistische Linie des neugewählten Papstes Johannes Paul II. ein.

Streitpunkt zwischen dem Vatikan und Nicaragua waren Priester wie Ernesto Cardenal, die in der sandinistischen Regierung Ministerämter bekleideten.

Für die Geistlichen, die aus den Basisgemeinden der Volkskirchen kamen, gab es keinen Widerspruch zwischen Christentum und Revolution, wie es Cardenal einmal formulierte. Ganz anders sah das der Vatikan. Als der Papst am 4. März 1983 zum ersten Mal Nicaragua besuchte, trat das gespannte Verhältnis offen zutage. Da er in Managua provozierend die antisandinistische Haltung Obando y Bravos rechtfertigte, schallten ihm Pfiffe und Buhrufe der sandinistischen Jugendorganisation entgegen.

Seit dem Papstbesuch ging Erzbischof Obando y Bravo noch mehr auf Distanz zur Regierung, predigte gegen die allgemeine Wehrpflicht, und rechtfertigte die Existenz der Contra. 1985 wurde er zum Kardinal ernannt, dem einzigen in ganz Mittelamerika. Politisch engagierte Priester, wie Ernesto und Fernando Cardenal, Miguel d'Escoto und Edgar Parales, die alle hohe Regierungsfunktionen bekleideten, wurden im gleichen Jahr vom Vatikan von ihren kirchlichen Ämtern suspendiert.

Der Besuch des Papstes wirkte sich auch auf die innenpolitische Entwicklung Nicaraguas aus: Die untereinander zerstrittenen antisandinistischen Oppositionsgruppen, vom Unternehmerverband COSEP über die rechtspolitischen Parteien bis zur bewaffneten Contra, hatten eine gemeinsame Symbolfigur. Das Bild des Papstes

Prozession am Christuskönigstag in Masaya

steht seitdem in den Schaufenstern der besseren Geschäfte, hängt in den Wohnstuben des schweigenden Bürgertums, ist in allen Büros antisandinistischer Organisationen zu finden. Das Bild des Karol Wojtyla soll eine Grenzlinie zwischen Christen und Sozialisten ziehen, obwohl eine klare Trennung in Nicaragua praktisch kaum möglich ist.

Daniel Ortega, ehemaliger Staatspräsident, und Obando y Bravo, der Erzbischof, kommen beide aus demselben Bergdorf in der Provinz Chontales. Seit den Friedensgesprächen von Esquipulas, in deren Folge der Staatspräsident den Erzbischof zum Vorsitzenden der Nationalen Versöhnungskommission gemacht hatte, bestimmten pragmatische Überlegungen ihr Verhältnis, das 1984 wegen Ausweisung ausländischer Priester, denen die Unterstützung der Contra nachgewiesen wurde, auf einem Tiefpunkt angelangt war. Im Wahljahr 1990 haben die FSLN und die Kirche ihren Frieden geschlossen.

Außenpolitik seit 1979: Beziehungen zu den USA

Die Nicaraguaner haben den USA gegenüber ein ambivalentes Verhältnis. Da stehen auf der einen Seite die historischen Interventionen sowie in der jüngeren Vergangenheit die langjährige Unterstützung der Somoza-Dynastie und schließlich die acht Jahre Reagan-Regierung. Und da gibt es die attraktive Seite Nordamerikas, den ›American way of life‹, die Verwandten in den USA und die Tausende nordamerikanischer Aufbauhelfer, von denen mehrere an der Seite von Nicaraguanern von der Contra ermordet wurden. Deshalb unterscheidet man in Nicaragua bei politischen Gesprächen immer zwischen der US-Regierung und dem Volk der USA.

Mit dem Regierungsantritt Reagans begannen 1981 die US-amerikanischen Destabilisierungsanstrengungen, die auf den Sturz der sandinistischen Regierung abzielten. Reagan hatte schon während

›La Prensa‹

Die 1929 gegründete Zeitung war unter ihrem Besitzer und Herausgeber Pedro Joaquín Chamorro das bürgerliche Oppositionsblatt. Nach der Ermordung Chamorros stand sie auf der Seite der FSLN und begrüßte 1979 in Schlagzeilen den Triumph der Revolution.

Als nach einem Jahr das neue Regierungsbündnis zerbrach, ging ›La Prensa‹ unter Leitung von Violeta Chamorro, der Witwe Pedro Joaquíns, wieder auf Distanz zur FSLN und zur Revolution. Der größte Teil der alten Belegschaft gründete daraufhin eine neue eigene Zeitung, ›El Nuevo Diario‹.

›La Prensa‹ wurde von nun an Plattform und Sprachrohr der antisandinistischen Kräfte: des besitzenden Bürgertums (das dafür viele Anzeigen plazierte), der katholi-

schen Kirche (die täglich Hirtenbriefe abdrucken ließ), der US-amerikanischen Positionen (deren Botschaft die Zeitung unterstützte) und des ›politischen Arms‹ der Contra, wie sich die Vereinigte Nicaraguanische Opposition selbst bezeichnete. Violeta Chamorro reiste immer wieder in die USA, um vor republikanischen Senatoren für ›humanitäre Unterstützung‹ der Contra zu werben, und ›La Prensa‹ bezog entschieden Stellung gegen die Wehrpflicht.

Auf dem Höhepunkt der Contra-Aktivitäten schloß die Regierung die Redaktion der Zeitung vorübergehend, weil ›La Prensa‹ mehrmals offensichtlich die Unwahrheit verbreitet hatte (was dem Pressegesetz des Landes widerspricht).

Daß die Schließung politisch unklug und zudem wirkungslos war, weil die antisandinistische Opposition auch über Radiosender in den Nachbarstaaten verfügte, war abzusehen. Das Verbot nützte nur ›La Prensa‹. Die journalistisch auf wenig anspruchsvollem Niveau berichtende Zeitung wurde in der Welt bekannt. Seit Jahren erscheint ›La Prensa‹ wieder.

des Wahlkampfs keinen Hehl daraus gemacht, daß er die ›lahme‹ Politik seines Vorgängers Carter gegenüber den Sandinisten nicht fortsetzen würde. Das seit 1981 von den USA forcierte Konzept der ›Low Intensity Warfare‹ beabsichtigte, durch terroristisch-militärische Aktionen, wirtschaftliche Sanktionen und begleitende Politpropaganda die soziale Basis der unliebsamen Revolutionsregierung ins Wanken zu bringen und die Wirtschaft zu schwächen. Eine entscheidende Funktion in dieser Form der ›Kriegsführung‹ kam der Contra zu, die von den USA als ›Kampftruppe für die Freiheit‹ mit Hunderten von Millionen Dollar unterstützt wurde. Parallel dazu verhängte Reagan ein Wirtschaftsembargo, sperrte alle Kredite und versuchte darüber hinaus, befreundete Staaten zu ähnlichen Maßnahmen zu bewegen. Die außen- und wirtschaftspolitische Isolierung Nicaraguas sollte den Erfolg der ›Low Intensity Warfare‹ sicherstellen.

Zwar gelangen der Contra 1982 und 1983 gelegentlich tiefe Einbrüche in nicaraguanisches Gebiet, aber eine dauerhafte Besetzung eines Landesteiles entlang der honduranischen Grenze konnte sie nicht erreichen. Um die wirtschaftliche Komponente der ›Low Intensity Warfare‹ zu verstärken, schossen die Contra mit Hilfe von US-Schiffen im Oktober 1983 die Öltanks im Hafen von Corinto in Brand, und der CIA verminte im Auftrag Reagans Anfang 1984 die nicaraguanischen Häfen. Als dies an die Öffentlichkeit kam, sperrte der US-Kongreß der Reagan-Regierung vorübergehend die Contra-Zahlungen, die mittlerweile auf 100 Mio. US-$ pro Jahr angestiegen waren. Doch lief die Unterstützung für die Contra weiter, z. B. über private Geldgeber, mit Hilfe anderer Länder (u. a. Israel und Saudi-Arabien) oder auch illegal durch die Weiterleitung von Dollars, die aus Waffengeschäften mit dem Iran stammten (Oliver North-Affäre).

Doch statt Nicaragua zu isolieren, gerieten die USA weltweit mehr und mehr in Mißkredit. Symptomatisch dafür waren z. B. die Verurteilung der USA wegen der Verminung durch den Internationalen Gerichtshof in Den Haag und die Verurteilung des Handelsembargos durch die überwältigende Mehrheit der UN-Vollversammlung am 22. November 1986, bei der nur die USA und Israel die Gegenstimme hielten.

Als die USA 1983 alle nicaraguanischen Konsulate im Land schloß, sollte dies ein weiterer Schritt zur Isolierung des ideologischen Gegners sein. Doch die Regierung Nicaraguas lockerte die Einreiseformalitäten für US-Bürger und kündigte an, in Zukunft die Visa bei der Einreise zu erteilen. Damit waren die Grenzen geöffnet. Es kamen so viele US-Bürger wie nie zuvor, um das ›neue‹ Nicaragua zu besuchen und an seinem Aufbau mitzuhelfen (1988: 70 000). Ein Netzwerk der Solidarität entstand. Zuerst zogen ca. 100 US-Bürger der Aktion ›Zeugen für den Frieden‹ in die Kriegszonen, ab Herbst 1983 halfen jedes Jahr Tausende von Brigadisten bei der Kaffee- und Baumwollernte mit und wohnten bei nicaraguanischen Familien. Als Reagan das Handelsembargo verlängerte (das erst nach dem Regierungswechsel im Februar 1990 aufgehoben wurde), steigerten die US-Solidaritätsgruppen ihre materielle Hilfe.

Mit der Unterzeichnung des Friedensabkommens von Esquipulas war offensichtlich geworden, daß die Nicaragua-Politik der USA gescheitert war. Insbesondere der militärische Part, der in der ›Low Intensity Warfare‹ der Contra zugedacht war, brach trotz umfänglicher logistischer Unterstützung der USA zusammen, weil die Sandinisten das Konzept der

Volksverteidigung dagegensetzten. Die Einführung der Wehrpflicht 1984, die in Nicaragua – wo sonst noch in der Welt? – auf den Widerstand der katholischen Kirche stieß, brachte eine schlagkräftige Armee zustande. Seit diesem Jahr haben alle Männer zwischen 18 und 25 nach der Ausbildung ihr Gewehr zu Hause. Da sich diese Waffen aber nicht gegen die Sandinisten richteten, war der US-Propaganda vom »kommunistischen Unterdrückungsregime der FSLN«, gegen das sich das nicaraguanische Volk unter Führung der Contra erhebe, der Boden entzogen. Kein anderer Präsident Lateinamerikas traue sich, sein Volk zu bewaffnen, war eines der häufig vorgetragenen Argumente Ortegas, mit dem er das gute Verhältnis zwischen Volk und Regierung unterstrich.

Obwohl die nicaraguanische Regierung viele der im Esquipulas-Abkommen gestellten Bedingungen erfüllte, blieb die grundlegende Ablehnung Washingtons gegenüber dem mittelamerikanischen Staat bestehen. Bei den Wahlen im Februar 1990 unterstützte die Weltmacht mit millionenschweren Wahlspenden die konservative Sammelbewegung UNO und deren Präsidentschaftskandidatin Chamorro.

Beziehungen zur Bundesrepublik Deutschland

Seit ihrem Amtsantritt 1982 bemühte sich die Regierung Kohl, die bundesdeutsche Mittelamerika-Politik in Übereinstimmung mit den USA zu bringen. Sofort sperrte sie einen von der sozialliberalen Regierung Schmidt zugesagten Kredit in Höhe von 40 Mio. DM, obwohl er projektgebunden für die Stromversorgung Managuas, den Aufbau von Gesundheitszentren und die Förderung privater Kleinbetriebe eingesetzt werden sollte.

In der Öffentlichkeit vertrat die Bonner Regierung das übernommene Zerrbild des totalitären, waffenstrotzenden Nicaragua, das die Revolution in die Nachbarstaaten tragen wolle. Diese Desinformation verharmloste die Contra (zu deren politischer Führung die CDU-nahe Konrad-Adenauer-Stiftung gute Kontakte unterhält) und rechtfertigte die großen Kredithilfen an die Fassaden-Demokratien El Salvador (200 Mio. DM 1984–88) und Guatemala (60 Mio. DM allein 1986). In diesen Jahren betonte die Bundesregierung immer wieder im Kontext ihrer Mittelamerika-Politik die »vitalen Nato-Interessen«, die eine »stärkere Lastenverteilung« erforderlich machten. Da die USA in Mittelamerika die militärische Seite dieses Interessenbündnisses nahezu allein trügen, hätten die europäischen Nato-Verbündeten, allen voran die Bundesrepublik, die wirtschaftspolitische Flanke zu übernehmen.

Konsequent stimmten deshalb die Regierungsfraktionen im Bundestag immer gegen Anträge der SPD und der Grünen, die die Wiederaufnahme der Entwicklungshilfe für Nicaragua, die Verurteilung der Contra oder die Einwirkung auf die USA zur Einstellung ihrer Contra-Hilfe forderten. Um nicht als ›amerikafeindlich‹ verdächtigt zu werden, schloß sich die Bundesregierung der ablehnenden US-Einstellung zur Friedensinitiative der Contadora-Gruppe an.

Im Gegensatz zur Bonner Politik entwickelten sich in vielen bundesrepublikanischen Städten und Gemeinden Solidaritätsbewegungen, aus denen, meist von Gewerkschaften, Dritte-Welt-Gruppen und Kirchen initiiert, Städtepartnerschaften entstanden. In diesem Ausmaß war das bisher in der deutschen Geschichte der internationalen Solidarität noch nicht dagewesen. So bestehen derzeit mehr als 20 Städtepartnerschaften, darunter so bekannte wie Hamburg - León, Freiburg - Wiwilí, Nürnberg - San Juan, Offenbach - Rivas, Frankfurt - Granada, Mainz - Diriamba.

Pro Jahr reisten bis 1990 ca. 8000 - meist junge - Bundesbürger nach Nicaragua und arbeiten im Rahmen dieser Partnerschaften vor Ort. »Entwicklungshilfe dieser Art«, konterte die Bundesregierung 1986 die neue Solidaritätsbewegung, falle »nicht in die Zuständigkeit der Kommunen«, und solche Partnerschaften würden »die Bundestreue untergraben«.

Wirtschaft

Das Erbe der Somoza-Diktatur umfaßte auf ökonomischem Gebiet nicht nur die durch den Bürgerkrieg zerstörten Industrieanlagen und Infrastruktureinrichtungen, sondern auch 2 Mrd. US-$ Auslandsschulden und vor allem eine auf die Interessen einiger Industrienationen zugeschnittene und von diesen Ländern extrem abhängige Wirtschaftsstruktur. Ausdruck der Abhängigkeit war - wie in fast allen Staaten Mittelamerikas - die Unterentwicklung, aufrechterhalten durch die Unterbindung einer verarbeitenden Industrie zugunsten eines Agrarkapitalismus, der billige Rohstoffe (z. B. Kaffee, Baumwolle) zu exportieren und Industriegüter zu importieren hatte.

Die fehlende Entwicklung im Industriebereich konnte auch die sandinistische Regierung nicht aufholen. Im Gegenteil: Unter den Bedingungen des Contra-Krieges und des US-Wirtschaftsboykotts, der Kapitalflucht und des Investitionsstopps der oppositionellen Unternehmer stand der Industriesektor Nicaraguas, in dem 10% der erwerbstätigen Bevölkerung beschäftigt sind, 1990 vor dem Ruin.

Anders verlief die Entwicklung auf dem Agrarsektor. Zu den ersten Maßnahmen nach der Revolution gehörten die Verstaatlichung des Grundbesitzes der Somozas und der mit ihnen ins Ausland geflohenen Familien sowie des ›nicht bearbeiteten Bodens‹, um eine Agrarreform durchzuführen. Gemäß der sandinistischen Losung ›Das Land denen, die es bebauen‹ hat die Agrarreform eine Eigentumsverteilung herbeigeführt, die weit über 100 000 Familien zu individuellem oder kooperativem Landbesitz verhalf. Grundnahrungsmittel wie Mais, Reis, Bohnen und Zucker gab es seither genügend.

Von Anfang an entschied sich die sandinistische Führung für eine Economía Mixta, für eine Mischung aus Staats- und Privatwirtschaft. Die Grundlage für den Staatssektor bildeten das von der Somoza-

Marktverkäufer vor einer Zuckerrohrladung

Familie zusammengeraffte Wirtschaftsimperium, alle Banken und Versicherungen, der Bergbau und der Außenhandel der wichtigsten Exportgüter. Trotz dieser Verstaatlichungen befanden sich bis 1990 noch 70% des volkswirtschaftlichen Vermögens in privater Hand, und immer spielte das private Unternehmertum die wirtschaftlich dominierende Rolle. Doch dessen ideologische Frontstellung gegenüber den Sandinisten und seine wirtschaftliche Verweigerung gegenüber dem Staat (Investitionsboykott und Kapitalflucht) zwang die Regierung immer wieder zu Kontroll- und Lenkungsmaßnahmen, insbesondere in Zeiten des Krieges.

Nach dem Sturz Somozas kümmerte sich die neue Regierung zuerst darum, die große Nachfrage nach staatlichen Sozialleistungen zu befriedigen: von kostenloser Gesundheitsversorgung über Nahrungsmittelsubventionen bis zur großen Alphabetisierungskampagne (s. S. 346). Dies forderte erhebliche finanzielle Mittel, zumal Nicaragua die Raten seiner Auslandsschulden immer pünktlich bezahlte. Die Vernachlässigung des produktiven Sektors war die unausweichliche Folge.

Die Erzeugung der wichtigsten Agrarexportgüter Kaffee und Baumwolle sowie der Nahrungsmittel, befanden sich, ebenso wie der Handel und das Handwerk, mehrheitlich in privatem Besitz. Großgrundbesitzer und Handelsbürgertum verfügten nach wie vor über beträchtliches Vermögen. Der politischen Herrschaft der FSLN, die durch ökonomische Rahmenbedingungen mehr Gleichheit und soziale Gerechtigkeit durchsetzen wollte, stand die ökonomische Macht des privaten Unternehmertums und ihrer Organisation COSEP (Consejo Superior de la Empresa Privada = Oberster Rat der Privatunternehmen) gegenüber. Dies führte immer wieder zu Spannungen, da Versorgungsengpässe unter diesen Bedingungen keine Seltenheit waren.

Nicaragua kann Devisen fast ausschließlich aus dem Verkauf von Baumwolle, Kaffee, Zucker und Fleisch erwirtschaften. Die geerbten Produktionsstrukturen und außenwirtschaftlichen Abhängigkeiten konnten die Sandinisten nicht ändern. Notgedrungen mußten sich ihre Exportbemühungen nach dem US-Boykott auf die Länder der EG und des COMECON konzentrieren, deren Importbedarf begrenzt war. Hinzu kam, daß Auslandsschulden, Erdöl und Ersatzteile für den bisher ausschließlich aus dem Westen stammenden Maschinenpark mit Westdevisen beglichen werden mußten. Erschwerend für Nicaragua änderten sich zudem die sog. Terms of Trade (Handelsbedingungen) für Kaffee und Bananen zu seinen Ungunsten. Allein die Auslandsschulden und die Ausgaben für die Erdölimporte verschlingen seit Jahren über 50% aller Exporterlöse.

Anfang 1989 legte die Regierung ein Wirtschaftsprogramm vor, das innerhalb des Konzepts der gemischten Wirtschaft durch eine Concertación (gemeinsame Aktion) von Regierung und Unternehmern die Produktion steigern sollte.

Dagegen setzt die 1990 neugewählte Präsidentin Chamorro auf das nationale Unternehmertum und Kapitalhilfen aus den USA.

Orts- und Landschaftsbeschreibungen

Managua

Managua, ca. 50 km vom Pazifik entfernt am südwestlichen Ufer des Managua-Sees gelegen, ist keine Stadt im herkömmlichen Sinne. Am ehesten läßt es sich als eine großräumige Ansammlung von Dritte-Welt-Vorstädten beschreiben; so gibt es Viertel mit Bungalows und Villen, andere mit armseligen Holzhütten oder gesichtslosen Büro- und Industriekomplexen und wiederum andere, in denen alle diese Gebäude nebeneinander zu finden sind. Diese Vorstädte gruppieren sich im Halbkreis um einen vom Seeufer ausgehenden Landstrich – eine Steppe, die Standort von Stahlbetonskeletten, zerstörten Hochhäusern sowie vereinzelten Neubauten ist.

Hier war Managuas Stadtzentrum, das 1972 – wie schon einmal zuvor im Jahr 1931 – von einem furchtbaren Erdbeben fast gänzlich zerstört wurde. Nur wenige Gebäude, so z. B. der pyramidenförmige Bau des Hotels Intercontinental, das schlanke Hochhaus der Banco de América und der Nationalpalast, überstanden die Naturkatastrophe. Den Wiederaufbau verhinderte die damals regierende Somoza-Sippe, teils aus Sicherheitsüberlegungen, in erster Linie aber aus Spekulationsgründen, um den Wert ihrer Grundstücke in den äußeren Stadtbezirken in die Höhe zu treiben.

Erst die 1979 an die Macht gekommene sandinistische Regierung ließ den Schutt aus dem ehemaligen Stadtzentrum entfernen und begann im Rahmen ihrer bescheidenen ökonomischen Möglichkeiten mit einer schrittweisen Restaurierung.

Dem Besucher präsentiert sich Managua somit als Ort mit weiten Entfernungen, schlechten Verkehrsverbindungen und nur wenigen städtebaulich markanten Orientierungspunkten. Es bedarf in jeder Hinsicht einiger Improvisationsfähigkeit, um sich als Fremder in dieser Stadt zurechtzufinden. Nur die drei großen Ausfallstraßen werden im ortsüblichen Sprachgebrauch beim Namen genannt: die nach Osten und Norden führende Ctra. Norte, die nach Westen und Süden führende Ctra. Sur sowie die nach Masaya (d. h. auch nach Süden) führende Ctra. Masaya.

Der Besucher sollte sich darauf einstellen, daß man ihm auf seine Frage nach einem bestimmten Ziel ein allgemein bekanntes Objekt nennen wird (ein Kino, ein Hotel, ein Restaurant oder dergleichen) und dann hinzufügt, wie viele *Cuadras* (Blocks) er von dort aus in welche Richtung zu gehen habe. Wobei nur der Süden auch mit ›*al sur*‹ bezeichnet ist, der Norden hingegen mit ›*al lago*‹ (Richtung See), der Westen mit ›*abajo*‹ (unten, gemeint ist, ›wo die Sonne untergeht‹) und entsprechend der Osten mit ›*arriba*‹ (oben, ›wo die Sonne aufgeht‹) umschrieben wird.

Die ersten Spuren einer Besiedlung des Gebietes sind an die 6000 Jahre alt – und sie bekunden die Vernichtung dieser Siedlung durch eine Naturkatastrophe. Vermutlich handelte es sich um einen Ausbruch des Masaya-Vulkans, der Ascheregen über die Behausungen urzeitlicher Jäger am Ufer des Xolotlán (so der Name in der Nahuatl-Sprache der Indios) niedergehen ließ und Mensch und Tier zur Flucht über den See veranlaßte, wobei sich die Füße der Flüchtenden tief in das weiche Sediment des Uferschlamms eingruben. Schließlich legte sich die Asche konservierend über die Fußabdrücke, die 1874 beim Abtragen von Bausteinen entdeckt wurden. Diese Huellas (Spuren) de Acahualinca, so benannt nach dem Stadtteil Acahualinca im äußersten Nordwesten von Managua, bilden heute den Mittelpunkt eines kleinen **archäologischen Museums** (Di–Fr 10–16 Uhr; Sa, So 9–16 Uhr).

Als die Spanier 1522 erstmals an das Ufer des Xolotlán vordrangen, stießen sie südöstlich der heutigen Hauptstadt auf eine Siedlung. Die hier lebenden Indios sprachen Nahuatl, und aus ihrem Wort ›anahuac‹ (›nahe dem Wasser‹) entstand der heutige Stadtname Managua.

1528 berichtete ein spanischer Chronist von einer »langgestreckten Siedlung« am Ufer des Xolotlán, wo 40 000 Indios »in Plätze und Barrios geordnet« ihre Häuser errichtet hätten, um im Falle eines Vulkanausbruches in Booten auf das Wasser hinaus flüchten zu können. 1751 lebten nur noch ca. 4400 Menschen in dieser Siedlung. Laut Berichten des Mönchs Bartolomé de Las Casas wurden Zehntausende Indios umgebracht, andere als Arbeitssklaven zu Tode gemartert und der Rest als Lastenkulis nach Panama deportiert.

Vier Jahre bevor Nicaragua seine Unabhängigkeit erlangte (1821), erhielt »das Dorf Managua in Würdigung der Treue und unabänderlichen Loyalität, die es seiner Majestät erwiesen hat«, vom spanischen Herrscher Ferdinand VII die Markt- und 1846 unter der interimistischen Regierung José María Sandrés die Stadtrechte. 1852 wurde Managua – als ›Kompromiß‹ zwischen den beiden traditionellen Zentren León und Granada – Sitz der Regierung.

Stele bei den Fußspuren von Acahualinca in Managua

Der erste Kaffeeboom veranlaßte die in Managua lebenden Plantagenbesitzer, die in den umliegenden Landgebieten siedelnden Kleinbauern von ihrem Boden zu vertreiben, um neue Anbauflächen zu gewinnen. Dadurch stieg die Einwohnerzahl Managuas seit 1841. Ende des 19. Jh. lebten bereits 15 000 Menschen in der Stadt.

Auf über 100 000 Einwohner wuchs Managua erst um 1950, als Folge eines Baumwollbooms, der abermals neue Anbauflächen im Umland erforderlich machte und somit die nächste Welle von Landbewohnern in die Stadt führte.

Lebten 1950 nur 10% der Nicaraguaner in der Hauptstadt, so ist es heute bereits ein gutes Drittel. Die Einwohnerzahl stieg bis 1970 auf etwa 400 000 und auf 600 000 im Revolutionsjahr 1979. Inzwischen ist sie etwa bei einer Million angelangt. Die explosionsartige Steigerung resultiert einerseits aus dem Krieg, der viele Bewohner der ländlichen Gebiete im Norden und Osten Nicaraguas etappenweise in die Hauptstadt vertrieb. Andererseits läßt sich heute – selbst im wuchernden informellen Sektor (Straßenhandel etc.) – in der Metropole wesentlich leichter ein Einkommen erzielen als mit landwirtschaftlicher Arbeit. Auf diese Weise wurde Managua zu einem Moloch, der nahezu nichts produziert, aber gut die Hälfte der Nahrungsmittel Nicaraguas aufzehrt. Um dieser Entwicklung gegenzusteuern, wurden innerhalb des Stadtgebietes große brachliegende Flächen für die landwirtschaftliche Nutzung erschlossen.

Ungewollt förderte die Stadtverwaltung das Chaos, das mit dem schnellen Wachstum Managuas verbunden war. Sie wies den Neuankömmlingen großzügig Siedlungsland zu und installierte dort schnell und unbürokratisch die Strom- und Wasserzufuhr. Diese sog. spontanen Siedlungen weisen somit bedeutende Vorzüge gegenüber den Elendsvierteln anderer lateinamerikanischer Metropolen auf. Jedoch führten die städtischen Maßnahmen zu einer völligen Überlastung der ver-

Der Managua-See: Abfalleimer der Stadt

Viel stärker als in den Industrieländern sind die Gewässer in den Entwicklungsländern durch die Zivilisation in Mitleidenschaft gezogen. Das ist vor allem deshalb ein Problem, weil damit direkt in einen Lebensraum eingegriffen wird, der menschliche Grundbedürfnisse deckt: Trinkwasser, Nahrung, Hygiene u. a. m.

Der Managua-See, jahrhundertelang ein wunderschöner Binnensee und für die Bewohner Managuas Bestandteil ihrer Lebensqualität, ist zur Mülldeponie der Hauptstadt verkommen. Der See ist heute derart verdreckt, daß er nach ökologischen Maßstäben bereits umgekippt ist. Faktisch werden alle Haushalts- und Industrieabwässer der Stadt seit jeher ungeklärt in den Managua-See geleitet. Zur Zeit Somozas konnten ausländische Investoren gegen eine 50%ige Beteiligung von Mitgliedern des Somoza-Clans hier ohne jedwede Umweltauflagen Industriebetriebe errichten. Sie sind noch immer die Hauptverschmutzer des Sees. Zur Umrüstung dieser Anlagen auf eine umweltfreundlichere Technologie fehlt es den neuen Eigentümern (zumeist der Staat) an Devisen, und andererseits ist die Produktion vieler solcher Betriebe lebensnotwendig (so stellt z. B. der gefährlichste Verschmutzer des Sees jenes Chlor her, ohne das die Trinkwasserversorgung Nicaraguas zusammenbrechen würde).

Unmittelbar nach ihrem Sieg beauftragte die sandinistische Regierung 1979 das unabhängige IRENA-Institut, die tatsächliche Belastung des Sees festzustellen, um Maßnahmen zu seiner Rettung vorzubereiten. Das Ergebnis war niederschmetternd: Tausende von Tonnen an teils hochgiftigen Chemikalien (Chlor, Stickstoff, Phosphor etc.) werden pro Jahr in den See geleitet. Hinzu kommen Millionen von Kubikmetern ungereinigter Stadtabwässer. Zur Verbesserung der Wasserqualität des Managua-Sees gibt es bis heute nur Pläne. Ihre Realisierung würde mehr als 5 Mrd. US-$ kosten, was 70% der heutigen Auslandsschulden entspricht.

Ruine der Kathedrale von Managua

alteten infrastrukturellen Anlagen aus Somozas Zeiten, die zudem wegen der schwierigen Ersatzteilbeschaffung (Wirtschaftsembargo der USA) nur unzulänglich repariert werden können. Daher bricht mitunter die Stromversorgung zusammen, die Wasserzufuhr muß regelmäßig unterbrochen werden, und das Kanalisationsnetz kann zur Regenzeit die Abwässer nicht mehr aufnehmen.

Besichtigung

Managua lernt man am besten bei einem geruhsamen Fußmarsch kennen.

Rundgang 1: Wir beginnen an der Plaza de la Revolución, zwischen Kathedrale und Nationalpalast.

Die **Kathedrale** (spätes 18. Jh.) – besser: was von ihr nach dem Erdbeben übrigblieb – ist durchaus sehenswert: eine stimmungsvolle Ruine ohne Dach, deren Inneres von der tropischen Vegetation nach und nach erobert wird.

Auch der **Palacio Nacional** lohnt einen Besuch. Im Jahr 1978 erstürmte ein Kommando der Frente Sandinista den Palast, bedrohte mehrere Mitglieder von Somozas Parlament und erzwang so die Freilassung von politischen Gefangenen. Dieses Gebäude ist eines der letzten Relikte kolonialzeitlicher Architektur mit großen Innenhöfen und mit Treppenaufgängen, deren Wände seit einigen Jahren verschiedene lateinamerikanische Künstler mit Fresken schmücken. Heute beherbergt der Palast mehrere Behörden, so daß der aufmerksame Besucher auch einen Eindruck von den Gepflogenheiten der örtlichen Bürokratie gewinnen kann.

Im Parque Central am Rande der Plaza de la Revolución befindet sich das **Grabmal Carlos Fonsecas,** des Gründers der Frente Sandinista. Südlich davon trifft man auf das ehemalige **Gran Hotel,** heute ein Kulturzentrum, in dessen Innenhof häufig Werke zeitgenössischer Maler ausgestellt werden. Tagsüber kann der Besucher mitunter eine Ballett-Probe oder dergleichen beobachten, abends finden in den Ruinas del Gran Hotel häufig Autorenlesungen, Konzerte etc. statt.

An der seenahen Seite des Parque Central sieht man ein **Denkmal** zu Ehren von **Rubén Darío** und das nach dem Dichter benannte Theater – beides eindrucksvolle Beispiele für den städtebaulichen Geschmack somozistischer Prägung.

Etwas weiter im Westen befindet sich vor einem großen freien Platz die Tribüne, die an hohen Revolutionsfeiertagen zum Zentrum von Massenkundgebungen wird.

Das hinter diesem freien Platz einsam aufragende und mit bunten Fassadenmalereien geschmückte Gebäude beherbergt das Hauptpostamt (Telcor).

An der breiten, zum Hotel Intercontinental hinaufführenden Straße (Av. Simón Bolívar) steht ein neueres **Monumentaldenkmal.** Es zeigt in sozialistisch-realistischer Darstellungsweise einen Guerillero; am Sockel steht das Sandino-Zitat: »Nur die Arbeiter und Bauern werden bis zum Ende durchhalten.«

Managua 1 Museo Huella de Acahualinca 2 Bahnhof 3 Kathedrale 4 Palacio Nacional 5 Parque Central und Plaza de la Revolución 6 Teatro de Ruben-Darío 7 Telcor (Telefonzentrale) 8 Museo Nacional 9 Parlament 10 Parque Velásquez und Touristeninformation im Pavillon 11 Baseball-Stadion 12 Banco de América 13 Museo de la Alfabetización 14 Touristeninformation 15 Loma 16 Ministerio del Interior 17 Botschaft der Bundesrepublik Deutschland 18 Plaza España 19 Ministerio de Cultura 20 Universidad Centroamericana 21 Plaza 19 de Julio 22 Mercado Roberto Huembes 23 Museo de la Revolución 24 Mercado Israel Lewites **Hotels** 25 Colibrí 26 Intercontinental 27 Lido 28 King's Palace

Das **Museo Nacional** nahe der Plaza de la Revolución, Richtung Ctra. Nte., stellt ethnologische und naturwissenschaftliche Exponate aus (Mo–Fr 10–16 Uhr).

Rundgang 2: Von der Plaza de la Revolución läuft man in südlicher Richtung hinauf zur Pyramide des Hotels Intercontinental. Der Weg verläuft entlang der Av. Bolívar oder etwas links davon durch den **Parque Velásquez,** in dem sich Grünanlagen und Sportplätze aneinanderreihen. Hier wucherten vor wenigen Jahren noch Unkraut und Gebüsch über den Trümmern ehemaliger Innenstadtgassen.

Das Hochhaus der Banco de América am Ende dieser Anlage überstand das Erdbeben von 1972. Heute sind diverse Regierungsstellen dort untergebracht, und im Neubau dahinter tagt Nicaraguas Parlament. In den benachbarten Gebäuden waltet der Staatspräsident seines Amtes. Etwas weiter östlich befindet sich das 1987 eröffnete **Kongreßzentrum ›Olof Palme‹.** Es entstand auf den Grundmauern einer Kirche und eines anderen 1972 eingestürzten Gebäudes.

An der Verkehrsampel vor dem Hotel Intercontinental biegt man links ab und umrundet die **Hügelkuppe Loma.** Im rie-

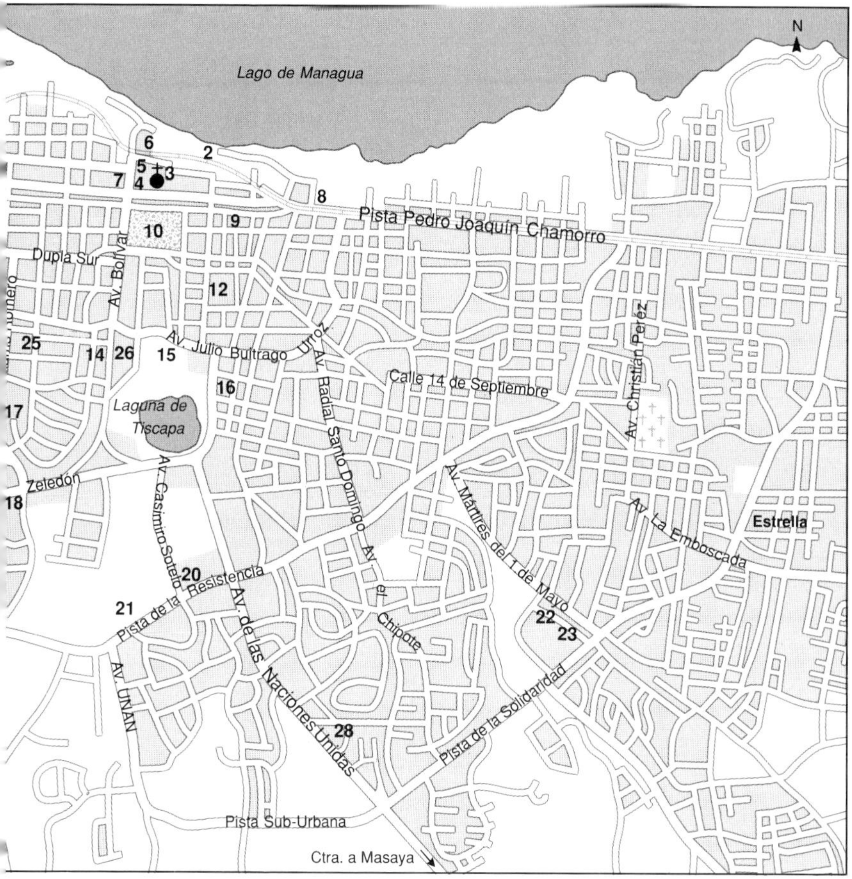

sigen Bunker, der gut getarnt unter der Hügeldecke verborgen liegt, residierte einst Somoza mit seinen Militärs. Daneben wurden in tief in die Erde hineingebauten, engen Zellen politische Gefangene festgehalten.

Dieser unterirdische Komplex wird nun gemeinsam von Verteidigungs- und Innenministerium genutzt und beherbergt u. a. das zentrale Militärhospital. Das gesamte Gelände ist Sperrgebiet (Fotografierverbot!). Von der Ampel an der Av. Bolívar führt eine Straße zum **Mercado Oriental** und zu eigentümlich aussehenden Tribünen. Von ihnen pflegten Somoza und seine Vertrauten zu beobachten, wie die Nationalgardisten auf der davor angelegten Hindernisbahn ›geschliffen‹ wurden. Gegenüber steht eine Reihe älterer Häuser, die erahnen läßt, wie prächtig Managuas Innenstadt vor dem Erdbeben ausgesehen hat. Es folgt ein Neubau: die Zentrale des Innenministeriums. Die Worte über dem Eingang bedeuten übersetzt: »Hier arbeiten die Hüter über die Fröhlichkeit des Volkes.« Das ist kein zynischer Witz, sondern eine für europäische Ohren pathetisch klingende Ausdrucksweise, deren sich auch Comandante Tomás Borge bediente, der einzige Überlebende aus der Gründergeneration der FSLN.

Hinter dem Innenministerium führt eine leicht ansteigende Gasse zur Lagune von Tiscapa an der Rückseite der Loma. Empfehlenswert ist das auf dem Hügel gelegene Restaurant (Mirador Tiscapa), von dem man einen schönen Ausblick auf die Loma und die Lagune hat.

Der Weg setzt sich entlang der Lagune nach rechts fort. Richtung Süden kann man hinter Bohnen- und Maisfeldern (eines der im Stadtgebiet angelegten landwirtschaftlichen Produktionszentren) das als Wohngegend beliebte Viertel Jonathán González erkennen, dahinter die freie Fläche der Plaza 19 de Julio, das Ausstellungs- und Veranstaltungsgelände Pinata sowie die Anlage der Universidad Centroamericana (UCA) und der Technischen Universität. Am Ende der Lagune geht es zunächst etwas bergauf bis zum Eingang des Militärhospitals und dann bergab nach Westen, vorbei am Literaten-Café Yerba buena (s. S. 367), bis zur Plaza España.

In der Nähe der Plaza España befindet sich das **Museo de la Alfabetización,** nahe der Ctra. Sur (bei km 3,5), in dem die Alphabetisierungskampagne des Jahres 1979 ausführlich geschildert und dokumentiert ist.

Von der Plaza España führt die Straße in Richtung See zur Botschaft der BRD. Sie und die US-Botschaft sind die einzigen in der Stadt, die auf den sie umgebenden Mauern noch zusätzlich Nato-Stacheldrahtrollen angebracht haben. Aber nicht deshalb, weil sie sich vor Übergriffen der Nicaraguaner schützen müßten, sondern weil hier regelmäßig deutsche bzw. US-amerikanische Entwicklungs- und Aufbauhelfer gegen die Politik ihrer Heimatländer demonstrieren. Auf der Höhe des Cine Dorado (ein Kino, das häufig in Zusammenhang mit Ortsangaben genannt wird) geht es rechts ab zum Stadtviertel Marta Quezeda mit seinen zahlreichen preiswerten Gasthäusern *(Comedores)* und Pensionen *(Hospedajes).* Am Hotel Intercontinental trifft man wieder auf die Av. Bolívar. Hier lädt die Terrasse des Restaurants Los Antojitos mit ihren Papageien-Käfigen zu einer Rast ein.

Eine Besichtigung Managuas sollte unbedingt einen Marktbesuch einschließen. Hier bietet sich beispielsweise der **Mercado Oriental** an, der sich zum Zentrum des Schwarzhandels entwickelte. In den heruntergekommenen Buden ist gegen entsprechende Summen fast alles zu haben. Mit dem relativ neuen **Mercado Roberto**

Huembes hingegen versucht die Stadtverwaltung, die Versorgung der Bevölkerung durch Dezentralisation zu verbessern; empfehlenswerte Kunsthandwerk-Sektion *(Artesanía).*

Am Westrand des Mercado Roberto Huembes befindet sich das **Museo de la Revolución.** Es bietet einen aufschlußreichen Überblick über die jüngere Geschichte Nicaraguas (Mo–Fr 9–17, Sa 9–12 Uhr).

Ein Besuch der Universidad Centroamericana lohnt vor allem für politisch Interessierte, die die Landessprache beherrschen. In der mit sehenswerten Graffiti geschmückten Cafetería läßt sich leicht ein Gespräch anknüpfen.

Die ärmeren Bevölkerungsschichten leben in sog. Barrios. Ein typisches Quartier ist das Barrio Austria gegenüber der Einfahrt zum Ministerio de Salud. Doch sollte man die Gegend nicht wie einen Zoo mit menschlichem Inventar besichtigen, sondern sich vor dem Besuch im Büro des zuständigen Stadtteilkomitees (CDS) über das Viertel und seine Probleme informieren.

Hotels

Bei der Auswahl der Unterkunft empfiehlt es sich, die Transportfrage zu berücksichtigen. Wer auf öffentliche Verkehrsmittel angewiesen ist, sollte sich ein Quartier in der Gegend des ehemaligen Stadtzentrums suchen. Das Angebot reicht hier von Häusern internationaler Hotelketten bis zu äußerst einfachen, häufig nicht sehr sauberen, dafür aber preisgünstigen Unterkünften.

Gut und teuer: Hotel Intercontinental, Av. Bolívar Sur/1a Av., am Fuß der Loma, nahe dem ehemaligen Stadtzentrum, ✆ 2 35 31–9; Camino Real, Crta. Nte. (km 9), in der Nähe des Flughafens, ✆ 3 13 81–5; Las Mercedes, Crta. Nte. (km 11), nahe dem Flughafen, ✆ 3 21 11–9.

Diese drei Hotels sind die besten Häuser am Ort: mit guten Restaurants, Bars, Dollar-Shops und Swimmingpools; das Camino Real verfügt dazu über einen Tennisplatz.

Mittelklasse: Hotel Ticomo (bei km 8,5), etwas abseits der Ctra. Sur auf einem parkartig gestalteten Hügel gelegen, ✆ 5 02 10, Tennisplatz und Swimmingpool, schön, aber umständlich zu erreichen; Hotel D'Lido im relativ zentralen Barrio Altagracia, ✆ 2 88 04 und 66 45 60, kleiner Swimmingpool; Hotel Estrella, etwa auf halbem Weg zwischen Ctra. Nte. und Mercado Roberto Huembes an der Pista de la Solidaridad, ✆ 7 57 62 und 97 01 03; Hospedaje Colibrí, sehr zentral gelegen, ✆ 2 74 20, einfache Bungalow-Anlage; King's Palace, bei km 5 der Ctra. Masaya, ✆ 7 45 48; Morgut, Nähe Kino Cabrera, ✆ 2 21 66, kleines Hotel.

Einfach und preiswert: Carlos, 8 a Calle, S. O., ✆ 2 25 54; El Portal, 8 a Calle. S. O., ✆ 66 25 58; El Molinito, 8 a Calle, S. E., ✆ 66 44 31.

Restaurants

Die Auswahl an Restaurants ist nicht groß, die Menüs sind meist eintönig. Die Preisdifferenzen lassen sich eher mit der Ausstattung des jeweiligen Lokals und der Anzahl des Service-Personals erklären als mit einer unterschiedlichen Qualität des Essens. Für ein Hauptgericht bezahlt man ab ca. 5 US-$ aufwärts.

Hotels Intercontinental und Camino Real (Adressen s. Hotels), opulente und preiswerte Frühstücks-Buffets, empfehlenswert; La Marseillaise, Telcor V. Fontana 4 a Calle al Lago in Los Robles, ✆ 7 02 24, bestes Restaurant Managuas, wird von einem Schweizer betrieben, bietet eine ans örtliche Angebot angepaßte französische Küche, gutes Angebot an Weinen, üppiges Salat-Buffet. Manuel García, einer der bekanntesten naiven Maler des Landes, wartet manchmal vor dem Restaurant und bietet den Besuchern an, sie zu malen; El Tucán, bei km 7,5 der Ctra. Sur, ✆ 5 14 86, einheimische Küche, italienische, Schweizer und österreichische Spezialitäten, empfehlenswert; Panorama, nahe dem Park von Las Piedresitas, ✆ 5 17 06, schöne Aussicht; ebenso im Restaurant Mirador oberhalb der Tiscapa-Lagune, ✆ 2 59 45; Los Ranchos, nahe km 3,5 der Ctra. Sur, ✆ 6 05 26, argentinische Küche (sehr gutes Rindfleisch), ebenso Los Gauchos, am Anfang der Ctra. Masaya, ✆ 2 25 40; Lobster Inn, bei km 6,5 der Ctra. Sur, ✆ 5 16 28, bestes Fisch-Restaurant; China Palace, an der Pista de la Resistencia nahe der Kreuzung Ctra. Masaya, ✆ 7 08 48, chinesische Spezialitäten; Los Antojitos, gegenüber dem Intercontinental, ✆ 2 48 66, mexikanische Küche, zentrale Lage, große Terrasse, beliebter Treffpunkt der *Internationalistas* (wohlsituierten Ausländern); Las Cabañas, im Intercontinental, mexikanische Spezialitäten, sehr teuer; El Cipito, drei Straßenzüge westlich und einen südlich des Intercontinental, ✆ 2 49 29, tagsüber kleine Imbisse, abends ein relativ abwechslungsreiches Speisenangebot, regelmäßig Kulturveranstaltungen, beliebter Treffpunkt von Ausländern; Rincón Criollo, an der Pista de la Resistencia, gegenüber dem Gebäude Julio Martínez, volkstümliches Restaurant mit ambitioniertem (Küchen-)Chef.

Comedores an nahezu jeder Straßenecke, sehr preisgünstiges Essen für eilige Gäste.

Verkehrsmittel

Stadtbusse: Preiswert und ständig überfüllt; Busse fahren zwischen 5 und 21 Uhr.

Überlandbusse: Etwas unbequem, langsam und ebenfalls stets überfüllt, aber nicht von Dieben heimgesucht, sind die Überlandbusse, mit denen man jede größere Stadt Nicaraguas erreicht. Richtung

Granada, Masaya, Matagalpa, Jinotega, Estelí und Ocotal vom Terminal Casimiro Sotelo am Mercado Roberto Huembes.

Chinadega, León, Pochomil, Rivas, San Juan del Sur und zum Grenzübergang Sapoa–Peñas Blancas vom Terminal am Mercado Israel Lewites.

Juigalpa und Rama vom Terminal Oscar Benavides im Centro de las Américas.

Taxis: Wer frühmorgens pünktlich am Flughafen sein muß und auf ein Taxi angewiesen ist, kann beim Hotel Intercontinental anrufen (✆ 23 531-9) und dort den Taxi-Service verlangen. Diese Taxis sind zwar relativ teuer (von der Stadt zum Flughafen mind. 10 US-$), aber erfahrungsgemäß recht zuverlässig.

Sammeltaxis: Wer sich nicht als Mitglied einer Reisegruppe in einem für Besichtigungszwecke gemieteten Bus durch die Stadt bewegt oder keinen ortskundigen Führer zur Seite hat, sollte sich auf längere Fußmärsche einstellen und sich bei größeren Distanzen eines Sammeltaxis bedienen.

Bis auf ganz wenige Ausnahmen sind in Managua alle Taxis Colectivos. Man stellt sich in der gewünschten Fahrtrichtung an den Straßenrand, winkt einen Wagen herbei und sagt dem Fahrer das Ziel. Daraufhin entscheidet der Taxista, ob das angegebene Ziel in seine Route paßt und man zusteigen kann. Einen Taxameter gibt es im Wagen nicht, wohl aber staatlich festgesetzte Preise pro durchquerter Zone. Diese Preistabellen werden regelmäßig samt den Zonenplänen in den Tageszeitungen veröffentlicht. Als Faustregel kann gelten: Eine Fahrt innerhalb der Stadtgrenzen darf nicht mehr als den Gegenwert eines US-$ kosten.

Eisenbahn: In Nicaragua mit dem Zug zu reisen bedeutet, auf Komfort zu verzichten. Doch die uralten Garnituren der Waggons, die auf noch älteren Schienensträngen fahren, entbehren nicht eines gewissen Charmes.

Bahnhof von Managua nahe der Plaza de la Revolución, von dort in Richtung Ctra. Nte. gehen; Züge nach Granada und León.

Flüge: Direkte Flugverbindungen zwischen Managua und Europa mit Aeroflot, Cubana, Iberia und KLM; außerdem tgl. Verbindungen zu den Hauptstädten der anderen zentralamerikanischen Staaten sowie nach Miami.

Die nationale Fluglinie Aerónica fliegt im Inland regelmäßig San Carlos, Bluefields und Puerto Cabezas an. Da für die beiden letztgenannten Orte häufig Sondergenehmigungen erforderlich sind, empfiehlt es sich, rechtzeitig in einem der Aerónica-Büros an der Plaza España oder auf dem Flughafen anzufragen.

Leihwagen: Die Niederlassungen der internationalen Leihwagenfirmen befinden sich in der Halle des Hotels Intercontinental. Wesentlich kostengünstiger ist es, von einer Privatperson ein Auto zu mieten (pro Tag von 10 US-$ aufwärts). Entsprechende Angebote hängen stets im Club Internacional de Prensa aus (nahe der Plaza España); Adressen: Targa, Hotel Intercontinental, ✆ 2 48 75; Budget, Hotel Intercontinental, ✆ 2 35 30 (Zentrale: de Montoya, Calle 1; ✆ 2 55 67 oder 2 48 27); Hertz, Ctra. Sur bei km 4, ✆ 66 64 61.

Unterhaltung

Lokale mit regelmäßigen Kulturprogrammen, die als Intellektuellen-Treffpunkte gelten, sind

Der Junge verdient sich Geld mit Scheibenwischen

das Literaten-Café Yerba buena in der Nähe der Plaza España, ✆ 2 23 31, Zeitungen, Zeitschriften und Postkarten, manchmal Live-Konzerte (tgl. 16–21 Uhr); Cafetería am Parque El Carmen, betrieben von der nationalen Künstlervereinigung.

Rubén Darío Theater, Kulturzentrum in den Ruinas del Gran Hotel, und Cinemateca, beide an der Plaza de la Revolución, häufig interessante Theater- und Kleinkunst-Programme.

Diskotheken: Lobo Jack und Infinito, beide in der Ciudad Plástica an der Kreuzung Ctra. Masaya/Pista de la Solidaridad.

Tanzlokale: Mirador, an der Tiscapa-Lagune; Mau Mau und Piano Bar, beide nahe dem Hotel Intercontinental; Bambi und Pinguino, an der Ctra. Nte., nahe dem Gelände El Nuevo Diario, Musik der karibischen Küste.

Biergarten Munich, Verbindungsstraße von der Ctra. Sur nach Linda Vista, bis spät in die Nacht geöffnet, Mariachi-Gruppen; Nachtclub Típico Habaña, Ctra. Sur bei km 8,5, mit Striptease-Darbietungen.

Feste

Alljährlich an zwei Wochenenden im August wird mit kirchlichen Zeremonien, Amateur-Stierkampf und reichlich Alkohol das Fest des Patrons der Stadt, des Sto. Domingo, gefeiert.

Der höchste kirchliche Feiertag ist Purísima am 8. Dezember, an diesem Tag treten die Belegschaften diverser Großbetriebe entlang der Av. Bolívar bei der Ausschmückung (kitschiger) Altäre die anschließend zu Weihnachtskrippen umgestaltet werden, in Konkurrenz.

Sport

Nicaraguas Nationalsport ist Baseball. Die großen Spiele finden meist Samstag nachmittags im Nationalstadion Rigoberto López Pérez nahe dem ehemaligen Stadtzentrum (an der Flutlichtanlage von weitem zu erkennen) statt; Karten an der Tageskasse.

Schwimmbäder in den Hotels Intercontinental und Camino Real. Lagune von Xyloa, angelegtes Naherholungsgebiet, wenige Kilometer außerhalb der Stadt, Zufahrt über die Ctra. Nueva León.

Einkaufen

Alle Arten von kunsthandwerklichen Produkten werden auf dem Mercado Roberto Huembes angeboten. Das größte und preisgünstigste Angebot an Leder-Taschen und -Gürteln gibt es in der Abflughalle des Flughafens. Das best-

Baseball ist die beliebteste Sportart in Nicaragua

sortierte Angebot an Konsumartikeln bietet die Tienda diplomática (Beginn der Ctra. Masaya). Achtung: nur US-$ werden als Zahlungsmittel akzeptiert!

Bücher, Schallplatten und Musikkassetten in: Librería del Centro A. Valdivieso, nahe der Tiscapa-Lagune; Librería Ocarina, Ctra. Sur, km 3,5; Buchhandlung auf dem Gelände der Universidad Centroamericana.

Für Kunstinteressierte: Verkaufsgalerien für zeitgenössische nicaraguanische Maler sind: Praxis, nahe der Botschaft der BRD; Los Pipitos, gegenüber der Policlínica Nicaraguense, sowie Josefina nahe dem Munich; regelmäßig Verkaufsausstellungen im Restaurant La Marseillaise.

Adressen

Auskunft: Touristeninformation Inturismo, Pavillon im Parque Velásquez (Mo–Fr 9–12 und 15–18 Uhr).

Telefon: Telcor, an der Plaza de la Revolución, Mo–Fr 7–16 Uhr.

Ausflug

Masaya-Vulkan: Bei km 23 der Ctra. Masaya beginnt die Auffahrt zum Vulkanmassiv, das aus einem aktiven und zwei ruhenden Kratern besteht. Alle drei liegen im Masaya-Nationalpark. Eine 6 km lange Straße führt zum 400 m hoch gelegenen Santiago-Krater hinauf, der neben dem Nyiragongo in Zentralafrika und dem Kilauea auf Hawaii der einzige Vulkan der Erde ist, der einen Lavasee bildet.

Der Krater hat einen Durchmesser von 500 m und ist 180 m tief. Die Spanier nannten ihn *Boca del Infierno* (Schlund der Hölle), und der Überlieferung nach hielt Pater Blas del Castillo 1538 das Magma für flüssiges Gold und versuchte es abzuschöpfen.

Seit der Mitte des 19. Jh. füllt sich der Krater nur noch alle 20–25 Jahre für einige Monate mit Lava, die dann langsam in den Zufuhrkanal zurückfließt. Normalerweise verhüllen dichte Gasschwaden den Kraterschlund und geben nur selten einen Blick auf das Magma frei. 1987 beendete ein weiteres Absinken des Magmas auch dieses Schauspiel. Begleitet von Erdbeben, stürzte ein Teil der Kraterwand in sich zusammen, was eine mehrmonatige Schließung des Nationalparks zur Folge hatte. Falls sich der Masaya an seinen bisherigen Zyklus hält, ist in den nächsten Jahren mit einem neuerlichen ›Auftauchen‹ des Lavasees zu rechnen.

Um den Santiago-Krater ranken sich viele phantastische Legenden, aber es gibt auch grauenvolle Tatsachen. So war es während der letzten Jahre der Somoza-Diktatur üblich, die Leichen von zu Tode gefolterten Gefangenen – und mitunter auch noch lebende Opfer – aus Helikoptern in den Lavasee des Vulkans zu werfen, um sie auf diese Weise spurlos verschwinden zu lassen.

An der Auffahrt zum Vulkan befindet sich seit 1988 ein **Museum,** in dem alles Wissenswerte über Vulkane dokumentiert wird (Mo–Fr 10–16 Uhr).

Von Managua nach Südosten zum Gran Lago

Masaya

Zentrum des kleinsten der 16 Verwaltungsbezirke mit der höchsten Bevölkerungsdichte, 28 km von Managua entfernt. Der Ort ist auch als traditionelle Stätte des Handwerks und des Kunstgewerbes bekannt.

Die Ureinwohner der Siedlungen, die allmählich zur Stadt Masaya zusammenwuchsen, waren die Chorotega, ein aus Mexiko kommendes Maya-Volk, das auch während der spanischen Kolonialherrschaft teilweise seine kulturelle Eigenständigkeit wahren konnte.

Die schlichten und einfach konstruierten Bauten im Stadtteil Monimbo, einst eine indianische Siedlung, stehen im Gegensatz zu den vielen farbenfreudigen Malereien an den Hauswänden. Mit dem Aufstand in Monimbo begann 1978 die letzte Phase der Revolution, die dann 1979 zum Sturz Somozas führte.

Die Einwohner von Monimbo wählen noch immer ihre oberste lokale Autorität – den *Alcalde* (Bürgermeister) *de Vara* – nach einem in die Kolonialzeit zurückreichenden Zeremoniell.

Besichtigung

Fuerte Coyotepe: Außerhalb der Stadt, auf der Kuppe des Cerro de Coyotepe gelegene Festung; zu Beginn dieses Jahrhunderts im mittelalterlichen Stil erbaut. 1912 war es Hauptquartier des Generals Benjamin Zeledón, der eine patriotische Volkserhebung gegen den Diktator Adolfo Díaz und die von diesem zu Hilfe gerufenen US-Truppen anführte. Zeledón fiel bei der Verteidigung des Forts, und sein Leichnam wurde von den Marines zur Abschreckung durch die Dörfer der Gegend geschleift. Der Legende nach sah dieses brutale Schauspiel auch ein junger Mann namens Augusto C. Sandino, der sich bei diesem Anblick geschworen haben soll, eines Tages für die Befreiung Nicaraguas gegen die Yankees zu kämpfen. – Das Fort war unter Somoza als Gefängnis und Folterstätte gefürchtet.

Von den Zinnentürmen hat man eine prächtige Aussicht auf die umliegenden Vulkane, Kraterseen und Ortschaften. 1990 soll das Gebäude zu einem Museum und Touristenzentrum umgestaltet werden.

Die Kirchen San Juan und **Nuestra Señora de la Asunción** stehen im Zentrum der Stadt Masaya und stammen aus dem 17. und 18. Jh. Sie sind ebenso wie die umliegenden älteren und teilweise noch von den Kämpfen der Jahre 1978/79 gezeichneten Häuser der Stadt dem von den Spaniern geprägten Kolonialstil zuzuordnen.

In Masaya produzierte Kunsthandwerksartikel

Der Markt von Masaya: Vom Parque Central aus in südlicher Richtung gelangt man zu einem volkstümlichen ständigen Markt mit dem wohl größten Angebot an kunsthandwerklichen Produkten in ganz Nicaragua. Wenn Sie eine Hängematte kaufen möchten – die *Hamacas* von Masaya sind die besten und preiswertesten in ganz Zentralamerika.

Hotels

Mittelklasse: Cailagua, an der Straße nach Granada bei km 29, ✆ 44 35.

Einfach und preiswert: Paraíso, Victoria und Josephina, alle nahe dem Stadtzentrum.

Restaurants

Das Angebot ist bescheiden, aber nicht schlecht: El Jade, nahe dem Markt, chinesisch. Einheimische Küche: Alegría, nahe dem Parque Central; Min 16 rojo, nahe dem Krankenhaus; Sándalo, im Barrio San Jerónimo; Tip Top, am Fuß von Fort Coyotepe.

Fest

Fiesta de San Jerónimo, 28. September–7. Oktober. Bei diesem Fest wird der Volkstanz *Gueguense* aufgeführt, bei dem die Darsteller aufwendig gearbeitete Kostüme und Masken tragen.

Laguna de Apoyo

An der Straße von Masaya nach Granada zweigt bei km 37 eine Straße zur Laguna de Apoyo ab. Sie ist mit 21 qkm Fläche die größte Lagune und mit 200 m der tiefste Kratersee Nicaraguas. Das Wasser ist sehr sauber und fischreich, aber leicht salzhaltig. Entlang des Ufers stehen viele alte – teils heruntergekommene – Wochenenddomizile. Man muß eine Zeitlang suchen, um Zugang zum Ufer zu finden, da die Lagune insbesondere an Wochenenden ein beliebtes Ausflugsziel ist.

Granada

Granada liegt am Ufer des Nicaragua-Sees und am Fuß des 1345 m hohen Vulkans Mombacho, 45 km südwestlich von Managua. Als eines der ältesten historischen Zentren Mittelamerikas (neben León) kann die Stadt auf eine lange und bewegte Geschichte zurückblicken.

Granada war stets Hochburg der konservativen Partei, die sich aus Grundbesitzern und Händlern rekrutierte und stets eng mit dem hohen Klerus verbunden war. Hier – und nicht in der Hauptstadt León – residierten die Spitzen von Staat und Kirche. Keine andere Stadt Nicaraguas weist heute noch so viele kolonialzeitliche Reminiszenzen auf.

Schon sehr früh existierten in Granada aktive intellektuelle Zirkel, und viele der heute bedeutenden Dichter stammen aus dieser Stadt, so Caranel Urtecho, Ernesto Cardenal und Fernando Silva.

Granada wurde 1524 auf dem Boden der alten indianischen Siedlung Pueblos Xaltera vom Konquistador Francisco Hernández de Córdoba gegründet, der den Ort nach seiner spanischen Geburtsstadt benannte. Die Stadt war seit ihrer Gründung ein bedeutendes Handelszentrum. Viele für das Mutterreich bestimmte Waren aus den nördlichen Regionen um Guatemala gelangten auf dem Landweg hierher, um dann per Schiff über den Gran Lago und den Río San Juan zu den Atlantikhäfen Portobelo und Cartagena de Indias transportiert zu werden. Deshalb war Granada ein bevorzugtes Angriffsziel englischer Piraten. Allein in der Zeit zwischen 1665 und 1685 wurde die Stadt fünf-

Auf dem Markt in Masaya

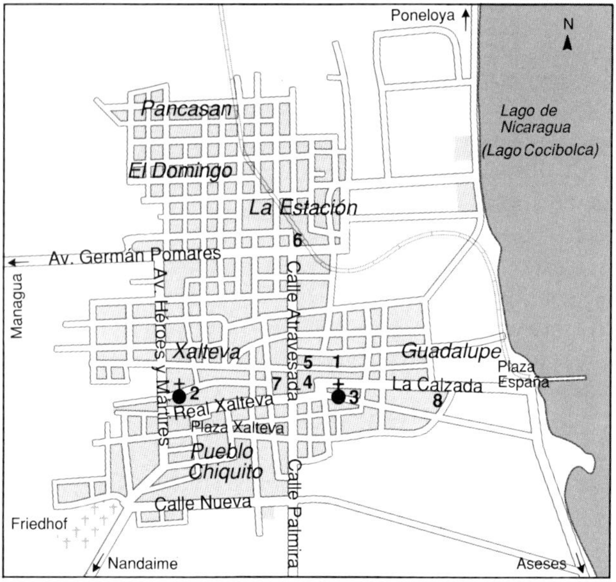

Granada
1 Casa de los tres Mundos (Casa de los Leones)
2 Iglesia de San Francisco
3 Kathedrale
4 Parque Central
5 Post
6 Bahnhof
Hotels
7 Alhambra
8 Granada

mal – darunter von Henry Morgan und William Dampier – überfallen, geplündert und in Brand gesteckt.

Nach 1821, d. h. nach der Unabhängigkeit Nicaraguas, verschärfte sich die Rivalität zwischen den Konservativen Granadas und den Liberalen in León. Als der aus Granada stammende Präsident Chamorro León belagern ließ, riefen die Liberalen den nordamerikanischen Abenteurer William Walker zu Hilfe, der am 13. Oktober 1855 mit einem Söldnerheer Granada besetzte und sich später zum Präsidenten Nicaraguas ausrufen ließ. Als Walker ein Jahr später den vereinigten zentralamerikanischen Heeren weichen mußte, gab er vor seinem Abzug noch am 2. Oktober 1856 den Befehl, die Stadt niederzubrennen. Darauf geht die in Nicaragua volkstümliche Redewendung zurück: »*Nada es eso para lo que pasó en Granada*« (»Das ist nichts, verglichen mit dem, was in Granada geschah«).

Viele der im neoklassizistischen Stil errichteten öffentlichen Gebäude wurden glücklicherweise nach dieser Zerstörung wieder aufgebaut.

Besichtigung

Das Zentrum der Stadt bildet der **Parque Central** mit dem benachbarten **Markt.** Von dort gelangt man Richtung Osten zum Seehafen, an den sich ein weitläufiger Badestrand mit schön gestalteten Parks, Cafés, Tanzlokalen und Restaurants anschließt. Nahezu alle bedeutenden historischen Gebäude befinden sich in nächster Nähe rund um den Parque Central.

Von der **Casa de los Leones,** so benannt nach den beiden Löwen, die ihr Portal flankieren, sind nur noch die Überreste des Herrenhauses vorhanden, das der erste Gouverneur Granadas, Juan Vásquez de Coronado, errichten ließ. Im Steinportal eingearbeitet findet man das Wappen des achten und letzten Gouverneurs von

Costa Rica, Don Diego de Montiel. Um die Jahrhundertwende ließ der Dichter Rubén Darío hier Theaterstücke aufführen. Lange Zeit befand sich das Gebäude im Besitz der Familie Cardenal, der einzigen Konquistadoren-Familie von altem Adel, die sich in Nicaragua niederließ. Ernesto Cardenal, der bedeutendste zeitgenössische Dichter des Landes und erste Kulturminister Nicaraguas, wuchs in diesem Haus auf. In den letzten Jahren drohte es vollständig zu verfallen. Auf Initiative von Ernesto Cardenal und Dietmar Schönherr wird es gegenwärtig restauriert und zu einem internationalen Kulturzentrum, Casa de los tres Mundos (Haus der drei Welten), umgebaut.

Die **Iglesia de San Francisco** im gleichnamigen Stadtteil steht heute an der Stelle, an der Hernández de Córdoba bei der Gründung der Stadt eine Kapelle aus Holz zu Ehren des hl. Franziskus erbauen ließ. In dieser Kirche predigte Bartolomé de Las Casas, der als erster Kleriker seine Stimme gegen den von den Spaniern im Namen Christi verübten Massenmord an den Indios erhob. Die mehrmals erweiterte Kirche wurde im 17. Jh. zweimal von Piraten in Brand gesteckt, diente im 18. Jh. als Militärfestung und wurde 1856 schwer beschädigt. Nur die Freitreppe und die Vorhalle sind im ursprünglichen Stil wieder aufgebaut. Heute werden in den Höfen der Klosterkirche präkolumbische Skulpturen ausgestellt, die auf der Insel Zapatera im Gran Lago gefunden wurden.

Die um 1780 erbaute **Iglesia La Merced** (Calle Real/Calle 14 de Septiembre) wurde völlig zerstört, als William Walker und seine Söldner den Ort überfielen und in Brand setzten. Ein Großteil der Innenausstattung wurde stark beschädigt. Nur drei der zahlreichen Statuen blieben erhalten (Jesús del Gran Poder, Virgen Dolorosa, Virgen del Carmen).

Hotels
Gut und teuer: Das erste Haus am Platz ist das Alhambra am Parque Central, ✆ 23 35, 44 86.

Mittelklasse: Granada, Calle 1a Calzada, ✆ 29 74, Schwimmbad.

Einfach und preiswert: Von den vielen Hospedajes (keine davon sehr sauber) sind Cabrera und Vargas zu empfehlen.

Restaurants
El Pingiuno, nahe dem Teatro Gonzales, ✆ 20 98, mit angeschlossener Diskothek; Cabaña Amarilla und Terraza la Playa, beide am Seeufer.

Verkehrsmittel
Bus: Kein Busverkehr innerhalb der Stadt. Buslinien nach Masaya und Managua ab Parque Central: alle zwei Std. zwischen 6 und 18 Uhr.

Ausflüge
Vulkan Mombacho: Bis zum Gipfel mit dichtem Urwald bewachsen, hundertjährige Bäume und seltene Orchideenarten. Für den Aufstieg empfiehlt sich festes Schuhwerk und eventuell die Mitnahme einer Machete zum Freischlagen eines Pfades. Vom Gipfel aus bietet sich ein herrlicher Rundblick.

Isletas: Etwa 350 kleine Inseln mit subtropischer Vegetation (fast alle kleiner als 1 ha), die um die Halbinsel Asse im Gran Lago liegen.

Die zum Kulturzentrum umgebaute Casa de los Leones

Manche von ihnen sind von Kleinbauern und Fischern bewohnt; auf einigen gibt es ein kleines Gasthaus, auf anderen befinden sich Wochenendhäuser (Bootsverleih für die Fahrt zu den Isletas beim Restaurant Cabaña Amarilla).

Puerto de Asse: Bootsanlegestelle, an der 1987 ein Film über William Walker gedreht wurde. Die Filmkulissen blieben am Ort zurück und sind nun ein beliebtes Ausflugsziel.

Isla Zapatera: 20 km südöstlich von Granada vor der Westküste des Gran Lago gelegen. Dort leben etwa 500 Kleinbauern und Fischer. Die Insel war ein bedeutender Kultort der indianischen Urbevölkerung. Hier fand der US-Diplomat und Forscher Edward G. Squier 1849 die Überreste eines Pyramiden-Tempels sowie 15 aus schwarzem Basalt gehauene Götterstatuen. Zwei davon werden heute im Smithsonian Institute of Washington aufbewahrt, die anderen sind auf dem Gelände der Iglesia de San Francisco (s. S. 373) zu sehen.

Auf der zum Zapatera-Archipel gehörenden Isla del Muerto wurden Felsmalereien und -gravierungen freigelegt.

El Crucero

Wer die Rückreise von Granada nach Managua nicht über Masaya antritt, sondern von Niquinohomo in nordwestlicher Richtung über Masatepe weiterfährt, gelangt wenige Kilometer nördlich von Diriamba auf die Panamericana, die über die Ctra. Sur nach Managua führt. Die Panamericana durchquert hier die Hochebene El Crucero. Seit die erstmals um die Jahrhundertwende einsetzende Gasemission des Masaya-Vulkans die Kaffeekulturen auf dem benachbarten Crucero vernichteten, wachsen hier heute nur noch widerstandsfähige Gräser. Entlang der Straße stehen die Ruinen ehemaliger Gutsbesitzerhäuser. An klaren Tagen kann man von der Hochebene im Westen bis zum Pazifik, sowie im Südosten über den Masaya hinweg bis zu den beiden großen Seen Nicaraguas schauen.

Von Managua zum Golf von Fonseca

Eine Reise in die nördliche Pazifikregion Nicaraguas beginnt beim Park Las Piedresitas an der Ctra. Nueva León. Etwa 60 km vor León liegt das Dorf La Paz Centro, in dem Keramik- und Töpferwaren hergestellt werden. Hier zweigt auch eine unbefestigte Straße zum Momotombo und nach León Viejo ab.

Der Vulkan Momotombo

Der Vulkan Momotombo mit seiner nahezu perfekten Kegelform (1280 m) befindet sich am Nordufer des Managua-Sees. Einige hundert Meter vom Seeufer entfernt ragt der kleine Bruder des Vulkans, der Momotombito, als kreisrunde Insel aus dem See. Am Abhang des Momotombo wurde von Italien ein 35 Megawatt-Kraftwerk gebaut, das sich von einem 8 km entfernten inaktiven Vulkan speist, indem es die heißen Wasser- und Dampfvorräte aus der Magmakammer auf Turbinen leitet. 1990 soll die zweite Ausbaustufe dieses Kraftwerkes ans Netz gehen; dann wird Nicaragua 40% seines Strombedarfs aus Vulkanenergie decken.

Die unmittelbare Umgebung des Kraftwerkes ist Sperrgebiet und ihre Besichtigung ebenso wie der Aufstieg zum Krater des Vulkans nur mit einer Sondergenehmigung möglich. Der Weg hinauf ist sehr mühsam und wegen der steil abfallenden Schlackehalden und der angeblich dort lebenden Giftschlangen nicht ungefährlich. Da am Krater tagsüber eine extreme Hitze herrscht, kann die Tour nur in den Nachtstunden unternommen werden.

Am Seeufer außerhalb der kleinen, stimmungsvollen Ortschaft Momotombo endete früher die vom Hafen Corinto herabführende Eisenbahnlinie. Die Verbindung von dort nach Managua erfolgte über den See.

León Viejo

Gleich neben der Ortschaft Momotombo ließ der Eroberer Hernández de Córdoba im Jahr 1524 von den in dieser Gegend lebenden Imabita die erste Hauptstadt Nicaraguas errichten, deren Anlage – wie später herausgefunden wurde – exakt jener von der Stadt Lima (Peru) glich, die erst elf Jahre später von Francisco Pizarro gegründet wurde.

›Alt-León‹ wurde allerdings nicht alt. Die Stadt sank nach einem Erdbeben 1609 in Trümmer, und ein mehrtägiger Ascheregen aus dem zur gleichen Zeit ausbrechenden Momotombo deckte die Ruinen vollständig zu. Das 1979 gegründete Kulturministerium veranlaßte die Freilegung der Überreste. Die Ausgrabungen gehen aufgrund fehlender Mittel nur langsam voran; doch etliche Ruinen des ehemaligen Stadtkerns wurden bereits ausgegraben.

León

40 km nordwestlich der ersten Stadtgründung liegt León, von Vulkanen umgeben, in der fruchtbaren pazifischen Küstenebene. Bis 1858 war es Hauptstadt Nicara-

Die Kathedrale von León

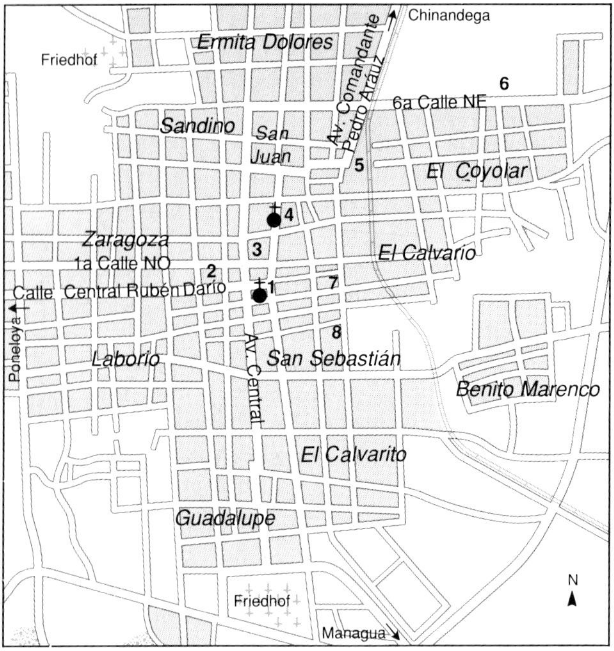

León
1 Catedral Metropolitana
2 Museum Rubén Darío
3 Universität
4 Iglesia La Recolección
5 Bahnhof
6 Bus-Station
Hotels
7 América
8 Europa

guas und Hochburg der Liberalen Partei, deren Vertreter (neureiche Handwerker und Grundbesitzer) engagiert für die Unabhängigkeit von Spanien eintraten. Das Zentrum von León hat bis heute seinen kolonialzeitlichen Charakter bewahren können.

León wurde von den überlebenden Bewohnern León Viejos nach dem Erdbeben und Vulkanausbruch von 1610 auf dem Gebiet des als rebellisch geltenden Volks der Subtiava neu gegründet. 1804 wurde hier eine der ältesten Universitäten Zentralamerikas eröffnet. In León verbrachte der 1916 verstorbene Dichter Rubén Darío nach langen Jahren der Emigration seinen Lebensabend.

Besichtigung

León erscheint bei weitem weniger kolonialzeitlich geprägt als Granada. Der reizvoll gestaltete Stadtkern, die engen Straßen und einige im Kolonialstil erbaute Häuser mit schmiedeeisernen Balkonen und holzgeschnitzten Fensterläden sind durchaus einen Besuch wert.

Die **Catedral Metropolitana** im Zentrum gilt als einer der bedeutendsten Sakralbauten Mittelamerikas. Mit ihrem Bau wurde 1747 begonnen, aber die Arbeiten an den Türmen und an der Fassade kamen erst 1825 zum Abschluß. Im Inneren der Kirche, die einen von Philipp II. gestifteten, edelsteinbesetzten Tabernakel birgt, befinden sich eine Christus-Statue aus Elfenbein, die große bronzene Christus-Figur von Esquipulas sowie Statuen der zwölf Apostel, zu deren Füßen Rubén Darío begraben liegt. Das Wohnhaus des Dichters wurde zu einem Museum ausgebaut (Calle Rubén Darío).

Die Stadt zählt zehn Kirchen, die alle während der Kolonialzeit errichtet wurden, darunter u. a. La Merced, Iglesia San

Juan und Iglesia San Francisco (alle drei stammen aus dem 17. Jh.).

Hotels
Mittelklasse: Europa, in der Nähe der Gasolinera Molieri, ✆ 2 59 67; América, Av. 2/Calle 3, ✆ 34 34.

Einfach und preiswert: Viele sehr einfache Hospedajes in der ganzen Stadt.

Restaurants
El Sesto, gegenüber der Kathedrale; La Cueva del León, beim Kino Orión, ✆ 25 91; Dragón de Oro, nahe dem Telco-Gebäude, chinesische Küche.

Verkehrsmittel
Bus: Verbindungen nach Managua zwischen 6 und 20 Uhr; Abfahrt von der Gasolinera Molieri jeweils zur vollen Stunde.

Ausflüge
Poneloya: 18 km von León entfernter Badeort am Pazifik, mit langem und breitem Sandstrand. Die Strömung des Ozeans ist hier sehr tückisch (Hotel Lacayo, unfreundlicher Gastwirt).

Etwa auf halbem Weg zwischen Managua und León an der Ctra. Vieja León Abzweigung zu den ca. 30 km entfernten Pazifik-Badeorten:

Pochomil: Ein ansprechend gestalteter Touristen-Badeort (Übernachtungen müssen in US-$ bezahlt werden).

Masachapa: Ein urwüchsiges Fischerdorf mit sehr guten und recht preiswerten Fischgerichten (Übernachtung: Hotel Summer).

Montelimar: Strandsitz Somozas, mit einer großzügigen Landebahn für Jetflugzeuge, die dem Diktator im Jahr 1979 bei der Flucht nach Miami sehr zustatten kam. Montelimar wird gegenwärtig zu einem Luxus-Ferienzentrum umgebaut, in dem es Spielkasinos, Nachtclubs, einen Jachthafen, Golfparcours etc. sowie – als Novität für Lateinamerika – einen Nacktbadestrand geben soll.

Corinto

20 km westlich von Chinandega liegt die pazifische Hafenstadt Corinto mit dem einzigen Hafen des Landes, den größere Schiffe anlaufen können; Hauptumschlagplatz der Schiffstransporte von und nach Nicaragua.

Corinto ist eine beschauliche, etwas verrottete, aber stimmungsvolle Kleinstadt ohne besondere Attraktionen. Weithin sichtbar sind die Ruinen der von den USA in Brand geschossenen Erdöltanklager. Es stehen einfache und billige Unterkünfte und Restaurants zur Verfügung.

Potosí – Vulkan Cosegüina

Von Chinandega gelangt man auf einer Staubstraße, vorbei an Bananen-, Zuckerrohr- und Baumwollplantagen, in den äußersten Nordwesten Nicaraguas, an den Golf von Fonseca. Neben der Ortschaft Potosí erhebt sich der ursprünglich über 3000 m aufragende, heute nur noch knapp 800 m hohe Vulkan Cosegüina. Seine Größe büßte er bei seinem letzten Ausbruch im Jahr 1835 ein. Ein gewaltiger Ascheregen verdunkelte damals zwei Tage lang im Umkreis von 50 km den Himmel und erreichte sogar die weit über 100 km entfernt liegenden Städte Tegucigalpa und San Salvador. Kurz darauf, in der Nacht vom 22. zum 23. Januar, flog plötzlich der größte Teil des Berges explosionsartig in die Luft. Die Detonationen waren noch in Mexiko und Jamaika zu hören.

Von Managua nach Norden

Tipitapa

Tipitapa ist eine Kleinstadt wenige Kilometer nördlich von Managua an der Panamericana. An der Mündung des gleichnamigen Flusses in den Managua-See befinden sich schwefelhaltige Thermalquellen.

Tipitapa ist heute für seine fortschrittlich geführte Strafanstalt bekannt, in der ehemalige somozistische Nationalgardisten einsitzen. Das Gefängnis unterhält in der Umgebung Außenstellen, in denen die Häftlinge im offenen Strafvollzug landwirtschaftliche Arbeiten leisten. Interessenten, die berechtigte Gründe für eine Besichtigung der Strafanstalt vorbringen können, wird der Besuch ermöglicht.

Hotel
Einfach und preiswert: Aguas Calientes.

Verkehrsmittel
Bus: Kleinbus von Managua; Bus nach Estelí.

Ciudad Darío

Der Geburtsort des nicaraguanischen Nationaldichters Rubén Darío (1867–1916) liegt ca. 15 km vor Sebaco nahe der Panamericana und hieß ursprünglich Metapa. Das Geburtshaus wurde zu einem kleinen Museum umgestaltet. Im Innenhof ist neben der Darío-Statue ein kleines Amphitheater untergebracht. Hier findet alljährlich zwischen dem 18. Januar und dem 6. Februar (dem Geburts- bzw. Todestag des Dichters) ein Poeten-Marathon statt: Viele bekannte und unbekannte Lyriker des Landes kommen, um von morgens bis abends ihre Verse vorzutragen.

Matagalpa

Die von Bergen umgebene Stadt mit ihren ca. 40 000 Einwohnern gehört zu den wichtigsten Kaffee-Anbaugebieten Nicaraguas und liegt nahezu 700 m über dem Meer. Matagalpa erlitt als eines der Zentren des antisomozistischen Befreiungskampfes starke Zerstörungen in den Jahren 1978/79. Hier wurde auch der Gründer der Frente Sandinista, Carlos Fonseca, als Sohn eines Verwalters von Somoza-Gütern geboren. In seinem Geburtshaus im Stadtzentrum befindet sich ein kleines Museum mit vielen interessanten historischen Fotos. Sehenswert ist auch die im Kolonialstil erbaute Kathedrale an der Plaza Mayor. Auf einem Hügel im Nor-

Porträt des Dichters Rubén Darío

Die Gläubigen warten vor der Kirche auf den Beginn der Prozession (Matagalpa)

den Matagalpas liegt der kleine Privatpark und Zoo Las Tejas mit für diese Region typischen Tier- und Pflanzenarten.

Hotels

Gut und teuer: Sta. María de Ostuma, an der Paßstraße, nahe km 140, sehr schön gelegenes, neues 175-Betten-Hotel.

Mittelklasse: Ideal Ed. Rosalina, Calle Manuel Caledón, ✆ 24 83, unweit der Kathedrale. Viele der Zimmer sind dunkel und nicht sehr sauber, dafür kann man gut und reichlich frühstücken; Selva Negra, an der Paßstraße nach Jinotega bei km 139, in einem Gebirgswald (1600 m hoch) an einem künstlich angelegten See, relativ teuer.

Jinotega

Letzte größere Siedlung vor Nicaraguas ›wildem Norden‹. Die Kleinstadt ist ein Handelszentrum für die bäuerliche Bevölkerung der umliegenden Gebiete ohne besondere Attraktionen. Typisches Ambiente eines zentralamerikanischen ›Provinznestes‹ mit Parque Central und Kirche.

In Jinotega werden Keramikarbeiten aus schwarzem Ton hergestellt.

Hotels

Nur sehr einfache, nicht sehr saubere Hospedajes: Primavera, 1a Calle al Nte., ✆ 4 00; Tito, neben dem Meldeamt (Registro Público), ✆ 6 07.

San Rafael del Norte

An der 28 km von Jinotega entfernten, in nordwestlicher Richtung durch die Berge führenden Staubstraße liegt San Rafael del Norte; hier hatte Sandino während des Befreiungskrieges gegen die US-Besatzungstruppen jahrelang sein Hauptquartier. Im Mai 1927 heiratete er in der örtlichen Kirche die Telegraphistin von San Rafael, Elanca Araúz. Das Haus, in dem der ›General der freien Menschen‹ damals lebte und arbeitete, ist heute ein kleines Sandino-Museum.

Ocotal

Ocotal ist eine typische zentralamerikanische Kleinstadt, deren Reiz nicht in nennenswerten Sehenswürdigkeiten, sondern in ihrem ruhigen Ambiente zu suchen ist. Im Zentrum die beschauliche Plaza Central, an die sich Kirche und Rathaus anschließen. In den Ausfallstraßen, die in die Berge führen, stehen einstöckige Wohnhäuser mit liebevoll gepflegten Vorgärten.

Das Umland von Ocotal ist Kaffee- und Tabak-Anbaugebiet. Von hier aus führen die Straßen zu den beiden Grenzübergängen nach Honduras, El Espino (via Somoto) und Las Manos.

Hotels

Mehrere sehr einfache Hospedajes.

Estelí

839 m hoch gelegene Kleinstadt, erste Hochburg der Sandinisten und ein Zentrum des Widerstands gegen die Somoza-Diktatur. An die Kämpfe erinnert anschaulich eine als Denkmal aufgestellte Bombe. Die Sehenswürdigkeiten liegen im Umland.

Hotels

Einfach und preiswert: El Mesón, Mercado, 1a Calle al Este, ✆ 26 55; Moderno, Costado Este Catedral, 2 a Calle al Sur, ✆ 23 78; Nicarao, Av. Sandino, an der Hauptstraße.

Restaurant

Joya am Parque Central.

Ausflüge

Salto de la Estanzuela: Ein imposanter, 25 m hoher Wasserfall 5 km südlich der Stadt.

El Bosque: Nordwestlich von Estelí und etwa 25 km von der Panamericana entfernt erreicht man eine archäologische Ausgrabungsstätte; hier wurden einige der frühesten Spuren menschlichen Lebens auf der zentralamerikanischen Landbrücke, nämlich 40 000 Jahre alte Steinäxte und Speerspitzen sowie Knochen getöteter Tiere gefunden.

Von Managua zur Atlantikküste nach Bluefields

Juigalpa

Juigalpa ist das Verwaltungszentrum der Region Chontales, in der auf großen Haciendas sehr erfolgreich Rinder gezüchtet werden. 1879 wurde in der benachbarten Cordillera de América Gold gefunden. Das löste einen Ansturm von Goldsuchern aus, der innerhalb kurzer Zeit die Einwohnerzahl des Ortes so stark ansteigen ließ, daß Juigalpa die Stadtrechte erhielt.

Das archäologische Museum stellt vorkolumbische Fundstücke aus (tgl. 11–15 Uhr).

Im Zoo direkt beim Museum können die typischen Tierarten der Region bestaunt werden (tgl. 11–15 Uhr).

Hotels

Mittelklasse: Hotel Bosque und einfache Hospedajes.

Restaurants

Caracol negro und Palo solo, die Spezialität dieser beiden empfehlenswerten Restaurants ist Rinderzunge.

Ausflüge

In den Bergen liegen die Goldgräbersiedlungen **La Libertad** und **Sto. Domingo.** La Libertad ist der Geburtsort der Brüder Ortega und des Kardinals Obando y Bravo; gegenwärtig wird mit schwedischer Hilfe die Goldförderung wieder in Gang gebracht. Rund um Sto. Domingo graben sog. *Pequeños Mineros* (Kleine Minenarbeiter) nach goldhaltiger Erde.

Rama

Die von Managua in den Osten des Landes führende Straße endet in Rama am Río Escondido, dem Schiffsweg zur Atlantikküste.

Nur der Name der Siedlung erinnert an die Indios aus dem Tiefland vom Stamm der Rama, die ursprünglich hier lebten. Sie wurden von Subsistenzbauern (meist Mestizen) verdrängt, die im Westen Nicaraguas ihren Boden an Großgrundbesitzer verloren hatten.

Der Ort Rama wurde Ende des 19. Jh. von der Cuyamel Fruit Company gegründet. In den 40er Jahren gab der Konzern die Plantagen wegen der sich ausbreitenden Sigatoka (Bananenpest) auf. Die brachliegenden Ländereien wurden großenteils von Offizieren und Angehörigen des Somoza-Clans requiriert. Seit 1979 versuchte die damalige sandinistische Regierung, die verstreut im Urwald lebenden Subsistenzbauern in kooperativ arbeitenden kleinbäuerlichen Betrieben in und um Rama anzusiedeln.

1988 zerstörten der Hurrikan Joana und das damit verbundene Hochwasser die gesamte Gegend um Rama. Der Wiederaufbau der Stadt hat bereits begonnen. Der Hurrikan mähte auch den tropischen Regenwald, der den Río Escondido bis hinunter nach Bluefields säumte, großenteils nieder. Die ökologischen Langzeitfolgen dieser Katastrophe sind noch nicht abzusehen.

Hotels
Mittelklasse: Hotel Amy, direkt oberhalb der Bootsanlegestelle.

Zwei sehr einfache Hospedajes.

Verkehrsmittel
Von Rama aus tgl. Passagierschiff Bluefields-Express auf dem Río Escondido bis zum Atlantik.

Bluefields

Der Ort ist die größte sowie kulturell und wirtschaftlich bedeutendste Stadt Nicaraguas an der Atlantikküste.

Die um 1600 errichtete Siedlung soll nach dem niederländischen Piraten Blauwveld benannt worden sein, woraus später, als die Briten diese Hafenstadt kontrollierten, der Name Bluefields entstand. Die Besiedlung erfolgte von den karibischen Inseln aus. Daher überwiegen in Bluefields noch immer die Englisch sprechenden, dunkelhäutigen Nachkommen der ursprünglich aus Afrika in die Neue Welt verschleppten Sklaven, die ihre karibische Kultur bis heute pflegen.

Gleichfalls von den Briten gefördert wurde der Einfluß der protestantisch mährischen (sowie deren nordamerikanischem Ableger, der moravischen) Kirche, der fast alle Indios aus dem Tiefland dieser Region angehören. Dies gilt insbesondere für die

Häuser entlang des Río San Juan

Mísquito, deren Siedlungszentrum allerdings weiter nördlich liegt.

Bluefields wurde im Oktober 1988 vom Hurrikan Joana vollständig zerstört. Der Wiederaufbau geht aufgrund der ungünstigen Verkehrsanbindung nur langsam voran. Auch die gesamten Hafenanlagen wurden zerstört, weshalb Hilfslieferungen mit größeren Schiffen unmöglich sind.

Besichtigung

Das durch den Hurrikan zerstörte Bluefields bestand fast ausschließlich aus Holzhäusern, teils in der karibischen Variante des Kolonialstils, teils im New Orleans-Stil. Ein großer Teil der Gebäude war um die Jahrhundertwende, einer damaligen Mode entsprechend, in Fertigteilen aus New Orleans importiert worden. Der Reiz dieser Stadt geht nicht von einzelnen Baulichkeiten aus, sondern von der ruhigen und angenehmen Atmosphäre des karibischen Hafenstädtchens.

Die größte Attraktion von Bluefields bildet das alljährlich Anfang Mai (zu Beginn der Regenzeit) stattfindende mehrtägige Palo de Mayo-Fest, das auf schwarzafrikanische Fruchtbarkeitsrituale zurückgeht. Zu Reggae-Klängen wird von früh bis spät um den *Palo de Mayo* (Maibaum) getanzt.

Hotels

Hotel del Cueto, Calle Neysi Ríos, ✆ 567; Hotel Bluefields, Av. Reyes, ✆ 242; beide sind nicht sehr sauber.

Restaurant

Chez Marcel, vorzügliche Fisch-, Hummer- und Krabbengerichte.

Verkehrsmittel

Flüge: 3 × wöchentlich Linienflugzeug nach Managua.

Schiffsverbindung: Bluefields-Express den Río Escondido aufwärts bis Rama. Man kann für diese Strecke kleine Boote chartern, ebenso für Fahrten zu den Inseln vor der Küste.

Ausflüge

Corn Islands (Islas de Maíz), 80 km vor der Küste gelegen, ein aus zwei Inseln bestehendes karibisches Paradies (nur die größere ist besiedelt) mit üppiger tropischer Vegetation und einsamen weißen Sandstränden. Die von Fischfang und Schmuggel (z. B. US-amerikanischem Whisky aus Costa Rica) lebende Bevölkerung läßt sich von den wenigen Touristen nicht in ihrer Lebensweise beeinträchtigen.

Hotels

Auf der Insel gibt es nur zwei sehr einfache Hotels: Isleño, staatlich geführt, häufig kein Restaurantbetrieb; Morgan, reichlich heruntergekommen, ohne Restaurant.

Restaurants

Es gibt kaum Restaurants, daher ist es ratsam, Vorräte für zwei Tage mitzunehmen.

Rama Cay ist eine südlich von Bluefields gelegene Insel, auf der eine Gemeinde von wenigen hundert Rama-Indios lebt.

Río San Juan und Solentiname

San Carlos

Die Stadt am Austritt des Río San Juan aus dem Gran Lago ist das Zentrum der unterentwickeltsten Regionen Nicaraguas an der Grenze zu Costa Rica; trotz einiger neuer Projekte bleibt es ein trostloser Ort.

In San Carlos stehen die Ruinen des Castillo San Carlos de Austria. Diese Festung war im 17. Jh. für die spanischen Kolonisatoren bei der Abwehr eindringender britischer und niederländischer Piraten von großer strategischer Bedeutung. Als man Mitte des 19. Jh. in Kalifornien Gold fand und der schnellste und sicherste Weg von der Ost- zur Westküste der USA durch Nicaragua führte, wurde die Stadt auch außerhalb des Landes bekannt. Die Route der Goldsucher ging zunächst auf dem Seeweg bis zur Atlantikmündung des Río San Juan bei San Juan del Norte (damals Greytown), dann den Fluß hinauf und durch den Gran Lago. Anschließend erfolgte der Transport mit Pferdewagen und in späteren Jahren mit der Eisenbahn über die etwa 15 km schmale Landbrücke zum Pazifikhafen San Juan del Sur, wo wiederum Schiffe für die Weiterfahrt nach Norden bereitlagen. Nach dem Bau des Panama-Kanals sank die Region Río San Juan in die Bedeutungslosigkeit zurück. Lange Zeit verirrten sich nur Kautschuksammler und einige betuchte Touristen hierher, die von Schiffen aus Jagd auf die Süßwasserhaie im Gran Lago machten.

Im ursprünglichen Hafenviertel stand früher das Haus des Stadtkommandanten, bei dem Alexander von Humboldt während seiner großen Lateinamerikareise zu Gast war. Humboldt berichtete in seinen Aufzeichnungen, er habe von diesem Platz aus die Krokodile am anderen Ufer des Río San Juan beobachten können.

Hotels

Es stehen lediglich einige Hospedajes mit zellenartigen, kleinen, feuchten und schmutzigen Zimmern zur Verfügung.

Restaurants

Empfehlenswert: Mirador, oberhalb des ehemaligen Hafenbezirks; Guayave, Flamingo, Cafetín und der Club Científico Cultural.

Verkehrsmittel

Von Managua aus fahren Lastwagen auf einer teilweise schlechten Straße über Juigalpa nach San Carlos und San Juan Norte.

Flüge: Linienflugzeuge von und nach Managua, schnell und angenehm, verkehren unregelmäßig.

Schiffsverbindungen: Nach San Carlos und in die gesamte Region Río San Juan mit dem Schiff von Granada über den Gran Lago, unbequem und zeitaufwendig; von San Carlos aus fährt ein Boot nach Solentiname.

Noch immer wird hier auf mühevolle und traditionelle Weise die Wäsche im Fluß gewaschen

Am Ufer des Río San Juan in San Carlos

El Castillo

Der völlig heruntergekommene, aber immer noch sehr malerische Ort El Castillo (die Festung) liegt am Río San Juan und verdankt seinen Namen dem quadratischen Festungsbau, der auf einem Hügel über dem Fluß thront. Das Castillo wurde 1675 von den Spaniern zum Schutz vor Piraten und britischen Eroberern erbaut. Ein Gemälde im British Museum in London zeigt den jungen Lord Nelson vor El Castillo.

Solentiname

Einige der Bauern und Fischer, die die 40 Inseln von Solentiname im Gran Lago bewohnen, werden nicht müde zu beteuern, daß sich hier einst das biblische Paradies befunden habe. Ihre Erzählungen scheinen durch die Naturschönheiten des Archipels bestätigt zu werden. Die mit tropischer Vegetation bedeckten kleinen Inselchen, auf denen vereinzelt ein paar Rinder weiden und hier und da einfache Hütten stehen, dürften tatsächlich zu den schönsten Flecken der Erde gehören.

Bekannt wurde Solentiname durch den Dichter und Politiker Ernesto Cardenal, der 1967 eine Künstlergemeinschaft auf einer der Inseln aufzubauen begann. Er entdeckte das Zeichentalent und das kunsthandwerkliche Geschick vieler Inselbewohner, förderte ihre Fähigkeiten und begründete so eine inzwischen weltbekannte Schule der naiven Malerei.

Hotel
Einfache Übernachtungsmöglichkeit im Hotel Isla Solentiname auf der Insel San Fernando.

Verkehrsmittel
Schiffsverbindungen: 3 × wöchentlich (Mo, Mi und So) von Granada nach Solentiname (ca. 8 Std.); Auskunft über Abfahrtszeiten in den Hotels in Granada.

Von Managua entlang der Panamericana nach Costa Rica

Diriamba

Kleinstadt, in ca. 500 m Höhe auf der Meseta de Carazo an der Panamericana gelegen.

Der Name der Stadt geht auf den Kaziken Diriangén zurück, dessen Krieger sich 1522 den spanischen Eroberern tapfer entgegenstellten und diese zwangen, sich auf ihre Bastionen nach Panama zurückzuziehen. Zwei Jahre später gelang es den Spaniern dennoch, Nicaragua zu unterwerfen. Auch im Befreiungskrieg gegen die Somoza-Diktatur zeichnete sich die Bevölkerung von Diriamba durch besonderen Mut und Kampfbereitschaft aus.

Hotels
Mehrere einfache Hospedajes.

Restaurant
22 de Juli, empfehlenswert.

Nandaime

Nandaime gehört zu den Siedlungen Nicaraguas, die mehrfach von Naturkatastrophen vernichtet und an einem anderen Ort wieder aufgebaut wurden. Heute hat sich die an der Panamericana liegende Kleinstadt zu einem Verwaltungs- und Handelszentrum für das agrarische Umland entwickelt.

Eine Besichtigung lohnen allenfalls die beiden aus der zweiten Hälfte des 19. Jh. stammenden Kirchen El Calvario und La Parroquia.

Verkehrsmittel
Bus: Verbindung nach Granada und Managua, Abfahrt an der Plaza Central.

Ausflug
Von Diriamba aus führt eine Straße zum Badeort La Boquita am Pazifik. Hier wurde 1987 ein neuer, sehr ansprechender Hotelkomplex mit touristischen Anlagen aufgebaut. Strand und Vegetation sind jedoch nicht besonders attraktiv (keine öffentlichen Verkehrsmittel).

Rivas

Als letzte größere Siedlung vor der Grenze zu Costa Rica ist die 20 000 Einwohner zählende Stadt ein regionaler Verkehrsknotenpunkt.

Die Pfarrkirche Iglesia Parroquial, im traditionellen Kolonialstil mit sehenswerten Fresken, ersetzt die 1717 von der mulattischen Bevölkerung des Ortes an dieser Stelle errichtete Eremitage.

Ausflug
Unweit der heutigen Stadt Rivas, im Dorf **San Jorge** am Ufer des Gran Lago, residierte einst der Kazike Nicarao, der sich 1522 dem Konquistador Don Gonzales unterwarf und taufen ließ. Ein Denkmal an der von Rivas nach San Jorge führenden Straße würdigt dieses Ereignis.

Hotels
Nicarao, Zentrum, ✆ 6 06, das empfehlenswerteste der Stadt; auch einige Hospedajes.

Restaurant
El Socorro ist das beste am Ort.

Verkehrsmittel
Von San Jorge verkehren Boote zur Insel Ometepe (10 km).

Die Attraktion von Ometepe, der größten Insel im Gran Lago, sind die Zwillingsvulkane Concepción (1610 m) und Maderas (1450 m). An den Abhängen des perfekt geformten Concepción kann man Congos (Brüllaffen) sehen und brüllen hören.

Auf Ometepe gibt es zwei bäuerliche Dörfer: Moyogalpa und Altagracia. In der Vorhalle der Kirche von Altagracia sind präkolumbische Stelen zu besichtigen.

Hotels
Einfach und preiswert: Pensión Aly und Pensión Moyogalpa.

San Juan del Sur

Hafen- und Badeort am Pazifik, 15 km abseits der Panamericana. In San Juan del Sur endete die Eisenbahnlinie, mit der die aus dem Osten der USA quer durch Nicaragua transportierten Goldsucher (s. S. 483) auf den Weg nach Kalifornien gebracht wurden.

San Juan del Sur kann stolz auf den schönsten Sandstrand an der Pazifikküste Nicaraguas verweisen. Am nördlichen Ende des Strands bieten sich zahlreiche malerische Buchten zum Baden an.

Hotels
Estrella, ✆ 210, altes Holzgebäude mit exotischem Ambiente; Barlovento, ✆ 298, auf einer Anhöhe über dem Ort, für hiesige Verhältnisse luxuriös.

Sapoá – Peñas Blancas

Sapoá, nahe dem Ufer des Gran Lago und dem Grenzübergang Peñas Blancas gelegen, wurde bei einem Contra-Überfall zerstört und mit großem Aufwand wieder aufgebaut. Hier schlossen im März 1988 Nicaraguaner und Contra-Angehörige das erste Friedensabkommen. Im ehemaligen Verhandlungsgebäude befindet sich jetzt ein Duty-free-Shop.

Die Grenzabfertigung auf nicaraguanischer Seite verläuft schnell und unproblematisch, die Einreise nach Costa Rica gestaltet sich allerdings zeitraubend, da die costaricanischen Grenzbeamten alles genau kontrollieren. Noch vor den eigentlichen Grenzdienststellen wurde auf der costaricanischen Seite des Grenzüberganges ein Büro des Staatssicherheitsdienstes eingerichtet. Leider kommt es immer wieder vor, daß aus Nicaragua kommende Touristen – vor allem Buspassagiere mit Rucksack – eine sehr unfreundliche Behandlung erfahren.

Spielende Mädchen aus San Juan del Sur

Panama

Allgemeine Landeskunde

Lage, Größe, geographische Gliederung

Die Republik Panama zählt nur 2,3 Mio. Einwohner und ist mit ca. 77000 qkm etwas größer als der Freistaat Bayern. Der südlichste Staat der zentralamerikanischen Landbrücke mißt an seiner engsten Stelle – im Bereich der Kanalzone – nur 46 km.

Tropischer Regenwald bedeckt mehr als die Hälfte der unbesiedelten Gebiete. Die Ausläufer der costaricanischen Cordillera de Talamanca teilen das Land westlich der Kanalsenke in eine atlantisch und eine pazifisch geprägte Region. Zum Kanal hin fällt der Gebirgszug bis auf 80 m am Gaillard Cut ab, steigt östlich der Senke in der Serranía del Darién wieder auf 1300 m an und setzt sich jenseits der kolumbianischen Grenze in der Andenkette fort.

Bis zum Jahre 1979 zerschnitt die 15 km breite US-amerikanische Kanalzone (s.S. 420) das panamaische Staatsgebiet. Sie wird z. Z. von den USA und Panama gemeinsam verwaltet, doch soll sie vom Jahr 2000 an ausschließlich panamaischer Aufsicht unterstehen. Erst seit 1962 westlich von Panama City eine Brücke über den Kanal gebaut wurde, existiert zwischen den beiden Teilen Panamas eine Festlandverbindung, die zugleich – wie ihr Name Puente de las Américas sagt – die einzige zwischen Nord- und Südamerika ist.

Im Westen grenzt Panama an Costa Rica, im Osten an Kolumbien. Seine atlantische Küstenlinie mißt 760 km, die pazifische 1230 km. Höchster Berg des Landes ist mit 3475 m der Baru-Vulkan in der Nähe der costaricanischen Grenze.

Mehr als 1500 Inseln gehören zu Panama. Die größte, Coíba, liegt im Golfo de Chiriquí; als bekannteste gelten die 365 Inselchen der karibischen San Blas-Gruppe.

Nach der Unabhängigkeit von Spanien (1821) gehörte das Gebiet zunächst zum südamerikanischen Kolumbien. Seit dem Kanalbau zu Beginn des 20. Jh. existiert ein eigener Staat Panama, doch bestimmten die USA weitestgehend sein politisches Geschehen. Erst in den letzten Jahrzehnten, insbesondere durch die Auseinandersetzungen mit den USA um die Hoheitsrechte in der Kanalzone, entwickelte das panamaische Volk ein Nationalbewußtsein und Zugehörigkeitsgefühl zu den mittelamerikanischen Staaten.

Indios in Panama

Die ca. 100 000 Indios in Panama gehören fast ausschließlich zwei Ethnien an: den Guaymi (zwei Drittel) und den Kuna (ein Drittel). Sie leben in zweifacher Hinsicht am Rande der panamaischen Gesellschaft: ökonomisch, da sie Subsistenzwirtschaft betreiben, wie geographisch, denn die Guaymi siedeln an den West- die Kuna an den Ostgrenzen des Landes.

Die Guaymi werden der Ethnie der Talamanca zugeordnet. Ihre patriarchalisch organisierten Familienverbände pflegen nur wenig Kontakte mit den Nachbarsippen; Brautpaare werden von den Eltern bestimmt.

Die Talamanca verfügten bei Ankunft der Spanier über ein hierarchisch gegliedertes Staatswesen und leisteten der Konquista erbitterten Widerstand. Aber sie konnten sich der Versklavung und den Umsiedlungsmaßnahmen nicht erwehren. Die wenigen, die der spanischen Ausrottung entkamen, fristeten ihr Dasein als bäuerliche Unterschicht und verloren später große Teile ihres Landes an die US-amerikanischen Bananengesellschaften.

Die Kuna, die sich selbst Tule nennen, haben sich nach mehreren Aufständen 1930 wieder einen Rechtstitel (die sog. Comarca San Blas) auf ein genau festgelegtes Territorium erkämpft, das sie selbst verwalten. Sie werden offiziell als Indianisches Volk anerkannt. Etwa 3000 von ihnen leben an der Nordküste des Darién und mehr als 25 000 auf den Inseln des San Blas Archipels. Aufgrund ihrer relativen Autonomie und Abgeschlossenheit konnten sie bis heute ihre Kultur noch weitgehend wahren. Der Einfluß der traditionellen Würdenträger (Häuptling und Medizinmann) ist ungebrochen. Die Kuna arbeiten als Fischer und Bauern; die Felder sind Privatbesitz der Männer. In der Kolonialzeit verbündeten sich die Kuna mit Piraten und Hugenotten gegen die Spanier. Anfang des 20. Jh. erfolgte die Eingliederung ihres Gebietes in den Staat Panama. 1925 erhoben sie sich, mit geheimer Unterstützung der USA, und proklamierten die unabhängige Republik Tule. 1930 kam es zu einem Friedensvertrag mit dem panamaischen Staat, der dem Archipel die Autonomie garantierte. Ihre ›Unabhängigkeit‹ demonstrierten die Kuna zuletzt 1977, als sie gegen die vertragliche Übergabe des Kanals an Panama stimmten.

Die Kleidung der Kuna-Frauen ist Ausdruck eigenständiger und kreativer Auseinandersetzung mit westlicher Mode. Die mit applizierten Stoffstücken verzierte Bluse, ›Mola‹ genannt, mischt traditionelle geometrische Figuren (nach dem Vorbild früherer Tätowierungen) ganz unorthodox mit europäisch-nordamerikanischen Motiven (z. B. Märchen- und Fabelfiguren). Als Schmuck tragen die Frauen u. a. goldene Nasenringe.

In jüngster Zeit hat sich den Kuna eine neue – wenn auch für ihre Kultur bedrohliche – Einkommensquelle durch den Kreuzfahrt-Tourismus eröffnet (s. S. 416).

Klima

Panama liegt zwischen dem siebten und neunten Grad nördlicher Breite, also mitten in den Tropen. Es ist das heißeste Land Zentralamerikas. Im Westen Panamas, bedingt durch die zentrale Gebirgskette, unterscheidet sich die pazifische Südseite mit wechselfeuchtem Klima von der atlantisch-karibischen Nordseite, in der das ganze Jahr über mit Regen zu rechnen ist. Die meisten Niederschläge fallen von Mai

Antiamerikanische Parolen sind in Panama häufig zu lesen

bis Dezember. Die Jahresdurchschnittstemperatur liegt bei 27 °C. Wärmster Monat in Panama City ist der Mai mit 32 °C.

Bevölkerung

Panama hat 2,3 Mio. Einwohner, von denen der überwiegende Teil dunkelhäutige Mischlinge, weniger als 10% Weiße und annähernd 20% Schwarze sind; ca. 100 000 Indios leben isoliert im Landesinnern und auf Inseln. In Panama City trifft man zudem auf viele Familien asiatischer Herkunft.

Obwohl es (offiziell) keine Rassendiskriminierung gibt, besteht ein großes soziales Gefälle. Dies zeigt sich u. a. darin, daß Weiße qualifizierte und besser bezahlte Arbeiten verrichten, was ihnen einen entsprechend höheren Lebensstandard ermöglicht.

Panama hat eine junge Bevölkerung: Knapp 40% sind jünger als 15 Jahre und nur 6% älter als 60 Jahre. Die Lebenserwartung beträgt z. Z. etwa 71 Jahre.

Die Hälfte der Panamaer lebt in den drei größten Städten des Landes: Panama City, Colón und David.

Die Verfassung des Landes garantiert Religionsfreiheit. 90% der Bewohner bekennen sich zum römisch-katholischen Glauben. Nahezu in jedem Ort findet man eine katholische Kirche. Nur in Panama City gibt es darüber hinaus eine Synagoge und zwei protestantische Kirchen.

Geschichte – Verfassung – Regierungssystem

Die historische Entwicklung Panamas, das bis 1903 eine Provinz Kolumbiens war, stand stets in engem Zusammenhang mit seiner geostrategischen Lage. Daß die beiden Weltmeere hier nur durch eine sehr schmale Landbrücke getrennt sind, macht das Gebiet zwangsläufig zur Interessensphäre vieler Staaten.

Mit der Staatsgründung im Jahre 1903 erhielt Panama eine Verfassung nach den Grundsätzen einer Präsidialdemokratie. Allerdings fochten hinter dieser Fassade die verschiedenen Fraktionen seit jeher ihre Hegemonialkämpfe aus, was den Staat zu den politisch instabilsten Ländern Lateinamerikas machte. Bis zum Jahre 1968, d. h. innerhalb eines Zeitraums von 65 Jahren, wechselten 38 Präsidenten im Amt ab, die durchweg gute Beziehungen zu den USA unterhielten.

Im Oktober 1968 putschte die Nationalgarde gegen den populistischen, USA-loyalen Präsidenten Arnulfo Arias.

An die Spitze der im folgenden regierenden Militärjunta rückte der Nationalist und Sozialreformer Omar Torrijos Herrera, ein charismatischer General, der viele Jahre von breiten Schichten der Bevölkerung akzeptiert wurde. Zur zentralen politischen Forderung erhob er die Souveräni-

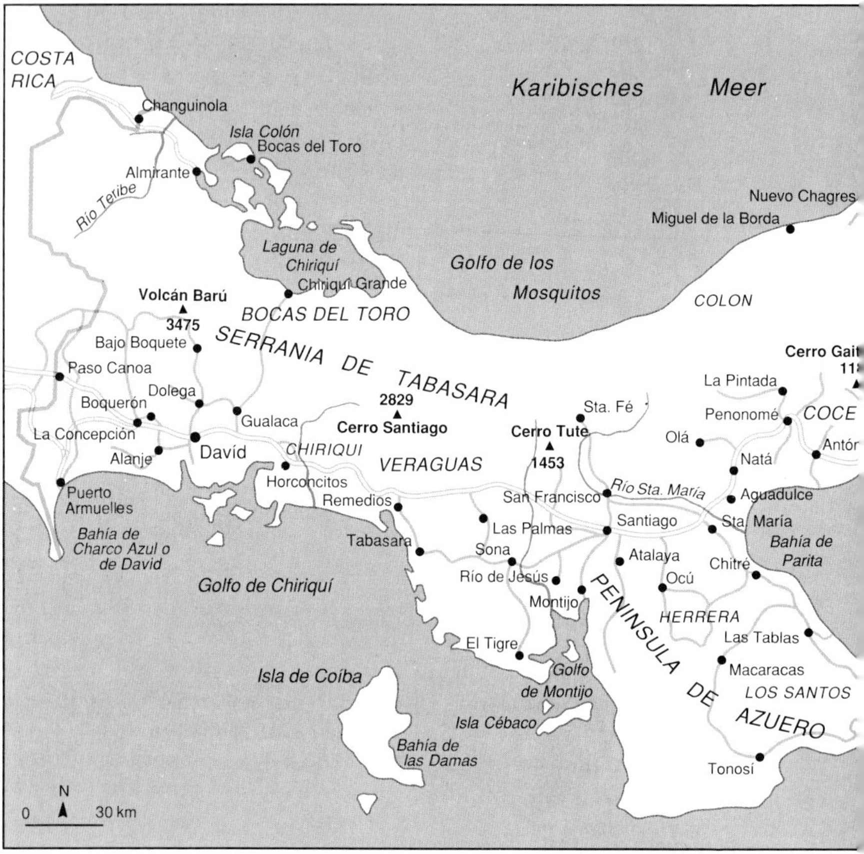

Panama

tät Panamas über die Kanalzone, die er durch eine Revision der ›demütigenden‹ Kanalverträge zu erreichen hoffte. Sein verbalradikaler Antiimperialismus sicherte ihm und der Nationalgarde die Unterstützung der Bauern, der traditionell einflußreichen Studentengruppen, der Gewerkschaften und anderer linksgerichteter Organisationen. Andererseits provozierte er den Widerspruch dieser Gruppen, indem er dem Finanz- und Industriebürgertum Vorteile sicherte und so die Abhängigkeit Panamas von den USA und vom Weltmarkt wieder verstärkte. Seine USA-orientierte Wirtschaftspolitik war der Preis für die Zusicherung Washingtons, die Kanalverträge neu zu verhandeln. Torrijos' Rückhalt war inzwischen außen- wie innenpolitisch so gefestigt, daß er es wagen konnte, auch eine neue Verfassung vorzulegen: Die untersten Verwaltungseinheiten, die *Corregimentos*, entsenden jeweils einen Vertreter in die aus 505 Delegierten bestehende Nationalversammlung. Diese wählt den Staats- und Vizepräsidenten für eine sechsjährige Amtsperiode und ist zu Verfassungsänderungen berechtigt. Eingeschränkt werden diese Befugnisse durch die Bestimmung, daß die Nationalversammlung nicht im Gegensatz zur Natio-

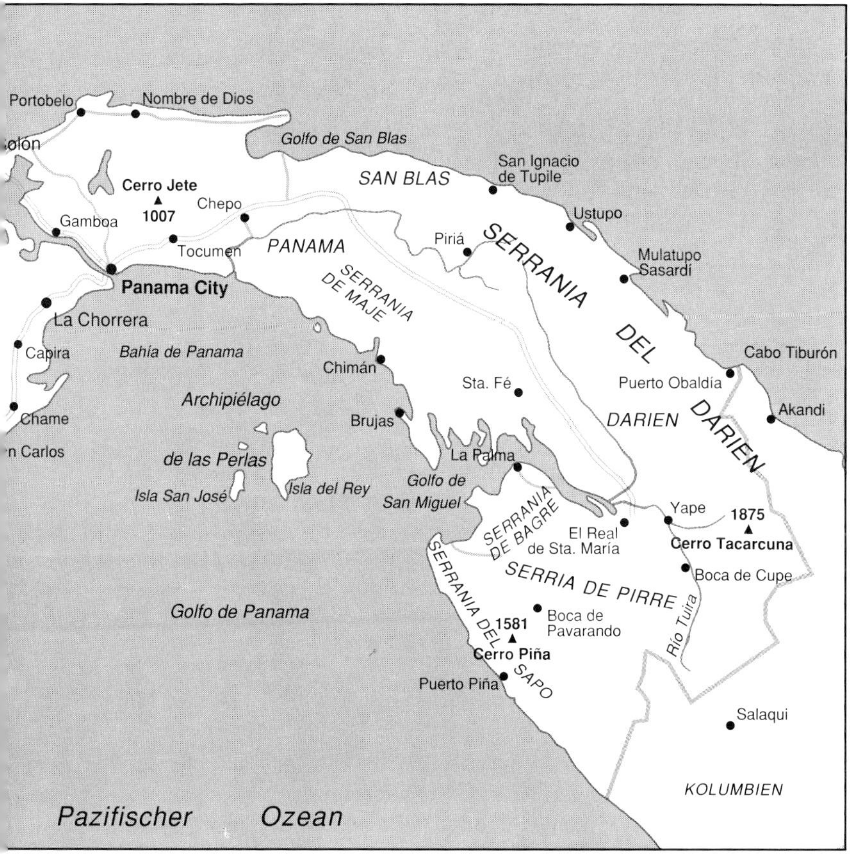

nalgarde handeln darf. Torrijos sicherte sich selbst Sondervollmachten für die nächsten sechs Jahre seiner Präsidentschaft.

1977 verbuchte der General mit dem Carter-Torrijos-Vertrag (s. S. 420) einen großen außenpolitischen Erfolg. Doch andererseits verschlechterte sich die wirtschaftliche Situation von Jahr zu Jahr und die Auslandsverschuldung stieg zusehends.

1978 verkündete Torrijos die zweite Phase der Revolution und Parteien wurden wieder zugelassen, – noch im gleichen Jahr erfolgte die Gründung der Partido Revolucionario Democrático (PRD) nach dem Vorbild der mexikanischen Staatspartei. Außerdem sollten die 505 Delegierten der Nationalversammlung in den Corregimentos künftig durch Volkswahl ermittelt werden – ein weiterer Schritt in Richtung Demokratie. Die neue Orientierung beinhaltete auch eine Verfassungsänderung: Die Nationalversammlung beschloß in Absprache mit der Nationalgarde die Direktwahl von Präsident und Vizepräsident ab 1984. Der Weg für eine zivile Regierung war damit geebnet.

1981 kam General Torrijos bei einem Flugzeugunglück in den Bergen Panamas ums Leben. Bis heute blieb die Ursache des Absturzes ungeklärt. Die Beerdigung des

Amerikanische Besatzer in Panama (Historische Aufnahme von 1931)

Volkshelden geriet zur großen antiamerikanischen Demonstration, denn für die Panamaer stand fest, daß Torrijos einem Attentat des CIA zum Opfer gefallen war. In mehr als einer Hinsicht kam sein Tod für die Weltmacht gelegen: Torrijos war einer der wenigen lateinamerikanischen Kritiker der USA, er bekundete öffentlich Sympathie für die Befreiungsbewegungen in Zentralamerika, die er auch finanziell unterstützte – und er wollte 1984 für die Präsidentschaft kandidieren.

Bei den Wahlen im Jahr 1984 standen sich zwei große Parteikoalitionen gegenüber: die Nationale und Demokratische Allianz unter Führung der PRD, mit der auch die Nationalgarde sympathisierte, und die Allianz der demokratischen Opposition (ADO) mit dem inzwischen 83jährigen Arnulfo Arias als Präsidentschaftskandidat. Panama war auf dem Weg zu einer zivilen Regierung auf der Grundlage der neuen Verfassung von 1978, die auch die politischen Befugnisse des Militärs einschränkte. Allerdings war seit August 1983 Manuel Antonio Noriega Chef der Nationalgarde, die sich inzwischen mit Hilfe der USA zu einer 15 000 Mann starken, konventionellen Armee (Fuerzas de Defensa de Panama) entwickelt hatte. Sie stellte die eigentliche Macht in Panama dar.

Mit weniger als 5000 (bei über 1 Mio. abgegebenen) Stimmen ging der Kandidat der PRD, Nicolas Barletta, als Sieger aus der Präsidentschaftswahl von 1984 hervor. Die Opposition warf Noriega und der Armee wohl nicht zu Unrecht Wahlbetrug vor. Barletta versuchte, durch wirtschaftliche Mittel wie Einsparungen im Staatssektor und Abbau protektionistischer Schutzmaßnahmen die ökonomische Situation des Landes zu verbessern. Damit provozierte er gleichermaßen den Protest der Gewerkschaften wie der Arbeitgeber. Außerdem verschlechterte sich sein Verhältnis zu Noriega, da er eine Untersuchungskommission einsetzte, die den Mord an dem früheren Vize-Gesundheitsminister Hugo Spadafora, der Noriega und der Armee angelastet wurde, aufklären sollte. Auf Druck Noriegas mußte Barletta zurücktreten.

1984 wählte die Nationalversammlung Arturo Delvalle zum neuen Präsidenten. Dieser führte die gemäßigte Sparpolitik Barlettas fort. Wegen der hohen Verschuldung (ca. 4 Mrd. US-$) drängten Weltbank und Währungsfond Delvalle jedoch zu größeren staatlichen Einsparungen. Damit geriet Panama – wie viele Entwicklungsländer – in die Zwickmühle zwischen Schuldnerwohlverhalten und Verelendung breiter Bevölkerungsschichten. Die innenpolitischen Schwierigkeiten spitzten sich 1987 zu, als der gerade aus dem aktiven Dienst ausgeschiedene Oberst Díaz Herrera General Noriega öffentlich mehrerer Verbrechen beschuldigte (z. B. Ermordung Torrijos', Wahlbetrug zugunsten Barlettas, Drogenschmuggel). Es folgten erhebliche Unruhen, und Präsident Delvalle ließ den Ausnahmezustand verhängen. Da Noriega auch in den USA in Ungnade gefallen war, sah die bürgerliche Opposition ihre Chance gekommen, ihn loszuwerden. Sie organisierte monatelang Demonstrationen und Aufmärsche mit dem Ziel, Noriega aus dem Amt zu drängen. Im sog. Bürgerkreuzzug (Cruzada Civilista) schlossen sich unter Führung der Handelskammer Unternehmer, Bankiers, die katholische Kirche, die christdemokratische Partei und andere konservative Gruppen zusammen. Dieses rechte Bündnis hoffte, mit tätiger Unterstützung der USA an die Macht zu kommen. Aber um Wahlen zu gewinnen, mußten sie zuerst General Noriega entmachten.

Im Februar 1988 wurde in Miami ein Gerichtsverfahren gegen Noriega eröffnet. Kurz darauf verkündete Delvalle unter dem Druck der USA die Entlassung Noriegas. Doch die Militärs forderten im Gegenzug die Absetzung Delvalles, und die Nationalversammlung stimmte zu. Solis Palma aus dem Kabinett Delvalles wurde zum Nachfolger gewählt. Delvalle tauchte unter, schloß sich der Cruzada Civilista an und rief zu Wirtschaftssanktionen und Generalstreik auf. Ende 1988 beruhigte sich die Lage in Panama wieder.

Bei den Präsidentschaftswahlen im Mai 1989 flammten die alten Gegensätze wieder auf. Für die konservative Opposition kandidierte Guillermo Endara mit Arias Calderón und Guillermo Ford als Vizepräsidenten. Das Militär unterstützte unverhohlen den PRD-Kandidaten Carlos Duque. Nach offensichtlichen Manipulationen, die dazu führten, daß sich beide Kandidaten als Sieger ausrufen ließen, endete die Wahl im Chaos. Der Wahlausschuß annullierte sie wegen ›ausländischer Einmischung‹, die meisten Unterlagen verschwanden.

Ende August nominierte die Nationalversammlung Francisco Rodriguez zum neuen Präsidenten und Nachfolger von Solis Palma. Er war seit 1975 Minister und galt als Vertrauter Noriegas. Zwei Monate später scheiterte ein Putsch jüngerer Offiziere gegen Noriega, an dem sich indirekt auch US-Truppen aus der Kanalzone beteiligt hatten. Präsident Bush beauftragte im

Auf dem Autonummernschild steht die Forderung Panamas nach absoluter Souveränität

November 1989 den CIA, den Sturz des Generals in die Wege zu leiten. Daraufhin rief die Nationalversammlung am 17. Dezember 1989 den Kriegszustand aus und wählte Armeechef Noriega zum Obersten Führer der nationalen Befreiung. Drei Tage später, am 20. Dezember um Mitternacht, marschierten 24 000 US-Soldaten in Panama ein. Die US-Invasion war die größte der USA seit Vietnam.

Präsident Bush nannte vier Gründe, die den Einmarsch in Panama rechtfertigen sollten: Schutz der in der Kanalzone lebenden US-Bürger, Wiederherstellung der Demokratie, Einhaltung der Kanalverträge und die Ergreifung Noriegas.

Bei der Invasion verloren ca. 2000 Menschen (davon 50 US-Amerikaner) ihr Leben, 12 000 wurden obdachlos. Betrof-

General Noriega

Manuel Antonio Noriega wurde als uneheliches Kind einer mestizischen Hausangestellten seines Vaters 1935 im Armenviertel San Felipe geboren und wuchs in einem katholischen Pflegeheim auf. Mit 29 Jahren trat Noriega, der keinerlei Berufsausbildung genossen hatte, in die Nationalgarde ein. 1968 putschte sich Omar Torrijos Herrera an die Macht, Noriega half ihm dabei. Als Dank machte ihn Torrijos 1971 zum Leiter des panamaischen Militärgeheimdienstes. Noriega arbeitete von da an eng mit dem CIA zusammen und erhielt dafür auf Anordnung von George Bush, der seit 1976 Direktor der CIA war, ein Jahresgehalt von 100 000 US-$. Armeechef Noriega, wegen seiner verunstaltenden Pockennarben im Gesicht auch Cara de Piña (Ananasgesicht) genannt, zeigte sich engagiert im Kampf gegen linke Aufstandsbewegungen und fädelte Waffenlieferungen an die Contra ein; nebenbei war er bemüht, seinen Besitz zu vermehren. Auf 400 Mio. US-$ wird sein Vermögen auf Luxemburger und Schweizer Banken geschätzt, wobei die größten Summen entweder direkt aus US-Regierungskreisen oder aus dem Drogenzwischenhandel stammten. 1985 endete die Zusammenarbeit Washingtons mit dem General, da er sich – aus welchen Gründen auch immer – geweigert hatte, panamaische Truppen in Nicaragua einzusetzen. Zudem sah sich die Regierung Reagan aus innenpolitischen Gründen gezwungen, die Beziehung zu Noriega, dessen Drogengeschäfte inzwischen Schlagzeilen machten, abzubrechen.

Noriega trat nun plötzlich als Verbündeter der kleinen Leute auf und setzte auf die in Panama sehr beliebte nationalistisch-populistische Karte. Dabei kamen ihm die Interessen Washingtons sehr zunutze. Im Mai 1988 boten die USA dem General geheime Verhandlungen an, in denen sie sich bereit erklärten, alle Anklagen einschließlich der des Drogenhandels gegen ihn zurückzunehmen und alle Sanktionen gegen das Land aufzuheben, unter der einzigen Bedingung, daß Noriega das Land verlasse. Doch dieser machte die geheimgehaltenen Angebote publik und blieb weiterhin im Amt.

Die US-amerikanische Intervention im Dezember 1989 zwang den Armeechef zur Flucht in die vatikanische Botschaft. Doch es war nur eine Frage der Zeit, wann sich Noriega dem US-Gericht stellen würde. Seit Januar 1990 sitzt Noriega in Miami in Haft. Sollte er in allen zwölf Anklagepunkten wegen seiner Machenschaften im Drogengeschäft überführt werden, drohen ihm 145 Jahre Haft.

In Panama erzeugte landwirtschaftliche Güter decken nahezu den gesamten inländischen Bedarf

fen waren vor allem die Armenviertel El Chorrillo und San Miguel, weil sich dort das Hauptquartier Noriegas befand. Der General konnte nicht gefaßt werden, sondern ersuchte nach zehn Tagen in der Botschaft des Vatikans um Asyl. Die diplomatischen Vertreter des Vatikans drängten ihn, sich den US-Gerichten zu stellen, was er dann auch (freiwillig?) tat.

Der neuen Regierung Endara gelang es nur allmählich mit Unterstützung von US-Militärpolizei, die staatliche Ordnung wiederherzustellen. Durch die Invasion waren die Polizei- und Armee-Einheiten Panamas so gründlich zerschlagen, daß Tausende von Plünderern tagelang die Geschäfte und Warenhäuser in Panama City sowie die Lagerhallen in der Freihandelszone ausräumen konnten, ohne daß sie von staatlicher Seite daran gehindert wurden.

Staat und Gesellschaft

Bildung und Erziehung

Staat und Kirche sorgen zusammen für ein relativ flächendeckendes Bildungsangebot, wobei der Staat (gebührenfrei) im Grundschulbereich 90% der Ausbildungsstätten, im Bereich der höheren Schulen 65% und bei den Universitäten nur noch 35% der Einrichtungen trägt.

Für alle Kinder vom sechsten bis zum 15. Lebensjahr besteht Schulpflicht. Die Ausbildung an der Höheren Schule gliedert sich in zwei Abschnitte. Der Besuch des ersten Teilbereichs ist obligatorisch und berechtigt je nach Abschlußniveau zum Besuch von wirtschafts-, wissenschafts- oder berufsorientierten Kursen. Zur Aufnahme an der Universität benötigt man das Abschlußzertifikat des zweiten Abschnittes. In Panama gibt es z. Z. drei Universitäten.

Die Analphabetenquote bei den Erwachsenen wird im Landesdurchschnitt auf 20% geschätzt, wobei der Anteil in den Städten wesentlich niedriger liegt.

Wirtschaft

Der Transitweg zwischen den beiden wichtigsten Weltmeeren ist das bisher allseits favorisierte Wirtschaftspotential des Landes. Auch wenn aufgrund der noch bestehenden Hoheitsrechte der USA die ökonomischen Vorteile des Kanals heute nur teilweise Panama zugute kommen, Handel und Dienstleistungen machen zusammen dennoch ca. die Hälfte des Bruttoinlandsproduktes aus. Und ein neues Bankengesetz ermöglicht seit 1970 die Entwicklung Panamas zu einem internationalen Banken- und Finanzzentrum.

Die Landwirtschaft ist für den Export (Bananen, Zucker, Kakao und Kaffee) als auch für den Binnenmarkt (Reis, Mais, Bohnen, Tabak und Fleisch) von großer Bedeutung. Landwirtschaftliche Güter (60% des Gesamtexports) decken nahezu den ganzen inländischen Nahrungsmittelbedarf. Daneben besteht, abgesehen von der beachtlichen Raffinerie in Colón, die Erdöl aus Venezuela verarbeitet, nur ein bescheidener Industriesektor. Doch Erdöl verhilft Panama noch an anderer Stelle zu Einnahmen. 1982 wurde die 130 km lange Pipeline zwischen Armuelles am Pazifik und Chiriquí Grande an der Atlantikküste in Betrieb genommen, durch die das Erdöl aus Alaska an die US-Ostküste weiterbefördert wird.

Über die Hälfte des Landes ist mit Wäldern bedeckt, aber wegen nicht vorhandener Verarbeitungsmöglichkeiten fehlt eine forstwirtschaftliche Pflege und Nutzung.

Wandrelief am Gebäude der Nationalversammlung zu Ehren der Studentenrevolte am 9. Januar 1964 gegen die US-Besatzung

Panama ist mehr als ein Kanal

»Panama is more than a canal«, heißt es in einer Werbebroschüre für Investoren, weil alle Welt bei der Namensnennung des Landes zunächst nur den Kanal assoziiert. Panama will sich von diesem Image lösen. Aber im öffentlichen und politischen Bewußtsein hält sich hartnäckig die übermächtige Betonung seiner Transitfunktion.

Die Republik Panama hat als interamerikanische Festlandsbrücke im letzten Jahrtausend keine Rolle gespielt. Bis heute gibt es keine durch Panama nach Kolumbien führende Straße, auf der Personen und Güter über die zentralamerikanische Landbrücke nach Südamerika transportiert werden könnten; die Panamericana endet im Darién (s. S. 417). Seit Menschengedenken garantiert hier die Küstenschiffahrt die Nord-Süd-Verbindung, deren Bedeutung in den letzten Jahren eher abgenommen hat. Das wesentliche – wenn auch unausgesprochene – Argument der USA, den Kanal letztlich doch an Panama abzutreten, war der Verlust seines strategischen Nutzens. Die Großmächte haben inzwischen Flotten in beiden Ozeanen, und selbst wenn der Kanal noch von Kriegsschiffen befahren würde, im Zeitalter von Interkontinentalraketen wäre er binnen Stunden unbrauchbar.

Panamas Zukunft muß nicht von der Zukunft des Kanals abhängen. In den sozialen und ökonomischen Strukturen seines Agrarraumes liegen noch große, unausgeschöpfte Entwicklungspotentiale. Die Fixierung auf die Transit-Funktion verhindert möglicherweise sogar die gesamtgesellschaftliche und soziale Entwicklung. Denn solange der Kanal und zwangsläufig damit auch der Großraum Panama City wirtschaftlich wie politisch im Mittelpunkt zukünftiger Projekte steht, wird Panama eine Sonderstellung unter den zentralamerikanischen Ländern einnehmen.

Sinkende Rohstoffpreise und Industrialisierungspläne (z. B. das Kupferabbauprojekt Cerro Colorado und das Wasserkraftwerk La Fortuna) führten in den letzten Jahren zu einem ständigen Handelsbilanzdefizit und zu wachsender Verschuldung. Die Auslandsschulden betrugen 1987 rd. 4 Mrd. US-$, und ihre Tilgung verschlingt ca. 40% der Exporterlöse.

Dessenungeachtet ist Panama seit 1981 für deutsche Investoren – in erster Linie des Bankenbereichs – zum viertwichtigsten Anlageland in Lateinamerika (nach Brasilien, Mexiko und Argentinien) geworden.

Orts- und Landschaftsbeschreibungen

Panama City

Die Stadt Panama entstand als einzige der heutigen Hauptstädte Zentralamerikas nicht um den Kern einer ehemaligen spanischen Siedlungskolonie, sondern an der Peripherie einer kolonialen Niederlassung. Dies ist nur aus ihrer historischen Funktion zu erklären.

Die Eroberung und Erschließung der pazifischen Küste Panamas ging von den spanischen Gründungen an der Atlantikküste aus. Von Nombre de Dios (gegründet 1509) brach Vasco Núñez de Balboa 1513 zum Pazifischen Ozean auf. Wenige Monate später stieß Nuño Beltrán de Guzmán von Acla aus in das Gebiet der heutigen Stadt vor, die 1519 gegründet wurde. Mit der Kolonialisierung Perus ging nach 1527 die planmäßige Erkundung der Landenge und des Río Chagres einher, da man einen Verbindungsweg zwischen den beiden Küsten suchte. Das führte in Panama City zu einem begrenzten Aufschwung. Doch die Piratenüberfälle des Engländers Francis Drake und verschiedene Sklavenaufstände (z. B. die Revolte des Negerkönigs Bayano) gefährdeten den bescheidenen Wohlstand der Stadt. Erst mit der Gründung von Portobelo 1600, das die Funktion des 1596 von Drake eingeäscherten Nombre de Dios übernahm, und mit der Ausweitung des jährlichen Marktes von Portobelo nach 1606, begann der eigentliche Aufstieg der Stadt. Die von Kriegsschiffen begleiteten Handelsflotten in beiden Ozeanen führten zu einem erheblichen Wirtschaftszuwachs. Hinzu kamen die Maultierkarawanen aus Mexiko und den zentralamerikanischen Provinzen, das 1628 der Stadt Panama gewährte Monopol für den Handel zwischen China und Spanien und der Zustrom derjenigen, die mit der Abwicklung all dieser Wirtschaftsaktivitäten dauerhaft befaßt waren.

Der Reichtum und die geographische Lage der Städte am Isthmus machten sie für Piraten interessant. 1671 eroberte Henry Morgan Panama, doch die Bewohner legten zuvor selbst Feuer und ließen die Stadt niederbrennen. Der Aufbau einer neuen Stadt erfolgte unmittelbar nach dem Abzug der Piraten auf der nur 5 km westlich gelegenen Felsenhalbinsel San Felipe (Casco Viejo), die wiederum durch starke Befestigungswälle geschützt wurde. Als auch Portobelo vor Piraten nicht mehr sicher war, beschloß die spanische Krone 1746, die Handelswege zu verlegen (Seeweg um Kap Horn, Landwege nach Cartagena und Buenos Aires). Panama und der Isthmus verloren an Bedeutung, bis dann ein unerwarteter Impuls der Stadt erneut zum Aufschwung verhalf.

1848 entdeckte man Gold in Kalifornien. Dies bewog über eine Million Menschen, von der nordamerikanischen Ostküste gen Westen zu wandern. Ein Großteil von ihnen wählte die Route über Panama, weil hier seit 1855 eine Eisenbahn von Colón, der neu gegründeten Hafenstadt am Atlantik, nach Panama fuhr.

Für den Bau des Kanals um die Jahrhundertwende waren Tausende von Arbeitskräften erforderlich. 1887 zählte die Stadt

Historische Aufnahme der Plaza 5 de Mayo in Panama City (1928)

bereits 40 000 Einwohner. Doch die sozialen Probleme nahmen mit der wachsenden Bevölkerung ebenfalls zu. Rassenunruhen waren die Folge. Mit der Loslösung von Kolumbien, der Ausrufung der Republik Panama im Jahr 1903 und der Fertigstellung des Kanals 1914 begann die moderne Entwicklung der Stadt.

Da die Kanalzone im Westen bis dicht an die Altstadt heranreicht, konnte sich Panama City nur einseitig nach Nordosten hin vergrößern.

Mangels Stadtplanung entstand ein Mosaik aus unterschiedlichsten Vierteln: Exklusive und luxuriöse Villenviertel schließen an Slumgebiete an. Dazwischen befinden sich sowohl teure Einkaufsstraßen mit hohen Bankgebäuden als auch enge Gassen mit älteren Holzhäusern, deren Zerfall unaufhaltsam scheint. Seit 1960 hatte die Ausdehnung den 30 km von der Altstadt ostwärts liegenden Flughafen Tocumen erreicht. Heute zählt die Stadt 500 000 Einwohner.

Besichtigung

Die heutige Großstadt Panama läßt sich für den Besucher in drei – unterschiedlich alte – sehenswerte Stadtbezirke einteilen.

Panama Viejo

Alt-Panama, an der Küste 8 km östlich der heutigen Innenstadt gelegen, wurde 1526 gegründet und nach der Zerstörung durch Henry Morgan im Januar 1671 nicht wieder aufgebaut, so daß nur die Ruinen an längst vergangene Zeiten erinnern.

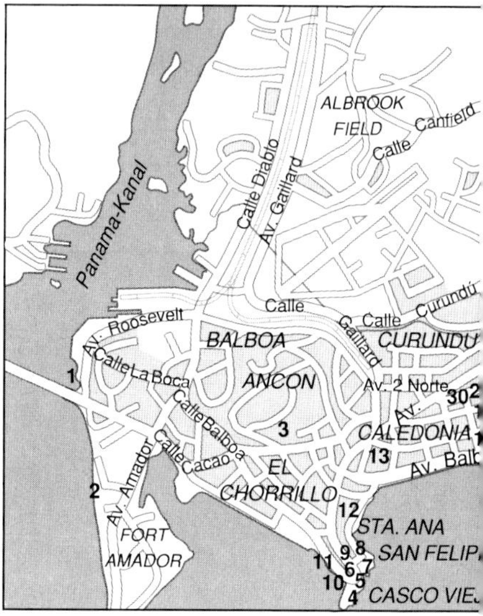

Panama City 1 Puente de Las Américas 2 Balboa Segelhafen 3 Cerro Ancón 4 Plaza de Francia, Befestigungswall Las Bovedas 5 Palacio Nacional 6 Plaza Bolívar mit Teatro Nacional 7 Iglesia de San Francisco 8 Palacio de las Garzas 9 Plaza Mayor, Catedral Metropolitana, Palacio Municipal 10 Museo de Arte Religioso Colonial, Convento de Sto. Domingo 11 Parroquia de San José Padres Augustinos 12 Plaza St. Ana mit Kirche 13 Plaza 5 de Mayo, Museo Nacional 14 Casa Museo del Banco Nacional 15 Hospital Sto. Tomás 16 US-Botschaft 17 Monumento de Vasco Núñez de Balboa 18 Iglesia del Carmen 19 Universidad Nacional 20 Flughafen Paitilla 21 Ipat (Touristeninformation) 22 Catedral de Nuestra Señora de la Ascensión 23 Casa del Cabildo 24 Steinbrücke **Hotels** 25 Marriott 26 Holiday Inn 27 Ejecutivo 28 Europa 29 Veracruz 30 Soloy

Besonders eindrucksvoll ist die **Catedral de Nuestra Señora de la Ascensión,** deren Innenausstattung und Glockenturm noch heute ihre einstige Pracht bezeugen; sie wurde 1535 aus Holz gebaut und im Jahr 1626 von Francisco de la Cámara aus Stein neu errichtet.

Sehenswert sind auch die Ruinen der **Casa del Cabildo** (Stadthalle), die bereits 1612 einem Erdbeben zum Opfer fiel.

Vor den Ruinen an der Küste befindet sich neben einer Kaserne (Escuadrón de Caballeria Dragones) eine Niederlassung der **Artesanías Nacionales,** in der man Kunsthandwerksartikel, aber auch Informationsmaterial zu Panama Viejo erwerben kann.

Nach der Zerstörung 1671 wurde die Stadt nach Westen auf die Halbinsel Casco Viejo verlegt. Hier entstandt das kolonialzeitliche Panama.

Die **Steinbrücke** am Beginn des Camino de Cruces (ca. 500 m nördlich, an der Straße zum Flughafen) diente den Spaniern zum Transport der riesigen in Südamerika erbeuteten Gold- und Silberschätze von Panama nach Nombre de Dios bzw. Portobelo.

Casco Viejo

Der Stadtteil San Felipe umfaßt das ehemals befestigte kolonialzeitliche Panama und ist daher der touristisch interessanteste Teil Panama Citys. Die Spanier errichteten hier gegen Ende des 17. Jh. dicke Stadtmauern zum Schutz vor Piraten.

In Casco Viejo bewegt man sich am besten zu Fuß. Die Straßen sind sehr eng. In den alten Kolonialgebäuden sind Behörden und Hotels untergebracht; aus den Wohnhäusern, von denen die wenigsten renoviert sind, schallen die bestplazierten Hits der US-Charts.

Die **Plaza de Francia** an der Südostseite der Stadt, nach der dort ansässigen Französischen Botschaft benannt, wird im Osten von dem Justizpalast und im Süden von den **Bovedas** (Befestigungswall) eingerahmt, auf dem man heute spazierengehen

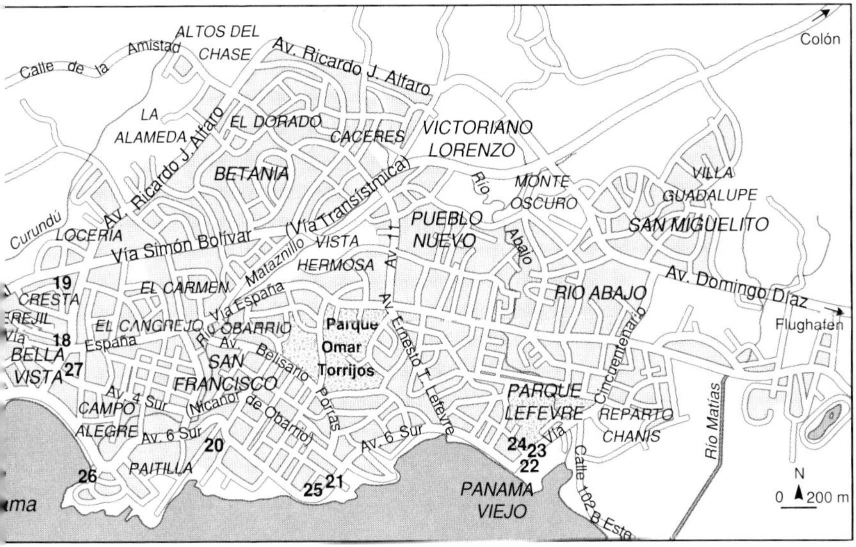

kann. Unter dem Wall lagen einst die Gefängnisgewölbe, die für die Verurteilten den sicheren Tod bedeuteten, da die Zellen beim Gezeitenwechsel des Meeres regelmäßig überflutet wurden.

Die oberirdischen Geschosse sind heute restauriert. Sie werden als Vortragsräume und für Gemäldeausstellungen genutzt. Von den Bovedas hat man einen schönen Ausblick auf die Kanalbrücke, die vorgelagerten Inseln und die Skyline der Neustadt. Vor der Anlage wurde zu Ehren Ferdinand de Lesseps ein Obelisk, dessen Spitze ein (gallischer) Hahn ziert, errichtet. Auf steinernen Informationstafeln ist die 400jährige Geschichte des Isthmusweges vom Auftrag Karls V. bis zur Fertigstellung des Kanals festgehalten.

Läuft man auf dem Wall entlang, kommt man zum Nationalpalast **(Palacio Nacional),** der streng von Polizei bewacht wird, und zur Plaza Bolívar, an der das 1906 nach Plänen italienischer Architekten erbaute neoklassizistische **Teatro Nacional** steht. Die eindrucksvollen Deckengemälde stammen von dem panamaischen Künstler Roberto Lewis. Gegenüber dem Theater befinden sich die alte **Iglesia de San Francisco** und die Ruinen der ehemaligen Klosterschule. Der Platz wird von dem Gebäude des Hotel Colón (schön restaurierte Fassade) abgeschlossen.

An der Nordseite von Casco Viejo liegt der **Palacio de las Garzas,** das offizielle Wohn- und Amtsgebäude des Präsidenten. Der Name ›Palast der Fischreiher‹ geht auf die vielen Reiher zurück, die schon seit jeher den der nahe gelegenen Küste zugewandten Hauseingang belebten. Der Palast wurde 1673 erbaut und 1921 vollständig erneuert. Wandmalereien *(Murales)* von Roberto Lewis schmücken die Innenwände.

Zentrum von Casco Viejo ist die ehemalige **Plaza Mayor,** heute Plaza de la Independencia genannt (Av. Central/ Calle 7). Hier steht die **Kathedrale,** deren eindrucksvolles Portal aus bunten Sandsteinen zusammengesetzt ist. Ihre beiden weißen Glockentürme sind mit perlmut-

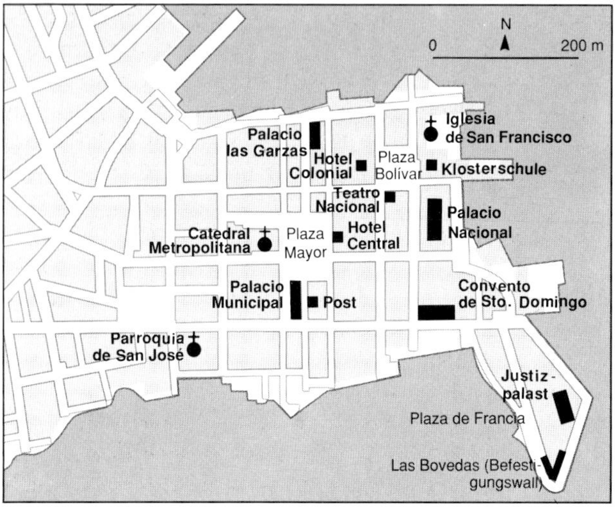

Der Stadtteil Casco Viejo in Panama City

ternen Muschelschalen verziert. An den Holzdecken des Kirchenschiffs hängen schöne, schwere Leuchter.

Zu den weiteren Sehenswürdigkeiten der Plaza Mayor gehören auch das alte **Hotel Central** mit dem schön gestalteten Innenhof und die um die Jahrhundertwende erbauten Gebäude der Post und der Stadtverwaltung **(Palacio Municipal).** Seit 1975 befindet sich in dem neoklassizistischen Palacio Municipal das **Museo de Historia de Panama.** Zu sehen sind alte Karten, Fahnen, Dokumente und historische Fotografien (Di–So 10–15.30 Uhr, ✆ 22 13 53).

In unmittelbarer Nähe dazu (Av. A/ Calle 3) befindet sich das **Museo de Arte Religioso Colonial,** in dem Gemälde und

Plaza de Francia in Casco Viejo

Schnitzereien mit religiösen Motiven aus der Kolonialzeit, Altäre sowie Monstranzen aus Gold und Silber ausgestellt werden (Di–Fr 14–15.30 Uhr, ✆ 22 81 54). Neben dem Museum sind die Arbeiten an der Restaurierung des 1678 erbauten **Convento de Sto. Domingo** im Gang.

Die **Parroquia de San José Padres Augustinos** am südwestlichen Stadtausgang birgt einen prachtvollen goldenen Barock Altar **(Altar de oro),** der nur Dank der geistesgegenwärtigen Reaktion des Priesters Peter Fabo gerettet werden konnte. Während die Piraten Henry Morgans im Januar 1671 plündernd durch die Stadt zogen, soll der Augustinerpater den Altar in aller Eile schwarz angestrichen und Morgan noch um eine Geldspende für Holz zu seiner Fertigstellung gebeten haben!

Das moderne Panama

Das heutige Panama City jenseits der Altstadt zeigt die zwei Gesichter dieser Metropole; hier die verfallenen Holzhäuser als sichtbarer Ausdruck der Armut eines Großteils der Stadtbewohner und direkt daneben die von der Sonne angestrahlten glitzernden Wolkenkratzer US-amerikanischer Firmen.

Sehenswert ist die **Plaza Sta. Ana** mit der gleichnamigen 1676 errichteten Kirche, heute ein Treffpunkt für Redner und Ort öffentlicher politischer Debatten.

Zentrum im älteren Teil der Neustadt ist die **Plaza 5 de Mayo.** Auf dem dreieckigen Platz steht eine Statue zu Ehren jener sechs Feuerwehrmänner, die im Jahr 1914 Panama City vor einem Großbrand bewahrten. Hier befindet sich im Gebäude des alten Bahnhofs das **Anthropologische Museum,** Museo Nacional de Hombres Panameños, mit mehreren Abteilungen zu den verschiedenen Ethnien Panamas, einem Saal mit Goldschmuck sowie Dokumenten zur Geschichte des Kanalbaus (Arbeitsverträge etc.). Im Vorraum des Museums steht das Papa-Mobil, das Johannes Paul II. bei seinem Besuch Panamas benutzte (Di–Sa 10–15.30, So 15–17.30 Uhr).

Die **Iglesia del Carmen** mit bunten Glasfenstern in der Vía España, Ecke Av. Manuel Espinosa, stellt eine perfekte Gotik-Imitation dar.

Von der Altstadt bis zum Punta Paitilla (Holiday Inn) verläuft parallel zur Küste die Av. Balboa. Hier stehen die Hochhäuser der internationalen Großbanken, die US-Botschaft, das Hospital Sto. Tomás und das **Monumento de Vasco Núñez de Balboa,** dessen Inschrift die Einheit der iberoamerikanischen Nationen beschwört. Im Gebäude der Nationalbank kann man die eindrucksvolle Münz- und Briefmarkensammlung der Casa Museo del Banco Nacional **(Münz- und Briefmarkenmuseum)** besichtigen (Av. Cuba/Calle 34, ✆ 25 06 40, Mo–Fr 9–14.30 Uhr).

Vor dem Ancón Hill (auch Cerro Ancón genannt), der schon zur Kanalzone gehört, und der Altstadt führt die Av. de los Martires zur Kanalbrücke; Ancón Hill ist Teil der Stadt Balboa, zwischen ihr und Panama City bestehen keine erkennbaren Stadtgrenzen.

Hotels

Panama City gilt zu Unrecht als eine der teuersten Städte der Welt. In den Hotels der gehobenen Kategorie kostet ein DZ zwischen 70 und 100 US-$. In letzter Zeit haben aber auch mehrere Mittelklasse-Hotels eröffnet. Wer sich längere Zeit in der Stadt aufhalten will, sollte auch die Angebote der Aparthotels (vergleichbar mit Ferienwohnungen) prüfen. Aus der großen Zahl von Übernachtungsmöglichkeiten empfehlen wir:

Gut und teuer: Ejecutivo, Calle A. de la Guardia/Calle 52 E, ✆ 64 33 33, 15stöckiger Hochbau im Zentrum der Neustadt; Holiday Inn,

Vía Italia/W. Churchill, ✆ 69 11 22, Rundturm-Hochhaus direkt an der Bucht von Panama, mit sehr schönem Ausblick über die Stadt in den Zimmern der oberen Etagen, Schwimmbad; Marriott Caesar Park, Vía Israel/Calle 77; Atlapa, direkt an der Küste gegenüber dem Convention Center, ✆ 26 40 77, luxuriös, mit Schwimmbad; Soloy, Av. Perú/Calle 30, ✆ 27 11 33, 13stöckiges Hochhaus im Zentrum, Dachterrasse zum Sonnen.

Mittelklasse: California, Vía España/Calle 43 Este, ✆ 63 78 44; Caribe, Av. Perú/Calle 28, ✆ 25 04 04; Costa Inn, Av. Perú/Calle 39, ✆ 25 60 83; Europa, Vía España 33, Innenstadt, ✆ 63 69 11; Veracruz, Av. Perú/Calle 30, ✆ 27 30 22.

Einfach und preiswert: Colonial, Plaza Bolívar in Casco Viejo, altes Prachthaus, stilvolle Fassade, großzügig; Hotel Central, mitten im Zentrum Casco Viejo, Baujahr 1910, großer Innenhof, stilvoll, viel Platz, aber etwas heruntergekommen; Residencial Turística Volcán, Calle 29 E/Av. 2 Sur (Av. Cuba) hinter dem Soloy-Hotel.

Aparthotels: Las Vegas, Av. Eusebio A. Morales, ✆ 69 07 22; Plaza, Av. Manuel Espinosa Batista 40-6, ✆ 64 50 33.

Restaurants

Für die Freunde der US-amerikanischen Schnellrestaurants (z. B. Mac Donald's oder Kentucky Fried) ist Panama ein wahres Paradies: Beinahe an jeder Ecke finden sie eine Niederlassung. Wer etwas ausgefallener speisen möchte: In der Stadt gibt es Nationalitätenrestaurants in Hülle und Fülle: chinesische, japanische, spanische, italienische, indische und sogar schweizer Küche. Sie annoncieren alle in den Tageszeitungen.

Wir empfehlen: Belvedere, 19. Stock des Holiday Inn, ✆ 69 11 22, bei Kerzenlicht Blick über die Bucht und das Lichtermeer der Stadt, Tisch am Fenster vorbestellen; Le Trianon, 17. Stock des Marriott Caesar Park-Hotels, ✆ 26 40 77, wie im Belvedere, nur etwas stilvoller und teurer; Restaurant Lesseps, Vía España/Calle 46, ✆ 23 07 49, kleines Haus, französische Küche, stilvolles Ambiente; The Lobster's Inn,

Garküche in Panama City

Av. Balboa, ✆ 64 48 41, einstöckiges, amerikanisches Fischrestaurant, sehr gute Langusten; Casco Viejo, neben der französischen Botschaft an der Straße Las Bovedas in der Altstadt, ✆ 28 05 03, kleines französisches Restaurant, geöffnet ab 19 Uhr.

Wer Heimweh verspürt: Taberna Bavaria, Av. Federico Boyd, ✆ 23 11 87, das einzige ›deutsche‹ Restaurant, es gibt tatsächlich Eisbein mit Sauerkraut.

Verkehrsmittel

Die Panamaer haben insbesondere die Busse für den Innenstadtbereich mit grellbunten Graffiti-Zeichnungen bemalt.

Bus: Vom Flughafen Richtung Zentrum, Abfahrt ca. 100 m vor der Ankunftshalle an der Autobahn; Richtung Casco Viejo Ruta 1, Abfahrt in Calle 12.

Überlandbusse: Zentraler Busbahnhof, Calle O, an der Av. de los Martires, Stadtteil Caledonia. Richtung

Colón, alle 30 Min., ca. 2 Std.

David, 3 × tgl., ca. 7 Std.

San José (Costa Rica) mit der Panaica-Línea, Abfahrt: Calle Monteserín.

In alle Hauptstädte Mittelamerikas mit Tica Bus, Calle 17 Oeste 15–55, ✆ 62 20 84, Abfahrt nach San José tgl. 11 Uhr.

Eisenbahn: Bahnhof Panama, Av. de los Martires; Abfahrt der Züge nach Colón: Mo–Fr 4.40, 6.45, 15.20, 17.40 Uhr, Sa und So 8.30, 12.35, 17.50 Uhr, ca. 2 Std. Die Bahn fährt ungefähr parallel zum Kanal und hält an allen Schleusen.

Bahnhof in Balboa unterhalb des Gebäudes der Panama Canal Commission; der Zug fährt hier 2 Min. später ab. Auf den Bahnverkehr ist kein Verlaß (reparaturbedingte Ausfälle); unbedingt danach erkundigen.

Flüge: Drei größere panamaische Fluggesellschaften teilen sich die Anflugsziele, konkurrieren aber auf manchen Strecken.

Adressen: Aeroperlas, Puerto de Paitilla, ✆ 69 45 55, 63 53 63; Ansa (Aerolineas Nacionales), ✆ 26 78 91; Transpasa, ✆ 26 15 84 und Alas Chiricanas ✆ 64 64 48. Alle haben ihre Büros im Aeropuerto de Paitilla.

Darüber hinaus existieren mehr als 150 Charter-Fluggesellschaften. Richtung

David mit Aeroperlas Mo–Fr 9.30, Sa und So 7 Uhr und mit Alas Chiricanas Mo, Mi, Fr 7, Di, Do, Sa 7, 7.30, So 17.30 Uhr.

Colón tgl. außer Sa und So 11 × zwischen 7 und 18.30 Uhr, 15 Min.

Contadora mit Aeroperlas Mo–Do 6, Fr 6, 12.15, 18.30, Sa und So 7, 8, 17, 18 Uhr, 20 Min., Rückflug jeweils 30 Min. später.

Bocas del Toro mit Aeroperlas Mo–Fr 8.35, 11.30, Sa und So 10 Uhr und mit Alas Chiricanas Mo–Sa 9.30, 11, So 11.30 und 12.30.

Von Panama City zu den San Blas-Inseln mit Ansa und Transpasa, Termine erfragen.

Abflughafen aller nationalen Flüge ist Paitilla. Einziger internationaler Flughafen ist der Aeropuerto General Torrijos in Tocumen, 20 km von Panama City entfernt (Auskunft über Flüge: ✆ 66 72 22).

Internationale Verbindungen: Miami 5 × tgl.; Guatemala City 1 × tgl., Mi und Sa 2 ×, So 3 ×; San José 3 × tgl.; San Salvador 2 × tgl.; Tegucigalpa Di, Do, Sa 6.30 Uhr.

Leihwagen: Die nachstehenden Firmen unterhalten alle eine Zweigstelle in der Eingangshalle des Flughafens. Die Niederlassungen in der Stadt befinden sich im Stadtteil El Cangrejo: Avis, Calle 55, ✆ 64 07 22, und in den Hotels Marriott, Holiday Inn; Hertz, Calle 55, ✆ 64 11 11 und in den Hotels Soloy, Marriott; National, Calle 50, Ed. Universal, ✆ 64 82 77; Budget, Calle 55 und in den Hotels Holiday Inn sowie Vía España.

Budget und National unterhalten auch eine Niederlassung am Bahnhof Balboa (So geöffnet). Nur Hertz und Budget haben Niederlassungen in Colón, dort kann man die in Panama City geliehenen Wagen zurückgeben (und umgekehrt). In der Calle 55 locken auch mehrere lokale Leihwagenunternehmen mit billigeren Angeboten. Die Preise für Leihwagen entsprechen dem europäischen Niveau.

Unterhaltung

Diskotheken gehobenen Stils in den Hotels Holiday Inn, Marriott, Hilton und El Continental; außerdem: Playboy de Panama, Calle 55.

Sport

Schwimmen im Meer ist im Stadtgebiet wegen der starken Verschmutzung und der Untiefen

Im Zentrum von Panama City

des Meers nicht ratsam. Dafür bieten sich öffentliche Schwimmbäder (z. B. Piscina Adan Gordan, zwischen Av. Cuba und Av. Justo Arosemena) oder die Pools der Hotels (z. B. im Holiday Inn und besonders schön im Marriott) an.

Golf spielen können auch Besucher im Panama Golf Club (Coronado Beach); im Februar Austragungsort der Panama Open.

Pferderennen mit Wettmöglichkeiten; Presidente Ramón-Bahn, Do, Sa, So und an Feiertagen.

Hahnenkämpfe im Club Gallístico in der Vía España hinter der Kreuzung mit der Vía Cincuentenario, ✆ 24 63 37, (Sa, So und an Feiertagen) ebenfalls Sa und So im Club de Los Arcontes del Chóro in La Chorrera, Bus ab Plaza 5 de Mayo.

Einkaufen

In Panama City gibt es Waren aus der ganzen Welt zollfrei zu kaufen; manche Geschäfte (insbesondere Supermärkte) haben 24 Std. geöffnet.

Haupteinkaufsstraßen sind die Vía España (gehobene Ansprüche) oder die Av. Central (Massenartikel). Beliebt sind die großen Einkaufszentren (Shopping Malls), z. B. El Dorado oder La Alhambra, beide an der Tumba Muerto, der Ausfallstraße zum Flughafen.

Kunsthandwerk: Curiosidades Típicas de Panama, Av. 4 de Julio/Calle J. B. Sosa; Panama Típico, Vía España/Calle La Perejil; Joyería La Huaca, Av. Central/Calle 21, auch präkolumbische Stücke mit Echtheitszertifikat.

Adressen

Botschaften: USA, Av. Balboa/Calle 37, ✆ 27 17 77.

Schweiz: Av. Cuba/Calle 29, ✆ 25 07 32.

Großbritannien: Vía España 120, Ed. Chase Manhattan, 5. Stock, ✆ 23 04 51.

Auskunft: Touristeninformation Ipat, Vía España 124, Citybank Gebäude, 5. Stock, Mo–Fr 9–16 Uhr.

Gesundheit: Rotes Kreuz, Caledonia, ✆ 28 27 86-7; Hospital Santo Tomás, Av. Balboa, ✆ 25 14 36 oder 27 41 22.

Telefon: Ferngespräche im Tropical Radio, Calle Samuel Lewis.

Ausflüge

Balboa: Geradezu nahtlos geht Panama City im Westen am Hügel Ancón (Cerro Ancón) vor der Kanalbrücke (Puente de las Américas) in die Stadt Balboa über. Hier mündet der Panama-Kanal in den Pazifik.

Die Stadt wurde von den US-Amerikanern als Sitz der Kanalverwaltung geplant und gebaut. Nur der andersartige Baustil und die weitläufigen, gepflegten Parks deuten die Stadtgrenze zu Panama City an.

Von der Verwaltungszentrale auf den Balboa Heights werden noch heute alle Entscheidungen getroffen. Das 1910 erbaute Verwaltungsgebäude der früher rein US-amerikanischen Panama Canal Company ist seit 1979 Sitz der gemeinsamen Kommission, die heute mehr als 9000 Angestellte beschäftigt. In der Rotunda, einem großen runden Kuppelbau, wurden auf Wunsch des Chefingenieurs Georg W. Goethals Wandteile von William B. Van Ingen bemalt, um einzelne Stationen des Kanalbaus (z. B. die Errichtung der Miraflores-Schleusen, des Gatún-Damms und des Gaillard Cut) in großen Bildern festzuhalten.

Auf der dem Kanal zugewandten Seite des Verwaltungsgebäudes steht am Fuße der terrassierten Parkanlagen ein Denkmal zu Ehren Goethals' (Verwaltungsgebäude der Panama Canal Commission: Mo–Fr 8–17 Uhr; der Pförtner führt Besucher auf Wunsch zur Rotunda).

Am Bahnhof Balboa stehen in einem Freiluftmuseum Wagen und Lokomotiven aus der Zeit des Kanalbaus.

Taboga-Inseln: Ungefähr 20 km südlich von Panama City liegt die Taboga-Inselgruppe. Von hier segelte Pizarro 1524 nach Peru. Später ließen sich hier Piraten nieder, um die spanischen Goldtransporte zu überfallen. Die Hauptinsel mit üppiger Tropenvegetation und Blumenpracht erhebt sich 500 m aus dem Pazifik; auf dem Gipfel steht eine Radarstation (herrlicher Ausblick). Auf Taboga bewegt man sich zu Fuß. Sehenswert ist die kleine Kirche, die angeblich die zweitälteste Lateinamerikas sein soll. Schöne Buchten laden zum Baden ein (in letzter Zeit allerdings verschmutztes Wasser).

Hotels

Sehr einfach: Taboga und Chu oberhalb der Anlegestelle.

Verkehrsmittel

Schiffsverbindung: Abfahrt der Fähren in Balboa am Pier 18 (ca. 1 Std.), Mo 6, 9, 17 Uhr, Di–Fr 8.30 und 17 Uhr, Sa und So 8.30, 11.30, 17 Uhr. Von Taboga fahren die Schiffe 1 Std. später zurück.

Organisierte Tagesausflüge von Panama City mit dem Schiff Fantasía del Mar, Buchung über die Reisebüros der Stadt, Abfahrt 8 Uhr, Rückkehr ca. 16 Uhr.

Perlen-Inseln

Mitten im Golf von Panama liegen 75 km südlich von Panama City die Perlen-Inseln (Pearl Islands), früher ein Gebiet für Perlentaucher, heute ein beliebtes Ausflugsziel für Angler und Hochseefischer. Zur Gruppe gehören über 200 Inseln und Inselchen. Eine der größeren Inseln (genauer: die fünftgrößte) ist **Contadora,** die heute alle erdenklichen Annehmlichkeiten eines gepflegten Touristen-Eldorados offeriert. In den Jahren 1979–80 diente sie dem mittlerweile verstorbenen Schah von Persien als Exil. Hier trafen sich im Januar 1983 die Außenminister von Mexiko, Venezuela, Kolumbien und Panama und verabschiedeten ein Kommuniqué, das den Abbau der Spannungen in Zentralamerika zum Ziel hatte; daraus entwickelte sich der Contadora-Friedensplan.

Hotels

Gut und teuer: Caesar Park Contadora Resort und Casino, Luxushotel, dessen Anlage (inkl. Golfplatz) zwei Drittel der Insel einnimmt; billige Übernachtungsmöglichkeiten nur in Privathäusern.

Verkehrsmittel

Flüge: Abflug vom Paitilla-Airport, ca. 20 Min. Aerolines Islas de las Perlas, Panama, ✆ 64 29 06.

Organisierte Zweitagesausflüge (mit Schiff und Flugzeug) nach Contadora: Latín Sell, Panama, ✆ 60 92 35.

Schiffsverbindung: Regelmäßig mit Schiffen der Argonaut Steamship Agency, ca. 3 Std., Panama City, Calle 55 Nr. 7.

Zur Baugeschichte des Kanals

Auch auf seiner vierten Reise hoffte Kolumbus jene Durchfahrt zu finden, die ihn doch noch nach Indien bringen würde. Ende des Jahres 1502 landete er an der Küste von Panama, um jedoch wenige Tage später wieder nach Norden umzukehren.

Als erster Europäer durchwanderte der Spanier Vasco Núñez de Balboa 1513 die Landenge und erreichte, von der atlantischen Küste kommend, den Pazifik. 1520 entdeckte Magellán die später nach ihm benannte Seestraße zwischen dem südamerikanischen Festland und Feuerland. Doch seine Erwartungen auf einen näheren und damit billigeren Weg nach Indien wurden enttäuscht. Auch Cortés, der 1523 im Auftrag Kaiser Karls V. reiste, konnte die ersehnte Durchfahrt nicht finden. Daraufhin ließ die spanische Krone eine Königliche Straße, den Camino Real (auch Camino de Cruces genannt) quer über den Isthmus zwischen Panama und Nombre de Dios bauen. Mit dem Niedergang der Kolonialmacht Spanien und dem Aufstieg Englands zur See- und Weltmacht verlor der Camino Real an Bedeutung. Geradezu bedeutungslos wurde er jedoch nach der Unabhängigkeit der süd- und zentralamerikanischen Staaten.

Der Goldrausch von Kalifornien veranlaßte seit 1849 Hunderttausende von Amerikanern, von der Ost- zur Westküste der USA zu ziehen. Da es damals noch keine Eisenbahnverbindung gab, führte sie der Weg über die Magellán-Straße. Die Reise dauerte sechs Monate; über den Isthmus von Panama war die Westküste in der Hälfte der Zeit zu erreichen. Eine US-amerikanische Gesellschaft witterte das große Geschäft und baute zwischen 1850 und 1855 eine Eisenbahnstrecke von Colón nach Panama City, die diesen Abschnitt der Reise von einer Woche auf einen Tag verkürzte. Der Bau der Eisenbahnlinie gestaltete sich äußerst schwierig. Viele Menschen verloren, von den hohen Arbeitsanforderungen und Tropenkrankheiten geschwächt, ihr Leben.

1876 gründete Ferdinand de Lesseps, der Erbauer des Suez-Kanals, eine Gesellschaft für den Bau eines Kanals durch den Isthmus von Panama. 1878 erhielten die Franzosen von Kolumbien, dem das Gebiet gehörte, die Baugenehmigung. 1880 begannen östlich von Colón die Arbeiten für einen schleusenlosen Kanal auf Meeresspiegelhöhe. Doch 1893 mußte die Gesellschaft wegen unzulänglicher Koordination, aber vor allem aufgrund grassierender Gelbfieber- und Malaria-Krankheiten, die Tausende von Arbeitskräften (vorwiegend Schwarze von den Antillen) das Leben kostete, Konkurs anmelden. 1,5 Mrd. Francs hatten die Aktionäre verloren. Die Arbeiten waren bereits 1888 eingestellt worden.

Natürlich hatten die USA schon immer Interesse an einem Kanal gehabt, dachten aber zunächst daran, ihn auf nicaraguanischem Gebiet zu bauen. Nach dem Konkurs der Franzosen ergriff US-Präsident Theodore Roosevelt die Initiative. 1901 schlossen die USA mit Großbritannien einen Vertrag, der die internationalen Interessen, aber auch die nordamerikanische Vormachtstellung bei einem künftigen Kanal sicherte. Noch im gleichen Jahr kauften die USA der französischen Gesellschaft die Konzession und das Baumaterial für 40 Mio. US-$ ab. Im Januar 1903 verhandelten sie mit der Regierung Kolumbiens über Bau, Betrieb und Schutz innerhalb der sog. Kanalzone und forderten, daß dieser Bereich für 100 Jahre einen politischen Sonderstatus erhalten solle. Aber das kolumbianische Parlament weigerte sich, den Vertrag zu ratifizieren, da er die Souveränität Kolumbiens beein-

US-Präsident William H. Taft (im weißen Anzug, sitzend) bei einer Inspektion der Bauarbeiten am Kanal (Historische Aufnahme von 1910)

trächtigte. Kurz darauf organisierte die US-amerikanische Panama-Railroadgesellschaft einen dreitägigen Aufstand, der die Trennung Panamas von Kolumbien einleitete.

Anfang November 1903 rief der mit Unterstützung der USA gegründete Staat Panama seine Unabhängigkeit aus: »Wir trennen uns von unseren kolumbianischen Brüdern ohne Haß und ohne Freude.« Am 18. November unterschrieb der provisorische Gesandte Panamas, Philippe Bunau-Varilla, den Hay-Bunau-Varilla-Vertrag, der sich eindeutig nach den Interessen Washingtons richtete: Die USA erhielten zeitlich unbegrenzt (›auf ewig‹) eine 16 km breite Zone für den Kanal mit allen Hoheitsrechten. Dazu gehörten auch das Recht auf Intervention, zur Anlage von Militärstützpunkten und das alleinige Recht für den Bau von Verkehrswegen. Dafür wurden 10 Mio. US-$ bezahlt und die Unabhängigkeit des Staates Panama garantiert; hinzu kam eine jährliche Pacht von 250 000 US-$. Kein Panamaer hatte an diesem Vertrag mitgewirkt.

1904 begannen erneut Bauarbeiten unter der Leitung der US-amerikanischen Militäringenieure George W. Goethals und John F. Stevens. Sie bekämpften zuerst erfolgreich Gelbfieber und Malaria, schufen dann die nötige Infrastruktur zur Versorgung der Arbeitskräfte und modernisierten die Eisenbahn. Allein 100 neue Lokomotiven zogen Tausende von Loren mit Aushubmaterial, das zur Errichtung des Gatún-Staudamms verwendet wurde. Größte Schwierigkeiten bereitete der Culebra-Durchstich. Mehr als 40 000 Arbeiter standen zwischen 1904 und 1913 im Sold der Amerikaner. Die meisten von ihnen kamen aus der Karibik, allein 20 000 Schwarze aus dem englischsprachigen Barbados und 8000 von den französischen Antilleninseln Guadeloupe und Martinique.

Am 15. April 1914 fuhr als erstes Schiff die SS Ancón durch den Panama-Kanal. Die Maße der Schleusenbecken des Kanals bestimmten für die nächsten Jahrzehnte erheblich den Weltschiffsbau: Nur Schiffe, die die sog. Panamex-Größe nicht überschritten (32 m breit, 298 m lang, 12 m Tiefgang), blieben konkurrenzfähig.

Die Kanalzone

Eine Fahrt durch den Panama-Kanal

Der Panama-Kanal erstreckt sich heute zwischen Colón (Atlantik) und Balboa (Pazifik). Schiffe benötigen für die 82 km zwischen den beiden Weltmeeren ca. 20 Std. (davon 9 Std. reine Fahrzeit). Die meisten Besucher blicken zum ersten Mal vom Cerro Ancón auf den Kanal, der hier wie ein künstlicher Fluß in die Bucht von Panama mündet. Von dieser Stelle aus kann man sehr gut die neue Kanalbrücke sehen, die 1962 für 20 Mio. US-$ gebaut wurde. Die Puente de las Américas, die einzige Landverbindung zwischen Nord- und Südamerika, ist 1800 m lang. Ihre Höhe (92 m) erlaubt jedem Schiff die Durchfahrt (jenseits der Brücke befindet sich eine Panorama-Plattform mit Blick auf die Kanalzone). 12 km landeinwärts passieren die Schiffe die 1913 fertiggestellten Schleusen von Miraflores (Esclusas de Miraflores, Miraflores Locks), wo sie 16 m angehoben werden, um ihre Fahrt fortsetzen zu können. Die Besichtigung der Schleusen ist gut organisiert. Aussichtsplateau, Erläuterungen, Ankunftszeiten der Schiffe, Snacks (9–17 Uhr). Für das Passieren der zwei Schleusenkammern benötigt ein Schiff ca. 45 Min. Am Ende des Miraflores-Sees befinden sich die Schleusen von Pedro Miguel, mit deren Hilfe die Fahrrinne durch den Corte de Culebra erreicht wird. Die Grabungen durch die bis zu 90 m hohen Felsen über eine Distanz von 13 km waren der arbeitsaufwendigste Teil des Kanalbaus.

Die Schleusen von Miraflores, Loks ziehen die Schiffe

Die Kanalzone

Man durchfährt nun den eindrucksvollsten Abschnitt des Kanals, der nach dem für die Grabungen verantwortlichen Ingenieur auch Gaillard Cut genannt wird. Bei Gamboa erreichen die Schiffe den 26 m ü. d. M. gestauten, 420 qkm großen Gatún-See. Mitten im See liegt die Barro Colorado-Insel, ein gut geschütztes Naturreservat, in dem viele seltene Tiere leben. Besuche können vereinbart werden: Smithsonian Forschungsinstitut, Balboa, Stadtteil Ancón, Roosevelt Av. 401, ✆ 52 55 39, (geöffnet 8–11 und 13–15 Uhr).

Nach weiteren ca. 40 km Fahrt müssen die Schiffe in den Gatún-Schleusen (Besichtigung möglich) wieder um jene 26 m abgesenkt werden, die sie bei Miraflores und Pedro Miguel angehoben wurden. Mittels dreier hintereinanderliegender Schleusenkammern, von denen jede über 300 m lang ist, wird dies in etwa einer Stunde bewerkstelligt. Der Gatún-See liefert die Wassermengen, die für den Betrieb der Schleusen und für die Kanalstrecke zwischen Gatún und Miraflores notwendig sind; der gleichnamige Staudamm verhindert den Abfluß des Sees in den Río Chagres. Die 1914 bei der Eröffnung des Kanals installierten gigantischen Zahnradwerke der Schleusen sind noch heute funktionsfähig. Beim Durchschleusen der Schiffe fließen riesige Mengen Süßwasser des Gatún-Sees in den Pazifik und in den Atlantik. Aber dank der langen Regenzeit herrscht nie Wassermangel.

Dichter tropischer Regenwald, der bis an den Kanal heranreicht, prägt das landschaftliche Bild des letzten 12 km langen Streckenabschnitts. Die Fahrt endet in den Zwillingsstädten Colón und Cristóbal.

Die Kanalgebühren sind für beladene und unbeladene Schiffe unterschiedlich hoch und müssen immer bar vor Einfahrt in den Kanal entrichtet werden. Im Durchschnitt zahlt ein Schiff 30 000 US-$; die höchste Gebühr betrug 100 000 US-$ für die ›Queen Elizabeth 2‹ (1984), die niedrigste 36 Cents (1928) für den Schwimmer Richard Halliburton. Bis zu 42 Schiffe passieren täglich den Kanal.

Ein Reiseveranstalter bietet auch an, eine Teilstrecke des Kanals von Balboa bis zu den Pedro Miguel-Schleusen und durch den Culebra-Cut zu durchfahren (Latín Sell International, ✆ 60 92 35, nur Di und Do).

Mit dem Zug entlang des Kanals

60 Jahre vor der Eröffnung des Kanals, im Januar 1855, fuhr der erste Eisenbahnzug, von Colón kommend, in den Bahnhof von Panama City ein.

Die Panama Railway genannte Strecke befand sich in der den USA unterstellten Kanalzone. Seit dem 1. Oktober 1979, nach mehr als 70 Jahren, ist sie im Rahmen des Carter-Torrijos-Vertrags an Panama übergeben worden und heißt jetzt El Ferrocarril de Panama.

Man steigt in Panama City oder in Balboa in einen der 50 Jahre alten blauen Wagen ein und erreicht, relativ bequem sitzend, nach 2 Std. Colón.

Die einspurige Bahnlinie verläuft über weite Strecken parallel zum Kanal. Die Diesellok mit ihren drei Wagen hält nicht nur an den großen Schleusen, sondern an jeder kleinen Siedlung, fährt durch tropischen Dschungel, über Brücken im Bogen um den Gatún-See herum und erreicht bei einer Höchstgeschwindigkeit von 40 km/h nach ca. 2 Std. den Bahnhof des Städtchens Colón mit seinen neoklassizistischen Prachtbauten der ehemals großen Schiffahrtslinien.

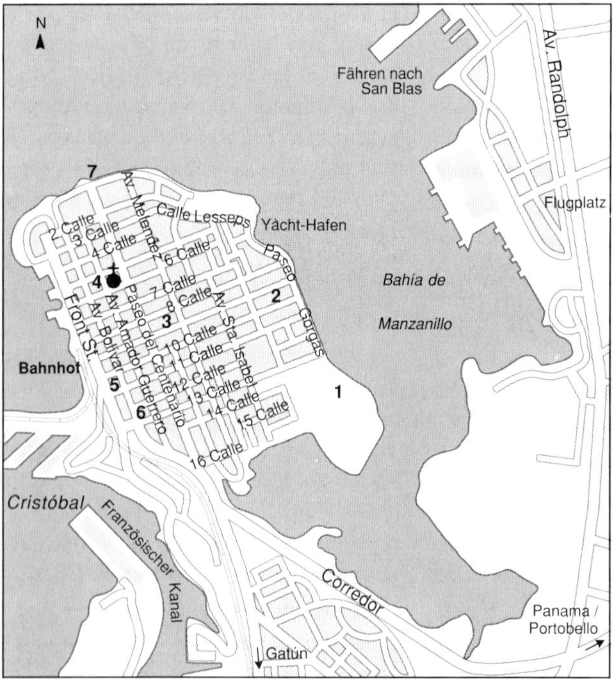

Colón

1 Freihandelszone (Zona Libre)
2 Krankenhaus
3 Markt
4 Kathedrale
5 Post
6 Bus-Station
7 Hotel Washington

Auf der Straße von Panama City nach Colón

Eine teils vierspurige Autoschnellstraße – die Ctra. Transistmica – verbindet heute die beiden Städte. Sie führt im großen Bogen östlich des Kanals durch die gebirgige Landschaft. Von ihr kann man den Kanal nicht mehr sehen, sondern nur an einer Stelle die Ausläufer des Gatún-Sees. Wegen der beschädigten Straßendecke bestehen Geschwindigkeitsbeschränkungen (Polizeikontrollen!), so daß man für die nur 80 km kurze Strecke ca. 2 Std. benötigt.

Eine zweite gut ausgebaute, aber schmalere Straße verläuft ungefähr parallel zur Eisenbahn. Die Kanalstraße ist allerdings für Privatfahrzeuge nicht durchgehend befahrbar, so daß man ab Summit auf die nordöstlich verlaufende Ctra. Transistmica ausweichen muß. Die Kanalstraße beginnt als Gaillard Highway an der Bahnstation Balboa und führt, an der Albrook Air Force Base und am Fort Clayton vorbei, zu den Schleusen von Miraflores und Pedro Miguel. Hinter dem Ort Paraíso liegt der sog. Französische Friedhof, auf dem ein Mahnmal und lange Reihen kleiner weißer Holzkreuze an die Opfer des Kanalbaus erinnern. An der höchsten Stelle des Isthmus liegt Summit, hier beginnt der 22 000 ha große **Parque Nacional Soberanía** mit dem botanischen Garten (Jardin Botánico Summit). Wer nicht bereits in Summit zur Ctra. Transistmica abzweigen will, kann der parallel zum Kanal verlaufenden Straße bis Gamboa folgen. Hinter der schmalen Gamboa-Brücke liegt ein großer Badestrand direkt am Kanal, der hier, am Ende des Culebra-Cut, in den Gatún-See einmündet. Von Gamboa kann man nur mit Genehmigung der Panama Canal Commission entlang der Pipeline Rd. bis zu den Gatún-Schleusen weiterfahren. Normalerweise erreicht man die Stadt Gatún nur von Colón aus.

Colón

Zweitgrößte Stadt des Landes (ca. 100 000 Einwohner) an der atlantischen Seite des Kanals, Tiefseehafen und Endstation der Eisenbahnlinie von Panama City, beständig feucht-heißes Klima (26 °–30 °C, 4000 mm Jahresniederschläge). Das ehemals bedeutende Zentrum des Landes hat heute mit der sich ausbreitenden Armut in den Slums und der hohen Arbeitslosigkeit zu kämpfen.

Colón bestand bis zur Mitte des 19. Jh. nur aus ein paar Häusern; die Insel Manzanillo, auf der Colón sich heute ausbreitet, war nicht mit dem Festland verbunden. Mit der Entscheidung für den Eisenbahnbau Colón–Panama wurde der Aufstieg der Stadt eingeleitet, der sich durch den Kanalbau seit der Jahrhundertwende beschleunigte.

Mit der Eröffnung des Kanals begann das pulsierende Leben einer tropischen Hafenstadt. Viele Gebäude und Häuser im Zentrum lassen den früheren Glanz erahnen, als hier die Passagiere großer Linienschiffe an Land gingen.

Heute sind die Gebäude Colóns dem Verfall preisgegeben. Es ist weniger der Schmutz in den Seitenstraßen als die Hoffnungslosigkeit beim Anblick der ehemals prächtigen Häuser aus der Zeit um die Jahrhundertwende, die eine bedrückende Atmosphäre in Colón entstehen läßt.

Ein Bereich der Stadt ist Freihandelszone (Zona libre), in der zollfrei Waren im Werte von 4 Mrd. US-$ pro Jahr umgesetzt werden. Colón wird damit zum Einkaufsparadies vieler mittel- und südamerikanischer Staaten. Durch die Geschäftsleute der Freihandelszone hat die

Typische Straßenszene in Colón

Stadt sich wirtschaftlich teilweise stabilisiert.

Hotels

Gut und teuer: Washington, Av. del Frente, ✆ 47 18 68–71, großes altes, ehemals glanzvolles Hotel.

Einfach und preiswert: International de Colón, Av. Bolívar/Calle 11–12, ✆ 45 29 30; Pensión Plaza, Av. Central/Calle 8, sauber.

Es gibt auch eine empfehlenswerte Unterkunftsmöglichkeit bei der Heilsarmee, Av. Bolívar.

Restaurants

Im Hotel Washington, sehr einfache Küche und wenig Auswahl; noch einfacher im YMCA-Restaurant, Av. Bolívar, oder im Alhambra, Av. del Frente; in der Av. Central US-Schnellrestaurants.

Verkehrsmittel

Bus: Nach Panama City alle 30 Min., ca. 2 Std., Abfahrt Av. Amador Guerrero; nach Portobelo zu jeder vollen Stunde ab 7 Uhr, Abfahrt Av. Domingo Díaz/Calle 11.

Eisenbahn: Bahnhof in der Front St./Calle 11, nach Panama City, ca. 2 Std., Mo–Fr 4.50, 6.55, 15.35, 17.25 Uhr, Sa und So 6.40, 10.45, 16 Uhr.

Flüge: Nach Panama City mit Aeroperlas, ✆ 41 37 21, Reservierung und Abflug bestätigen lassen, Mo–Sa 7.20, 8.10, 9, 17, 17.30, 18.15 Uhr; Flugkarte für einen Monat hin und zurück ca. 480 US-$; der Flugplatz liegt an der Straße nach Cocosolo auf dem France Field.

Schiffsverbindung: Boote (Lanchas) zu den San Blas-Inseln fahren nur noch in Cocosolo ab (ehemaliger US-Stützpunkt, 10 km von Colón entfernt an der Bucht von Manzanillo hinter dem Flughafen). Fahrpläne gibt es nicht. Nach Aus- und Beladen fahren die Schiffe gleich zu den Inseln zurück.

Leihwagen: Budget, Av. del Frente, ✆ 47 61 61; Hertz, Av. del Frente, ✆ 47 42 72.

Einkaufen

Obwohl die Freihandelszone in erster Linie für Handelsunternehmen gedacht ist, hat man auch als einfacher Käufer gegen Vorlage des Passes Zutritt. Man kann dort sehr preiswert Güter aus aller Herren Länder erwerben, darf sie allerdings nicht nach Panama einführen, sondern muß sie außer Landes schicken lassen (Mo–Fr 8–18 Uhr).

Die berühmten Panamahüte gibt es im Isthmian Curio Shop, Calle 10 zu kaufen.

Adressen

Gesundheit: Centro Médico Cristóbal, Av. Bolívar, neben dem Masonic Tempel, ✆ 416408.

Telefonieren: Intel, Cristóbal, Av. Roosevelt/ Calle 4.

Ausflüge

Cristóbal: Die unmittelbar an Colón angrenzende Stadt, zunächst als Materiallager für den Kanalbau konzipiert, gehörte bis 1979 zur Kanalzone und ist heute noch Anlegeplatz für viele große Passagierschiffe (meist Pier 9), die von hier den Kanal durchfahren wollen. Heute stehen in Cristóbal noch die alten Verwaltungsprachtbauten der großen Schiffahrtslinien.

Fort San Lorenzo: Zur Sicherung des Isthmus vor englischen Piraten und der englischen Flotte errichteten die Spanier gegen Ende des 16. Jh. an der Mündung des Río Chagres in den Gatún-See ein mächtiges Fort. Dennoch gelang es den englischen Freibeutern unter Henry Morgan und später ihren Landsleuten unter Admiral Vernon, die Festung zu erobern.

Von den Gatún-Schleusen fährt man zum Fort Sherman in der Kanalzone, von dort führt eine Straße (8 km) direkt zum Fort.

Gatún-Schleusen: Beliebtes Ausflugsziel von Colón; hier werden die Schiffe durch drei Schleusen in den 26 m ü. d. M. liegenden künstlichen Gatún-See gehoben. Die paarweise angelegten Schleusenkammern sind 305 m lang und 34 m breit, mehrere Schiffe können auf einmal abgesenkt bzw. angehoben werden. Die Schiffe werden mittels Trossen von ›Mulis‹ (so heißen die zweiachsigen Treidel-Lokomotiven) genau in der Mitte der Schleusen gehalten und von Kammer zu Kammer befördert. Für das Passieren der Schleusen benötigen Schiffe ca. 1,5 Std.

Gatún kann man bequem von Colón per Bus (Abfahrt: Av. Amador Guerrero tgl. 8, 10, 12, 16 Uhr) erreichen; der Zug Colón–Panama City (s. S. 412) hält auch in Gatún.

Die Schiffe werden mittels Treidel-Lokomotiven von Kammer zu Kammer befördert

Palmenstrände z. B. Playa Cangrejo, Playa María Chiquita (dunkler Sand) oder Playa Langosta (weißer Sand) erstrecken sich entlang der Straße in Richtung Portobelo (Abzweigung von der Ctra. Transistmica in Sabanita). Die schmale, kurvenreiche und beschädigte Straße verläuft über weite Strecken parallel zur Küste.

Portobelo: 1597 gegründete Hafenstadt, 48 km nordöstlich von Colón, früher nur über See heute auch über eine Straße zu erreichen. Vor Portobelo ankerte schon 1502 Kolumbus, und nach der Aufgabe von Nombre de Dios diente die stark befestigte Stadt seit 1597 den Spaniern als Sammelstelle ihrer Gold- und Silbertransporte aus Peru nach Europa; Edelmetalle wurden über See nach Panama, dann auf dem Landweg nach Portobelo befördert und hier wieder auf Schiffe verladen; bis zu 100 spanische Schiffe pro Jahr lagen damals in der Bucht von Portobelo. 1737 wurde die Stadt vom englischen Admiral Vernon eingenommen und zerstört. Portobelo hat heute 5000 Einwohner, darunter viele Nachkommen von Indios. Am 21. Oktober findet ein großes Volksfest statt, in dessen Verlauf eine schwarze Christus-Statue von den Gläubigen in einer feierlichen Prozession zur neuen Kirche getragen wird.

Hotel
Sehr einfach: Fantasia de Caribe, ✆ 47 69 44.

Verkehrsmittel
Bus: Nach Colón zu jeder vollen Stunde, Abfahrt vor der neuen Kirche.

San Blas-Inseln

Entlang der Nordküste Panamas östlich von Colón erstreckt sich ein Archipel aus mehreren hundert Inseln und Inselchen, von denen die größeren zum Refugium für die Kuna-Indios geworden sind, die im 16. Jh. vor den spanischen Eroberern hierher flüchteten. Heute leben die Kuna z. T. auch wieder an der Nordküste Panamas (San Blas Territories), verwalten ihr Gebiet selbst und entsenden Abgeordnete zur Nationalversammlung nach Panama City.

Die Kuna-Frauen tragen außer Hals- und Armreifen auch goldene Nasenringe und schminken sich mit einem schwarzen Balkenstrich von der Stirn zur Nase (s. S. 388).

Obwohl es schwierig ist, vom panamaischen Festland aus als Tourist die Inseln zu erreichen, hat sich in den letzten Jahren das Leben der Kuna durch den Tourismus gravierend verändert. Große Karibik-Kreuzfahrtdampfer planen immer häufiger einen kurzen Aufenthalt dort ein (z. B. vor Sug Tupu, Carti Topuli oder Yam Tupu).

Wenn sich am Vormittag ein Dampfer mit Hunderten von Urlaubern nähert, bereiten sich die Kuna auf den Inseln auf die Besucher vor. Die Frauen tauschen ihre Alltagskleidung gegen traditionelle Kleidung und die Männer ihre Jeans gegen kurze Hosen aus. Dann bauen sie vor ihren Hütten ihre Handarbeiten auf und holen alte, nicht mehr benutzte Haushaltsgeräte hervor, denn sie wissen, daß die Fremden eine Museumswelt sehen und fotografieren wollen.

Beim Betreten der Inseln dürfen die Touristen noch ein paar Gratis-Fotos schießen. Doch in den Dorfstraßen wird Fotografieren kostenpflichtig. Solange der Tourist nicht gezahlt hat, verdecken die Frauen ihr Gesicht. Auf allen Inseln haben sich feste Tarife entwickelt.

Die Molas (handgefertigte Stickereien) werden auf den San Blas-Inseln hergestellt

Noch vor wenigen Jahren lebten die Kuna hauptsächlich vom Fischfang und vom Anbau der Kokosnüsse. Heute ist der Verkauf von Souvenirs die wichtigste Einnahmequelle. Farbenprächtige Stickereien *(Molas)*, die meist auf Blusen appliziert werden, gehören zum einträglichen Geschäft.

Die Kuna sind mehr und mehr auf diese Einkünfte angewiesen. Ihre Zukunft – sollten die Kreuzfahrtschiffe mit ihren

Hunderten von Touristen eines Tages wieder an den San Blas-Inseln vorbeifahren – ist ungewiß.

Von Cocosolo sind einige der Inseln mit dem Schiff in 5 Std., von Panama City mit dem Flugzeug in 40 Min. zu erreichen; Tagesausflug per Flugzeug ca. 90 US-$ (Minimum 6 Personen); angeflogen wird die Insel Porvenir.

Auf Porvenir befinden sich das gleichnamige Hotel und der Außenposten der panamaischen Zentralregierung. Von hier aus geht es mit dem Kanu zu den anderen Inseln weiter. Übernachtungsmöglichkeiten gibt es auch auf Pidertupo und Wichub Wala (Buchung über Agenturen; z. B. Aeromundi, Hotel Marriott in Panama City, ✆ 26 40 77).

Von Panama City nach Kolumbien

Da die Panamericana, die angeblich von Alaska bis nach Feuerland führen soll, im Gebiet des Darién über Hunderte von Kilometern nur als unbefestigter Pfad durch dichten Dschungel, Sümpfe, Bäche und Flußbetten existiert, ist man gut beraten, mit dem Schiff (Colón nach Cartagena, ca. 30 Std.) oder Flugzeug (Panama City nach Medellín, ca. 2 Std.) die Grenze nach Kolumbien zu passieren. Zuverlässige Landkarten und offizielle Routenbeschreibungen sucht man vergeblich, es gibt nur weitergereichte Handskizzen und Expeditionsberichte (z. B. von H. Bradt und R. Rachowiecki, Backpacking in Mexico and Central America; London 1982). Das Darién ist vollkommen unerschlossen, und nur wagemutige Abenteurer sollten versuchen, Kolumbien auf dem Landweg zu erreichen.

Die befestigte Straße führt zuerst ins 60 km entfernt gelegene Chepo, eine kleine Stadt mit ausschließlich schwarzer Bevölkerung, und endet ca. 100 km östlich von Panama City im Dorf Canclón (bestehend aus zehn Hütten). Bis hierher verkehrt das ganze Jahr über ein Bus (Abfahrt: Panama City, Plaza 5 de Mayo). Außerhalb der Regenzeit und wenn die Straße passierbar ist, fährt der Bus 50 km auf einer Schotterstraße nach Yaviza weiter. Yaviza ist der Endpunkt für normal ausgestattete Pkws. Hier gibt es Übernachtungsmöglichkeiten und ein kleines Krankenhaus.

Von nun an bewegt man sich im dichten Dschungel, trifft vereinzelt auf Chocos- und Kuna-Dörfer, muß längere Strecken auf Flüssen zurücklegen und erreicht nur unter größten Strapazen bei normaler Reisegeschwindigkeit in ca. einer Woche Palo de las Lettras und den großen Grenzstein mit der Aufschrift ›Ctra. Darién, Colombia‹. Die meisten Reisenden beenden die Durchquerung des Darién in der kolumbianischen Hafenstadt Turbo, an der Mündung des Río Atrato, ca. 560 km von Panama City entfernt.

Von Panama City nach Costa Rica

Die Entfernung von Panama City zur costaricanischen Grenze beträgt ca. 500 km; die Panamericana ist durchgängig ausgebaut und gut asphaltiert. Man verläßt Panama City Richtung Westen über die Puente de las Américas.

Hinter der Stadt Chame beginnt jener Abschnitt der Panamericana, von dem über unbefestigte Stichstraßen kleine Badeorte an der Pazifikküste zu erreichen sind. Dazu gehören der neu gegründete Ort **Coronado** (mit Golfplatz) und das kleine, am Meer gelegene Städtchen **San Carlos,** 90 km südwestlich von Panama City (mehrere Restaurants, gute Bademöglichkeiten).

Hotels
Einfach und preiswert: Río Mar, ✆ 64 2272; El Palmar, ✆ 23 76 85.

Hinter San Carlos liegt zwischen den Klippen die wunderschöne Sandbucht **Río Mar.** Der Badeort **Sta. Clara,** 125 km von Panama City entfernt, ist für seinen schönen Strand und das große Sport- und Unterhaltungsangebot bekannt (unzureichende Einrichtungen für Dauergäste).

Hotels
Mittelklasse: Muu Muu; Vista Bella, beide in unmittelbarer Nähe des Strandes.

Penonomé: Die Hauptstadt der Provinz Cocle (32 000 Einwohner) war bereits vor Ankunft der Spanier ein bedeutendes Zentrum, bis es bei einem der Vulkanausbrüche völlig zerstört wurde.

Hotel
Mittelklasse: Dos Continentes.

Nata: Kolonialstadt mit sehenswerter Kathedrale und Rathaus.

Aguadulce: Kleine Industriestadt mit Hafen; bekannt für die Salzgewinnung sowie die Herstellung von Tonwaren.

Hotels
Einfach und preiswert: El Interamericano; Pensión Sarita.

25 km westlich von Aguadulce zweigt von der Panamericana die Straße zur **Azuero-Halbinsel** ab. Sie führt durch Parita zu den Kolonialstädten an der Westküste des Golfs von Panama.

Chitré: Hauptstadt der Provinz Herrera (15 000 Einwohner) mit mehreren kolonialzeitlichen Bauten.

Hotels
Mittelklasse: Sta. Rita; El Prado, ✆ 96 46 20; Toledo, ✆ 96 23 19.

Los Santos: In unmittelbarer Nähe von Chitré gelegen; Kolonialstadt (15 000 Einwohner), enge Gäßchen mit Kopfsteinpflaster, eindrucksvolle spätbarocke Kirche im Zentrum.

Hotel
Mittelklasse: La Villa de Los Santos.

Santiago: Kolonialstadt und Handelsstadt (30 000 Einwohner) an der Panamericana, Hauptstadt der Provinz Veraguas.

Hotels
Mittelklasse: Santiago, neben der Kathedrale, ✆ 98 48 24; Sansón, ✆ 98 47 88.

25 km nördlich von Santiago liegt der Ort **San Francisco,** in dem eine alte Kolonialkirche mit eindrucksvollen Schnitzereien zu besichtigen ist. Die Kirche aus dem 17. Jh. ist ein beliebter Wallfahrtsort in der Osterwoche.

Am Hafen von Panama City

David: Mit 50000 Einwohnern größte Stadt zwischen Panama City und der costaricanischen Grenze, Hauptstadt der Provinz Chiriquí, alte Kolonialstadt mit schönem Park; Zentrum eines landwirtschaftlichen Anbaugebietes (Viehzucht, Zuckerrohr-, Kakao- und Reisanbau); der Hafen der Stadt (Pedregal) liegt 8 km südlich.

Hotels

Mittelklasse: Camino Real, im Zentrum, ✆ 75 59 01; Internacional, Av. Balboa, ✆ 62 94 36.

Einfach: Iris, Stadtmitte, ✆ 75 22 51, und Costa Rica, neben Tica-Bus-Station, ✆ 75 12 41.

Restaurants

Mesa España, Zentrum, einheimische Küche; Don Dicky, Zentrum, großes Selbstbedienungsrestaurant.

Verkehrsmittel

Bus: Zentrale Busstation, Av. Balboa neben Hotel Internacional. Richtung

Panama City, zwischen 7 und 19 Uhr stdl., ca. 7 Std., Expressbus, 5 Std.

San Isidro (Costa Rica) 6 und 13 Uhr, ca. 6 Std., Abfahrt: Terminal Av. 3 de Noviembre.

Tica Bus nach San José (Costa Rica) 5, 7, 9, 11, 14.30 Uhr, Abfahrt Hotel Costarica, Terminal de Tica.

Boquete: Eine ausgebaute Straße führt durch Kaffee- und Blumenpflanzungen ins nördlich gelegene Hochland von Chiriquí zum Fuße des 3470 m hohen Vulkans Baru. Hier liegt in 1000 m Höhe der Erholungsort Boquete, der beliebter Ausgangspunkt für Wanderungen ist. Der Weg zur Spitze des Vulkans Baru beginnt an der Baptisten-Kirche und führt direkt zur TV-Antenne auf den Gipfel (ca. 3 Std. Aufstieg). Das ganze Jahr über herrscht frühlingshaftes Klima.

Hotels

Panamonte (bestes Haus am Platz); Pensión Marilos; Pensión Virgina.

Verkehrsmittel

Bus: Nach David ab der Plaza Herrera auf der Av. 6 Sur.

Flüge: Ab Panama City (Paitilla Airport) nach Boquete mit Aeroperlas, ab David mit Alas Chiricanas.

Puerto Armuelles: Bananen-Hafen südwestlich von David. Der Ort bietet keine Attraktionen, aber die günstige Gelegenheit, als Hilfskraft auf einem Bananendampfer in die USA zu gelangen.

Verkehrsmittel

Eisenbahn: Zwischen Puerto Armuelles und Concepción (an der Panamericana) besteht die Bahnverbindung der Chiriquí Railway; Abfahrt in Concepción: 7.30 und 14.30 Uhr; Abfahrt in Puerto Armuelles: 6.45 und 14 Uhr; ca. 5 Std. (100 km).

Die Zukunft des Panama-Kanals

Die Kanalzone steht immer noch unter US-amerikanischer Hoheit und ist zudem Stützpunkt und Hauptquartier des Southern Command, deren 12000 Mann starke Einheit als potentielle Eingreiftruppe und aktiver Beobachtungsposten in Zentralamerika für Washington große strategische Bedeutung besitzt.

1977 wurde der Carter-Torrijos-Vertrag geschlossen. Vorausgegangen waren heftige Kämpfe im amerikanischen Kongreß, weil einflußreiche konservative Kräfte die erneute Verhandlung verhindern wollten. So ließ der Abgeordnete Ronald Reagan, einer der entschiedensten Gegner des Vertrages, 1976 verlauten: »Es gibt absolut nichts zu verhandeln bezüglich des Kanals. Wir haben ihn gekauft, wir haben ihn bezahlt, wir haben ihn gebaut. Er gehört uns, und wir werden ihn behalten.«

Dennoch kam der Vertrag zustande und ist seit 1979 in Kraft. Er löste alle früheren Übereinkünfte ab und erkennt die Souveränität Panamas an. Doch das Abkommen besteht genau genommen aus zwei Kontrakten, woraus seine Problematik resultiert. So legt der sog. Kanalvertrag detailliert die etappenweise Übergabe bis zum 31. Dezember 1999 fest. Hingegen regelt der sog. Neutralitätsvertrag den zukünftigen Betrieb des Panama-Kanals und die Durchfahrtsrechte für die Weltschiffahrt. Deshalb bleibt er für Panama und sein Verhältnis zu den USA über das Jahr 2000 hinaus relevant. Denn sollte der Kanal je bedroht oder wirtschaftlich ineffizient werden, sichert sich Washington ein Interventionsrecht.

Wie sieht heute, Jahre nach der Ratifizierung des Carter-Torrijos-Vertrages, die Praxis in der Kanalzone aus? Seit Oktober 1979 gibt es keine US-Hoheitszone mehr, weht auf dem Ancón-Hügel weithin sichtbar die panamaische Flagge. Zwei Drittel der ehemaligen Kanalzone mit allen Gebäuden sind an die Republik Panama übergeben worden, und die Kanalgebühren in Höhe von ca. 100 Mio. US-$ verbleiben in Panama. Die 9000 Arbeiter und Angestellten der vormals von US-Managern geführten Kanalverwaltung unterstehen seit 1979 der Panama-Kanal-Kommission, in der fünf US-Bürger und vier Panamaer bis zum Jahr 2000 paritätisch entscheiden. Ein Teil der Militärbasen wird gemeinsam von den USA und Panama verwaltet; die Einrichtungen sollen noch vor dem Jahr 2000 Panama unterstellt werden. Nur einige Wohngebiete und abgegrenzte Militärzonen am Eingang und Ausgang des Kanals bleiben bis zum 31. Dezember 1999 unter US-Militärhoheit. Schmerzlich war für die USA 1984 die vertraglich vereinbarte Schließung von Fort Gulick und die Verlegung der dort stationierten, berühmt-berüchtigten Militärakademie Escuela de las Américas. Diese Amerika-Schule war ein militärisches Ausbildungszentrum der USA. Insgesamt wurden hier seit 1946 mehr als 40000 US-loyale lateinamerikanische Offiziere in Anti-Guerilla-Taktik ausgebildet, darunter so bekannte Männer wie Pinochet und Somoza. Allein über 5000 Somozisten saßen vor 1979 in den Hörsälen, und noch im Jahr der Schließung absolvierten 300 salvadorianische Offiziere den Kurs mit dem zynischen Titel ›Handhabung der Menschenrechte bei der Aufstandsbekämpfung‹.

Aber trotz aller Souveränitäts- und Partnerschaftsvereinbarungen darf nicht übersehen werden, daß der Carter-Torrijos-Vertrag der Republik Panama die Rolle des Juniorpartners zuweist.

Der amerikanische Kongreß akzeptierte den Vertrag nur mit Einschränkungen, den sog. De Concini-Amendments. So arbeitet die Panama-Kanal-Kommission zwar im altehrwürdigen Gebäude der früheren US-Kanalverwaltung, gilt jedoch nicht als autonome Betriebsadministration, sondern untersteht direkt dem Präsidenten der USA. Ihr Vorsitzender ist derzeit der ehemalige US-General McAuliffe, sein Stellvertreter der Panamaer Fernando Manfredo. Vertragsgemäß sollten am 1. Januar 1990 diese Posten getauscht werden und das Mitgliederverhältnis von fünf US-Amerikanern zu vier Panamaern in der Kommission umgekehrt werden. Doch auf die Wahlvorgänge in Panama im Mai 1989 reagierte der US-Senat mit dem Beschluß, keinem Wechsel in der Kanalverwaltung zuzustimmen, wenn bis 1990 keine demokratisch gewählte Regierung in Panama amtiere.

Entgegen allen offiziellen Beteuerungen verfolgt Washington das Ziel, die Kanalverträge zu revidieren. Zwar verkündete der nach der US-Invasion im Dezember 1989 eingesetzte panamaische Präsident Endara mit nationalistischem Pathos, er trete für die strikte Einhaltung der Kanalverträge ein, doch das glaubt eigentlich keiner im Land.

Bocas del Toro: Nördlich der Kordilleren an der Pazifikküste gelegen, entwickelte sich Bocas del Toro zum wichtigsten Bananen-Hafen, über den die gesamte Bananenausfuhr aus dem Nordwesten Panamas abgewickelt wird. Sehr schöne Buchten und die Strände Bahía Azul und Chiriquí Lagoon laden zum Baden ein.

Hotels

Einfach: Bahía, ✆ 78 92 11; Tomas, sehr schlicht.

Almirante: Auf dem Festland gegenüber Bocas del Toro liegt Almirante. Hier hat der Bananen-Multi United Brands Company seine Zentrale. Schöne Bucht und Badegelegenheit.

Hotel

Einfach: Pensión Elegante.

Die Panamericana zwischen David und der costaricanischen Grenze führt zunächst nach Concepción und weiter zum 30 km entfernten Grenzort Paso Canoa.

Abbildungsnachweis

Farbabbildungen
Gerhard Heck, Mainz 2, 3, 5, 22, 23
José F. Poblete, Oberursel Titel, Umschlaginnenklappe, Rückseite, 4, 6–12, 14–21, 24–30, 32–34
Annegret Spelleken, Duisburg 1, 13, 31

Schwarzweißabbildungen
Gerhard Heck, Mainz S. 31, 77, 342, 399
Barbara Klemm/FAZ, Frankfurt S. 348/349
José F. Poblete, Oberursel S. 12, 22, 25, 27, 29, 30, 39, 50, 56, 57, 58, 59, 65, 72, 74, 79, 87, 89, 92, 97, 98, 101, 102, 107, 108, 113, 120, 121, 125, 129, 131, 132, 137, 138, 141, 142, 146, 147, 152, 155, 166, 173, 175, 177, 178, 181, 188, 190, 194, 198, 200, 202, 235, 238, 242, 243, 245, 249, 253, 257, 259, 261, 263, 273, 275, 276, 283, 286, 291, 292, 294, 296, 298/299, 302, 304, 305, 307, 309, 314, 316, 323, 336, 344, 353, 359, 361, 368, 370, 371, 373, 375, 378, 389, 393, 395, 396, 402, 404, 406, 410, 414, 415, 416, 419, 421
Carlo Schellemann, Eggenfelden S. 2, 325, 328, 352, 356, 367, 379, 381, 383, 384, 386
Ullstein Bilderdienst, Berlin S. 19, 35, 47, 81, 123, 331, 335, 392, 409
Manfred Wöbcke, Kiedrich S. 126, 140, 162, 167, 185, 251, 268, 271

Alle übrigen Illustrationen stammen von den Autoren oder aus dem Archiv des DuMont Buchverlags.

Karten
Berndtson und Berndtson, Fürstenfeldbruck

Der Fotograf José F. Poblete bedankt sich bei der Botschaft von Guatemala in Bonn für die freundliche Unterstützung.

Wir bedanken uns für vielfältige Hilfe bei: Doris Falconer Alvárez vom Costarrican Tourist Board, Carlos Monteros Castillo von der Cámara de Turismo de Guatemala, Ana Mercedes de Rodríguez von INGUAT (Guatemala), Catalina Rodriguez de Merino von der Nationaluniversität in San Salvador, Hans-Gerd Spelleken von der Friedrich Ebert-Stiftung in Tegucigalpa, Eberhard Wolf von der Universität Mainz. Die Beschreibung der nicaraguanischen Städte und ihrer Sehenswürdigkeiten entstand in Zusammenarbeit mit Ingrit Seibert, die seit Jahren in Nicaragua lebt. Übergreifende landeskundliche Informationen und ethnologische Exkurse brachten Birgit Müller, Manuela Lang und Renate Amman ein. Für die Erstellung des Manuskripts möchten wir uns bei Brigitte Reeb, Hedda Kittler und Anita Mertens bedanken. Unser großer Dank gilt Frau Verónica Reisenegger vom DuMont-Verlag, die unser nicht besonders lektorenfreundliches Manuskript überarbeitete. Ihr und ihren Kolleginnen möchten wir deshalb unseren besonderen Dank aussprechen.

Mainz, im April 1990 Gerhard Heck und Manfred Wöbcke

Raum für Reisenotizen

Praktische Reiseinformationen

Reisevorbereitungen

In den Gelben Seiten findet man zunächst praktische Hinweise zur Reisevorbereitung, die für alle Länder Mittelamerikas gelten, dann die Anreisemöglichkeiten nach Mittelamerika sowie die Verbindungen zwischen den Ländern. Es folgen touristische Hinweise und Wissenswertes in alphabetischer Reihenfolge sowie ein Sprachführer.

In den anschließenden, nach Ländern unterteilten Kapiteln werden Hinweise und Informationen aufgeführt, die nur oder überwiegend für das jeweilige Land gelten. Sie sind ebenfalls nach der oben genannten Reihenfolge geordnet.

Wir verwenden folgende Abkürzungen:

Al. – Alameda
Av. – Avenida (Straße)
Ave. – Avenue
Blvd. – Boulevard (Straße)
CA – Carretera (Nationalstraße)
Calz. – Calzada (Straße)
Col. – Colonia (Stadtviertel)
Com. – Comayaguela
Ctra. – Carretera (Landstraße)
Dr. – Drive
E. – East
Ed. – Edificio (Gebäude)
Gen. – General
N. – North
Nte. – Norte
Ote. – Oriente
Pte. – Poniente
Rd. – Road
S. – South
St. – Street
W. – West

Informationsstellen

... in der Bundesrepublik:
Bundesstelle für Außenhandelsinformation, Postfach 10 80 07, 5000 Köln 1, ✆ 02 21/2 05 71

Informationsstelle Lateinamerika e.V., Heerstr. 205, 5300 Bonn 1, ✆ 02 28/65 86 13 (Zeitschrift: ILA)

... in Österreich:
Österreichisches Lateinamerikainstitut, Schmerlingplatz 8, 1010 Wien, ✆ 02 22/93 33 15 (Zeitschrift für Lateinamerika)

Informationsgruppe Lateinamerika, Münzwardeingasse 2, 1060 Wien, ✆ 02 22/56 34 68 (Zeitschrift: Lateinamerika anders, Report)

... in der Schweiz:
Schweizer Zentrale für Handelsförderung, Mittelamerika-Abteilung, Postfach 310, Stampfenbachstr. 85, 8035 Zürich, ✆ 01/3 65 51 51

Reisezeit und Klima

Nach Mittelamerika kann man das ganze Jahr über reisen; im Tiefland herrschen immer sommerliche Temperaturen. Dennoch ist es angenehmer, in den Monaten Oktober bis April auf Reisen zu gehen, da es in dieser Jahreszeit, im mittelamerikanischen ›Sommer‹, nur selten regnet.

Von Mai bis September (im ›Winter‹) ist Regenzeit. Am Pazifik und im Binnenland regnet es fast täglich, jedoch nur kurz und meist gegen Abend. Die Luftfeuchtigkeit ist höher. An der Pazifikküste sind kurze und heftige Regenschauer zu jeder Jahreszeit möglich.

Die Höhenlage eines Ortes bestimmt in der Regel sein Klima und seine Temperaturen. Bis zu einer Höhe von 800 m ist es tropisch heiß *(Tierra caliente),* zwischen 800 und 1800 m sind die Temperaturen gemäßigt warm *(Tierre templada),* nachts kann es aber recht kühl werden. Ab 1800 m *(Tierra fría)* ist es sehr kalt, gelegentlich kann sogar Frost auftreten.

Kleidung und Ausrüstung

Empfehlenswert sind leichte Baumwollsachen, die man auch hier im Sommer trägt. Legere Sommerkleidung (jedoch kein Stranddress) wird überall akzeptiert. Formelle Garderobe ist nur in den sehr teuren Hotels ratsam. Im Hochland kann es abends empfindlich abkühlen. Ein warmer Pullover (oder eine Wolljacke) gehört deshalb ins Reisegepäck. Unbedingt notwendig sind Sonnenbrille und Kopfbedeckung (Sonnenschutz!), flache, bequeme (z. B. Turn-)Schuhe für den Besuch archäologischer Stätten, ein Regencape und ein Taschenmesser (zum Obstschälen). Nützlich sind eine Windjacke, einfache und leichte Kleidung für Fahrten in Überlandbussen, ein Brustbeutel fürs Geld und die Reisedokumente sowie eine Taschenlampe. Für ganz einfache Unterkünfte ist ein Leinenschlafsack von Vorteil.

Wer individuell und überwiegend mit dem Bus reist, benötigt einen festen Rucksack oder eine strapazierfähige Reisetasche, denn das Gepäck wird oft auf dem Dach des Busses transportiert.

Gesundheitliche Vorsorge

Bei Reisen nach Mittelamerika ist eine Malaria-Prophylaxe dringlich geboten. Wer nicht schon vor der Abreise mit der Einnahme von *Resochin*-Tabletten beginnt (dies ist ratsam, wenn man im Flachland oder an der Küste ankommt), erhält das Mittel unter dem Namen *Aralen* in Guatemala und Honduras (auch in Mexiko). Da in Panama *Chloroquin*-Resistenz beobachtet wurde, empfiehlt sich für dieses Land die Einnahme eines anderen Mittels (z. B. *Fansidar*).

Tetanus- und Polio-Impfungen sowie auch eine Typhus-Impfung (z. B. *Typhoral L)* sind dringend anzuraten.

Hepatitis

Wer in den Tropen statt teurer und gepflegter Hotels und Restaurants landestypische Herbergen und Kantinen aufsucht, muß sich der größeren Gefahr der Ansteckung mit einer Hepatitis (Gelbsucht) bewußt sein. Je schlechter die Wasserversorgung und -qualität, desto größer ist grundsätzlich die Infektionsgefahr.

Die infektiöse Gelbsucht ist eine von Viren hervorgerufene Entzündung der Leber. Die Hepatitis A, die am meisten verbreitete Form, wird im wesentlichen durch Nahrung übertragen, besonders durch rohe Kost oder z. B. Muscheln. Die Symptome treten etwa vier Wochen nach der Infektion auf. Auffällig ist die Gelbfärbung der Haut und Schleimhäute, besonders der Augen. Weitere Folgen sind Kopf- und Leberschmerzen sowie Fieber. Eine passive Immunisierung (kurz vor der Abreise) mit *Gammaglobulin* bietet für etwa drei bis vier Monate einen gewissen Schutz. Der Krankheitsverlauf ist im Falle einer Infektion leichter. Peinliche Hygiene ist dennoch erforderlich, um das Infektionsrisiko gering zu halten.

Gefährlicher ist die Hepatitis B, die jedoch seltener (10–20% der Fälle) auftritt. Die Symptome sind schwerer, die Gefahr einer chronischen Erkrankung der Leber ist weitaus größer. Das B-Virus wird jedoch nur durch Blut und Körpersekrete übertragen. Die sehr teure aktive Immunisierung gegen Hepatitis B wird meist von Personen gewählt, die sich lange in gefährdeten Gebieten aufhalten.

Eine Impfung gegen Cholera ist für Mittelamerika nach offiziellen Angaben nicht notwendig, gelegentlich wird sie dennoch empfohlen.

Für fast alle zentralamerikanischen Länder gilt die Vorschrift, daß bei der Einreise aus infizierten Gebieten eine Gelbfieber-Schutzimpfung nachgewiesen werden muß. Als infizierte Gebiete gelten z. Z. Zentralafrika und das nordwestliche Südamerika.

Mitnehmen sollte man unbedingt: Insektenschutzmittel, Creme gegen den unvermeidlichen Sonnenbrand, persönlich benötigte Medikamente, Mittel gegen Magenverstimmung und Durchfall, ein Antibiotikum sowie eine antibiotische Salbe.

Krankheiten entstehen bei Touristen zum großen Teil durch verunreinigtes Wasser und Nahrungsmittel. Daher ist Sorgfalt bei der Getränke- und Essenswahl die beste Vorsorgemaßnahme (s. S. 433).

Visabestimmungen

Ein Visum wird gegenwärtig nur für Nicaragua und Belize benötigt. Einzelheiten siehe Einreisebestimmungen der einzelnen Länder auf den folgenden Seiten.

Anreise nach Zentralamerika

Flüge von Europa

Preiswerteste Anreise: mit PanAm, American Airlines oder LTU nach Miami, von dort mit US- oder mittelamerikanischen Fluglinien in die mittelamerikanischen Hauptstädte. Aviateca, Challenge, Tan, Sahsa, Air Florida, Taca und andere Fluggesellschaften verlassen Miami täglich. Nach Miami gelangt man (hin und zurück) für ca. 1000 DM, nach Guatemala City (z. B. PanAm) kostet es um 1500, nach Managua und Panama City rd. 1600 DM.

Iberia (✆ 0 69/71 72 01) fliegt von Düsseldorf, Frankfurt, München sowie Genf, Wien, Zürich über Madrid nach Guatemala City, San José, Managua und Panama City; Sabena über Brüssel nach Guatemala City; KLM über Amsterdam nach Guatemala City, Panama City und San José (alle 2× wöchentlich). Das Linienflugticket kostet etwa 4000 DM, der Holiday-Tarif (14–90 Tage) liegt etwa bei 2000 DM.

Air Florida bietet Flüge von Amsterdam/Brüssel über Miami nach Guatemala City für ca. 1300 DM an.

Flüge von Mexiko und den USA

Die Fluggesellschaften Aviateca, PanAm, Lacsa, Taca, Mexicana, Sahsa, Eastern, Aerónica fliegen von vielen Städten der USA und Mexikos nach Mittelamerika.

Anreise über Land

Täglich Busverkehr von Mexico City (24 Std.) nach Guatemala City, von dort jeden Tag mehrere Busse in die anderen Länder Mittelamerikas. Belize ist per Bus von Chetumal (Mexiko) und von Flores (Guatemala) zu erreichen; Busverkehr von Belize City nach Punta Gorda im Süden des Landes, von dort gibt es eine Fähre nach Puerto

Barrios in Guatemala und Puerto Cortés in Honduras.

Zwischen Mittel- und Südamerika besteht keine Straßenverbindung.

Schiffsreisen von Europa

Frachterverkehr zur mittelamerikanischen Karibikküste und (durch den Panamakanal) zur Pazifikküste besteht ab Bremen, Hamburg, Kiel und Rotterdam etwa alle vier Wochen. Sowohl bei einfachen Fahrten (zwei bis drei Wochen) als auch bei vier- bis sechswöchigen Rundreisen werden etwa zehn bis zwölf Passagiere mitgenommen. Eine einfache Fahrt zur Karibikküste kostet etwa 1600–2500 DM, Rundreisen 4000–6000 DM, je nach Fahrtdauer und gewünschter Kabinenart.

Frachtschiffreisen werden vermittelt von:
Navis Schiffahrtsgesellschaft,
Postfach 10 48 48, 2000 Hamburg 28

Pauschalreisen

Das Angebot an Pauschalreisen nach Mittelamerika ist nicht groß; es beschränkt sich zudem auf die Länder Guatemala, Belize und Costa Rica. Darüber hinaus werden Pauschalreisen nach Zentralamerika im Zusammenhang mit Mexiko-Reisen als kürzere Ausflüge angeboten. Buchen kann man diese Reisen im Reisebüro.

Reisen zwischen den Ländern Zentralamerikas

Busreisen, Fähren

Guatemala – Belize: Busverbindung zwischen Flores (im Petén) und Belmopan/ Belize City 3× tgl. Schiffsverkehr zwischen Puerto Barrios und Punta Gorda 2× wöchentlich.

Guatemala – Honduras: Landübergang nach Copán per Bus von Guatemala City Richtung Puerto Barrios (CA-9), in Río Hondo umsteigen Richtung Chiquimula (CA-10), von dort fährt ein Bus bis zur Grenze. Dann mit Sammeltaxi *(Colectivo)* oder Bus nach Copán, Weiterfahrt in Honduras mit dem Bus.

Von Chiquimula Busverbindung nach Esquipulas (CA-10), von dort gelangt man in Sammeltaxis zum honduranischen Grenzübergang. Schiffsverbindung zwischen Lívingston/Puerto Barrios und Puerto Cortés/ La Ceiba 2× wöchentlich.

Honduras – Belize: Landverbindung besteht nur über Guatemala (s. o.). Die angegebene Fähre zwischen Honduras und Guatemala fährt weiter nach Punta Gorda im Süden Belizes. Von dort fährt ein Bus nach Belize City.

Guatemala – El Salvador: Mehrere Busgesellschaften verkehren insgesamt 6× tgl. zwischen Guatemala City und San Salvador, z. B. Melva, Fahrtzeit 5 Std. plus 1 Std. Grenzübergangsformalitäten.

El Salvador – Honduras: Busverkehr von San Salvador nach San Miguel im Osten des Landes, von dort fährt ein Bus über Sta. Rosa de Lima zur Grenzbrücke Goascorán; Busanschluß nach Tegucigalpa.

El Salvador – Honduras – Nicaragua: Bus von San Miguel auf der Panamericana über Choluteca (Honduras) nach Managua.

Fähre von La Unión im Osten El Salvadors über den Golf von Fonseca nach Potosí (Nicaragua), Abfahrt in Potosí morgens. Dort kann man im Sammeltaxi oder Bus

Chinandega erreichen und hat dann Anschluß nach Managua. Die Fähre war 1989 vorübergehend außer Betrieb.

Nicaragua – Costa Rica – Panama: Tica-Busse verbinden die drei Hauptstädte (tgl.) auf der Panamericana.

Flüge in Zentralamerika

Alle sieben Länder haben eigene Fluggesellschaften, die die nationalen Verbindungen sicherstellen und darüber hinaus Flugverbindungen zwischen allen Hauptstädten mehrmals tgl. anbieten (s. Länderbeschreibungen).

Trampen

Anhalter sieht man fast ausschließlich auf der Panamericana. Die preiswerten öffentlichen Verkehrsmittel machen Trampen eigentlich auch nicht erforderlich. Dennoch: eine Tafel mit der Aufschrift *Alemán* oder den Nationalfarben kann hilfreich sein. Personen- und Gepäckkontrollen durch Polizei oder Militär sind wahrscheinlich. Wer einmal mitgenommen wurde und ein paar Brocken Spanisch spricht, wird einen begeisterten Chauffeur finden, der auch kleine Umwege macht. Immer gilt: nicht zu mehreren Männern in ein Fahrzeug steigen!

Rückreise nach Europa

Bei der Rückreise dürfen zollfrei in die EG-Länder eingeführt werden:

200 Zigaretten oder 100 Zigarillos oder 50 Zigarren oder 250 g Tabak; 1 l Alkohol mit mehr als 22% oder 2 l Wein/Likör; 250 g Kaffee, 100 g Tee und 50 g Parfüm. Geschenkwaren im Wert bis zu 115 DM.

Übergepäck: 1 kg kostet bei den meisten Fluggesellschaften 1% des 1.-Klasse-Tarifs. Als ›unbegleitetes Gepäck‹ *(unaccompanied baggage)* kann man es zwei Tage vor der Abreise bei der Frachtabteilung der jeweiligen Fluggesellschaft aufgeben (Ticket vorzeigen), dann kostet es nur die Hälfte.

Bei internationalen Abflügen ist Flughafensteuer *(airport departure tax)* zu bezahlen.

Praktische Informationen von A–Z

Apotheken

Die mittelamerikanische *Farmacia* (in Belize: *Pharmacy*) ähnelt dem amerikanischen Drugstore, d. h., sie ist eine Art Warenhaus, in dem neben Medikamenten z. B. auch Spielwaren und Zigaretten verkauft werden. Fast alle gängigen Arzneimittel erhält man rezeptfrei und erheblich preiswerter als in Europa (*Aralen, Aspirin, Immunglobulin* sowie *Antibiotika* sind für etwa ein Zehntel unserer Preise zu haben). Man sollte die gewünschten Medikamente in der Apotheke nennen und sich keinesfalls einheimische Ersatzarzneien geben lassen.

Bettler

Am häufigsten sieht man sie an Kircheneingängen und in Verkaufszonen, in der Stadt mehr als auf dem Lande. Oft sind es Mütter mit Kindern oder geistig/körperlich Behinderte. Da die Arbeitslosigkeit hoch ist und es kaum eine Versorgung der Armen gibt, bieten viele auch kleinere Hilfsdienste an wie Bewachen des Autos, Wagenwäsche oder Scheibenwischen an Ampeln. Der Anteil alleinerziehender Mütter in Mittelamerika ist groß, und weil die meisten von ihnen unversorgt sind, müssen ihre Kinder zum Einkommen beitragen.

Diebstähle

Die Hauptstädte und Touristenorte Mittelamerikas ziehen Taschendiebe an. Diebstähle sind hier nicht selten, auf dem Lande jedoch kaum zu erwarten. Hauptsächlich arbeiten die Diebe in Bussen, auf Bahnhöfen und Märkten. Man muß auf immer neue Tricks gefaßt sein. Überall da, wo Gedränge herrscht, wo Leute nahe herankommen können, ohne daß es ungewöhnlich wirkt, sind oft auch Taschendiebe am Werk. Gepäck muß auf Flughäfen, in Hotelhallen und auf Bahnhöfen im Auge behalten werden.

Die Kleidung sollte nicht zu eng anliegen, da sonst die beliebten Geldgürtel von den Profis sofort als solche zu erkennen sind.

In der Mehrzahl handelt es sich um sehr trickreiche Diebe, die die Unvorsichtigkeit der Fremden ausnutzen, ohne Gewalt anzuwenden, und deren Geschicklichkeit immer wieder in Erstaunen versetzt.

Drogen

In Mittelamerika unterscheidet man strafrechtlich nicht zwischen weichen und harten Drogen. Haschisch und Heroin sind gleichermaßen verdächtig. Der Besitz bereits kleiner Mengen Marihuana kann mit Gefängnis und Geldbuße bestraft werden. Die Strafen werden höher bei Weitergabe, Verkauf oder gar Importversuch. Individualreisende können beim Landübergang sorgfältig durchsucht werden, aber auch während ganz gewöhnlicher Busreisen im Landesinnern sind Kontrollen durchaus möglich.

In Touristenorten erhalten die Reisenden häufig Drogenangebote, auf die man niemals eingehen sollte. In Belize sind eindeutige Offerten überall zu erwarten. Das läßt jedoch keineswegs auf eine liberale Handhabung durch die Polizei schließen.

Essen und Trinken

Hauptbestandteil der mittelamerikanischen Küche ist Mais, der in allen Variationen verarbeitet wird. Bekannt sind *Tortillas* (Maispfannkuchen), die zu jedem Essen gereicht werden. *Enchiladas* sind in Tortillas eingewickelte Fleisch- oder Gemüsestückchen, *Enchiladas suizas* enthalten zusätzlich Käse und eine Soße. *Tostadas*, knusprige Tortillas, werden mit Bohnen, Salat, Käse und Tomaten belegt. Selbst eine Suppe, die *Sopa da Maíz*, enthält als Grundlage Tortilla-Stücke. *Tamales* nennt man eine Mischung aus Maisbrei, Rindfleisch, Huhn, Pfefferschoten, in Mais- oder Bananenblättern gedünstet. *Quesadilla* wird aus Tortillateig mit Käse und Gemüsen gebacken. Gebratene Tortillas, zur Hälfte geklappt und mit Fleisch oder Gemüse gefüllt, heißen *Tacos*. Ein Gaumenschmaus ist Huhn in Wein *(Gallo en Chica)* mit gebratenen Bananen *(Plátanos fritos)*.

Auf Straßen und Märkten findet man Garküchen, in denen Frauen oder ganze Familien mit wenig Aufwand preiswerte Gerichte anbieten, die man oft im Stehen ißt, aber auch auf behelfsmäßigen Sitzmöbeln. Salat, Kohl, Käse, Gemüse, Tomaten, Chilis, Bohnenbrei, Fleisch- und Fischstückchen sowie Tortillas bilden die Grundlage dieser Mahlzeiten.

Besonders günstig ist auch die *Comida corrida*, ein wechselndes Tagesmenü mit mehreren Gängen zum Vorzugspreis.

Die Mittelamerikaner gehen gern essen. Restaurants in allen Preisklassen sind fast überall vorhanden. Neben zahlreichen ein-

heimischen Restaurants finden sich in den größeren Orten auch chinesische, französische und italienische Lokale. In Belize dominieren die chinesischen Restaurants, in Guatemala, Panama und Costa Rica kann man sogar indisch und japanisch essen.

Feiertage und Feste

Feste, meist religiösen Ursprungs, werden in Mittelamerika das ganze Jahr hindurch und ausgiebig gefeiert. In größeren Orten können die Festivitäten und Vorbereitungen bereits mehrere Tage vor dem eigentlichen Ereignis beginnen, während sich in kleinen Dörfern alles auf den jeweiligen Tag konzentriert. Unterhaltung, Essen und Trinken, Musik und Tanz begleiten die religiösen Zeremonien.

In Gegenden mit hohem Indio-Anteil sind die Feste noch stark von Traditionen geprägt. Neben farbenprächtigen Wallfahrten und Prozessionen werden auch überlieferte Tänze aufgeführt, darunter der aus Spanien stammende und unter arabischem Einfluß stehende Eroberungstanz *(Danza de la Conquista).*

Bei der guatemaltekischen Botschaft kann man eine Übersicht aller Feste *(Directorio de Fiestas Guatemalteco)* anfordern. Das Touristenbüro in San Salvador hält ebenfalls eine Broschüre über Daten der Feste und Tänze (*Calendario de Danzas Populares,* auch in englischer Sprache) bereit.

Patronatsfeiern

Patronatsfeiern *(Fiestas patronales)* sind regionale Volksfeste, mit Jahrmärkten, Ausstellungen landwirtschaftlicher und kunsthandwerklicher Produkte sowie Tanz und traditionellen Darbietungen.

Von der Touristeninformation Tegucigalpa wird eine Liste ausgegeben, in der, nach Region und Datum gegliedert, Feste und Feiertage verzeichnet sind.

Feiertage

Falls nicht anders vermerkt, gelten die unten angegebenen Daten für alle mittelamerikanischen Länder.

1. 1.	Neujahr (Año Nuevo)
9. 1. (Panama)	Nationaler Trauertag (Día de los Martires)
9. 3. (Belize)	Baron-Bliss-Gedenktag (Memorial Day)
19. 3. (Costa Rica)	Fest des hl. Josef, Schutzpatron von San José
März/April	Osterwoche (Semana Santa), Gründonnerstag bis Ostermontag
11. 4. (Costa Rica)	Todestag des Nationalhelden Juan Santamaría
14. 4. (Honduras)	Amerika-Tag (Día Panamericano)
1. 5.	Tag der Arbeit (Día del Trabajo)
3. 5. (El Salvador)	Tag des hl. Kreuzes (Día de la Cruz)
24. 5. (Belize)	Commonwealth-Tag
29. 6. (Costa Rica)	Peter und Paul (San Pedro y San Pablo)
30. 6. (Guatemala)	Tag der Streitkräfte (Día del Ejército)
17. 7. (Nicaragua)	Tag der Freude, Abdankung Somozas
19. 7. (Nicaragua)	Tag der Revolution, Einmarsch der FSLN in Managua
25. 7. (Costa Rica)	Jahrestag des Anschlusses der Provinz Guanacaste (Anexión de Guanacaste)

2. 8. (Costa Rica)	Tag der Madonna von den Engeln (Virgen de los Angeles)
15. 8. (Costa Rica/Guatemala)	Mariä Himmelfahrt (Fiesta de la Asunción)
15. 8. (Panama City)	Gründung der Stadt Panama (Fundación de Panama)
10. 9. (Belize)	St. George's Caye – Gedenktag (Memorial Day)
15. 9. (außer Belize und Panama)	Tag der Unabhängigkeit (Día de la Independencia)
21. 9. (Belize)	Tag der Unabhängigkeit (Independence Day)
3. 10. (Honduras)	Geburtstag von Francisco Morazán/Tag des Soldaten
11. 10. (Panama)	Revolutionstag (Aniversario de la Revolución)
12. 10.	Kolumbus-Tag, Iberoamerikatag (Día de la Hispanidad)
	Tag der Rassen (Día de la Raza)
20. 10. (Guatemala)	Tag der Revolution (Día de la Revolución)
21. 10. (Honduras)	Tag der Streitkräfte (Día del Ejército)
1. 11. (Guatemala)	Allerheiligen (Día de Todos los Santos); Wallfahrten zum lokalen Friedhof; in Santiago Sacatepéquez steigen riesige Drachen auf, mit denen Nachrichten an die Toten übermittelt werden sollen
2. 11.	Allerseelen (Día de los Difuntos)
3. 11. (Panama)	Tag der Unabhängigkeit (Día de la Independencia)
4. 11. (Panama)	Flaggentag (Día de la Bandera)
28. 11. (Panama)	Tag der Unabhängigkeit von Spanien (Emancipación de Panama de España)
8. 12. (Costa Rica, Panama, Nicaragua)	Maria Empfängnis (Inmaculada Concepción)
24. 12.	Heiligabend (Noche buena)
25. 12.	Weihnachten (Navidad)
31. 12.	Silvester (Día de Año viejo)

Fotografieren

Andere Länder, andere Sitten, auch beim Fotografieren. Militärische Einrichtungen, Flugplätze, Brücken und Hafenanlagen zu fotografieren ist (außer in Costa Rica) in Mittelamerika verboten.

Wenn man Einheimische fotografiert, kann man leicht in heikle Situationen geraten. Zwar stellen sich Mestizen gern in Positur, wenn man sie um eine Aufnahme bittet, aber Indios lassen sich aus religiösen Gründen ungern fotografieren. Deshalb unbedingt vorher fragen und das Einverständnis eindeutig erwirken. In jedem Fall ist eine Absage zu akzeptieren.

Für Museen und archäologische Stätten wird oft eine Fotografiererlaubnis benötigt, die jeweils an Ort und Stelle gegen geringes Entgelt erhältlich ist.

Filme und Zubehör sind in Mittelamerika teuer. Kamera und Filme in Flughäfen nach Möglichkeit von Hand kontrollieren lassen, da die starke Intensität der Röntgenstrahlen den Filmen schaden kann.

Frauen allein unterwegs

Der weitverbreitete Machismo, die lateinamerikanische Form betonter Männlichkeit, macht das Leben für alleinreisende Frauen nicht gerade einfach. Ohne Begleitung auf die Straße zu gehen oder im Restaurant zu sitzen, kann als zweideutiges Angebot mißverstanden werden.

Es herrscht die Vorstellung, *Gringas* (so der Sammelbegriff für nordamerikanische und europäische Frauen) würden zu einem Abenteuer kaum nein sagen. Einige Tips, die weiterhelfen könnten: Frauen sollten allein keine Cantina aufsuchen, einheimische Männer nach Möglichkeit nicht ansprechen, intensive Blickkontakte vermeiden und allein besser keine Wanderungen an einsamen Stränden oder gar durch den ›Busch‹ unternehmen. Oft wird in diesen Fällen angenommen, Frauen suchten ein Abenteuer. Kurze Hose und Bikini sind außerhalb der größeren Badeorte nicht angebracht. Und auf dem Lande empfiehlt es sich, über dem T-Shirt ein Tuch oder eine weite Bluse zu tragen.

Fremdenführer

Wer allein durch eine mittelamerikanische Stadt schlendert, erlebt es nicht selten: Kaum hat man den Bus oder das Hotel verlassen, preisen sich junge Leute als Fremdenführer an. Besonders häufig passiert dies an historischen Stätten. Oft reden sie so lange auf den Touristen ein, bis er die Begleitung akzeptiert. Über kurz oder lang landet man in einem Souvenirshop, der Verwandten oder Bekannten des Fremdenführers gehört. Diese versuchen die Touristen zum Erwerb von Kunsthandwerksartikeln zu überreden, und der Führer erhält daraus seine Provision. Kauft man nichts, erwartet er für seine Dienste ein Entgelt.

Um dem zu entgehen, gibt es zwei Möglichkeiten: Entweder man lehnt die Angebote entschieden und ohne die geringste Unsicherheit ab, oder man heuert von vornherein einen Führer an, der sympathisch erscheint, und bleibt auf diese Weise von den anderen unbehelligt.

Gesundheit

Die gesundheitlichen Risiken sind für Reisende in Mittelamerika größer als in Europa. Einige Vorsichtsmaßnahmen sollten deshalb beherzigt werden: **Vorsicht** mit dem Leitungswasser!

Hitze und Luftfeuchtigkeit können zu Erschöpfung führen. Wer empfindlich ist, sollte daher zu Beginn der Reise die Küstengebiete meiden. In jedem Fall gilt: viel trinken und salzige Speisen zu sich nehmen!

Gegen Insekten schützen Moskitonetze, Ventilatoren, Fliegengitter an den Fenstern, Einreibemittel und Räucherspiralen.

Überall in den Großstädten findet man genügend Ärzte, nur Englisch sprechen sie (außer in Belize) im allgemeinen nicht. Ein Wörterbuch sollte beim Arztbesuch deshalb dabei sein. Typische Landes- und Touristenkrankheiten behandeln die einheimischen Ärzte sehr gut. Bei ernsthaften Erkrankungen empfiehlt es sich, eines der größeren Krankenhäuser aufzusuchen (Adressen s. Ortsbeschreibungen).

Fast jeder Reisende in Mittelamerika leidet kurz- oder längerfristig an einem durch Essen oder Getränke verursachten Durchfall. Es gibt darunter schwerere Erkrankungen des Magen-Darm-Bereiches, die nicht immer leicht von der einfachen und ungefährlichen Unpäßlichkeit zu unterscheiden sind. Magen-Darm-Störungen in diesen Ländern lassen sich grob in folgende Formen unterteilen:

– Leichte Durchfälle dauern ein bis drei Tage und gehen auf fremde Kost oder Gewürze zurück.

– Mittelschwerer Durchfall mit mehreren Entleerungen pro Tag und bis zu etwa vier

Tagen Dauer ist in der Regel auf Kolibakterien zurückzuführen. Man fühlt sich nicht besonders krank, jedoch stark belästigt und geschwächt. Die Erkrankung tritt wenige Tage nach der Infektion auf.

– Schwerer Durchfall als ernsthafte und gefährliche Erkrankung kann entweder durch eine Salmonellenvergiftung in Form von Typhus/Paratyphus sowie durch Ruhr oder Cholera verursacht sein. Wenn Erbrechen hinzukommt, kann eine Nahrungsmittelvergiftung durch Bakterien vorliegen. Diese tritt kurz nach der Nahrungsaufnahme ein.

– Durchfall, der erst nach Rückkehr von der Reise auftritt, wird meist von Parasiten (z. B. Amöben) verursacht.

In fast allen Fällen sind Wasser, Getränke oder Nahrungsmittel die Ursache für derartige Darmerkrankungen.

So werden Gemüse (z. B. Karotten, Melonen) bereits auf dem Markt in Wasser aufbewahrt, damit sie saftig bleiben. Fast alle Früchte und Gemüse werden vor dem Verkauf regelmäßig mit Wasser benetzt, um ihr frisches Aussehen zu erhalten.

Schonender ist es, nur gut gekochte und durchgebratene Speisen zu verzehren, Obst zu schälen, kein Wasser zu trinken sowie Eiswürfel und Speiseeis zu vermeiden. Salatbeilagen und Meeresfrüchte bilden die größte Gefahr für den Darm.

Ist der Schaden erst einmal eingetreten, heißt es in der Regel abwarten und sehr viel Tee trinken. 80% der Durchfälle verschwinden auf diese Weise innerhalb von vier Tagen ohne Behandlung. Nach zwei bis drei Tagen kann man den Durchfall durch Kohletabletten oder z. B. Imodium (nicht bei Schwangerschaft einnehmen) behandeln. In den Farmacias weiß man darüber bestens Bescheid.

Bei Erbrechen, Fieber, Schwindel, Kreislaufstörungen und anderen Krankheitssymptomen sowie bei Fortdauer des Durchfalls sollte man einen Arzt aufsuchen.

Kinder

Vielfach haben Eltern Angst, mit Kleinkindern oder gar Säuglingen die weite Reise nach Zentralamerika zu unternehmen. Dies ist weitgehend unbegründet, denn der kindliche Organismus ist wesentlich anpassungsfähiger als der eines Erwachsenen.

Die große Kinderfreundlichkeit der Mittelamerikaner zeigt sich bei Warteschlangen (Mutter mit Kind wird vorgelassen), in Bussen (Sitze werden frei gemacht) und bei vielen anderen Gelegenheiten. Generell sind Kinder viel stärker in den sozialen Alltag integriert als in Mitteleuropa. Es ist z. B. kein Problem, Kinder in Restaurants und Kinos sowie zu Abendveranstaltungen mitzunehmen. Überall findet das reisende Kind genügend Spielgefährten, und Verständigungsschwierigkeiten werden unkompliziert gemeistert.

Einige Dinge sollten dennoch beherzigt werden: Körperhygiene bei Kindern sehr sorgfältig handhaben. Babys an allen Stellen einpudern, wo sie wund werden können, auch unter den Achselhöhlen, dies beugt Schweißbildung und Infektionsherden vor. Kinder dürfen beim Waschen/Duschen kein Wasser schlucken; das Gesicht daher eventuell mit *Agua purificada/electropura* waschen. Sonnenschutzmittel und Mütze sind sehr wichtig. Eine Tragevorrichtung ist auf Reisen besser als ein Kinderwagen. Bei Einladungen immer darauf hinweisen, daß das Kind kein Wasser trinken darf.

Bei Benutzung öffentlicher Verkehrsmittel Proviant und Getränke mitnehmen, da mit langen Wartezeiten an Haltestellen und wenig Bewegungsfreiheit im Bus/Zug zu rechnen ist. Die Eisenbahn ist zwar langsamer als der Bus, bei Reisen mit Kindern jedoch vorzuziehen.

Preise: In Bussen zahlen Kinder nur auf langen Strecken bei Platzreservierung. Im Stadtverkehr und auf Kurzstrecken zahlen sie nicht, haben jedoch auch keinen Anspruch auf einen Platz.

In Hotels bei pro Kopf-/pro Bett-Berechnung muß der Preis ausgehandelt werden; Familientarife und ein zusätzlich ins Zimmer gestelltes Kinderbett sind meist günstiger. In Restaurants können ohne weiteres kleine Portionen oder Kinderteller (zum halben Preis) bestellt werden.

Kirchen

Die tiefe Religiosität und Gläubigkeit der Lateinamerikaner und besonders der Indios sollte Touristen beim Besuch katholischer Kirchen zur Zurückhaltung veranlassen.

Insbesondere in kleineren Ortschaften ist auf entsprechende Garderobe zu achten. Männer sollten keine kurzen Hosen, Frauen keine tief ausgeschnittenen Dekolletés tragen und möglichst mit Kopftuch und langärmliger Kleidung eine Kirche betreten.

Literaturhinweise und Landkarten

Cortés, Hernán: Die Eroberung Mexicos. Eigenhändige Berichte an Kaiser Karl V., Tübingen [3]1984

Dietrich, Wolfgang: Dignidad – Menschenrechte und Menschenrechtsschutz in Zentralamerika, Saarbrücken 1988

Gabriel, Leo: Aufstand der Kulturen – Konfliktregion Zentralamerika: Guatemala, El Salvador, Nicaragua, Hamburg 1988

Galeano, Eduardo: Erinnerung an das Feuer, 3 Bände, Wuppertal 1989

Irnberger, Harald (u. a.): Zentralamerika – Opfer, Akteure, Profiteure, Göttingen 1989

Marnham, Patrik: So fern von Gott – eine Reise nach Mittelamerika, Zürich 1989

Stephens, John L.: Reisen in Zentralamerika und Yucatán, Köln (Erstausgabe 1841) 1969

Theroux, Paul: Moskito-Küste, Roman, Frankfurt 1987

Landkarten

Hallwag: Mittelamerika (1:5 Mio.). Sehr ausführliche und übersichtliche Legende, inkl. Karibik-Inseln und Mexiko.

In Mittelamerika wird eine ESSO-Karte *Guía Informativa Centro América y Panama* abgegeben (1:2,5 Mio.), die in Guatemala hergestellt wird und daher die Grenze zu Belize nicht ausweist. Sie zeigt auf der Rückseite die Stadtpläne der sieben Hauptstädte. Siehe auch Literatur und Landkarten in den jeweiligen Länderkapiteln.

Märkte

In den größeren Städten haben sich feste Standorte etabliert, an denen täglich Markt abgehalten wird, in einzelnen Stadtbezirken und ländlichen Gegenden gibt es zusätzlich Wochenmärkte. Hier pulsiert das Leben. Man findet einfach alles: ein üppiges Angebot an Gemüsen, Früchten, Tieren, Blumen, Fleisch und Fisch, außerdem Kleidung und Waren aus zweiter Hand. Besonders begehrt sind Heilkräuter und Mixturen gegen Krankheiten und Probleme aller Art: Wunderheiler, Schausteller und Scharlatane stoßen auf ein gläubiges Publikum.

Sicherheit

Touristen Verhaltensempfehlungen für ihre Sicherheit zu geben, steht eigentlich nur den Einheimischen selbst zu. Denn allzu leicht wird die Grenze zwischen angebrachten Warnungen und nationaler Diskriminierung überschritten. Da ein Mittelamerikabesucher zu seiner eigenen Sicherheit jedoch an ein paar Dinge denken sollte, beachten Sie deshalb die Hinweise der örtlichen Touristeninformationsbüros und in den Hotels.

Siesta

Während der größten Hitze des Tages, etwa zwischen 13 und 15 Uhr, ruht in Mittelamerika das Geschäfts- und Büroleben. Man fährt nach Hause und kehrt erst am Spätnachmittag an den Arbeitsplatz zurück. Je kleiner der Ort, desto sorgfältiger wird die Siesta eingehalten.

Strom

In allen Ländern Mittelamerikas gilt: 110 V, 60 Hertz, Wechselstrom, Flachstecker (Adapter notwendig). Nur in Belize findet man in einigen Landstrichen 220 V.

Telefonieren

Vorwahlen nach Europa: BRD 00 49; Österreich 00 43; Schweiz 00 41 (s. a. Länderkapitel).

Trinkgeld

Propina ist im Rechnungsbetrag gewöhnlich nicht enthalten. Die Bedienung im Restaurant erwartet 10–15%, Zimmermädchen erhalten 5%, Taxifahrer rechnen nicht mit Trinkgeld. Bei Sonderwünschen (Taxi bestellen, Arzt rufen, Telefonverbindung herstellen) gibt man das Trinkgeld besser vorher.

Uhrzeit

Die Differenz zur mitteleuropäischen Zeit (MEZ) beträgt 7 Std., in Panama 6 Std.; d. h. 15 Uhr nachmittags in Frankfurt = 8 Uhr morgens in Mittelamerika (bzw. 9 Uhr in Panama). Aufgrund der Tropenlage sind Tag und Nacht das ganze Jahr über ungefähr gleich lang; Sonnenaufgang ist gegen 6 Uhr.

Unterkunft

Hinweise auf empfehlenswerte Hotels schließen sich an die Ortsbeschreibungen im Reiseteil an. Allgemeine Informationen über Unterkunftsmöglichkeiten in den einzelnen Ländern Mittelamerikas finden Sie in den jeweiligen Kapiteln. Als Klassifizierung für die im Ortsteil angegebenen Hotels gilt folgendes System:

Als ›gut und teuer‹ bezeichnen wir Hotels, bei denen ein vernünftiges Verhältnis zwischen angebotenem Komfort und gefordertem Preis besteht. Es handelt sich meist um Häuser mit drei oder mehr Sternen.

Wir haben uns bemüht, landschaftlich schön gelegene Häuser, umgebaute kolonialzeitliche Gebäude und geschichtsträchtige Unterkünfte mit viel Atmosphäre zu nennen.

›Mittelklasse‹-Hotels verfügen über eigenes Bad oder Dusche im Zimmer. Die Preise und der angebotene Komfort variieren in den einzelnen Ländern jedoch stark.

Als ›einfach und preiswert‹ bezeichnen wir Unterkünfte, Familienpensionen *(Pensiónes)*, Herbergen *(Hospedajes)* oder Gästehäuser *(Casas de Huéspedes)*, deren Zimmer oft kein eigenes Bad oder WC haben. Auch Jugendherbergen gehören dazu und gelegentlich abenteuerlich-windschiefe, schmuddelige Hütten (ohne Bettwäsche), wenn andere Übernachtungsmöglichkeiten fehlen.

Verhalten im Alltag

Wenige Worte in Spanisch sind wirksamer als viele in Englisch. Behörden sind hierarchisch gegliedert, Kontakte werden deshalb besser ›oben‹ wirksam und funktionieren noch besser durch einen einheimischen *Amigo.*

Man hat in Mittelamerika viel Zeit, fast alles läßt sich ebensogut morgen *(mañana)* erledigen. Wichtiger ist höfliches Benehmen, weniger exakte Pünktlichkeit. Über einheimische Besonderheiten sollte man höchstens schmunzeln, sich aber nicht belustigen.

Sprachführer

Die Kenntnis des Spanischen ist bei Mittelamerikareisen, die über die Hauptstädte hinausführen, sehr nützlich. Es spricht auf dem Lande kaum jemand Englisch. Selbst bescheidene Kenntnisse helfen weiter, öffnen viele Türen und tragen dazu bei, landestypische Eigenheiten besser zu verstehen.

Aus vielen indianischen Sprachen sind Wörter ins Mittelamerikanische übernommen worden, insbesondere Orts- und geographische Bezeichnungen.

In Guatemala haben sich indianische Sprachen und Dialekte erhalten. Nur in Belize ist Englisch Landessprache.

Wichtige Wörter für unterwegs

Abfahrt	– salida
Adresse	– dirección
Ankunft	– llegada
Auf Wiedersehen	– adiós
Ausgang	– salida
Bad	– baño
Bahnhof	– estación
Bedienung	– servicio
bestohlen/gestohlen	– robado
Bett	– cama
bewahren	– guardar
bitte	– por favor
bitte schön	– de nada
billig	– barato
Brief	– carta
Briefmarke	– sello, timbre
danke	– gracias
Eingang	– entrada
Fahrkarte	– boleto/billete
Fähre	– lancha
Flughafen	– aéropuerto
Gasthaus (einfach und preiswert)	– comedor
Gebäude	– edificio
Geld	– dinero
Gepäck	– equipaje
gut	– bueno
guten Morgen, guten Tag	– buenos días
guten Tag (ab 14 Uhr)	– buenas tardes
guten Abend, gute Nacht	– buenas noches
Haltestelle	– parada
Handtuch	– toalla
Hütte	– cabaña
heute	– hoy
hier	– aquí
ja	– sí
Jugendherberge	– albergue juvenil
Koffer	– maleta
links	– izquierda
Markt	– mercado
morgen	– mañana
nahe	– cerca
nein	– no
Paß	– pasaporte
Pension	– hospedaje/casa de huéspedes
Polizei	– policía
Postamt	– correo
Postkarte	– tarjeta postal
Preis	– tarifa, precio
Rechnung	– cuenta
rechts	– derecha
Rucksack	– mochila
Ruine	– ruina
Sammeltaxi	– colectivo
Stadtviertel	– barrio
Strand	– playa
Stunde	– hora
Tag	– día
Tasche	– bolsa
Telefon	– teléfono
teuer	– caro
Toilette	– baños, retretes, sanitarios, tocadores, W.C.
Herren	– caballeros, hombres
Damen	– damas, mujeres
Touristeninformation	– oficina de turismo
Unterschrift	– firma

verloren – perdido
wann – cuándo, a qué hora
Warteraum – sala de espera
was – qué
Wechselgeld – cambio
weit – lejos
wie – cómo
wieviel – quánto
wieviel kostet – quánto cuesta
wo – dónde
wohin – adónde
Zigaretten – cigarros/cigarillos
Zimmer – cuarto, habitación
Zoll – aduana

Zahlen (Numeros)

1	uno	20	veinte
2	dos	30	treinta
3	tres	40	cuarenta
4	cuatro	50	cincuenta
5	cinco	60	sesenta
6	seis	70	setenta
7	siete	80	ochenta
8	ocho	90	noventa
9	nueve	100	cien
10	diez	200	doscientos
11	once	300	trescientos
12	doce	400	cuatrocientos
13	trece	500	quinientos
14	catorce	600	seiscientos
15	quince	700	setecientos
16	dieciséis	800	ochocientos
17	diecisiete	900	novecientos
18	dieciocho	1000	mil
19	diecinueve	2000	dos mil

Die Woche (La Semana)

Sonntag – domingo
Montag – lunes
Dienstag – martes
Mittwoch – miércoles
Donnerstag – jueves
Freitag – viernes
Samstag – sábado

Monate (Meses)

Januar – enero
Februar – febrero
März – marzo
April – abril
Mai – mayo
Juni – junio
Juli – julio
August – agosto
September – septiembre
Oktober – octubre
November – noviembre
Dezember – diciembre

Essen und Trinken

Abendessen – cena
Ananas – piña
Apfel – manzana
Austern – ostras
Bananen – plátanos, bananas
Brot – pan
Butter – mantequilla
Eier – huevos
Spiegeleier – huevos fritos
Rühreier – huevos revueltos
Erdbeeren – fresas
Essen – comida
Fisch – pescado
Fleisch – carne
Forelle – trucha
Frühstück – desayuno
Garnelen – gambas
Gemüse – verdura
Hammel – carnero
Huhn – pollo
Kalb – ternera
Kaninchen – conejo
Karamelpudding – flan
Karotte – zanahoria
Kartoffeln – papas/patatas
Knoblauch – ajo
Kohl – col
Krabben – camarones
Kuchen – pan dulce
Lamm – cabrito
Languste – langosta
Mango – mango
Marmelade – mermelada
Meeresfrüchte – mariscos
Melone – melón
Nachspeise – postre
Orange – naranja
Pampelmuse – toronja
Papaya – papaya
Pfeffer – pimienta
Reis – arroz
Rotbarsch – huachinango/gallineta
Salat – ensalada

scharf – picante
sehr scharf – muy picante
nicht scharf – sin picante
Schweinefleisch – puerco
Soße – salza
Tomatensoße mit
Zwiebeln + Chili – salza roja
Suppe – sopa
klare Suppe – consomé
Brühe – caldo
Kamillentee – té de manzanilla
Tee – té
Tintenfische – calamares
Tomate – tomate
Traube – uva
Thunfisch – atún
Würstchen – salchicha
Zucker – azúcar
Zunge – lengua
Zwiebel – cebolla

Im Hotel

Stern – estrella
Luxus – lujo
Einzelzimmer – cuarto sencillo
Doppelzimmer – cuarto doble
Doppelbett – cama matrimonial
2 Betten – dos camas
Stockwerk – piso

Rund ums Auto

abdichten – ajustar
abschleppen – remolcar
abschmieren – engrasar
Anlasser – aranque
ausbauen – desmontar
Auspuff – tubo de escape
Auto – coche
Automatik-Getriebe – cambio automático de marchas
Batterie – batería
Benzin – gasolina
Benzintank – deposito de gasolina
beschädigt – deteriorado
bezahlen – pagar
Birne – bombilla
Bremsen – frenos
Bremsflüssigkeit – líquido para frenos
Bremsschlauch – tubo para frenos
Defekt – defecto
destilliertes Wasser – agua destilada
Dichtung – junta
Düse – inyector
einbauen – montar
einstellen – ajustar
elektrische Störung – devecto eléctrico
Ersatzteil – repuesto
fahren – conducir
Feder – resorte
Felge – llanta
Fernlicht – luz larga
festschrauben – atornillar
Filter – filtro
Führerschein – permisio de conducir
Gang – velocidad
gebrochen – roto
Getriebe – transmisión
Hinterachse – eje trasero
Kabel – cable
Keilriemen – correa trapezoidal
Kennzeichen – placa de matrícula
Kolben – pistón
Kontakt – contacto
kontrollieren – controlar
Kühler – radiator
Kupplung – embrague
Kurzschluß – cortocircuito
Leitung – conductor
Lenkung – dirección
Lichtmaschine – dínamo
locker – suelto
löten – soldar
Luftdruck – presión de aire
Nippel – pezón de engrase
Öl – aceite
ölen – lubricar
Ölwechsel – cambio de aceite
Panne – avería
parken – aparcar
prüfen – examinar
Pumpe – bomba
Rad – rueda
Reifen – neumático
reinigen – limpiar
reparieren – reparar
schmieren – engrasar
Schraube – tornillo
schrauben – atornillar
Sicherung – fusible
Stoßdämpfer – amortiguador
Strom – corriente
Thermostat – termostato

Unfall	– accidente
Ventil	– válvula
Vergaser	– carburador
Verteiler	– distribuidor
Wasser	– agua
Werkstatt	– taller
Zündkerze	– bujía
Zündung	– encendido
Zylinder	– cilindro

Gesundheit

Apotheke	– farmacia
Arzt	– médico
Durchfall	– diarrea
erbrechen	– vomitar
Erkältung	– resfriado
Fieber	– fiebre
gebrochen	– fracturado
Kopfschmerzen	– dolor de cabeza
Krankenhaus	– hospital
Krankenwagen	– ambulancia
Menstruation	– menstruación
Mullbinde	– venda de gasa
Nieren	– riñones
Ohrenschmerzen	– dolor del oído
Pflaster	– emplasto
Verband	– vendaje
verstaucht	– dislocado

Belize

Reisevorbereitungen

Diplomatische Vertretungen

Belize unterhält in Deutschland, Österreich und der Schweiz keine diplomatischen Vertretungen, sondern wird in diesen Ländern durch die Botschaften und Konsulate Großbritanniens vertreten, die auch die Visa ausstellen.

... in der Bundesrepublik:
British Embassy: Friedrich-Ebert-Allee 77, 5300 Bonn 1, ✆ 02 28/23 40 61

für Visa zuständig:
British Consulate General: Georg Block-Str. 14 (Nordsternhaus), 4000 Düsseldorf 30, ✆ 02 11/4 37 40 (Zentrale), ✆ 02 11/43 74 55 (Visa-Antragsstelle)

... in Österreich:
British Embassy: Jaurisgasse 12, 1030 Wien, ✆ 01/7 13 15 75

... in der Schweiz:
British Embassy: Thunstr. 50, 3005 Bern, ✆ 0 31/44 50 21

Bei den Britischen Botschaften und Konsulaten in Mexiko und Guatemala ist ein Visum für Belize schneller und preiswerter zu erhalten. An den Grenzübergängen wird auch ein preiswertes Transitvisum ausgegeben.

... in Belize:
Deutschland, Österreich und die Schweiz unterhalten keine Botschaften in Belize.

Honorarkonsulat der Bundesrepublik Deutschland c/o Texaco Belize Ltd: 6 Regent St., P.O. Box 627, Belize City, ✆ 02/7 26 05, 02/7 26 10

Wichtige Botschaften in Belize:
USA: Belize City, 20 Gabourel Lane, ✆ 02/7 71 61

Großbritannien: Belmopan, Embassy Square, ✆ 08/72146/7

Mexiko: Belize City, 20 Park St., ✆ 02/44301/45367

Informationsstellen

... in der Bundesrepublik:

Belize Tourist Board: The West India Committee, Lomerstr. 28, 2000 Hamburg 70, ✆ 040/6958846

Caribbean Adventure: Denis S. Lyons, Lokstedter Weg 29, 2000 Hamburg 20, ✆ 040/4603327 (Veranstalter für Gruppenreisen)

... in Belize:

Belize Tourist Bureau: P.O.Box 325, 53 Regent St., Belize City, Belize, C.A., ✆ 02/7213

Belize Audubon Society: P.O.Box 1001, 49 Southern Foreshore, Belize City, ✆ 02/7369 (Auskünfte über Naturschutzgebiete, Zoo, Tier-Reservate)

Department of Archaeology: Belmopan, ✆ 08/2106

Association for Belizean Archaeology: Centre for Environmental Studies, Eve St., Belize City (Auskünfte über die archäologischen Stätten, besonders jene auf Privatland).

Einreisebestimmungen

Deutsche und Österreicher benötigen für einen Aufenthalt in Belize ein Visum. Dieses (für bis zu drei Monate Aufenthalt) erhält man bei:

Belize High Commission, 15 Taylor St., London W1, ✆ 4868381, oder bei den diplomatischen Vertretungen Großbritanniens in der BRD, in Österreich und in der Schweiz.

Wer sich erst in Mexiko für einen Belize-Besuch entscheidet, wende sich an die Britische Botschaft, Río Lerma 71, Mexiko City; Bearbeitungszeit für das Visum 24 Std.

Gelegentlich verlangen die Grenzbeamten auch die Vorlage des Rück- bzw. Weiterflug-Tickets; bei Rucksackreisenden zusätzlich manchmal einen ausreichenden Geldbetrag zur Begleichung der Aufenthaltskosten (Regelsatz: 20 US-$ pro beabsichtigtem Aufenthaltstag).

In jüngster Zeit wird auf die Forderung nach einem Visum an den Grenzübergängen zunehmend verzichtet, da Belize den Tourismus fördern will. Eine Einreise wird bis zu vier Wochen gestattet; Verlängerung beim Immigration Office in Belize City, an den Grenzstationen und bei den Polizeibehörden der Distrikthauptstädte möglich. Die Vorschriften sehen jedoch immer noch ein Visum vor, so daß man sich auf die großzügige Regelung nicht verlassen sollte.

Geld

Der Wechselkurs des *Belize-Dollars* (BD, B-$) ist fest an den US-amerikanischen Dollar gebunden: 1 US-$ = 2 B-$.

Die Wechselkurse für DM, Schilling oder Franken unterliegen demzufolge den Paritätsschwankungen zur US-Währung.

In Belize gibt es viele private Geldwechsler, aber keinen Schwarzmarkt. US-$ werden fast überall als Zahlungsmittel akzeptiert.

Zollbestimmungen

200 Zigaretten, 1 l Alkohol, 1 Flasche Parfüm und Geschenke im Werte bis zu 200 B-$ dürfen eingeführt werden.

Anreise nach Belize

(s. S. 429f.)

Reisen in Belize

Straßen

Belize verfügt über ein bescheidenes Straßennetz, Schotterstraßen überwiegen. Nur die vier Highways mit insgesamt ca. 700 km sind geteert:

- der Northern Highway, der Belize City mit der mexikanischen Grenze verbindet,
- der Western Highway, der von Belize City über Belmopan zur guatemaltekischen Grenze führt,
- der Southern Highway, der Dangriga mit Punta Gorda verbindet, und
- der Hummingbird Highway, wie die Straße zwischen Belmopan und Dangriga genannt wird.

Von nahezu allen kleinen Städten und Dörfern führen Verbindungen zu einem dieser Highways. In der Regenzeit sind die Schotterstraßen oft von Schlamm bedeckt und teilweise unpassierbar.

Organisierte Reisen: Wer Flüge und Rundreisen von Belize City aus nicht selbst organisieren will, kann sich an folgende Reisebüros wenden:

Mopan Tours: 55 Regent St., ✆ 77351, 73356

Royal Tours: 5 Berkeley St., ✆ 73063, 72759

S and L Tours: 69 West Collet Canal, ✆ 73062

Caribbean Holidays: 81 Albert St., ✆ 72593, 73131

Universal Travel Service: 13 Handyside St., ✆ 45148, 45105

Global Travel Service, 41 Albert St.

Tiki Tours, 23 Regent St., ✆ 72652 (Bootsausflüge)

Bus

Die preiswerteste Fortbewegungsart ist das Busfahren; eine Eisenbahn gibt es nicht. Alle größeren Städte werden mehrmals tgl. mit dem Bus angefahren, auch die Grenzorte nach Guatemala und Mexiko.

Taxi und Sammeltaxi

Einen geregelten Taxi-Service gibt es nur in der Hauptstadt Belmopan und in Belize City.

Sammeltaxis verkehren zwischen Belize City und den Distrikthauptstädten; Abfahrt in Belize City vor dem Central Market am Haulover Creek.

Auto

Erforderlich: Internationaler Führerschein und Haftpflichtversicherung (an den Grenzübergängen erhältlich).

Mit dem eigenen Wagen nach und in Belize zu fahren, setzt ein nahezu reparatur- und wartungsfreies Fahrzeug voraus. Denn Ersatzteile für europäische Fabrikate sind, wenn überhaupt, nur unter großen Schwierigkeiten und zudem sehr teuer zu bekommen. Darüber hinaus kann es Probleme mit dem Zoll und der ablaufenden Aufenthaltserlaubnis geben, wenn das Fahrzeug nicht rechtzeitig repariert werden kann.

Flüge

Der Philip S. W. Goldson International Airport (früher: Stanley International) liegt 15 km nordwestlich von Belize City.

Die staatliche Fluggesellschaft Maya Airways und die private Fluggesellschaft Tropic Air fliegen regelmäßig mit kleinen Maschinen von Belize City Städte und Inseln des Landes an.

International ist Belize City mit allen Hauptstädten Mittelamerikas (mit Ausnahme von Mexiko City und Guatemala City) sowie mit Miami verbunden.

Schiffsverbindungen

Unregelmäßige Verbindungen mit kleinen Motorbooten zwischen Belize City und Caye Caulker sowie zu anderen Inseln; das Transportangebot richtet sich nach der Nachfrage.

Jeden Dienstag und Freitag (15 Uhr) verläßt eine Fähre Punta Gorda nach Puerto Barrios (Guatemala) und Puerto Cortés (Honduras).

Praktische Informationen

Literaturhinweis und Landkarten

Zee, Edgell: Beka – Ein Roman aus Belize, o. O. 1989.

Landkarten: Die fotokopierte Straßenkarte des Belize Tourist Bureau in Belize City ist nahezu unbrauchbar. Nicht immer erhältlich ist die gute Belize Tourist Facilities Map mit einer Straßenübersicht des Landes sowie Stadtplänen von Belize City, Belmopan und den anderen fünf Distrikthauptstädten (im Tourist Bureau und in Mom's Restaurant).

Eine 1:125000-Karte des Landes (in zwei Teilen) sowie 1:50000-Detailkarten sind gelegentlich beim Survey Department in Belize City (im Gebäude der Post) zu erwerben.

In Spezialbuchhandlungen stößt man manchmal auf die britische Sportfliegerkarte TPC J-25C (Tactical Pilotage Chart), die im Maßstab 1:500000 Nord-Guatemala, Belize, den südlichen Teil der mexikanischen Yucatán-Halbinsel sowie die honduranischen Karibikinseln abbildet.

Sprache

Amts- und Landessprache ist Englisch (›kreolisches‹ Englisch), das überall verstanden wird. Die spanische Sprache ist ebenfalls weit verbreitet.

Telefonieren

In Belize existiert ein Direktwahlsystem (auch für internationale Gespräche); Belize hat die Vorwahl 00501.

Vorwahlen in Belize: Belize City 02; Belmopan 08; Corozal 04; Dangriga 05; Orange Walk 03; San Ignacio 092.

Unterkunft

Belize ist das teuerste aller zentralamerikanischen Reiseländer; insbesondere die Übernachtungspreise sind hoch.

In San Pedro (Ambergris Caye) liegen die Preise um 50% höher als im übrigen Land.

Ein Verzeichnis der ca. 200 Hotels des Landes (davon 40 in Belize City) mit Anschriften und Preisen erhält man vom Touristenbüro in Belize City.

Costa Rica

Reisevorbereitungen

Diplomatische Vertretungen

... in der Bundesrepublik:
Botschaft der Republik Costa Rica: Borsigallee 2, 5300 Bonn 1, ✆ 0228/252940

Honorarkonsulat: Ostpreußendamm 72/74, 1000 Berlin 45, ✆ 030/7123011

... in Österreich:
Botschaft der Republik Costa Rica: Paulusgasse 13, 1030 Wien, ✆ 01/7130540

... in der Schweiz:
Botschaft der Republik Costa Rica: Rabbentalstr. 83, 3013 Bern, ✆ 031/228438

... in Costa Rica:
Botschaft der Bundesrepublik Deutschland (Embajada de la República Federal de Alemania): Apartado 4017, San José, ✆ 325533, 325450

Botschaft der Schweiz (Embajada de Suiza): Centro Colón, Apartado 895, San José, ✆ 223229

Generalkonsulat der Republik Österreich: Consulado General de Austria: Av. 6/Calle 21, Apartado 683, San José, ✆ 553007

Informationsstellen

Instituto Costarricense de Turismo (ICT): Calle 5 zwischen Av. Central und Av. 2, Plaza de la Cultura, neben dem Museo de Oro; Stadtbüro in San José, ✆ 221090, 231733, Mo–Fr 9–17 Uhr, Sa 9–13 Uhr

ICT – Dachorganisation: Av. 4/Calle 5, 11. Stock, San José

Auskünfte über Nationalparks: Servicio de Parques Nacionales (SPN): Av. 9/Calle 17, San José

Einreisebestimmungen

Für Deutsche, Österreicher und Schweizer ist für einen Aufenthalt bis zu 90 Tagen nur ein gültiger Reisepaß, aber kein Visum erforderlich. Eine Verlängerung bis zu sechs Monaten ist bei der Ausländerbehörde des Innenministeriums leicht möglich. Einfacher ist es aber, das Land kurz zu verlassen und wieder einzureisen; dann beginnen die drei Monate visumfreier Aufenthalt von neuem.

Geld

Die Landeswährung ist der *Colón* (CRC), der spanische Name für Kolumbus. Ein Colón ist unterteilt in 100 Centimos.

Hotels und Banken tauschen bevorzugt US-$ oder englische Pfund (bar oder als Reiseschecks) in CRC ein; der Rücktausch ist sehr schwierig. Tauschen bei Privatpersonen ist untersagt. Die Banken sind Mo–Fr von 9–15 Uhr geöffnet.

Internationale Kreditkarten bei touristischen Institutionen verwendbar.

Zollbestimmungen

Abgabenfrei sind 400 Zigaretten, 2 l alkoholische Getränke und eine unbegrenzte Anzahl an Filmen. Geschenke im Wert von über 100 DM müssen verzollt werden; einziger Flughafen für zollpflichtige Luftfracht ist in San José.

Anreise nach Costa Rica

Flüge aus Europa und den USA

(s. auch S. 429)

Im Flughafengebäude gegenüber der Gepäckausgabe befindet sich eine Zweigstelle der staatlichen Touristeninformation ICT. Hier können Sie sich über die Belegsituation und die aktuellen Preise der Hotels informieren und gegebenenfalls (ohne Anzahlung) Übernachtungen buchen.

Schiffsreisen von Europa

Es besteht die Möglichkeit, von Hamburg mit einem Bananendampfer nach Moín anzureisen. Auskünfte erteilt Margis Reiseagentur: Stahltwiete 11, 2000 Hamburg 50, ✆ 040/8512860, 8512597 (monatlich zwei bis drei Abfahrten).

Über Land von Panama bzw. Nicaragua

Nur auf der Panamericana kann man von Panama (im Südosten) bzw. von Nicaragua (im Nordwesten) Costa Rica mit dem Auto erreichen.

Reisen in Costa Rica

Die touristische Infrastruktur Costa Ricas ist die beste aller zentralamerikanischen Staaten, nicht zuletzt dank des nationalen Tourismus'. Zudem ist das Reisen im Land auch noch sehr preiswert, mit Ausnahme der Leihwagen.

Eisenbahn

Man kann langsam, aber bequem mit der Eisenbahn von San José nach Puntarenas an der Pazifikküste oder nach Puerto Limón an der Atlantikküste fahren. Besonders die 170 km lange Fahrt (6 Std.) nach Puerto Limón im Dschungel-Express *(Jungle Train)* führt durch üppige Vegetation, Kaffee- und Bananenplantagen an den sog. Bahndörfern vorbei, die nur über diese Bahnlinie zu erreichen sind (genaue Angaben s. San José).

Bus

Staatliche Busse verbinden San José mit allen Provinzhauptstädten. Von hier fahren wiederum Busse selbst in entlegene Orte. Private Buslinien gibt es nur zwischen den Städten im Valle Central; sie sind teurer. Reservierung ist nicht möglich. Gestartet wird, sobald die Plätze belegt sind (Abfahrtszeiten und Ziele s. Ortsbeschreibungen).

Taxi

Taxifahren ist in Costa Rica preiswert; meist sind die Autos japanischer Herkunft! Die großen Hotels vermitteln Wagen für Fahrten zu den größeren Städten.

Auto

Die Straßenverbindungen von San José zu den Hafenstädten Puntarenas und Puerto Limón und zu den Grenzübergängen entlang der Panamericana sowie alle Straßen im Valle Central sind gut; die Straßen im Landesinneren ordentlich, aber während der Regenzeit nicht immer passierbar.

Die Leihwagentarife entsprechen denen in der Bundesrepublik. In San José konkurrieren mehr als ein Dutzend Unternehmen mit unterschiedlichen Automodellen und entsprechenden Preisvorstellungen; Anmietung und Ablieferung fast ausschließlich in der Hauptstadt möglich. Reservierung während der Monate Dezember bis März empfehlenswert (genaue Angaben s. Ortsbeschreibungen). 80 km/h ist die zugelassene Höchstgeschwindigkeit.

Inlandflüge

Die nationale Fluglinie Sahsa bietet tgl. (außer sonntags) Flüge von San José nach Golfito, Puerto Limón, Quepos und 3× wöchentlich nach Tamarindo an. Die Preise sind relativ niedrig.

Auskünfte: Sahsa, Paseo Colón/Calle 24, San José, ✆ 21 94 14, 33 32 58, 33 03 97

Schiffsverbindungen

Es empfiehlt sich bzw. es ist manchmal unumgänglich, in Costa Rica Fährschiffe *(Lanchas)* zu benutzen. Wer z. B. von San José aus Orte und Städte im Süden der Halbinsel Nicoya besuchen möchte, der sollte die große Autofähre Puntarenas –

Playa Naranyo benutzen (s. Puntarenas). Die Anreise zum Westen der Halbinsel Nicoya ist kürzer und landschaftlich reizvoller, wenn man die Fähre über den Río Tempisque am Nordufer des Golfo de Nicoya wählt. Die Badestrände und Nationalparks auf der nahezu unerschlossenen Halbinsel Osa erreicht man am besten mit der Fähre von Golfito nach Puerto Jiménez (s. Golfito). Alle Fähren sind sehr billig.

Praktische Informationen

Ärzte und Apotheken

Die ärztliche Versorgung ist im ganzen Land gut. Die meisten Ärzte sprechen Englisch.

Neben den herkömmlichen Apotheken gibt es in Kaufhäusern und Supermärkten eigene Apotheken-Abteilungen.

Einkaufen

In Costa Rica bieten sich handbemalte Keramik (z. B. Tonpfeifen in Tierkörperformen nach alten Vorbildern), Lederarbeiten, bemalte und bedruckte Stoffe sowie Webarbeiten als Souvenirs an (s. a. Ortsbeschreibungen).

Costaricanischen Kaffee im Jutesack gibt es hier ebenfalls sehr günstig zu kaufen.

Essen und Trinken

Reis, Bohnen und Fleisch sind die gängigen Bestandteile einer costaricanischen Mahlzeit. Aber in allen Hotelrestaurants werden auch die europäischen bzw. US-amerikanischen Standardmenüs angeboten.

Obst, Salate, Fruchtsäfte, Speiseeis und sogar das Leitungswasser kann man im Hochland des Valle Central gefahrlos zu sich nehmen, in den Küstenregionen ist Vorsicht geboten.

In Costa Rica werden nationale Biersorten (Bavaria, Imperial, Pilsen und Tropical) in der Staatsbrauerei von San José und das holländische Heineken (Lizenz-Abfüllung) hergestellt.

Literaturhinweise und Landkarten

Ernst, Manfred: Costa Rica – die Schweiz Mittelamerikas: Mythos und Realität, Hamburg 1984

Ders.: Demokratie in Costa Rica, Berlin 1986

Maislinger, Andreas: Costa Rica – Politik, Gesellschaft und Kultur eines Staates mit ständiger aktiver und unbewaffneter Neutralität, Innsbruck 1986

Tinoco, Arnoldo André: Völkerrechtliche Grundlagen dauernder Neutralität, Baden-Baden 1989

Landkarten: Costa Rica Mapa de Carreteras (1:1 Mio.), Instituto Costarricense de Turismo, San José 1989

Öffnungszeiten

Banken: Mo–Fr 9–15 Uhr

Behörden: Mo–Fr 8–17 Uhr (die Mittagspause wird jeweils festgesetzt und beträgt in der Regel 2 Std.)

Geschäfte: Mo–Sa 9–19 Uhr

Supermärkte: auch an Sonntagen.

Post

Auf die Post kann man sich verlassen; die Briefkästen werden pünktlich geleert.

Sondermarken für Sammler auf der Hauptpost in San José erhältlich.

Preise

Lebenshaltungskosten außerhalb der Touristengebiete sind bis zu 50% niedriger als in der Bundesrepublik. Gleichbleibend hohe Preise für gehobene Hotels und Restaurants.

Sport

Raften durch die *Rapids* – mit dem Schlauchboot auf Gebirgsflüssen durch Stromschnellen – das ist die neueste sportliche Attraktion des Landes. Erfahrene Bootsführer, von denen die meisten ihr Rafting-Patent auf dem Colorado-River in den USA erworben haben, geleiten die Bootsmannschaften z. B. den Río Reventazón, den Río Pacuare oder den Río Corobici hinunter.

Buchungen bei Veranstaltern wie z. B. Costa Rica Expeditions oder Ríos Tropicales über alle Reisebüros in San José.

Telefonieren

Das Telefonnetz ist das zuverlässigste und dichteste in Lateinamerika, auch im kleinsten Ort gibt es eine Post und ein Telefonamt für Auslandsgespräche in Direktwahl. In den besseren Hotels ist Auslandsdirektwahl in der Regel vom Zimmer aus möglich; direkte Vorwahl nach Costa Rica: 0 05 06.

In Costa Rica gibt es keine Vorwahlnummern für die Städte; die Telefonnummern sind sechsstellig, die ersten beiden Nummern bezeichnen das Department.

Unterkunft

Die Costaricaner reisen selbst viel. Deshalb gibt es in fast jedem Ort wenigstens ein Hotel, in den größeren mehrere in allen Preisklassen; auch die billigeren (im Land werden sie als Kategorie A eingestuft) sind meist sauber. In den teuren Hotels werden oft nur US-$ akzeptiert. Auf alle Übernachtungspreise werden 10% Umsatz- und 3% Touristensteuer erhoben.

Eine Broschüre aller Hotels erhält man beim ITC in San José (Adressen einzelner Hotels s. Ortsbeschreibungen).

Zelten ist in Costa Rica insbesondere auf Zeltplätzen in den Nationalparks beliebt (Auskünfte erteilt ICT und SPN, s. S. 447).

Jugendherbergen gibt es wenige; eine besonders schöne steht in San José. Wer seinen Jugendherbergsausweis verloren hat: Organziación Turística, Estudiantil y Juvenil, Costarricense (OTEC), Edificio Victoria, Av. 3/Calle 3/5, San José, ✆ 22 08 66.

El Salvador

Reisevorbereitungen

Diplomatische Vertretungen

... in der Bundesrepublik:
Botschaft von El Salvador: Burbacherstr. 2, 5300 Bonn 1, ✆ 02 28/22 13 51

Honorarkonsulat: Sandtorkai 5, 2000 Hamburg 11, ✆ 0 40/37 00 12 97

Die Vertretung in der Bundesrepublik ist auch für **Österreich** zuständig.

... in der Schweiz:
Botschaft von El Salvador: 65 Rue de Lausanne, 1202 Genf, ✆ 0 22/32 70 36

... in El Salvador:
Botschaft der Bundesrepublik Deutschland (Embajada Alemana): 3a Calle Pte. 3831 (zwischen 73 und 75 Av. Nte), Col. Escalón, San Salvador, ✆ 23 61 40, 23 61 73

Österreichisches Konsulat (Consulado de Austria): Blvd. Deininger 2, Antigua Cuscatlán, San Salvador, ✆ 23 89 93

Schweizerische Botschaft (Embajada de Suiza): Al. Roosevelt 3107, San Salvador, ✆ 23 47 87

Informationsstellen

... in der Bundesrepublik:
Christliche Initiative Oscar Romero, Kardinal von Galen-Ring 45, 4400 Münster, ✆ 02 51/8 95 03

El Salvador Komitee, Daiserstr. 9, 8000 München 70, ✆ 0 89/77 26 96

... in El Salvador:
Instituto Salvadoreño de Turismo (IST, Fremdenverkehrsamt), Calle Rubén Darío 619, San Salvador, ✆ 22 80 00

Einreisebestimmungen

Deutsche, Österreicher und Schweizer benötigen lediglich einen gültigen Reisepaß, ein Visum ist nicht erforderlich. Statt der offiziellen 90 Tage Aufenthaltserlaubnis bekommt man gelegentlich nur eine Genehmigung für sieben bis 14 Tage, in Abhängigkeit von der politischen Situation. Verlängerung in San Salvador (auch über 90 Tage hinaus) bei der Dirección General de Migración. Gelegentlich wird die Verlängerung von der Vorlage eines Weiterreisetickets abhängig gemacht.

Geld

Die salvadorenische Währung heißt *Colón* (₡). 1 Colón ist unterteilt in 100 Centavos (c). Die Währung ist an den US-$ gebunden: 5 ₡ = 1 US-$.

Im Umlauf sind Scheine zu 1, 2, 5, 10, 25, 50 und 100 ₡ sowie Münzen zu 5 und 10 c und 1 ₡.

In der Hauptstadt kann man auch mit US-$ bezahlen, die großen Hotels und besseren Restaurants nehmen die gängigen Kreditkarten. Travellerschecks lassen sich in Hotels und Banken tauschen.

Der Rücktausch von Colón in ausländische Währung ist nur bei Vorlage einer Wechselquittung und nur bis zu 80 US-$ möglich.

Zollbestimmungen

Zollfrei sind 400 Zigaretten oder 1 kg Tabak sowie 2 Flaschen Wein und 2 Flaschen hochprozentigen Alkohols sowie Waren bis zu einem Wert von 100 US-$.

Man sollte keine gegen die salvadorianische Regierung gerichtete spanische Literatur einzuführen versuchen.

Die Ausfuhr von archäologischen Fundstücken und Antiquitäten ist verboten, ebenso von Gold- und Silbermünzen.

Anreise nach El Salvador

Flüge aus Europa

Preiswert sind die täglichen PanAm-Flüge über Miami nach San Salvador. Iberia fliegt 2× wöchentlich ab Frankfurt, Düsseldorf, München, Genf, Zürich und Wien über Madrid nach San Salvador; Air Florida fliegt zu günstigen Preisen von Amsterdam und Brüssel über Miami.

Der Internationale Flughafen Cuscatlán liegt 40 km südöstlich von San Salvador.

Über Land von Guatemala, Honduras und Nicaragua

Tgl. Busverkehr von Guatemala City (6 Std.), von Tegucigalpa (7 Std.) und von Managua (8 Std.) nach San Salvador (s. S. 430).

Busverkehr auf der Panamericana: von der honduranischen Grenze bei Goascarán (Brücke) über Sta. Rosa de Lima nach San Miguel, dort umsteigen nach San Salvador.

Reisen in El Salvador

Straßen

Die Panamericana (CA-1) durchquert das Land von Ost nach West und ist in gutem Zustand, breit und ausgebaut. Der Verkehr um die Hauptstadt ist jedoch sehr dicht. Das übrige Straßennetz erreicht fast alle Orte, die Straßen sind durchgehend gut, ausreichend beschildert, nur in der Regenzeit sind einige Abschnitte unpassierbar. Insgesamt gibt es 16 000 km ›Allwetterstraßen‹ und 3800 km ›Trockenzeitstraßen‹.

Die CA-2 verläuft teilweise parallel zur Küste in deren Nähe und trifft in La Unión auf die Panamericana (Ctra. del Litoral).

Organisierte Ausflüge

Das Instituto Salvadoreño de Turismo (IST, s. S. 452) veranstaltet sonntags Busausflüge zu den Sehenswürdigkeiten, Fiestas und Turicentros des Landes. Ein Programm ist im Touristenbüro erhältlich. Die Touren sind preiswert, fallen jedoch oft mangels Beteiligung aus.

Eisenbahn

Von San Salvador führen Eisenbahnstrekken in folgende Richtungen:

– östlich über Cojutepeque, San Vicente, Zacatecoluca, Usulután, San Miguel nach La Unión am Golf von Fonseca (8 Std.),
– in nördliche Richtung nach Metapán und weiter nach Guatemala, unterwegs Abzweigung nach Sta. Ana und Ahuachapán,
– nach Westen über Sta. Tecla und Sonsonate nach Acajutla (4 Std.).

1989 war nur die Strecke nach Westen benutzbar.

Auskunft: Ferrocarriles Nacionales de El Salvador (FENADESAL), Av. Peralta 903, San Salvador, ✆ 22 90 00

Bus

El Salvador verfügt über ein sehr gutes Busnetz. Die Busse sind relativ schnell und sehr billig, jedoch immer überfüllt. Man muß früh an der Haltestelle sein und so planen, daß man vor Einbruch der Dunkelheit am Ziel ankommt.

Hauptstation in San Salvador: Terminal de Occidente; von hier fahren die Busse in alle Richtungen, nach San Miguel stündlich (4 Std.), nach La Unión alle zwei Stunden (8 Std.), weitere Angaben s. S. 430.

Internationale Fernbusse verkehren von San Salvador nach Guatemala (z. B. Melva, Terminal de Occidente) 5–6× tgl. (6 Std.) sowie nach Honduras und Nicaragua (z. B. Tica, 1a Calle Oriente 531).

Taxi

Taxis sind preiswert, Taxameter unbekannt. Es bestehen Festpreise, die man im Hotel erfragen kann. Zur Sicherheit den Preis vor Fahrtantritt aushandeln.

Auto und Leihwagen

Das eigene Auto kann ohne Genehmigung für 15 Tage nach El Salvador eingeführt werden, danach ist diese im Touristenbüro (s. S. 452) in San Salvador erhältlich. Es besteht keine Pflichtversicherung, daher ist eine eigene Fahrzeugversicherung ratsam.

Leihwagen sind am Internationalen Flughafen und in der Hauptstadt zu mieten.

Inlandflüge

Linieninlandflüge gibt es nicht. Auf dem alten Flugplatz bei Ilopango und auf dem Internationalen Flughafen werden teilweise Charterflüge in entlegene Landesteile angeboten.

Schiffsverbindungen

Die Fähre nach Nicaragua ist eingestellt.

Praktische Informationen

Einkaufen

Alle Waren, die ein Tourist benötigt, gibt es in Supermärkten und in der *Tienda,* dem kleinen Laden (Zigaretten und Alkohol sind besonders preiswert). An Souvenirs findet man in El Salvador Töpferwaren, Waren aus Leder und Holz, Kerzenhalter aus Metall sowie hölzerne Statuen *(Santos).*

Essen und Trinken

Neben einheimischer Küche findet man in ganz El Salvador, überwiegend jedoch in der Hauptstadt, französische, spanische, italienische und chinesische Restaurants. Verbreitet ist die *Parilla,* das Steakrestaurant, in dem man Gegrilltes serviert. Die Restaurants sind preiswert. Fisch-, Austern- und Langustenspezialitäten sind zahlreich. Tropische Früchte und frisches Gemüse gibt es das ganze Jahr. Einige Gerichte:

Pupusa: Maisfladen mit Fleisch, Bohnen, Käse; wird an der Straße, in Parks und auf Märkten angeboten;

Sinfonía al Mar: Fischgericht, vergleichbar mit einer Bouillabaisse.

Gallo en Chica: Huhn in Weinsauce

Von den im Land produzierten Biersorten sind Suprema und Pilsener empfehlenswert. Der salvadorianische Kaffee ist meist Pulverkaffee.

Literaturhinweise und Landkarten

Didon, Joan: Salvador, Köln 1988

Dunkerley, James: Der lange Krieg – Diktatur und Revolution in El Salvador, Frankfurt 1986

Martínez, Anna G.: Die geheimen Kerker El Salvadors, Bornheim 1982
Päschke, Bernd: Befreiung von unten lernen, Münster ^{2}1987
Romero, Oscar: Blutzeuge für das Volk Gottes, Semana Santa en El Salvador, Olten und Freiburg 1986
Vigil, Maria L.: Tod und Leben in Mozarán – Das Zeugnis eines Priesters, Baden-Baden 1989

Landkarten: Die fotokopierte Karte des Landes, welche vom Fremdenverkehrsamt in San Salvador ausgegeben wird, ist unbrauchbar. Man muß sich mit einer Mittelamerikakarte begnügen oder den Versuch machen, im Instituto Geográfico Nacional, Av. Juan Bertís 79, Ciudad Delgado, San Salvador (✆ 25 59 00, 25 54 62) eine brauchbare Karte zu erwerben. Die dort erhältliche *Mapa Oficial de la República de El Salvador,* 1983 erschienen (Maßstab 1:300 000), ist ganz vorzüglich und wird auch von Landkartengeschäften in der Bundesrepublik verkauft.

Öffnungszeiten

Banken: Mo–Fr 9–13 Uhr
Behörden: Mo–Fr 8–16 Uhr
Geschäfte: Mo–Fr 8–12 und 14–18 Uhr, Sa 8–12 Uhr

Post

In El Salvador findet man keine Briefkästen, man muß die Korrespondenz in den Postämtern abgeben.

Bei großen Briefen und Paketen wird der Inhalt geprüft, diese sind deshalb offen einzuliefern.

Sicherheit

Im seit Jahren bürgerkriegsgeplagten El Salvador sind Straßensperren und -kontrollstationen häufig. Autos und Busse werden angehalten, die Passagiere müssen aussteigen, Gepäck und Papiere werden geprüft. Es ist empfehlenswert, nichts mit sich zu führen, was als Propagandamaterial gegen die Regierung verstanden werden kann.

Die von der Guerilla beherrschten Gebiete im Nordosten und Osten des Landes sind für Reisende gesperrt. Von einem Besuch dieser Region unter Umgehung der Kontrollpunkte ist abzuraten.

In der Hauptstadt ist nach 20 Uhr niemand mehr auf der Straße, Busse fahren nicht mehr. Man macht sich verdächtig, wenn man um diese Zeit in der Stadt zu Fuß unterwegs ist. Daher ist es günstiger, ein Taxi zu nehmen oder im Hotel zu bleiben.

Strände

El Salvadors Pazifikküste ist 320 km lang. Der Strand besteht aus graubraunem Lavasand. In schönen Landschaften und an Buchten liegen Turicentros. Neben privaten Clubs, die teilweise Besucher gegen Gebühr einlassen, findet man öffentliche Strände mit Einrichtungen wie Umkleidekabinen, Sonnenschirmen und Toiletten.

Strände, die leicht zu erreichen sind: westlich von La Libertad, Bus 102 von San Salvador, dann 287 oder 192; östlich von La Libertad an der Costa del Sol, z. B. El Espino und El Cuco.

Die Salvadorianer besitzen oft sog. *Ranchos,* Sommerhäuser in Strandnähe, die luxuriös mit einem Pool ausgestattet und von einem Palmengarten umgeben sind.

Telefonieren

Es bestehen Direktwahlmöglichkeiten in alle Welt. In Hotels muß mit Aufschlägen bis zu 80% gerechnet werden.

Vorwahlnummern gibt es für die Städte nicht, alle Telefonnummern in El Salvador sind sechsstellig. Die beiden ersten Ziffern kennzeichnen das Department:
Ahuachapán 43, Cabañas und Cuscatlán 32, Chalatenango 35, La Libertad 78, La Paz 34, San Miguel 61, San Salvador 20er Ziffern, Sta. Ana 40, 41, San Vicente 33, Sonsonate 51, La Unión und Morazán 64, Usulután 62, 63.

Telefonzellen sind spärlich, telefoniert wird mit 5-, 10- und 25-Centavo-Münzen.

El Salvador ist von der BRD aus unter der Vorwahl 0 05 03 zu erreichen.

Turicentros

Turicentros sind öffentliche Einrichtungen, die in Nationalparks, am Strand, in landschaftlich reizvoller Lage oder an Quellen und Wasserfällen erbaut wurden und der Erholung dienen sollen. In den meisten Fällen sind Schwimmbad, Gepäckschließfächer, Imbiß, Garten oder Park, Sporteinrichtungen, Restaurant und Parkplatz vorhanden, am Strand auch Kabinen zum Umkleiden. In der Umgebung der Hauptstadt können der Balboa Park und Los Chorros empfohlen werden (tgl. 8–18 Uhr; einzelne Hinweise s. Ortsbeschreibungen).

Unterkunft

Mittelklasse- und Luxushotels gibt es nur in San Salvador und an der Costa del Sol, im übrigen Land sind die Unterkünfte meist einfacher Natur. Überall findet man preiswerte Hospedajes, einfache Häuser mit Gemeinschaftsbad.

Guatemala

Reisevorbereitungen

Diplomatische Vertretungen

... in der Bundesrepublik:
Botschaft von Guatemala: Zietenstr. 16, 5300 Bonn 2, ✆ 02 28/35 15 79

Generalkonsulat: Lessingstr. 7, 2000 Hamburg 76, ✆ 0 40/2 50 54 34

... in Österreich:
Botschaft von Guatemala: Andreas-Gasse 4–5, 1070 Wien, ✆ 01/36 12 23

... in Frankreich (zuständig für die Schweiz):
Botschaft von Guatemala: 73 Rue de Courcelles, 75008 Paris

... in Guatemala:
Botschaft der Bundesrepublik Deutschland (Embajada Alemana): 6a Av. 20–25, Ed. Plaza Marítima (2. Stock), Guatemala City (Zona 10), ✆ 37 00 28/29/31

Österreichische Botschaft (Embajada de Austria): 10a Calle 7–43, Ed. Torín, Guatemala City (Zona 1), ✆ 81057

Schweizerische Botschaft (Embajada de Suiza): 4a Calle 7–73, Ed. Seguros Universales (8° piso), Guatemala City (Zona 9), ✆ 365726

Informationsstellen

... in der Bundesrepublik:
Inguat unterhält keine Büros in Europa, jedoch eine offizielle Repräsentanz in Hamburg: Institut für Touristik Guatemala, Spaldingstr. 1, 2000 Hamburg 1, ✆ 040/230616; Auskünfte erteilt auch die Botschaft von Guatemala.

Informationsstelle Guatemala, Oscar Romero-Haus, Heerstr. 205, 5300 Bonn 1, ✆ 0228/634552

Informationsstelle Guatemala e.V., Maistr. 29, 8000 München 2, ✆ 089/536625

Guatemala-Komitee Bonn, Frongasse 6, 5300 Bonn 1

... in Guatemala:
Instituto Guatemalteco de Turismo (Inguat), 7a Av. 1–17 (Zona 4), Centro Cívico, Guatemala City, ✆ 311333

Einreisebestimmungen

Für einen bis zu 90 Tage dauernden Aufenthalt benötigen Deutsche, Schweizer und Österreicher kein Visum. Der Reisepaß muß bei der Einreise noch mindestens drei Monate gültig sein.

Ein Visum für einen längeren Aufenthalt erhält man bei den Botschaften Guatemalas oder in Guatemala City bei der Dirección General de Migración.

Die Einreise ist problemlos, auf dem Landwege sind jedoch diverse ›Gebühren‹ zu entrichten. Als Anlässe werden hierfür genannt: die Einreisegenehmigung, das Kontrollieren des Gepäcks, das eventuell mitgeführte Auto, die Abfertigung außerhalb der Dienstzeiten oder ein Brückenübergang (falls Brücke vorhanden). Insgesamt handelt es sich um z. T. 1–3 US-$ ›Trinkgeld‹ an die Grenzbeamten.

Geld

Die guatemaltekische Währungseinheit ist der *Quetzal,* 1 Q = 100 Centavos. Im Umlauf sind Scheine à 50 Centavos und 1, 5, 10, 20, 50 und 100 Q-Scheine sowie 25, 10, 5 und 1-Centavo-Münzen.

Der Quetzal ist eng an den Dollar gebunden. Mit dem offiziellen Kurs (1 US-$ = 1 Q) bedient Guatemala seine Auslandsschulden, mit dem ›Markt‹-Kurs der Handelsbanken (1 US-$ = 2,7 Q) die Touristen. Geldwechsler an der Grenze tauschen nicht höher.

Da europäische Währung seltener angenommen wird, empfiehlt sich die Mitnahme von einigen US-$ in bar und Reiseschecks in Dollarwährung.

International bekannte Kreditkarten werden in teuren Hotels und Restaurants akzeptiert, auch von Leihwagenunternehmen und guten Souvenirgeschäften.

Die Einfuhr von Quetzales ist nicht gestattet.

Zollbestimmungen

Geschenke bis zum Wert von 250 US-$ können ohne Beschränkungen eingeführt werden. Zollfrei sind 3 l Alkohol, 400 Zigaretten, 1 Kamera, 10 Filme. Die Abwicklung wird großzügig gehandhabt.

Anreise nach Guatemala
(s. S. 429)

Reisen in Guatemala

Öffentliche Verkehrsmittel sind in Guatemala außerordentlich preiswert und erreichen alle Ortschaften des Landes.

Eisenbahn

Das 900 km lange Streckennetz dient nur teilweise dem Personenverkehr. Die Fahrt von Guatemala City nach Puerto Barrios an der Karibikküste dauert 12 Std. Der Zug verkehrt 3× wöchentlich, davon einmal nachts. Die Strecke nach Zacapa (und weiter nach San Salvador) wird zur Zeit nicht befahren, jedoch gibt es eine Verbindung von der Hauptstadt über Escuintla nach San José an der Pazifikküste (10 Std.). Auf der Strecke von Escuintla nach Tecún Umán an der mexikanischen Grenze verkehrten 1989 keine Züge. Die Eisenbahn ist langsam, hält oft und lange, und es gibt keinen Speisewagen. Die Fahrpreise sind noch niedriger als die der Busse.

Bus

Busfahren ist in Guatemala sehr preiswert. Die langen Strecken zwischen größeren Städten und zu den Grenzen werden auch von 1.-Klasse-Bussen bedient, die recht bequem sind und in denen man in der Regel einen festen Sitzplatz erhält. Kürzere Strecken werden nur von 2.-Klasse-Bussen befahren, mit harten Sitzen und sehr kurzem Abstand zwischen den Reihen. Sie halten oft, sind immer überfüllt und meist überladen; die Fahrt kann zur Qual werden.

Es ist ratsam, bereits früh am Morgen an der Bus-Station zu sein. Bei längeren Strecken sollte man wegen des Motors nicht in der letzten Reihe sitzen. Wer aussteigen will, ruft *bajar.*

Mit Kontrollen der Busse durch Militär oder Polizei ist gelegentlich zu rechnen. In diesem Fall werden die Passagiere aufgefordert auszusteigen, um deren Gepäck zu durchsuchen. In einigen Provinzen wird der Bus an der Department-Grenze desinfiziert; dazu verlassen alle Fahrgäste den Bus, der innen und außen samt Gepäck besprüht wird.

Der Zielort des Busses steht abgekürzt an der Front, z. B. Momos(tenango), Pana-(jachel), Guate(mala), Huehue(tenango), Chichi(castenango) und Xela (für Quetzaltenango).

Taxi

Taxis sind in Guatemala teurer und seltener als im übrigen Mittelamerika. Sie haben kein Taxameter (Fahrpreis aushandeln) und stehen an festen Plätzen sowie vor großen Hotels. In Guatemala City kann es Zeit kosten, ein Taxi zu finden.

Auto und Leihwagen

Das eigene Auto läßt sich gegen Vorlage der internationalen oder US-Zulassung und des internationalen Führerscheins für 60 Tage einführen. Mehrere geringe Gebühren werden erhoben. Es ist ratsam, zuvor eine ausreichende Vollkaskoversicherung abzuschließen, denn in Guatemala besteht keine Versicherungspflicht.

Es gibt (etwa 3000 km) geteerte Straßen zu allen touristisch interessanten Orten (außer Tikal/Flores). Schotterstraßen sind staubig, in der Regenzeit matschig bis unpassierbar. Daher bei Tankstellen *(Gasolinera)* nach dem Zustand erkundigen! Die

Verkehrszeichen tragen die internationalen Symbole, auf dem Land werden sie gelegentlich handgemalt. Schweller *(Túmulos)* sollen die Geschwindigkeit verringern, ALTO heißt STOP.

Vorsicht: Vor Kurven wird gewöhnlich gehupt. Polizeiposten und Militär führen manchmal Kontrollen durch. Daher internationalen Führerschein und Zulassungspapiere immer dabeihaben. Geparkte Fahrzeuge sollten keine Wertsachen enthalten.

Reparaturen sind in kleineren Werkstätten *(Taller Mecánico)* überall im Land möglich, Ersatzteile gibt es jedoch meist nur in Guatemala City.

Leihwagen sind teurer als in Mexiko und nur in den Touristenorten erhältlich. Unbedingt Versicherung (teilweise auch Fahrzeugversicherung) abschließen!

Inlandflüge

Linienflüge werden nur zwischen Guatemala City und Sta. Elena (Flores) im Petén angeboten. Tikal wird regelmäßig im Charterverkehr bedient, ebenso Puerto Barrios und Quetzaltenango.

Aerovias, Aeroquetzal und Tapsa bieten Linien- und Charterflüge nach Sta. Elena. Auskünfte und Buchungen in den Reisebüros in Guatemala City und bei den Fluggesellschaften am Flughafen La Aurora.

Schiffsverbindungen

Regelmäßiger Fährverkehr besteht zwischen Puerto Barrios und Lívingston an der Karibikküste (3× tgl.), zwischen Panajachel und einigen weiteren Orten am Atitlán-See sowie zwischen El Estór und Mariscos am Lago Izabal.

In den Ortschaften an den Seen Atitlán und Izabal sowie in El Relleno (an der Brücke) und in Lívingston am Río Dulce lassen sich Boote für Ausflüge mieten.

Eine internationale Fähre verkehrt 2× wöchentlich von Puerto Cortés (Honduras) über Puerto Barrios und Lívingston weiter nach Punta Gorda (Belize), s. S. 430.

Praktische Informationen

Kunsthandwerk

Das größte Angebot an Kunsthandwerksartikeln in Mittelamerika findet man in Guatemala. Handgewebte Stoffe in bezaubernden Farbtönen mit Indio-Motiven, aus denen Hemden, Schals, Röcke, Blusen, Tücher und andere Bekleidungsstücke hergestellt werden, darüber hinaus Lederwaren, Holzarbeiten, Jade- und Silberschmuck, Tonarbeiten und Korbflechtereien. Überall entdeckt man eine große Vielfalt indianischer Muster.

In Geschäften ist die Auswahl oft größer, die Preise stehen fest. Auf Märkten kann man handeln.

Literaturhinweise und Landkarten

Asturias, Miguel A.: Der Herr Präsident. Roman aus Guatemala, Zürich 1984

Ders.: Legenden aus Guatemala, Frankfurt 1973

Ders.: Maismenschen – Roman aus Guatemala, Göttingen ^{2}1985

Ders.: Weekend in Guatemala – Zum Sturz der Arbenz-Regierung, Zürich 1988

Burgos, Elisabeth: Rigoberta Menchú – Leben in Guatemala, Bornheim ^{2}1989

Nachtigall, Horst: Die Ixil – Maya-Indianer in Guatemala, Berlin 1978

Namuth, Hans: Los Todos Santeros, Berlin 1989

Landkarten: Beim Fremdenverkehrsamt in Guatemala City (s. S. 458) kann man kostenlos eine brauchbare Straßenkarte des Landes (1:1 Mio.) erhalten.

Empfehlenswert ist auch die *Mapa Vial Turístico* von Guatemala des Instituto Geográfico Militar mit mehr als zehn Stadtplänen auf der Rückseite, die in Guatemala und in einigen Geschäften und Spezialbuchhandlungen der Bundesrepublik vorrätig ist.

Karten einzelner Landesteile erhält man beim Instituto Geográfico Nacional, Guatemala City, Av. de las Américas/6a Calle (Zona 13), Bus 2 oder 5.

Märkte

Das Obst- und Gemüseangebot auf Guatemalas Märkten ist erstaunlich groß. Touristen sind immer wieder fasziniert von der Vielzahl wohlschmeckender tropischer Früchte. Auf den Märkten erhält man auch Souvenirs, Kunsthandwerksartikel, Textilien, Lebensmittel, lebende Tiere und allerlei Waren aus zweiter Hand.

In vielen Ortschaften wird an bestimmten Wochentagen Markt abgehalten, auf dem die Bewohner der umliegenden Dörfer ihre Produkte anbietet (s. Ortsbeschreibungen).

In großen Städten, z. B. Guatemala City, Antigua, Huehuetenango, Quetzaltenango und Santiago Atitlan, haben sich täglich stattfindende *Mercados* etabliert. Die Botschaft von Guatemala hält ein *Directorio de Fiestas* bereit mit einer Terminliste aller täglichen und wöchentlichen Märkte des Landes.

Öffnungszeiten

Banken: Mo–Fr 9–15 Uhr
Behörden: Mo–Fr 8–16.30 Uhr
Firmen: Mo–Fr 8–12 und 14–18 Uhr
Geschäfte: Mo–Sa 9–12 und 15–19 Uhr

Post

Postämter sind im allgemeinen von 8–16.30 Uhr geöffnet. Luftpostsendungen müssen den Vermerk *Correo aéreo* tragen. Briefe haben teilweise Laufzeiten von mehreren Wochen, wichtige Post daher lieber zurückreisenden Touristen mitgeben.

Paketsendungen müssen in einem festen Karton verpackt und mit Packpapier umwickelt werden. Versand auf dem Seeweg nur in Guatemala City. The Pink Box in Antigua und Panajachel kümmert sich gegen einen geringen Aufpreis um Verpackung und Versand durch die Post.

Preise

Das Preisniveau liegt deutlich unter dem europäischen. Beispielsweise sind öffentliche Verkehrsmittel, Übernachten in Mittelklassehotels sowie Essen und Trinken in landestypischen Restaurants ausgesprochen preiswert. 7% Mehrwertsteuer *(Impuestos sobre el valor agregado, IVA)* sind gewöhnlich im Preis enthalten. In den Geschäften gelten im allgemeinen Festpreise; gehandelt wird nur auf den Märkten, am Strand und bei Straßenverkäufern.

Sprache

Obwohl Spanisch die offizielle Landessprache ist, verständigt sich ein Großteil der Indio-Bevölkerung in ihren (über 20 unterschiedlichen) indianischen Sprachen und Dialekten; viele Indios verfügen nicht über Spanisch-Kenntnisse.

Englisch wird nur von wenigen verstanden, in Touristenzentren meist vom Personal größerer Hotels und in Restaurants.

Telefonieren

In Hotels wird bei internationalen Gesprächen ein hoher Aufschlag berechnet. Inlandsgespräche von Hotels, Restaurants und den wenigen vorhandenen Telefonzellen sind preiswert.

Guatel, die nationale Telefongesellschaft (Adresse s. bei den jeweiligen Ortsbeschreibungen) bietet einen guten Service für Ferngespräche.

Guatemala ist von der BRD aus mit der Vorwahl 0 05 02 zu erreichen.

Vorwahlen in Guatemala: Atitlán 33, Antigua 32, Chichicastenango 56, Chiquimula 42, Chimaltenango 53, Cobán 51, Escuintla 38, Guatemala City 2, Huehuetenango 64, Quetzaltenango 61, Panajachel 62, Puerto Barrios 48.

Unterkunft

Hotelpreise sind in Guatemala etwas höher als in den Nachbarländern, jedoch immer noch preiswert.

Bei größeren Hotels werden 10% Inguat-Steuern und 7% Mehrwertsteuer (IVA) zum Preis addiert, in kleineren sind diese meist im Übernachtungspreis enthalten. Preise müssen im Zimmer ausgehängt sein, bei Beschwerden kann man sich an Inguat wenden.

Neben Hotels findet man Gästehäuser *(Casas de Huéspedes),* meist kleine Herbergen im Familienbetrieb ohne bzw. mit einem Stern. Hier treffen sich vornehmlich jüngere Individualreisende.

Campingplätze sind in Guatemala selten. Man findet u. a. welche am Atitlán-See und 30 km südwestlich der Hauptstadt im UN-Park. Weitere Plätze bei Flores und in Tikal. Mit Wohnwagen kann man in ländlichen Gegenden auch auf Hotelparkplätzen und bei Tankstellen übernachten.

Honduras

Reisevorbereitungen

Diplomatische Vertretungen

... in der Bundesrepublik:
Botschaft von Honduras: Ubierstr. 1, 5300 Bonn 2, ✆ 02 28/35 63 94

Generalkonsulat: An der Alster 21, 2000 Hamburg 1, ✆ 0 40/2 80 22 05

... in Österreich:
Honorarkonsulat: Breitenfurterstr. 380 a, 1235 Wien, ✆ 01/88 70 77

... in der Schweiz:
Missión d'Honduras: 6 Rue de Meyrin, 1205 Genf, ✆ 0 22/73 36 91

... in Honduras:
Botschaft der Bundesrepublik Deutschland (Embajada de la República Federal de Alemania): Apartado Postal 3145, Ed. Paisén, III. Stock, Blvd. Morazán, Tegucigalpa D.C., Col. Palmira, ✆ 32 31 61/62

Honorarkonsulat der Bundesrepublik Deutschland (Consul Honorario de la República Federal de Alemania): Apartado Postal 588 c/o Berkling Industrial S.A., Salida a Ctra. Puerto Cortés, San Pedro Sula, ✆ 53 12 44

Österreichisches Generalkonsulat (Consulado General de Austria): Col. Miramontes, Octava Av. Tegucigalpa, Tegucigalpa D.C., ✆ 31 47 88

Botschaft der Schweiz (Embajada de Suiza): Apartado 3202, Col. Alameda, 4 a Av./7 a Calle 1811, Tegucigalpa D.C., ✆ 32 62 39

Konsulat der Schweiz: 19–20 Av./7 a Calle 152, San Pedro Sula, ✆ 53 11 83

Einreisebestimmungen

Deutsche, Österreicher und Schweizer benötigen für die Einreise nur einen gültigen Reisepaß und ein Weiterreiseticket. Gelegentlich wird am Einreiseort nach einer ausreichenden Geldmenge gefragt.

An der Grenze müssen die Besucher eine Touristenkarte ausfüllen (Bearbeitungsgebühr 20 Lempira), danach wird ihnen der Aufenthalt für 30 Tage gewährt. Eine Verlängerung um jeweils 30 Tage ist zweimal möglich. Der Antrag muß persönlich bei der Dirección General de Migración gestellt werden.

Geschäftsreisende erhalten gegen eine Gebühr bei der Einreise (am Flughafen) eine Aufenthaltsgenehmigung bis zu drei Monaten.

Eine Aufenthaltsgenehmigung über drei Monate hinaus kann von der zuständigen Behörde im Innenministerium (Dirección General de Policía, Población y Migratoria, gegenüber der Hauptpost, Fußgängerpassage, Ministerio de Gobernación, Barrio El Jazmin, 5–6 Av./3 a Calle 508) erteilt werden; diese ist kostenlos.

Der eigene Pkw kann für einen Zeitraum von drei Monaten zollfrei eingeführt werden. Danach wird Zoll bis zu 150% vom geschätzten Wert fällig. Der Schätzwert wird zum Teil willkürlich festgelegt.

Geld

1 *Lempira* = 100 Centavos, per Gesetz künstlich hochgehaltener Festkurs: 2 L = 1 US-$. Es existiert ein inoffizieller Parallelkurs: 3,5 L = 1 US-$, Schwarztauschen ist jedoch wegen strafrechtlicher Verfolgung nicht ratsam.

Es wird empfohlen, Dollars in bar mitzunehmen, da DM nicht überall angenommen werden und Travellerschecks einen schlechteren Kurswert haben.

Kleine Dollar-Noten sind sehr hilfreich. Gängige Kreditkarten werden in touristischen Unternehmen akzeptiert.

Zollbestimmungen

Zum Reisegepäck, das keinerlei Zollabgaben unterliegt, zählen auch eine Schreibmaschine, ein Tonbandgerät und ein Radio. Darüber hinaus dürfen Geschenke bis zu einem Wert von 50 US-$ zollfrei eingeführt werden.

Anreise nach Honduras

Flüge von und nach Europa

Honduras hat zwei internationale Flughäfen: Toncontín in Tegucigalpa und La Mesa in San Pedro Sula. Direktflüge von Europa gibt es z. Zt. keine.

Flugtickets nach Europa kann man in Honduras wesentlich preiswerter als in Europa bekommen.

Flüge aus den USA und Zentralamerika

Fünf internationale Fluglinien fliegen derzeit Tegucigalpa und San Pedro Sula an (s. S. 301). Die neue Flugpiste auf den Islas de la Bahía ist auch für internationalen Flugverkehr angelegt, der Tower aber noch im Bau. Von La Ceiba kann man zur Insel Gran Kaiman fliegen.

Über Land von El Salvador, Nicaragua und Guatemala

Die Panamericana durchquert von El Salvador nach Nicaragua mit rd. 240 km Länge nur den Süden des Landes. Die Hauptstadt ist über die Atlantik-Pazifik-Straße mit Puerto Cortés am Karibischen Meer und San Lorenzo am Pazifik verbunden sowie über Choluteca zur Grenze nach Nicaragua. Im Nordwesten verlaufen zwei Verbindungsstraßen von San Pedro Sula über Copán Ruinas und Sta. Rosa de Copán nach Guatemala bzw. El Salvador.

Tica-Busse verkehren zwischen den mittelamerikanischen Hauptstädten über die Panamericana. Da Tegucigalpa nicht an der Panamericana liegt, muß in Nacaome umgestiegen werden. Bus-Station und Buchungsbüro in Comayaguela, Calle Real/Parque La Libertad.

Auskünfte über die Passierbarkeit der Straßen an den Grenzübergängen gibt die honduranische Botschaft in Bonn.

Reisen in Honduras

Reisen in Honduras ist abenteuerlich: Von dem ca. 17 000 km langen Straßennetz sind nur rd. 2200 km asphaltiert. Schäden der Straßendecke und undurchschaubare Verkehrsregeln halten so manchen Ortsfremden ab, sich selbst ans Steuer zu setzen.

Viele Regionen sind nur mit Leichtflugzeugen zu erreichen, dazu gehört insbesondere die Mosquitía. Hier und anderswo hilft man sich aber auch mit Kleinbootverkehr.

Eine Eisenbahnlinie gibt es nur im Norden.

Eisenbahn

Es gibt insgesamt nur drei Eisenbahnstrecken, die alle im karibischen Küstengebiet liegen. Ihr ca. 1780 km langes Schienennetz verbindet in erster Linie die Bananenanbaugebiete mit den Ausfuhrhäfen Puerto Cortés, Tela und La Ceiba. Von der gesamten Streckenlänge steht nur etwa die Hälfte für die öffentliche Benutzung zur Verfügung. Die andere Hälfte wird als private Plantagenbahn betrieben. Die Staatsbahn, Ferrocarril Nacional de Honduras, verbindet Puerto Cortés und Potrerillos.

Bus

Alle Städte, die ans Straßennetz angebunden sind, können auch mit Linienbussen erreicht werden. Sie sind billig, unbequem und immer überfüllt, langsam und veraltet. Es ist ratsam, mit wenig Gepäck zu reisen.

Für Durchgangsreisen empfehlen sich die Schnellbusse mit Platzreservierung. Alle anderen Busse halten bei jedem Passagier am Straßenrand. In den großen Städten gibt es keine zentralen Busbahnhöfe. Endhaltestellen sind die Verwaltungssitze der Busgesellschaften. Für Proviant sorgen fliegende Händler entlang der Strecke.

Innerstädtischer Busverkehr

Der Linienbusverkehr in Städten wird von Privatunternehmen bedient, die Busse sind meist stark frequentiert (Haltestellen alle 500 m). Fahrpläne gibt es nicht, Zielorte und Preise sind am Bus ausgezeichnet.

Taxi und Sammeltaxi

In allen Städten verkehren Taxis. Preise werden mangels Taxameter vorher ausgehandelt. Sammeltaxis fahren von festen Haltestellen ab, entlang festgelegter Routen und halten auch auf der Strecke. Da bis zu sechs Passagiere in einem Pkw fahren, ist dieses Transportmittel nicht jedermanns Sache.

Auto und Leihwagen

Honduras gehört zu den am wenigsten motorisierten Ländern Lateinamerikas (6 Pkws pro 1000 Einwohner). Viele Straßen sind nur in der Trockenzeit befahrbar. In der Regenzeit steigen die Flüsse und sind mangels Brücken nicht passierbar. Mit ca. 50 US-$ pro Tag ist das Leihen eines Pkws recht teuer. Verschiedene internationale und nationale Unternehmen bieten Mietwagen an. Kriterium für die Wahl des Typs sollte der Straßenzustand der beabsichtigten Route sein.

Internationalen Führerschein und Kaution oder Kreditkarte nicht vergessen. Bestmögliche Versicherung ist die *Collision*

Damage Waiver (CDW, Teilkasko). Grenzen dürfen mit dem Leihwagen nicht überschritten werden.

Inlandflüge

Es gibt den regulären Linienflugverkehr mit Fahrplänen (nicht immer zuverlässig!), die Sammelcharter (die Gesellschaft fliegt, sobald das Flugzeug voll ist) und den individuellen Charterflugverkehr.

Viele Orte sind nur mit dem Flugzeug zu erreichen. Regelmäßige Verbindungen bestehen zur Zeit zu den Islas de la Bahía von Tegucigalpa, San Pedro Sula und La Ceiba mehrmals tgl.; in die Mosquitía 1× tgl. von Tegucigalpa und La Ceiba; zwischen Tegucigalpa und San Pedro 4× tgl. (Dauer: 30 Min.) und zusätzlich Tegucigalpa – La Ceiba Fr, Sa und So (Dauer: 20 Min.).

Schiffsverbindungen

Die Binnenschiffahrt beschränkt sich auf die Mündungsläufe der großen Flüsse und Lagunen an der Karibikseite des Landes.

Die drei wichtigsten Seehäfen an der Karibikküste sind Puerto Cortés (hier wird über die Hälfte aller Exportgüter verschifft), La Ceiba und Tela. Auf der pazifischen Seite wird Fracht in den Häfen von San Lorenzo und Amapala (beide im Golf von Fonseca) umgeschlagen.

Zwischen Puerto Cortés und den Islas de la Bahía verkehren tgl. Schiffe; die Fahrt dauert 12 Std. Auskunft über internationale Einschiffungsmöglichkeiten und Abfahrtszeiten erteilt die Empresa Nacional Portuaria, Puerto Cortés, ✆ 550233. Regelmäßiger Verkehr mit Belize besteht im Wochenrhythmus ohne festen Fahrplan. Die Fahrt dauert ca. 8 Std.

Praktische Informationen

Ärzte und Kliniken

Wir empfehlen, sich nur in großen Städten und nur in Privatkliniken behandeln zu lassen.

Auf Ratschläge und Empfehlungen der besseren Hotels kann man sich verlassen. Im Ernstfall bietet die deutsche Auslandsvertretung Unterstützung bei der Suche nach dem jeweiligen Spezialisten.

Diebstähle

Autos nur auf bewachte Parkplätze oder vor Geschäften parken. Man findet auch immer Privatpersonen, die auf den Wagen aufpassen. Die meist jungen Leute sind verläßlich, und bezahlt wird der Service beim Abholen. Insbesondere in der Nähe von Märkten, Veranstaltungen und Restaurants helfen sie auch bei der nervenaufreibenden Parkplatzsuche.

Drogen

Für den internationalen Drogenhandel spielt Honduras eher die Rolle des Transitlandes, als internationale Verteilerstellen werden die US-Basen angenommen.

Die traditionelle Droge des Honduraners ist der Alkohol. Der Tourist wird auf Fiestas und bei Einladungen damit konfrontiert. Vorsicht: Jede Region hat ihren speziellen Typ von *Aguardiente* (selbstgebrannter

Schnaps mit undurchschaubarem Prozentgehalt und gesundheitlicher Schädlichkeit).

Essen und Trinken

Die honduranische Speisekarte ist vielseitig, gesund und bekömmlich. In den großen Städten gibt es gute Feinschmeckerrestaurants mit Speisen aus aller Welt.

Für den Langzeitreisenden sind die preiswerten *Comedores* mit unverfälschter honduranischer Küche eine Alternative.

Viele Honduraner nehmen die drei Mahlzeiten in den *Comedores* ein, in denen qualitativ gute, traditionelle und preiswerte Kost angeboten wird. Die Menüs sind bescheiden und wechseln täglich. Auf Fiestas oder auch bei Abendeinladungen sind Imbiß-Häppchen üblich

Die Honduraner sind Kaffeetrinker – zu jeder Mahlzeit und nebenbei. Obwohl Honduras Anbaugebiet für beste Kaffeesorten ist, trinkt der Einheimische mit anderen Pulvern vermischten Kaffee.

Alkoholische Getränke: Meistens trinkt man einheimisches Bier (z. B. Nacional, Imperial, Salva Vida, Royal). Wein ist teuer und wird (außer Obstweinen) aus den USA importiert. In einzelnen Regionen braut man z. B. Mais-Bier (Danlí), *Aguardiente* (Zuckerrohrschnaps, Yuscarán) oder im Stamm gegorener Palmwein (Karibikküste) selbst.

Beliebt, preiswert und schmackhaft sind naturreine Säfte *(Jugos naturales):* Naranja (Orange), Minimo (Banane), Guayaba (Guave), Marañón (Frucht der Cashew-Nuß), Melón (Honigmelone), Sandía (Wassermelone), Papaya, Mango etc. Aus Mais werden *Pozol* und *Chicha* hergestellt; Chicha gibt es auch als alkoholisches Getränk. *Horchata* ist ein nahrhafter Erfrischungssaft aus den Samen der Ayote und Maulbeere, Reis und Sesam. Tamarindo, Mora (Brombeere), Nance und Semilla de morro (Maulbeersamen) ergeben ebenfalls exotisch schmeckende Getränke.

Einige lokale Spezialitäten – *Mondongo:* Kuhpansensuppe; *Tapado:* Yucca-Kochbananen-Schweinefleischtopf; *Sopa de Caracol:* Meerschneckensuppe; *Sopa de Cangrejos:* Krebssuppe.

Geld

Landeswährung ist der *Lempira* (1 L = 100 Centavos). Der Lempira ist eine der stabilsten Währungen Lateinamerikas; seine Parität mit dem US-$ ist gesetzlich (1 US-$ = 2 L) festgeschrieben.

Im Umlauf sind 1, 2, 5, 10, 20, 50 und 100 Lempira-Scheine sowie Kupfer- (1 und 2 Centavos) und Nickelmünzen (5, 10, 20 und 50 Centavos).

Jagd und Fischfang

Man braucht einen *Permiso* (schriftliche Erlaubnis) für beide Aktivitäten von der Dirección General de Recursos Naturales Renovables (s. Tegucigalpa, S. 294).

Der Lago de Yojoa soll Fanggebiet für die besten Barsche der Welt sein.

Tauben- und Entenjagden im Süden werden von TREK-Tours (Tegucigalpa) organisiert.

Literaturhinweise und Landkarten

Andino, Ricardo (u.a.): Garnison Honduras. Ein bitterarmes Land im Griff des Pentagon, Wuppertal 1987

Dietrich, Wolfgang: Honduras – Ein Demokratisierungsversuch, Heidelberg 1987

Kückelhaus, Adelheid: Agrarkonflikte und Agrarreform in Honduras, Aachen 1987

Landkarten: Wegen besonders strenger Sicherheitsbestimmungen ist es schwer, an gutes Kartenmaterial zu gelangen. Ist dies nicht schon vor der Reise möglich, wende man sich an:

Tourismusministerium in Tegucigalpa (ungenaue Touristenkarten);

Instituto Geográfico Nacional in Tegucigalpa (Reisepaß und 10 L mitbringen), die Karten sind genau, aber veraltet;

Texaco-Tankstellen gut, aber alt;

Honduras Turística, Plaza Miraflores, 3. Stock, Nr. 318, ✆ 32 30 38 (Karte und Reiseführer englisch/spanisch, Mai 1989)

Öffnungszeiten

Apotheken: Mo–Fr 8–18 Uhr (Notapotheke bis 22 Uhr und am Wochenende)

Banken: Mo–Fr 9–15 Uhr

Behörden: Mo–Fr 7.30–15 Uhr

Geschäfte: Mo–Sa 8/9–18 Uhr (manche 7–22 Uhr)

Märkte: 6–14 Uhr (überdachte länger)

Post: Mo–Fr 8–20 Uhr, Sa 7.30–12 Uhr

Supermärkte: 7–21 Uhr

Tankstellen: Mo–Sa 6–20 Uhr

Polizei/Militär

Polizei und Militär sind im alltäglichen Straßenbild präsent, und es kann durchaus zu Konflikten mit der Ordnungsbehörde kommen. Hier einige Verhaltenstips:

Nie arrogant sein, nie Geld zeigen! In Ruhe zuhören und freundlich bleiben (auch wenn man sich im Recht fühlt). Fragen zur Familie finden immer Gehör. Zur Unterstützung der Schulkinder oder für Getränke ›*para refrescos*‹ Geld anbieten, Betrag selbst abwägen. Dies kann sich vor allem bei Verkehrsdelikten als nützlich erweisen.

Bei ungerechtfertigter Verhaftung: Wichtig ist, daß eine Person des Vertrauens darüber informiert wird (auf Telefonat bestehen). Die Polizei sollte wissen, daß Freunde und Verwandte sich um den Verbleib kümmern. In manchen Fällen hilft auch der Hinweis auf die Botschaft.

Post

Briefe nach Europa brauchen maximal zehn Tage; der Postservice ist zuverlässig.

Es ist ratsam, die Post direkt bei den Postämtern abzugeben, um zeitliche Verzögerungen und Unzuverlässigkeiten zu vermeiden. Postlagernde Sendungen *(post-arrestante)* sind möglich.

Unterkunft

Honduras ist touristisch noch wenig erschlossen. Hotels mit internationalem Standard gibt es nur in den beiden Großstädten, auf den Islas de la Bahía und in einigen wenigen Touristikprojekten.

Jeder größere Ort bietet jedoch Unterkünfte, und selbst in abgelegenen Gebieten gibt es die sog. *Hospedajes* mit *Dormitorios* (Schlafsäle mit mind. 6 Pers.), Hängemattenvermietung oder einfachen Zimmern.

Das Instituto Hondureño del Turismo vertreibt eine Liste aller Hotels des Landes.

Die Hotelpreise variieren wenig zwischen Stadt und Land; Unterkunft in Strandnähe ist jedoch ca. 50% teurer.

Auf den Inseln findet man nur wenige preiswerte Unterkünfte, die Tauchresorts sind fast ausschließlich teuer, da sie Vollverpflegung und Tauchgänge mit einschließen. Es werden überall erhebliche Langzeit- und Gruppenermäßigungen gegeben.

Wandern und Bergsteigen

Wandern und Bergsteigen ist in den Naturschutzgebieten besonders reizvoll. Man beachte aber die Einschränkungen; in den Gipfelregionen ist der Zutritt häufig nicht gestattet.

Das Tourismusministerium hat eine Liste besonders empfehlenswerter Wanderwege herausgegeben. Vorschläge:

Von Zambrano ins Comayagua-Tal (20 km, schöne Aussicht) / Von Palo Pintado nach Yojoa (Yojoa-See, schöne Aussicht) / Von Arenales nach Choloma (Yucutuma-Lagune, Ticamaya, dörfliche Gegend) / Von Choloma nach Omoa / Von Tegucigalpa nach Sta. Ana / Von Sabana Grande nach Pespire / Von Terreno Blanco nach San Marcos de Colón / Von Roatán (Centro) nach French Harbor bzw. nach West End.

Nicaragua

Reisevorbereitungen

Diplomatische Vertretungen

... in der Bundesrepublik (zuständig auch für Österreich):
Botschaft der Republik Nicaragua: Konstantinstr. 41, 5300 Bonn 2, ✆ 02 28/35 39 38 (Konsulatsabteilung ✆ 02 28/35 27 87)

... in der Schweiz:
Botschaft der Republik Nicaragua: Rue de Bovery 16, 1207 Genf, ✆ 0 22/7 36 60 12

... in Nicaragua:
Botschaft der Bundesrepublik Deutschland (Embajada de la República Federal de Alemania): Apartado Postal 29, Managua

Büro: Bolonia de la Plaza España, Managua, ✆ 2 50 26, 2 54 92, 2 33 43

Honorarkonsulat (Consul Honorario de la República Federal de Alemania): Casa Cural No 101, Corinto, ✆ 416

Österreichisches Konsulat (Consul de Austria): Los Robles 16, Managua, ✆ 7 05 67

Konsulat der Schweiz (Consul de Suiza): Las Colinas, Managua, ✆ 7 41 73

Informationsstellen

... in der Bundesrepublik:
Ökumenisches Büro für Frieden und Gerechtigkeit, Pariser Straße 13, 8000 München 80

Informationsbüro Nicaragua e.V., Hofaue 51, Postfach 10 13 20, 56 Wuppertal 1, ✆ 02 02/4 93 63 05

DGB Landesbezirk Hessen, Abteilung Jugend, z. H. Ernst Richter, Wilhelm-Leuschner-Str. 69–77, 6000 Frankfurt a. M. 1, ✆ 0 69/27 30 05–7

... in Österreich:
Koordinierstelle der österreichischen Solidaritätsbewegung für Nicaragua, Schaumburger Gasse 12, 1040 Wien, ✆ 01/5054492

... in der Schweiz:
Zentralamerika Sekretariat, Basler Str. 106, 8048 Zürich, ✆ 01/2714470

... in Nicaragua:
Ministerio de Comercio Exterior: Apartado 2412, Managua, ✆ 70116, 70129

Cámara de Industrias de Nicaragua: Apartado Postal 1436, Managua, ✆ 23643, 23689

Cámara de Comercio de Nicaragua: Apartado Postal 135, Managua, ✆ 80718

Einreisebestimmungen

Deutsche und österreichische Staatsbürger benötigen in jedem Fall ein Visum, das von den Botschaften bzw. Konsulaten erteilt wird; für Schweizer Staatsbürger ist es bei einem Aufenthalt bis zu 90 Tagen nicht erforderlich.

Bei der Einreise wird gelegentlich nach dem Rück- bzw. Weiterflugticket gefragt.

Geld

Die Währung Nicaraguas ist der *Córdoba;* 1 Córdoba = 100 Centavos. Ein- und Ausfuhr von Landeswährung ist verboten.

Die großen Hotels und teuren Restaurants akzeptieren internationale Kreditkarten, Travellerschecks werden nur bei Banken angenommen.

Rücktausch der Córdobas in ausländische Währungen nur gegen Vorlage der Wechselquittung.

Zollbestimmungen

Zollfrei sind Waren bis zu einem Wert von 100 US-$; ferner: 200 Zigaretten, 500 g Tabak, 3 l alkoholische Getränke, eine Flasche Parfüm.

Geschenksendungen wie Bücher, Kataloge, Prospekte und Zeitschriften müssen als solche gekennzeichnet sein.

Anreise nach Nicaragua

Flüge aus Europa

Linienflüge aus Europa nach Managua von Frankfurt und Ost-Berlin, ebenso von Genf, Zürich und Wien via Moskau mit Aeroflot; von Ost-Berlin und Paris via Havanna mit Cubana.

Managua wird von den zentralamerikanischen Fluggesellschaften Taca, Sahsa und Mexicana angeflogen.

Reisen in Nicaragua

Organisierte Reisen

Wer das Land nicht kennt und nur wenig Zeit mitbringt, sollte sich am besten einer organisierten Rundreise anschließen. Größter und zuverlässigster Veranstalter ist TURNICA: Plaza España, Managua, ✆ 660406.

Die Rundreisen werden in der Regel in Bussen (25 Personen) durchgeführt.

Eisenbahn

Züge zwischen Managua und León bzw. Managua und Granada (über Masaya) verkehren 2× tgl. Lokomotive und Wagen stammen aus den 30er Jahren. Die Züge fahren sehr langsam. Manchmal entgleist ein Wagen, dann helfen alle Mitreisenden, diesen wieder auf die Schienen zu heben. Bahnhöfe und Preise s. Ortsbeschreibungen.

Bus

Busse sind das bevorzugte Transportmittel im Land. Die Fahrpreise sind niedrig, eine Sitzplatzreservierung ist nicht möglich. Die Busse sind immer überfüllt und selten zuverlässig. Reisende sollten deshalb ca. 30 Min. vor der Abfahrt am Busbahnhof sein.

An jeder Haltestelle drängen Kinder in den Bus, um etwas zum Essen (z. B. Obst) zu verkaufen.

Taxi

Taxifahren in den Städten Managua, León und Granada ist preisgünstig, Überlandfahrten sind dagegen erheblich teurer.

Auto und Leihwagen

Die Straßen zwischen den größeren Städten und den Grenzübergängen sind durchgängig asphaltiert. In der Regenzeit sind aber viele dieser Straßen überschwemmt und damit unpassierbar. Die meisten Dörfer kann man bis heute nur über Schotterstraßen erreichen. Benzin ist teuer und rationiert, Ersatzteile sehr schwierig zu beschaffen und gute Werkstätten sehr selten. Leihwagen kann man nur in Managua mieten (vgl. S. 366).

Inlandflüge

Inlandflüge gibt es derzeit nur von Managua zur Karibikküste nach Puerto Cabezas, Bluefields und zu den Corn Islands (ca. 3× wöchentlich).

Schiffsverbindungen

Von Granada verkehrt tgl. eine Fähre zur Insel Ometepe im Nicaragua-See. Bluefields ist nur mit der Fähre (Bluefields-Express) von Rama aus zu erreichen (Abfahrt tgl. 9 Uhr).

Praktische Informationen

Drogen

Nicaragua ist kein klassisches Drogenland; es fehlt die Käuferschicht, die Narkotika bezahlen kann, und die jungen Internationalisten aus den USA und Europa scheiden ebenfalls als finanzkräftige Klientel aus. Alkohol wird aber in großen Mengen konsumiert, besonders an Festtagen.

Einkaufen

Es gibt kein großes Warenangebot, auch das Kunsthandwerk ist nicht besonders vielfältig. Größtes Angebot auf dem (ständigen) Markt in Masaya und auf dem Mercado Oriental in Managua.

Essen und Trinken

In Nicaragua wird gut, üppig und gern in Gruppen gegessen. Für Touristen gibt es in Managua eine Fülle von Restaurants, die geeignet sind, sich dieser Landessitte anzupassen. Fleischgerichte sind beliebt; in den Küstenorten stehen Hummer und Langusten auf fast jeder Speisekarte.

Fotografieren

Filme und ggf. Spezialbatterien für den Fotoapparat unbedingt aus Europa mitbringen; in Nicaragua kann man nur selten welche bekommen.

Literaturhinweise und Landkarten

Acker, Alison: Kinder des Vulkans, Wuppertal 1988

Belli, Gioconda: Wenn Du mich lieben willst, Gedichte aus Nicaragua, Wuppertal ³1988

Cabezas, Omar: Die Erde dreht sich zärtlich, Compañera, Wuppertal ⁵1988

Cardenal, Ernesto: Nationallied für Nicaragua, Wuppertal ²1980

Ders.: Unser Land mit den Menschen, die wir lieben, Wuppertal ²1982

Dietrich, Wolfgang: Nicaragua: Entstehung, Charakter und Hoffnung eines neuen Weges, Heidelberg ³1988

Erich, Dieter (u. a.): Vulkan der Träume – Nicaragua, Utopie und Alltag, Frankfurt 1986

Galeano, Eduardo: Verteidigt Nicaragua, Wuppertal 1987

Irnberger, Harald (u. a.): Nicaragua – Menschen, Landschaften, Berlin 1989

Niess, Franck: Das Erbe der Conquista – Geschichte Nicaraguas, Köln ²1989

Pelzer, Roger (u. a.): Herausforderung im Hinterhof – Das neue Nicaragua, Wuppertal ²1987

Ramírez, Sergio: Viva Sandino – Leben und Tod des ersten lateinamerikanischen Guerilla-Führers, Wuppertal [4]1984
Reimann, Elisabeth: Ich war ein Contra – Bekenntnis des antisandinistischen Kommandanten Moisés, Köln 1986
Schäfer, Klaus (u. a.): Libertad-Alltag in Nicaragua, Berlin 1987
Skármeta, Antonio: Der Aufstand, Wuppertal [2]1989

Landkarte: Nicaragua (1:1 Mio.), Edición Nuevo Hombre, Wuppertal 1988

Öffnungszeiten

Banken: Mo–Fr 8–14 Uhr
Behörden: Mo–Fr 10–13 Uhr
Büros: Mo–Fr 8–12 und 15–18 Uhr
Geschäfte: Mo–Sa 8–13 und 16–19 Uhr (bzw. bis zum Einbruch der Dunkelheit). Die Siesta wird im ganzen Land eingehalten.

Post

Postsendungen nach Europa benötigen bis zu zwei Wochen.

Sondermarken gibt es auf dem Hauptpostamt in Managua, Nähe Revolutionsplatz, gegenüber dem Rubén Darío-Theater.

Preise

Die ortsüblichen Preise und Lebenshaltungskosten sind niedrig, bei einfacher Lebensweise sogar sehr billig (ca. ein Drittel des westeuropäischen Preisniveaus). Überall dort, wo europäischer Standard geboten wird (z. B. in Hotels in Managua), zahlt man auch europäische Preise.

Sicherheit

Auch wer von idealistischen Revolutionsvorstellungen ausgeht, trifft hier nicht auf den ›Neuen Menschen‹. Den gibt es zwar auch, doch noch überwiegt jener Typus, der jahrzehntelang in der Somoza-Diktatur mit ihren vielfältigen Erscheinungsformen der Korruption aufgewachsen ist. Der Krieg und das von der US-Regierung über Nicaragua verhängte Wirtschaftsembargo führten zu einer miserablen Wirtschaftslage im ganzen Land und haben dazu beigetragen, daß der tägliche Kampf um materielle Güter vor allem in der Hauptstadt sehr aggressiv geführt wird. Deshalb bietet sich ein reicher Gringo (wer es sich leisten kann, so weit zu reisen und über Devisen verfügt, gilt generell als reich) geradezu an, übers Ohr gehauen und/oder bestohlen zu werden. Dies gilt vor allem für solche Ausländer, die sich in einen der stets überfüllten Autobusse zwängen. Hier folgen ihnen ständig geschickt agierende Taschendiebe.

Sprache

Landessprache ist Spanisch, Englisch ist als Verständigungssprache möglich; die ca. 5% Indios sprechen z. T. noch eigene Sprachen, z. B. Chibcha und Mísquito.

Telefonieren

Telefonämter tragen den Namen *Telcor*. Man findet sie in allen größeren Städten; sie sind von 7–22 Uhr geöffnet (außer So).

Nationale Ferngespräche können vermittelt werden (✆ 110), wenn man Glück hat, gelingt auch die Durchwahlverbindung.

Boaco 0 54, Bluefields 0 82, Ciudad Darío 0 64, Corinto 03 42, Chichigalpa 03 43, Chinandega 03 41, Diriamba 0 42, El Crucero 0 59, El Espino 0 74, El Rama 0 83, Estelí 0 71, El Bluff 0 82, Granada 0 55, Jinotega 0 63, Jinotepe 0 41, Juigalpa 0 81, León

0311, Managua 02, Masachapa 0512, Masatepe 044, Masaya 052, Matagalpa 061, Nandaime 045, Nagarote 0313, Ocotal 073, Peñas Blancas 0462, Poneloya 032, Rivas 0461, San Juan del Sur 0466, San Marcos 043, San Rafael del Sur 0511, Sébaco 062, Somoto 072, Somotillo 0346, Tipitapa 053, Telica 0318, El Viejo 0344, El Sauce 0319, La Paz Centro 0314, Puerto Sandino 0312

Internationale Ferngespräche nur über Vermittlung (✆ 116).

Unterkunft

Nur in den großen Städten gibt es Hotels, aber in jedem Ort existiert mindestens eine Pension. Durch die Vermittlung des Bürgermeisters kann man in kleinen Orten auch gut bei Privatpersonen unterkommen.

In Managua sind die Übernachtungskosten wesentlich höher als in den anderen Städten. Nur in den *Hospedajes* bzw. in den *Casas de Huéspedes* zahlt man in Córdobas, ansonsten in US-$.

Panama

Reisevorbereitungen

Diplomatische Vertretungen

... in der Bundesrepublik:
Botschaft der Republik Panama: Lützowstr. 1, 5300 Bonn 2, ✆ 0228/361036

Generalkonsulat: Gänsemarkt 44, 2000 Hamburg 36, ✆ 040/340218, 343616

Honorarkonsulat: Kennedy-Allee 99, 6000 Frankfurt a. M., ✆ 069/636663

... in Österreich:
Botschaft der Republik Panama: Strohgasse 35–36, 1030 Wien, ✆ 01/7134613

... in der Schweiz:
Botschaft der Republik Panama: Chemin de la Tourelle 16, Case Postale 234, 1209 Genf

... in Panama:
Botschaft der Bundesrepublik Deutschland (Embajada de la República Federal de Alemania): Vía Argentina 8, 11. Stock, Ed. Altamira, Panama 5 (Stadtteil El Cangrejo), ✆ 230202

Honorarkonsulat in Colón (Consul Honorario de la República Federal de Alemania): c/o Boyd Steamship Corporation, P.O. Box 5077, Cristóbal, Panama, ✆ 453344

Honorarkonsulat in David (Consul Honorario de la República Federal de Alemania): c/o Cervecería Chiricana, S.A., Vía Boquete, ✆ 754141/42, privat 754497

Informationsstellen

... in der Bundesrepublik:
Institut für Iberoamerika-Kunde, Alsterglacis 8, 2000 Hamburg 36, ✆ 040/412011

Einreisebestimmungen

Deutsche und Schweizer benötigen für einen Aufenthalt bis zu drei Monaten, Österreicher für einen Aufenthalt bis zu 30 Tagen kein Visum.

Wer länger bleiben will, benötigt eine Aufenthaltsgenehmigung *(Paz y Salvo)* vom Finanzministerium (Ministero de Hacienda y Tesoro). Zur Ausreise ist dann auch noch ein Ausreisevisum *(Permiso de Salida)* nötig. Beides erhält man nur in Panama City.

Bei der Einreise wird nach einem Fahr- oder Flugschein für die Weiter- oder Rückreise gefragt.

Touristen, die mit einem Pkw nach Panama einreisen, müssen ihr Fahrzeug in den Paß eintragen lassen und es wieder ausführen.

Geld

Die panamaische Währung ist der *Balboa* (B), unterteilt in 100 Centésimos. Es gibt ihn allerdings nur als Münze. Als Noten sind US-$ gesetzliches Zahlungsmittel. Panama ist eines der wenigen Länder ohne eigene Banknoten. Balboa und Dollar sind währungsparitätisch (1 B = 1 US-$).

Es besteht keine Devisenkontrolle, An- und Verkauf von ausländischen Währungen sind unbeschränkt möglich.

Im allgemeinen Sprachgebrauch werden die 50-Cent-Münze *Peso,* die 5-Cent-Münze *Real* genannt.

Zollbestimmungen

Zollfrei sind Geschenke im Wert bis zu 50 B.

Anreise nach Panama

Flüge aus Europa

Einziger internationaler Flughafen des Landes ist der General Omar Torrijos Airport, 20 km östlich von Panama City. Von den europäischen Fluggesellschaften fliegt ihn nur Iberia (via Madrid) direkt an. Gute Flugverbindungen über Miami (USA) und die zentralamerikanischen Hauptstädte.

Ein öffentlicher Bus fährt ca. 100 m vor dem Flughafen ab (Station mitten in der Parkanlage, an der Ausfallstraße).

Schiffsverbindungen

Da mehrere Schiffahrtslinien von Europa durch den Panama-Kanal fahren, bietet sich leicht eine Gelegenheit, nach Cristóbal (Atlantikhafen) zu gelangen; Mitnahme des Pkws möglich.

Bananendampfer fahren die Häfen Almirante am Atlantik und Puerto Armuelles am Pazifik an.

Über Land von Costa Rica

Der Tourist kann Panama mit einem Pkw nur aus Richtung Costa Rica auf der Panamericana erreichen; von Kolumbien gibt es keine Straßenverbindung.

Reisen in Panama

Straßen

Die Panamericana ist von Costa Rica kommend auf panamaischem Gebiet gut ausgebaut. Sie endet im Osten im Ort Chepo. Die Fortsetzung bis zur kolumbianischen Grenze wird nicht fertiggestellt, weil auf kolumbianischer Seite keine Straßenanbindung besteht. Die zweite wichtige Überlandstraße ist die Ctra. Transistmica von Colón nach Panama City. Sie ist breit ausgebaut. Darüber hinaus gibt es außerhalb Panama Citys nur noch wenige Straßen von Bedeutung. Das Straßennetz wird jedoch laufend verbessert, so daß auch abgelegene Regionen auf dem Landwege zu erreichen sind. Gut erschlossen sind die wichtigen Ackerbau- und Viehzuchtgebiete der Halbinsel Azuero sowie die Provinz Chiriquí.

Eisenbahn

Heute hat die Eisenbahn in Panama keine Bedeutung mehr. Die Strecke Cristóbal – Balboa entlang des Panama-Kanals wird mehrmals tgl. befahren, befindet sich aber in schlechtem Zustand.

In den großen Bananenanbaugebieten am Atlantik und am Pazifik nahe der costaricanischen Grenze gibt es noch einige private Bahnlinien.

Bus

Busse (meist US-amerikanische Blue Birds) sind das meist verbreitete Verkehrsmittel des Landes. Ihre Besitzer haben sie in der Regel bunt angemalt.

In Panama City, Colón und David gibt es zentrale Busbahnhöfe, von denen gute Verbindungen selbst zu entlegenen Orten bestehen.

Taxi

Taxifahren ist in Panama City üblich und billig. Preise für Überlandfahrten sind Verhandlungssache; Richtwerte im Hotel erfragen.

Auto

Alle internationalen Verleihunternehmen unterhalten Niederlassungen in Panama, die meisten auch Zweigstellen am Flughafen. Die Preise haben europäisches Niveau.

Ausländische Führerscheine sind 30 Tage lang gültig; danach braucht man einen nationalen Führerschein. Es besteht keine Versicherungspflicht.

Inlandflüge

Ausgangs- bzw. Endpunkt der meisten Inlandsverbindungen ist Panama City. Angeflogen werden von insgesamt drei nationalen Fluggesellschaften die Städte Bocas del Toro, Changuinola, Colón und David sowie die Inseln Contadora und Porvenir, die zum San Blas-Archipel gehören (s. S. 416).

Schiffsverbindungen

Sowohl an der Atlantik- als auch an der Pazifikküste existiert eine Küstenschiffahrt, die auch Passagiere transportiert. Da die Provinzen Bocas del Toro und Darién vom

Land her nur sehr schwer zugänglich sind, kommt diesen Küstenschiffen große Bedeutung zu.

Kleine Schiffe mit geringem Tiefgang verkehren vereinzelt auch auf den Flüssen der Provinz Darién.

Praktische Informationen

Ärzte

Das Gesundheitswesen Panamas entspricht in der Hauptstadt europäischem Standard; in der Kanalzone praktizieren US-Ärzte, die man in Notfällen aufsuchen kann.

Einkaufen

Eines der wenigen einheimischen Produkte ist der gewebte weiße Leinenstoff, aus dem die *Molas* gemacht werden; die schönsten werden von den Kuna-Indios gefertigt (für das Weben, Nähen und Besticken einer Mola benötigt eine Frau ca. 50 Std.).

Importgüter aus aller Welt sind in der Freihandelszone (s. S. 415) günstig – weil steuerfrei – zu bekommen.

Essen und Trinken

Panama produziert seine wesentlichen Nahrungsmittel selbst, ebenso Gemüse und viele tropische Früchte. Über seine Hafenstädte gelangen zudem ausländische Delikatessen ins Land.

Die Panamaer gehen gern zum Essen aus; Restaurants mit einheimischer Küche aller Preisklassen gibt es in Hülle und Fülle im ganzen Land. In Panama City konkurrieren sie mit den Angeboten internationaler Küchen, allen voran mit chinesischen, japanischen und italienischen Restaurants.

Öffnungszeiten

Es gibt keine einheitlich geregelten Zeiten und kein Ladenschlußgesetz. Normalerweise gilt:

Behörden: Mo–Fr 9–16 Uhr mit 1 Std. Mittagspause (nach Belieben)

Geschäfte in der Innenstadt: Mo–Sa 8–12 und 14–18 Uhr

Post

Briefe per Luftpost nach Europa benötigen fünf Tage, auf dem Seeweg fünf Wochen.

Preise

Insgesamt sind die Lebenshaltungskosten hoch, Panama ist das teuerste Land Zentralamerikas; die Preise in Panama City erreichen Weltstadtniveau.

Sprache

Offizielle Landessprache ist Spanisch; doch ein größer werdender Teil der Bevölkerung spricht Englisch (je näher sie am Kanal wohnen, desto besser).

Telefonieren

Das Land verfügt über ein ausgesprochen gutes Telefonnetz; Ferngespräche sind in alle Länder der Welt ohne Schwierigkeiten und Wartezeiten möglich.

Unterkunft

Da Panama mehr von Geschäftsreisenden als von Touristen besucht wird, existieren schöne und komfortable Hotels in ausreichendem Maße nur in der Hauptstadt.

Einfache Übernachtungsmöglichkeiten *(Pensiones)* kann man aber in beinahe jedem Ort finden. Zum Übernachtungspreis werden immer 10% Tourist Tax addiert.

Verzeichnis kunsthistorischer und landestypischer Begriffe (Glossar)

Adobe Lehmziegel, an der Luft getrocknet, ungebrannt; Baumaterial in heißen und trockenen Gebieten
Akropolis (griech.: Hochstadt) Hochgelegener burgartiger Siedlungsbereich einer Stadt, auch Herrschersitz oder Kultplatz
Alcalde (span.: Dorfvorsteher) Bürgermeister und Friedensrichter
Amate Mexikanischer Feigenbaum, Art der Gattung Ficus aus der Familie der Maulbeergewächse
Anthropomorph (griech.) Menschengestaltig
Arkade Bogenreihe

Barranco (span.) Schlucht
Barrio (span.) Häuserblock, Stadtviertel; in den kolonialzeitlichen Quellen auch Bezeichnung für soziale, verwandtschaftliche und territoriale Organisationsformen innerhalb der indianischen Städte

Campesino (span.) Kleinbauer
Caye/Cayo (engl./span.) Flache Insel aus Korallenablagerungen oder Felsen im Karibischen Meer
Cayuco (span.) Einbaum, Kanu, Boot ohne Kiel
Ceiba (span.) Kapokbaum, Gattung der Wollbaumgewächse; der bis über 50 m hohe Echte Kapokbaum *(Ceiba pentandra)* ist in den tropischen Regenwäldern weit verbreitet; seine Samen liefern Öl
Cenote Hispanisierte Maya-Bezeichnung für steilwandige Wasserlöcher (Kalksteineinbrüche) auf Yucatán, mit denen unterirdisch fließendes Wasser erschlossen werden kann
Chac Regengott der Maya, in Darstellungen meist mit Rüsselnase
Chac Mool (maya) Anthropomorpher Opferträger in toltekischen (oder toltekisch inspirierten) Kulturen, meist als halbliegende Steinskulptur dargestellt, die Beine leicht angezogen, den Kopf zur Seite gedreht, mit einer Opferschale in den Händen; ›Chac Mool‹ (= Rotes Naß/Blut) ist ein Phantasiename, den Auguste le Plongeon 1875 aus unbekannten Gründen für diese Art Skulpturen einführte
Champa (span.) behelfsmäßige Wellblechhütte
Chicle Saft des Sapotill-Baumes *(Achras zapota)*, Rohstoff für Kaugummi (s. Zapote)
Chilam Balam (yukatekisches Maya) Bücher der yukatekischen Maya aus der Zeit nach der Konquista, in lateinischer Schrift abwechselnd in Spanisch und Yukatekisch verfaßt; sie enthalten Texte zur Wahrsagekunst, zum Kalender und zu historischen Überlieferungen
Chor Ursprünglich der für das Chorgebet des Klerus reservierte Platz vor dem Hochaltar von Kloster-, Stifts- und Domkirchen; seit dem 14. Jh. Bezeichnung für den Hochaltarraum jeder Kirche, der einige Stufen höher liegt als der Gemeinderaum, architektonisch besonders ausgestaltet und durch Schranken oder ein Gitter vom übrigen Kirchenraum abgetrennt ist

Chorgestühl An Längsseiten des Chores aufgestellte Sitzreihen für die Geistlichen, meist reich verziert

Codex pl. Codices (lat.: Baumstamm; Buch, ursprünglich: mit Wachs überzogene Holztäfelchen) Vorkolumbische und kolonialzeitliche Faltbücher aus Amate-Papier (Rinde einer Ficus-Art oder Agavenfasern) oder Hirschleder, die auf einer Kalkgrundierung Bilderhandschriften zu Themen wie Religion, Kalenderwesen, Wahrsagekunst, Mythologie, Geschichte und Brauchtum tragen

Cofradía (span.) Hierarchisch organisierte Bruderschaft, die sich einem lokalen Heiligen widmet und das Patronatsfest ausrichtet; ihre Mitglieder besitzen auch im zivilen Bereich Autorität; diese Einrichtung wurde in der Kolonialzeit aus Spanien übernommen und gelangte in Amerika erst zur vollen Entfaltung

Crestería (span.) Dachkrone, Dachkamm auf Tempel- und Palastbauten der Maya in Form einer durchbrochenen Mauer

Ejido (span.) Dörfliche Genossenschaft mit kommunalem, unveräußerlichem Landbesitz; während der Revolution eingeführt (1910–18)

Encomienda (span.) Im Zuge der Kolonialisierung den spanischen Konquistadoren *(Encomenderos)* zugewiesene Siedlung abhängiger Indios; der Encomendero war für den Schutz, die Christianisierung und Zivilisierung der Bewohner verantwortlich; nach 1536 durften von den Indios keine Arbeitsleistungen mehr gefordert werden, sie waren aber noch zu Tributzahlungen in Form von Geld oder Naturalien an die spanische Krone verpflichtet; 1718–21 wurden die Encomiendas weitgehend aufgelöst

Finca (span.) Landgut

Fresko Auf noch feuchtem (frischem) Kalkverputz ausgeführte Malerei, bei der sich die Farben mit dem Putz verbinden und so besonders haltbar werden

Fries Waagerechte Streifen mit ornamentalen oder figürlichen Darstellungen als Schmuck, Gliederung oder Abschluß einer Wand

Garífuna Nachkommen afrikanischer Sklaven und karibischer Indios; eigenständige ethnische Gruppe mit franko-karibischer Kreolsprache und afrikanischen Kulturelementen; seit dem 18. Jh. in Belize und seit dem 19. Jh. auch in Guatemala, Honduras und Nicaragua angesiedelt

Glyphe (griech.: das Eingravierte) Bilderschriftzeichen (auch Hieroglyphe)

Ha'ab (maya) Sonnenjahr der Maya mit 365 Tagen

Hacienda (span.) Landwirtschaftlicher Großgrundbesitz, auf dem der Eigentümer (Hacendero) Regierungsbefugnis innehat; charakteristisch sind extensive Bewirtschaftung, geringe Produktivität, Binnenmarktorientierung und abhängige Arbeitskräfte; 1550–1630 aus staatlichen Landschenkungen, Zukauf und Inbesitznahme entstanden

Huipil pl. Huipiles/Huipiltin (nahuatl) Bluse, z.T. auch längeres tunikaartiges Gewand mit bunten Stickereien

Indígena (span.: Eingeborener) So bezeichnen sich die Indios Guatemalas aufgrund der gemeinsamen Sprachzugehörigkeit und Kultur, nicht aufgrund der Blutsverwandtschaft

Jade Sammelbezeichnung für strukturell dichte, weiße bis grüne Silikatverbindungen; die bekanntesten Minerale dieser Gruppe sind Jadeit und Nephrit

Karst Verwitterungsformen, die durch die Einwirkung von Wasser auf Kalk- und Gipsgestein entstehen; an der Oberfläche herrscht Wassermangel, die Entwässerung erfolgt unterirdisch

Konquista/Konquistador (von span. conquista/conquistador) Eroberung/Eroberer

Kopal (nahuatl) Harz; in den meisten mesoamerikanischen Kulturen als Rauchopfer (Weihrauch) verbrannt

Kraggewölbe Sog. Falsches Gewölbe aus nach innen kragenden Bundsteinen, von den Maya verwendet

Kreolen Ursprünglich Bezeichnung für die Nachkommen der eingewanderten Spanier, später auch für die Nachkommen anderer europäischer Einwanderer

Kreuzgang Überdeckter Gang um einen rechteckigen Hof mit Brunnen in einer Klosteranlage; um ihn gruppieren sich die Haupträume des Klosters

Kukulkan (yukatekisches Maya: gefiederte Schlange) Übersetzung des Nahuatl-Namens Quetzalcoatl (Gott der Weisheit)

Ladino (span.) Angehöriger der gesellschaftlichen Mittelschicht, unabhängig von der ethnischen Zugehörigkeit

Mahagoni (indian., 1762 von Carl von Linné geprägt) Ursprünglich Name für das rotbraune Holz des Zedragewächses *Swietenia mahagoni* von den Westindischen Inseln, seit dem 19. Jh. auch für das etwas hellere Holz der Art *Swietenia macrophylla* vom Festland verwendet

Mariachi Mexikanische Musikkapelle (ursprünglich aus Jalisco), die mit Trompeten und Saiteninstrumenten Volksweisen spielt und dazu singt

Marimba Ursprünglich aus Afrika stammendes Musikinstrument, dem Xylophon ähnlich; Kalebassen (Kürbisgefäße), heute auch Metallröhren, dienen als Resonator

Mestizen Mischlinge zwischen Weißen und Indios

Metate (nahuatl: metlatl) Steinerne Mahlplatte, auf der mit einem Handreibstein (Mano) Getreide und andere Nahrungsmittel gemahlen werden

Monolith Aus einem einzigen großen Steinblock gearbeitetes Werkstück

Mudéjar-Stil Spanischer Bau- und Dekorationsstil (13.–15. Jh.), der gotische und maurische Elemente verwendet; charakteristisch sind Hufeisenbögen, Stuckornamente in Form von ineinander verschlungenen Bändern und stilisierten Ranken, farbige Keramikdekorationen und Kassettendecken

Obsidian Erstarrter Lavafluß, glasartig, mit muschelförmigem Bruch

Patio Innenhof in der spanischen und lateinamerikanischen Architektur

Petroglyphen Felsbilder

Plaza (span.) Umbauter Platz, städtischer oder dörflicher Mittelpunkt; in der Archäologie Zeremonialhof oder Paradeplatz

Popol Vuh (Quiché-Maya: Buch des Rates) Um 1530 oder 1550 in lateinischer Schrift und Maya-Sprache niedergeschriebene Überlieferungen der Quiché

Quetzal (nahuatl: Feder) In der Zoologie Vogelart *(Pharomacrus mocinno)* aus der Familie Trogons mit glänzendem Gefieder und sehr langen Deckfedern des Schwanzes

Reducción (span.) Ansiedlung von missionierten Indios in geschlossenen Dörfern, in denen sie in eingeschränkter Selbstverwaltung und wirtschaftlicher Unabhängigkeit der Kontrolle der spanischen Eroberer unterstanden; im 16. Jh. von den Jesuiten begründet

Relief Aus einer Fläche herausgearbeitete plastische Form, die jedoch stets mit dem Hintergrund verbunden bleibt; man unterscheidet das Hoch-, Halb- und Flachrelief sowie das versenkte Relief

Repartimiento (span.) Ab 1511–13 wurden Indianer einzelnen Siedlern zur Zwangsarbeit zugeteilt; nach 1550 übernahm der Staat schrittweise die Kontrolle über die indianische Zwangsarbeit

Sacbe (yukatekisches Maya: Weißer Weg) Transport- und Prozessionsweg der Maya

Soda (span.: Soda[wasser], Limonade) ›Imbißstube‹, in der einheimische Gerichte zubereitet werden

Stele Aufgerichteter, freistehender Stein, meist bearbeitet (bemalt, skulptiert, Stuckauftrag)

Stuck Gut formbares und schnell hart werdendes Gemisch aus Kalk, Sand und Wasser (für Verwendung in Innenräumen auch Gips), zur Dekoration von Innenräumen und als Werkstoff für Skulpturen und Reliefs verwendet; in vorkolumbischer Zeit wurden Bauten und Plätze mit Stuck überzogen

Talud-Tablero-System Gestaltungsform von Fassaden präkolumbischer Gebäude, die sich vermutlich von Teotihuacán, Mexiko, aus verbreitete; auf einen schrägen Wandteil (Talud) folgt ein senkrechter Teil (Tablero) mit vorkragendem Sims

Tecpan (nahuatl) Herrschersitz

Tezontle (nahuatl) Rötlicher Vulkanstein

Tierra caliente (span.: Heißes Land) Regionen vom Meeresspiegel bis in Höhenlagen um 800 m mit einer mittleren Jahrestemperatur von 24–28 °C bei geringen jahreszeitlichen Schwankungen

Tierra fría (span.: Kaltes Land) Regionen in Höhenlagen über 1800 m mit einer mittleren Jahrestemperatur von unter 18 °C und Frösten in der Trockenzeit

Tierra templada (span.: Gemäßigtes Land) Regionen in Höhenlagen zwischen 800–1800 m mit durchschnittlichen Jahrestemperaturen von 18–24 °C

Tlachtli (nahuatl) Rituelles Ballspiel (span. Pelota) aus präkolumbischer Zeit; auf einem rechteckigen oder doppel-T-förmigen, von (z. T. geböschten) Mauern begrenzten Spielfeld standen sich zwei Mannschaften gegenüber; Ziel des Spieles war es, den Vollgummiball so lange wie möglich in der Luft zu halten oder durch einen der beiden steinernen Ringe zu stoßen, die auf einigen Plätzen an den seitlichen Spielfeldmauern in Höhe der Mittellinie angebracht waren; dabei durfte der Ball nur mit der Hüfte, dem Gesäß oder dem Knie berührt werden; zur Ausrüstung der Spieler gehörten ein Lederschurz, Handschuhe, ein Helm, ein Knie- und ein Armschutz sowie in einigen Gebieten ein dreiteiliger Hüftschutz (Yugo, Hacha, Palma), die als steinerne Nachbildungen bekannt sind

Tzolkin (maya) Wahrsagekalender der Maya, Zyklus von 260 Tagen

Tzompantli (nahuatl) In den Nahua-Kulturen (Azteken, Tolteken) und bei den toltekisch beeinflußten Yucatán-Maya Bauwerk des heiligen Bezirkes, auf dem die Schädel der Geopferten ausgestellt wurden

Zapote (span.) Sapotill-Baum *(Manilkara zapota, Achras zapota),* Art der Seifenbäume, bis zu 20 m hoch, weißblühend, mit ledrigen Blättern, die Früchte (Breiäpfel) sind eßbar (s. Chicle)

Zoomorph (griech.) Tiergestaltig

Personenregister

Allgemeines Orts- und Sachregister

Belize

Costa Rica

El Salvador

Guatemala

Honduras

Nicaragua

Panama

»Richtig reisen«

Ägypten
Algerische Sahara
Amsterdam
Arabische Halbinsel
Australien
Bahamas
Von Bangkok nach Bali
Belgien mit dem Rad
Berlin
»Richtig wandern«: Bretagne
Bornholm
»Richtig wandern«: Burgund
Budapest
China
Cuba
Dänemark (Juni '90)
Elsaß
Ferner Osten
Finnland
Florida
Frankreich für Feinschmecker
Friaul – Triest – Venetien
Graz und die Steiermark
Griechenland
Großbritannien
Guadeloupe (Mai '90)
Hawaii
Holland
Hongkong
Mit Macau und Kanton
Ibiza/Formentera
Nord-Indien
Süd-Indien (Juli '90)
Indonesien
Irland
Istanbul
Italien
Jamaica
Kairo
Kalifornien
Kanada und Alaska
Ost-Kanada
West-Kanada und Alaska
Kreta
»Richtig wandern«: Kykladen
Lanzarote
London
Los Angeles
Madagaskar
Malediven
»Richtig wandern«: Mallorca
Marokko
Mauritius
Mexiko
Moskau
München
Neapel – Küsten und Inseln
Nepal
Neu-England
Neuseeland
New Orleans
und die Südstaaten Louisiana, Mississippi, Alabama, Tennessee, Georgia
New York
»Richtig wandern«: Nord-England (Juni '90)
Norwegen
Ostafrika
Paris
Peru und Bolivien
Philippinen
Portugal
Réunion
»Richtig wandern«: Rhodos
Rom
San Francisco
»Richtig wandern«: Schottland
Schweden
Die Schweiz und ihre Städte
Seychellen
Sinai und Rotes Meer
Sizilien
Spanien
»Richtig wandern«: Südtirol
Südwesten – USA
Teneriffa
Texas
Thailand
Toscana
»Richtig wandern«: Toscana und Latium
Türkei
Tunesien
Venedig
Wallis
Wien
Zentralamerika
Zypern